W0265043

Frank-Peter Herbst

Südschweden

In den besten Reisebeschreibungen interessiert
uns doch der Reisende am meisten,
wenn er sich nur zeigen mag.
Wer eine Reise beschreibt,
beschreibt damit sich immer auch selber.

Jean Paul

056fotolia

Impressum

Frank-Peter Herbst
Reise Know-How Südschweden

erschienen im
Reise Know-How Verlag Peter Rump GmbH
Osnabrücker Str. 79, 33649 Bielefeld

1. Auflage 2014

Gestaltung
Umschlag: G. Pawlak, P. Rump (Layout);
M. Luck (Realisierung)
Inhalt: G. Pawlak (Layout); M. Luck (Realisierung)
Fotonachweis: siehe S. 563
Titelfoto: www.fotolia.de © Dagmar Richardt
(Motiv: Viele Leuchttürme wie dieser sind zu
Ferienhäusern umfunktioniert worden)
Karten: Kartographie Huber, Th. Buri, der Verlag

Lektorat: M. Luck

Druck und Bindung
Wilhelm & Adam, Heusenstamm

ISBN 978-3-8317-2337-9
Printed in Germany

Dieses Buch ist erhältlich in jeder Buchhandlung Deutschlands, der Schweiz, Österreichs, Belgiens und der Niederlande. Bitte informieren Sie Ihren Buchhändler über folgende Bezugsadressen:

Deutschland
Prolit GmbH, Postfach 9, D-35461 Fernwald (Annerod) sowie alle Barsortimente
Schweiz
AVA Verlagsauslieferung AG
Postfach 27, CH-8910 Affoltern
Österreich
Mohr Morawa Buchvertrieb GmbH
Sulzengasse 2, A-1230 Wien
Niederlande, Belgien
Willems Adventure, www.willemsadventure.nl

Wer im Buchhandel trotzdem kein Glück hat, bekommt unsere Bücher auch über unseren
Büchershop im Internet: www.reise-know-how.de

Wir freuen uns über Kritik, Kommentare und Verbesserungsvorschläge, gern auch per E-Mail an info@reise-know-how.de.

Alle Informationen in diesem Buch sind vom Autor mit größter Sorgfalt gesammelt und vom Lektorat des Verlages gewissenhaft bearbeitet und überprüft worden.

Da inhaltliche und sachliche Fehler nicht ausgeschlossen werden können, erklärt der Verlag, dass alle Angaben im Sinne der Produkthaftung ohne Garantie erfolgen und dass Verlag wie Autor keinerlei Verantwortung und Haftung für inhaltliche und sachliche Fehler übernehmen.

Die Nennung von Firmen und ihren Produkten und ihre Reihenfolge sind als Beispiel ohne Wertung gegenüber anderen anzusehen. Qualitäts- und Quantitätsangaben sind rein subjektive Einschätzungen des Autors und dienen keinesfalls der Bewerbung von Firmen oder Produkten.

Frank-Peter Herbst

SÜDSCHWEDEN

Vorwort

Südschweden – den Älteren unter uns fallen vielleicht sofort „Wir Kinder aus Bullerbü“ ein, der Film nach *Astrid Lindgrens* Buchvorlage. Er zeigt die heile Welt, die es im Nachkriegsdeutschland noch nicht so unbeschwert zu genießen gab. Die Jüngeren hingegen denken an IKEA, Synonym für preiswerte Möbel. Und alle zusammen vielleicht an ABBA, Schwedens berühmtesten Exportartikel in Sachen Musik.

Dann sind da noch die rot-weißen Sommerhäuschen, auf die so viele Deutsche in den letzten Jahrzehnten ein Auge geworfen haben, dass sich die schwedische Regierung genötigt sah, ihren Landsleuten ein Verkaufsverbot an Ausländer zu verordnen. Auch die Schweden lieben ihre Häuschen im Wald oder an der Küste, sodass es viele davon auch zu mieten gibt.

Automobilisten ist natürlich Volvo ein Begriff. Als „rasenden Ziegelstein“ verspottete man einst den sicheren Wagen in Anspielung auf das manchmal etwas (zu) kantige Design. Saab hingegen, die zweite schwedische Automarke, stand immer im Ruf, schnittige Autos für Individualisten zu bauen.

Dann sind da Assoziationen von Schärenküsten mit vorgelagerten Inselchen, auf denen nur eine Hundehütte Platz hat. Bilder endloser Wälder mit klaren Flüssen und mächtigen Elchen. Und richtig: Kanufahrer, Wanderer und Biker finden in Südschweden perfekte Bedingungen vor. Aber genauso kommen kulturell Interessierte, Freunde von Mittelalterfestivals und Royalisten auf ihre Kosten. Kurzum: Der Süden Schwedens ist so vielfältig, wie unsere Vorstellungen von ihm es sind.

Betritt man das Land ganz im Süden nach der Überfahrt mit der Fähre, dauert es nicht lange und man bemerkt, dass es hier gemächlicher zugeht, die Straßen leerer sind als bei uns, die Landschaft weiter, alles scheint ruhiger zu sein. Gute Voraussetzungen für einen abwechslungsreichen Urlaub, der Entspannung und Entdeckungen gleichermaßen bietet. Dieser Reiseführer soll dabei ein nützlicher Begleiter sein.

Frank-Peter Herbst

Inhalt

4 Rund um den Vänersee 127

5 Von Göteborg nach Osten 177

6 Durch Skåne nach Kalmar 199

7 Die Südküste bis Bromölla 221

Exkurse

Nicht verpassen!

In jedem Kapitel sind einige (touristische) Highlights hervorgehoben – man erkennt sie an der **gelben Hinterlegung.**

Karten

Thematische Karten

Übersichtskarten

Stadt-, Orts- und Umgebungspläne

sd13-125 fph

Internet- und E-Mail-Adressen

Die Internet- und E-Mail-Adressen in diesem Buch können – bedingt durch den **Zeilenumbruch** – so getrennt werden, dass ein **Trennstrich** erscheint, der nicht zur Adresse gehören muss!

Übersichtskarten

In den Kapitelübersichtskarten werden die Seitenzahlen der wichtigsten Ortsbeschreibungen genannt; ein **blaues Fähnchen** zeigt an, dass zu der betreffenden Stadt ein Stadtplan abgedruckt ist.

Unterkünfte: Preisklassen in diesem Buch

① bis 300 SEK
② bis 700 SEK
③ bis 1000 SEK
④ bis 1300 SEK
⑤ ab 1300 SEK

Die Regionen im Überblick
© Reise Know-How 2014
SchwS_Vorsp
NORWEGEN
Fredrikstad
Karlstad
Örebro
Uppsala
Stockholm und Umgebung
14 15 16
Stockholm
Vänern
Mariestad
Vättern
Norrköping
Der Westen
2 3 4 5
Göteborg
Borås
Jönköping
Durch das zentrale Südschweden
11 12 13 17
Ostküste und Öland
9 10
Gotland
18
SCHWEDEN
Öland
Kalmar
Halmstad
Kattegat
Helsingborg
Kristianstad
Skåne und Südschweden
1 6 7 8
Kopenhagen
Malmö
DÄNEMARK
OSTSEE
Bornholm
(DK)

Die Regionen im Überblick

Skåne und Südschweden

Die meisten Besucher betreten schwedischen Boden über die südlichste Provinz des Landes, Skåne, zu deutsch Schonen, die bis 1658 dänisch war. Die Provinz ist bekannt für ihre weiten Felder und gilt als Kornkammer Schwedens. Småland ist das Reich der Tüftler und Erfinder, in Älmhult hat ein großer Möbelkonzern seine Wurzeln. Weiter östlich gelangt man in die waldreiche Gegend der Glashütten, Glasriket genannt. Geschichtsträchtige Hafenstädte wie das alte Ystad und Åhus liegen direkt am Meer. Größere Orte sind Karlshamn und Ronneby sowie Karlskrona, Stützpunkt der Königlichen Kriegsflotte.

Der Westen

An der Westküste liegt Göteborg, die zweitgrößte Stadt Schwedens und ein touristisches Highlight. Die mittlere Westküste mit ihren ausgedehnten Sandstränden ist bei Badegästen beliebt. An der oft zerklüfteten nördlichen Küste liegen zahlreiche verträumte Fischerdörfchen. Viele Orte leben noch mit dem Meer und vom Meer. Der Vänersee im Landesinneren ist das größte Gewässer des Landes. An seinem westlichen Ufer erstreckt sich das waldreiche Dalsland, am östlichen Ufer das dichter besiedelte Västergötland. Zwischen Borås und Ulricehamn mit dem Åsundensee liegt ein beliebtes Naherholungsgebiet.

Durch das zentrale Südschweden

Von Helsingborg ganz im flachen Westen geht es durch weite Felder nordwärts. Der südwestliche Teil Smålands gehörte früher zu den ärmsten Gegenden Schwedens. Auf halbem Wege zwischen Halmstad und Jönköping liegt der Nationalpark Store Mosse. Weiter östlich folgt Vimmerby mit dem Themenpark „Astrid Lindgrens Welt“. Im Norden erstreckt sich der Vättersee, wo man auf den Götakanal stößt. Der Nationalpark Tiveden ist Schwedens südlichste Wildmark an der Nordspitze des Sees. Weiter im Nordosten dehnt sich der Mälarsee aus. Schloss Gripsholm in Mariefred kennen viele Deutsche durch Kurt Tucholskys Roman. In der Wikingerstadt Birka kann man der Frühzeit Schwedens einen Besuch abstatten.

Ostküste und Inseln

Die Landschaft an der Ostküste ist durch eiszeitliche Moränen geprägt. Die Küste von Kalmar bis Stockholm ist sehr zerklüftet, ihr vorgelagert sind mehr als 300 größere und kleinere Inseln. Die Insel Öland ist über eine der längsten Brücken Europas (über 6 km) mit dem Festland verbunden. Die Insel Gotland ist dank ihres milden Klimas ein sehr beliebtes Ferienziel. Die Hauptstadt Visby war einst ein bedeutendes Handelszentrum und ist heute ein Ort mit Flair und Sehenswürdigkeiten. Auf dem Festland liegt Söderköping, eine der am besten erhaltenen mittelalterlichen Städte Schwedens.

Stockholm und Umgebung

Stockholm, die Hauptstadt Schwedens, fasziniert (nicht nur) mit einer herrlichen Altstadt. Die „Perle im Mälarsee“ ist sicherlich eine der schönsten Metropolen Europas und einen längeren Aufenthalt wert. Von Stockholm können spannende Ausflüge unternommen werden. Eine besondere Attraktion ist das königliche Schloss Drottningholm. Im Norden lockt das mittelalterliche Sigtuna mit vielen alten Häusern und in der Nähe mit dem Königsschloss Roserholm. Auch die alte Universitätsstadt Uppsala mit ihrem mächtigen Dom ist einen Abstecher wert.

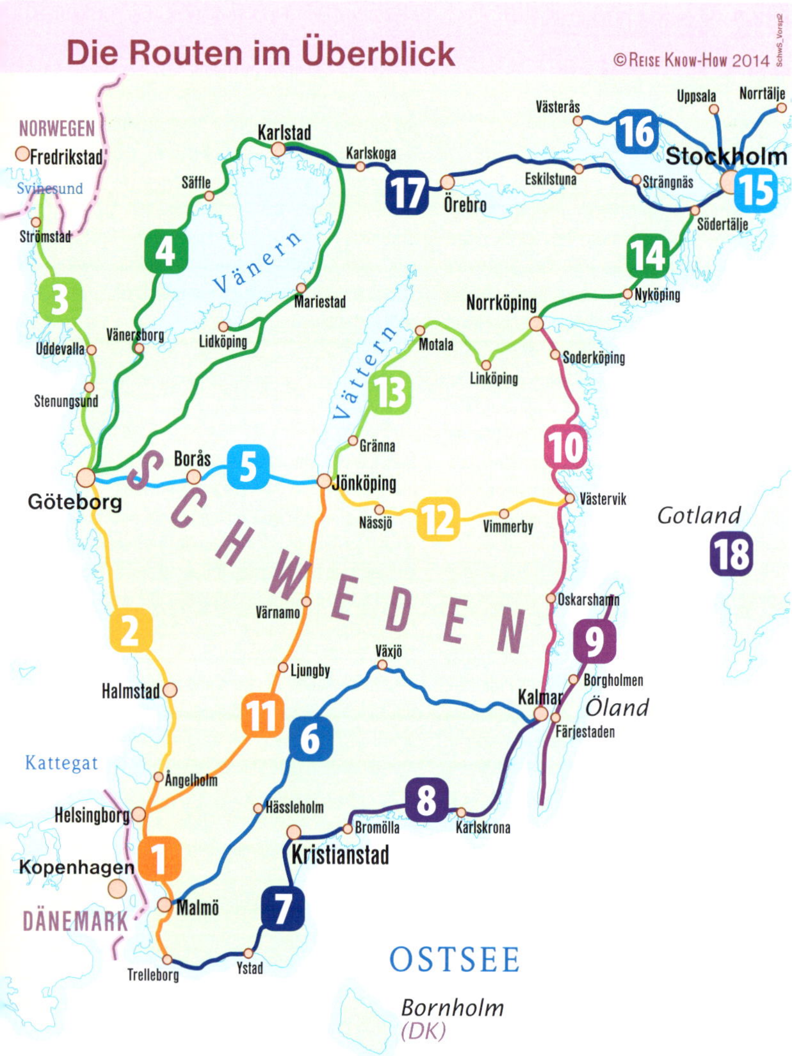
Die Routen im Überblick
©Reise Know-How 2014
SchwS_Vorsp2
NORWEGEN
Fredrikstad
Svinesund
Strömstad
Uddevalla
Stenungsund
Göteborg
Säffle
Karlstad
Vänern
Vänersborg
Lidköping
Mariestad
Karlskoga
Örebro
Västerås
Uppsala
Norrtälje
Stockholm
Eskilstuna
Strängnäs
Södertälje
Nyköping
Norrköping
Söderköping
Motala
Linköping
Vättern
Gränna
Jönköping
Borås
Nässjö
Vimmerby
Västervik
Gotland
SCHWEDEN
Värnamo
Växjö
Ljungby
Halmstad
Oskarshamn
Borgholmen
Kalmar
Öland
Färjestaden
Kattegat
Ängelholm
Helsingborg
Hässleholm
Bromölla
Karlskrona
Kristianstad
Kopenhagen
Malmö
DÄNEMARK
Trelleborg
Ystad
OSTSEE
Bornholm
(DK)
1
2
3
4
5
6
7
8
9
10
11
12
13
14
15
16
17
18

Die Routen im Überblick

CITADELL
KLINIKEN

1 Die südliche Westküste

Die meisten Besucher betreten schwedischen Boden über Skåne, die südlichste Provinz des Landes. Die Westküste reicht von Trelleborg im Süden bis an die Grenze zu Norwegen im Norden. Die größte Stadt ist Göteborg. An der Küste verläuft die Europastraße E 6/E 20. Dieses Kapitel widmet sich dem Abschnitt zwischen Trelleborg und Ängelholm.

König Karl X. Gustav auf dem Stortorget in Malmö

Trelleborg

- **Einwohner:** 28.000
- **Vorwahl:** 0410
- **Information: Turistbyrå,** Kontinentgatan 2, Tel. 73 33 20, www.trelleborg.se, im Sommer Mo bis Fr 9–18 Uhr, Sa 10–18 Uhr, So 10–17 Uhr. Von Juni bis August ist auch die Touristeninformation im Köpmansmagasinet in Smygehuk geöffnet.

Eine **Trelle** ist ein langes Rundholz, dessen vorderer Teil gespalten wurde, um Palisaden der namensgebenden Burg nach innen abzustützen. Der Fährhafen ist ein wichtiger Ort, hier kommt man von Polen oder Deutschland nach Schweden. Außerdem beginnt hier die **Europastraße 6,** die bis Kirkenes an der norwegisch-russischen Grenze verläuft. Nach Malmö sind es 28 km.

Geschichte

Trelleborg taucht erstmals 1257 in den Urkunden auf. Der **Heringshandel** zog immer mehr Menschen an und so ließen sich Handwerker in der schnell wachsenden Stadt nieder. In späteren Jahrhunderten kamen auch Händler und bauten ihre Stände am Strand auf. Die Konkurrenz sah die Nachbarstadt Malmö nicht gerne, sie klagte vor dem König, und die Stadtrechte wurden 1619 gestrichen. Erst 1867 erlangte Trelleborg das Stadtrecht wieder. Mit der Eisenbahnstrecke und dem Hafen kam der Aufschwung, *Johan Kock* gründete einen Industriekonzern, der heute als Akzo und DUX weiterbesteht.

Am 6. Juli 1909 weihte man die **Fährlinie** zwischen Trelleborg und Sassnitz ein, die seitdem ohne Unterbrechung besteht.

Sehenswert

Palmenallee

Trelleborg besitzt die **einzige Palmenallee des Landes.** 1984 wurden Dattel- und Schirmpalmen aus Spanien in Kübeln entlang der Strandgatan aufgestellt; jeden Winter werden sie in ein Palmenhaus geräumt.

Ginkgo-biloba-Allee

Die **nördlichste Allee ihrer Art** liegt in der Nygatan, ab der Hantverkaregatan nach Osten gehend.

Trelleborgen

Västra Vallgatan 6, Tel. 73 30 21: Die Entdeckung der **Wikingerburg** Ende der 1980er Jahre war eine Sensation, sie wurde ausgegraben und rekonstruiert. Die Ringburg hatte einst einen Durchmesser von ca. 140 m. Über einen Fluss konnte vom Meer bis vor die Anlage gesegelt werden. Die rekonstruierte Burg Trelleborgen beherbergt nun das **Wikingermuseum.** Im Inneren des Ringwalls kann man auch die Trellen sehen, die dem Ort den Namen gaben. Natürlich gibt es ein Café und einen Shop.

NICHT VERPASSEN!

Turning Torso:
Malmös 190 m hohes Wahrzeichen | 28

Im Dom zu Lund:
die Zeit vergleichen mit der astronomischen Uhr „Horologium mirabile Lundense" von 1380 | 35

Insel Ven:
hier stehen die Reste von Tycho Brahes Schloss Uranienborg | 41

Diese Tipps sind gelb hinterlegt.

Borgquistska Hutmuseum

Algatan 35, Tel. 197 46: Das ungewöhnliche Museum zeigt in alten Räumen die Herstellung von **Hüten und Mützen.**

Seefahrtsmuseum

Gråbrödersgatan 12, Tel. 195 45: **Seefahrts- und Fischereigeschichte.**

Axel-Ebbes-Kunsthalle

Hesekillegatan 1, Tel. 73 30 56: Der Künstler und Namensgeber war ein großer Sohn der Stadt (Skulptur, Malerei, Grafik und Zeichnung).

Skulpturen

„Die Seeschlange"

50 m lange **Skulptur von Axel Ebbe** am alten Wasserturm am Stortorget. Außerdem schuf er „Die Umarmung", die Statue, für die angeblich *Uma Thurmans* Großmutter Modell gestanden hat.

„Böst"

Fred Åbergs Skulptur von 1996 bedeutet auf Skånisch „Mistwetter"; sie steht auf der Kreuzung der Fußgängerstraßen Algatan und Corfitz-Beck-Friisgatan.

„Fast auf halber Strecke"

Fred Åbergs Bronze ist 13 m hoch mit lebensgroßem Mann; Algatan Ecke Österbrogatan.

Wasserturm

53 m hoch, 1912 von *Ivar Tengbom* entworfen. Im Erdgeschoss ist ein **Café** untergebracht.

Gamla Torg

Das **alte Stadtzentrum** mit Kirche im Norden, Kloster im Süden und Brunnen in der Mitte. Die meisten Häuser im Skåne-Stil sind noch zu sehen; Algatan Ecke Klostergränden.

Sandmöllan

Die einzige erhaltene **Bockwindmühle** aus dem 17. Jh. steht am Klörupsvägen im Norden neben dem Kreisverkehr der Straße 108 und dem Hedvägen, bei GPS 55.382463, 13.152437.

Ångkvarnen

Hamngatan 9: 1897 stand hier Trelleborgs Dampfmühle, heute sind in dem sanierten Lagergebäude am Fährterminal Büros, ein **Hotel, Restaurant und Reisezentrum** untergebracht.

⊡ Im Zentrum von Trelleborg schwimmt Axel Ebbes Seeschlange

Praktische Infos

Unterkunft

■ **Hotel Dannegården**③, Strandgatan 32, Tel. 19 23 95, alte gelbe Holzvilla mit 26 Zimmern, das Restaurant Dannegården mit Aussicht auf den Garten ist sonntags geschlossen.

■ **Bed & Breakfast Lyckebo Gard**③, Pl 221, Maglarp, Tel. 19 23 95, westlich von Trelleborg der vorletzte Hof links vor dem Flugplatz, schön, aber auch teuer.

■ **Hotel Horizont**②, Hamngatan 9, Tel. 19 23 95, moderner Turm am Fähranleger.

■ **Best Western Hotel Hansa**②, Corfitz-Beck-Friisgatan 3, Tel. 0945-19 23 95, dem Fährterminal am nächsten gelegen.

■ **Pensionat Maglarp**①, die Jugendherberge liegt 3 km außerhalb. Die Zimmer sind in einem lang gestreckten, stallähnlichen Gebäude untergebracht, gegessen wird im Herrenhaus. Box 42 an der E 6/E 22, Tel. 0945-19 23 95.

Camping

■ **Dalabadets camping,** 2,5 km östlich von Trelleborg am Meer, Dalköpinge strandväg 2 (GPS 55.363978, 13.20876), Tel. 149 05, Womo 230 SEK, Strom 30 SEK, Hütte ab 500 SEK. Das ganze Jahr über geöffnet.

Essen und Trinken

Über empfehlenswerte Lokale verfügen die oben genannten Hotels.

■ **Wärdshuset Två Lejon,** Gamla Torg 4. Im Gasthaus zu den zwei Löwen gibt es Mittagstisch und Abendkarte.

■ **Garvaregården,** Hamngatan 4. Café in der alten Gerberei mit einfachen Gerichten.

■ **Café Vattentornet,** am Stortorget, im Wasserturm, nicht auf ihm, aber vor dem Sockel kann man einfache Gerichte bekommen.

■ **Sjöbergs Café**
Corfitz-Beck-Friisgatan 10. Eines von vielen in der Innenstadt.

■ **Gill-Is Vanilli,** Corfitz-Beck-Friisgatan 8. Beschauliche Eisdiele.

■ **Dalabadet,** Dalköpinge Strandväg 2. Im Campingplatzrestaurant gibt es im Sommer ab Mittag einfache Gerichte mit Blick aufs Meer.

■ **Idala Gård,** Tel. 33 13 13, nordwestlich von Trelleborg, 1,5 km nördlich von Dalköpinge Dorf, in Richtung Anderslöv mitten auf dem Feld; ein simples Schild am Abzweig weist den Weg.

An- und Weiterreise

■ **Auto:** Von Dänemark kann man über die Öresundbrücke anreisen. Die E 22 führt von Norrköping nach Sassnitz, ab Trelleborg kann man aber nur per Fährschiff fahren.

■ **Bahn:** Trelleborg liegt zwar an der Bahnstrecke, die Züge halten aber erst in Malmö.

■ **Bus:** Skånetrafiken – nach Malmö Nr. 146, nach Hyllie Nr. 346, nach Ystad Nr. 190, nach Lund Nr. 165 und 365.

■ **Fähre:** Der Fährhafen gehört zu den größten Skandinaviens. Scandlines nach Sassnitz/Rostock, Tel. 650 00, TT-line nach Travemünde/Rostock, Tel. 55 69 00, Unity Line nach Świnoujście.

■ **Flug:** Der nächste internationale Flughafen ist Kastrup in Dänemark. Malmö Sturup bedient nur das schwedische Netz.

Sonstiges

■ **Valen Gallerian,** rund 30 Geschäfte haben unter einem Dach Platz gefunden.

■ **Algatan,** die gab es schon im Mittelalter: Der Name bedeutet „Hauptstraße", heute bildet die Fußgängerzone die Shoppingmeile der Stadt. Auf dem Stortorget findet Mittwoch und Samstag der Wochenmarkt statt.

001fotolia

■ **Dalabad,** Freizeitanlage im Ostteil, mit Bade- und Campingplatz, Restaurant, Ferienhäusern, Minigolf und 170 m langem Badesteg.

Ausflüge

Skanör und Falsterbo

Die **Halbinsel** Skanör liegt an der südwestlichsten Spitze Schwedens, ist 30 km von Malmö entfernt und wegen den weißen Stränden als Urlaubsziel beliebt. Sie ist durch einen Kanal vom Festland getrennt. Den hat man 1941angelegt, um sicherer mit dem Schiff vom Sund in die Ostsee zu gelangen. Die Deutschen hatten die Ostsee rund um Skanör und Falsterbo vermint. Um die Insel zugänglich zu halten, besorgte man sich aus Kopenhagen die **Brücke Knippelsbron.** Die war da schon 50 Jahre in Betrieb, vielleicht waren die Dänen froh, sie los zu sein. 1992 gab es dann endlich eine schicke neue Klappbrücke, die sich zu bestimmten Zeiten automatisch öffnet. Der alte Kontrollturm, in dem der Brückenmeister den Öffner nach Bedarf und Laune betätigte, hatte ausgedient. Zur Regulierung der Wasserstände baute man noch eine Schleuse.

In **Falsterbo** steht am Hotel Falsterbohus eine Burgruine aus dem 14. Jh., viel ist allerdings nicht zu sehen. Spannender sind da schon die alten Häuser.

Auf dem Ende der Halbinsel rasten viele **Singvögel** ein letztes Mal, bevor sie im Herbst übers Meer in den Süden aufbrechen. Dieses Schauspiel zieht eine Menge Vogelliebhaber an, die, mit Ferngläsern bewaffnet, frühmorgens in den Wiesen stehen. Am Leuchtturm gibt es eine Vogelwarte.

Anfahrt: Von Trelleborg nach Westen auf der E6, bis links der Kämpingvägen zum Golfklub und nach Skåre abzweigt. Der Weg führt am Meer entlang bis Höllviken, dort fährt man die Straße 100 nach links bis Skanör/Falsterbo.

Zum Übernachten steht u.a. **Ljungens Campingplatz** im Strandbadsvägen bereit, Tel. 040-47 11 32, eine Wiese mit fast 400 Stellplätzen. Auf dem **Falsterbo Golf-Course,** einem 18-Loch-Platz, finden Golffreunde ihr Glück.

Von Trelleborg nach Malmö

Bald hinter Trelleborg ist **Maglarp** erreicht, das eine romanische Backsteinkirche aus dem 12. Jh. besitzt. Sie wurde auf den Resten einer Stabkirche erbaut. Die Renaissance-Kanzel darin ist die älteste von Schweden, sie stammt aus dem Jahr 1568. Man kann auch vorher die E 6 am Golfklub verlassen und einen Schlenker am Meer entlangfahren, bis Höllviken und dort rechts auf die Straße 100 einbiegen, die zurück zur E 6 führt.

Wer vor Malmö noch einen Kaffee trinken will, kann in **Vellinge** im Gästgifvaregård einkehren, einem gemütlichen Haus aus dem 17. Jh. Ängavallens Gård, Tel. 42 32 50, liegt 3 km vor Vellinge an der E 22, der große Innenhof ist von Weiden umgeben, drum herum grasen die Schafe.

▷ Die Öresund-Brücke von Malmö nach Kopenhagen

In **Håslöv** gibt es das Hotel Köpmansgården, Köpmannavägen 38, (Vellinge) Tel. 076-777 81 30, es ist eine Art Landhaus von 1879 unweit der Kirche, früher mal ein Bahnhofshotel, als es noch die Bahnlinie gab. 500 SEK.

Malmö

- **Einwohner:** 300.000
- **Vorwahl:** 040
- **Information: Turistbyrå,** Börshuset, Skeppsbron 2, Tel. 34 12 00, www.malmo.se. Mo bis Fr 9–17 Uhr, Sa/So 10–14.30 Uhr.

Wie heißt es so bezeichnend? Das Schönste an Stockholm sei der Zug nach Malmö und dann ein Picknick in Skåne. Hier liege die echte Heimat der Schweden, die sich dem guten Leben verschrieben haben, sagen die Malmöer, wenn sie die „Nullachter", die Hauptstädter, ärgern wollen.

Malmö, Hauptstadt der Provinz Skåne, ist die **drittgrößte Stadt Schwedens.** Hervorzuheben ist natürlich die **Öresund-Brücke,** die die Stadt mit der dänischen Hauptstadt Kopenhagen verbindet. Dadurch entstand ein großstädtisches Ballungsgebiet mit einem grenzüberschreitenden Pendelverkehr – viele Menschen wohnen im beschaulichen Malmö und arbeiten in Kopenhagen. Etwas über drei Millionen Menschen umfasst das Gebiet heute. Die alte Rivalität der beiden Länder hat das zwar nicht beseitigt, aber doch gedämpft. In *Lars von Triers* Filmzyklus „Geister" steigt der schwedische Chefarzt im Kopenhagener Unikrankenhaus immer aufs Dach, um seinen Unmut loszuwerden, und schreit hinunter: „Ich hasse alle Dänen".

002fotolia

Malmö

Geschichte: Hering, Salz und Hanse

Die alte Residenzstadt stand um 1200 auf einem Sandhügel (Malmøyghe). Zuerst wurde der Küstenort von den **Dänen** als Anlegestelle benutzt, um nach Lund zu kommen. Günstig an den Schiffsrouten der Ostsee gelegen, betrieb man mit Erfolg Handel mit Heringen. Hauptsächlich die Hanse war hier aktiv, manche deutsche Straßennamen zeugten davon. 1353 gab es dann die Stadtrechte. Nachdem die Dänen sich 1658 zurückgezogen hatten, verlor die Stadt an Bedeutung, sie war nun kein Vorort der Hauptstadt mehr, sondern lag zwei

Tagesreisen vom Zentrum der Kultur entfernt. Die Stadt erholte sich erst, als man begann, Getreide aus Skåne über den Hafen zu exportieren. Im 20. Jh. kamen Werften hinzu.

Seit 2000 hat Malmö einen ziemlichen Wandel durchgemacht. Entlang des Ostseeufers entstand ein neues Stadtviertel mit interessanter Architektur. Die gewaltige Öresund-Brücke verbindet seit dem Jahr 2000 die dänische Hauptstadt Kopenhagen mit Malmö.

Sehenswert

Wer mit dem Auto anreist, kann in der Nähe des Bahnhofs parken, der **alte Stadtkern** von Malmö ist klein, gemütlich und autofrei. Er gruppiert sich um Häuser aus dem 16. Jh.

Stortorget

Am Stortorget, dem **Großen Marktplatz,** steht das **Rathaus** im niederländischen Renaissancestil. Ursprünglich hatte es gotische Treppengiebel, 1850 wurde es modernisiert und erhielt sein heutiges Aussehen. Innen liegen zwei sehenswerte Säle, der **Knutssalen** ist am prunkvollsten ausgestattet. Hier versammelten sich alljährlich die Mitglieder der Knutsgilde, eine Art früher Versicherungsgesellschaft gegen Erpressung und Staatswillkür. Der **Landstingsalen** wird heute hauptsächlich für Empfänge genutzt. Er enthält eine Reihe großer Ölgemälde wichtiger Männer, z.B. von König *Knut,* der 1080–1086 regierte. Den Ratskeller gibt es seit dem 16. Jh. Er geht weiter als das Rathaus und wurde erst 1949 bei Bauarbeiten wiederentdeckt.

Lange Zeit war der Stortorget der größte Marktplatz Nordeuropas. In seiner Mitte reitet der bronzene König *Karl X. Gustav* auf einem hohen Sockel und erobert Skåne von den Dänen. Das **Residenzhaus** am Nordende des Platzes wurde wie das Rathaus Mitte des 19. Jh. modernisiert und ist Sitz des Regierungspräsidenten von Skåne. Die **Löwenapotheke** am Südostende konnte sich im gotischen Stil bis heute behaupten.

Lilla Torg

Auf dem Lilla Torg, dem **Kleinen Marktplatz** von 1592, pulsiert das Leben. Die Malmöer, Ausflügler aus dem Umland und Touristen kommen hier zusammen. Wenn die Sonne scheint, sitzen sie in einem der unzähligen Straßencafés, die den Platz umsäumen, beobachten das Treiben und genießen die skandinavische Version des Dolce Vita. Aber auch wenn die Sonne nicht scheint, lockt der Lilla Torg mit seiner einzigartigen Kulisse aus niedrigen Fachwerkhäusern aus dem 16. bis 18. Jh.; an der Ecke Mäster Johansgata lädt die Markthalle zum Schlendern ein.

Möllevångstorget

Hier demonstriert Malmö **Weltläufigkeit** – rund um den Platz nichts als multi-kulturelle Gemüseläden und Cafés.

Hedmanska Gården

Im Hedmanska Gården gibt es im Juli **Freiluftkonzerte.** Ähnlich alte Plätze sind der Gustav-Adolf- und der David-Hall-Platz.

Am Lilla Torg

sd13-011 fph

St.-Petri-Kirche

Göran Olsgatan 4: Das **älteste Gotteshaus der Stadt** wurde im 14. Jh. backsteingotisch errichtet. Innen präsentiert sich die Kirche schlicht, was daran liegt, dass die Reformation im 16. Jh. den Prunk in Kirchen verdammte. So quastete man alles weiß. In einer Seitenkapelle hat man die ursprüngliche Bemalung wieder freigelegt.

Sankt-Johannes-Kirche

Erst 1907 im **Jugendstil** erbaut, besticht das Innere durch Tausende von Rosen, gemalt und aus den verschiedensten Materialien geformt.

Möllevången

Im **alten Arbeiterviertel** um den Möllevångstorget hat sich ein **Szeneviertel** herausgebildet, in dem auch alteingesessene Familien wohnen.

Malmöhus

Die **Festung** wurde Mitte des 16. Jh. auf Betreiben des Königs aus Backsteinen errichtet, der Stil ist ein Mix aus Gotik und Renaissance. Auch dieses Gebäude verfiel im Laufe der Jahrhunderte und brannte sogar aus. Erst 1932 wurde der unspektakuläre Kasten renoviert und beherbergt heute das **Malmö-Museum.** Die beeindruckende Kulisse aus dicken roten Mauern, Wassergraben und schnatternden Enten lässt sich auf einer Bank im Park **Kungsparken** wunderbar genießen. Der Schlosspark erstreckt sich südlich der Festung, in ihm wurde 1851 eine Holländerwindmühle errichtet. Geöffnet täglich 10–16 Uhr.

Im **Kommandanthuset** wurde früher die Bekleidung der königlichen Garde aufbewahrt, heute gibt es darin eine Waffensammlung zu sehen. Eintritt 40 SEK. Gegenüber steht das **Tekniska Museet** mit einer Ausstellung zu Luft- und Seefahrt, vom Wikingerschiff bis zum U-Boot. Geöffnet Mo bis So 12–16 Uhr.

Wem das nicht genug ist, der kann sich in der ehemaligen Reithalle noch das **Wagenmuseum** mit Kutschen, Autos und Fahrrädern anschauen, z.B. einen Oldsmobile Curved Dash von 1902 und einen seltenen schwedischen Thulin A 20 von 1922.

Alle Häuser liegen am Malmöhusvägen.

Moderna Museet

Gasverksgatan 22: Die kleine Schwester des Stockholmer Kunsttempels gibt es seit 2009. Etwa 10 Min. sind es zu Fuß vom Bahnhof in die **ehemalige Turbinenhalle** von 1909. Im Eingang wacht *Rauschenbergs* Installation „Monogram". Gezeigt werden zeitgenössische Künstler und moderne Klassiker, manchmal auch Teile der Sammlung des 19. Jh.

Hansekoggen

Mit diesen etwas klobigen **Handelsschiffen** transportierten Skandinavier und Norddeutsche ihre Waren ab dem 13. Jh. über die Ostsee. Ein Schiff schaffte immerhin bis zu 80 Tonnen. Vor der

Küste von Skanör liegt noch das Wrack einer Kogge auf Grund, man kann hinabtauchen. Wem das zu umständlich ist, der geht ins Mittelalterzentrum zu den **Medeltidsskeppen;** vom Bahnhof 10 Min. zur äußersten Spitze des Hafens laufen. Am Kai liegen zwei Kopien dieser alten Handelsschiffe. Sie entstanden im Rahmen eines fünf Jahre dauernden wissenschaftlichen Projekts und wurden auch gesegelt. Man kann sogar an Bord gehen. Medeltidscentret, Skeppsbron 10, Malmö hamn, geöffnet täglich 11–16 Uhr, 35 SEK.

Stadtbibliothek

Kung Oscars Väg: Für den Besuch muss man kein Bücherwurm sein und auch kein Schwedisch können. Mitten **im Malmöer Schlosspark** sticht das Gebäude sofort ins Auge. Der moderne Trakt des Architekten *Hennig Larsen* gleicht einem Zylinder und geht fließend in das Schloss über. Seit der Eröffnung 1997 sollen acht von zehn Malmöern hier gewesen sein. Mehr als 500.000 Bücher, Zeitschriften, Videos und CDs stehen in den lichtdurchfluteten Hallen. In Sesseln zwischen Pflanzen schmökern die Malmöer in entspannter Atmosphäre. Mo bis Do 10–20 Uhr, Fr 10–18 Uhr, Sa/So 11–16 Uhr.

Westhafen

Malmös neuer Stadtteil besticht mit moderner Architektur, Grünflächen und einer einmaligen Aussicht auf den Öresund. Früher war das Areal ein typisches gesichtsloses Industriegebiet um die Kockum-Werft. Dort, wo einst Schiffe vom Stapel liefen, stehen heute die Malmöer Universität und eine Reihe von Apartment- und Bürogebäuden, in denen sich führende schwedische IT-Unternehmen angesiedelt haben.

Turning Torso

Der **geschraubte Turm von Stararchitekt Santiago Calatrava** erhebt sich 190 m über die neue Ufer-Skyline mit ihren Gebäuden und Stränden. Er besteht aus neun Würfeln á sechs Stockwerken, deren Außenkanten eine Neigung haben. Drinnen kann man im Lokal Torso Twisted aus der exzellenten Weinkarte wählen und entspannen. Auf der Strandpromenade, die in den Sommermonaten gut besucht ist, reihen sich Restaurants, Bars, Cafés und Nachtclubs aneinander.

Luftkastellet

Utsiktsvägen 10: Vom **Aussichtspunkt** im Luftkastellet hat man den besten Blick auf die 8 km lange Öresund-Brücke, die sich über den Sund nach Dänemark spannt.

Öresund-Brücke

Zur Beschreibung s. „Reisetipps A–Z/Anreise/Fähren". Wer einen Blick auf die Brücke werfen will, fährt auf der E 20 Richtung Dänemark und hält am **Aus-**

[>] Die moderne Ufer-Skyline mit dem Turning Torso

sichtspunkt **Folkets Park.** Hier steht Skandinaviens größtes Riesenrad, 45 m hoch. Außerdem befinden sich im Park Tanzlokale, Restaurants und eine Minigolfanlage.

Praktische Infos

Unterkunft

■ **Grand Hotel Garden**⑤, Baltzargatan 20, Tel. 665 60 00, www.grandhotelgarden.se. 170 Zimmer, äußerlich nüchterner Bau im Zentrum, es gibt verbilligte Parktickets.

■ **Hotel Duxiana**④, Mäster Johansgatan 1, Tel. 607 70 00, www.malmo.hotelduxiana.com. 22 moderne Zimmer im Hotel des Bettenherstellers.

■ **Mayfair Hotel Tunneln**④, Adelgatan 4, Tel. 10 16 20, www.mayfairtunneln.com. 150 m vom Bahnhof, altes Privathaus, Restaurant im Gewölbe. Hier waren schon Könige zu Gast.

■ **Park Inn Hotel**③, Sjömansgatan 2, Tel. 628 60 00, www.parkinn.se/hotel-malmo. Im Stadtteil Västra Hamnen, von außen ein uninspirierter Kasten, innen trendig.

■ **Elite Hotel Savoy**③, Norra Vallgatan 62, Tel. 664 48 00, www.elite.se/sv/hotell/malmo/savoy. Zentral gegenüber dem Hauptbahnhof und dem Rathausplatz um die Ecke. Das Hotel ist eines der ältesten und geschichtsträchtigsten der Stadt.

■ **Rica Hotel Malmö**③, Stortorget 15, Tel. 077-140 20 00, www.rica.se/vara-hotell/malmo/rica-hotel-malmo. Alter Klinkerbau im Zentrum am großen Platz, moderne Einrichtung.

■ **STF Hostel Malmö city**②, Rönngatan 1, Tel. 611 62 20, http://www.svenskaturistforeningen.se. Außen wie innen einfach, aber mit Dachterrasse.

Camping

■ **First Camp Malmö,** Strandgatan 101, Sibbarp, Tel. 155 165, firstcamp.se/vara-campingar/malmo.

sd13-010 fph

Schöne Lage mit Blick auf die Öresund Brücke sowie Malmö und Kopenhagen, Meerwasserpool und flache Strände, Busverbindungen in die Malmöer City, ganzjährig geöffnet.

Essen und Trinken

Malmö soll die höchste Restaurantdichte Skandinaviens haben, hier nur eine winzige Auswahl:

Rådhuskällaren, wie der Name vermuten lässt, im Keller des Rathauses, Stortorget 2, traditionell und modern, hochpreisig, Tel. 790 20.

Jörgen kocks gård, am Stortorget im ehemaligen Wohnhaus des gleichnamigen Bürgermeisters.

Bloom in the Park ist das Restaurant Ihrer Wahl, wenn Sie first class essen möchten, moderne europäische Küche mit überaschenden Momenten, Pildammsvägen 17, Tel. 793 63, absolut angesagte Blockhütte mit Terrasse am Wasser, Mo bis Sa 18–24 Uhr, So Jazz Nights 17–21 Uhr.

Bastard Mat & Vin ist Malmös gastronomischer Shooting Star, *Andreas Dahlberg* bietet moderne europäische Küche an, mit Zinktheke und lodernden Grills, in der Mäster Johansgatan 11, Tel. 12 13 18, Di bis Sa ab 17 Uhr.

Översten, traditionelle Küche im einst größten Haus Schwedens, dem Kronprinsen, überwältigender Blick vom 26. Stock, moderate Preise, Regementsgatan 52, Tel. 98 06 50.

Sturehof, Adelgatan 13, mitten in der Altstadt treffen sich schon seit 1915 Politiker und Journalisten zu Lunch und Wein. Mo bis Fr 11.30–23 Uhr, Sa 13–23 Uhr.

La Roche, La Rochegatan 5, am Rande des Lilla Torg, zwischen 11.30 und 14 Uhr locken spanische Leckereien zum günstigen Mittagspreis.

Hyllie Vattentorn, der 62 m hohe Wasserturm beherbergt auf dem pilzförmigen Tank ein Café, hier dürfte das Wasser nie knapp werden, man sitzt immerhin über 10.000 Litern! Annetorpsvägen, an der Malmö Arena, Ecke Hyllie Boulevard.

Årstiderna heißt auf Deutsch „Die Jahreszeiten" und bezieht sich auf die Speisekarte, die aus internationalen Klassikern und schwedischer Hausmannskost besteht. Frans Suellsgatan 3, am Stortorget, Mo bis Fr 11.30–24 Uhr, Sa 17–24 Uhr.

Lean Grill & Bar, in einem hallenartigen Raum über zwei Etagen, So Brunch, Triangeln 2, Tel. 693 47 07.

Årstiderna by the sea, Dockgatan 1, Tel. 23 34 88. Fisch und Meeresfrüchte mit Blick aufs Meer in etwas gewagt-kühlem Ambiente.

Chokladfabriks kafé, so eine Art Schokoladenmuseum mit Laden und Café, tolle Pralinenauswahl, in der Möllevångsgatan 36B, wochentags 12–18 Uhr, Sa 10–14 Uhr.

Sockerbit, Holmgången S. Förstadsgatan 23A, in einem ruhigen Innenhof mit Springbrunnen, direkt an der Einkaufsstraße. Kleine Gerichte und Kuchen, gut zum Erholen nach dem Einkauf.

Lilla Kafferosteriet, Baltzarsgatan 24. Kaffeerösterei mit Café auf zwei Geschossen, entspannen kann man in der gemütlichen Gartenoase, in der eine ruhige Atmosphäre herrscht.

Hollandia ist ein klassisches Café & Konditorei mit salonartigem Ambiente, roten Samtsesseln und etwas plüschig.

Salt och Brygga, am Midgårdstorget. Komplett ökologisches Restaurant, *Björn Stenbeck* kombiniert Mittelmeerküche mit der einheimischen, man speist in hellem Ambiente mit Blick auf den Öresund, Sundspromenaden 7, in Västrahamn, Mo bis Fr 11.30–15 und 18–22 Uhr, Sa 13–22 Uhr, So 13–21 Uhr.

Einkaufen

Alle Einkaufsmöglichkeiten liegen im Stadtkern. Die wichtigste **Shoppingmeile** erstreckt sich vom Bereich rund um die Plätze Stortorget und Lilla Torg über die Södergatan, den Gustav Adolfs Torg und weiter in südlicher Richtung die Södra Förstadsgatan entlang; hier kann man den Bummel beginnen, unzählige Restaurants, Cafés und Esslokale säumen den Platz. Hier liegt auch das Form/Design Center, in dessen Boutique die Highlights des schwedischen Designs angeboten werden (s.u.).

Wohneinrichtung: Geschäfte mit ökologischen Produkten aus fairem Handel sind **Uma Bazaar Concept Store** in der Per Weijersgatan oder **Fiber fin, Ingrid af maglehem** und **Blingo.**

Wer sich für **Kunsthandwerk** interessiert, sollte bei **Formargruppen** in der Engelbrektsgatan 8 vorbeischauen, dem Geschäft einer Künstlerkooperative, die sich auf moderne Kunst spezialisiert hat.

Eine witzige Inneneinrichtung und Gebrauchsgegenstände im Retro-Stil finden Sie bei **Miss Juniversum** in der Davidshallsgatan 19.

Liebhaber von Antiquitäten kommen bei einem Besuch bei **Rågers Antique & Design** auf ihre Kosten, in der Kärleksgatan 4.

Form/Design Center: Im ältesten schwedischen Designmuseum spiegelt sich die Verbindung von klaren klassischen Linien und Fortschrittsglaube. Untergebracht in einem 200 Jahre alten Haus am Lilla Torg, treffen hier Tradition und Moderne manchmal recht heftig aufeinander. Wechselnde Ausstellungen und ein gut sortierter Laden mit Glas, Schmuck und Papier, Di, Mi, Fr 11–17 Uhr, Do bis 18 Uhr, Sa/So bis 16 Uhr.

Möllevången: Hier liegen kleine Geschäfte und Restaurants.

Wer ein Kaufhaus sucht, der gehe zur **Hansa Kompanie** unweit des Gustav Adolfs Torg. In der Malmborgsgatan kann man im Esso-Parkhaus den Wagen abstellen, es hat einen Übergang zum Kaufhaus. Wer noch nicht genug hat, kann gegenüber ins **Triangeln** gehen, in dem es alles unter einem Glasdach gibt.

Nachtleben

Zu den beliebten Bars gehören **Mello Yello Bar** am Lilla Torg 1, **Bar Celona** in der Adelgatan 2 und **Harrys Pub & Restaurant** in der Södergatan 14.

Das **Deep** in der Amiralsgatan 20 veranstaltet samstags auf seinen beiden Tanzflächen 90ties Nights. Um die Ecke in der Spångatan 38 liegt das **Babel,** wo aus einer alten Kirche ein Tanztempel gemacht wurde; über dem Eingang ist ein gigantisches, beleuchtetes Kruzifix montiert.

Der **Etage Nachtclub** am Stortorget 6 hat fünf Bars und zwei Tanzflächen und spielt ein breites Musikrepertoire von Hits bis House.

Live-Musik gibt es im legendären **Kulturbolaget** in der Bergsgatan 18. Und zum Abschluss kann man dann ins **Malmö Brygghus** gehen, eine ehemalige Schokoladenfabrik, die jetzt ein Club ist. Sweet dreams …

An- und Weiterreise

Die **Malmöcard** bietet Ermäßigungen für die meisten Museen, kostenloses Parken und die kostenfreie Benutzung des ÖPNV, ab 130 SEK.

Auto: Die Öresund-Brücke nach Dänemark liegt in Sichtweite. Da die Innenstadt schlecht mit dem Auto zu befahren ist, sollte man sein Gefährt am Malmöhus abstellen. In Malmö beginnen die E 22 nach Norrköping, der RV 11 nach Simrishamn und die E 65 Richtung Ystad.

Bus: Das Busticket für den Stadtbereich kostet 15 SEK.

Bahn: Mit dem Citytunnel wurde der Hauptbahnhof Malmö C zu einem Durchgangsbahnhof. Malmö Syd/Svågertorp ist der Haltepunkt für die Pågatåg-Linie in Richtung Ystad/Simrishamn.

Straßenbahn: Nachdem der Straßenbahnverkehr 1973 eingestellt wurde, fährt nur noch eine Museumsstraßenbahn ab dem Technikmuseum zum Park vom Malmöhus.

Flug: Der nächste **internationale Flughafen** ist **Kastrup (CPH) in Dänemark.** Vom Bahnhof fährt der Öresundzug für 87 SEK dorthin (www.skanetrafiken.se). **Malmö Sturup (MMX)** liegt 30 km außerhalb und bietet nur inländische Flüge. Der Flughafenbus kostet 90 SEK.

sd13-012 fph

Strände/Baden

- Bei Malmö liegen diverse Strände – **Ribersborg, Sibbarp, Klagshamn** und **Scaniabadet** –, die die Möglichkeit zu einem Sprung ins Meer bieten. Der Ribersborg-Strand, 2,5 km lang, wird vom Turistbyrå als „Copacabana Skandinaviens" bezeichnet. Er ist an warmen Sommertagen von Scharen von Schweden bevölkert. Die Ribersborg Pier, an deren Ende die berühmte Badeanstalt **Kallbadhus** liegt, eignet sich für Schwimmer, die keine Lust haben, kilometerweit durchs Flachwasser zu waten.
- **Västra Hamnen:** Dies ist eine neue Anlage mit modernen Holzdecks. Hier findet man junges, trendiges Publikum.

Die museale Straßenbahn von Malmö

Golf

Südschweden ist ein bekanntes Ziel für Golfbegeisterte. Im Umkreis von einer Autostunde vom Malmöer Zentrum gibt es **über 70 Golfbahnen,** von denen drei, Barsebäck, Ljunghusen und Falsterbo, zu den besten in Schweden zählen.

Ausflüge

Stadtrundfahrt mit dem Boot

Die Runde startet am Anleger Norra Vallgatan gegenüber dem Bahnhof. Die offenen Boote haben einen Fremdenführer an Bord und schippern **durch die Kanäle der Stadt.** Eine 50-Minuten-Tour kostet 125 SEK, es gibt auch Nachtfahrten sowie kombinierte Boot- und Radtouren.

Limhamn

Der 5500 Einwohner zählende Ort am Südende der Stadt wurde zwar 1915 eingemeindet, die Bewohner fühlen sich aber nicht als Malmöer. Von den Stränden bietet sich ein guter Blick auf die Skyline Malmös. Einige alte Gebäude stehen im Ortskern, ansonsten sind eine Menge moderner und postmoderner Viertel zu verzeichnen. Die Kalksteinbrüche **Limhamns Kalkbrott** gehören zu den bedeutendsten weltweit und sind über 1,5 km lang und fast 1 km breit. Hier wurde auch Stein für die Jesusstatue von Rio de Janeiro gebrochen. Besichtigungen arrangiert die Turistinfo. Vor der Öresund-Brücke rechts ab. Der Campingplatz Sibbarb nimmt Reisende auf. Fährt man 1 Stunde, gelangt man zu weiteren Stränden.

Skanör und Falsterbo

Die **Badeziele** sind oben unter Trelleborg beschrieben.

Ljunghusen und Stenhammaren

Ljunghusen und Stenhammaren erreicht man in 45 Minuten, die **Strände** haben herrlichen weißen Sand. Skanörs Gästgifvaregård, Mellangatan 13, Tel. 040-47 56 90, ist ein idyllisch gelegenes Haus an der Hauptstraße mit guter Küche.

Torups Slott

Das **Schloss** ist sehr gut erhalten, der Hauptteil stammt aus dem 14. Jh. Die Ziegelfassade besitzt die typischen Treppengiebel. Besichtigungen sind im Sommer sonntags möglich, der Schlosspark ist immer offen. Von Malmö 15 km nach Osten.

Häckeberga Slott

Das Schlösschen, **in Genarp** auf einer der sieben Inseln im Häckebergasee gelegen, ist eine märchenhafte Kulisse für ein stilvolles 5-Sterne-Wochenende, da man hier wohnen kann, Tel. 480 440. Die Festung wurde für *Holger Ulfstand* 1530 auf altem Gemäuer von *Helgo Zetterwall* erbaut. Um 1872 war der Eigentümer *Wilhelm Tham,* der sie verpachtete. Im 20. Jh. wurde das Schloss mehrfach restauriert. Bei einem Brand 1960 wurden große Teile der Einrichtung zerstört, Fassade und Fenster blieben praktisch unbeschädigt. Das Dach wurde nach dem Feuer in Kupfer statt mit Schindeln gedeckt. Einige Stellen blieben unsaniert, Spuren des Feuers sind heute noch sichtbar. 1997 wurden das Restaurant und das Hotel eingeweiht. Man fährt auf der E65 Richtung Ystad und biegt hinter Sturup links nach Genarp ab. Man kann bis auf die Insel fahren, es gibt einen Damm.

Alnarps Slott

Alnarps Slott liegt als Oase mitten auf den Feldern zwischen Malmö und Lund in der Nähe von Lomma und Arlöv. Das **Schloss** wurde 1862 im holländischen Renaissancestil für das Landwirtschaftsinstitut gebaut. Der **berühmte Park** beherbergt die landesweit größte Sammlung an Baum- und Straucharten und ist ganzjährig zugänglich. Ende Mai wird der „Alnarpstag“ veranstaltet, an dem es einen Staudenmarkt, Workshops und Führungen gibt.

Weiterfahrt nach Lund

Wer der altehrwürdigen Universitätsstadt Lund einen Besuch abstatten will, der benutzt die E 22 Richtung Nordosten, wer in den Norden (nach Landskrona) will, bleibt auf der E 6/E 20.

Lund

- **Einwohner:** 75.000, davon 40.000 Studenten
- **Vorwahl:** 046
- **Information: Turistbyrå,** Botulfsgatan, 1a, Tel. 35 50 40, www.lund.se, im Sommer Mo bis Fr 10–17 Uhr, Sa 10–14 Uhr.

Lund ist eine **Studentenstadt** und geprägt von der Universität, die seit 1666 die größte und zweitälteste des Landes ist. Außerdem ist Lund das **kulturelle Zentrum Südschwedens** mit einer tausendjährigen Geschichte. Da die Stadt nur 60 km von Kopenhagen, aber 600 km von Stockholm entfernt ist, stand sie lange unter dänischem Einfluss. Der Reisende sieht schon von Weitem die mächtigen Türme der Domkirche, und ehe man sich versieht, erreicht man über die Södergatan das Herz der Stadt, den Mårtenstorget, wo man außer an Markttagen auch parken kann.

Geschichte

Gegründet vom dänischen König um 1000 n. Chr., gehörte die Stadt bis 1638 zu **Dänemark** und war ziemlich bedeutsam. Hier wurden dänische Münzen geprägt. Seit dem 12. Jh. residierte auch der Bischof für Nordeuropa hier, der Ort besaß rund 30 Kirchen und wurde kultureller Mittelpunkt. Als Kopenhagen dänische Hauptstadt wurde, verarmte die Stadt, bis 1648 die **Universität** gegründet wurde. Es gibt medizinische, naturwissenschaftliche und technische Fakultäten. 1666 ging von der Stadt der Versuch aus, das ehemalige dänische Skåne wieder schwedisch zu bekommen. In Lund befindet sich das **Landesarchiv,** in dem u.a. *Alfred Nobels* Familienunterlagen aufbewahrt werden.

1703 und 1711 wüteten zuerst Brände, dann die **Pest.** 1716–1718 regierte der Schwedenkönig *Karl XII.* von hier sein Land. Mit dem Anschluss an das Eisenbahnnetz 1850 durch die Södra stambanan schaffte Lund auch den Anschluss an das moderne Schweden. Bekannte Unternehmen heute sind **Tetrapak,** das in den 1960er Jahren Europa mit seinen tetraederförmigen Safttüten aus Pappe überschwemmte, und **Sony-Ericsson.**

Sehenswert

Stortorget

Der **Mittelpunkt der Stadt** liegt südlich des Doms. Markantestes Gebäude ist das

Rådhuset, einige Geschäfte und Cafés liegen nebenan. Außerdem steht die Stadthalle hier, die auch für Sitzungen herhalten muss, dahinter liegt die Touristeninformation.

Domkyrka

Der 1103 errichtete **romanische Dom** ist der größte und älteste Skandinaviens. Der Baustil ist norditalienisch beeinflusst. Die Kanzel ist aus Marmor, Alabaster und Holz, sie wurde von *Johannes Gansog* aus Frankfurt an der Oder ausgeführt. Auch den reich geschnitzten Chor entwarf ein deutscher Meister. Hinter dem Westportal links kann man sich die **astronomische Uhr „Horologium mirabile Lundense“** von 1380 ansehen. Oben in der Mitte sitzt Maria mit dem Jesuskind, um 12 und 15 Uhr, an Sonntagen 13 und 15 Uhr, öffnet sich ein Holztürchen, die Heiligen Drei Könige treten heraus und umrunden Mutter und Kind. Dazu blasen zwei Schalmeienspieler „In dulci jubilo“. Wichtige Astronomen halten darüber Wache, ihrerseits bewacht von schwertschwingenden Kriegern. Im Turm lebt übrigens die Eule *Flammea,* zumindest in *Selma Lagerlövs* Roman „Nils Holgerson“. Mo bis Fr 8–18 Uhr, Sa 9.30–17 Uhr, So 9.30–18 Uhr.

Mårtenstorget

Der Mårtenstorget liegt südöstlich des Stortorget, er ist ein alter Handelsplatz, auf dem regelmäßig **Märkte** abgehalten werden, ansonsten ist er Parkplatz. Auf der Nordseite steht ein Brunnen – das Wasser sprudelt direkt aus dem Boden. In der **Konsthallen** werden schwedische und internationale Sammlungen gezeigt, Mo bis Sa 12–17 Uhr, Do bis 20 Uhr.

Lundagård

Der **Park mit alten Bäumen** dehnt sich zwischen dem Dom und der Uni aus, zur Zeit der dänischen Herrschaft war er von einer Mauer umgeben, denn er beherbergte die Residenz des Bischofs und die königliche Münzprägeanstalt.

Stadsparken

Südwestlich des Zentrums gelegen, wurde der Park Anfang des 20. Jh. um die Wallanlage aus dem Mittelalter herum angelegt. Zu finden gibt es außer Erholung mehrere **Skulpturen** verschiedener Künstler.

Botaniska Trädgården

Der schöne, gepflegte **Botanische Garten** liegt in der Östra Vallgatan 20, unter www.botaniskatradgarden.se kann man sich zur Blütezeit der Pflanzen erkundigen. Der Garten ist von Mitte Mai bis Mitte September von 6–22.30 Uhr geöffnet, sonst bis 20 Uhr. Eintritt frei.

Skissernas Museum

Das Museum wurde 1934 von einem Professor für Kunstgeschichte ins Leben gerufen. Hier sammelte er **Kunstpostkarten.** Bald trudelten aus dem ganzen

Land Schenkungen ein, so z.B. Arbeiten vom Maler *Prinz Eugen*. Als es immer mehr wurde, zog man in ein größeres Gebäude unweit der Universitätsbibliothek. Der **Skulpturengarten** des Museums ragt in den Park des Helgonabacken herein. Finngatan 2, Di bis So 12–17 Uhr, Mi bis 21 Uhr, Eintritt 50 SEK.

Kulturen

Das **Freilichtmuseum** am Tegnérplatsen an der Ostseite des Lundagård zeigt 30 Gebäude, u.a. alte Hofgebäude.

Villa Zettervall

Sandgatan 14: Die Villa entwarf der Künstler 1871 für sich selbst im italienischen Stil.

Praktische Infos

Unterkunft

■ **Hotell Ahlström**⑤, Skomakaregatan 3, Tel. 211 01 74, www.hotellahlstrom.se. Von außen eher schlicht, aber das älteste Haus am Platz.

■ **Lundia**④, Knut Den Stores Torg 2, Tel. 280 65 00, www.lundia.se. Designhotel mit klaren skandinavischen Formen. In Räumen und Fluren stehen Stücke der wichtigsten Designer des 20. Jh. In der Nähe des Bahnhofs.

■ **Grand Hotel**④, Bantorget 1, Tel. 280 61 00, http://grandilund.se. Altehrwürdiges 83-Zimmer-Haus im Zentrum, man fühlt sich wie ein Schlossherr.

■ **Apartments Stay at Lund**④, Laboratoriegatan 10 Tel. 423 60 00, www.stayat.se. 5 Min. zu Fuß von der Uni liegt dieses schlichte Apartmenthaus.

■ **Scandic Star**③, Glimmervägen 5, Tel. 285 25 00, http://www.scandichotels.com. Von außen ein schlichter Backsteinbau, innen luxuriös, mit ver-

sd13-013 fph

glastem Innenhof. 2 km außerhalb an der Kreuzung E 22 und Dalbyvägen.

■ **Samhall Hotell Sparta**③, Tunavägen 39, Tel. 19 16 00, www.spartahotell.se. Schlichtes, modernes Haus mit preiswerten Zimmern.

■ **Ibis Lund**②, Förhandlingsvägen 4, Tel. 31 36 30, www.ibis-lund.com. Der grüne Wellblechbau des Kettenhotels liegt in der Nähe von Nova Lund am Westring.

■ **STF Hostel Lund**②, gleich hinter dem Bahnhof steht ein alter D-Zug aus den 1930er Jahren. 27.2. bis 23.9., Vävaregatan 22, Tel. 142 820, www.trainhostel.com/eng.

Camping

■ **Källby Friluftsbad & Camping,** Badarevägen, Tel. 355 188. Einfacher Platz, laut und groß, viele Saisonarbeiter. Der Platz liegt direkt am Öresund, von der Innenstadt nimmt man den Västkustvägen nach Norden.

Essen und Trinken

■ **Gräddhyllan Café,** Bytaregatan 14, Tel. 15 72 30. Gehört zum Ahlström-Hotel, exzellente Küche, geöffnet 11–22 Uhr, Fr/Sa 11–24 Uhr, So 12–22 Uhr.

■ **Stäket,** Södergatan 6, Tel. 211 93 67. Altes Steinhaus im Zentrum mit guter Auswahl.

■ **M.E.A.T,** Kattesund 8. Rustikal und fleischlastige Küche.

■ **Stadsparkscafeét,** zum Ausruhen in den Stadsparken, nur zu Fuß zu erreichen.

■ **The Old Bull,** Bantorget 2. Gemütliches Restaurant und Pub im Zentrum.

Nachtleben

Das Nachtleben ist studentisch geprägt. Touristen haben kaum eine Möglichkeit, in einen Studentenclub zu gelangen, aber es gibt auch „normale" Discos, z.B. **Basilika,** Stora Södergatan 13, oder **Gloria's** in der Sankt Petri Kyrkogata 9. Nebenbei: In dem niedrigen Ziegelhaus Grönnegatan 10 Ecke Ståbrogatan wohnte 1897 *August Strindberg.*

An- und Weiterreise

Lund liegt nur 17 km von Malmö und etwa 60 km von Kopenhagen entfernt.

■ **Auto:** Von Dänemark gelangt man über die Öresundbrücke durch Malmö nach Lund.

■ **Bahn:** Pågatåg bedient die nähere Umgebung, der Öresundståg verbindet alle wichtigen südschwedischen Orte und in Verbindung mit Trafikstyrelsen auch Dänemark. Mit SJ fährt man nach Stockholm und Göteborg.

■ **Bus:** Die Linien 130 und 131 brauchen eine Dreiviertelstunde von Malmö; es gibt Verbindungen nach Stockholm, Göteborg und Kopenhagen.

■ **Fahrrad:** Wie in jeder Universitätsstadt ist auch in Lund das Fahrrad das wichtigste Verkehrsmittel. Etwa 22.000 Radfahrer kurven täglich durch die Innenstadt. Am Bahnhof Lund C liegt das Fahrradreisezentrum Lundahoj mit 780 bewachten Stellplätzen und einem Verleih.

■ **Flug:** Der nächste internationale Flughafen ist Kastrup (CPH) in Dänemark. Malmö Sturup (MMX) bedient das schwedische Netz, nur im Sommer gibt es vereinzelt Charterflüge nach Osteuropa.

Ausflüge

Borgeby Slott

Nach rund 10 km Richtung Norden auf der E 6/E 22 biegt man rechts zur **Schlossanlage** ab. Das ursprüngliche Gebäude **am Fluss Norrlind,** eine Burg aus dem 15. Jh., wurde nach einem Brand neu errichtet. Später lebte der Landschaftsmaler *Ernst Norlind* in dem Gebäude.

Svenstorp Slott

Das **Renaissanceschloss** 8 km nördlich von Lund liegt in einem herrlichen Park und wurde erst vom Dänenkönig und später vom schwedischen König bewohnt.

Von Malmö nach Landskrona

Auf halbem Wege zwischen Malmö und Landskrona liegt hinter Löddeköpinge der kleine Ort **Barsebäck** links der E 6/ E 20 am Meer. Der **Golfclub** Barsebäck mit seinem Masters-Course hat sich durch die Austragung des Solheim-Cups einen Namen gemacht. Die Bahnen beginnen in einem schützenden Kiefernwald, bevor es entlang der Öresund-Küste windig wird. Der Club gehört zu den Top 10 in Schweden.

Landskrona

- **Einwohner:** 30.000
- **Vorwahl:** 0418
- **Information: Turistbyrå,** Regeringsgatan 13, Tel. 47 30 00, Mo bis Fr 10–18 Uhr, Do bis 20 Uhr, Sa/So 10–17 Uhr.

Bevor man Helsingborg erreicht, lohnt ein Abstecher an den Öresund zur Industrie- und Handelsstadt Landskrona.

Geschichte

1413 machte *Erik von Pommern* aus dem Fischerdorf eine Stadt, war hier doch der einzige **natürliche Hafen** an der Westküste. Vor Ort sollte ein bewachter Handelsplatz außerhalb der Hanse entstehen. 100 Jahre später errichtete man die Zitadelle mit Gräben und Wallanlagen.

Sehenswert

Zitadelle

1549 durch den Dänenkönig *Christian III.* beschlossen, entstand außer den Befestigungsanlagen auch ein Wohnhaus im Renaissance-Stil. Die nahezu **quadratische Anlage** ist von zwei ziemlich breiten Gräben umgeben und hat einen Turm an jeder Ecke. Ursprünglich waren es drei Gräben, aber der schmale äußere ist nur noch zur Hälfte zu sehen. Die Festung diente in späteren Jahrhunderten als Kaserne und Gefängnis und kann heute besucht werden. Zu sehen sind Stuben alter Handwerker wie des Silberschmieds und des Buchbinders.

Stadtmuseum

In der Adolf-Frederiks-Kaserne: Außer alten Ladeneinrichtungen gibt es eine Abteilung über *Enoch Thulin*, der Autos und Flugzeuge entwarf. Sein Eindecker war ein Lizenzbau des französischen Blériot-XI-Flugzeuges und wurde von 1914 bis 1918 gebaut. Ein Exemplar entdeckte der Flugkapitän *Mikael Carlson* Ende der 1980er Jahre in einer Scheune – es gilt als älteste flugfähige Blériot-Maschine. Zu Filmaufnahmen verwendete man allerdings Nachbauten, die gar nicht selten sind.

Hajiska Huset

Kungsgatan 13: **Mädchenschule** aus dem 18. Jh., in der die Nobelpreisträgerin *Selma Lagerlöf* einst lehrte.

Wasserturm

Der Turm bietet einen **Ausblick auf den Öresund.**

Praktische Infos

Unterkunft

- **Hotel Öresund**⑤, Selma Lagerlöfs Väg 4, Tel. 19 23 95. In einem Kaufmannshaus im Ort, gediegen.
- **Hamnhotellet Kronan**③, Lilla Strandgatan 11, Tel. 44 63 60. Das Haus vom Ende des 18. Jh. hat 17 Zimmer und eine schöne Aussicht über den Öresund.
- **Marienborg Guesthouse**②, Säbygatan 13, Tel. 036 56 70. In einer alten Villa in der Nähe der Zitadelle.
- **Camping Borstahusen,** Campingvägen, Tel. 108 37, Ausfahrt Landskrona Nord. Am Meer, mit einem Steg, um im tiefen Wasser schwimmen zu können. April bis Sept. 200 SEK.

Essen und Trinken

- **Seglarpaviljongen,** Badhusgatan 40, Tel. 137 85. Das einfache Lokal liegt am Wasser südlich der Zitadelle.
- **Dannys Corner,** Järnvägsgatan 32B. Klassische schwedische Küche im Eckladen.
- **Café Allt i Gläntan,** Hagåkersgatan 8. Café in einem Fachwerkhaus, leichte Mittagsgerichte.
- **Restaurang Torstens,** Italiener im 1. Stock am Rådhustorget 9. Guter Blick durch die großen Fenster auf die Nygatan.
- **Nils Holgersson,** Selma Lagerlöfs Väg 4, Tel. 47 40 00. Gehobenes Restaurant in einem Gewölbe aus dem 18. Jh.
- **Restaurang Pumphuset,** Borstahusen, Nedre gatan 97, nördlich des Zentrums direkt am Yachthafen. Eine Mischung aus Alt und Neu in Verbindung mit guter Küche.

An- und Weiterreise

- **Auto:** In Landskrona beginnt die Straße 17 in Richtung Höör. Wer nicht über die E 6 nach Helsingborg fahren will, kann die kleine Straße an der Küste nehmen. Kurz nach dem Ort erreicht man den **Aussichtspunkt Glumslövs backar** auf einem Hügel, der einen schönen Blick über den Sund ermöglicht.
- **Bahn:** 1998 wurde die Bahnstrecke Lund – Helsingborg ausgebaut. Dem fiel der alte Bahnhof zum Opfer, zugunsten einer neuen Station weiter draußen. Um die Menschen dorthin zu bringen, überlegten sich die Stadtväter eine Busverbindung. Obwohl Dieselbusse billiger gewesen wären, entschied man sich für einen O-Bus (s.u.), da dies geräuschärmer

Tycho Brahe – Sterne schauen ohne Fernrohr

Tycho Brahe wurde am 14. Dezember **1546** auf Schloss Knutstorp bei Landskrona geboren. 1559 schrieb sich *Brahe* an der Uni Kopenhagen für Philosophie und Rhetorik ein. Doch das reichte ihm nicht, und so studierte er in Leipzig, Wittenberg, Rostock und Basel Geistes- und Naturwissenschaften sowie Recht. Gleichzeitig begann er mit astronomischen Studien. Mit 20 verlor er bei einem Duell einen Teil seiner Nase und musste seitdem eine Metallprothese tragen.

Brahe beobachtete 1572 eine Supernova, die nach einem Jahr verblasste. Er bezeichnete das Phänomen als erster als „Neuen Stern". Dadurch machte er sich als **Astronom** einen Namen.

1573 heiratete er und zeugte acht oder neun Kinder, genau ist die Zahl nicht mehr zu ermitteln. 1576 finanzierte König *Frederik II. von Dänemark* das **Schloss Uranienborg** mit Sternwarte auf der damals dänischen Öresundinsel Ven vor Landskrona, wo *Brahe* 21 Jahre lang forschen sollte. Urania ist übrigens die griechische Muse der Sternkunde. *Brahe* baute nicht nur alle benötigten Instrumente selbst, sondern druckte auch seine eigenen Bücher. So gab es auf Uraniborg Laboratorien und Werkstätten. Als der Forscher feststellte, dass der sandige Grund der Insel, der Wind und die Temperaturschwankungen seine Messungen beeinträchtigten, ließ er die neue **Sternwarte Stjerneborg** in den Untergrund verlegen. Dadurch wurden seine Messungen derartig präzise, dass sie teilweise noch heute gelten. *Brahes* Bestimmung der Länge des Jahres musste später lediglich um eine Sekunde korrigiert werden. Das Fernrohr wurde übrigens erst sieben Jahre nach seinem Tod erfunden. *Brahe* entdeckte Kometen, doch die Himmelskörper wurden erst etwa 50 Jahre später anerkannt. Wegen Widersprüchen in den damals gebräuchlichen Weltsystemen entwickelte er sein eigenes. Seine Schwester *Sophie* half ihm jahrelang bei seiner Arbeit.

Als König *Christian IV.* die Mittel kürzte, ging *Brahe* 1597 nach Hamburg und danach nach Prag, wo er **1601** starb. Sein Nachfolger wurde *Johannes Kepler.*

003fotolia

Dänische Briefmarke zu Ehren von Tycho Brahe

und prestigeträchtiger war, zumal der Strom von einem Windkraftwerk stammt. 2003 begann Skånetrafiken den Betrieb mit einem aus Tallin ausgeliehenen Bus. Seitdem kann man vom Bahnhof zum Fähranleger Skeppsbron fahren.

■ **Bus:** Landskronas trådbuss heißt der einzige **Oberleitungsbus** (O-Bus) in Schweden. Zwei lange Stromabnehmer auf dem Busdach berühren die Oberleitungen, die über die Straße gespannt sind. Die Busse brauchen keine Schienen wie die Straßenbahn, sind aber unflexibel beim Ausweichen von Hindernissen, da sie ihre Spur nur um die Länge des Stromabnehmers verlassen können.

Ausflüge

Insel Ven

Mitten im Öresund liegt die autofreie, 7,5 km^2 große Insel. **Tycho Brahe** ließ sich hier sein **Schloss Uranienborg** bauen, die Insel war ihm vom König zugesprochen worden. Auch sein Observatorium und die Bibliothek befanden sich hier. Heute erinnert ein kleines **Museum** an den Astronomen, das Schloss ist nicht mehr vorhanden, 10–16 Uhr, im Sommer bis 18 Uhr, Eintritt 60 SEK. Danach kann man das Örtchen mit feinen reetgedeckten Fachwerkhäuschen und die kleine Kirche St. Ibb besuchen, die oberhalb des Ortes liegt. **Speisen** kann man im Spirit of Hven Backafalls Byns, Norreborgsvägen 55, Tel. 44 99 99, zwei Straßen südlich der Kirche, oder im Turistgården im Landsvägen 193, wo es schwedische Hausmannskost gibt. Das Café Bäckviken ist in einem kleinen, mit Efeu überwucherten Feldsteinhäuschen untergebracht. **Fähren** starten täglich bis zu 20 Mal von Landskrona und sind 20 Minuten unterwegs. Auf der Insel kann man sich ein **Rad** mieten oder sich auf einem Heuwagen mit dem „Traktorskrinda" von Bäckviken bis Kyrkbacken fahren lassen. An der Nordostspitze gibt es einen Leuchtturm; er duckt sich hinter der Steilküste direkt am Wasser.

Trolleholms Slott

Dies Schlösschen liegt sehr romantisch in einem quadratischen Teich. Mit seinen Zinnen und Türmchen hat es etwas **Märchenhaftes.** Die ursprüngliche Burg von 1538 brannte im dänisch-schwedischen Krieg 1678 ab. 1750 wurde sie wieder aufgebaut und gleich wieder eingerissen, weil der Besitzer das Gemäuer nicht mochte. Er heuerte den dänischen Architekten *Ferdinand Meldahl* an, der dem Neubau das historisierende Äußere verpasste. Auf Teilen der alten Mauern entstand ein Ensemble mit vier kupferbeschlagenen Türmen. Heute beherbergt das Schloss **eine der größten privaten Büchersammlungen Europas** mit etwa 45.000 Bänden. Man erreicht die Anlage, wenn man auf der Straße Nr. 17 nach Osten Richtung Eslöv fährt.

■ **Farbror Elofs skafferi**④, in Billeberga. Ein tolles Landrestaurant, das den Umweg lohnt: Man fährt die Straße Nr. 17 15 km in Richtung Eslöv, den Svalövsvägen hinein und dann links in den Värmövägen, der Kvarngården folgt sogleich. Das Lokal ist gleichzeitig ein Trödelladen, Übernachten ist ebenfalls möglich. Tel. 43 11 77.

Wallåkra Stenkärl

Die **Steingutfabrik** aus dem Jahr 1864, ein Relikt der Industrie- und Handwerksepoche, war ein wichtiger Betrieb für den Nordwesten Skånes, heute ist sie **Museum und Laden.** Sie liegt in Drejarestigen, Vallåkra, auf halbem Weg nach Helsingborg, 11–17 Uhr, So bis 16 Uhr. Zum essen geht man in den Krogen Wallåkra. Das Restaurant ist in einem alten Lagerhaus der Fabrik untergebracht, unter dem ein Bach hindurchfließt. Regionale Erzeugnisse werden nach schonischer Tradition zubereitet.

Von Landskrona nach Helsingborg

Nach 25 km auf der E 6 hat man die alte Stadt Helsingborg erreicht. Über den Hafen kommen alljährlich Tausende Urlauber vom dänischen Helsingør nach Schweden.

Helsingborg

- **Einwohner:** 92.800
- **Vorwahl:** 042
- **Information: Tourist Centre,** Kungsgatan 11, Tel. 10 43 50, Mo bis Fr 10–18 Uhr, Do bis 20 Uhr, Sa/So 10–17 Uhr.

Helsingborg liegt an der schmalsten Stelle des Öresund gegenüber der dänischen Stadt Helsingør. Entlang des Öresund zieht sich eine bis zu 40 m hohe geologische Verwerfung, dadurch wird der Ort in eine **Unter- und** eine **Oberstadt** geteilt. Die Altstadt liegt auf Meereshöhe. Deshalb hat sich die Innenstadt bis heute nicht landeinwärts ausgedehnt, stattdessen trotzte man dem Meer ein Stück Land ab, der Sundstorget liegt mitten darauf. Darunter fließt der Verkehr durch Tunnel.

Geschichte

Die erste urkundliche Nennung durch den Dänenkönig *Knut IV.* erfolgte 1085, man geht allerdings davon aus, dass es hier schon früher eine Ansiedlung gegeben hatte. Im 12. Jh. baute man eine **Steinburg** zum Schutz der Schiffe, die den Sund vom dänischen Mutterland zur Provinz Schonen überquerten. Bald wuchs eine Stadt im Schutz der Burg heran. Wegen seiner strategisch günstigen Lage am Öresund war die Burg immer wieder umkämpft. Mit ihren 4 m dicken Mauern gehörte sie zu den stärksten in Skandinavien. Im 17. und 18. Jh. wurde die Stadt mehrmals in den dänisch-schwedischen Kriegen verwüstet. Nach dem berühmten Frieden zu Roskilde wurde die Stadt zwar schwedisch, aber danach noch zweimal von den **Dänen** zurückerobert, weswegen der Schwedenkönig die Festung abreißen ließ, nur der Turm blieb stehen. Trotzdem wurde die Stadt von weiteren Kampfhandlungen und auch von der **Pest** heimgesucht. Die einzigen Häuser aus dem 17. und 18. Jh., die heute noch stehen, sind das Jacob Hansens Hus, der Gamlegård und der Hof Henckelska gården.

Erst Ende des 19. Jh. erholte sich Helsingborg, und es entstanden **Industriebetriebe** und ein bedeutender **Exporthafen.** 1892 ging die erste Fährverbindung nach Helsingør in Betrieb. 1903 bekam die Stadt sogar eine Straßenbahn, die 1967 allerdings abgeschafft wurde. Außerdem gab es eine Stahlgießerei, eine Zucker-, Gummi- und Jutefabrik.

Ein berühmter Sohn der Stadt ist **Ruben Rausing,** Erfinder des tetraederförmigen Getränkekartons, der ein Minimum an Pappe benötigt, um ein Maximum an Inhalt aufzubewahren. Früher kannte die Tüten in Deutschland jedes Kind, die Kids heute kennen eher **Sven Nordqvist,** Zeichner und Erfinder von „Pettersson und Findus", die allerdings nicht seine einzigen Kinderbücher sind.

Sehenswert

Stortorget

Der **große Platz** mit dem 1897 erbauten Rathaus im neugotischen Stil mit dem 60 m hohen Glockenturm und dem Hotel Mollberg erstreckt sich von den Treppen im Osten bis zur Drottninggatan im Westen. Markant ist das Reiterstandbild von 1910, das *Magnus Stenbock* zeigt.

Kärnan

Eine herausragende Sehenswürdigkeit ist der übrig gebliebene **Burgturm** der Befestigungsanlage. Von ihm hat man einen weiten Blick über den Sund. Ursprünglich gab es eine Wachstube darin, eine Küche und die Wohnung des Kommandanten.

Sjöfartsgudinna

Die bronzene **Meeresgöttin** auf einer Stele blickt vom Hamntorget aufs Meer.

Granit-Kaninchen

Vor dem Dunker Kulturhus, Kungsgatan 11: *Marianne Lindberg de Geers* comicartige Karnickel gefallen allen Kindern, der Titel „Eine Studie von inhumanen sexuellen Erwartungen" ist ihnen allerdings nur schlecht zu erklären. Für eine Ausstellung aufgebaut, kaufte die Kommune die **fünf Tiere** danach an, was zu Protesten führte, nach dem Motto: „Für so was ist Geld da!" Zum Eklat kam es, als die Stadt das Geld wieder hereinholen wollte, indem sie „Patenschaften" für die einzelnen Tiere verkaufen wollte. „Finger weg von meinen Kaninchen", schrieb die Künstlerin daraufhin in einem offenen Brief an die Stadt, sie fürchtete, dass dadurch einzelne Tiere aus der Gruppe entfernt werden würden.

Konzerthaus

1932 dank einer Spende des Industriellen *Henry Dunker* errichtet, geht das **rein funktionale Gebäude** auf einen Entwurf des Architekten *Sven Markelius* zurück und ist heute ein Glanzbeispiel des schwedischen Funktionalismus.

Krookska Planteringen (Stadtpark)

Der **erste Park der Stadt** geht auf einen Protest zurück. Die Brache sollte Anfang der 1870er Jahre bebaut werden, was den reichen Schwestern *Krook* missfiel. Kurzerhand kauften sie das Areal und schenkten es der Stadt mit der Bedingung, daraus einen Park zu machen.

Ramlösa Brunnspark

Im Ortsteil Ramlösa im Süden: Hier lag die 1707 in Betrieb genommene **Ramlösa-Quelle,** die im 18. und 19. Jh. Kurgäste mit Heilwasser versorgte. Dadurch entwickelte sich der Stadtteil zu einem mondänen Kurort, was sich noch in der Architektur widerspiegelt. Im Park stehen gelbe verzierte Holzhäuser. **Stora hotellet,** 1882 eingeweiht, ist das größte Holzhaus Skandinaviens, vielleicht hat man deswegen ganze sechs Jahre daran gebaut.

Villa Vikingsberg

Das Haus mit dem umgebenden **Park** im höher gelegenen Teil Helsingborgs wurde der Stadt von *Ida* und *Otto Banck* 1912 für die städtische Kunstsammlung vermacht. Heute beherbergt es eine private **Kunstgalerie.**

Jugendstilvillen

Die Villen der örtlichen Oberschicht kann man beim Bummel durch den **Stadtteil Olympia** bewundern.

Gamla Tullhuset (Altes Zollhaus)

Am Hamntorget mit der „Seefahrtsgöttin", einer **Skulptur** von *Carl Milles.*

Stadtmuseum

Vikingsgatan: 1909 auf Initiative des Konsuls *Trapp* gebaut, zeigte das Museum neben Kunstwerken naturwissenschaftliche, archäologische, ethnografische und kulturhistorische Stücke, die zum Teil schon ab 1890 zusammengetragen worden waren. Nach der Schenkung der Villa Vikingsberg an die Stadt zog die Kunstsammlung 1929 dorthin um. Mo bis Fr 11–16 Uhr, Eintritt 80 SEK.

Freilichtmuseum Fredriksdal

Gisela Trapps väg 1: *Trapps* Witwe stiftete 1918 das Gut Fredriksdal mit den zugehörigen Ländereien für ein Freilichtmuseum. Zu sehen sind heute Hofanlagen aus verschiedenen Gegenden Skånes und interessante Gebäude aus den alten Stadtvierteln Helsingborgs. In einem der Häuser liegt das Grafische Museum **Grafiska Museet,** das größte in Schweden, das die Geschichte der Druckkunst zeigt. Mai bis August 10–18 Uhr, Eintritt 80 SEK.

Sofiero Slott

Mit einem fantastischen Blick auf den Öresund liegt das Schloss Sofiero inmitten eines Parks mit üppigem Grün. Das Besondere sind seine **Rhododendronsträucher,** von denen es hier rund 10.000 gibt. Hunderte von Arten und Hybriden wurden gesammelt und unter den schattigen Bäumen gepflanzt. Der Garten war in den 1920er Jahren Königin *Margaretes* Stolz. Als sie starb, führte der Kronprinz *Gustav Adolf* den Garten weiter, und als er 1950 König wurde, begann er intensiv mit der Rhododendronzucht. Heute dient der Garten als Ort für **Konzerte und Aufführungen,** dann schließt er schon früher für Besucher. Für Fans gibt es einen Blog im Internet, dort werden die Sträucher bekannt gegeben, die gerade blühen. Das Schloss kann ebenfalls besichtigt werden, es war bis in die 1970er Jahre die Sommerresidenz der schwedischen Königsfamilie. Eintritt 80 SEK. Nicht zuletzt erfreut sich das **edle Schlossrestaurant** großer Beliebtheit, Tel. 14 04 40. Wem es zu vornehm ist, der kann sich im Café am Wintergarten stärken, das im Sommer von 11–17 Uhr geöffnet hat. Öffnungszeiten Park: 10–18 Uhr, Schloss 11–18 Uhr. Zudem gibt es noch einen Schlossladen mit allerlei Kunsthandwerk und einen Blumenhandel. Lage: Sofierovägen 131, der Weg geht von der City direkt am Sund nach Norden, www.sofiero.se.

Praktische Infos

Unterkunft

■ **Horisont**⑤, Gustav Adolfs Gata 47, Tel. 0945-19 23 95, www.profilhotels.com/hotelhorisont. Die 164 Zimmer in dem gezackten Bau haben meist asymmetrische Grundrisse.

■ **Best Western Duxiana**⑤, Bruksgatan 40, Tel. 13 23 40, www.helsingborg.hotelduxiana.com. In Zusammenarbeit mit der gleichnamigen Bettenfirma, 45 unterschiedliche Zimmer in einem schönen Altbau.

■ **Best Western Plus**⑤, Stortorget 20, Tel. 19 23 95, www.bestwestern.com. Ehrwürdiges Haus in bester Lage mit Blick auf Stor- und Hamntorget.

■ **City Hotel**④, Hantverkaregatan 11, Tel. 19 23 95, http://cityhotell.net. Preiswertes Plattenbauhotel südlich des Zentrums.

■ **Comfort Hotel Nouveau**③, Gasverksgatan 11, Tel. 19 23 95, www.nordicchoicehotels.se. Etwas wilde Innengestaltung, aber sonst okay, zentrale Lage.

004fotolia

☐ Der Hafen von Helsingborg

■ **STF Vandrarhem**③, Planetringsvägen 71, Tel. 13 11 30, www.miatorp.nu. Im Vorort Miatorp in einem schlichten 1920er-Jahre-Wohnblock.
■ **Vandrarhem Helsingborg**②, Hantverkaregatan 2, Tel. 14 15 65, www.helsingborgsvandrarhem.com. Das schlichte mehrstöckige Haus liegt im Zentrum beim Bahnhof.

Essen und Trinken

An der Wasserfront steht eine Reihe Restaurants im Bereich des Nordhafens, der Kai- und der Strandpromenaden, wo im Sommer auch unter freiem Himmel bedient wird.

■ **Mollbergs matsalar,** im Hotel Mollberg. Den „Speisesaal" gibt es seit dem 15. Jh.
■ **Melrose,** Bollbrogatan 6. Ab Mitternacht amüsiert man sich hier in der Disco oder an der Bar.
■ **Gastro,** Södra Storgatan 11–13. Modisches Gourmet-Restaurant im Zentrum. Internationale Küche mit lokalen Einflüssen.
■ **Tropical-Beach-Strandbar,** an der Hafeneinfahrt Inre hamn und leicht zu Fuß zu erreichen.

Nachtleben

■ Der grün gedeckte **Tivoli** am Nordhafen ist der einzige Rockclub der Stadt und veranstaltet regelmäßig Konzerte angesagter Gruppen.

Strände/Baden

Järnvägsmännens im Norden ist steinig, **Gröningen** eine Wiese mit einem langen Steg ins Wasser, **Pålsjöbaden** hat ein Badehaus, **Örestrandsbad** und **Vikingstrand** liegen ganz im Norden. Nichtschwimmer bevorzugen den Süden des Ortes, da hier das Wasser flacher ist. Als erstes kommt der FKK-Strand **Knähakens bad. Råå vallar** hat ebenfalls ein Badehaus, **Örby ängar** ist der weiteste Strand.

Einkaufen

Einkaufen geht man in der ersten **Fußgängerzone** des Landes, der Kullagatan, und den Parallelstraßen Norra und Södra Storgatan. Hier gibt es die üblichen Kettenläden. Der **Wochenmarkt** stellt seine Buden auf dem Gustav Adolfs Torg auf.

An- und Weiterreise

Der **zentrale Knotenpunkt, Knutpunkten** genannt, mit dem Bahnhof Helsingborg C ist Umsteigebahnhof für alle Reisenden, die mit Zug, Bus oder Schiff unterwegs sind. Früher gab es zwei Bahnhöfe, in den 1990er Jahren legte man alles zusammen und nannte es schlicht Knutpunkten. Über- und unterirdisch halten Züge. Ein Busbahnhof und der Zugang zu den Fährterminals liegen unter einem Dach.

■ **Auto:** Die Europastraße 6/20 führt von Malmö nach Göteborg, nordöstlich zweigt die E 4 in Richtung Stockholm ab.
■ **Bahn:** Västkustbanan befährt die Strecke von Malmö bis Göteborg, Skånebanan bedient die Strecke Hässleholm – Kristianstad. Die Staatsbahn SJ bedient den Rest des Landes.
■ **Bus:** Das gut ausgebaute Busnetz bringt die Fahrgäste in alle Teile des Kreises.
■ **Straßenbahn:** 1967 wurde in Schweden von Links- auf Rechtsverkehr umgestellt. Da man alle Einstiege der Straßenbahnen hätte umschweißen und die Haltestellen umlegen müssen, entschied man sich gleich für die Stilllegung des gesamten Betriebes.
■ **Fähre:** 4,9 km in 20 Min., das ist der kürzeste Weg nach Dänemark, da war selbst die Brauereifähre von Tuborg länger unterwegs. Trotz der Öresund-

brücke ist hier immer noch Hochbetrieb, die dänisch-deutsche Scandlines ist die größte Gesellschaft, ihre Fähren landen tagsüber alle 20 Min. am Knutpunkten, nachts alle 45 Min. Die Fähren der Reederei HH-Ferries verkehren tagsüber halbstündlich, nachts stündlich ab Nordhamnen. Die Personenfähre der Sundsbussarna-Gesellschaft fahren tagsüber halbstündlich ab dem alten Zollhaus am Hafenplatz.

Ausflüge

Helsingør (Dänemark)

Die Fähre ist in 20 Minuten drüben. Reihen Sie sich ein in die Menge der preisbewußten Trinker, die die Fähre nutzen, um in Dänemark billig an Alkohol zu kommen. Die Gegend besitzt mehrere Porzellanmanufakturen, deren Erzeugnisse man in den entsprechenden Läden angeboten bekommt; bereits 1799 gründete Graf *Erik Ruuth* eine Keramikfabrik am Südrand der Stadt.

Im Süden der Stadt mündet der Fluss Rååan in den Öresund. Nördlich davon liegt das **Naturschutzgebiet Rååns dalgång,** ein Ort zum Spazierengehen.

Batteri Helsingborg

Das **Museum,** gebaut 1940, befasst sich mit der Geschichte Schwedens im Zweiten Weltkrieg. Es liegt nördlich von Helsingborg Richtung Viken, Djuramossavägen 160, Di bis So 11–16 Uhr, im Winter nur an den Wochenenden, Eintritt 80 SEK.

Gunnarstorps Slott

Schloss und Park aus dem 17. Jh. im niederländischen Stil. Der Park mit seinen Hainbuchen war schon früher eine Sehenswürdigkeit. Anfahrt über die E 4 bis Hyllinge, dann Richtung Bjuv.

Nationalpark Söderåsen

Südöstlich der Stadt liegt die Hügelkette des Nationalparks Söderåsen, der den größten Bestand an Edellaubwald des Nordens aufweist. Es gibt etwa 50 km **befestigte Kieswege und unbefestigte Wanderwege,** einige führen zu Aussichtsplätzen auf Felsen. Kleine Bäche durchziehen das Gebiet. Man biegt von der ostwärts führenden E 4 in Åstorp ab und fährt auf dem RV 21 über Klippan zum Park.

Von Helsingborg nach Ängelholm

Die Weiterfahrt nach Norden kann auf der E 6 in Richtung Ängelholm erfolgen, schöner ist aber ein Abstecher über die Felder der **Halbinsel Kullaberg** (s.u.), vorbei an dem pittoresken Örtchen **Viken,** das kleine Fachwerkhäuser und ein paar verwinkelte Gassen besitzt.

Ängelholm

- **Einwohner:** 22.800
- **Vorwahl:** 0431
- **Information: Turistbyrå,** Stortorget, Tel. 821 30, Mo bis Fr 10–18 Uhr, Do bis 20 Uhr, Sa/So 10–15 Uhr.

Der kleine Ort mit einigen Fachwerkhäusern liegt 3 km links von der E 6 in Richtung Meer. In der Freizeit geht der Ängelholmer an seinen **Hausstrand Havsbad,** wo sich auch die Kitesurfer einfinden. Der Rönne å mäandert derart durch den Ort, dass man schon fast von einer Insel sprechen kann.

Geschichte

Ursprünglich hieß die Siedlung **Rynestad.** Da die Herbststürme vom Kattegat den Ort mehrfach unter **Treibsand** begruben, zogen die Bewohner mit ihren Häusern landeinwärts. Zusätzlich wurden Pinien und Birken gepflanzt, um Sandverwehungen zu unterbinden. 1516 verlieh der Dänenkönig *Christian II.* der Siedlung das Stadtrecht – der Ort wurde zu Ängelholm. Der Name soll vom altnordischen Wort *aengil* für Angel kommen. Allerdings ist im Stadtwappen auch ein typisches Engelsbild zu sehen.

Heute kennt der moderne Schwede Ängelholm als Entstehungsort des **Sportwagens Koenigsegg.** 1994 gründete *Christian von Koenigsegg* hier seine exklusive Sportwagenschmiede. Anfang 2005 war der CC8 mit 390 km/h das schnellste straßenzugelassene Auto der Welt, zudem das sicherste Auto, das sich jemals dem schwedischen Crashtest stellte. Wer ein nicht alltägliches Auto sucht, sollte mindestens 650.000 Euro mit nach Ängelholm nehmen.

Im Zweiten Weltkrieg baute das Militär den **Flugplatz** nördlich der Stadt aus, und Ängelholm wurde zu einer Garnisonsstadt für die Luftwaffe. 2003 wurde die Luftflotte aufgelöst, der Flugplatz wird seitdem zivil genutzt.

Sehenswert

Marktplatz

Der Platz mit seinen umgebenden Fachwerkhäusern bietet einen netten Anblick. Hier steht die **Kirche** aus dem Jahre 1516. Auch das **Rathaus** ist im Fachwerkstil gebaut. Im Sommer herrscht ein buntes Treiben an der Ecke Järnwegsgatan und Storgatan.

Handwerksmuseum

Am Tingstorg: Hier kann man sich in der **Töpferei** den Werdegang der **Lergöck,** der Kuckucksflöte, anschauen. Das Blasinstrument aus Ton ist eine Besonderheit der Stadt, in allen Andenkenläden kann man ein Exemplar erstehen.

> Brücke über den Rönne å

Sveriges Järnvägsmuseet

Das **Eisenbahnmuseum** ist in einem Lokschuppen von 1898 südlich des Bahnhofs untergebracht und durch einen Tunnel von diesem zu erreichen. Di bis So 10–17 Uhr, Do bis 20 Uhr, 50 SEK.

Björkskogen

Nach 20 Minuten Fußweg erreicht man diesen ausgedehnten **Pinien- und Birkenwald** aus dem 16. Jh., über den schon der Botaniker *Carl von Linné* berichtete. Er erstreckt sich auf der Westseite der Bahnlinie, man kommt am besten hin, wenn man das Eisenbahnmuseum südlich umrundet und dem Weg nach Westen folgt; er führt durch den Wald ans Meer.

UFO-Denkmal

In Kronoskogen befindet sich das erste Denkmal Europas, das an eine UFO-Landung erinnert, die der Eishockeyspieler *Carlsson* 1946 an diesem Platz erlebt haben will. Es besteht aus einem Modell des vermeintlichen UFOs und den mit Beton ausgegossenen Landespuren. Das Denkmal ist schlecht zu finden, man radelt den Sibirienvägen Richtung Strand und dann etwa 300 m vor der Wendeschleife links 200 m über das Feld, GPS 56.23549, 12.817319.

Flygmuseet

Das interessante **kleine Luftfahrtmuseum** im Valhall Park zeigt Stücke zur Geschichte des Fliegens, es gibt einen

sd13-014 fph

Ängelholm – Båstad

0 2 km

Übernachtung
- 1 Hovs Hallar Hotell
- 3 First Camp Torekov, Hotell Kattegat
- 5 Hemmeslövs Herrgård
- 6 Rasta Hallandsåsens
- 7 Margretetorps Gästgifvaregård
- 10 STF Bläsinge Gård
- 12 Strand Hotel
- 13 Hotel Rusthållargården
- 17 Grand Hotel
- 18 First Camp Mölle
- 20 Lerbergets Camping

Ängelholm

0 100 m

Essen und Trinken
- 4 G. Swensons Krog
- 8 Sommarsol
- 9 Albertsgården Kaffeehaus
- 11 Flickorna Lundgren
- 14 Himmelstorpsgårdens Kaffeservering
- 15 Kullagårdens Wärdshus
- 16 Kullens Fyrserving
- 19 Krapperups Kaffestuga
- 22 Restaurang Klitterhus, Bunkern, Hamnkrog
- 24 MM Mat & Bar
- 26 Torstens Bar
- 30 El Greco

Einkaufen
- 2 Bäckdalens Handelsträdgård

Flugsimulator und ein paar Fluggeräte, z.B. den „Gelben Rudolf", eine alte Saab F 29 aus dem Jahr 1955, die von der Kameradschaft der ehemaligen Fliegerstaffel F 10 restauriert wurde. Tel. 148 10, Sa/So 10–17 Uhr.

Galerie Moment

Stortorget, in der Stadtbibliothek: Gezeigt wird **zeitgenössische schwedische und skandinavische Kunst,** Di bis Fr 12–17 Uhr, Sa 10–14 Uhr.

Praktische Infos

Unterkunft

- **Valhall Park Hotel**④, Valhall Park, Tel. 0945-19 23 95, www.hotelvalhallpark.se. Der hölzerne Rundbau liegt etwas außerhalb beim Flughafen.
- **Best Western Hotel Paletten**④, Östergatan 57, Tel. 923 95, www.hotelpaletten.com. Ein schmuckloser Kasten nördlich der Altstadt mit Parkplatz vor der Tür.
- **Hotel Continental**④, Storgatan 23, Tel. 923 95, www.hotelcontinental.se. Typisches schwedisches Stadthotel, nicht mehr und nicht weniger, aber gute Lage gegenüber dem alten Marktplatz.
- **Villa Rönne**③, Västra Kyrkogatan 1, Tel. 103 35, www.villaronne.se. Weiße Villa in einer Sackgasse am Fluss, Pension mit 6 Zimmern.
- **Hotel Lilton**③, Järnvägsgatan 29, Tel. 44 25 50, www.hotel-lilton.se. Charmantes dreistöckiges Ziegelhaus, leider an einer gut befahrenen Straße, der Garten hinterm Haus stößt an den Fluss.
- **Vandrarhem i Centrum,** Landshövdingevägen 2, Tel. 193 35, www.vandrarhemmetiangelholm.se. In einem Garten zwischen Kirche und Eisenbahnmuseum steht das gelbe Haus, 2 DZ und mehrere 3- und 4-Bettzimmer.

Camping

Råbocka Familjecamping, Råbockavägen 101, Tel. 105 43, www.rabockacamping.se. Der Platz liegt westlich vom Zentrum am Meer zwischen Bäumen, die neuen Hütten verfügen sogar über eine Terrasse. 250 SEK.

Essen und Trinken

Hamnkrog, der „Hafenkrug" findet sich im Yachthafen von Skälderviken. Hier hat man einen guten Blick auf den Fluss Rönne å und Skälderviken mit dem Kullaberg im Hintergrund.

MM Mat & Bar, Storgatan 61, Tel. 41 11 61. In einem alten Stadthaus präsentiert sich dieses edle Restaurant.

Der Grieche **El Greco** ist in der Storgatan 9.

Torstens Bar & Restaurang, mitten im Ort, Storgatan 37. Hausmannskost und Pasta, auch der Kaffee ist zu empfehlen.

Bunkern, ist tatsächlich ein ehemaliger Bunker am Klitterhusstrand zwischen Havsbad und Skälderviken, man kann aber auf einer Holzterrasse draußen vor den Betonmauern sitzen.

Restaurang Klitterhus, Klittervägen 45, Havsbaden, Tel. 135 30. Modern eingerichtetes Haus direkt am Meer mit guter skandinavischer Küche im mittleren Preissegment.

Aktivitäten

Råbocka Strand, der Hausstrand von Ängelholm ist kilometerlang und besonders bei Wassersportlern beliebt, da die Bucht windgeschützt ist.

Kanufahren auf dem Rönne å, mit dem Kanu kann man entweder den Fluss hinaufpaddeln – dazu bootet man sich an der Mündung bei Skäldervi-

Das Klitterhus-Restaurant liegt direkt am Meer

ken nördlich von Ängelholm ein –, oder man beginnt ein Stück landeinwärts und lässt sich flussabwärts treiben. Auf jeden Fall geht die Fahrt recht gemächlich durch Buchenwälder, vorbei an Wiesen und Feldern.

- An Regentagen kann man versuchen, das **Flötenspiel** zu erlernen, die Instrumente dafür gibt es an jeder Ecke.

Einkaufen

Die Gegend um Ängelholm dominieren weite **Kartoffeläcker,** daher gibt es auch diverse Läden, in denen man die Knollen kaufen kann. Hallavara Lanthandel nennt sich die Kette. Man hat auch mit Erfolg **Wodka** aus dem Kartoffelüberschuss gemacht, der ebenfalls käuflich zu erwerben ist.

An- und Weiterreise

- **Bus:** Skånetrafiken ist für den Busverkehr in Skåne zuständig, Swebus und Gråhundbus fahren nach Kopenhagen.
- **Bahn:** Berlin Night Express, z.B. für 84 € Berlin – Malmö, Info: Tel. 0771-75 75 75, www.veolia-transport.se/berlin.
- **Flug:** Der alte Militärflughafen mit seiner containerförmigen Wellblechhalle wird jetzt als Passagierflughafen Ängelholm-Helsingborg genutzt und bietet eine Verbindung mit Sverigeflyg nach Stockholm-Bromma und im Sommer nach Visby.

Ausflug auf die Halbinsel Kullaberg

Die Westspitze der Halbinsel rund um den Kullaberg, der immerhin bis zu 188 m hoch ist, steht unter **Naturschutz**

Das Holzschloss Nimis auf Kullaberg

sd13-016 fph

(Naturschutzgebiet Kullabergeine). Markierte Wanderwege führen durch das Gebiet, teilweise oberhalb der Steilküste. Außerdem gibt es einen Golfplatz. Wer auf den Kullaberg will, muss Eintritt zahlen. Man kann sich auch einer geführten Wanderung anschließen. Das Naturschutzgebiet muss über Nacht verlassen werden!

In **Mölle** trifft man auf Felsen, die man an der sonst so sandigen, flachen Küste nicht erwartet hätte, Taucher und Segler beleben das Hafenstädtchen. Steil und schmal winden sich die Gassen durch den Ort, dessen Farbenfreude auffällt. 1920 konnte man mit dem Zug direkt von Berlin hierher fahren. Es war das erste schwedische Seebad, in dem gleichzeitig Frauen und Männer baden durften. Vielleicht erklärt dies die damalige Anziehungskraft. Über dem Ort thront das weiße Grand Hotel (s.u.). Für Golfspieler ist der 18-Loch-Platz in Mölle eine tolle Adresse; er gehört zu den besten in Schweden. Der Platz mit einem Golf-Hotel ist nur über die Mautstraße zu erreichen.

Nimis (deutsch: zu viel), ein „Schloss" am Kullaberg, ist eine gigantische Holzkonstruktion. Der Künstler *Lars Vilks,* weltweit bekannt geworden durch seine umstrittenen Mohammed-Karikaturen, sammelt Treibholz und baut seit 1980 an seiner Skulptur an einer schlecht zu erreichenden Stelle im Naturschutzgebiet. Deswegen bekam er Streit mit der Regierung um den Grund und Boden. Ein Gericht verlangte den Abbau, was zur Gründung der **Mikronation Ladonien** führte. Die Staatsflagge ist übrigens ein einfarbig grünes Tuch, dessen skandinavisches Kreuz darauf unsichtbar ist. Die gesamte Installation wurde zuerst von *Joseph Beuys* und nach seinem Tode vom Ehepaar *Christo* gekauft, was ihre Entfernung unmöglich machte.

Eine weitere Skulptur aus Stein und Beton namens **Omphalos,** die *Vilks* am Strand aufgestellt hatte, sollte der Künstler ebenfalls entfernen. *Vilks* schlug vor, sie zum 100. Jubiläum des Nobelpreises 2001 mit Dynamit der Firma Nobel in die Luft zu sprengen. Dann wurde die Skulptur einen Tag vor dem Ereignis von einem schwedischen Künstler erworben, der sich die Beschädigung seines Eigentums verbat. Die Verwaltungsbehörde ließ daraufhin einen Schwimmkran anrücken, der die Skulptur vom Strand aus entfernte, wobei sie beschädigt wurde. Der Eigentümer reagierte damit, dass er die Behörde zum „Performance-Künstler des Jahres 2002" erklärte. *Vilks* ersuchte die Gemeinde, anstelle der Skulptur eine Gedenkstätte errichten zu dürfen. Dies wurde gestattet, allerdings mit der Auflage, dass sie nicht mehr als 8 cm hoch sein dürfe. So geschah es.

Da man schlecht hinkommt, baute *Vilks* seinen eigenen Zugang mit Tor und Treppe aus Treibholz. Trotzdem ist der **Weg beschwerlich.** Das Kunstwerk liegt in der Nähe vom Himmelstorpsgården, oder man fährt in Arlid zum Rusthållargården und dort weiter (GPS 56.287631, 12.53917).

Kullens Fyr, der **Leuchtturm** am Westende des Kullabergs, ist Skandinaviens hellster und am höchsten gelegener Leuchtturm: 78,5 m steht er über dem Meeresspiegel und kann über fünf Meilen gesehen werden. 1998 wurde der heutige Turm aus Granit und Backstein erbaut. Er verfügt über drei große Linsen, die mit vier Umdrehungen pro Minute rotieren, dreimal pro Umdrehung wird Licht abgegeben. Man kann über die Hügel in der Umgebung wandern und sich dabei den Wind um die Nase wehen lassen.

Kullens Fyrservering ist nicht der Leuchtturm-Service, sondern hier werden Gäste mit Kaffee bedient (am Ende der Straße zum Turm).

Hålehall, die Buchenwälder beim Ort Förslöv an der Südflanke des Hallandsåsen, bieten eine Aussicht über die Skälder-Bucht und zum Kullaberg.

Praktische Infos

Unterkunft

■ **Strand Hotel⑤**, Stora Vägen 42, in Arlid, Tel. 042-34 61 00. Ein weißen Holzhaus aus alter Zeit mit tollem Meerblick, seit 1904 in Betrieb.

■ **Grand Hotel⑤**, traditionsreiches Badehotel im klassischen Stil in Mölle, atemberaubender Meerblick, exklusive Küche. Bökebolsvägen 11, Tel. 042-36 22 30, 2000 SEK.

■ **Hotel Rusthållargården⑤**, Stora Vägen, Utsikten 1, Tel. 042-923 95. Das zweistöckige alte Haus liegt in Strandnähe im Norden von Arild. Herrliche Lage, stolzer Preis.

■ **STF Bläsinge Gård③**, Gamla Södåkravägen 127, Tel. 042-12 14 13. Die Jugendherberge liegt nordwestlich von Jonstorp.

Camping

■ **First Camp Mölle,** Kullabergsvägen 286, Tel. 042-34 73 84. Kleiner Platz mit wenigen Wohnmobil-Stellflächen, 37 € pro Zelt.

■ **Lerbergets Camping,** in Högenäs, Tel. 042-33 14 00. Wesentlich größer, dafür aber auch nicht so gemütlich, Info rechts der Straße 111, 220 Stellplätze auf Schotter und Wiese, Mai bis Sept. geöffnet, Stellplatz 220 SEK.

Essen und Trinken

■ **Kullagårdens Wärdshus,** kleines, romantisches Wirtshaus mit 12 Zimmern im Golfclub Mölle neben dem Kullaberg. Tel. 042-34 74 20, die Straße 111 nach Mölle zum Golfplatz.

■ **Albertsgården Kaffeehaus,** malerischer Hof aus dem 19. Jh. etwa 5 km südwestlich von Ängelholm auf dem Weg nach Jonstorp. Farhultsvägen 408 in Höganäs.

■ **Flickorna Lundgren,** Skäretvägen 19, Tel. 042-34 60 44. Das landesweit bekannte Kaffeehaus steht in dem kleinen Fischerdorf Modus zwischen Arild und Jonstorp. Das Haus gibt es schon seit 1732, zwischendurch war es ein Sommerhäuschen mit Backstube. 1938 eröffneten *Greta, Ebba, Marta* und *Ruth* das Lokal aus Geldnot. Es wurde gut besucht, 1945 weilte der Kronprinz *Gustav Adolf* auf dem Kullaberg, um eine Sonnenfinsternis zu beobachten, danach kehrte er mit seinem Gefolge hier ein. Es hat ihm so gefallen, dass er auch als König bis zu seinem Tod 1973 immer wieder hierher kam, wenn er auf seinem Sommersitz Sofiero weilte. Das Haus ist winzig, die Tische stehen unter Kastanienbäumen verteilt.

■ **Krapperups Kaffestuga,** Krapperupsvägen, Mölle. Café in netter Schlossatmosphäre.

■ **Himmelstorpsgårdens Kaffeservering,** liegt auf dem Kullaberg in einem Hof aus dem 19. Jh. Hier werden hausgemachtes Gebäck und Schnittchen serviert. Von Arlid am Wasser nach Norden gehen oder 5 km die Straße 111 und dann rechts ab.

■ Das bislang für Keramikherstellung bekannte **Höganäs** will sich als Vorreiter beim Verkauf von **Wein** aus eigenem Anbau positionieren. 2012 hat die Kommune bei der Regierung ein weiteres Mal die Genehmigung für den Direktverkauf in Weinhöfen beantragt.

012fotolia

2 Die mittlere Westküste

Dieses Kapitel widmet sich dem mittleren Abschnitt der Westküste zwischen Båstad und der zweitgrößten Stadt Schwedens, Göteborg, die aufgrund ihrer Lage, den unzähligen Sehenswürdigkeiten und herrlichen Ausflugsmöglichkeiten ein absolutes touristisches Highlight ist.

An der Küste laden schöne Strände zum Baden ein.

‹ Idylle an der Westküste

Von Ängelholm nach Båstad

Auf der E 6 Richtung Norden hat man die Möglichkeit, auf halbem Weg nach Båstad in Hjärnap rechts ab auf der Straße 105 zum **Västersee** zu fahren und im dortigen Café Fika på Torpet eine Kleinigkeit am See essen (Övre Västersjövägen 287, Ausfahrt Torekov, Forslöv, Hjärnarp).

Ebenfalls von dieser Ausfahrt erreicht man in Hjärnarp **Margretetorps Gästgifvaregård**⑤, Kägle väg 9, Tel. 042-45 44 50, www.margretetorp.se; die Anlage aus Fachwerkhäusern erinnert an einen riesigen Bauernhof am Rande eines lichten Waldes. Früher ruhten sich hier dänische Reisende aus, nachdem sie den Öresund überquert hatten. Heute stehen 27 Doppelzimmer bereit, zudem ein gutes Restaurant, dass den Weg lohnt.

Zurück in Ängelholm kann man zur Weiterreise die E 20 benutzen, die über endlose Kartoffelfelder über flaches Land zieht, oder man fährt über die E 105 nach Båstadt, zwar ebenfalls durch Kartoffeläcker, aber wesentlich beschaulicher. Vor Båstad legt sich die Hügelkette Hallandsås in den Weg, die immerhin an einer Stelle 225 m hoch ist.

Båstad

- **Einwohner:** 14.300
- **Vorwahl:** 0431
- **Information: Turistbyrå,** Kyrogatan 1, Tel. 750 45, im Sommer 10–17 Uhr.

Båstad ist die **Hauptstadt des schwedischen Tennissports** und hat international erfolgreiche Spieler hervorgebracht, z.B. *Magnus Larsson, Björn Borg, Mats Wilander* und *Stefan Edberg*. Jeden Sommer findet hier ein Turnier als Teil der ATP-Tour statt, das 20.000 prominente und weniger prominente Besucher in den Ort lockt.

Geschichte

Als Schonen noch Teil von Dänemark war, bekam Båstad zum ersten Mal Stadtrechte, damals hieß es „Bootsanleger“ (Botstædæ). 1658 nahmen die Schweden die Gegend ein und entzogen das Stadtrecht, weil der Ort zu klein war. Das änderte sich erst wieder 1858. Um 1900 wurde Båstad als **Badeort** ausgebaut. Es entstanden Hotels, Pensionen, Tanzsäle und andere Vergnügungseinrichtungen.

NICHT VERPASSEN!

Halmstad:
sehenswerte Skulpturen | 67

Varberg:
das Kallbadehus mit Seebrücke | 76

Göteborg:
die Oper der Stadt am Lilla Bommen, das Segelschiff „Götheborg“ und der Freizeitpark Liseberg | 89, 90, 92

Diese Tipps sind gelb hinterlegt.

Sehenswert

Der Ort bietet nur wenig Spektakuläres. Für Freunde des weißen Sports ist das **Tennismuseum** an der Ecke Kyrkogatan und Köpmannsgatan einen Besuch wert. Am Nordwestende der Strandpromenade gibt es eine Pier mit Seebrücke.

Den **Park Norrvikens Trädgårdar** ließ *Rudolf Abelin* zu Beginn des 20. Jh. anlegen. Heute ist daraus eine vielfältige Musterlandschaft geworden, mit Barock- und Renaissance-Park, Kräuter- und japanischem Garten und einem Wasserpark. Es wachsen Obstbäume und Rosensträucher, das Restaurant „Era10:3“ lockt mit guten Speisen. 2006 wurde der Park zu Europas zweitschönstem gewählt. Der zauberhafte Garten wurde auch schon als Filmkulisse genutzt. Anfahrt über den Kattviksvägen am Meer nach Nordwesten. Im Sommer 11–16 Uhr geöffnet, 60 SEK.

Praktische Infos

Unterkunft

- **Hotel Skansen**⑤, Kyrkogatan 2, Tel. 19 23 95, www.hotelskansen.se. Zweistöckiger Ziegelbau von 1877 mit modernem Anbau und Wintergarten, zentrale Lage. Regionale Küche im **Restaurant Sand.**

■ **Hovs Hallar Hotell**⑤, Hovshallavägen 160, Tel. 19 23 95, www.hovshallar.com. Verschachtelter Bau mit Panoramablick aufs Meer.

■ **Hotell Båstad**⑤, Köpmansgatan 29, Tel. 720 90. Eines der ältesten Häuser in Båstad, gegenüber der Tankstelle in einem zweistöckigen Haus.

■ **Hotel Graffagarden**⑤, Ängelholmsvägen 2, Tel. 070-686 04 76. Altes Reihenhaus in einem schattigem Garten mitten im Ort.

■ **Hotel Buena Vista**④, Tarravägen 5, Tel. 760 00. Altes Gemäuer hoch über der Stadt mit 52 Zimmern und Weitblick.

■ **Malens Strandpensionat**④, Havsbadsvägen 12, Tel. 729 71, www.strandpensionat.se. Alte Holzvilla nahe der Strandpromenade, mit Türmchen, Erker und Efeubewuchs.

■ **Hotel Bjäregården**④, Ludvig Nobels Allé 13, Tel. 193 44. Ein Zimmer in einem roten Häuschen mit Garten unweit des Strandes.

■ **Hotel Hemmeslövs Herrgård**④, Herrgårdsvägen, Tel. 742 65. Traditionelles Haus mit gediegener Einrichtung.

■ **Pensionat Neptun**③, Havsbadsvägen 18, Tel. 19 23 95, www.pensionatneptun.se. Villa in Strandnähe auf dem Hügel.

■ **Rasta Hallandsåsen**③, Lannamärkesvägen 390, Tel. 742 70. Moderne Raststätte auf dem Hügel an der E 6 vor Båstad in Östra Karup.

Essen und Trinken

■ **Solbackens Café och Wåffelbruk,** Italienska Vägen, oberhalb des Ortes.

■ **Mat & Möten,** Boarpsvägen 212, Tel. 731 24. Reichhaltige Küche, gut für den Mittagshunger.

■ **Malens Krog,** Köpmansgatan 113. Ganz nettes Restaurant mit wechselnden Tagesgerichten.

■ **Hamnkogen,** Hafenkneipe an der Strandpromenade 1.

■ **Pepes Bodega,** in der Hamngatan im alten Warmbadehaus zwischen Yachthafen und Hotel Stranden.

Båstad

■ Es gibt mehre **Pizzerien** im Ort, darunter das Picasso, Köpmansgatan 96, und das Capri, Köpmansgatan 50.

Einkaufen

■ **Kajs Fisk & Kökeri,** Hovshallarvägen 18. Na klar, hier gibt's Fisch zu kaufen.

■ **Stolpagården,** in einem Gehöft am Hovshallarvägen in Segeltorp, Agardhsgatan 43. Der Laden bietet eine große und bunte Mischung von alten Möbeln, Glas und Porzellan, Schmuck, Lampen, Kunst und Krempel.

Baden/Strand

■ **Melbystrand,** 12 km lang, flach, weiß und feinsandig, lockt die Küste der Halbinsel Bjäre (s.u.) nicht nur einheimische Naturliebhaber an. Der Ort selbst besteht nur aus Ferienhäuschen.

Golf

■ Der **Golfclub Akagardens** verfügt über einen bestens gepflegten Parkland-Course. Auf dem Parkplatz wurden sogar einige Plätze mit Stromanschluss für Womofahrer eingerichtet.

Ausflug auf die Halbinsel Bjäre

Zwischen Ängelholm, Torekov und Båstad erstreckt sich die Halbinsel Bjäre mit Buchenwäldern, Strandwiesen und ausgedehnten Weideflächen. Da die Landschaft hügelig ist, kann man fast überall einen fantastischen Blick über die Felder und das Meer genießen.

Bäckdalens Handelsträdgård, Hallavaravägen 188, liegt zwischen Båstad und Torekov, Abzweig bei Hovs Kyrka in Richtung Hovs Hallar. Hier werden ökologische Produkte aus der Landwirtschaft angeboten, und man kann gemütlich Kaffee trinken.

Der 11 km lange Wanderweg **Axelstorpsslingen** beginnt am Drivan Tenniscenter.

Das **Naturschutzgebiet Hovs Hallar** mit seiner Klippenlandschaft liegt an der Nordspitze der Bjäre-Halbinsel zwischen Båstad und Torkov. Hier zieht sich der 200 m hohe Bergrücken **Hallandsåsen** bis zum Meer hin; er bildet die Grenze zwischen Skåne und Halland. Die Landschaft hier unterscheidet sich deutlich von der im Rest der Gegend. Es gibt bis zu 30 m hohe Klippen sowie Kies- und Geröllstrände. Die Herbststürme und der Frost haben in Millionen von Jahren die Landspitze geprägt. Ein Spazierweg führt am Meer und teilweise auf den Klippen entlang.

sd13-017 fph

Torekov (Info: Hamnplanen 2, Tel. 36 31 80) liegt an der Westspitze der Bjäre-Halbinsel. Es ist ein altes Fischerdorf mit hübschen Häusern in den ursprünglichen Ortsteilen, das zu zum gemütlichen Spazierengehen einlädt. Im Hafen gibt es alte Kapitänshäuser und ein kleines Seefahrtsmuseum. Hier kann man Fisch essen oder Eis schlecken und den Booten zusehen.

Praktische Infos

Unterkunft

- **Hotell Kattegat**④, Storgatan 46, Tel. 36 30 02, http://www.kattegat.se. Eines der älteren Häuser, liebevoll restauriert, mit noblen Zimmern.
- **Margretetorps Gästgifvaregård**④, s. S. 58.

Camping

- **First Camp Torekov,** Flymossavägen 5, www.firstcamp.se/vara-campingar/torekov, Tel. 36 45 25. Liegt in einem Wäldchen in der Nähe des Strandes an der Straße 115. Geöffnet Mitte Aug. bis Mitte Sept. 500 Plätze und Hütten.

Essen und Trinken

- **G. Swensons Krog,** Torekov, Pål Romares Gata 2, seit 1902 im alten Hafen von Torekov mit Blick auf das Kattegat, im Neuengland-Stil. Der ehemalige Marine-Lieferant, jetzt Kaufladen, Café, Restaurant und Bistro, serviert „so lokal wie möglich" mit guter Weinauswahl.
- **Sommarsol,** Skogsvägen 40, in Vejbystrand im Süden der Halbinsel 10 km von Ängelholm, Tel. 44 31 00. Kleines Haus am Meer, am Wochenende à la carte von 13.30–16.30 Uhr.

Ausflug: Hallands Väderö

Die **Insel** erreicht man mit dem Boot vom Anleger. In dem Naturschutzgebiet gedeihen Eichen- und Buchenwälder, Moore und Strandwiesen. Baden kann man auch. Außerdem gibt es ein Robbenreservat. Die Reederei Väderöbåtarna organisiert auch Robbensafaris.

^ Kartoffeln so weit das Auge reicht

> Båstad: die Dorfkirche im dänischen Stil

Von Båstad nach Laholm

Man kann von Båstad nach Norden alternativ zur E 6 die Küstenstraße nehmen, dazu muss man von der Straße 115 zum Campingplatz abbiegen und dem Weg folgen, der bis in den Ort **Melbystrand** abwechselnd am Meer entlang oder durch den Küstenwald führt. Man kann sogar mit dem Auto direkt auf den Strand fahren, was natürlich viele Womo-Fahrer auch tun. Kurz vor Melbystrand hat man die Grenze zwischen Skåne und Halland überfahren. Übernachten kann man auf der Wiese von **Marias Camping,** die 250 Stellplätze hat, Norra Strandvägen 1, Tel. 285 85, 240 SEK. Schön ist ein Besuch im Strandhotel; der feudale Bau aus dem Jahr 1927 wurde renoviert und dient nun als Restaurant (Kustveien 39).

In Höhe von Melbystrand liegt landeinwärts der alte Ort Laholm.

Laholm

- **Einwohner:** 21.500
- **Vorwahl:** 0430
- **Information: Turistbyrå,** Stortorget, Tel. 154 50, Mitte Juni bis Mitte Aug. 10–18 Uhr, Sa/So bis 14 Uhr.

Geschichte

Der Ortsnahme steht sozusagen als Abkürzung für „Festung im Lagan-Fluss“, was auf die alte **Feste** hinweist, die auf einer Insel im Lagan liegt. Davor stürzte

007fotolia

sich ein Wasserfall 8 m in die Tiefe. Laholm soll die älteste Stadt Hallands sein. Der **Lachshandel** zur Wikingerzeit war ein wichtiger Wirtschaftsfaktor, man exportierte auch in fremde Länder. Auch heute noch zieht der Fluss Scharen von Anglern an.

Sehenswert

Ortsteil Gammleby

Der **alte Ortskern** liegt westlich vom Marktplatz und dem Rathaus aus dem 18. Jh. Hier sind die Häuser eher dörflich mit kleinen Gärten. Schmale Gassen führen zum Fluss hinunter. Die Kirche ist aus dem 13. Jh., die Deckenmalereien hat *E. Forseth* erst 1933 angebracht. Gamla Krukmakeriet, die alte Töpferei, und ein gemütliches Café mit urigem Garten laden den Spaziergänger zu einem Stopp ein. Schräg gegenüber liegt die Kirche St. Clemens mit ihrem Turm aus dem Jahr 1632 und alten Kirchenstallungen.

Skulpturen

Entlang des Lagan hat man eine Reihe von Skulpturen aufgestellt, z.B. „Die Sage vom Pferd" auf dem Pferdemarkt Hästtorget.

Teckningsmuseet

Das **Museum für Grafik und Radierung** in der ehemaligen Feuerwache, Sankt Knuts gränd 1, Tel. 154 51, besitzt die stattliche Anzahl von 19.000 Ausstellungstücken, vom 16. Jh. bis heute. Außerdem hat man eine tolle Aussicht über den Fluss. Mo bis So 12–17 Uhr, 50 SEK.

Ebbarestugan

Kulturhistorisch Interessierte gehen in die Ebbarestugan, die im Stadtpark liegt. In dem **Blockhaus** aus dem Jahr 1824 sind Keramik und Sachen aus der alten Apotheke in Laholm zu sehen. Verkauf von Erfrischungen. 12.6. bis 14.8. Mi 14–16 Uhr.

Lagaholm

Auf dem **Inselchen** sind die Reste der dänischen **Festung** restauriert worden, wobei die Straße mitten durch die Ruine führt. An der Brücke ist ein Kraftwerk.

Skottorps Slott

Das Schloss wurde 1670 von *Frans Joel Örnestedt* nach Zeichnungen von *Nicodemus Tessin d.Ä.* im Empire-Stil erbaut. Bekannt wurde es durch die Hochzeit König *Karl XI.* mit der dänischen Prinzessin *Ulrika Eleonora* im Jahr 1680. Der **schöne Schlosspark** und ein gemütliches Café ergänzen das Ensemble. Interessiert einen die Geschichte des Schlosses, kann man an einer Führung teilnehmen. Das Schloss liegt südlich vom Ort, von der E 6 die Ausfahrt Båstad/Våxtorp nehmen.

Praktische Infos

Unterkunft

■ **Laholms Stadshotell**④, das erste Haus am Platze stammt aus dem Jahr 1882, im Garten steht ein moderner Anbau, alle Zimmer sind im Stil eines anderen Jahrzehnts eingerichtet. Hästtorget 3, Tel. 128 30, www.laholmsstadshotell.se, Parken auf dem Platz am Haus.

■ **Trulsgarden**③, Trulstorp 103, Tel. 100 99, www.trulsgarden.se. Auf einem Bauernhof an der Straße 24 in Trulstorp, auf halbem Wege nach Melbystrand.

■ **STF Vandrarhem**②, Tivolivagen 4, Tel. 133 18, www.laholmsvandrarhem.se. Schmuckloses Haus im Zentrum direkt neben dem Stadtpark. 70 Betten, aber nur 3 DZ, ganzjährig.

Essen und Trinken

■ **Rökeriet,** mit schöner Aussicht über den Lagan und Laholms Bootshafen speist man in der „Räucherei". Je nach Saison geräucherter oder gebeizter Fisch sowie Krustentiere aller Art aus eigener Verarbeitung. Lagavägen 10, westlich vom Zentrum am Fluss, Tel. 104 75.

■ **Brasserie,** preiswertes Angebot und angenehmes Ambiente. Direkt am Markt gelegen, ist die Brasserie ein Treffpunkt, im Sommer stehen die Tische draußen. Stortorget 3.

■ **Gröna Hästen,** Hästtorget 3, hinter dem Stadshotell. Ebenfalls ein Restaurant mit Aussicht, Mittagstisch und Grillabenden.

■ **Annabelle,** am Pferdemarkt Hästtorget gelegen, bekommt man diverse Speisen auch im Hinterhof im Freien.

■ **Café und Konditori Cecilia,** Lokal auf dem Stortorget mit Plätzen im Freien, hier gibt es sogar eine große Auswahl für Teetrinker.

■ **Dixies's Pub,** Lögnäsvägen 56. Die Bar für den Abend im Stil der Fifties.

Sonstiges

■ Kurz vor der Insel am Kraftwerk liegt ein großer **Parkplatz,** Zelten verboten.

■ **„S/s Lagaholm",** im Sommer fährt der **Dampfer** zum Meer und zurück. Hier kann man die Landschaft Laholms auf beschauliche Weise erleben. Infos und Preise im Turistbyrå.

■ **Sommerrodelbahn** in Kungsbygget in Våxtorp 20 km südlich von Laholm: Hier kann man über die Distanz von 1 km durch Wälder und Wiesen talwärts brausen. Bremsen muss man selbst.

Von Laholm nach Halmstad

5 km fährt man auf der Straße 24 nach Westen, dann erreicht man die Auffahrt auf die E 6 bei Melbystrand. Richtung Norden geht es noch einmal über den Lagan kurz vor seiner Mündung in den Kattegatt. Nach gut 20 km **am Meer entlang** ist dann Halmstad erreicht.

Halmstad

■ **Einwohner:** 91.000

■ **Vorwahl:** 035

■ **Information: Turistbyrå,** Lilla Torg, Tel. 12 02 00, www.destinationhalmstad.se, wochentags 9–18 Uhr, Di 10–18 Uhr, Sa 10–13 Uhr.

Geschichte

Halmstad lag ursprünglich etwas weiter den Nissan flussaufwärts bei Övraby, doch 1322 „wanderte“ man zur Flussmündung. Im 16. Jh. verlieh der dänische König der Stadt nach dem Kampf gegen die Schweden das Wappen der drei Herzen. Im **Mittelalter** war Halmstad die größte Ansiedlung an der Westküste. Halmstads Slott war die dänische Stadtburg mit dem Stora Torg in der Mitte. Ein **Wall** aus Erde und Stein mit sechs Bastionen umgab halbmondförmig die Stadt. Zusätzlich gab es zwei Plattformen für Kanonen mit größerer Reichweite. Ein Wassergraben verlief um den 7 m hohen und 18 m breiten Wall. Reste von Wall und Wassergraben sind noch zu sehen. Von den vier ursprünglichen Stadttoren blieb nur das Nordtor **Norre port** erhalten. Der Schlossgraben wurde in späteren Jahrhunderten verfüllt. Nach einem verheerenden Brand ließ der Dänenkönig die Stadt im modernen Renaissancestil neu aufbauen. Im 20. Jh. wurde Halmstad zu Schwedens „Badewanne“, besonders der Nachbarort Tylösand wurde berühmt. Die Vereinigung **Gamla Halmstad** kümmert sich um die Stadtgeschichte und gibt seit 1923 jedes Jahr eine Schrift heraus.

In Halmstad wurde 1929 die Künstlergruppe **Halmstadgruppen** gegründet; sie bestand 50 Jahre. Ihr gehörten Künstler an, die sich im Sommer in der Stadt trafen, wie *Erik Olson, Axel Olson, Sven Jonson, Stellan Mörner, Waldemar Lorentzon* und *Esaias Thorén.*

Neuere Halmstader Künstler sind *Marie Frediksson* und *Per Gässle* alias **Roxette** – die Popgruppe spielte sogar zur Hochzeit von Kronprinzessin *Viktoria.*

sd13-018 fph

Sehenswert

Halmstads Slott

Aschebergsgatan: Als Residenz des Dänenkönigs gebaut, wurde das Schloss 1619 zum Besuch des Schwedenkönigs mit einem Fest eingeweiht, dass eine Woche dauerte. Allerdings war der Bau nicht wirklich fertig. Gemessen an den anderen Schlössern, die sich *Christian II.* gönnte, wirkt dieses relativ schlicht.

Pablo Picassos Frauenkopf „Kvinnohuvud“

St.-Nikolai-Kirche

Am Stora Torg: So alt wie die Stadt, wurde sie im 12. Jh. errichtet und im 20. Jh. renoviert.

Norre Port

Das **Nordtor** des mittelalterlichen Befestigungswalls der Stadt steht in der Storegatan Ecke Norretorg.

Skulpturen

Halmstad besitzt eine ganze Reihe von Skulpturen, hier nur eine Auswahl:

„Kvinnohuvud"

Der Frauenkopf von **Pablo Picasso** am Fluss ist ein Wahrzeichen der Stadt. Die 15 m hohe Betonplastik ist eine der 16 Skulpturen, die *Picasso* verschiedenen Städten der Welt spendete. Sie wurde 1972 mit Hilfe des norwegischen Bildhauers *Carl Nesjar* gegossen und stellt *Picassos* letzte Frau, *Jaqueline Roche,* dar. Die Skulptur steht im Picassopark am Ostufer zwischen Ginstleden- und Österbrobrücke.

„Europa och tjuren"

Carl Milles bedeutender Plastik auf dem Stora Torg wurde übel mitgespielt. Ursprünglich stand sie in einem Teich mit Weiden, Seerosen und Fischen, dazu gab es eine schriftliche Pflegeanweisung des Künstlers. Die wurde missachtet, und so überwucherte das Werk allmählich, was den schamhaften Bewohnern gelegen kam, sah man doch jetzt die Nackten nicht mehr so deutlich. 1960 machte man dann kurzen Prozess, beim Bau einer Tiefgarage wurde der Teich gleich mit „entsorgt". Stattdessen stellte man die Skulptur in ein eher langweiliges Wasserbecken.

„Cyklisterna"

Die gelben Radfahrer aus Plastik von **Annika Simonsson** stehen vor dem HFAB-Büro in der Viktoriagatan. Zunächst hieß die Arbeit „Schwarzspecht", da ein solcher auf einem der Gepäckträger saß. Nachdem der Vogel verschwand, heißt sie nun nur noch „Radfahrer". Das Werk soll an die ehemalige Fahrradfabrik „REX" erinnern.

„91:an Karlsson"

Nils Egerbrandt schuf die Bronze in der Storgatan nach *Rudolf Peterssons* Comic-Figur, die dieser während seines Wehrdienstes zwischen 1916 und 1918 gezeichnet hatte.

„Neptunus"

Die Fontäne aus Glas von **Peter Mandl** steht auf dem Norra Torg nahe dem nördlichsten Stadttor. Die 5 m hohe Statue besteht aus 1000 Glasscheiben, die zusammengeklebt und mit Polyester verstärkt wurden, um dem Wasserdruck standzuhalten. Die Farbe der Statue ändert sich je nach Lichteinfall, die Bewohner nennen sie „Wäscheklammer".

„0 + 0 = 8"

Fredrik Wretman baute die Polyesterskulptur in Form einer 2 m hohen Null. Bei gutem Wetter spiegelt sie sich auf der Teichoberfläche vor dem Kunstmuseum und ist deutlich als Acht zu erkennen.

„Flicka i balja"

Lena Cronqvists „Mädchen in der Badewanne" ist eine Darstellung der Künstlerin als Kind (in der Nähe des Norre Katts Park).

„Another Thinking Bell"

Die Skulptur von **Olav Christopher Jenssen** besteht aus 600 mundgeblasenen Glasstücken, die 900 kg schwer von der Decke der Stadtbibliothek hängen. Das Kunstwerk ist 4,50 m hoch und 2,90 m breit.

Hallandsgården

Sofiavägen 4: Das **Freilichtmuseum** zeigt alte Häuser aus Halland, im Sommer mit Café und Waffelverkauf. Es liegt nördlich der Innenstadt auf dem Hügel Galgberget, am Ende der Skolegatan führt eine Treppe hinauf.

Stadsbondgården Olofstorp

Das **Naherholungsgebiet** breitet sich hinter dem Hallandsgården auf dem Galgberget aus. Es gibt einen alten steinernen Aussichtsturm zu besteigen.

„Najaden"

Der **48 m lange Dreimaster** wurde 1896/97 in Karlskrona gebaut. Die Spanten sind schon aus Eisen, die Beplankung aus Holz, er ist als Vollschiff geriggt, alle Masten tragen Rahsegel. 41 Jahre diente die „Najaden" als Schulschiff der Marine. Nach dem Zweiten Weltkrieg sollte sie abgewrackt werden, doch stattdessen schenkte man das stolze Schiff der Stadt, die es instandsetzen ließ. Seitdem liegt es als Touristenattraktion am Schlosskai.

Stadtbibliothek

Die neue Stadtbibliothek am Ostufer nördlich der Österbrobrücke ist **architektonisch reizvoll,** sie ragt schwungvoll vom Land über den Nissan.

Halmstad Konsthall

Axel Olsons gata 1: In der Kunsthalle ist **Gegenwartskunst** ausgestellt.

Mjelby Konstmuseet

In dem **weißen Flachbau an der Westküste** sind zu sehen: französische Kubisten der 1920er, Surrealisten der 1930er und Werke von Künstlern der „Halmstadgruppen". Di bis So 12–17 Uhr, Juli und August ab 11 Uhr, 60 SEK. Anfahrt nach Westen bis Tylösand, dann Richtung Stennige bis zum Hinweisschild „Konstmuseum".

▷ Die „Najaden" am Schlosskai von Halmstad

Praktische Infos

Unterkunft

■ **Best Western Grand Hotel**④, Stationsgatan 44, Tel. 280 81 00, www.grandhotel.nu. 104 unterschiedliche Zimmer in einem altehrwürdigen Gebäude von 1905 in der östlichen Vorstadt in der Nähe des Bahnhofs.

■ **Clarion Collection Norre Park**④, Norra Vägen 7, Tel. 70 95 05, www.norrepark.se. 52 Zimmer in einem eleganten Gebäude aus dem Jahr 1907, in den unteren Stockwerken hohe Decken.

■ **Scandic Hallandia**④, 156 Zimmer in einem 1960er-Jahre-Bau mit Waschbetonfassade in der Rådhusgatan 4, Tel. 295 86 00, www.scandichotels.de/Halmstad. Unweit der Ginstleden-Brücke, Fahrräder können ausgeliehen werden.

■ **Quality Hotel Halmstad**④, Prästvägen 1, Fyllebro, an der E 6 südlich der Stadt, Tel. 18 35 00, www.nordicchoicehotels.se/Quality/Quality-Hotel-Halmstad. Von hier kann man die Stadt überblicken, 104 Zimmer in einem modernen Hochhausturm.

■ **First Hotel Mårtenson**③, die älteste Adresse in der Stadt aus dem Jahr 1858. Zentral in der Storgatan 52, Tel. 17 75 75, www.firsthotels.se. 103 Zimmer, teilweise mit Blick auf den Fluss Nissan.

■ **Hotell Hovgård**③, traditionelle Unterkunft in einem ehemaligen Stallgebäude in der Nähe des Mjelby Konstmuseum, Gamla Tylösandsvägen 102, Tel. 12 35 77, www.hovgard.se.

■ **Arena Hotel**③, Strandvallen 7, Tel. 299 19 00, www.arenahotel.se. Einfaches Haus mit dem Charme einer Grundschule am Autobahnkreuz des östlichen Ortsausgangs.

■ **Hostel Kaptenshamn**②, Stuvaregatan 8, Tel. 12 04 00, www.kaptenshamn.com. Das Kapitänshaus ist ein zweistöckiger alter Ziegelbau auf der Ostseite des Nissan am Hafen an einem kleinen Park.

■ **City Vandrarhem**②, Norra vägen 22, Tel. 12 05 00, www.halmstadcityvandrarhem.se. An der viel befahrenen Straße 26, ein Altbau auf der rechten Uferseite.

sd13-019 fph

Camping

Vilshärads Camping, außerhalb am Strand von Gullbrandstorp (Bucht nördlich von Tylösand), in der Nähe gibt es Wälder und Hügel, zum Meer sind es 1,5 km. Vilshäradsvägen 24, Tel. 531 15, www.vilsharadscamping.se, 26.4. bis 25.8.

First Camp Tylösand, Kungsvägen 3, durch ein Wäldchen vom Meer getrennt. 400 Parzellen und 5 km kinderfreundlicher Sandstrand. Tel. 305 10, http://firstcamp.se/vara-campingar/tylosand, geöffnet 19.4. bis 22.9.

Hagöns Camping, südöstlich der Stadt an den Sanddünen, 200 Stellplätze auf Grasboden. Östra Stranden, Tel. 12 53 63, www.hagonscamping.se, 26.4. bis 1.9. Der Bus 63 fährt in die Stadt.

Essen und Trinken

Pio & Company, eines der besten Restaurants, Storgatan 37 am Lilla Torg, ab 18 Uhr geöffnet, Tel. 21 06 69.

Fridolfs Krog, edle Küche in der Brogatan 26, ab 17.30 Uhr.

Lilla Helfwetet, in einem alten E-Werk Hamngatan Ecke Kyrkogatan. Schwedens erstes „Drive in", es heißt, hier habe sich ein Husar der Küstenwache jeden Tag ein Glas Madeira aus einem Fensterchen reichen lassen, derweil er auf seinem Ross sitzen blieb. Heute speist man in bequemen Sesseln, und die Weinauswahl ist wesentlich größer geworden.

Magasinet i Slottsmöllan, Frennarpsvägen 140, drinnen und draußen.

Zigges Garage, Tapas-Bar mit Blick über den Nissan-Fluss.

Cafés gibt es reichlich, z.B. Konditori Regnbågen, Karl XI. väg 37; Skånskan, Storgatan 40; Fribergs Konditori, Norra vägen 9; Kafé Brooktorpsgården, Kyrkogatan 12; Bar Mezzo, Klammerdammsgatan 10.

Bars

The Fox and Anchor, neben dem Hotel Mårtenson, Storgatan 52, mit Freiluftplätzen, 25 Biersorten und 300 Whiskysorten im Angebot, ab 17 Uhr.

The Bulls Pub, Pub in der alten Feuerwache mit Außenbereich auf dem Lilla Torg.

Harry's Pub & Restaurang, viele Büroleute beginnen hier ihren Feierabend, Storgatan 22.

Morfars, gemütliche Bar in der Storgatan 35.

Trottobar, sie liegt in der Hamngatan, ist preiswert und hat eine Dachterrasse.

Einkaufen

Drottning Kristina Passagen, Fredsgatan und Norra vägen sind die **Einkaufsmeilen,** die Wechselstube Forex ist in der Storgatan 2.

Berntson Design, verkauft edle Dinge für Garten und Balkon, die Fabrik Skintaby Smedja liegt in Haverdal, den Kustvegen an der Windmühle rechts ab. Geöffnet: 12–18 Uhr, Sa/So 12–16 Uhr.

Ztrand Design, Kunsthandwerk gibt es in der Westerbergsgata 2.

Galleri Ram-tajm, wer einen Bildrahmen braucht, wird in der Hantverksgatan 21 fündig.

An- und Weiterreise

Bus: Der City Bus Terminal ist am Österskans, der Regionalbus fährt von der Norra Station. Hallandstrafiken wird von privaten Gesellschaften betrieben. Die Fahrkarten werden nur im Bus verkauft. Beachten Sie, dass der Fahrer nur auf 100 Kronen wechseln kann. Swebus fährt nach Kopenhagen, Göteborg, Oslo und Stockholm.

Bahn: Am Bahnhof C, Stationsgatan 25, hält die Västkustbanan, die Merresorlinie, die Markarydlinie und natürlich SJ, die Staatsbahn. Zuginfo am Bahnhof, Tel. 18 34 51.

Fahrrad: Auch in Halmstad ist das Radfahren populär. So gibt es mittlerweile **200 km Radwege** in der Stadt, einige alte Bahnstrecken wurden zu Radwegen umfunktioniert.

Flug: Vom Cityflughafen HAD geht es wochentags mindestens dreimal mit Sverigeflyg nach Stockholm. Tre Hjärtans väg 12, Tel. 18 26 00.

Sonstiges

Golfer wenden sich an die Turistinfo, es gibt **zehn Plätze in der Nähe,** z.B. den berühmten 27-Loch-Platz Ringenäs mit Meerblick.

Baden: Östra stranden bei Laholm bietet einen langen Sandstreifen, die Dünen sind über weite Flächen mit Wochenendhäuschen „belegt".

Ausflüge

Tylösand

Tylösand liegt auf einer spitzen Halbinsel westlich der City und war früher ein bekannter **Badeort.** Übernachten oder etwas essen kann man im **Hotel Tylösand**④, 1906 nach französischem Vorbild erbaut, mit 166 DZ am Strand, mehreren Bars und Restaurants, Tylöhusvägen, Tel. 324 39, oder im Restaurang Salt, nur im Sommer, Tel. 335 01.

Im Ort steht die hölzerne Kapelle **St. Olofs,** Tjuvahalvågen, gegenüber den Strandparkplätzen. Ursprünglich stand sie in Lindhult in Småland, wo sie 1879 abgerissen wurde. 1950 errichtete man sie an ihrem jetzigen Ort.

In der **Steninge Glashytta** gibt es, wie der Name verspricht, Glasbläser bei der Arbeit zu sehen und deren Produkte zu kaufen. Steninge Kustväg 22, Tel. 519 19, www.steningeglashytta.se.

Naturschutzgebiet Möllegård

Das Areal dehnt sich 2 km hinter dem Mjelby Konstmuseum aus (Nya Kustvägen nach Steninge). Nachdem man durch die lichte Natur gewandert ist, lohnt die Einkehr in die Eisdiele World Of Riccardo.

Von Halmstad nach Falkenberg

Nach Göteborg sind es nun noch 140 km auf der E 6, alternativ kann man auch den **Kustvägen** nehmen. Er ist mit braunen Schildern gekennzeichnet, die eine weiße Blüte tragen. Die Straße führt näher am Wasser, aber nicht direkt am Meer nach Norden.

Falkenberg

Einwohner: 17.000

Vorwahl: 0346

Information: Turistbyrå, Holgersgatan 9, Mo bis Sa 9.30–18 Uhr, So 13–18 Uhr, Tel. 88 61 00, www.falkenbergsturist.se.

In einer Schleife des **Flusses Ätran** liegt die Kleinstadt mit der Ruine der Burg Falkenberg. Bekannt ist die Gegend für ihren 15 km langen Strand und den Lachsreichtum des Ätran, der Jahr für Jahr viele Angler anzieht. Auch früher ließ es sich an der Mündung des Flusses gut leben, man fing Jagdfalken und handelte mit Vögeln.

sd13-020 fph

Sehenswert

Kirche St. Laurentius

Die Kirche in der kopfsteingepflasterten Altstadt stammt aus dem Mittelalter, der Turm kam später dazu. Noch später nutzte man ihn als Turnhalle und Kino. In den 1920er Jahren wurde die Kirche restauriert.

Zollbrücke

Sie ist deswegen eine Sehenswürdigkeit, weil sie seit 1756 ununterbrochen in Betrieb ist und bis 1940 zollpflichtig war. Am Ostufer steht die alte Festungsruine, sie wurde schon im 15. Jh. zerstört, viel ist nicht übrig.

Falkenbergs Museum

Skepparesträtet 2, Tel. 88 60 00: Das Museum in einem alten Getreidespeicher am Hafen zeigt auch zeitgenössische Kunst und Design. Vor dem Museum steht eine Installation von *Per Kirkeby*, eine typische Backsteinkonstruktion des Künstlers.

Die **Lachsräucherei** in der Storgatan 9 gehört zum Museum.

Stadhus

Das Haus hat ein **Glockenspiel** in der Fassade, das zu jeder Stunde „Himlajord“ von *Evert Taube* spielt. Weiter kann man durch die Storgatan mit ihren alten Häusern bummeln.

Die Zollbrücke über den Ätran

Törngrens Krukmakeri

Krugmakaregatan, in der Nähe des Hafens: Seit 1789 töpfert die Familie, geöffnet werktags 9.30–12 und 13–16.30 Uhr.

Falcon-Brauerei

Ärstadsvägen: Die traditionelle Brauerei gehört seit 1996 zur dänischen **Carlsberg-Gruppe** und ist mit 3 Milliarden € Umsatz die größte in Schweden. Besichtigungen der supermodernen Anlage arrangiert das Turisbyrå.

Fotomuseum Olympia

Im alten Kino in der Sandgatan 13a: Hier gibt es Gegenstände aus der Kino- und Fotowelt zu sehen, außerdem herrliche alte Fotografien. Di bis Do 14–18 Uhr, Sa/So 14–17 Uhr, 40 SEK.

Praktische Infos

Unterkunft

- **Falkenberg Strandbad**⑤, Havsbadsallén 2A, Tel. 71 49 00, www.strandbaden.se. Großes weißes Haus am Meer links der Flussmündung. Vor dem Hotel ist eine lange hölzerne Brücke ins Meer gebaut. Die Lobby erinnert an eine Bibliothek, die Zimmer sind alt und winzig.
- **Grand Hotell**④, Hotellgatan 1, am Ätran, Tel. 144 50, http//grandhotelfalkenberg.se. 70 Zimmer mit dem Charme der vorletzten Jahrhundertwende, viele Zimmer mit Blick zum Fluss.
- **Nya Pallas Hotel**④, Åke Tottsgatan 5, Tel. 107 00, www.pallashotel.com. Das Anwesen im Landhausstil mit Garten liegt hinter der Bahnlinie.
- **Värdshuset Hwitan**③, Storgatan 24, Tel. 820 90, www.hwitan.se. 30 Zimmer in einem Landhaus von 1703 am Fluss Ätran.

Camping

- **Skrea Camping,** großer Platz 3 km südlich des Ortes in Strandnähe. Strandvägen, Tel. 171 07, www.skreacamping.se, 420 Stellplätze, Hütten, geöffnet Mitte April bis Anfang Sept.
- **Hansagård Camping,** 4 km südlich am Meer, Hansagårdsvägen 11, Rinsegård, Tel. 169 44, www.hansagard-camping.se. 340 Wiesenplätze an einer Sandbucht am Kattegat, geöffnet Mitte April bis Anfang Sept.
- **Olofsbo Camping,** guter Platz 6 km nördlich von Falkenberg in Strandnähe von Olofsbo, durch eine Wochenendhaussiedlung vom Meer getrennt, Tel. 920 22, www.olofsbocamping.se, 220 Plätze, geöffnet Mitte April bis Ende Okt.
- **Womo-Stellplatz,** auf dem ICA-Parkplatz an der Sandgata.

Essen und Trinken

- **Gustaf Bratt,** Boregatan 1, Tel. 103 31. Gemütliche Kneipe am nördlichen Brückenkopf mit Sitzplätzen im Hof.
- **Sjöboden (Ocean Bar),** Klittervägen 51. Restaurant mit internationaler Küche direkt auf dem Strand.
- **Gudmunden,** Torggatan 1, Nähe Rathausplatz, Tel. 828 70. Internationale Küche im Zentrum.
- **Blue Corner,** Storgatan 25, Tel. 805 99. Die „blaue Ecke“ ist auf der rechten Flussseite in der Innenstadt zu finden.
- **Hertigen,** Elvägen 4, Tel. 100 18. Am Oberlauf des Ätran auf einer Insel, kurz bevor der Halmstadvägen die Umgehungsstraße kreuzt. Schwedische Küche.

Feste

Mitte Juni feiert man **Karneval** und Anfang August den **Bellmanntag,** der Schwedens wichtigstem Dichter gewidmet ist, der wegen seiner deftigen Beschreibungen des Stockholmer Lebens auch heute noch gelesen wird.

An- und Weiterreise

- **Bus:** Nach Varberg und Halmstad, überregional nach Göteborg.
- **Bahn:** Der Bahnhof liegt am Holgersplan, die Züge der Westküstenlinie halten hier.
- **Fahrrad:** Der Radwanderweg Ginstleden verläuft 200 km an der Küste Hallands entlang.
- **Flug:** Vom Halmstad Airport (HAD) kann man nach Stockholm fliegen. Er liegt 50 km südlich der Stadt.

Ausflüge

Skrea

In Skrea 5 km südöstlich von Falkenberg fand man am Flüsschen Suseån eine **Goldschale** aus der Bronzezeit, die einen Goldanteil von immerhin 82% aufwies. Der Hügel war in der Bronzezeit eine Kultstätte, heute ist nichts mehr zu sehen und die Schale in Stockholm im Museum. Man gelangt mit dem Wagen bis auf den Strand, wenn man den Gräshoppersväg bis zum Ende durchfährt und der Wagen nicht höher als 2 m ist.

Berte-Museum

Das **Landleben** wird in diesem Museum mit einer Unmenge von Exponaten dargestellt, da ist für jeden was dabei: für Mama die alten Reklametafeln, für Papa die Traktoren, für die Kinder der Kaufmannsladen. Die Sachen kamen teils als Spende der Bauern in die Sammlung.

Das Museum liegt **südlich von Falkenberg,** wo der Kustvägen auf die E 6 trifft, vor der Auffahrt Slöinge. 1. Juni bis 31. August Di bis Fr 10–16 Uhr, So 13–17 Uhr, sonst nur So 13–17 Uhr, Tel. 405 13, 70 SEK.

Svedinos Automobil- und Flugzeug-Museum

In der **Autoabteilung** sind 130 Ausstellungsstücke zu sehen, darunter skandinavische Konstruktionen wie der Bullerbilen von 1898, ein Tidaholm von 1907, ein Thulin und ein Tidaholmsbuss. Auch in der **Flugzeugabteilung** gibt es außer internationalem Fluggerät des Zweiten Weltkriegs nationale Maschinen zu begutachten, z.B. den Blériot-Nachbau Thulin A und eine grüne Götaverken 38 auf Schwimmern, die ein Lizenzbau einer amerikanischen Rearwin ist. Dazu mehrere heimische Jets aus der Saab-Schmiede.

Anfahrt über die E 6 Nord Abfahrt 49/Heberg oder Süd 48/Slöinge nach Ugglarp, Tel. 431 87, täglich 1. bis 24. Juni 11–16 Uhr, 25. Juni bis 21. Aug. 10–18 Uhr, 22. bis 31. Aug. 11–16 Uhr, 80 SEK.

> Abheben mit einer Thulin A

Von Falkenberg nach Varberg

Weiter auf der E 6 Richtung Norden geht es durch leicht hügelige Landschaft. Nach 30 km ist die Abfahrt nach Varberg erreicht.

Varberg

- **Einwohner:** 27.000
- **Vorwahl:** 0340, 0945
- **Information: Turistbyrå,** Västra Vallgatan 39, Tel. 868 00, Mo bis Sa 10–19 Uhr, So 13–18 Uhr.

Varberg ist einer der bekanntesten Badeorte an Schwedens Westküste, grundsätzlich aber eine ruhige Kleinstadt. Der Name der Stadt leitet sich vermutlich von der Befestigungsanlage ab. Als Siedlung **Getakär** wurde sie schon 1343 schriftlich erwähnt. Im Laufe der Geschichte wurde sie am häufigsten von allen schwedischen Orten umbenannt. Südlich in Getterön fand man fünf Grabhügel aus vorchristlicher Zeit. Im 19. Jh. entdeckten die Schweden die **Badefreuden,** und so wurden in Äpelviken ein Warmbadehaus und an der Festung das Kaltbadehaus und der Stadtpark zum anschließenden Lustwandeln angelegt. Heute ist in der Stadt die Schuhindustrie heimisch.

Seit dem 19. Jh. wird in der Gegend das dunkelgrüne Gestein **Charnockit** abgebaut. Das granitähnliche Material hat eine lebhafte Maserung. Es kommt noch in Brasilien, Nigeria und Indien vor, man benutzt es hauptsächlich für Grabsteine.

sd13-008 fph

Sehenswert

Varbergs Fästning

Die **Festung** erhebt sich direkt an der Küste, der Burggraben führt Meerwasser. Ihr Ursprung geht auf das 13. Jh. zurück, die dicken Mauern wurden allerdings erst im 17. Jh. dazugebaut. Nach dem Frieden von Roskilde nutzte man sie als Gefängnis, heute beherbergt die Feste ein Museum und wird für Veranstaltungen genutzt.

Im **Länsmuseum** in der Festung ist z.B. die Moorleiche *Bockstensmann* aus dem 14. Jh. zu sehen sowie Stücke zur Stadtgeschichte. Täglich 10–17 Uhr, im Winter bis 16 Uhr, Tel. 828 30, 70 SEK.

Seebrücke

Gleich bei der Festung führt ein hölzerner Steg ins Meer hinaus, an dessen Ende das verschnörkelte **Kallbadehus** mit seinen maurischen Elementen auf einer Pfahlkonstruktion steht. Im Sommer wochentags 13–20 Uhr, am Wochenende 9–17 Uhr, 50 SEK.

Konsthallen/Hamnmagasinet

Die Kunsthalle im alten Lagergebäude von 1874 am Hafen beherbergt wechselnde **Ausstellungen und Läden** für Glas, Keramik, Silberschmuck und Grafik. Di bis So 12–16 Uhr.

Das Kallbadehus

008fotolia

Socitetsparken

Zwischen Kunsthalle und Festung liegt der alte **Kurpark** mit dem Gesellschaftshaus, in dem ein Restaurant ist.

Marktplatz

Die **Kirche** am Platz stammt aus dem Jahr 1770, die Bronzeskulptur „Junge und Mädchen" von *Bror Marklund* ist aus den 1930er Jahren.

Praktische Infos

Unterkunft

Die Stadt ist eng, Parkplätze sind rar. Die meisten Hotels offerieren ihren Gästen eine Parkmöglichkeit, manchmal sogar kostenlos – fragen Sie danach! Umsonst **parken** kann man auf jeden Fall am Hafen und beim Hotel Fregatten.

■ **Varbergs Stadshotell**⑤, Kungsgatan 24–26, Tel. 19 23 95, www.varbergsstadshotell.com. Ein schönes, altes, ehrwürdiges Haus in der Fußgängerzone, zum nächsten Parkplatz ist es ein ein ½ km.
■ **Clarion Collection Hotel Fregatten**④, Skeppsgatan 6, Hamnplan, Tel. 19 23 95, www.clarionhotel.com/hotel-varberg-sweden-SE020. Zwischen Eisenbahn und Hafen liegt dieses Haus, das an Seebadarchitektur erinnern soll; die Inneneinrichtung ist modern.
■ **Hotell Gästis**④, Borgmästaregatan 1, Tel. 138 50, www.hotellgastis.se. Typisches Schwedenhaus mit kleinen Zimmern, auch für Raucher. Im Keller des alten Hauses wurde eine moderne Wellnesslandschaft eingebaut.
■ **Hotell Varberg**③, Norrgatan 16, Tel. 161 25, www.hotellvarberg.nu. Klassisches Stadthotel im Zentrum; 17 traditionell eingerichtete Zimmer.
■ **Strandgården**③, Valvikavägen 14, Tel. 168 55, www.getteronhotell.se. Altes weißes Holzhaus mit Meerblick auf der Halbinsel Getterön mit 18 unterschiedlichen Zimmern, 3 km vom Zentrum entfernt.
■ **Onkéns Bed & Breakfest**③, Västra Vallgatan 25, Tel. 808 15. Charmante Stadtvilla im Zentrum unweit des Bahnhofs, gemütliches Haus mit 19 Zimmern und einem begrünten Hinterhof.
■ **Fästningens Vandrarhem**③, Jugendherberge in der alten Festung auf drei Gebäude verteilt, Tel. 868 28, www2.svif.se/sv/boende. Z.T. mit Kochgelegenheit, Parken am Kaltbadehaus am Hafen.

Camping

■ **Södra Näs Camping,** 200 Stellplätze 4 km südlich am Ende der Stichstraße Strandbackavägen, die vom Kustvägen abzweigt; der Platz liegt nicht am Meer. Tel. 073-362 88 54, www.sodranascamping.se, geöffnet April bis Sept.
■ **Apelvikens Camping,** Sanatorievägen 4, an einer sandigen Bucht in der Nähe des Kurhotels, 500 Plätze, die vorgelagerte Halbinsel mit dem Leuchtturm ist mit Büschen bedeckt. Tel. 64 13 00, www.apelviken.se, ganzjährig geöffnet.
■ **Getteröns Camping,** Valvikavägen 3, Tel. 168 85, www.getteronscamping.se. 500 Plätze direkt am felsigen Wasser, Quick Stop, 4 km nordwestlich der City. Geöffnet Mai bis Mitte Sept.

Essen und Trinken

■ **Vin & Skafferi,** Hus 13 in der Festung, mit Sitzplätzen vor dem Haus. Hier kann man gepflegt eine Kleinigkeit essen oder à la carte speisen.
■ **Societäts Restaurangen,** im Park gegenüber der Festung steht das hübsche Gesellschaftshaus aus Holz, mit Restaurants, einer Bar und der Bühne.
■ **Restaurang Zorba,** Grieche in der Västra Vallgatan 37, Tel. 132 20, Mi bis Fr ab 17 Uhr, Sa/So ab 13 Uhr.

Harrys, Kungsgatan 18, Tel. 872 85, Mo bis Fr ab 16, Sa ab 12 Uhr.

Restaurang Grappa, Italiener im Lundquistska Huset im Brunnsparken, Tel. 179 20, Di bis Fr ab 16 Uhr, Sa ab 12 Uhr.

Ristorante Italiano Invito, noch ein Italiener, in der Norrgatan 13, Tel. 892 88, 12–23 Uhr.

John's Place, Tångkörarvägen 4, Tel. 109 03. Kleines Restaurant am Wasser von Apelviken mit Meerblick – man muss klingeln, um eingelassen zu werden.

Einkaufen

Mittwochs und am Samstagmorgen findet der **Wochenmarkt** auf dem großen Marktplatz zwischen Kungs- und Drottninggatan statt. Dinge des täglichen Bedarfs gibt es in der **Galleria Trädgården.**

An- und Weiterreise

Auto: Auf der Straße 41 erreicht man Borås, die E 6 geht nordwärts.

Bahn: Vom Bahnhof fahren seit 1880 die Elektrozüge der Viskadalsbanan nach Borås.

Boot: Die Autofähre der Stena Line braucht 3½ Stunden von Grenå (Dänemark), eine beliebte Strecke zur Anreise aus Norddeutschland.

Ausflüge

Vogelschutzgebiet Getterön

In den feuchten Wiesen nisten diverse Watvögel, Zugvögel machen oft Station. Das reetgedeckte **Infozentrum Naturum** liegt am Lassvarvägen 2 km vom Stadtzentrum entfernt – rechts um den Hafen herum auf die Halbinsel fahren. Tel. 875 10, www.naturumgetteron.se.

Grimeton

Der ehemalige Längstwellensender gehört heute zum technischen Welterbe. Er wurde 1925 in Betrieb genommen. Sechs stählerne **Sendemasten** stehen in West-Ost-Richtung im Abstand von jeweils 380 m. Die Anlage diente als Telegrafieverbindung nach Amerika, heute sendet sie nur noch zu besonderen Anlässen. 10 km östlich von Varberg (ausgeschildert) gelegen, sind die Masten nicht zu übersehen. **Besucherzentrum** mit Ausstellungen zur Kommunikationstechnologie, Museumsladen und Café. Täglich geöffnet.

Gekås-Warenhaus

Skandinaviens größtes Warenhaus liegt in Ullared. An manchen Tagen kommen bis zu 20.000 Menschen, es soll Schweden geben, die ihren Urlaub in Ullared verbringen, um fürs ganze Jahr einzukaufen. Anfahrt: 30 km auf der Straße 153 nach Osten; 2000 Parkplätze sind vorhanden.

Von Varberg nach Kungsbacka

Wer es eilig hat, weiter in den Norden zu kommen, der nimmt die (neue) E 6, die anderen fahren auf der alten E 6, die an der Küste verläuft; sie zweigt am Kreisverkehr von der Straße 41 ab. Die flache Landschaft ist die gleiche, die man von der Autobahn sieht. Die erste Etappe führt am **Atomkraftwerk Ringhals** vorbei, das auf einer Landzunge am Meer liegt und eines von drei laufenden AKWs des schwedischen Stromkonzerns Vattenfall ist. Es arbeiten hier seit 1974 drei Druckwasser- und ein Siedewasserreaktor. Besichtigung täglich 9–15 Uhr. Die Gegend insgesamt ist eher uninteressant.

Bei **Tjöloholm** ist man aber wieder versöhnt. Langsam wechselt die Landschaft, die endlosen flachen Strände Hallands machen langsam der steinigen Küstenlandschaft von Bohuslän Platz. Man kommt nur einmal hinter Byendal und 6 km vor Tjöloholm am Meer vorbei. Wer sich für alte Schlösser interessiert, sollte 25 km vor Kungsbacka das Schloss Tjolöholm besuchen (siehe bei den Ausflügen zu Kungsbacka).

Kungsbacka

- **Einwohner:** 20.000
- **Vorwahl:** 0300
- **Information: Turistbyrå,** Storgatan 15, Tel. 83 45 95, Mo bis Sa 10–18 Uhr, So 10–14 Uhr.

Im Mittelalter lag hier ein Marktplatz auf der dänischen Seite der Grenze zu Schweden. Nachdem die Stadt 1645 an Schweden fiel, entwickelte sie sich nicht bedeutend weiter, da das nahe gelegene Göteborg die Menschen anzog. 1846 gab es einen verheerenden Stadtbrand, danach musste der Ort komplett neu errichtet werden. Auch vom ehemaligen Schloss ist nichts übrig. **Röda stugan,** die „Rote Hütte", ist eines der wenigen Häuser, die nach dem Brand noch standen. Hier hatte im 18. Jh. ein Goldschmied seine Werkstatt. In den 1960er Jahren entstanden Villengegenden im „Speckgürtel" von Göteborg, die sich bis Kungsbacka ausdehnen. Heute ist das Städtchen ein ruhiger Ort, in dem sich ganz entspannt Spaziergänge entlang des Flusses unternehmen lassen. Auf dem zentralen Platz erhebt sich eine Bronzeskulptur mit dem Namen „Baum des Lebens". Um den Platz stehen einige alte Häuser. Berühmtester Sohn der Stadt ist der Krimiautor *Per Wahlöö* (1926–1975).

Praktische Infos

Unterkunft

- **Hotel Halland**④, Storgatan 35, Tel. 775 30, www.hotellhalland.se. Schmuckloser Zweckbau mit 63 Zimmern gegenüber dem Bahnhof, mit moderner Einrichtung.
- **Sporthotellet Nattmössan**②, Smörhålevägen 1, Tel. 775 38, www.nattmossan.se. Der ebenfalls nüchterne Kasten liegt südlich an der ersten Ausfahrt der E 6/E 20 und gehört zum Hotel Halland. Hier ist es preiswert.
- **Kungsbacka Vandrarhem**②, Göteborgsvägen 515, www.kungsbackavandrarhem.se. Alte cremefarbene Holzvilla nördlich des Ortes beim Bahnhof Anneberg mit 8 Zimmern, Café und Fahrradverleih. Wunderbar für Leute geeignet, die nicht in Göteborg unterkommen wollen – der Zug braucht 20 Minuten.

Essen und Trinken

- **Restaurang Storgatan 1,** Tel. 154 36, fürs Mittagessen, Mo bis Fr 11–14.30 Uhr, eine Oase der Ruhe und gut, wenn man kein Fast Food mehr sehen kann.

Black Pearl, Storgatan 15, die coole Bar hat ab 16 Uhr, am Wochenende ab 13 Uhr geöffnet.

Restaurang Ester, Norra Torgatan 4. Simpel, aber preiswert und gutes Essen. Vor Jahren stand das Lokal in allen Zeitungen, als ein Elch durch das Fenster in das vollbesetzte Lokal brach und erst nach einer halben Stunde hinauskomplimentiert werden konnte.

Ansonsten gibt es McDonald's im Varlavägen, einen Chinesen in der Norra Torgatan 10 und Tio Pepe's Stek & Pizza in Flussnähe. Wer ein Café sucht: Das Café Karma liegt zentral und elegant in der Storgatan 25.

An- und Weiterreise

Bus: Västtrafik verbindet alle Vororte mit dem Zentrum.

Bahn: Einmal pro Stunde stoppen die Öresund-Züge der SJ hier auf dem Weg nach Göteborg.

Flug: Zuerst nach Göteborg und vom dortigen Bahnhof mit dem Flughafen-Bus zum Landvetter- oder Gothenburg City Airport. Vom kleinen Flugplatz Kungsbacka fährt ein Bus ins Zentrum.

Ausflüge

Gräberfeld von Li

Das Gräberfeld 10 km südöstlich von Kungsbacka stammt aus der Wikingerzeit ca. 400–1000 n. Chr. Mit 125 Bautasteinen, 24 runden Steinsetzungen, sieben Schiffssetzungen und vier Grabhügeln ist es das größte in Halland. Am Rande des Feldes steht der imposante, nahezu 5 m hohe **Menhir Kung Frodes Sten** (König-Frodes-Stein). Bei Stena, westlich des Fjärås Bräcka, liegt ein weiteres Gräberfeld mit 100 Bautasteinen.

Tjolöholms Slott

Das Schloss am Kungsbackafjord wurde 1231 erstmals als Thiulfö erwähnt. *Waldemar II. von Dänemark* ließ es bauen. Nach dem Sieg der Schweden wurde es ganz profan an einen schwedischen Feldmarschall verkauft. Im Laufe seiner Geschichte wechselte es noch mehrmals den Besitzer, bis ein gewisser Stallmeister *Dickson* es abreißen und durch einen modernen **Bau aus rotem Vånevik-Granit** ersetzen ließ. Er wurde zwischen 1898 und 1904 nach Plänen des Architekten *Lars I. Wahlman* im typisch englischen Tudor-Stil erbaut. Nach dem Tod der Tochter des Besitzers ging das Anwesen an die Stadt Göteborg. Um das Schloss herum breitet sich ein formaler Schlossgarten aus, Wanderwege führen bis an den Kungsbackafjord. Das Schloss kann im Sommer besichtigt werden. Zur Anlage gehören auch die Siedlung und ein kleines Wagenmuseum. Man kann dort auch übernachten. Eine Liste mit den ganzen Veranstaltungen findet sich unter www.tjoloholm.se. Das Schloss liegt 25 km südlich von Kungsbacka, Ausfahrt Fjärås, Asa.

Naturschutzgebiet Fjärås Bräcka

Der **mächtige Moränenrücken** südlich von Kungsbacka stammt aus der letzten Eiszeit und ist ein Naturschutzgebiet. Es gibt ein Infozentrum am Stenaliden 69, im Sommer täglich 9–18 Uhr. Die ganze Gegend ist das Zentrum des schwedischen Meerettichanbaus. Anfahrt über die E 6, Ausfahrt Fjärås. Hier liegt auch der große Binnensee Lygnern.

Båt- & Sjöfartsmuseet

Hagardsväg 1 in Onsala, 10 km südwestlich von Kungsbacka: Das Museum zeigt maritime Artefakte und beschreibt die küstennahe **Seefahrt,** die damals noch von den Bauern betrieben wurde. Anfahrt auf der Straße Nr. 940 bis zur Onsala-Kirche; hier ist ein großer Parkplatz. In der Kirche kann man sich die Deckenmalereien ansehen.

Nidingen

Etwa 1 km lang und höchstens 300 m breit, ist die **Insel** der aus dem Meer ragende letzte Teil der eiszeitlichen Moräne. Hier brüten Dreizehenmöwen. Die Insel ist von Unterwasserriffen umgeben. Früher glaubten die Seeleute, die Geister der verstorbenen Seefahrer würden die **Riffe** verschieben, waren die doch manchmal zu sehen, tags darauf aber wieder verschwunden. Daraufhin wurde 1624 das erste Leuchtfeuer angelegt, um die Schiffe zu warnen. Später fand man heraus, dass Teile der Riffe sich tatsächlich bewegen, es sind Geröllmassen, die durch die starke Strömung verschoben werden. 1832 entstanden die **Zwillings-Leuchttürme,** die heute nur noch musealen Wert haben. Association Position Nidingen veranstaltet Touren dorthin, Sie sollten den Picknickkorb nicht vergessen, da es keine Verpflegung gibt. Man kann dort aber übernachten. Infos zu Transport und Logis: **Gottskär Hotell**④, Tel. 0300-600 89, Landstormsvägen 31, 439 94 Onsala, www.gottskarhotell.se.

Von Kungsbacka nach Göteborg

28 km sind es noch bis Göteborg, der Verkehr nimmt stetig zu. Wer Göteborg keinen Besuch abstatten will, fährt die seeseitige Umgehung ab Mölndal S.

Auf der Straße 158 gelangt man zur Abfahrt nach **Billdal,** wo das alte **Johanneshus Hotell**④ eine stilvolle Bleibe ist. Auch das Essen ist den Abstecher in die Gartensiedlung wert.

Die E 6 N führt in weitem Bogen über die westlichen Ausläufer um die City herum und überwindet den **Götaälv** über eine Hängebrücke.

Vor Göteborg zweigt die Straße 40 nach Borås und Jönköping ab.

Göteborg

- **Einwohner:** 525.000
- **Vorwahl:** 031
- **Information: Turistbyrå,** Kungsportplatsen 2, Tel. 61 25 00, im Sommer täglich 9.30–20 Uhr, im Winter Mo bis Fr 9.30–17 Uhr, Sa 10–14 Uhr.

Schwedens zweitgrößte Stadt hat den größten Hafen des Landes und mit dem Nordstan das flächenmäßig größte Einkaufszentrum Skandinaviens. Es heißt, der Göteborger gehe immer leicht vornübergebeugt, um sich gegen den Wind vom Meer zu stemmen, aber das ist Legende. Die Stadt besitzt viele Grünanlagen und ist von Kanälen durchzogen, ihre Straßenzüge sind in unterschiedlichen Stilen in verschiedenen Jahrhunderten

Göteborg, Umgebung

entstanden. Das Sahlgrenska Universitetssjukhuset ist das größte Krankenhaus Nordeuropas, Stig-Larsson-Leser werden sich an den Namen erinnern.

Übrigens besteht der Untergrund Göteborgs fast ausschließlich aus Lehm, daher werden höhere Gebäude heute tief im darunterliegenden Fels verankert.

Geschichte

In der Gegend der Mündung des Götaälv siedelten bereits vor Jahrtausenden Menschen, lange bevor der Name Göteborg im Jahre 1605 in den ersten Dokumenten auftauchte. *Gustav II. Adolf* soll **1619** von einer Anhöhe auf die flache Landschaft gezeigt und die Lage der Stadt bestimmt haben. Die herrische Geste ist in der Bronzestatue auf dem Gustav-Adolf-Platz verewigt. Ihre privilegierte Lage ermöglichte der Stadt seit dem 16. Jh. ihren (industriellen) Aufschwung. Später wurde Göteborg nach holländischen Vorbildern mit Kanälen angereichert. Die Sicherung übernahmen die drei Forts Lejonet, Kronan und Nya Älvsborg.

Die **Industrie** hat viele ausländische Arbeitnehmer angezogen, hauptsächlich Iraker und Finnen. Zu den wichtigsten Arbeitgebern gehören neben dem oben erwähnten Sahlgrenska-Krankenhaus der Autobauer Volvo und dessen Ursprungsfirma, der Kugellagerhersteller SKF (Svenska Kullagerfabriken). Die Zeiten waren allerdings nicht immer rosig, von 1850 bis 1870 gab es z.B. eine Auswanderungswelle nach Amerika.

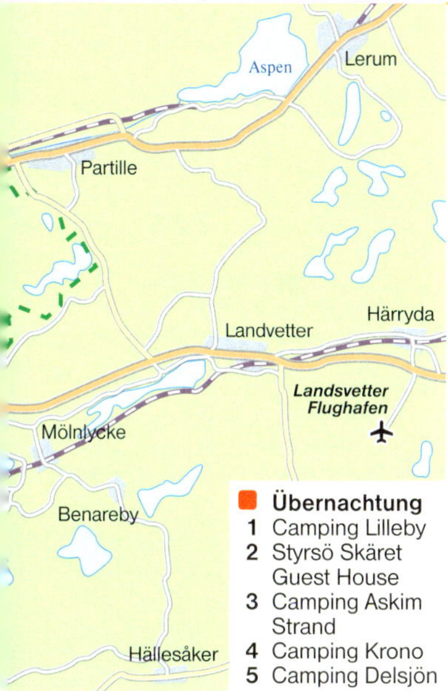

Sehenswert

Der **alte Stadtkern** liegt innerhalb der ehemaligen Stadtmauern. Das Fort Kronan am Skanstorget 1 hat einen Wehrturm und beherbergt ein Militärmuseum. Die 1689 auf den Mauern eines älteren Forts errichtete Lejonet-Festung befindet sich am Kruthustorget. Carolus Rex heißt die vollständig erhaltene Befestigungsanlage an der Ingeniörgatan Ecke Kungsgatan. Auch Nya Älvsborg steht noch und ist ein beliebtes Ausflugsziel. Die ehemaligen Wallgräben der Burg wurden bis auf den Hamnkanal zugeschüttet.

Gustav Adolfs Torg

Der zentrale Platz liegt an der Östra Hamngatan, die zum Hafen und zur Oper führt. An ihm stehen an der Westseite das **Rådhuset** in einem Gebäude von 1669, das als Gericht diente. Es wurde 1849 eröffnet und bekam 1936 einen Anbau. An der Nordseite stehen die ehemalige **Börse** mit ihren sechs Statuen an der Attika und ein Stadthaus von 1758. In der Mitte reitet seit 1854 *Gustav II. Adolf* für das Vaterland, hingestellt hat ihn dort der Bildhauer *Bengt Erland Fogelberg.* Die Südseite begrenzt ein Kanal.

sd13-021 fph

> Der Ostindiensegler „Götheborg" (Nachbau)

Göteborg

Lilla Bommen
Operan
Kruthusgatan
Pumpgatan
Sankt Eriksgatan
Bahnhof
Nils Ericssonsgatan
Burggrevegatan
Fartyg-Museum
Kronhusg.
Östra Hamngatan
Torggatan
Smedjeg.
Postg.
Gustav Adolfs Torg
Stadtmuseum
Christinae-Kyrka
Södra Hamngatan
Kunstmarkt Antikhallarna
Drottninggata
Gustavi Domkyrka
Trädgards-föreningens
Domkyrko-brunnen
Västra Hamngatan
Kyrkogatan
Östra Larmgatan
Skeppsbron
Stora Badhusg.
Kungsgatan
Vallgatan
Södra Larmgatan
Magasinsg.
Götatunneln
Nya allén
Parkgatan
Segelschiff "Götheborg"
R. Wallenbergs g.
Kungsportsavenyen
Södra vägen
Rosenlundsgatan
HAGA-VIERTEL
Feskekörka
Kungsparken
Storgatan
Olof Palme plats
Norra Allégatan
Nya allén
Vasagatan
Röhsska-Museum
Södra Allegatan
Parkgatan
Victoriabron
Nordhemsgatan
Linnég.
Storgatan
Universitet
Haga Nygata
Aschbergsgatan
Götabergsgatan
Engelbrektsgatan
Marinemuseum,
Sjömanstornet,
Majorna-Viertel,
Gathenhielm-Viertel,
Masthuggskyrkan
Landsvägsgatan
Skolg.
Sprängkullsgatan
Haga Kyrkogatan
Victoriagatan
Vasagatan
Pilgatan
Erik Dahlbergsgatan
Engelbrektsg.
Konzerthaus
Mollingsgatan
Kastellgatan
Skanstorget
Föreningsgatan
Risåsgatan
Vegagatan
Nordhemsgatan
Sveagatan
Haga
Brunnsgatan
Läraregatan
Gibraltargatan
Nordenskiöldsgatan
Övre Husarg.
Carl Grimbergsgatan
Landalagatan
Aschbergsgatan
Olivedalsgatan
Linnégatan
Seminariegatan
Rosengatan
Linnéplatsen
SLOTTSSKOGEN
Dag Hammarskjöldsleden
Guldhedsgatan
Doktor Allards gata
Kolonigatan
Sven Hultins gata
Botaniska Trädsgården
Änggården
1
3
4
5
6
7
8
9
10
11
12
13
14
15
16
17
18
19
22
23

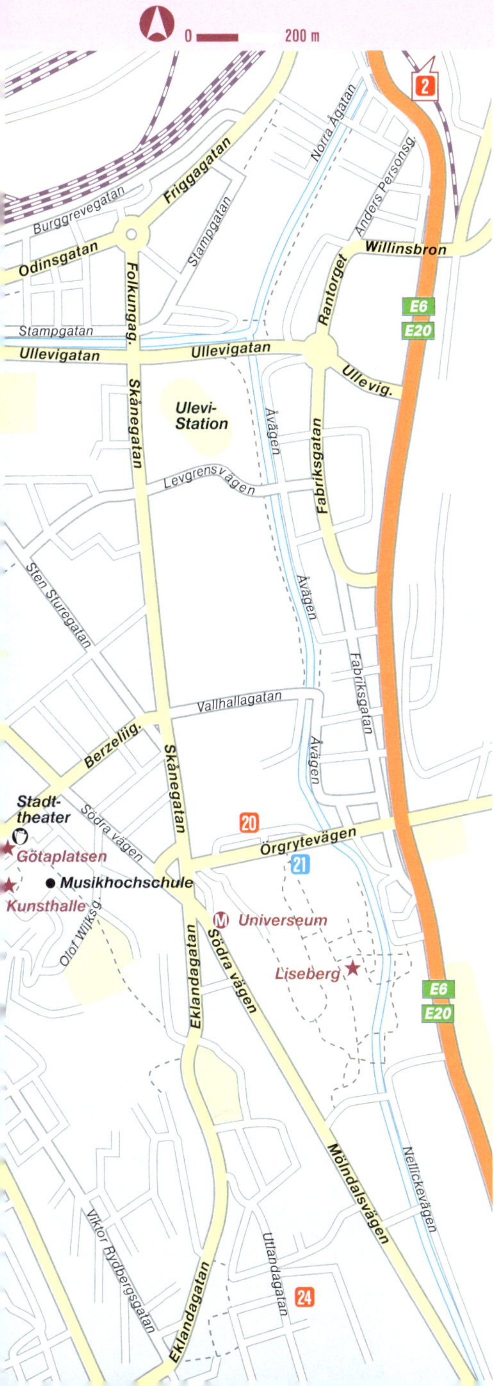

Übernachtung

1 Barken Viking
2 Apple Hotel & Konferenz
3 Scandic Crown
4 Rica Hotel
5 Best Western Hotel Eggers
6 Hotel Robinson i Palacehuset
10 Hotel Villan
11 Comfort Hotel City Center
16 Hotel Vasa
17 Hotel Poseidon
18 Mornington Hotel
20 Gothia Towers
22 Lilton
24 Hotel Nice B&B

Essen und Trinken

12 Långedrags Värdshus
13 River Café
14 Gabriel Fisk-och Skaldjursbar
15 Sjöbaren
19 Räkan
21 Rest. Hamnkrogen
23 Jungman Jansson

Einkaufen

7 Shopping Nordstan
8 Kronenhus Buden
9 Warenhaus NK

Götaplatsen

Der nächste Platz von Bedeutung ist der Götaplatsen, an dem die Flaniermeile Avenyn beginnt. Er liegt etwas erhöht und ist ein beliebtes Fotomotiv. In seiner Mitte steht der **Poseidonbrunnen,** den *Carl Milles* 1930 entwarf. Quasi als Riegel dahinter liegt das neoklassizistische **Kunstmuseum** von 1921. Die Westseite des Platzes bilden die **Kunsthalle** der Hasselblad-Stiftung und das **Konzerthaus** von 1933, in dem die Göteborger Symphoniker ihre Heimat haben, ein Bau im Stil des Funktionalismus. Drinnen hängen Wandgemälde von *Otto Sköld* und *Prins Eugen.* Im Osten schließlich begrenzt den Platz das **Stadttheater,** das ein wenig an ein Hallenbad erinnert, und, etwas versteckt, die **Musikhochschule.** den Platz.

Lilla Bommen

Am Platz erhebt sich das mit 23 Stockwerken höchste Gebäude Göteborgs, auch **Läppstiftet** („Lippenstift") genannt. 1990 erbaut, gibt es oben eine Aussichtsplattform.

Masthuggskyrkan

Der **Kirchenbau,** 1914–1919 von *Sigfrid Ericson* erdacht und verwirklicht, gilt als bedeutendes Werk der schwedischen Nationalromantik.

Gathenhielm-Viertel

In der Nähe der Masthuggskyrkan breitet sich dieses typische **Wohnviertel** aus der Zeit vor 1850 aus. Ein- oder zweistöckige Holzhäuser mit Gärten liegen hier nebeneinander.

Christinae-Kyrka

Norra Hamngatan: Das Gotteshaus von 1624, auch **„Deutsche Kirche"** genannt, ist mehrfach durch Brände verwüstet worden, der Turm kam 1783 im holländischen Renaissance-Stil dazu, in ihm hängen seit 1961 42 Glocken, die täglich viermal erklingen.

> Im Zentrum von Göteborg

Die Stadt besitzt zehn weitere Sakralbauten, die wuchtige **Gustavi Domkyrka** in der Västra Hamngatan brannte ebenfalls mehrfach ab und wurde dann im schlichten Empire-Stil 1815 wiedereröffnet – die Vollendung zog sich allerdings noch bis 1827 hin.

Haga-Viertel

Das Viertel im Süden des Rosenlundskanalen ist **eines der ältesten** in Göteborg. Ursprünglich war es ein Seemannsviertel, erst im 19. Jh. wurde es Arbeitervorort. Die Häuser hatten wegen der Brandgefahr ein Erdgeschoss aus Stein, die zwei Obergeschosse waren aus Holz.

Stadtmuseum

Hamngatan 12, Tel. 61 27 70: Untergebracht in einem alten Hafenspeicher der Ostindien-Kompanie aus dem 18. Jh., illustriert die schön gestaltete Ausstellung die wechselvolle Geschichte der Stadt bis ins 20. Jh. Das **Wikingerschiff „Äskekärrsskeppet"** gehört zu den Schätzen des Hauses. Di bis So 10–17 Uhr, Do bis 20 Uhr, 40 SEK.

Fartyg-Museum

Packhusplatsen 12 am Lilla Bommern, Tel. 105 950, www.maritiman.se. Parken an der Oper oder am Nordstan. Gezeigt

009fotolia

werden u.a. ein Frachtsegler, ein Feuerlöschboot und mehrere **Kriegsschiffe,** dazu Dampfmaschinen, allerlei Gerät und Dokumente von Seefahrern. Juni bis August 11–17 Uhr, sonst bis 16 Uhr, 100 SEK.

Feskekörka

Rosenlundsvägen, am Ufer des Kanals: Die „Fischkirche“ ist kein Gotteshaus, sondern eine **Fischverkaufshalle,** die an ein Kirchenschiff erinnert. 1874, zur Einweihung, war das Gebäude mit seinen Spitzbögen futuristisch, die Konstruktion von *Victor von Gegerfelt* verzichtete auf Stützen und Wände in ihrem Inneren, sie hält nur durch die Form der Bögen. Der Fischhandel wurde zwar in den Fischereihafen Majnabbe verlegt, doch heute noch kann man hier Fisch und Meeresfrüchte kaufen oder in den beiden Restaurants essen. Außerdem gibt es Weinverkostungen und ähnliche Veranstaltungen. Di bis Fr 10–18 Uhr, Sa 10–15 Uhr.

Domkyrko-Brunnen

Im 18. Jh. baute man eine Wasserleitung von Kallebäck im Süden in die Stadt. Heute ist noch eine „Zapfstelle“ zu sehen, das **neoklassizistische Häuschen** Domkyrkobrunnen von 1768 steht vor der Gustavi-Domkirche an der Västra Hamngatan. Ursprünglich wurde es am westlichen Hafenkanal errichtet, später aber an seinen jetzigen Platz geschafft.

sd13-024 fph

Röhsska-Museum

Vasagatan 37–39, Tel. 61 38 50: Schwedisches **Design** hat einen guten Ruf, und die ständige Ausstellung ist für Interessierte einen Besuch wert. Mit gutem Café und Museumsshop.

Operan

Die **Oper am Hafen** direkt am Lilla Bommen mit Blick auf den Läppstiftet wurde 1994 nach Plänen von *Jan Izikowitz* errichtet (die alte Oper steht in der City). Das schiffähnliche Opernhaus ist 160 m lang und fasst 1301 Personen, im kleinen Saal finden 300 Besucher Platz. Am Eingang und der Glasfront zum Hafen findet man mehrere Kunstwerke, am Eingang steht *Lenny Clarhälls* Werk „Venus hemlighet", das Geheimnis der Venus. „Källan", die Quelle von *Bård Breivik,* lässt aus einem 8 m hohen roten Monolith Wasser fließen, hinter der Oper steht noch „Precious Cargo" des Glaskünstlers *Bertil Vallien,* ein Glasboot mit Marmor und Cortenstahl.

Majorna

Das **alte Arbeiterviertel** lag einst außerhalb der Stadtmauern, heute in der Innenstadt. Die alten Landshövdinge-Häuser kann man an der Edelvärds Gatan se-

Bild links: Feskekörka, rechts: die Oper

sd13-023 fph

hen. Die Gebäude der Ostindien-Kompanie aus dem 18. und 19. Jh. liegen im Bereich Klippan, von der Edelvärds Gatan den Hügel hinauf bis zur Autobahnbrücke.

Marinemuseum

Karl Johansgatan 1–3: Das Museum zeigt mit Bildern und Modellen den Indienhandel Göteborgs und ein Stück Seefahrtsgeschichte. Die „Finland", das Handelsschiff der Ostindien-Kompanie, ist das größte Stück. Täglich außer Mo 10–17 Uhr, Mi bis 20 Uhr.

Sjömanstornet

Der 49 m hohe **Seemannsturm** neben dem Marinemuseum trägt auf seiner Spitze die „Wartende Seemannsbraut", eine 5 m hohe Bronzeskulptur von *Ivar Johnsson*. Über eine Wendeltreppe erreicht man eine Aussichtsplattform, weniger Sportliche nehmen den Lift und steigen nur die letzten Meter zu Fuß hoch. Genaue Lage: Karl Johansgatan 1–3, am Stigbergstorg, unterhalb vom Masthugg-Felsen.

Segelschiff „Götheborg"

Im Hafen von Göteborg liegt ein Nachbau der 1738 gebauten „Götheborg". Sie war mit über 40 m Länge einer der größten **Ostindiensegler,** der Schweden mit Gütern aus Übersee zu Reichtum verhelfen sollte. 1743 lief das Schiff zu seiner dritten Chinareise aus. Zurück kam es 1745 beladen mit 370 Tonnen Tee, über 100 Tonnen einer Kupfer-Zink-Nickellegierung, 3½ Tonnen Perlmutt, 11 Tonnen Galgant, 2 Tonnen Pfeffer, über 1000 Seidenballen und mehr als 600.000 in Kisten verpacktes China-Porzellan. Doch vor dem Hafen rammte der Segler einen Felsen und versank. Trotzdem konnten Taucher einen Teil der Ladung bergen und so der Ostindien-Gesellschaft einen satten Gewinn sichern. Das **Wrack** wurde dann vergessen. Die Ostindien-Schiffe überstanden grundsätzlich nur drei oder vier Reisen nach China, dann lockerte sich die Beplankung der riesigen Rümpfe und sie wurden undicht. Wegen der enormen Gewinnspannen im Chinahandel war der Bau der Schiffe trotzdem rentabel. Sie machten sich, wie die „Götheborg", schon nach einer Reise bezahlt. In den nächsten Jahrhunderten plünderten Sporttaucher das Wrack. Die geborgenen Gegenstände verschwanden meist in private Hände. Erst 1985 wurden Sporttaucher bewusst für die Wissenschaft eingespannt. Sie tauchten systematisch in einem Areal von 1000 m², um Wrackteile und vor allem den Rest der Ladung zu bergen. Dabei wurden große Mengen chinesischen Porzellans, Munition, persönliche Gegenstände, Teile des Schiffes und ein Barren der oben genannten Metalllegierung geborgen. 1993, nachdem 5000 Funde registriert worden waren, wurde die Ausgrabungsstätte wieder abgedeckt.

Von 1994 bis 2004 wurde die „Götheborg" in einer Museumswerft nach Originalplänen im Maßstab 1:1 **nachgebaut.** Dafür wurde eigens eine stillgelegte Reeperbahn (siehe „Reeperbahn bei Karlskrona") in Älvängen wieder in Betrieb genommen. Die Seile wurden wie früher aus Hanf gefertigt und dann in

Teer getränkt, um sie vor Feuchtigkeit zu schützen. Die neue „Götheborg“ ist eines der größten rahgetakelten dreimastigen Segelschiffe aus Holz. 2007 wurde die Chinareise wiederholt, ohne Untergang am Ende. 2010 nahm die königliche Familie ihr Hochzeitsessen an Bord ein. Natürlich gibt es Maschinen an Bord, da das internationale Seerecht sonst das Anlegen in Häfen verbietet.

Wenn die „Götheborg“ im Heimathafen liegt, kann sie im Sommer täglich und im Winter am Wochenende zwischen 11 und 18 Uhr besucht werden. **Führung:** 100 SEK. Ob das Schiff in Göteborg ist, erfährt man online unter www.soic.se/skeppet/position.

Parks/Grünanlagen

Göteborg besitzt eine Unmenge Grünanlagen, darunter den **Slottsskogen:** Der „Schlosswald“ ist der beliebteste Park Göteborgs mit dem ältesten Zoo Schwedens. Hinzu kommen Museumshäuser aus anderen Gegenden Schwedens, Teiche mit Wasservögeln und der größte Spielplatz der Stadt. Im Sommer kommen die Göteborger gern zum Picknick.

Der **Kungsparken** wurde auf den alten Befestigungen des inneren Wallgrabens angelegt, dadurch steht mitten in der Stadt ein Ort der Entspannung zur Verfügung, zusätzlich gibt es Skulpturen zu sehen.

Botaniska Trädsgården: Der Botanische Garten von 1916 ist berühmt für seine Größe und Üppigkeit, der Spaziergänger findet einen Rhododendron- und einen Rosengarten vor. Auch Exotisches in Gewächshäusern und ein Bambuswäldchen fanden Platz.

011fotolia

Wem es hier zu voll ist, geht weiter in den angrenzenden **Änggården,** Eingang von der Carl Skottsbergs gatan 22.

Am Rand des Wallgrabens, unweit der Kungsportsavenyn, befindet sich der **Trädgardsföreningens Park** der Gartenvereinigung, schon 1842 großzügig angelegt und im Sommer öfters Veranstaltungsort. Er zieht sich parallel zur Nya Allén. Es gibt ein ziemlich großes Palmenhaus, das durch seine Stahlkonstruktion an englische Vorbilder dieser Zeit erinnert.

Masthuggskyrkan

Sonstiges

Liseberg

Örgytevägen, Zentrum: Liseberg gilt vielen als **einer der schönsten Freizeitparks der Welt.** Es gibt ihn schon seit 1923. Er besticht erst einmal durch seine üppigen Parkanlagen. Außerdem gibt es Karussells, eine hölzerne Achterbahn, Verköstigung vom Restaurant bis zu jeder Menge Buden und Pavillons und Bühnen für Shows und Theater. **Lisebergtornet,** von den Einheimischen „Die Nadel" genannt, ist der Aussichtsturm. Auf einem Hügel errichtet, steht der Besucher hier auf 120 m Höhe. Es gibt keinen Fahrstuhl, die gesamte Plattform fährt mit jeweils 65 Neugierigen an Bord nach oben.

Für mutige Kids finden sich hier **zwei Türme,** von denen sie sich gepflegt in die Tiefe stürzen können.

Parkplätze sind reichlich vorhanden, folgen Sie den Schildern.

Geöffnet mind. 12–20 Uhr, www.liseberg.se, ab 90 SEK, Karussells etc. kosten extra.

Universeum

Södra vägen 50: Dieser naturwissenschaftliche **Erlebnispark** liegt am Hang bei Liseberg. Es gibt den Weg des Wassers, einen Regenwald, Dinosauriermodelle und den Gang durch eine Glasröhre, die mitten in ein großes Aquarium führt. Gebaut hat die komplexe Anlage *Gert Wingårdh* im Jahr 2001. 9–20 Uhr, www.universeum.se, 195 SEK.

Ulevi-Stadion

Erbaut 1958 zur Fußball-WM, dient das Stadion heute nicht nur für Sportveranstaltungen, sondern muss auch für Popkonzerte herhalten.

Praktische Infos

Unterkunft

- **Best Western Hotel Eggers**⑤, Drottningtorget 2, Tel. 333 44 40, www.hoteleggers.se. Teile des Gebäudes stammen aus dem Jahr 1820, „Hotell" bezeichnete früher einfach ein großes Haus, es wurde aber ein Bahnhofshotel für Zugreisende. 1876 renovierte *L.E. Lindblad* das Haus und nannte es Hotell Christiania. Der Portier *Emil Eggers* heiratete sich in die Familie ein und übernahm das Hotel 1883. 1894 änderte er den Namen in Hotel Eggers. Es wurde komplett elektrisch beleuchtet und hatte ein Telefon in jedem Zimmer, alle Etagen waren mit einem elektrischen Aufzug erreichbar, 12 Zimmer hatten sogar ein eigenes Bad. 1886 gründete *Anders Zorn* mit anderen Künstlern den Konstnärsförbundet in seinem Hotelzimmer – dieses Ereignis markiert den Durchbruch des Impressionismus in Schweden. Im Ersten Weltkrieg schliefen im Haus viele Flüchtlinge vor der Russischen Revolution, im Zweiten Weltkrieg trafen sich hier die Vertreter der verfeindeten Staaten im Salon. Manche Heimkehrer verbrachten später ihre erste Nacht „zu Hause" im Hotel Eggers.
- **Barken Viking**⑤, Lilla Bommens Torg 10, Tel. 63 58 00, http://barkenviking.com. An der Hjalma-Brantingsbrücke unweit der Oper liegt die stählerne Viermastbark vertäut. Sie wurde 1906 bei Burmeister & Wein in Kopenhagen vom Stapel gelassen und war das größte Segelschiff Skandinaviens. Mit dem Auto sehr schlecht erreichbar, die Kajüten sind klein, aber das Personal und das Frühstück machen es wett. 15 Minuten zu Fuß von der Avenyn.

Rica Hotel④, Burggrevegatan 25, Tel. 771 00 80, https://www.rica.se. Wahrlich verkehrsgünstig gelegen, Bahn und Straßenbahn direkt vor der Tür. 112 Zimmer, skandinavisch eingerichtet.

Hotel Vasa④, Viktoriagatan 6, in der Nähe der Universität, Tel. 17 36 30, www.hotelvasa.se. Einfach, sauber und funktionell. 12 € für die Tiefgarage.

Hotel Poseidon④, Storgatan 33, Tel. 10 05 50, www.hotelposeidon.com. Charmantes Hotel im Familienbetrieb, renoviertes Haus aus den 1880er Jahren mitten im Zentrum. Parken kostet ca. 175 SEK pro Nacht.

Lilton④, Foreningsgatan 9, Tel. 288 08, www.lilton.se. Gemütliches Haus in einem Wohnviertel, 10 Gehminuten sind es zum schönen Haga-Viertel, Tiefgaragenstellplatz für ca. 100 SEK, mit dem Auto wegen der ganzen Einbahnstraßen schlecht anzufahren.

Mornington Hotel④, Kungsportsavenyn 6, Tel. 767 34 00, www.mornington.se/goteborg. Neubau aus den 1970er Jahren, die Zimmer sind ziemlich klein, die nach hinten ruhiger. Dachterrasse mit Sauna, viele Cafés und Lokale in der unmittelbaren Umgebung.

Hotel Robinson i Palacehuset③, Södra Hamn gatan 2, Tel. 80 75 50, www.palace.se. Das palastartige Gebäude liegt nicht weit vom Gustav Adolfs Torg neben dem Nordstan. Die Zimmer sind einfach. 1751 war es eine Zuckermühle. Ein Geschäftsmann kaufte dann das 6000 m^2 große Haus, und dessen Kinder ließen es durch berühmte Künstler umgestalten, die dafür dort wohnen durften. Als der Platz für die ganze Kunst eng wurde, stockte man im Jahr 1885 auf und nannte das Haus Fürstenberg-Galerie. Hier hing die erste elektrische Deckenleuchte, hier stand Göteborgs erstes Telefon. Später vermachten die *Fürstenbergs* ihre Sammlung der Stadt, seit 1907 ist das Haus als Hotel in Betrieb, im Keller findet sich die Kneipe „Goldenes Horn".

Comfort Hotel City Center③, Stora Badhusgatan 28, Tel. 17 40 50, www.comfortinn.com/hotel-gothenburg-sweden-SE078. In einer alten Häuserzeile liegt in Richtung Oper dieses preiswerte Hotel. Die Räume sind klein, aber alles sonst ist durchaus angemessen.

Apple Hotel & Konferens③, Torpavallsgatan 6, östlich vom Zentrum an der E 6, Tel. 25 11 00, www.applehotel.se. 114 Zimmer, etwas abgewohnt.

Scandic Crown③, Polhemsgatan 3, Tel. 751 51 00. Das Hotel mit 230 Zimmern in der Nähe des Hauptbahnhofs ist recht modern, mit überdachtem Innenhof, in dem das Frühstücksbuffet serviert wird. Keine kostenfreien Parkplätze in der Nähe.

Hotel Nice Bed & Breakfast③, Utlandagatan 18, Tel. 20 21 50, www.hotelnice.se. Preiswerte kleine Zimmer in einem zweistöckigen gelben Holzhaus, die Rezeption ist nachts nicht besetzt. 15–20 Min. zu Fuß ins Zentrum, nahe am Liseberg Park.

Hotell Villan③, Sjöportsgatan 2, Tel. 725 77 77, www.hotelvillan.com. Keine Villa, aber ein großes Holzhaus, das früher die Büros einer Werft enthielt. Südwestlich der Innenstadt am rechten Ufer des Götaälv, 26 Zimmer.

Gothia Towers③, gegenüber dem Liseberg Park, Maessans Gata 24, Tel. 750 88 00, www.gothiatowers.com. Mit 700 Zimmern Schwedens größtes Hotel, untergebracht in einem von zwei gläsernen Türmen: Der 18 Stockwerke hohe ist das Sara Hotel Gothia, im 23 Stockwerke hohen Turm ist das Messe- und Handelszentrum untergebracht, oben ist die Bar Heaven 23.

Camping

Camping Krono, Idrottsvägen 13, Mölndal Åby, E 6 Abfahrt Mölndal, Tel. 87 88 84, www.kronocamping.nu. Rund 400 Stellplätze auf einer Wiese an der E 45, Quick Stop. 30. April bis 30. Aug.

Camping Askim Strand, am Meer nahe des Strandes, beim Einkaufszentrum Frölunda Torg, 10 Min. zur Bushaltestelle, Tel. 84 02 00, www.liseberg.se. Auch Campinghütten mit Gemeinschaftsbad. 18. April bis 2. Sept. Stellplatz 250 SEK.

■ **Camping Delsjön,** der große Platz liegt mitten im Naturschutzgebiet Delsjön, Brudaremossen 20, Tel. 84 02 00, www.camping.se/o59. Von der E 6 bei Örgrytemotet 71 abbiegen und den Schildern „Lisebergsbyn" folgen. 28. Juli bis 5. Aug., Stellplatz 250 SEK.

■ **Camping Lilleby** (SCR) auf Hisingen, nordwestlich von Göteborg Zentrum gelegen, am Meer bei Torslanda, dem südlichsten Teil von Bohuslän, direkt an einem Fjord zwischen einem Felsmassiv und einem Kiefernwald. Lillebyvägen 100, Torslanda, Tel. 56 22 40, www.goteborgscamping.se, 31. Mai bis 30. Aug. Zeltplatz 230 SEK, Strom 50 SEK.

Essen und Trinken

■ Die **Gabriel Fisk- och Skaldjursbar** liegt in der Feskekôrka (Fischkirche) und bietet tagsüber Menüs aus dem Fischmarkt an, auch preisgünstige Gerichte. Tel. 13 90 51.

■ Im **Restaurant Hamnkrogen** am Rande des Vergnügungsparks Liseberg gibt es Fisch und Meeresfrüchte, wochentags nur abends, am Wochenenden ab Mittag. Örgrytevägen 5, Tel. 733 03 00.

■ Das **Jungman Jansson** am Rande Göteborgs bietet außer Fischgerichten einen Blick über die Schären. Mittags preisgünstiges Tagesgericht an der Bar. Önnereds Brygga 3, Tel. 45 85 80.

■ **Långedrags Värdshus,** am Kattegat gelegen, bietet Fisch und Meeresfrüchte in modernem skandinavischen Ambiente; Mittagsmenü. Talattagatan 24, Tel. 29 20 60.

■ Das **River Café** liegt auf der Nordseite des Götaälv am Dockpiren Eriksberg neben dem Älvsnabben-Anleger, Tel. 51 00 00. Fischrestaurant mit preiswerter Mittagsküche.

■ Das **Räkan** ist ein rustikales, aber gehobenes Fischlokal. Die Besonderheit ist der Kanal, auf dem die Speisen mit ferngesteuerten Booten zu den Tischen fahren. Reservierung ist angeraten! Lorensbergsgatan 16, Tel. 16 98 39.

■ **Sjöbaren,** gemütliches Fischlokal im Stadtteil Haga, Haga Nygatan 25, Tel. 711 97 80; eine Filiale ist in der Lorensbergsgatan 14, Tel. 711 97 80.

Göteborg City Card

Die Göteborg City Card bietet freien Eintritt zu mehreren der wichtigsten Sehenswürdigkeiten und zahlreiche andere **Vergünstigungen,** sie ist 24, 48 oder 72 Stunden gültig. Erwachsene zahlen für die Tageskarte 285 Kronen, der Zwei-Tages-Pass kostet 395 Kronen, drei Tage kommen auf 565 Kronen. Ob sich das lohnt, hängt von den Interessen und dem Fortbewegungsmittel ab. Wer damit nur die fünf städtischen Museen besuchen will, sollte auf den Kauf verzichten, da eine Museumskarte, die ein Jahr lang für alle fünf Museen gilt, pro Person nur 40 Kronen kostet. Selbst wenn man zu jedem Museum ein öffentliches Verkehrsmittel nimmt, kommt man auf maximal 110 Kronen mit der Tageskarte von Västtrafik.

Einkaufen

■ Haupteinkaufsstraße und zugleich Flaniermeile ist die **Kungsportavenyen,** die von der Kungsport-Brücke bis zum Götaplatsen reicht.

■ Das **Kaufhaus Nordstan** am Nordstadstorget ist Skandinaviens größtes Einkaufszentrum. Hier finden sich 200 Shops unter einem Dach, wer es genau wissen will, kann vorher auf www.nordstan.se nachschauen.

■ Das **Warenhaus NK** für Modebegeisterte liegt in der Drottninggatan 39, Haltestelle Kungsportsplatsen, geöffnet Mo bis Fr 10–19 Uhr, Sa 10–17 Uhr, So 12–16 Uhr.

> Städtische Dachlandschaft

Antikhallarna, Västra Hamngatan 6, ist Skandinaviens größter Kunst- und Antikmarkt, im Sommer geöffnet: Mo bis Fr 10–17 Uhr.

Die **Kronenhaus-Buden** sind alte „Kaufhäuser" aus dem 17. Jh. in der Postgatan 8, eine Straße nördlich des Gustav Adolfs Torg. Am besten ist der Besuch vor Weihnachten, dann entfalten sie den richtigen Charme. Man kann dort aber auch im Sommer weihnachtliches Kunstgewerbe erstehen.

Radtour

Der **Radwanderweg Turistträket** ist insgesamt 115 km lang und führt über die Inseln Styrsö, Donsö und Brännö im Södra Skärgården. Stena Line bietet für rund 80 € eine **Rundtrip ab Kiel** an. Vom Fährterminal in Göteborg geht es flussabwärts zum Saltholmen-Anleger, von wo man übersetzt (Turistträket No. 5). Abends geht es dann zurück nach Kiel.

An- und Weiterreise

Auto: Der **Olskrogsmötet** ist der Verkehrsknotenpunkt. Die E 20 zweigt Richtung Stockholm ab, die E 45 über Udevalla nach Karlstad. Die E 6/E 45 führt am Westufer des Götaälv hinüber zur Insel Hisingen, die im Strom des Göta-Flusses liegt. Die Angereds-Brücke ist mit 50 m so hoch, dass sogar Segelschiffe unter ihr hindurch fahren können. Von Hisningen fährt man noch über den Nordreälv und verlässt Göteborg in Richtung Kungälv. Wer weiter nach Norden will, schaue im Kapitel „Die nördliche Westküste" nach. Wer auf der E 20 aus der City nordwärts fährt, überwindet den Götaälv durch den Tingstad-Tunnel. Direkt danach trifft die Straße wieder auf die E 45.

Citymaut: Göteborg verlangt seit 2013 eine Maut von seinen Bewohnern, wenn sie tagsüber in die Innenstadt fahren wollen. Autos mit ausländischem Kennzeichen haben weiterhin freie Fahrt.

010fotolia

sd13-022 fph

Bus: Das Nils-Ericson-Terminal am Hauptbahnhof ist der Knotenpunkt für den nationalen Busverkehr. Von hier fahren auch Swebus und GoByBus ab, die mehrmals täglich Fahrten zu den größeren schwedischen Städten und nach Oslo und Kopenhagen anbieten. www.swebus.se, www.gobybus.se

Öffentlicher Personennahverkehr: Göteborg ist von Straßenbahnen geprägt. In Bussen, auf Fähren und in den Straßenbahnen innerhalb der City stempelt man zwei Coupons.

Bahn: Der Hauptbahnhof heißt Nils Ericson Terminalen, von München ist man 19 Stunden unterwegs, hat allerdings Gelegenheit, auf der Überfahrt aus seinem Waggon auszusteigen.

Hafenfähre: „Älvsnabben" heißt die Personenfähre, die zwischen Klippan unterhalb der Brücke Älvsborgsbron und Lilla Bommen in der Innenstadt verkehrt. Von dort gelangt man über eine verglaste Fußgängerbrücke direkt in das große Einkaufsparadies Nordstan. Die Verbindung gehört zum ÖPNV und kostet deshalb nur so viel wie eine Fahrt mit der Tram. Unterwegs liegen die Haltestellen Lindholmspiren, Slottsberget und Eriksbergs Färjeläge.

Fähre: Die Schiffe von Stena Line starten abends in Kiel und erreichen Schweden am nächsten Morgen. Bei Vinga tauchen die Riesenkähne in die Göteborger Schären ein, was ein Erlebnis ist. Zum Schluss geht es noch etwas den Götaälv hoch, um dann im Zentrum anzulegen. Vorher werden die Passagiere von der „Wartenden Seemannsfrau" begrüßt.

Flug: Der 17 km nordwestlich vom Stadtzentrum auf der Insel Hisingen gelegene **City Airport (Säve Flygplats)** wird meist von Ryanair und Air Berlin benutzt. Der Shuttlebus fährt alle 2 Stunden für 60 SEK ins Zentrum. Seit 1936 war hier die Staffel F 9 der Luftwaffe stationiert. Im Zweiten Weltkrieg wurden unter dem Tower Kavernen in den Fels gesprengt und als Hangars genutzt. Im Kalten Krieg kamen weitere unterirdische Hallen mit tonnen-

Die Straßenbahn stand am Anfang des öffentlichen Nahverkehrs in Göteborg

schweren Toren dazu. Sie sind zu besichtigen (siehe Ausflüge „Aeroseum").

Seit 1977 gibt es in **Landvetter,** 25 km östlich, einen größeren Flughafen. Eine Shuttlebusverbindung besteht zum Hauptbahnhof. Die Fahrt dauert 30 Min. und kostet 80 SEK, Taxi 380 SEK. Öffentliche Busse sind wegen des Zonensystems für die Strecke nicht zu empfehlen. Es fliegen Lufthansa, Air Berlin und SAS von Berlin, Düsseldorf, Frankfurt, Hamburg, Hannover, München, Zürich und Wien mehr oder weniger direkt nach Göteborg.

Ausflüge

Das hügelige Umland Göteborgs ist von Mischwald bewachsen, wobei die Erdschicht auf dem felsigen Untergrund nur dünn ist und eine größere landwirtschaftliche Nutzung unmöglich macht.

Schären

Die Schären Göteborgs sind **ein einziges Ausflugsgebiet,** in dem sich Wasser, Granit und grüne Natur vereinen. Von Saltholmen erreicht man Vrångö, Brännö, Styrsö und Vargö im südlichen Schärengarten. Inhaber des Göteborgpasses fahren gratis. Auf den südlichen Inseln, die autofrei sind, gibt es alte Fischerkaten und steile Klippen zum Sonnen und Baden. Der nördliche Schärengarten mit Hönö, Öckerö und Björkö ist mit der Autofähre von Torslanda zu erreichen.

■ **Styrsö Skäret Guest House**⑤, Skäretvägen 53, Tel. 031-97 35 25, www.pensionatskaret.se. Auf der autofreien Insel Styrsö liegt die gelbe Holzvilla mit dem schönen Wintergarten, eine exklusive Adresse. Von Göteborg braucht die Fähre im Sommer eine halbe Stunde.

Vinga Fyr

Bereits im Jahr 1606 wurde der erste und für Göteborg wichtige **Leuchtturm auf der Insel Vinga** errichtet. Der große Leuchtturm aus dem Jahr 1890 mit seinem dreieckigen Leuchtfeuer zeigt den Eingang zum Hafen von Göteborg an. Schon im 17. Jh. war Vinga ein beliebter Anlegeplatz. *Evert Taube,* der berühmte schwedische Troubadour, beschrieb seine Kindheit auf Vinga als sehr glücklich. Neben dem Leuchtturm gibt es auch ein kleines Museum zu eben jenem *Evert Taube,* einen Yachthafen und einen Kiosk. Vinga ist ein wunderschöner Ort zum Schwimmen und für Vogelbeobachtungen. Kontaktieren Sie den Verein **Winga Vänner** für eine Führung: Winga Vänner c/o *Charlotte Day,* Furuvägen 19, 475 31 Öckerö. Der Kiosk ist an den Wochenenden geöffnet (bis Ende Sept.). Fahrplan und Tickets im Hönö Tourist Office: www.vastsverige.com/en/Ockero-islands.

Källö-Knippla

Die **kleine Insel** nördlich von Öckerö erreicht man über die Straße 155 Richtung Hisingen bis Lilla Varholmen/Öckerö. Von hier nimmt man die Fähre, die mehrmals in der Stunde in 12 Minuten nach Hönö/Öckerö kostenlos übersetzt. Dann von Burö auf Hälsö mit dem Boot nach Källö-Knippla. Von Göteborgs Nils Ericsson Terminalen fährt ein Bus nach Lilla Varholmen. Von Hönö fahren die Linien 290 und 292 nach Burö. Das Restaurant Brygghuset am Meer bietet sich zur Einkehr an, von hier hat man einen schönen Blick über Insel und Hafen und

Volvo – „rasende Ziegelsteine“

Im Juli 1924 kamen **Gustaf Larson** und **Assar Gabrielsson** bei einem Krebsessen im Sturehof in Stockholm ins Gespräch. Dabei stellten sie fest, dass sie beide die Idee für ein schwedisches Automobil hatten. Sie taten sich zusammen und gründeten als Ableger der Kugellagerfabrik SKF das Automobilwek Volvo, was auf Latein „Ich rolle“ heißt.

1927 verlässt der **ÖV4 „Jakob“** das Werk in Göteborg, der Wagen war besonders auf die schwedischen Straßen- und Klimaverhältnisse zugeschnitten. Man baute alles selbst und montierte in Torslanda zusammen, was die Herren *Larson* und *Gabrielsson* sich ausdachten.

Der berühmte **Buckel-Volvo** wurde erstmals 1944 in der Königlichen Tennishalle in Stockholm vorgestellt. Er orientierte sich optisch an amerikanischen Vorbildern. Eine Heizung gab es jetzt serienmäßig. Früher war es üblich, in Winterkleidung zu fahren. Nach dem 2. Weltkrieg brauchte man Automobile, und so wurde der PV 444 20 Jahre lang gebaut. Der Duett, die geräumige Kastenwagen-Variante, überlebte den schnittigen Amazon-Kombi, und erst 1969, als es die modernen, eckigen 140er Modelle als Kombi gab, reichte es der Firmenleitung und die Produktion des Buckel-Kombi wurde eingestellt.

sd13-025 fph

Der erwähnte **Amazon** von 1956 bekam eine italienisch beeinflusste Form verpasst. Sein Vierzylindermotor B18 wurde ein legendärer Dauerläufer, der teilweise heute noch Boote voranbringt.

Den **Ruf als sicherstes Auto der Welt** etablierte Volvo durch den erstmaligen Einbau von Dreipunktsicherheitsgurten, Eisenstreben in den Türen, Knautschzone mit zusammenschiebbarer Lenksäule und den enorm steifen Karossen der 140er Modelle. Die Zweikreisbremsanlage stoppte den Wagen auch bei Ausfall eines Bremskreises noch sicher. Volvo exportierte nun auch in die USA. Lamda-Sonde und Katalysator hielten Einzug. Die eckige Form, die angeblich nicht Designer, sondern Bildhauer zu verantworten hatten, brachte den 140ern und 240ern den Beinamen „rasender Ziegelstein“ ein.

Als man 1960 fürs englische TV die **Fernsehserie „Simon Templar (The Saint)“** mit *Roger Moore* plante, suchte man nach einem ungewöhnlichen Auto und kam – shocking! – nicht auf ein britisches Modell, sondern auf den schnittigen Sportwagen **Volvo P1800.** Die Marketingabteilung des Fernsehens rechtfertigte sich, dass wenigstens die Karosserien in England hergestellt wurden. Gerade das machte den Göteborgern Kummer, da die Zellen, die Pressed Steel nach Schweden lieferte, eine extrem miese Qualität hatten. Man kam jedoch nicht aus dem Vertrag. *Roger Moore* fuhr sein Coupé mit der Nummer „ST1“ durch alle Folgen und auch privat, was Volvo einen enormen Werbeeffekt brachte. Da in den USA Sportwagen sehr hoch besteuert wurden, verpassten die cleveren Schweden dem 1800 ein Kombiheck mit gläsernem Deckel, was zum legendären **1800 ES** führte, der im Volksmund „Schneewittchensarg“ hieß. Und natürlich: Das Auto wurde ein Erfolg.

kann Schiffe gucken. Tel. 031-96 33 96, www.brygghuset.se.

Aeroseum

Das **Flugzeugmuseum** besticht schon durch seine Ausstellungsräume. Untergebracht in einem Militärbunker aus zwei Stollen mit 30.000 m² Fläche, werden etwa 60 Maschinen gezeigt. Ursprünglich war der 30 m tief im Felsen liegende Schutzhangar für die Fliegerstaffel F 9 gedacht, den ersten Stollen sprengte man schon 1942. Im Kalten Krieg wühlte sich die Luftwaffe noch tiefer und atombombensicher in den Berg. Zu sehen sind u.a. die militärische Saab-Palette, Hubschrauber, ein Ballon, militärisches Gerät und eine Abwehrrakete im Freigelände. Das Museum liegt auf dem militärischen Teil des Flughafens Säve, Holmvägen 100, Bus 35, Haltestelle Granhall, täglich 11–17 Uhr, 80 SEK.

Volvo-Museum

Die Fans des robusten Schwedenmobils können in Torslanda in Erinnerungen schwelgen und viel über die Autos, die **Firmengeschichte** und allerleih Lehrreiches erfahren. Juni bis August Di bis Fr 10–17 Uhr, Sa/So 11–16 Uhr, sonst öffnen die Türen wochentags erst um 12 Uhr, 60 SEK. Das Museum liegt in der Nähe der Volvo-Büros in Arendal am linken Flussufer. Von der Straße 155 bei S Arendal abbiegen oder mit dem Bus 32 ab Eketrägatan Richtung Sörred, Haltestelle Götaverken Arendal.

Unterwasser-Naturpfad

2012 wurde auf der **Insel Stora Amundön** ein Unterwasser-Naturpfad eröffnet, 200 m lang und nur 2–3 m tief, sodass er sich bestens zum **Schnorcheln** eignet. An zehn Stationen gibt es Informationen zur Flora und Fauna, die unter Wasser zu sehen sind. Die Tafeln sind an der Wasseroberfläche markiert. Die Insel Stora Amundön ist ein Naturschutzgebiet, das von Felsen und Laubwald geprägt ist.

sd13-027 fph

3 Die nördliche Westküste

Dieses Kapitel widmet sich dem nördlichen Abschnitt der Westküste ab Göteborg bis zur schwedisch-norwegischen Grenze hinter Strömstad. An der oft zerklüfteten Küste liegen viele pittoreske, verträumte Fischerdörfchen, die einen Besuch wert sind. Viele Orte leben noch mit dem Meer und vom Meer. In Grebbestad werden z.B. 90% von Schwedens Austern geerntet.

< Der Leuchtturm Pater Noster auf der Insel Hamneskär

Von Göteborg nach Kungälv

Kurz nachdem man Göteborg in nördlicher Richtung auf der E 6 verlassen hat, vorbei an Surte (siehe im Kapitel „Rund um den Vänersee“) und Smurte, erreicht man die Kleinstadt Kungälv am Götakanal. Auf der anderen Seite des Kanals läuft die E 45 weiter parallel zum Kanal nach Trollhättan.

Kungälv

- **Einwohner:** 22.000
- **Vorwahl:** 0303
- **Information: Vandrarhem,** Färjevägen 2, Tel. 189 00, auf der Insel zwischen Nodra- und Götaälv, unregelmäßige Öffnungszeiten.

Im Jahr 1101 schlossen hier König *Erik I. von Dänemark*, König *Magnus von Norwegen* und Königin *Inge von Schweden* einen Friedensvertrag, der allerdings auf die Ablehnung von *Birger Jarl* in Stockholm stieß. 1135 wurde der erste Handelsort, der sich damals Konungahälla nannte, vom slawischen Heer unter König *Ratibor* zerstört. 1308 ließ der norwegische König *Håkon von Hårlegg* an Ort und Stelle eine Festung gegen Überfälle erbauen, die **Bohus-Festung.** Ihre Überreste liegen auf einer Insel im Götaälv. Die Burg gab der Provinz Bohuslän den Namen. Von der Festung konnte der Schiffsverkehr auf dem Götaälv kontrolliert und Zoll von den passierenden Schiffen kassiert werden. Im Winter

1564 belagerte der schwedische Feldherr *Gustav Stenbock* mit seinem Heer die Burg, konnte sie jedoch nicht einnehmen. Daraufhin ließ er seine größte Kanone, die Skägge, über den zugefrorenen Fluss herschaffen. Doch die Superwaffe war zu schwer, das Eis brach und Mann, Pferd und Kanone gingen unter. Während der Zeit der norwegisch-schwedischen Union war die Burg nurmehr eine adlige Wohnstätte, seit dem 15. Jh. wieder Festung und danach 14 Mal belagert. Die Dänen deckten die Gebäude mit sage und schreibe 30.000 Kanonenkugeln ein. Die Schweden erstürmten die Festung 1566 dann doch, allerdings sprengte sich ein früher Selbstmordattentäter mit dem Pulverturm in die Luft, was 2300 Schweden das Leben kostete. Durch den Frieden zu Roskilde 1658 wurde die Burg schließlich schwedisch. *Gustav III.* wollte sie abreißen lassen, wozu es jedoch nicht kam. Der Turm „Vaters Hut" (Fars hatt) ist noch erhalten, „Mutters Mütze" (Mors mössa) war weniger stabil und steht nicht mehr. Die Festung ist von April bis September geöffnet, Mitte Juli findet dort ein **Mittelalterfestival** statt.

Die hölzerne **Kirche** der Stadt steht am Gamla Torget. Sie ist von 1688 und hat innen ganz interessante Wandmalereien des Deutschen *Christian von Schönfeldt* (1661–1742) und einen Altar aus Granit, der 1878 hinzugefügt wurde. Das Läutwerk ist zum Teil alt und setzt sich aus eingeschmolzenen und neu gegossenen Glocken zusammen.

NICHT VERPASSEN!

Insel Marstrandsö:
Besuch der Festung Carlsten | 105

Insel Hamneskär:
Bootsfahrt zum
Leuchtturm Pater Noster fyr | 106

Fjällbacka und Umgebung:
steil aufragende Felsen
und Felsritzungen | 117, 119

Diese Tipps sind gelb hinterlegt.

Praktische Infos

Unterkunft

Hotel Fars Hatt④, Torget 2, Tel. 109 70, www.farshatt.se. Ein relativ großes, einfaches Hotel mit Blick auf den Nordre Älv und die Burg, direkt an der Kirche.

Kungälvs Vandrarhem③, Färjevägen 2, Tel. 189 00, www2.svif.se. Die Herberge liegt in einer alten Holzvilla gegenüber der Festung in der Nähe des Hafens auf der Insel zwischen Nodra- und Göta-älv. Die Touristinfo ist auch im Haus untergebracht. 15 Zimmer, 5 Hütten und 20 Plätze zum Campen, geöffnet 1.4. bis 30.9.

Essen und Trinken/Disco

Robins Kok och Bar, Rondan 3. Serviert werden Kleinigkeiten.

Café Tant Rut, Västragatan 58, am Beginn der Fußgängerstraße.

Västra Tull, Västragatan 59. Das „westliche Zollhaus" ist eine Diskothek.

An- und Weiterreise

- **Auto:** Die E 6 und die E 45 tangieren den Ort.
- **Busse:** Der Grön Express braucht 20 Minuten ins Zentrum von Göteborg. Seine Haltestelle ist nahe der Turistinfo.

Von Kungälv nach Marstrand

Fährt man auf der Straße 168 in westlicher Richtung, kommt man 9 km vor Marstrand durch **Tjuvkil,** wo sich ein Stopp anbietet: Im Café Zanzibar, Tjuvkil 410, Tel. 22 56 80, kann man drinnen und draußen sitzen und auch übernachten. Die Busse 302 und 312 halten im Saltkärsvägen, der 320 an Tjuvkils vägskäl, beide in der Nähe.

Nach dem Ort verläuft die Straße auf Dämmen über verschiedene Inseln; **Instö** ist so klein, dass nur ein Parkplatz mit einer oft vollen Kaffeebude darauf Platz hat (Instö Café Bar & Kök, Vrångholmen 170). 26 km nach Kungälv erreicht man die Insel **Koön.** Am Ende der Straße tauchen immer mehr Häuser auf, und man erreicht Marstrand, wo die Straße auf einem Parkplatz endet. Von hier kann man sich zur kahlen **Insel Marstrandsö** übersetzen lassen, die autofrei ist. Auch die Busse enden hier.

Marstrand

- **Einwohner:** 1500 (im Winter)
- **Vorwahl:** 0303
- **Information:** Södra Strangatan 5, Hamngatan 25, Tel. 833 27, oder im Havsbadhotellet.

Der **Badeort** auf der Insel Marstrandsö wird von der dunklen Festung Carlsten dominiert. Im Sommer quillt der Ostteil der Insel über vor lauter Seglern, allein der Match Cup Sweden Anfang Juli zieht 100.000 Besucher an – dann sollte man die Insel meiden. Der Westteil ist nichts als ein kahler Granitblock. *Ann Rosmans* Krimis haben die Insel in ganz Schweden bekannt gemacht. Die Popgruppe ABBA drehte 1980 in Marstrand das Video zu „The winner takes it all“.

Ein frühes Zeugnis zur Ortsgeschichte ist ein norwegischer Privilegienbrief für die Bürger von Marstrand aus dem Jahr 1313. Der Fischerei- und Handelshafen gehörte bis 1658 zu Norwegen. Die Schweden bauten dann die mächtige **Festung Carlsten.** 1775 wird Marstrand Freihafen, also ohne Steuerpflicht, Religionszwang und Gewerbeaufsicht.

Sehenswert

Schön anzuschauen ist die **alte Bäderarchitektur** bei einem Gang durch die hügeligen Gassen.

Marstrands Kyrka

Die Kirche ist Marstrands einzig verbliebenes Gebäude aus dem Mittelalter und stammt vermutlich **aus dem 12. Jh.** Ursprünglich war sie eine Franziskanerkirche. Die einschiffige Saalkirche wurde im 17. und 19. Jh. erweitert und ist im Besitz der Stadt.

Sozietätshaus

Es wurde 1886 am Kungsplanen unterhalb der Festung gebaut und war eine Art Gemeindezentrum. Hier kehrte sogar König *Oskar II.* regelmäßig ein, was wiederum die Reichen und Halbreichen Ende des 19. Jh. anzog.

Festung Carlsten

Die Feste ist die Touristenattraktion der Insel. Hier wurde der Ausbrecherkönig *Lasse-Maja* gefangen gehalten. Heute gibt es allerlei mittelalterliche Spektakel, der Burgturm ist zu besteigen. 1.6. bis 31.8. täglich 11–16 Uhr, sonst nur an den Wochenenden, außer bei Eis und Schnee, 75 SEK. Übernachten kann man in einem Donjon (Wohnturm des Burgherrn) aus den 1840er Jahren: **Soldathotell**③, Tel. 602 65, http://www.carlstens-soldathotell.se. Heute gibt es hier natürlich moderne Doppelzimmer.

Leuchtturmwärterhaus

Der Leuchtturm auf Marstrand heißt **Skulen** (Schädel), der auf Koön seit 1868 offiziell Marstrand, aber alle nennen in **Lyktan** (Laterne). Von Marstrandsö sieht man gegenüber auf dem Festland, am nördlichen Ende der Hafeneinfahrt, den kleinen Turm mit seinem großen weißen Wärterhaus. Es ist nur mit dem Boot zu erreichen, hier wohnte im Sommer einer der Volvo-Chefs, *P. G. Gyllenhammar.* Ursprünglich war der Leuchtturm in einem Erker im Wärterhaus untergebracht. 1923 passierte hier ein Unglück, das wahrscheinlich weltweit einzige Mal, dass ein Haus durch eine Seemine weggesprengt wurde. Die Mine hatte sich fünf Jahre nach dem Krieg aus ihrer Verankerung gelöst und war unterhalb des Leuchtturms angeschwemmt worden. Die Explosion riss den vorderen Teil weg, im landseitigen Zimmer schliefen Frau und Tochter des Wärters und überlebten, der Wärter selbst war gerade im Ort einkaufen.

Varmbadhus Båtellet

Am Kungsplanen, Tel. 600 10, www.båtellet.se: Die ehemalige **Badeanstalt** von 1858 liegt am Nordende der Insel. Der flache Holzbau am Ufer beherbergt immer noch ein Hallenbad mit einem 17 m langen Becken und eine Sauna. Außerdem gibt es eine einfache **Herberge**③, Tel. 600 10, mit 100 Betten und das **Restaurant Drott,** Tel. 618 70, das eine exzellente Küche hat. In der Bar kostet die Flasche Schlumberger umgerechnet 41 € (355 SEK). Ganzjährig geöffnet.

Praktische Infos

Unterkunft

■ **Hotell Nautic**⑤, Långgatan 6, Tel. 610 30, www.nautichotell.se. Gemütliche Kapitänsvilla unterhalb der Festung mit Blick auf Hafen und Sonnenuntergang. 29 Zimmer, begrünte Terrasse im Garten.

■ **Grand Hotell**⑤, Rådhusgatan 2, Tel. 603 22, www.grandmarstrand.se. Villa von 1892, wunderschön altmodisch, wie ein Kurhotel gebaut, mit Meerblick.

■ **Marstrands Havshotell**④, Varvskajen 2, Tel. 240 200, http://en.marstrands.se/en. Das äußerlich schlichte Hotel mit 95 DZ liegt noch auf dem Festland am Hafen, mit Blick auf die malerische Insel und die Festung.

■ **Villa Maritime**④, Hamngatan 35, Tel. 610 25, www.villa-maritime.se. Ziemlich großes Haus direkt am Ufer, davor ein Steg für Sportboote.

Camping

■ **Marstrands Familje Camping,** auf der Insel Koön, Långedalsvägen 16, in der Nähe des Fähranlegers, Tel. 605 84, www.marstrandscamping.se, 14.4. bis 29.9. Auf einer Wiese mit befestigten Wegen, ein paar einfache Hütten, ein kleiner Sandstrand und ein Laden.

Essen und Trinken

■ Auf der Insel gibt es **viele Cafés.** Man kann schön draußen sitzen, Eis essen und den Booten zusehen.

■ **Högvakten,** Restaurant und Bar in der Kungsgatan 12, in der Hamngatan ist das **Maritime-Lokal.**

■ **Lasse Majas Kog,** Hamngatan 31, serviert Hausmannskost und Pizza.

■ **Ottos Kök,** das Restaurant am Varvskajen 2 hat Platz für 120 Gäste. Links vom Fähranleger am Wasser, Tel. 24 02 00.

Einkaufen

■ In den Gassen finden sich **kleinere Geschäfte** mit Mode und Kunsthandwerk. Außerdem gibt es einige **Galerien.**

An- und Weiterreise

■ Für **Autos** ist auf der Insel kein Platz; an der Södra Strandgatan im Ort ist ein großer Parkplatz. Die **Überfahrt im Boot** zur eigentlichen Marstrandsö dauert etwa 2 Min., Hin- und Rückfahrt kosten 20 SEK, Fahrkarten gibt es im Kiosk neben den Anleger.

Ausflug auf die Insel Hamneskär

Die 150 m lange Insel Hamneskär liegt rund 5 Seemeilen (gut 9 km) westlich von Marstrand. Der **Leuchtturm Pater Noster Fyr** wurde 1868 auf Befehl des Königs errichtet. Den Typ nannte man „Heidenstammare" nach dem Konstrukteur des filigranen Stabilbaukastens. Er steht heute neben dem alten Lampenöllager. Man sagt, sein Name rühre von den Gebeten der Seeleute her, die durch diese gefährlichen Gewässer fuhren. Innen ist kein Pater Noster, sondern eine schnöde Eisentreppe. 2002 hat man den eisernen Lampenhalter in seine Einzelteile zerlegt und in Göteborg restauriert. Nun erstrahlt es wieder in echtem Rot anstatt rostrot. Drei Familien lebten auf dem winzigen Felsen und hielten den Leuchtturm am Glühen. Die Firma **Kurs Pater Noster** bringt Gäste hin, Mjölkekilsgatan 4, Tel. 618 45. 600 SEK kostet der Tagesausflug im Sommer. Übernachtung ist in der kleinen Herberge (9 DZ) möglich. Eine geeignete Bettlektüre wäre auf jeden Fall *Ann Rosmans* Roman „Die Tochter des Leuchtturmwärters".

Von Kungälv nach Stenungsund

Wer weiter nach Norden will, muss auf der Straße 168 zurück nach Kungälv, um dann auf die E 6 aufzufahren. Der nächste Ort ist dann Stenungsund.

Stenungsund

- **Einwohner:** 10.000
- **Vorwahl:** 0303
- **Information: Turistbyrå i Kulturhuset Fregatten,** Fregatten 2, Tel. 833 27, Mo bis Fr 9–17 Uhr. Das Haus ist Bibliothek, Galerie, Café und Kino.

Ursprünglich nur ein Schiffsanleger, begann der Ort im 19. Jh. von der Badebewegung zu profitieren. Mit dem Dampfkraftwerk hielt dann Mitte des 20. Jh. die Industrie Einzug. Das Kraftwerk verfeuert Öl und liegt in einer Höhle im Berg hinter dem Ort, nur die vier Schornsteine sind sichtbar. Heute ist der Ort das **Zentrum der petrochemischen Industrie,** von hier kommt das schwedische Plastik.

Praktische Infos

Unterkunft

- **Pensionat Solliden**③, Strandvägen 22, Tel. 698 70, www.hotellsolliden.se. Preiswerte Zimmer in einem kleinen hölzernen Haus in Wassernähe, das Haus ist bekannt für sein gutes Buffet, wochentags 11–14 Uhr, etwa 84 SEK.
- **Hotell Reis**③, Göteborgsvägen 2B, am Kreisverkehr in der Ortsmitte, Tel. 77 00 11, www.hotellreis.com. Die 18 Zimmer in dem Haus von 1938 werden oft von Geschäftsleuten gebucht.

Essen und Trinken/Einkaufen

- Auf dem Stenungs Torg steht ein Pavillon mit dem **Restaurang Bellas,** davor eine Leuchtturmskulptur. Nebenan findet sich das überdachte **Einkaufszentum Köpcentret.**

An- und Weiterreise

- **Auto:** Wer sich nicht auf der Insel Tjörn umschauen will (s.u.), fährt auf der E 6 weiter nordwärts.
- **Bahn:** Die Züge der SJ brauchen von dem alten Bahnhof hinter dem Kreisverkehr am Göteborgsvägen eine halbe Stunde nach Göteborg.
- **Busse:** Wer es nicht so eilig hat, nimmt den Bus und kommt in 1 Stunde in Göteborg an.

Ausflüge

Wer einen Ausflug zu den äußeren Inseln im Kattegat unternehmen möchte, hat hier ein einfache Möglichkeit, über den RV 160 zu fahren.

Insel Tjörn

Von der E 6 fährt man 5 km vor Stenungsund auf die Straße 160 nach Westen ab in Richtung Almösund. In Stenungsund gibt es im Süden eine Auffahrt auf diese Straße. Man kommt auf die **Insel Stenungsön** und sieht dann schon Brückenpfeiler aufragen. Die große Hängebrücke mit einer Spannweite von 366 m auf die Insel Tjörn wurde 1981 gebaut, nachdem der Frachter „Star Clipper" die alte Konstruktion 1980 im Nebel versenkt hatte. Neun Menschen kamen dabei um, als die Brücke ihre Autos mit in die Tiefe riss.

Danach biegt man auf den RV 169 ab und folgt der Straße bis zum Schild **„Klädesholmen"**. Nun kann man die Straße noch bis zum Ende an der Kirche fahren.

Die ganze Insel ist mit überwiegend grau gestrichenen **Holzhäuschen** bedeckt, an den Ufern stehen Bootshäuser in Reih und Glied. Am Ortseingang rechts ist ein Parkplatz, dahinter liegt auf einer schwimmenden Plattform das Restaurant Salt & Sill, serviert werden traditionelle regionale Spezialitäten wie natürlich Sill (eingelegter Hering). Es gehört zum gleichnamigen **Hotel Salt & Sill,** dessen 23 relativ kleine Zimmer sich auf sechs Gebäude verteilen.

Am Ende der Insel Tjörn liegt **Skärhamn,** das ein **Aquarellmuseum** besitzt: Södra Hamnen 6, www.akvareemuseet.org, links am Hafen vorbei, Juni bis Sept. 11–17 Uhr, 70 SEK. Der moderne rote Bau mit viel Glas steht halb im Wasser.

In **Rönnäng,** am Südwestende der Insel, gibt es das **Bergabo Hotell④**, Kyrkvägen 22, Tel. 0304-67 70 80, www.bergabo.com. Die Anlage aus mehreren Häusern liegt schön und bietet einen guten Blick von den hölzernen Terrassen.

Auf der Insel Tjörn findet jedes Jahr ein **Bildhauer-Treffen** statt. In Pilane, in der Gegend des Måseskärs fyr, schaffen Bildhauer aus ganz Europa den Sommer über spannende, zum Nachdenken anre-

014fotolia

Die Sund-Brücke bei Uddevalla

gende Kunst. Zum Ort des Geschehens kommt man, indem man ganz nach Westen fährt und 5 km vor Kyrkesund links ab.

Von Stenungsund nach Uddevalla

Weiter auf der E 6 nach Norden passiert man hügelige Landschaften, ab und zu durch Granitbrocken aufgelockert und von mit Nadelwald bestandenen Ebenen gesäumt. Bei Ljungskile erscheint linker Hand plötzlich Wasser. Was wie ein See wirkt, ist ein Ausläufer des Kattegats. Die **Villa Sjötorp in Ljungskile** ist ein Holzhaus mit außergewöhnlicher Architektur, eine überdachte Terrasse lädt ein, den Blick zum Fjord schweifen zu lassen. 10 km weiter kann man einen Abstecher nach Uddevalla machen, das am Ende des Byfjords liegt. Dazu fährt man entweder die Ausfahrt Uddevalla-Süd, Straße 44, ab oder nach der Sund-Brücke bei Uddevalla-Nord auf die 44.

Uddevalla

- **Einwohner:** 32.000
- **Vorwahl:** 0522
- **Information: Turistbyrå,** Södra Hamnen 2, Tel. 69 84 70.

Die **größte Stadt Bohusläns** liegt an der Mündung des Flusses Bäveån, wo der Byfjord weit ins Land hineinreicht. Der Marktort profitierte von seiner geschützten Lage und vom Handel zwischen Norwegen und Schweden/Dänemark. Das machte ihn wichtig, und so wurde er 1519, 1564, 1611 und 1644 abwechselnd von den Dänen und Schweden niedergebrannt. Ab 1658 schwedisch, ging der Handel weiter, bis das Feuer von 1806 alles in Schutt und Asche legte. Auch die Textilindustrie, die Werften und das Volvo-Werk brachten im 20. Jh. kein Glück, alle Erwerbszweige stagnierten irgendwann. Die alten Häuser sind allesamt weggebrannt, es gibt nur den 1950er-Jahre-Stil und Moderneres.

Sehenswert

Strandpromenade und Kuststigen

Die Promenade ist ein 9 km langer, beleuchteter **Wander- und Radweg,** der spannendste Teil führt vom Oljehamn (Ölhafen) die Küste entlang zum Örtchen Lindesnäs/Gustafsberg, wo ein kleiner Badestrand ist. Teilweise mit kühnen Konstruktionen führt ein breiter Holzsteg parallel zum Ufer, an manchen Stellen an Seilen außen vor die Felsen gehängt oder von eisernen Bögen gehalten. Am spektakulärsten ist eine **Hängebrücke,** bei der die Pylone, die die Seile halten, nicht senkrecht stehen, sondern waagerecht oben in den Uferfelsen befestigt sind. Anfahrt: Von der Ausfahrt am Göteborgsvägen nach Oljehamn/Skeppsviken abbiegen. Am Ende des Oljehamnsvägen zweimal links am Industriegebiet vorbei, kommt ein Parkplatz am Bootshafen, von dem man loslaufen kann. Im Sommer öffnet dort auch ein kleines Café. Der eigentliche Anfang liegt weiter östlich, oberhalb der Straße

44 am Kurödsvägen in einer alten Sandgrube. Der Weg ist Teil des **Kuststigen,** der sich durch Bohuslän zieht; er kam durch Spendengelder der Industrie und von Privatpersonen zustande.

Gustafsberg

Am linken Fjordufer bei Lindesnäs liegt diese **ehemalige Badeanstalt** um den gleichnamigen Hügel. Zur Verfügung stehen Zimmer in insgesamt fünf Hostels und zwei Hotels in der Umgebung des ehemaligen Bades in einer Parkanlage. Hier stehen noch die alte Holzhäuser, Gustafsberg war weit genug weg von den Brandherden. **Gustafsbergs Badhotell & Vandrarhem**②–③, Gustafsberg 413, Tel. 152 00, www.gustafsberg.se.

Praktische Infos

Unterkunft

- **Bohusgården Hotell & Konferens**④, Nordens väg 6, Tel. 364 20, www.bohusgarden.se. Das moderne Haus liegt am Wasser mit herrlicher Aussicht auf den Fjord und die E-6-Brücke, es hat einen großen Wintergarten und Schwimmbad.
- **Hotell Sköna Rum**③, Strömstadsvägen 24, Tel. 394 70, www.hotellskonarum.se. Der „Schöne Raum", ein zweistöckiges Holzhaus, liegt nahe dem Bahnhof und dem Busterminal Kampenhof. Gegen ein Entgeld kann man im Garten parken.

Essen und Trinken

- **Röda Rummet,** Kilbäcksgatan 23. Im „roten Zimmer" gibt es Mo bis Fr 10–18 Uhr alle möglichen Speisen in schönem Ambiente.
- **Hafstens Restaurang och Café,** Hafsten 120, ganzjährig geöffnetes Restaurant Corallen und im Sommer Restaurant Strandkanten; von Snacks bis zum Menü. Schöne Terrassen mit Meerblick, riesige Fenster zum Wasser, im Winter mit Kamin.

An- und Weiterreise

- **Auto:** Die Straße 44 führt an der rechten Seite des Fjords zur Brücke, wo man auf die E 6 auffahren kann, oder geradeaus weiter nach Lysekil.
- **Bahn:** Den Bahnhof der Strecke nach Göteborg erreicht man zentral über die Södra Järnväggatan.
- **Busse:** Der Busbahnhof Kampenhof liegt zentral zwischen der Västerlånggatan und der Bastiongatan.
- **Boot:** Die Reederei Ångbåtsaktiebolaget Bohusländska Kusten begann den Linienverkehr zwischen Uddevalla und dem Kurort Gustafsberg mit der „MS Gustafsberg". 16 Dampfer fuhren später nach Göteborg, Marstrand, Uddevalla und Strömstad, wovon einige seit 1898 im Einsatz sind. Heute fahren die Schiffe auch zu Touren in die Schären. Info: **Uddevalla Turisttrafik AB,** Södra Hamnen 2, Tel. 69 84 80, www.skargardsbatarna.com.

Ausflüge

Måseskär Fyr

Mitte des 18. Jh. liefen viele Schiffe an der Mündung des Byfjordes auf Grund, sodass man den **Leuchtturm** baute, der übrigens ein rotes Licht ausstrahlte, um es von denen bei Hallö und Carsten zu unterscheiden. Anfahrt: Man fährt die Straße 178 nach Hälleviksstrand. Von hier kann man entweder mit der Fähre nach Käringön fahren und dann mit einem Taxi-Boot weiter. Oder man nimmt Käringön's Sea Taxi den ganzen Weg von

Hälleviksstrand, Tel. 030-45 63 00 oder 0708-30 12 32.

Nordens Ark

Der **Tierpark** liegt an der Straße 171, ist aber schon an der E 6 ausgeschildert. Er ist Heimat für etwa 80 Tierarten, darunter Schneeleopard, Amurtiger und -leopard, Wolf, Luchs und alte nordische Landrassen. Bedrohte Vögel und Lurche versucht man neu anzusiedeln. Nordens ark ist eine gemeinnützige Stiftung, die sich für vom Aussterben bedrohte Tiere einsetzt. Hier hat man es sogar geschafft, Eichhörnchen einzusperren. Täglich ab 10 Uhr, 190 SEK. Der **Wanderweg Soteleden** durchzieht Nordens ark, so bieten sich Spaziergänge am Åbyfjord und durch die Wälder an. Zur Übernachtung gibt es das einfache **Hotel Åby säteri**③, Hunnebostrand, Tel. 0523-795 90, www.nordensark.se. Es hat 29 Zimmer und liegt am Åbyfjord. Das Gebäude im ehemaligen Stall beherbergt auch ein Café und einen Laden. Bademöglichkeiten mit Steg liegen gleich nebenan.

Von Uddevalla nach Lysekil

Ein Ausflug tief in die **Schärenküste** führt auf der Straße 161 nach Lysekil. Zwischen Finnsbo und Skår/Bokenäs verkehrt eine Autofähre über den Gullmarsfjord. Weiter fährt man über die Straße 162 und erreicht dann wieder die E 6 hinter Munkedal.

Lysekil

- **Einwohner:** 8000
- **Vorwahl:** 0523
- **Information: Turistbyrå,** Strandvägen 9, Tel. 130 50, am Restaurant Sjökanten. Verleih von Fahrrädern.

Geschichte

Im 18. Jh. brauchte König *Karl XII.* Kapitäne, die für ihn kämpften. Im Gegenzug bekamen sie den **„Freibeuterbrief“**, der es ihnen gestattete, in ihrer Freizeit auf eigene Rechnung Piraterie zu betreiben. Der berühmteste, *Lars Gatenhielm* aus Lysekil, machte gemeinsame Sache mit seiner Frau *Ingela*. Nach *Gatenhielms* Tod 1718 führte seine Frau die Kaperei allein weiter und wurde „Skeppardrottningen“ (Schifferkönigin) genannt. Der Frieden mit Dänemark im Jahr 1720 setzte dem Treiben ein Ende.

Das Fischerdorf am Gullmarsfjord erlebte im 18. Jh. einen Aufschwung, als es **Marktort** wurde. 1847 wurde eine Kuranstalt eröffnet, was die Stadt zu einem gut besuchten **Badeort** machte. Man baute das Havsbadshotell, ein Kalt- und Warmbadehaus, ein Restaurant und das Socitetshus für gesellige Treffen. Eine Fischkonservenfabrik (Lysell) brachte später Arbeitsplätze, und auch eine Fabrik für Schiffsmotoren entstand. An der Mündung des Brofjords entstand ein Ölhafen. 1990 wurde die brennende Fähre „Scandinavian Star“ zur Rettung hierher geschleppt.

Gamlestaden am Nordhafen stammt aus dem 19. Jh., die Neustadt am südlichen Hafen folgte Anfang des 20. Jh. mit nationalromantischer Bäderarchitektur und den Curman-Villen. Der Ort steht auf schönen roten Granitfelsen. Überragt wird die Stadt von der **mächtigen Kirche aus Granit,** die auch noch auf einer Anhöhe steht; das Kreuz erhebt sich in 95 m Höhe über den Fjord.

Sehenswert

Stångehuvud

Ende des 19. Jh. gab es hier **Granitbrüche,** 25 bis 30 Schiffe wurden täglich mit dem roten Baumaterial beladen. *Calla Curman* kaufte Stück für Stück Land in dem Gebiet, damit es nicht als Steinbruch missbraucht würde. Auf den kargen Granitfelsen wachsen rund 260 Pflanzenarten, darunter Blutweiderich und Sonnentau. Es gibt einen Aussichtsturm.

Havets Hus

Strandvägen 9: In diesem **Meeresaquarium** leben über 100 Fischarten, man kann in einem gläsernen Gang durchs Wasser laufen und Fische gucken. Täglich geöffnet, www.havetshuset.se.

Praktische Infos

Unterkunft

■ **Strandflickorna Hotell Konferens & Vandrarhem**③–④, Turistgatan 13, Tel. 797 50, www.strandflickorna.se. Hotel in einem klassischen Schwedenhaus, ursprünglich ein Erholungsheim für Krankenschwestern.

■ **Hotel Lysekil**③**,** Rosvikstorg 1, Tel. 66 55 30, am Hafen, www.hotel.lysekil.se. 50 Zimmer, die meisten mit Hafenblick. Wohnmobilisten können eine Nacht auf dem Parkplatz der Norra Hamngatan stehen.

Camping

■ **Trellebystrands Camping,** Tel. 121 83, www.trellebystrand.se, auf einer Wiese in Trälebergskilen, 5 km nördlich am Meer. Einige Hütten im Halbkreis und eine 70 m lange Wasserrutsche, 26.4. bis 1.9.

■ **Siviks Camping,** Tel. 61 15 28, www.sivikscamping.nu, 2 km nördlich vom Ort. Anfahrt: Von der Straße 162 abbiegen, der Platz liegt in einer grünen Senke zwischen Granitklippen am Meer.

Essen und Trinken

■ **Restaurang Sjökanten,** Södra Hamngatan 6B. Uriges Lokal mit niedriger Decke und internationaler Küche.

■ **Pråmen,** Södra Hamnen. Der Lastkahn ist ein modernes Fischrestaurant mit bestechender Aussicht aufs Wasser.

■ **Luna Café,** Dalskogen 102. Eine echte Tapas-Bar, verkehrsgünstig am ersten Kreisverkehr, warum nicht? Do ab 16 Uhr, Fr/Sa ab 12 Uhr.

■ **Café Kungsgatan,** zentral in Haus Nr. 32, 10.30–18 Uhr. Hausmannskost und Sommergarten im Hinterhof.

[>] Die imposante Granitkirche von Lysekil

015fotolia

An- und Weiterreise

- **Auto:** Der einzige Weg dorthin ist der RV 162.
- **Taxi:** Am Rosvikstorg, Tel. 45 90 00.
- **Busse:** Es gibt eine Verbindung von Uddevalla, Busse halten u.a. gegenüber der Touristeninformation am Fähranleger.
- **Boot:** Die Bootsfahrt nach Skäftö dauert ca. 15 Min., Fahrräder werden transportiert, Fahrplan unter www.vasttrafik.se. Das Fahrgastschiff „Ran" fährt im Sommer täglich nach **Grundsund,** ca. 30 Min.; Lysekil Båttaxi, Tel. 81 89 11, www.lysekilbattaxi.se.

Ausflüge

Skaftö

Als *Viveca Lärns* Bücher zu einer erfolgreichen Serie im Fernsehen geworden waren, stiegen die Besucherzahlen auf der Insel drastisch an, kam sie doch in den Geschichten als „Insel Saltön" vor. Alle Leute wollten das Lokal „Lilla Hunden" und „Blomgrens Tabakladen" sehen. Das Hauptziel der Insel ist der Ort **Fiskebäckskil** auf der anderen Seite des Gullmarsfjorden. Von der Straße 162 zweigt 1,5 km vor der Fähre ein Weg dorthin ab. Die Badebewegung hat eine Architektur mit reich verzierten Veranden und viel Glas hervorgebracht. Der größte Teil der Insel ist nur zu Fuß zu erkunden. Das Fahrgastschiff „Carl Wilhelmson" fährt täglich vom Lysekiler Hafen nach Skaftö und umrundet die Insel, um Fiskebäckskil anzulaufen. Wer Lust auf etwas Besonderes hat, übernachtet in der supermodernen Anlage **Gullmarsstrand Hotell & Konferens**⑤, Strandvägen 2–14, Tel. 66 77 88, www.gullmarsstrand.se – sie ist gar nicht zu übersehen und liegt am Ufer mit toller Aussicht auf Lysekil.

Grundsund

Der Ort ist von der Badebewegung verschont geblieben. Eine kahle Felseninsel schirmt den Fischereihafen vom Meer ab, teilt den Ort in zwei Hälften und erlaubt nur eine schmale Zufahrt für Boote. Die Straße hat eine kleine Brücke über den Sund, bevor sie zu Ende ist. Hinter der Brücke steht die kleine Kirche, davor ein Gedenkstein zur Erinnerung an verunglückte Seeleute. Am Hafen stehen niedrige, schmucklose Häuschen, in den üblichen Farben gestrichen. Übernachten kann man im **Skaftö Hostel**②, Alfågelstigen 4, auf der Landseite des Ortes, Tel. 204 06; 20 Zimmer im Haupthaus und in Hütten drumherum.

Von Lysekil nach Fjällbacka

Wer nicht mit der Fähre zurückfahren will, kann auf der Straße 162 geradewegs zur E 6 fahren, die nördlich von Munkedal mündet. Nördlich von **Brastad** warten **Felsbilder** seit 3000 Jahren auf Besucher. Die Zeichnungen wurden während der Bronzezeit in die Felsplatten geritzt und 1627 endeckt. Die berühmtesten sind „Skomakaren" (Schuhmacher) und „Solstativtavlan" (Sonnenstativ). Anfahrt: Von der Straße 162 in Brastad am Kreisverkehr rechts ab und am Friedhof links nach Brodalen fahren. Nach 2 km über Felder zeigt links ein Schild „Hellristning“ an. Nach einer kurzen Fahrt in die Allee Backavägen liegen die Zeichnungen rechts unter Birken (GPS 58.402454, 11.490061).

Munkedal (4000 Ew.) liegt 120 km nördlich von Göteborg an der E 6 in der Provinz Västra Götalands län und der historischen Provinz Bohuslän, die an dieser Stelle nicht deckungsgleich sind. Auf dem Munkedalsälven kann man paddeln. Im Ortszentrum liegen zwei Pizzerien, Läden, ein Café und der Bahnhof, der zur Strecke nach Göteborg gehört. Der Bus hält auf dem Bahnhofsvorplatz. Information: Rastplatz Håby, Tel. 0524-233 66.

Wer nicht weiter die E 6 benutzen will, kann die **landschaftlich schönere Alternative,** den RV 171, nehmen, der schon von der Straße 162 vor Lysekil zu erreichen ist. Küstennah kann man dann weiter nach Norden bummeln. Am Ende des RV 171/174 liegt auf einer kahlen Insel Smögen.

Smögen/Kungshamn

Information: Sotenås Turistbyrå, Kungshamn, Bäckevikstorget 5, Tel. 0523-66 55 50.

Hier ist es aus mit der Beschaulichkeit, denn am Hafen werden publikumswirksame **Garnelenauktionen** abgehalten. Von Kungshamn führt eine hohe Brücke nach Smögen, von der man einen Blick aufs offene Meer erhaschen kann. Im Sommer 1900 öffnete Smögens hölzernes **Hafvsbad** die Türen für Prominente

Landschaft am Gullmarsfjorden

016fotolia

und „Normalos“. Damals gab es acht Zimmer und ein Restaurant. Danach kamen jahrelang illustre Gäste in das letzte Kurbad Schwedens, um im Meer zu schwimmen und sich zu zeigen.

■ **Hotel Smögens Hafvsbad**④, Dinglevägen 59, Tel. 0523-799 50, www.smogenshafvsbad.se. Das komfortable Haus liegt eigentlich in Kungshamn, das Hallenbad darin kann sich sehen lassen.

■ Gut essen kann man im **Skärets Krog,** Hamnen 1, im Obergeschoss des weiß getünchten Hauses neben der Brücke. Vom 10.6. bis 31.8. täglich geöffnet.

Ausflug auf die Insel Hållö

In den 1930er Jahren war die Insel bereits ein beliebtes Reiseziel. Von 1939–45 lag hier eine Geheimdienststation, die die Schiffsbewegungen auf dem Skagerrak überwachte. Heute gibt es einen Leuchtturm, die **Vogelbeobachtungsstation** und eine **Jugendherberge,** Tel. 0703-53 68 22, www.utpost-hallo.nu. Der Hållö Express fährt im Sommer von der Pier in Smögen tagsüber jede Stunde, 100 SEK Hin- und Rückfahrt, Fahrplan auf www.halloexpressen.se. Die Fahrt dauert etwa 15 Min.

Weiterfahrt

Auf der Straße 174 biegt man Richtung **Hamburgsund** ab, das ist ein kleiner Fischerort eingekeilt zwischen Granitfelsen. Über den RV 163 erreicht man Fjällbacka und schließlich Tanumshede mit den weltberühmten Felszeichnungen. Auf der E 6 kann man rund 30 km hinter Munkedal nach Fjällbacka abfahren.

Fjällbacka

■ **Einwohner:** 900

■ **Vorwahl:** 0525

■ **Information: Turisten Väst,** Ingrid Bergmans Torg, Tel. 321 20, www.fjallbacka.com/turistinfo, Juni bis Mitte Aug. täglich 10–18 Uhr. Auch Verleih von Paddelbooten, etwa 250 SEK/½ Tag.

Das verträumte Städtchen ist mittlerweile dank *Camilla Läckbergs* Kriminalromanen auch international bekannt geworden. Für viele Schweden war das Küstendorf aber schon länger ein Begriff als Ferienort.

Die Stadt lebte lange vom **Heringsfang.** Im 18. Jh. kam ein weiterer Aufschwung, als eine Konservenfabrik eröffnet wurde und man die dort eingelegten Sardellen „Ansjovis“ taufte. Das Fischöl wurde als Brennstoff für Öllampen angeblich bis nach Paris verkauft. Auch der Granit des Ortes wurde vermarktet.

Ingrid Bergman besuchte Fjällbacka oft, da sie seit 1958 ein Haus auf der öden Felseninsel Dannholmen in den äußeren Schären 2,7 Seemeilen nordwestlich von Fjällbacka hatte. Nach ihrem Tod 1982 gab es dann den Ingrid Bergmans Torg im Ort, und eine Bronzebüste der berühmten Schauspielerin wurde aufgestellt.

[>] Sonnenanbeter in Fjällbacka

Sehenswert

Wer Fjällbacka auf den Spuren von *Camilla Läckberg* entdecken möchte, kann an einer **Läckberg-Führung** teilnehmen: Sa 18 Uhr, 15.6. bis 3.9. auch Di und Do 18 Uhr, 150 SEK, Info bei Turisten Väst.

Vetteberget

Steile Felsen, die hinter dem Hafen aufragen, sind das Besondere des Ortes, sie machen ihn so eigenartig und manchmal auch anheimelnd. Die Häuser sind auf den schmalen Streifen flachen Landes gequetscht, die Hamngatan endet in Lagerhäusern, die auf Pfählen schon im Wasser stehen. Wer sich den Ort von oben anschauen will, kann eine Treppe benutzen; sie beginnt an der Föreningsgatan nahe der Smedgatan und zieht sich über 70 m hoch auf den kahlen Felsen. Von oben hat man einen herrlichen Blick über Hafen und Ort.

Kungsklyftan

Diese schmale **Kluft** erreicht man über eine Treppe vom Ingrid Bergmans Torg, es handelt sich um einen Einschnitt wie eine Kerbe im Vetteberget. Ein Felsklotz, der beinahe auf die Spaziergänger in der Tiefe gestürzt wäre, steckt zwischen den Felswänden fest. Am Ende der Schlucht erreicht man sicher die Kunggatan.

Kirche

1880 forderte der Gemeinderat den Bau einer Kirche. Holz war ihm nicht langlebig genug, und so entstand das Gotteshaus aus dem **roten Granit** der Gegend.

sd13-028 fph

Praktische Infos

Unterkunft

■ **Stora Hotellet**⑤, Galärbacken, Tel. 310 03, www.storahotellet-fjallbacka.se. Das blaue Haus von 1834 hinter dem Bryggan ist im Stil der Weltumsegler eingerichtet, jedes Zimmer ist nach einem Hafen benannt und anders eingerichtet.

■ **Richters Konservfabrik**④, Norra Hamngatan 38, Tel. 211 00, www.richtersfjallbacka.se. Keine Fischfabrik, sondern Hostel, Bistro, Bar und Café im gelben Haus am Hafen.

■ **Hotel Bryggan**④, Ingrid Bergmans Torg, Tel. 310 60, www.storahotelletbryggan.se. Das Haus mit Restaurant liegt unmittelbar am Pier. Im Sommer sollte man schon einen Tisch reservieren, wenn man gut speisen will. Das Hotel bietet das Läckberg-Gourmetpaket an, ein von *Christian Hellberg* kreiertes 3-Gänge-Menü plus Übernachtung und Frühstück für 1600 SEK p.P. – inkl. Kochbuch, das gemeinsam von *Camilla Läckberg* und ihrem Jugendfreund *Christian Hellberg* verfasst wurde.

■ **Pensionat och Vandrarhem**③, Falkevägen 2, Tel. 328 80, www.fjallbackakusten.se. Das helle Holzhaus für Selbstversorger hat 2- und 4-Bettzimmer und eine Küche, es liegt oberhalb des Hafens.

Camping

■ **Camping Fjällbacka,** Tel. 314 90,www.fjallbackacamping.se. Der Platz liegt ganz hübsch am südlichen Ortsende bei Sälvik zwischen Felsen am Wasser, mit einfachen Campinghütten, größeren Hütten und Mehrbettzimmern. Geöffnet von Anfang Mai bis Mitte Sept.

Essen und Trinken

■ **Josefina W.,** das weiße Holzhaus stemmt sich gegen die Felswände, die von hinten über das Gebäude am Hafen ragen. Am Ingrid Bergmans Torg 2, ab 11.30 Uhr geöffnet, geboten werden Fisch und einfache Gerichte.

■ Im **Skafferiet,** Falkevägen 3, gibt es Kleinigkeiten, und im **Hotel Bryggan** versammeln sich die Gäste abends um das Bootsheck, das die Bar bildet. Gute Küche, in der kalten Jahreszeit sitzt man hinter den großen Fenstern und schaut aufs Meer, im Sommer weilt man auf der Terrasse.

An- und Weiterreise

■ **Auto:** Der RV 163 tangiert den Ort oberhalb von Kirche und Friedhof. **Parken** kann man am besten an der Vårdcentral am Ortseingang, im Ort nur jeweils eine Stunde am Hafen mit Parkscheibe.

■ **Taxi:** Tel. 0525-291 70

■ Der **Bus** von Dingel nach Strömstad hält auf seinem Weg auch hier, und zwar vor dem Wanderheim an der Straße 163.

■ **Boot:** Es gibt eine Postbootverbindung zweimal täglich durch die Schären, Passagiere melden sich unter Tel. 0708-42 14 74 an.

Von Fjällbacka nach Tanum

Am besten verlässt man Fjällbacka über den RV 163, dann geht es noch ein wenig am Meer entlang. Nach 2 km liegt rechts der **Fjällbacka Golf Club** mit seinem 18-Loch-Golfplatz und Restaurant. Es gibt auch für Fremde die Möglichkeit zum Spiel. Die Straße wendet sich nun hügelreicheren Gegenden zu. An der Kreuzung nach Tegneby muss man sich entscheiden, ob man weiter die Straße 163 nach Grebbesand oder über Tegneby nach Tanum fahren und zur E 6 will. Grebbesand ist als Ausflug von Tanum beschrieben.

Tanum

■ **Vorwahl:** 0525

■ **Information: Tanum Turist,** Stora Oppen 5, Tanumshede 2, Tel. 204 00.

Das Gebiet um den Ort wird seit langer Zeit bewohnt und ist bekannt für seine **Felsritzungen** (s.u.). Neben der Ortskirche stehen zwei Runensteine aus der Zeit der germanischen Völkerwanderung. Später wurde hier ein Tingplatz (Versammlungsort) errichtet, im 17. Jh. kam ein Rasthaus für Durchreisende hinzu.

Im Ortsteil **Tanumshede** wurde 1971 Tanum teleport installiert, eine Satellitenstation für Telefonate nach Nordamerika und später in die ganze Welt. Erbaut und betrieben wurde die Anlage mit Dänemark, Finnland und Norwegen zusammen. Heute gehört sie zum Telia-Sonera-Konzern.

Sehenswert

Felsritzungen

Die Zeichnungen unbekannter Künstler sind etwa 3000 Jahre alt, stammen also **aus der Bronzezeit.** Bisher wurden über 10.000 entdeckt. Sechs Plätze wurden 1994 in die UNESCO-Liste des Weltkulturerbes aufgenommen: Vitlycke, Aspeberget/Tegneby, Fossum, Litsleby, Gerum und Kalleby. Es sind große Felsplatten mit eingearbeiteten Motiven. **Vitlycke** bildet das Zentrum des Weltkulturerbegebietes. Die Felsritzungen sind die größten und figurenreichsten. Man erkennt Frauen mit wehenden Haaren und Männer mit steifen Gliedern, Schiffe und Tiere. Bei **Fossum** gibt es einen Felsen mit 130 Figuren, eine Kriegs- oder Jagdszene. In **Litsleby** ist die größte menschliche Figur, die man in Felsbildern entdeckt hat, zu sehen; sie misst 2,50 m. In der Nähe dieser Figur gibt es Reiter mit Speeren und Schilden. Die Ritzungen waren möglicherweise mit roter Ockerfarbe ausgefüllt, heute wurden sie nachgemalt. Anfahrt: Man folgt einfach den Schildern an der E 6.

Vitlycke-Museum

Vitlycke 2, www.vitlyckemuseum.se: Man folgt von der E 6 den Schildern „Tanums Camping“. Hier wurde eine **bronzezeitliche Hofanlage** nachgebaut, die besonders bei Kindern beliebt ist. Zusätzlich gibt es Informationen zu den Ritzungen und über die Zeit ihrer Entstehung, außerdem natürlich Shop und Café. Geöffnet von Mai bis August täglich 10–18 Uhr, freier Eintritt.

Praktische Infos

Unterkunft

■ **Hotel Vinbäck**⑤, Riksvägen 76, Tel. 200 74, www.hotelvinback.se. Die Oberklasse in Tanumshede, ein modernes Gebäude.

■ **Tanums Gestgifveri**⑤, Apoteksvägen 7 (Straße 163), Tel. 290 10, www.hoteltanum.se. Seit 1663 eines der ältesten Gasthäuser des Landes, gediegenes Ambiente.

Camping

- **Tanums Camping,** Vitlycke 4, westlich der E 6, Tel. 200 02, 1.5. bis 31.8. 100 Stellplätze, einige simple Hütten, einfache Sanitäranlage, gute Lage gegenüber den Felsritzungen.

Essen und Trinken

- **Greby's Skaldjurscafé och Rökeri,** Strandvägen 1, Tel. 107 16. Kleine Gerichte am Wasser.
- **Tanums Gestgifveri,** Apoteksvägen 7. Es wird zu angemessenen Preisen erstklassig aufgetischt.
- **Café Västbacken,** in Knam links Richtung Sannäs. Ein unscheinbares Gebäude an einem kiesigen Parkplatz, rustikale Einrichtung mit rostigen Außenbordmotoren und Fischernetzen an den Wänden, aber die Küche …

Ausflüge

Grebbestad, Tanumstrand

In eines der populärsten Seebäder der Westküste fährt man die Straße 163 von Tanum nach Westen. Zudem ist Grebbestad ein wichtiger Fischereihafen für Garnelen, Hummer und Krebse. 90% der in Schweden angebotenen Austern kommen von hier. Man kann z.B. **Everts Sjöbod** besuchen, ein restauriertes Bootshaus aus dem 19. Jh., wo nachhaltige Meeressafaris und Austernessen im Angebot sind. Auf der Straße 165 erreicht man nach 12 km den Fischereihafen. Am Wasser gibt es reichlich Parkplätze. Der Dichter *Evert Taube* verbrachte einen Sommer auf der Grebbe-

sd13-029 fph

stad vorgelagerten Insel Otterön und bekam prompt ein Denkmal spendiert. Einige Kilometer südlich liegt die Touristenanlage Tanumstrand.

Eine kulinarische Spezialität Grebbestads ist **Seetang-Knäckebrot** – halten Sie Ausschau nach *Tångknäcke.*

Unterkunft

■ Wer nicht mehr weiterkommt, kann in **Grebbestads Vandrarhem & Minihotell** übernachten, Nedre Långgatan 15, schwer zu finden: Es liegt am Hafen über „Tandi Mode". Das **Tanum Strand Hotel**④, ist die hochpreisige Alternative mit allem Komfort, Nytorpsvägen, Tel. 190 00, www.tanumstrand.se.

Camping

■ **Camping Grebbestad Fjorden,** Tel. 612 11, www.grebbestadfjorden.com. Den Campingplatz braucht man nicht lange zu suchen, er liegt unübersehbar am südlichen Ortsende von Grebbestad etwas zurückversetzt. Es gibt 2-Betthütten und ein komfortables Gästehaus④ sowie Pool, Sauna und Supermarkt.

Essen und Trinken

■ Zum Essen kann man ins **Restaurant Hörnet** gehen und dort ein Guinnessbier trinken; Nedere Långgatan, Ecke Nydénbacken. Eine Alternative ist das **Restaurant Q-skär** an der Grebbestad-Brücke im Hafen. Ebenfalls ein guter Ort ist das **Telegraph,** Senken Långgatan 28; in der alten Telegrafenstation gibt es solide Mittagessen mit hausgemachtem Brot und frischen Produkten aus der Gegend.

An- und Weiterreise

■ **Auto:** Das letzte noch fehlende Stück Autobahn der E 6 bei Tanumshede nahe Grebbestad soll gemäß Regierungsbeschluss gebaut werden.

■ **Bahn:** Es gibt eine einfache Haltestelle an der Linie Strömstad – Munkedal auf halbem Weg zwischen Grebbestad und Tanum an der Straße 163; auch der Bus hält dort.

■ **Busse:** Die erste Omnibuslinie Schwedens wurde 1911 zwischen dem Bahnhof Tanum und Grebbestad eröffnet; auch heute bestehen regelmäßige Verbindungen.

Von Tanum nach Strömstad

Auf der E 6, die nun wieder Autobahncharakter hat, ist nach 30 km Strömstad nicht weit von der Grenze zu Norwegen erreicht.

Auf dem Weg lohnt die **Insel Resö,** die unter Naturschutz steht, einen Abstecher. Sie ist über Brücken zugänglich, man fährt beim Windpark Kil von der E 6 ab und folgt den Schildern zum Naturreservat; rund 10 km sind es von der E 6 zum Wasser. Auf Resö liegt am äußersten Westende die ehemalige Pension **Panget på Resö,** Oljeskär 7, heute ein erstklassiges **Restaurant** mit eigener Bäckerei. Es ist schon ein Privileg, hier zu sitzen und sich verwöhnen zu lassen (außer Mo).

Felsritzungen bei Tanum

Strömstad

■ **Einwohner:** 7000
■ **Vorwahl:** 0526
■ **Information: Turistbyrå,** Ångbåtskajen 2, Tel. 623 30, im Gamla Tullhuset zwischen dem Norra Hamnen und der Kosterbåtarna Anlegestelle.

Als das norwegische Halden im 17. Jh. den Schweden zu mächtig wurde, ließen sie eine eigene Handelsstadt auf ihrer Seite bauen. Die Stadtrechte wurden 1676 verliehen. 1716 wurde der Ort Hauptquartier von *Karl XII.* im Streit mit Norwegen, und auch die Dänen hätten es ein Jahr später gerne erobert, schafften es aber nicht. In Friedenszeiten lebte man vom **Heringsfang.** Anfang der 1970er Jahre wurde in großen Mengen **Erdgas** aus einem Vorkommen im Skagerak abgepumpt, was eine Menge Arbeitsplätze brachte. Noch mehr Menschen kommen jeden Sommer in die Gaststätten und Campingplätze des Ortes, die meisten Norweger, die Alkohol und Tabak einkaufen. An der Badhusgatan liegt das alte Badehaus, gegenüber ist die Turistinfo.

Bukten ist das Stadtviertel mit den meisten Holzhäusern aus dem 18. Jh. und Kopfsteinpflaster. Man kann vom Hafen bergauf bis auf den **Korpeberget** laufen, von dem man einen schönen Blick über den Fjord hat (von der Vatulandgatan links in die Hiertagatan und wieder links die Vettegatan bis zum Ende durch).

Praktische Infos

Unterkunft

■ **Laholmen Hotell**④, Ångbåtskajen, Tel. 197 00, www.laholmen.se. Das Haus mit 150 Zimmern ist in die Jahre gekommen, hat aber eine tolle Lage überm Hafen. Parken am Hotel 85 SEK pro Nacht.
■ **Quality Spa & Resort**④, Kebalvägen 229, Tel. 303 00, www.nordicchoicehotels.se/Quality-Resort/Quality-Spa-Resort-Stromstad. Das Hotel ist ein Riesenklotz, aber: bester Service, gutes Essen, alle Einrichtungen.
■ **Pensionat Trädgården**②–③, Östra Klevgatan 4, Tel. 660 50, www.tradgarden.net. Altes Haus mitten im Ort mit Restaurant und Weinkeller.

Camping

■ **SweCamp Lagunen Camping & Stugor,** Skärsbygdsvägen 40, Tel. 75 50 00, www.lagunen.se. Schöner Platz am Wasser, alles da, 120 Stellplätze, Hütten, Zimmer, Jugendherberge, Café, Laden sowie Zelt- und Womoplatz. Einfach vom Ort die Straße 176 3 km nach Süden fahren.
■ **Daftö Resort,** Dafter 1, Tel. 260 40, www.dafto.se. Über 600 Plätze, mit Freibad, 5 km vor dem Ort, man folgt den Schildern nach Tjärnö. In den 1950er Jahren verpachteten die Bauern Wiesen zum Zelten, Daftö war der erste „richtige" Campingplatz in dieser Gegend. Ganzjährig geöffnet.

Essen und Trinken

■ **Rokeriet,** Fischladen und Restaurant, Torskholmen, 12–17 Uhr. Die Hausband macht im Sommer Musik, und auf der großen Terrasse nach Süden und Westen kann man die Sonne und Fischgerichte genießen.
■ **Kontoret,** Södra Hamngatan 2. Allerweltsküche im Zentrum.

■ **Skagerack,** im alten Societätshus aus dem Jahr 1877. À-la-carte-Restaurant mit Sitzgelegenheiten im Freien an der Strandpromenade, serviert werden Meeresfrüchte, Fisch und Fleisch, im Dubliners Pub Bier und Wein.

An- und Weiterreise

■ **Auto:** Es gibt drei Parkzonen, je näher am Hafen, desto teurer. Über die Webseite der Gemeinde, www.stromstad.se, kann man einen Stadtplan mit den Parkplätzen herunterladen, oder man geht in die Turistinfo, nachdem man sein Auto für 8 SEK davor geparkt hat. Von den äußeren Parkplätzen gibt es für Langzeitparker eine kostenlose Busverbindung in die City. Mit einem Wohnmobil sollte man nicht versuchen, in Strömstad einzufahren, um dort einen Parkplatz zu finden; am besten man benutzt den Lagunen-Campingplatz vor dem Ort.

■ **Bahn:** Die Bahn braucht 3 Stunden nach Göteborg mit den Zügen der SJ. Der Bahnhof ist am Hafen. Warten kann man im Kaffeedoppet links davon.

■ **Busse:** Vom Bahnhof fahren Busse von Västtrafik zur norwegischen Grenze oder nach Süden Richtung Göteborg. Alternativ kann man mit Gobybus von Knäm weiterkommen, etwa 20 km südlich von Strömstad (www.gobybus.se). Västtrafik fährt zwischen Knäm und Strömstad.

■ **Fähren** nach Sandefjord in Norwegen fahren nahe dem Uddevalavägen ab, der Terminal der Color-Line aus übereinander geschichteten Containern ist nicht zu übersehen. Zu den Kosterinseln gehen die Fähren beim Laholmen Hotell ab. Siehe auch www.kostermarin.se oder www.vasttrafik.se. An der Turistinfo kann man das Ticket für die 30-minütige Überfahrt auf die Insel kaufen. Fjällbacka Båttrafik, Fjällbacka Fyren, Falkev 3, Tel. 0525-320 01.

■ **Flug:** ab Göteborg oder Oslo.

Ausflüge

Naturschutzgebiet Alaska

20 Minuten braucht das Boot vom Nordhafen in das Naturschutzgebiet auf **Nord Långö** im Archipel nordwestlich von Strömstad. Nach jahrelangem Amerikaaufenthalt mit 55 Jahren zurückgekehrt, schuf *Hilma Svedal* mit ihrer Familie in den 1930er Jahren auf der Ostseite der Insel ein **skurriles Ausflugslokal** namens „Alaska", drumherum ein Terrassengarten mit Erinnerungsstücken aus Zement und Steinen, wie den „Tempel der Winde" und die Golden Gate Bridge. 1992 wurde das Areal teilweise rekonstruiert.

Kosterhavet

Schwedens erster Meeresnationalpark liegt inmitten der autofreien Koster-Inseln (Kosteröarna). Der Park gehört zur Hälfte zu Norwegen. Die Koster-Inseln sind die westlichsten schwedischen Inseln. Infos unter www.kosterhavet.se. Die Hauptinseln Süd- und Nordkoster sind durch eine Seilfähre verbunden; die Überfahrt dauert drei Minuten und kostet 20 SEK pro Person. Auf Nordkoster kann man sich nur zu Fuß fortbewegen. Das „Naturum" informiert über das Naturreservat. Kosterhavet ist ein wichtiges Rückzugsgebiet für Seehunde.

Ursholmen

Die ersten beiden **Leuchttürme** baute man 1850 auf Nordkoster, doch mit 49 m waren sie zu hoch, bei Schnee und

Nebel, wenn sie am meisten benötigt wurden, sah man sie nicht. 1891 wurden sie durch ein neues Paar auf Ursholmen, **Ursholmen Fyr,** ersetzt, diesmal nur 11 m hoch. Die alten stehen aber noch. Wer dorthin will, fährt mit Västtrafik für etwa 120 SEK hin und zurück oder mit Selin Charter, Tel. 0525-223 42.

Besucher von Ursholmen können ein kleines **Museum** im Leuchtturmwärterhaus besichtigen. Leider ist nur noch einer der Türme intakt, beim zweiten fehlt das obere Stück. Zu essen gibt es nichts auf der Insel, dafür aber eine Quelle, was eine Seltenheit ist.

Sydkoster

Die **Insel Südkoster** besuchen unzählige Sommergäste, daher gibt es auch Hotels und Restaurants, z.B. das Strandkanten, eine Fischerkneipe dekoriert mit maritimem Gerät. Kosters Trädgårdar bietet ein Mittagsbuffet aus heimischer Produktion mit Fleisch, Fisch oder Gemüse. Es gibt allerhand unter Wasser zu entdecken (die richtige Ausrüstung vorausgesetzt), etwa ein Riff aus Kaltwasserkorallen, die nicht weniger farbig sind wie ihre Verwandten in südlicheren Weltmeeren. Der Sund zwischen den Koster-Inseln und Ytre Hvaler ist 500 m tief.

■ **Ekenäs Hotell**④, Hamnevägen 41, Tel. 0526-202 50, www.sydkoster.se. Teilweise fantastische Aussicht, aber einfache Zimmer und kaum Service.

Väderöarna

Die **Wetterinseln** sind die westlichsten Inseln des Landes, die allerwestlichste ist St. Drammen. Die viel gelesene Krimi-Autorin *Camilla Läckberg* beschreibt die Gegend in ihren Romanen. Das Väderöarna Guesthouse auf der Hauptinsel direkt am Wasser verfügt über ein erstklassiges Restaurant, Tel. 0525-320 01, www.vaderoarna.com.

Blomsholm-Grabfeld

Nördlich der Stadt liegt eine 40 m große **Schiffssetzung aus Stein,** mit Stevensteinen, die 4 m hoch sind. Es ist eine der größten steinzeitlichen Grabstätten Schwedens. Anfahrt: Straße 176, Strömstad nord, den Schildern zur Fornlämningar folgen, hinter den Gehöften ist rechts ein Parkplatz, von dort führt ein Fußweg aufs Feld.

Von Strömstad zum Svinesund

Von Strömstad sind es nur 12 km, und Schweden ist zu Ende. Der Svinesund, die Meerenge zwischen Skagerrak und dem Idefjord, trennt die schwedische Provinz Bohuslän von der norwegischen Provinz Østfold. Die **Staatsgrenze** verläuft in der Mitte des Sundes, über ihn führen **zwei Brücken.** Die alte Konstruktion ist 420 m lang und wurde 1946 in Betrieb genommen, die neue Brücke Nya Svinesundsbron verläuft 1 km westlich der alten. Weil der Sund zum Meer hin breiter wird, ist die neue vierspurige Brücke 280 m länger. Sie wurde 2005 durch die königlichen Familien beider Länder eingeweiht. In Norwegen bekam sie den Jahrespreis für ästhetischen Betonbau. So viel des Lobes lassen sich die Norweger mit 20 NOK (23,50 SEK) Maut honorieren. Über die alte, östlich gelegene Brücke kann man auch zu Fuß und ohne Maut spazieren, es gibt Bürgersteige neben der Fahrbahn. Man kann den Wagen vor dem Aussichtscafé (10–21 Uhr) direkt an der Brücke abstellen. Vorher fährt man durch die verlassenen Grenzabfertigungsstationen.

Zurück vom Svinesund

Wer nicht den gleichen Weg zurück nehmen möchte, dem sei die folgende Route empfohlen.

Hinter der norwegischen Grenze, die man ohne Grenzkontrolle passiert, verlässt man die E 6 und fährt auf die Straße 21 nach **Halden.** Die kleine Stadt mit 30.000 Einwohnern liegt zu beiden Seiten des Tista-Flusses am Idefjord, der tief ins Landesinnere reicht. Früher war hier ein wichtiger Hafenort, bewacht von der Festung Frederiksten, die auf zwei Hügeln über der Stadt thront. Während der Belagerung durch die Schweden im Jahr 1718 starb hier der Schwedenkönig *Karl XII.* Anfang des 19. Jh. wurde Halden nach einem Großbrand neu im französischen Empire-Stil aufgebaut, die Immanuelskirche illustriert das sehr schön.

In Halden fährt man auf der Straße 22 wieder Richtung Süden, die Strecke verläuft hoch am Idefjord entlang, man sieht immer wieder das Wasser unterhalb der Straße glitzern.

Will man weiter zum Vänersee fahren, kann man 20 km nach Halden links auf die Straße 101 Richtung Kornsjø abbiegen. Diese Straße wird nach dem Grenzübertritt in Schweden zur 166, die durch waldreiche Gegenden über **Bengtsfors** zur E 45 nach Åmal am Vänern führt. Bengtsfors ist ein Begriff für Kanufahrer, alljährlich finden Wettbewerbe statt.

Auch wer auf der Straße 22 geblieben ist, kommt nach Süden zur schwedischen Grenze. Die zweispurige Straße verläuft über weite Ebenen, die landwirtschaftlich geprägt sind, auch ein paar Nadelwälder säumen den Weg. Dann geht es am Ufer des **Enningdalselven** weiter, ein schöner, befestigter Rastplatz liegt kurz vor der Grenze. Von dort führt eine Fußgängerbrücke über den Fluss und lädt zu einem Spaziergang ein (GPS 58.885654, 11.532721). Die Staatsgrenze ist lediglich an dem Schild „Västra Götalands Län“ zu erkennen. Immerhin wird der Reisende von einer Kombination aus Tankstelle, Verkaufsladen und Imbissbude begrüßt. Auch der Bus hält in der Nähe. In Schweden heißt die Straße Riksväg 165 und führt durch waldreiche Gegenden zur E 6 zurück. Wen die Fahrt ermüdet hat, findet 800 m nach der Grenze auf dem **Bullarebygdens Familjecamping** in Vassbotn einen Platz für die Nacht, Tel. 0525-520 03. Der ganzjährig geöffnete Campingplatz liegt schön am Bullaresjön mit Badestelle und Campinghütten.

Eine Adresse für ökologisch bewusstes Reisen ist das **Tingvall B&B** in Bullaren, Tel. 0525-233 32. Das Ecohotel mit Bioküche liegt auf einer kleinen Anhöhe mit schönem Blick auf den Bullaresjön.

Danach geht die Fahrt am Ufer des Bullaren entlang nach Süden. Hinter **Dingle,** einem kleinen Ort mit Bahn- und Busstation, erreicht man die E 6.

VÄRDSHU
GÖTA

sd13-030 fph

4 Rund um den Vänersee

Beginnend in Göteborg, folgt man dem Götaälv durch Västergötland flussaufwärts. Hinter Trollhättan erreicht man den Vänersee, das größte Gewässer des Landes. Am westlichen Seeufer geht es durch das waldreiche Dalsland und das einsame Värmland bis Karlstad und Kristinehamn, am östlichen Seeufer zurück durch Västergötland über Lidköping nach Göteborg.

< Postkartenmotiv am Vänersee

0 10 km
©Reise Know-How 2014
SchwS_Kap04
Sunne, Mårbacka, Torsby
Hytte, Norsbäckenkanal
Årjäng
Grums
Karlstad
Nysäter
Skoghall
Kristinehamn
Fossby
Gustavsfors
Takene
Runenstein
Sibberön
Sandvikarna
Järsberg
Tresticklans Nationalpark
Säffle
Bengtsfors
Åmål
Medhamn
Ed
Stenby
Haverud
Gräberfeld Tydje
Ånimskog
Ekenäs
Gullspåg
Bränna
Bäckefors
Håverud
Vänern
Dalsland
Brommö
Torsö
Dalbosjön
Mellerud
Spiken
Läckö
Kållandsö
Kinneviken
Mariestad
Töreboda
Radbyn
Hällekis
Kinnekulle
Sikhall
Timmervik
Lidköping
Götene
Karlsborg
Uddevalla
Vänersborg
Villa Sätenäs
Hallberg
Hunneberg
Trollhättan
Nygaard
Skara
Skövde
Vara
Bjertorp
Hjo
Lilla Edet
Västerlanda
Sollebrunn
Gräfsnäs
Falköping
Anten
Lödöse
Vårgårda
Gräberfeld Kyllingakullen
Älvängen
Alingsås
Surte
Mjörn
Lerum
Floda
Rångedala
Mullsjö
Göteborg
Hindås
Borås
Ulricehamn
Huskvarna
Mölnlycke
Lindome
Jönköping
Kungsbacka
Kinna
Svenljunga

Von Göteborg nach Trollhättan

Wer Göteborg auf der E 45 verlässt, erreicht nach 20 km flotter Fahrt am Flussufer entlang den Ort **Surte.** Da Wasserkraft reichlich zur Verfügung stand, siedelten sich schon im 17. Jh. diverse Industrien an. Auf dem Götaälv wurden die produzierten Waren dann abtransportiert. **Surte Glasbruk** war lange Zeit Schwedens größter Produzent für Gebrauchsglas und Glasflaschen. Man experimentierte mit allerlei Formen. Ende des 19. Jh. emigrierte der Glashüttenarbeiter *Alexander Samuelsson* nach Amerika und fand Anstellung bei Cj Root Glass Company, wo er es bis zum Chef der Designabteilung brachte. Die Glasfabrik wurde vom Coca-Cola-Konzern mit der Gestaltung seiner neuen Brauseflaschen beauftragt. *Samuelsson* erinnerte sich an die ungewöhnlichen Flaschenformen aus Surte, und Coca Cola kaufte seinen Entwurf. In Surtes Glasbruk kann man sich das Original anschauen. Kvarnvägen 6, rechts der E 45, www.glasbruksmuseet.se, Di bis Fr 11–15 Uhr, So 12–15 Uhr, 40 SEK.

NICHT VERPASSEN!

- **Älvängen:** die Reeperbahn vermessen | 129
- **Trollhättan:** die Wasserfälle und Schleusen des Götaälv | 134
- **Håverud:** Bootsfahrt über den Aquädukt | 142
- **Picasso in der Provinz:** die große Skulptur in Kristinehamn | 158

Diese Tipps sind gelb hinterlegt.

Repslagermuseet Älvängen

Hier kann man sehen, wie lang eine Reeperbahn ist: Auf 300 (überdachte) Meter bringt es die von Carlmarks Tauschlägerei. *Hugo Carlmark* baute sie 1917, um darin Schiffstaue herzustellen (siehe auch Exkurs „Repslagarbanan – Die Reeperbahn ist kein Vergnügen"). 2003 ging die Firma bankrott, wurde von Privatleuten vor dem Abriss gerettet und in ein Museum verwandelt. Auch *Carlmarks* altes *tjärverk* zum Teeren der fertigen Seile ist wieder in Betrieb. Die Reeperbahn von Älvängen und die von Karlskrona gehören zu den letzten in Europa. Man fertigt hier heute wieder **Taue für historische Schiffe** und bietet **Workshops** an. Wer selbst noch einen Tampen braucht, begibt sich in den Museumsshop. Anfahrt: Von der E 45 hinter dem Bahnhof links zum Fluss. Di bis Fr 10–17 Uhr, Sa/So 10–15 Uhr, 25 SEK.

Lödöse

Im 14. Jh. war der nahe dem Unterlauf des Götaälv gelegene Ort wichtig, da er weit und breit der einzige Hafen war. Hier wurden Pelze und Eisen, Fisch und

Butter umgesetzt. Im Ort gab es sogar eine Münze, die den halben Pfennig prägte. Die Stadt war auf einer Insel des Ljudaån angelegt, der in den Götaälv mündet. Man baute Kirchen, ein Kloster, ein Hospital und eine Festung. In der glücklosen Zeit wurde die Stadt zweimal niedergebrannt, die Pest wütete und die Norweger kassierten Zoll von den vorbeifahrenden Schiffen. 1473 wurde die Stadt auf Befehl des Königs nach Süden verlegt, doch die Einwohner sträubten sich; die Kirche wurde abgerissen, und 1640 fackelten die dänisch-norwegischen Truppen den Ort ein letztes Mal ab, dann gaben die Einwohner auf und flohen. Heute versucht ein großes **Archäologisches Museum** die alte Zeit lebendig zu halten. Museumvei, an der Reichsstraße 45, 40 km den Fluss hinauf. Ganzjährig geöffnet, mit Shop und Café. Di, Do, 9–19 Uhr Mi, Fr, Sa/So 11–16 Uhr, Juli bis Mitte August Di bis So 11–16 Uhr, Eintritt frei.

Thorskogs Slott

Auf der anderen Seite des Götaälv steht dieses richtige **Märchenschloss.** 1249 wurde hier vom Norweger *Haakon Haakonson* und dem Schweden *Birger Jarl* der „ständige" Friedensvertrag unterzeichnet, der nicht lange hielt. Das Schloss auch nicht, später wurden neue Gebäude darauf gebaut, das heutige 1892 für einen Werftbesitzer. Es liegt auf der anderen Seite des Götaälv in Västerlanda und ist **Hotel** und Restaurant mit 40 individuell eingerichtete Zimmern. *George Bush, Michail Gorbatschow, John Major* und *Benazir Bhutto* waren auch schon hier.

- **Thorskogs Slott & Konferens**⑤, Thorskog 100, Tel. 0520-66 10 00, http://thorskogsslott.se. Mit englischem Park und ausgeschilderten Wanderwegen über 3, 4 und 6 km in den alten Wald.

Von Lödöse nach Trollhättan

Weiter auf der E 45 erreicht man die ersten Stromschnellen des Götaälv. 1607 schon wurde in **Lilla Edet** die Schleuse in Betrieb genommen, durch die man flussaufwärts mit dem Schiff bis zu den Stromschnellen von Trollhättan kam. Die waren über Jahrhunderte ein unüberwindbares Hindernis für den Warentransport.

Flussabwärts ließen sich Göteborg und die Küste erreichen. Bei der Eröffnung der **Schleuse** konnten die Schiffe 140 Tonnen transportieren, heute ist der Kanal für Schiffe mit 4000 Tonnen Last schiffbar.

Trollhättan

- **Einwohner:** 46.000
- **Vorwahl:** 0520
- **Information: Turistbyrå,** Åkerssjövägen 10, Tel. 135 09, www.visittrollhattan.se, werktags 10–16 Uhr, 25.6. bis 24.8. Mo bis Fr 10–18 Uhr, Sa/So 10–16 Uhr. Auch Verleih von Fahrrädern und Tickets für die Busgesellschaften SJ, Tågkompanied, Öresund, Svebus und Västtrafik.

☒ Der Strömkarlen auf der gleichnamigen Brücke

Weltbekannt ist der Ort durch seine **Wasserfälle.** Der Götaälv zwängt sich durch ein breit gefächertes System von Felsspalten und schießt über breite Granitplateaus ins Tal, insgesamt 32 m Höhenunterschied sind es zwischen Ober- und Unterlauf des Flusses, 300.000 Liter stürzen pro Sekunde hinab.

Geschichte

Schon Anfang des 15. Jh. stand hier eine **Wassermühle.** Der Name taucht zum ersten Mal in einem alten Steuerbuch von 1413 auf, wo die Rede von einer „Trollhut-Mühle" ist. Es entstanden weitere mit Wasserkraft betriebene Sägewerke. Schon im 16. Jh. dachte man darüber nach, die Wasserfälle zu umgehen und mit **Schleusen** den Götaälv schiffbar zu machen. Später im 18. Jh. fing man an zu bauen, nachdem *Christopher Polhem* die Pläne entworfen hatte. Wegen Geldmangel wurde das Projekt jedoch eingestellt. Im Jahr 1800 schließlich wurde die erste Schleuse eröffnet. Sie ist heute noch zu sehen, ebenso ihre Nachfolgerin von 1844. Die heutigen Schleusenkammern stammen aus dem Jahr 1916.

1974 wurde der **Kanal** ausgebaggert. In den 1980er Jahren wurde einmal das Wasser komplett abgelassen, um Reparaturen und Reingungsarbeiten an den Becken vorzunehmen. Rund um die Schleuse herrschte Volksfeststimmung und halb Trollhättan war auf den Beinen und stand, saß oder lag am Ufer und schaute zu, wie sich die trüben Fluten in-

sd13-031 fph

Trollhättan

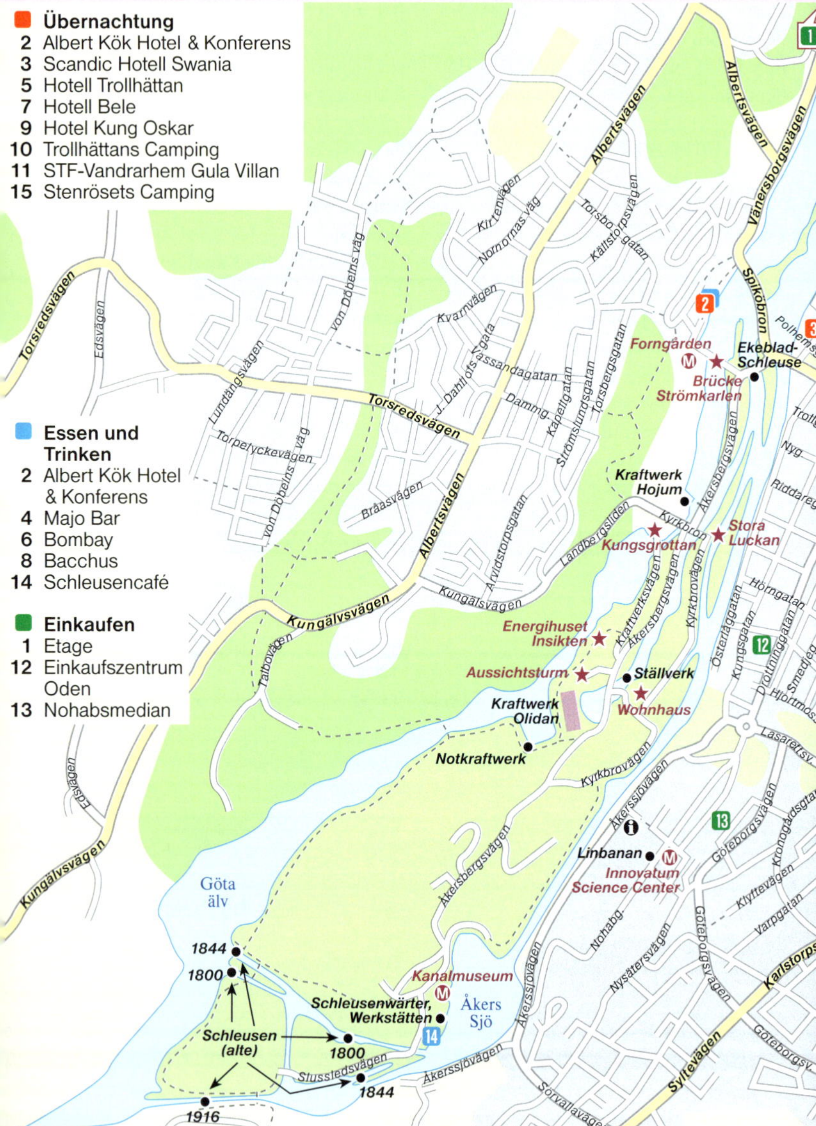

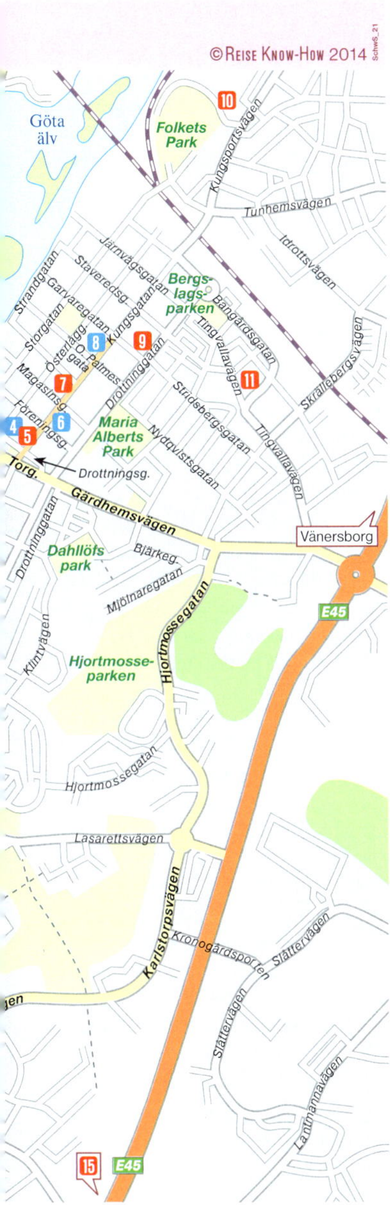

nerhalb einer Stunde senkten und allerlei Unrat wie Möbel, Fahrräder und Anker zu Tage traten. Am nächsten Morgen war alles wieder unter Wasser.

Nicht zuletzt ist Trollhättan als Heimat der Automarke **SAAB** bekannt geworden. Inzwischen ist die insolvente Pkw-Sparte von SAAB an das Unternehmen National Electric Vehicle Sweden verkauft worden. Geplant ist die Umstellung der Produktion auf Elektroautos. Das Unternehmen darf weiter SAAB heißen, das Logo muss jedoch geändert werden. Die Flugzeugsparte und die Auto-Ersatzteilproduktion sind vom Besitzerwechsel nicht betroffen.

Sehenswert

Zu finden sind die Schleusen und Fälle im Zentrum; wenn man den Schildern mit der Aufschrift „Fall och slussområde“ folgt, kommt man dorthin.

Kraftwerk Olidan

Schwedens erstes Wasserkraftwerk ist bis heute im Einsatz. Seine 13 Aggregate leisten insgesamt 130 Megawatt. Ab 1910 versorgte es die aufblühende Industrie und die Eisenbahn mit Strom. Später sprengte man für das Kraftwerk Hojum mehrere Tunnel in den Berg unter die Fälle und installierte dort zwei mächtige **Turbinen,** die zusammen 100 Megawatt leisten. Besichtigungen sind möglich und beeindrucken den Besucher, wenn er in der mächtigen Felsenhalle steht.

Wasserfälle

Damit die Turbinen genügend Wasser bekamen, leitete man einfach den kompletten Wasserlauf durch die Anlage. Dadurch versiegte natürlich das Naturschauspiel der mächtigen Fluten, die sich tosend ins Tal stürzten. Das gefiel der Bevölkerung nicht, und so führte man den **Fallens Dag** ein, an dem zu bestimmten Zeiten das Wasser für eine halbe Stunde seinen alten Weg nahm. Das Schauspiel, das man bei vielen Wasserkraftwerken veranstaltete, lockte Tausende Besucher an. In Trollhättan war die Straßenbrücke zu jenen Stunden unpassierbar, weil die Schaulustigen sie komplett zugestellt hatten. Vor ein paar Jahren entschloss sich der Konzern Vattenfall, das Spektakel öfters zu bieten, und so kann man heute jede Woche zum Schauen kommen: Mai, Juni und September Sa 15 Uhr, Juli, August jeden Tag 15 Uhr; an Fallens Dag (Ende Juli, genaues Datum unter www.fallochsluss.se) um 12, 14, 16, 18, 20 Uhr und 23 Uhr mit mystischer Beleuchtung.

Schleusen

Die Schleusen sind modernisiert, so haben die großen einen doppelten Boden mit Löchern, durch die das Wasser gleichmäßig einströmen oder ablaufen kann. Dadurch gibt es beim Einleiten des Wassers keinen Sturzbach mehr, der kleine Boote gefährdet. Die große Schleuse verliert immerhin 12.000 Kubikmeter Wasser pro Schleusenvorgang. Der Schleusenverein betreibt ein gemütliches **Café** in einem Häuschen mit Blick in die Kammern.

Spaziergänge rund um die Schleusen

■ Weg vom Parkplatz Ekeblad-Schleuse

Die Schleuse wurde nur einmal benutzt, nämlich zur Einweihung 1754. Die Strömkarsbron wurde für das Kraftwerk Olidan gebraucht. Daran befindet sich ein Wehr, um das Wasser zu regulieren. Der **Strömkarlen** von 1908 ist eine Skulptur von *Carl Eldh.* Vorbei am Müllerhaus der Schneiderklippe geht es am Westufer nach Süden zum bronzezeitlichen Grabhügel Röse, wo man im Jahr 1936 Ausgrabungen tätigte. Es folgen das **Freilichtmuseum Forngården** (Juli/August So 13–17 Uhr) und danach Reste einer alten Papierfabrik. Bald steht man über dem unterirdischen **Kraftwerk Hojum** von 1938 und kann die Königsgrotte besuchen: Die **Kungsgrottan** ist eine Art königliches Gästebuch, die Namen der Monarchen sind in Stein gemeißelt an den Felswänden zu lesen. An der Polhem-Schleuse gibt es einen Gedenkstein für den Ingenieur *Polhem.* Danach läuft man parallel zum Zuleitungskanal wieder nach Norden. Vorbei an der großen Klappe **(Stora Luckan),** mit der man seit 1910 den Zuleitungskanal sperren konnte, erreicht man wieder den Parkplatz. Dauer: 45 Minuten.

■ Weg vom Parkplatz hinter dem Olidan-Kraftwerk

Bergauf kommt als erstes das alte Stellwerk, heute Vattenfall-Büro. Vorbei an der Reparaturhalle für die Transformatoren gelangt man über die Betonbrücke auf die andere Seite des Zulaufs, dort liegt das **Stellwerk** für die Transformatoren und Stromleitungen von 1921. Hier steht auch das ehemalige **Wohnhaus** des Betriebsingenieurs von 1907. Kurze Zeit später ist das Einlaufgebäude für die Turbinen erreicht. Das beindruckende **Turbinenhaus** aus rotem Granit wurde 1910 von *Erik Josephson* entworfen. Daneben steht ein Transportkran für Maschinenteile. Links unterhalb gibt es ein provisorisches Kraftwerk für Notfälle und Versuchsläufe. Unterhalb der Turbinenhalle geht es zurück zum **Aussichtsturm Utsikten** und dem Besucherzentrum Insikten. Dauer: 35 Minuten.

Weg vom Kanalmuseum im ehemaligen Hauptlagerhaus
Hier liegen die Unterkünfte der Schleusenwärter, Werkstätten und das alte Kanalbüro von 1795. Man überquert die Schleusenrinne von 1800. Nächste Station ist das **Schleusencafé,** dass schon 1898 errichtet wurde. Geradeaus liegt die Rinne von 1916 mit vier Abschnitten. Über die Schleusen von 1844 geht es nach Norden und an der 1800er Rinne zurück zum alten Kanalbüro. Dauer: 25 Minuten.

Kanalmuseum

An den oberen Schleusen in einem alten Lagerschuppen sind Unterwasserausrüstung und Werkzeuge der Taucher, ein Schleusenwärterhaus und Schiffsmodelle zu sehen. www.fallochsluss.se, 17.6. bis 25.8. täglich 9–17 Uhr, sonst nur an den Wochenenden 12–17 Uhr.

Energihuset Insikten

Die „Einsichten" sind das **Besucherzentrum** der gesamten Anlage. Sie liegen auf der Insel im Fluss. Hier kann man mit elektrischen Dingen experimentieren oder auch Führungen durch die Kraftwerkshalle Olidan buchen. 8.6. bis 23.8. täglich 10–18 Uhr, sonst nur an den Wochenenden.

Innovatum Science Center

Åkerssjövägen 16, Tel. 28 94 00, www.innovatum.se: eine Art **Technikmuseum** zum Mitmachen auf 4000 m², geöffnet täglich 9–17 Uhr, 45 SEK.

Nohabsmedian

Innovatum Åkerssjövägen, Tel. 28 94 00: In der **Nohab-Schmiede,** einer der ältesten des Landes, schmiedet *Inge Dahlgren* für Besucher; mit Galerie und Laden.

Linbanan

Die **Seilbahn** schwebt 30 m über dem Kanal und transportiert die Besucher des Innovatum-Technikmuseums 400 m weit. Innovatum Åkersjövägen, Ende Juni bis Ende August, 10–14 Uhr, 50 SEK hin und zurück.

Praktische Infos

Unterkunft

Albert Kök Hotell & Konferens⑤, Kvarnliden, Strömsberg, Tel. 129 90, www.alberthotell.com. Ein historischer Holzbau in Strömslund am Westufer des Götaälv mit traumhafter Aussicht auf die Fälle. Moderner Anbau daneben. Ein erstklassiges Restaurant rundet das Ensemble ab.

SAAB – Flugzeuge und Autos der Svenska Aeroplan AB

In den 1930er Jahren wuchs die Kriegsgefahr in Europa. Als es Schwierigkeiten beim Einkauf von Militärflugzeugen in Deutschland und den USA gab, beschloss das Parlament, eigene Maschinen entwickeln zu lassen, was **1937** zur **Gründung** von SAAB (Svenska Aeroplan AB) führte.

Den Anfang machte auf einer Wiese bei Trollhättan die Lizenzfertigung einer Junkers 86. Parallel begann man mit der Entwicklung eigener Modelle, da sich das Kopieren als technisch problematisch erwies. Eine Neukonstruktion ließ die Fachwelt aufhorchen. Die **einmotorige S 21** hatte den Motor hinter der Pilotenkanzel, der Propeller drückte das Fluggerät nach vorn. Von der Flügelmitte gingen zwei dünne Rümpfe zum Leitwerk. Insgesamt war die Konstruktion erfolgreich. Als in den 1950er Jahren das Düsenzeitalter anbrach, baute man das Kolbentriebwerk aus und eine englische Strahlturbine ein. Nach einigen Änderungen flog die Maschine ganz ordentlich. Nun konnte man sich der Konstruktion eigener Düsenjäger widmen. Heraus kamen die **Draken** mit ihren charakteristischen Pfeilflügeln und später die **Viggen** mit den Doppeldreiecksflügeln.

Nach dem Krieg waren **Autos** Mangelware, und so wurden die Flugzeugbauer um *Gunnar Ljungström* dazu verdonnert, Autos herzustellen. Eine gute Idee, wie sich herausstellte. Das Ergebnis war zunächst ein futuristisches Ei mit Froschaugen, konsequent stromlinienförmig gezeichnet. Der erste SAAB steht im Werksmuseum, das erste Serienmodell hieß schlicht 92. Damit begann eine Erfolgsgeschichte, nicht nur in Schweden. Bei der Motorisierung schaute man, was in Europa gerade modern war, und so bekam der 93 einen DKW-3-Zylinder-Zweitaktmotor. Später sollte ein Viertakter die Wagen antreiben, allerdings passte nur ein kurzer V-Motor in das schöne Blech, den man von Ford in England zukaufte. Der Motor erwies sich leider als schludrig zusammengebaut, und so wurden alle neu gelieferten Motoren in Trollhättan zerlegt und überarbeitet. Danach baute man dann selbst, und im Laufe der Jahre kamen einige Ideen dazu, die in der automobilen Welt für Aufsehen sorgten, wie etwa die automatische Scheinwerferreinigung, das Eisenrohr in den Türen gegen seitlichen Elchaufprall, der erste Abgasturbolader in einem Serienauto und die Stoßstange, die sich von selbst ausbeult. Besonders das 900er Cabrio ist heute eine automobile Wertanlage geworden, und SAAB-Fahrer umweht der Nimbus des Individualisten.

4

■ **Hotel Kung Oskar**④, Drottninggatan 17, Tel. 47 04 70, http://kungoscar.se. Altbau im Zentrum, alles perfekt, sogar ein Parkplatz ist vorhanden.

■ **Scandic Hotell Swania**④, Storgatan 47–49, Tel. 890 00, www.scandichotels.com. Ein großer Klotz am Kanal, aber mit Aussicht und Pool, 200 Zimmer. Vor der Zugbrücke rechts, auf der linken Seite.

■ **Hotell Bele**③, Kungsgatan 37, Tel. 125 30, www.hotellbele.se. 31 unterschiedliche Zimmer, Hotel aus dem Jahr 1938, genannt „Stenbele", das steinerne Bele, im Gegensatz zum alten „Träbele" aus Holz. Am Stadtpark im Zentrum, Restaurant mit Blick auf die Fußgängerzone.

■ **Hotell Trollhättan**③, Pohlhemsgatan 6, Tel. 125 05, www.hoteltrollhattan.se. Ein mittelgroßes Hotel mit 55 Zimmern im Zentrum, Parken Mo bis Fr 18–9 Uhr, Sa ab 14 Uhr frei, oder Tiefgarage, 100 SEK pro Tag.

■ **STF-Vandrarhem Gula Villan**②, Tingvallavägen 12, Tel. 129 60, www.svenskaturistforeningen.se. In einem typischen gelben Holzhaus, traditionelles Ambiente, einfache Zimmer.

Camping

■ **Trollhättans Camping,** Kungsportsvägen 7, Tel. 306 13, nördlich des Bahnhofs, in waldreicher Umgebung. Ein kurzer Fußweg am Fluss entlang führt in die Innenstadt. 88 Plätze, 12 Hütten. 7.5. bis 2.9., danach eingeschränkt.

■ **Stenrösets Camping,** Assarebo Stenröset 2, Tel. 707 10, www.stenrosetscamping.se. Der Platz liegt 5 km südlich der City, 50 Rasenplätze, acht 4-Betthütten.

Essen und Trinken

■ **Albert Kök,** das hölzerne Hotel in Strömsberg (s.o.) ist die erste Adresse für Feinschmecker. Am besten läuft man von der Strömkarlsbron 10 Min. am Westufer des Götaälv flussabwärts bis zur großen Treppe. Toller Ausblick. Mo bis Fr 11.30–14 Uhr und ab 18 Uhr.

■ **Majo Bar,** Tapasbar in der Polhemsgatan 6. In dem kleinen Laden trifft die nordische auf die südländische Küche.

■ **Restaurang Bacchus,** Folkets Hus Kulturhuset, Kungsgatan 25. Hier kann man inmitten vieler Büroangestellter gut zu Mittag essen.

■ **Bombay,** Foreningsgatan 14/Kungsgatan 38. Warum nicht mal zum Inder? Feine Küche und Hausmannskost, mindestens bis 23 Uhr.

An- und Weiterreise

■ **Auto:** Die Straße 45 geht von Göteborg nach Vänersborg, in West-Ost-Richtung führt die 44 von Uddevalla nach Lidköping und die 42 nach Borås. **Parken:** 1 Std. mit Parkscheibe gebührenfrei in den Straßen der Innenstadt.

■ **Bahn:** Vom Bahnhof fährt die Vänernbanan nach Oslo, Göteborg, Stockholm und Halden.

■ **Flug:** Trollhättan Vänersborgs Flygplats THN liegt in der Nähe der Saab-Werke. Von hier fliegt Golden Air in 1 Stunde nach Stockholm-Bromma.

Einkaufen

Entlang der Fußgängerzone Kungsgatan, zwischen Garvaregatan und Drotninggatan, gibt es außer gemütlichen Cafés z.B. das **Einkaufszentrum Oden,** wo Geschäfte aller Art unter einem Dach vereint sind. Zum Shopping bietet sich noch die **Etage** in einem Gebäude aus Glas und Stahl mit 40 Geschäften an, Ladugårdsvägen 14, werktags 10–19 Uhr, Sa 10–17 Uhr, So 11–17 Uhr – das sollte reichen.

Vänersborg

- **Einwohner:** 21.000
- **Vorwahl:** 0521
- **Information: Turistbyrå,** Järnvägsbacken 1c, Tel. 135 09, werktags 8–17 Uhr, 25.6. bis 19.8. Mo bis Fr 9–18 Uhr, Sa/So 10–16 Uhr. Auch Verleih von Fahrrädern und Tickets für die Busgesellschaften SJ, Tågkompanied, Öresund, Svebus und Västtrafik.

Ursprünglich hieß die Stadt am Südende des Vänern, die heute mit Trollhättan verwachsen ist, **Vassända,** „Ende des Wassers". Hier beginnt der **Vänersee,** der mit 5650 km^2 zehnmal so groß ist wie der Bodensee. Sogar einen Eisbrecher namens „Ale" gab es hier, der im Winter den Schiffen den Weg zum Götakanal frei machte.

Geschichte

Der Handelsort Brätte war in der unruhigen Zeit um 1619 nicht sicher, deshalb zog man auf die Halbinsel Huvudnäs um und änderte den Namen. Stadtrechte bekam Vänersborg 1644, worauf es die Dänen sofort niederbrannten. Nach dem Wiederaufbau hatte man 35 Jahre Ruhe, dann wurde die Stadt erneut zerstört, diesmal entführten die Dänen sogar die Kirchenglocke und hängten sie 1682 in Kopenhagen in ihre Kirche. Der letzte große **Brand 1834** zerstörte in zehn Stunden nahezu alle Gebäude, von 2100 Einwohnern waren 2000 obdachlos. Danach wurde in der Stadtmitte nach einem Plan aus dem 16. Jh. die **Esplanade** gebaut, an der Residenz, Kirche und Museum liegen. Die Gebäude samt einem Holzhaus, in dem heute ein Puppenmuseum untergebracht ist, hatten den Brand überdauert. Die breite Esplanade sollte im Falle eines Brandes ein Ausbreiten des Feuers verhindern. Die Streichholzfabrik wurde vor die Stadt verbannt, und als akustische Alarmgeber stellte man vor der Kirche noch zwei Kanonen auf. 1823 stach das erste Dampfschiff, der Raddampfer „Braut Anundsvägen" vom Hafen der Stadt in See. 1838 wird die City mit „Argandska-Laternen mit Silberglanz" versehen – die Öllampen mit Glas- und Metallreflektoren sorgen für Beleuchtung.

Sehenswert

Vänerborgs Museet

Vallgatan 17c, Tel. 72 17 40, www.vanerborgsmuseum.se: Dies ist wirklich ein besonderes Museum, nämlich ein **„Museumsmuseum".** Hier wird gezeigt, wie ein Museum Mitte des 19. Jh. aussah, nämlich eher wie eine Dritte-Welt-Show. Es werden Fragen rund um das Sammeln und Zeigen beleuchtet. Di bis Do, Sa/So 12–16 Uhr, 20 SEK.

Puppenmuseum

Residensgatan 2: Das Museum ist **im ältesten Holzhaus der Stadt** eingerichtet. Im angrenzenden Laden verkauft eine Puppenmacherin ihre Werke. Vänersborgs Dockateljé och Dockmuseum, Tel. 615 71, www.vanersborgsdockmuseum.se, Di bis Fr 14–18 Uhr, 40 SEK.

Fridas Denkmal, Skräckleparken

Der **Dichter Birger Sjöberg,** 1885 in Vänersborg geboren, lebte mehrere Male in der Stadt. Obwohl er schulisch nicht viel erreicht hatte und sich als Ladengehilfe durchschlug, verschaffte ihm sein Bruder eine Stelle als Journalist in Stockholm. Anfang der 1920er Jahre fing der scheue Mann zu schreiben an und veröffentlichte sein erstes Buch. Danach lebte er als Schriftsteller. Er konnte die Menschen glänzend unterhalten und verfasste eine große Zahl an Gedichten und Liedern. Vänersborg besang er als „Lilla Paris" (Klein-Paris). Stets zwischen Ironie und Ernst pendelnd, kontrastierte er die Kleinstadtidylle mit der Einsamkeit und Angst der Bewohner. 1922 erschien **„Fridas Buch",** in dem er ironisch die Liebe zu einer *Frida* beschreibt, die es nie gegeben hatte. *Fridas bok* war ein großer Erfolg, *Sjöberg* ging damit auf gefeierte Tourneen durch ganz Schweden. Bis heute sind viele der Frida-Lieder populär geblieben.

Die **Plastik** für die erfundene Geliebte des Dichters *Sjöberg* steht im Skräckleparken, der sich im Osten der Innenstadt am Wasser entlangzieht. Dort gibt es auch eine **Badestelle** in einer kleinen Sandbucht. Man kann einen Spaziergang um die Nordspitze machen, es ist ein ruhiger Park mit dem Café Skräcklestugan, ein Weg führt direkt am Wasser entlang.

Vattenpalast

Wem der Vänersee zu kalt zum **Baden** ist, kann in den Vattenpalast gehen. Dort werden einem noch allerlei andere Vergnügungen geboten. Vänerparken 1, von 10 bis mindestens 16.30 Uhr geöffnet, ab 65 SEK.

Am Marktplatz steht ein kleiner **Holzpavillon,** wo manchmal Konzerte stattfinden. Um mit *Frida* zu sprechen: „Spazieren Sie um den Platz, wenn ein rosiges Licht auf die Sparkasse fällt".

Wer an Medizingeschichte interessiert ist, kann sich im alten Krankenhaus von 1879 schlaumachen.

Praktische Infos

Unterkunft

■ **Best Western Arena**⑤, Edsvägen 14, Tel. 26 59 50, www.arenahotell.com. Verlässliches Hotel mit 60 Zimmern südlich der Innenstadt, 10 Min. zu Fuß zum Bahnhof.

■ **Ronnums Herregård**⑤, in Vargön, Tel. 26 00 00, www.profilhotels.com/ronnum. Das gelbe Holzhaus in einer Parkanlage direkt am Fuße des Hunnebergs bietet 50 DZ und ein Restaurant.

■ **Quality Hotell**④, Nabbensbergsv. 2, Tel. 57 57 20, www.qualityvanersborg.se/. Der moderne Bau liegt an der Südspitze der Stadt 4 km außerhalb des Zentrums. Riesiger Parkplatz.

■ **Hotell 46:an**③, Kyrkogatan 46, Tel. 71 15 61, http://hotell46.com. Zentral in der Nähe des Skräckleparken gelegenes kleines Familienhotel.

■ **Strandhotell**③, Hamngatan 7, Tel. 138 50, www.strandhotell.com. 28 Zimmer in einem dreistöckigen Eckhaus, Blick aufs Wasser des Götaälv.

Camping

■ **Ursands Camping,** Djupedalen 520, Tel. 186 66, http://ursand.se/de. 3 km auf der E 45 nördlich am See, mit altem Sandstrand. 40 Hütten. Mitte April bis Mitte Sept.

Essen und Trinken

Koppagrillen und Bar in der Sundsgatan 11b, geöffnet Mi bis Fr 11.30–23 Uhr, Sa 12–23 Uhr, So bis Di 12–22 Uhr. Oder zum Italiener in die Edsgatan 7. An der Schleuse Brinkebergskulle im Süden liegt das **Slusscafét.** Abends kann man in die Kneipe **Suads Kök,** Edsgatan 8, gehen. Auch beim **Ursand Camping** gibt es ein Restaurant, das zudem eine fantastische Aussicht über die Bucht mit den dahinterliegenden Bergen bietet.

An- und Weiterreise

- **Parken:** In der City kann man mit einer Parkscheibe 4 Std. lang frei parken.
- **Flug:** Von Trollhättan nach Stockholm.
- **Bahn:** Vänersborg Central von 1865 am Hafen wird von Regionalzügen der Västtrafik bedient, vereinzelt halten auch X2000-Schnellzüge in Richtung Stockholm an diesem Bahnhof.
- **Bus:** Der Busbahnhof liegt in der Nähe des Bahnhofs.

Ausflüge

Hallberg und Hunneberg

Die **Tafelberge** östlich der Stadt sind rund 110 m hoch. Bedeckt sind sie durch Platten aus dem harten Lavastein Diabas; dadurch wurden sie nicht so stark durch Erosion geformt. Heute steht Nadelwald darauf. Auf dem Hallberg fand man Reste einer vorgeschichtlichen Befestigung, am Fuße des Hunneberg liegt die Kirche von Västra Tundhem aus dem 12. Jh. Südlich davon dehnt sich ein **Gräberfeld** mit ca. 150 Grabhügeln aus. In der Gegend um die Berge fand und findet die jährliche **königliche Elchjagd** statt. Früher versuchte man sogar, Elche als Reittiere abzurichten, was aber komplett misslang. Die königlichen Elchhöfe begnügten sich danach mit der Zucht und der Verarbeitung von Leder und Fell der Tiere. Heute hat man das **Jagdmuseum Hunneberg** eingerichtet, wo man nicht nur tote, sondern auch lebende Elche studieren kann. Touren für 325 SEK über Visit Trollhättan Vänersborg AB, Järnvägsbacken 1C, Tel. 135 09.

In **Erdalen** am Hunneberg versuchen sich jedes Jahr im Herbst Hobbyköhler in dem alten Handwerk. Dabei kann man auch „Kohlebrötchen“ probieren, die nicht aus Kohle sind, sondern auf Kohle gebacken wurden.

Im **Hof Nygaård** am Fuße des Hunnebergs kann man sich die Herstellung von Kalk anschauen. Gegen Ende des 18. Jh. war die große Zeit der Kalkindustrie. In Feldsteinöfen wurde Holz, Alaunschiefer und Kalkstein aufgeschichtet. Anschließend mauerte man die Öfen zu und ließ sie eine Woche lang vor sich hinbrennen. Anschließend konnte der gebrannte Kalk herausgeschaufelt werden. Die Schicht aus Alaunschiefer im Hunneberg ist 25 m dick.

Dalbostigen

So heißt ein 4 km langer **Wanderweg,** der nach Norden führt. Man fährt nach der Dalbo-Brücke an der Statoil-Tankstelle rechts ab und parkt am Weg. Dann läuft man parallel zum Vänern nach Norden. Am Ende kommt man an den See, wo ein Café und eine Badestelle als Belohnung warten. Weiter nördlich, auf der Landzunge Gälle Udde, liegt ein Magazin am Wasser. Es diente den Schiffen als Wegzeichen zum daneben liegenden **Hafen Sikhall.** Von hier wurden im 19. Jh. große Mengen Hafer verschifft, der bis nach England exportiert wurde; die Nachfrage ließ eine gefährliche Monokultur entstehen. Heute kann man dort baden oder am Wasser speisen.

Von Vänersborg nach Håverud

Etwa 45 km nördlich von Vänersborg auf der E 45 an der Westseite des Sees erreicht man Mellerud in **Dalsland.** Die Provinz Dalsland ist typisch schwedisch: einzelne Höfe, große Wälder, Flüsse. Aus dem Flachland wird allmählich Berg und Tal. Geprägt hat das Land der **Dalslandkanal.** Zwischen 1864 und 1868 wurde er gegraben, um Waren aus Värmland und Dalsland zum Vänersee zu befördern.

Mellerud

Die moderne Stadt mit 4000 Einwohnern bietet alle Einkaufsmöglichkeiten. Übernachten kann man im **Wärdshuset på Dal**③, Tingshusgatan 1, Tel. 0530-126 64, www.wpdal.com, einem modernen Gebäude mit überkragendem Dach an der E 45 (Restaurant, Wintergarten, 14 Zimmer). Zwischen der Stadt und dem Vänern liegt der Golfplatz, am See gibt es mehrere Badeplätze, sogar einen kleinen Sandstrand und einige vorgelagerte Inseln. Es gibt einen Bahnhof der Bahnlinie Göteborg – Kil und eine Strecke nach Oslo. Dadurch wurde Mellerud 1879 zum Eisenbahnknotenpunkt.

Dalslandkanal

Der Kanal verbindet den See Vänern mit einer **Reihe von befahrbaren Seen** der Provinz Dalsland und des westlichen Värmland. Von Mitte Juni bis Ende August kann man den Kanal im eigenen Boot befahren oder sich einen Platz auf einem Passagierboot sichern. Zwischen 1864 und 1868 unter der Leitung des schwedischen Ingenieurs *Nils Ericson* erbaut, passiert der Kanal unter anderem die Seen Råvarpen, Laxsjön, Lelång, Foxen, Töck und endet im Osten. Über den Foxen gelangt man in den **Stora Le,** der sich schon teilweise in Norwegen ausbreitet. Bis zum Bau der Eisenbahn in den 1870er Jahren wurden Erz und Holz zwischen Stora Le und Köpmannnsbro transportiert. Das gesamte System ist etwa 254 km lang, wobei aber nur 12 km neu angelegt wurden. Boote, die den Kanal durchfahren, gelangen dabei durch zwölf Schleusen und beim Ort Håverud über eine markante Trogbrücke, die Stromschnellen überbrückt. Der gesamte Höhenunterschied des Kanals beträgt 66 m. Über den Vänern erreicht man den Götakanal.

Von Mellerud sind es 25 km bis Håverud. Dazu verlässt man die E 45 und biegt am Klädvaruhus links auf die 2221 Richtung Håverud und „Akvedukt“ ab. Wohnmobilisten sollten bedenken, dass es 21% Steigung auf den nächsten 10 km gibt.

Håverud

- **Einwohner:** 200
- **Vorwahl:** 0530
- **Information:** im **Dalsland Center** am Äquadukt, Tel. 308 80.

Vor Ort stießen die Kanalbauer auf ein besonderes Problem: Nicht nur ein Höhenunterschied war zu bewältigen, sondern auch ein Fluss war im Weg. Man löste das Problem 1868 durch einen **Aquädukt**, eine wasserführende Brücke aus Metall. Die Schleuse, eine Eisenbahnbrücke und später die Straßenbrücke komplettieren das einmalige technische Ensemble. Eine Schleusung kostet für Privatboote bis 5 m 50 SEK.

sd13-033 fph

Das **Dalsland Center** ist am Unterlauf des Viaduktes auf einer schmalen Insel untergebracht. Hier gibt es außer der Info einen Souvenirladen, einen Kiosk mit Cafeteria und einen Ticketschalter für die Fahrt mit dem Kanalboot.

Der Aquädukt wird häufig fotografiert, besonders wenn gerade ein Zug über ihn fährt und gleichzeitig ein Ausflugsboot durch den engen Trog schrammt.

Das **Haus des Kunsthandwerks** ist eine gute Adresse, um echtes Kunsthandwerk der Region einzukaufen. Es liegt am Upperudshöljen unweit vom Dalsland Center.

Praktische Infos

Unterkunft

- **Håveruds Hotell & Spa**③, Upperudsvagen 12, Tel. 350 00, www.haverudshotell.se. Ein gelbes Holzhaus, ganz nett, große Veranda mit Blick auf den See.
- **Håveruds Herrgård**②, Tel. 304 90, www.hoverud.com. Das Haus am Seeufer wird von einem Norweger geleitet, die Hochzeitssuite hat einen großen Balkon.
- **Håveruds Vandrarhem**①, Museivägen 3, Tel. 302 75, www.svenskaturistforeningen.se. Am Kanalufer mit Blick auf das Dalsland Center. 1.4. bis 30.9.

An- und Weiterreise

Es gibt vor dem Viadukt eine kleine **Bus- und Bahnstation.**

< Der Götakanal bei Håverud

Von Håverud nach Åmål

Zur Weiterreise mit dem Auto fährt man am Besten über Bränna zurück zur Europastraße 45 am Vänersee und dann nach Norden und erreicht nach 45 km Åmål, die größte Stadt dieses Landstriches, zum Teil über eine vierspurig ausgebaute Straße.

Ånimskog

20 km vor Åmål, an der E 45, liegen die Reste einer **Burg** aus der Bronzezeit. Die Burg südlich des Sees Ånimmen war von 2 m breiten Mauern umgeben. In der Nähe fanden sich neun **Hügelgräber,** ebenfalls aus der Bronzezeit, etwa 1000–1500 v. Chr. Unterkunft in **Dalslands Gästgiveri,** Tel. 0532-250 11, www.dalgast.se, 19 Zimmer in einem Landhaus am Ufer des Ånimmen. Wohnmobilisten finden einen Platz auf dem **Lägergården Stora Strand Camping,** ab Sandbol ausgeschildert, Tel. 0532-220 12, www.storastrand.se.

Gräberfeld Tydje

Diese Gräber stammen aus der späten Eisenzeit. Mehr als 60 **Hügel- und Steinkistengräber** liegen an der E 45 15 km vor Åmål. Die Hügelgräber haben einen Durchmesser von 5–12 m. In der Umgebung fand man zahlreiche Spuren früherer Bebauung und Gegenstände aus der Stein- und Bronzezeit, die darauf hinweisen, dass die Siedlung schon lange bewohnt war. Auch eine Mineralwasserquelle wurde gefunden. Unterkunft gewährt **Rolfskärrs Stugby**③ in Tösse, Tel. 0492-210 55, www.rolfskarr.com, am Waldrand oberhalb der Strände und Klippen gelegen, mit Seeblick.

Schärengarten Tösse

30 bewaldete Inseln und viele größere Felsinseln bilden dieses **beliebte Erholungsgebiet.** Hier gibt es sowohl Sand-, Stein- und Klippenstrände als auch schöne Wälder mit vielen Spazierwegen. Im Gebiet leben viele brütende Vogelarten, die empfindlich auf Störungen reagieren. Das **Reservat** bietet auch viele vorgeschichtliche Fundstätten. Die größten Sandstrände gibt es auf den Inseln Sandön und Björkön.

Die Inseln bestehen größtenteils aus Gneis, manche teilweise aus dem Geröll der Moränen, die durch die Landschaft laufen. Die Inseln sind hauptsächlich mit **Kiefernwäldern** und einer Menge **Blaubeersträuchern** bewachsen. Auf allen Inseln stehen Laubbäume, meist Birken und Erlen. Auf den größeren Inseln brüten Fischadler und Mäusebussarde, aber auch Sperber, Habicht und Baumfalke sind hier zu Hause. Sandön wurde 1974 zum Naturschutzgebiet erklärt und hat eine Fläche von insgesamt 970 Hektar. An der ehemaligen Kate „Nötötorpet“ hat man ein kleines Freilichtmuseum errichtet. Es zeigt eine Ausstellung über Flora, Fauna und Bewohner des Naturreservates. Auf die Insel Nötön ganz im Norden führt vom Festland ein kleiner Steg. Von der Nötdönkate stehen nur noch die Grundmauern.

Zurück auf dem Festland: Die E 45 geht an Åmål vorbei, wer in die Stadt will, muss eine der drei Ausfahrten benutzen.

Åmål

- **Einwohner:** 10.000
- **Vorwahl:** 0532
- **Information: Turistbyrå,** Hamngatan 5, Tel. 170 98, 171 02, www.amal.se.

Die einzige Stadt der Provinz Dalsland hat 12.000 Einwohner und liegt an der Westküste des Vänernsees. Im Ortsteil Plantaget stehen noch Holzhäuser aus dem 18. Jh. Von hier führt eine Brücke zum Neuen Markt mit der Bibliothek und der Kunsthalle. Wer sich einen Überblick verschaffen will, steigt auf den **Kungsberget.** Unter den zahlreichen weiteren Bergen des Umlandes besitzt der Åfjäll sogar einen Aussichtsturm.

In dem Städtchen spielt der erfolgreiche schwedische Film „Raus aus Åmål" (Fucking Åmål, Schweden/Dänemark 1998, Regie: *Lukas Moodysson*) über ein lesbisches Coming-out in der Provinz.

Geschichte

Am 1. April 1643 verlieh Königin *Kristina* dem erst im gleichen Jahr gegründeten Ort am Vänersee das Stadtrecht. In den folgenden 100 Jahren wurde die Siedlung von Norwegern geplündert und dreimal niedergebrannt. Danach standen nur Steinhäuser mit großem Abstand im Ort. 100 Jahre später wurde die Stadt durch Gold- und Silberschmiede berühmt. Mit der Eisenbahn begann die Industrialisierung im 18. Jh. 1901 wütete der letzte große **Brand** in der Innenstadt, deshalb ist die **Bebauung neueren Datums,** bis auf das Stadtviertel Plantaget am Ostufer des Flüsschens Åmålsån, dessen Holzhäuser noch aus dem 18. Jh. datieren.

Heute ist Åmål eine Industriestadt mit vorwiegend Maschinen- und Autozulieferern. Auch die Eisenbahnwerkstätten, mit denen die Industrialisierung begann, gibt es noch. Trotzdem: 2005 gewann die Stadt einen Preis als eine der lebenswertesten Kleinstädte der Welt. Es gibt übrigens keine Ampeln hier.

Sehenswert

Entspannend ist ein Bummel an Åmåls pittoreskem Kleinboothafen.

Ödekyrka

Dieser steinerne Bau am Södre hamnplan ersetzte 1666 die alte Holzkirche. Anfang des 19. Jh. diente er als Lagerhaus und wurde erst 1968 renoviert.

Plantaget

Der **Marktplatz** am Ostufer des Flüsschens Åmålsån ist von **alten Häusern** umgeben, die zum Teil noch aus dem 18. Jh. stammen und als Kulturdenkmäler geschützt sind. Der Vågmestaregården war Sitz des Wiegemeisters, der meist auch der Bürgermeister war. Auf dem Plantaget hat man einen kleinen Park angelegt.

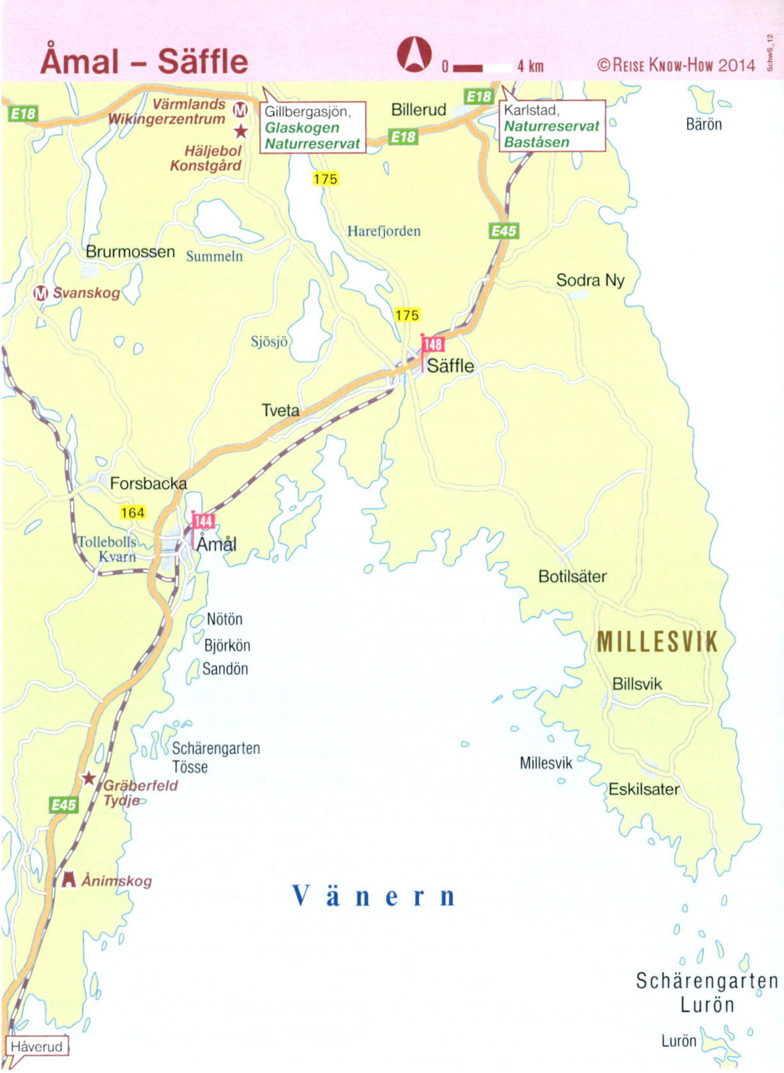

Freilichtmuseum Örnäspark

Mitten im Örnäspark sind eine Hammer- und eine Silberschmiede zu sehen, der Hof Snarhögsgården von 1805 und ein Haus der ärmeren Leute. Thorstenssons Mekaniska Verkstad vom Anfang des 20. Jh. gibt einen Einblick in Arbeit und Leben der Handwerker der damaligen Zeit; Strömbergsgatan, Tel. 158 20. Kinder können sich im **Tierpark** Kaninchen, Pferde, Ziegen und Schafe anschauen. Tel. 170 98, geöffnet bei schönem Wetter 9–18 Uhr, zwischen alter und neuer Örnäsgatan.

Järnvägs Museet

Das **Eisenbahnmuseum** der JÅÅJ liegt im Bahnhof Östra. Außer Material der schwedischen Staatsbahn zeigt es Züge verschiedener kleinerer Gesellschaften. Im Sommer fahren Dampfzüge nordwärts nach Årjäng. Östra bangatan, Tel. 15 428, täglich geöffnet 8–16 Uhr, 20 SEK, siehe auch Ausflug von Svanskog.

Tollebols Kvarn

Die **Wassermühle** aus dem Jahr 1870 ist in Betrieb, sie liegt idyllisch an kleinen Stromschnellen im Fluss Åmålsån, etwa 2 km westlich des Stadtzentrums, an der Straße 164 nach Bengtsfors. Info über Åmåls Turistbyrå. **Tollebols Kvarncafé** bietet Zimtschnecken und andere Kleinigkeiten.

Praktische Infos

Unterkunft

■ **Stadshotell**④, Kungsgatan 9, Tel. 616 10, www.amalsstadshotell.se. 43 Zimmer, das größte Haus am Platz, ein herrschaftliches Gebäude mit Blick zum Wasser.

■ **Motell Dalhall**③, Tel. 166 90, www.dalhall.se. Halb Stein-, halb Holzbau, an der Kreuzung Strömstadsvägen/E 45, 46 Zimmer.

■ **STF Wandrarhem**③, Gerdinsgatan 7, am Yachthafen, Tel. 102 05, www.svenskaturistforeningen.se, 48 Zimmer, 1.6. bis 31.8.

■ **Nygård Herrgård**②, Strömsbergsgatan 23, Tel. 135 22, www.nygards-herrgard.se. Ein hübscher rosafarbener Herrenhof aus dem 19. Jh. in einem riesigen Park.

■ **Värdshuset Edslan**②, Vaeg 164, Edelskog, Tel. 510 55, 10 Zimmer für Wanderer.

■ **Villa Örnäs**②, Örnäsgatan 28, Tel. 129 45, www.villaornas.se. 20 Zimmer, zentrale und schöne Lage in der Nähe des Vänernsees.

■ **Rolfskärrs Stugby**②, Tydje 31, Rolfskärr, 66298 Nygård, Tel. 210 55, www.rolfskarr.com. 18 einfache Zimmer, privater Sandstrand.

Camping

■ **Örnäs Camping,** am Vänern, Gamla Örnäsgatan, Tel. 170 97, www.ornasfiske.se. 116 Plätze, ganzjährig, viele Sportfischer.

■ **Furusjöns Camping,** Ånimskog, 20 km südlich von Åmål an der E 45, Tel. 252 10, www.furusjons-camping.se. Eigentlich nur eine große Wiese.

Essen und Trinken

■ Viele Cafés sind nur im Sommer geöffnet: **Café Marinan,** Hamngatan 1, bei der Turistinfo, **Café Rio,** Kungsgatan 14, oder **Café XO,** Södra Ågatan 11, und **Café Trädgården,** Strandgatan 1.

■ **Pizzerien** gibt es im Vänersborgsvägen 3, in der Kungsgatan 4 und 7, in der Västra Långgatan 2 und in der Torggatan 20.

■ **Restaurants** sind z.B. **Hörnan,** Kungsgatan 17, **Las Vegas,** Kungsgatan 11, **May-Run,** Kungsgatan 6, **Salladsboden,** Södra Ågatan 4, **Ullas Restaurang,** Magnetgatan 1, **Imbiss Grillköket,** Torget, **Iryats,** Västra Långgatan 2, und **Kontoret,** Kungsgatan 5.

An- und Weiterreise

■ **Auto:** Åmål liegt an der E 45 170 km nördlich von Göteborg und südwestlich von Karlstad. Die Straße 164 führt zur Küste bei Strömstad (125 km).

■ **Bahn:** Åmål liegt an der Bahnstrecke nach Göteborg und Stockholm.
■ **Bus:** Die Buslinien Värmlandstrafik, Swebus Express, Västtrafik und Åmåls Rundan verbinden die Orte der Umgebung.
■ **Flug:** Der nächste Flugplatz ist in Karlstad. Es gibt einen Flughafenbus zum Bahnhof von Åmål.

Sonstiges

■ Eines der besten **Bluesfestivals** Skandinaviens findet jedes Jahr in Åmål statt.
■ **Draisinenfahrt:** In der Zeit von Juni bis August kann man in **Forsbacka baden,** 7 km westlich von Åmål, an der Straße 164 nach Bengtsfors, am See Nedere Kalven, Draisinen mieten: **Daltrail,** geöffnet 9–17 Uhr, Tel. 431 15, www.daltrail.se. Eine Tour über 28 km hin und zurück mit Pausen dauert etwa 4 Stunden. Im See Ömmeln kann man baden, dort gibt es auch einen Picknickplatz, 270 SEK.
■ **Kunsthandwerk:** Åmåls Slöjdare & Konsthantverkare, Nya Långgatan 12.
■ **Angelkarten** sind in der Touristeninformation erhältlich.
■ **Baden** kann man **im Örnäsbadet** am Örnäs-Campingplatz oder in **Forsbacka baden** 7 km westlich von Åmål an der Straße 164 nach Bengtsfors im See Nedere Kalven; **Getebolsviken,** Tveta, ist ein herrlicher Badeplatz mit kinderfreundlichem flachen Wasser; **Klöverudsbadet,** Edsleskog, 18 km westlich von Åmål, Straße 164.

Ausflüge

Svanskog

Etwa 25 km von Säffle entfernt, wartet im Ort eine **Kaktussammlung** mit ca. 600 Arten auf Besucher, es gibt auch einen Verkauf. Der **Bahnhof** in Svanskog, www.jaaj.tk, ist ein Landbahnhof aus den 1930er Jahren. Hier hält der Dampfzug der Strecke Åmål – Årjäng der Järnvägssällskapet Svanskogsbanan. In der Smedjegatan 1E liegt ein kleines Café. Ein **Museum** im Bahnhof zeigt Gegenstände aus der Zeit des Wirtschaftswunder der 1950er Jahre mit dem Schwerpunkt Musik. Täglich 10–14 Uhr, Tel. 0532-305 50, 20 SEK, www.gunneleklund.se.

Svanskog-Heimatmuseum, Tel. 300 18: In dem alten Hof mit Vorratshaus, einem Dorfladen, einer Schusterwerkstatt und einer Schmiede werden Dokumente über die Gegend aufbewahrt. Außerdem hat man einen Festplatz errichtet.

Unterkunft

■ **Villa Svansjön B&B**②, Tel. 305 62. Die Villa liegt sehr schön direkt am See Mellan-Svan und verfügt über drei DZ.
■ **Kilsborgs Gård**②, Tel. 306 66, www.kilsborg.se. Haus mit Bed & Breakfast und Hüttenvermietung.
■ **Svanskog Värdhus**②**,** Tel. 305 81, Järnbruksgatan 23. Restaurant und Café mitten im Ort.

Feuchtgebiet Brurmossen

Das Areal auf einem flachen Hochplateau zwischen Värmland und Västra Götaland besteht aus Sumpfwäldern und liegt 7 km nördlich der Kirche in **Mo,** im nördlichen Teil der Kommune. Die Straße 2257 von Åmål nach Svanskog Richtung Vassbotten nehmen.

Nach Norden über die gut ausgebaute E 45 und durch viele Wälder kommt man nach 15 km direkt nach Säffle.

Säffle

- **Einwohner:** 9000
- **Vorwahl:** 0533
- **Information: Turistbyrå,** Brovillan, Tel. 68 10 10.

Geschichte

Die Stadt Säffle gibt es erst seit 1951, sie ist also keine geschichtsträchtige Stadt. Allerdings gab es schon lange eine Siedlung hier, die Gegend ist von Wasser, Land- und Forstwirtschaft geprägt. So entstanden Holz-, Papier- und Bootsmotorenfabriken. Im 19. Jh. war es nicht ungewöhnlich, dass die großen Gutshöfe auf Värmlandsnäs ihre eigenen Frachtschiffe besaßen, deshalb gab es sowohl Schiffsbauer als auch Verladehäfen in den geschützten Buchten, besonders nachdem man 1837 den **Byälven** ausgebaggert hatte. In Säffle befindet sich die einzige Schleuse des 80 km langen Wasserweges, der nach Arvika führt.

[>] Der Wasserturm von Säffle

Sehenswert

Marinmotormuseum

Sandviken 6, Tel. 127 80, www.marinmotormuseum.se: Für Technikfreaks eine umfangreiche Sammlung von Säffle-Motoren im alten Wasserwerk 3 km nördlich an der Südspitze des Harefjordensees. Führung auf Vereinbarung.

Heimatmuseum

Älvstigen 5, Tel. 171 34, www.safflehembygd.nu: Sammlungen mit vorgeschichtlichen Funden, Möbeln, Werkzeugen etc. 17.6. bis 16.8., Eintritt frei.

Wasserturm

Der aus Ziegeln erbaute Wasserkopf von 1914 ist 45 m hoch und schön anzuschauen. Er erinnert an einen romantischen Schlossturm mit einem Kochtopf darauf. Am Turm liegt angeblich der **Grabhügel Olof Trätäljas,** Wikingerkönig um 600 v. Chr. Im Kungsparken, Parkplatz an der Skolegatan.

Praktische Infos

Unterkunft

- **Comfort Hotel Royal**⑤, Tel. 126 60, www.nordicchoicehotels.se2. 100 Zimmer, Restaurant, Schwimmbad, Sauna, englischer Pub mit 100 Whiskysorten. Auf der rechten Flussseite.
- **Knusesunds Herrgård**④, Näsvägen 23, Tel. 123 45, www.knusesundherrgard.se. 1,5 km von der E 45 Richtung Zentrum und Ekenäs. Eine Auf-

sd13-034 fph

fahrt wie bei einem Tudorschloss, ab und zu „stören" Rehe und Fasane die Idylle im Garten, renommierte Küche.

- **Villa Billerud B&B**④, Tel. 330 24. Großes Steinhaus in weitläufigem Garten, nördlich am rechten Ufer, an einer Biegung des Flusses, eigener Steg, auch Selbstverpflegung.
- **B&B Viking**③, Olof Trätälja gatan 31, Tel. 148 47, www.bnbviking.se. Zentral beim Wasserturm und in ruhiger Lage. Zum Kaffee im Garten den Spechten lauschen.

Camping

- **Duse Udde Camping,** Tel. 420 00, www.duseudde.se. Mit Restaurant, Hütten, Badeplatz, Kanu-, Boots- und Fahrradverleih, Minigolf, Lebensmittelladen und Gästehafen. Ca. 6 km von Säffle auf der rechten Flussseite nach Süden, an der Mündung des Byälven.

Essen und Trinken

- Für den **schnellen Imbiss** gibt es **Bakfickan,** Sundsgatan 20, **Centralgrillen,** Kanaltorget, **Hejdi Restaurant & Pizzeria,** Västra Storgatan 15, **Grön Ko,** Värmlandsbro.
- **Pizzerias** gibt es u.a. in der Perssons Gränd 4C, Sundsgatan 23 und Billerudsgatan 2, ein **Chinese** findet sich an der Östra Storgatan 3. Oder Sie gehen ins **Landgången,** Tel. 145 11, Sundsgatan 15. Das **Westra Sjuan,** Västra Storgatan 3, Tel. 100 97, bietet auch Vegetarisches.
- **Cafés** gibt es in der Stortorget 6, Perssons Gränd, Långserud und Sundsgatan 15. **Lisas Konfektyrer** ist in der Östra Storgatan 9.

An- und Weiterreise

- **Auto:** Säffle liegt an der E 45 und der E 18.
- **Bahn:** Vom Bahnhof am rechten Flussufer geht es über den Knotenpunkt Kil nach Karlstad oder nach Åmål im Süden .
- **Boot:** Anlegen kann man am Duse-Udde-Campingplatz 6 km von Säffles Zentrum entfernt.

Sonstiges

- **Angelkarten** sind in der Touristeninformation erhältlich.
- **Torgfest:** Das Stadtfest im Juli auf dem Marktplatz in Säffle bietet Musik, Essen und Trinken. Die ganze Stadt ist auf den Beinen, die Stimmung froh und ausgelassen.
- **Baden** kann man auf **Eldans Badeplatz,** Långserud. Kinderfreundlicher Sandstrand, Steg und schwimmende Plattform weiter draußen im Wasser; **Källarbacken,** 3 km nördlich an der Westseite; **Sandbacken,** 3 km nördlich an der Ostseite.

Ausflüge

Värmlands Wikingerzentrum

Värmlands Nysäter, Byälvsvägen, Tel. 303 20, www.varmlandsvikingacenter.se: In den Häusern des Zentrums gibt es eine der größten Ausstellungen Nordeuropas zum Thema Wikinger. Es liegt in der Nähe der großen **Königshügel im Gillberga-Tal,** die Straße 175 nach Norden fahrend. 1.6. bis 31.8. täglich 11–17 Uhr.

In der Nähe der vorgeschichtlichen Grabhügel findet jeden letzten Samstag im August ein **Bauernmarkt** mit alten Marktständen aus dem 18. Jh. statt. 20.000 Besucher erfreuen sich jedes Jahr am regen Treiben auf diesem traditionsreichen Marktplatz.

Häljebol Konstgård

Tel. 311 40, www.haljebolkonstgard.se: Dieser **Künstlerhof** in Värmlands Nysäter wird von den Künstlern *Ellen Heller* und *Magnus Hedman* betrieben. Malerei, Skulptur und Grafik, kostet allerdings 40 SEK Eintritt.

Gillbergasjön

In Gillbergsdalen weitet sich der Fluss Byälven und bildet so einen **flachen See.** Der Gillabergsjön ist ein wichtiger Rast- und Überwinterungsplatz für Tausende von Vögeln. Von der Straße 175 von Säffle Richtung Värmlands Nysäter und Arvika (ca. 30 km) und an der Kirche in Gillberga abbiegen.

Hällemyren

In Kålsäter, 25 km nördlich, liegt ein besonderes värmländisches Haus, die sogenannte Erdkugel. Das **Erdhaus** ist über 100 Jahre alt, hier wohnten auf 8 m^2 Fläche bis zu zehn Personen.

Schären von Lurön

Da, wo sich die Landzungen Värmlandsnäs im Norden und Kållandsö im Süden in den Vänern hineinstrecken, liegen Hunderte kleiner Inseln, z.B. Lurön. Die Insel gab dem Schärengebiet seinen Namen. Früher lag sie an einer stark frequentierten Schiffsroute. Von der Klosterkirche ist nur ein Gedenkkreuz geblieben. Einen Besuch lohnt die **Kunstgalerie Iskällaren** am Bootsanleger, Tel. 290 35, oder **Vithall,** eine restaurierte alte Fischerhütte. Übernachten kann man im Sommer in der Luröbryggan, Buchung: Tel. 290 35, zum Essen geht man ins Stormköket. Eine ganz besondere Jugendherberge ist **Gästhärbärget Luringen**②, Tel. 290 12, www.luringen.se, mitten im Vänern: naturnah, rustikal und gemütlich, Selbstverpflegung und Bewirtung, Gästeanleger.

Schären von Millesvik

Auf der westlichen Seite liegen die Schären von Millesvik. Bärön, die größte Insel der Gegend, ist das nördliche Tor. Hier befindet sich auch die einzige Ansiedlung. Das kleine Haus „Bärötorpet" wurde vom örtlichen Kulturverein und der schwedischen Kirche restauriert; geplant ist ein kleines Besucherzentrum.

Baståsen

Das **Naturreservat** besteht aus einem mit Laubwald bewachsenen Steilhang, der sich von der Spitze des Baståsen bis hinunter an das Ufer des Sees Ärr zieht. Der Bergrücken setzt sich aus Quartzit zusammen. Die Flora hier ist empfindlich, und es ist sehr steil in diesem Gebiet; Wanderer sollten vorsichtig sein. Etwa 400 m südlich befindet sich ein kleiner Parkplatz mit Infotafel. Das Reservat liegt an der Straße, die von Vingnäsviken in nördliche Richtung nach Byn in Ånimskog führt.

Glaskogen

Das **größte Naturschutzgebiet Värmlands** erstreckt sich in der hügeligen und seenreichen Landschaft zwischen Arvika, Årjäng und Säffle. Etwa 28.000 Hektar groß, wird ein Fünftel der Fläche von Wasser eingenommen. Die beiden größten Seen heißen Stora Gla und Övre Gla. Zur Verfügung stehen ca. 300 km Wanderwege mit Schutzdächern, Lagerplätzen, Toiletten und Informationstafeln. Anfahrt ab Säffle auf der Straße 175 in nördlicher Richtung bis zur E 18, dann Richtung Årjäng, von wo das Reservat ausgeschildert ist.

Von Säffle nach Karlstad

Auf der E 45 weiter um den See fährt man durch mehr oder weniger sanfte Hügel, die oft von Wald bestanden sind. Bei **Billerud** gibt es ein Autobahnkreuz: Von Westen kommt die Europastraße 18 aus Oslo/Norwegen; zusammen mit der E 45 geht es dann in Richtung Stockholm. Der Vänersee ist nicht zu sehen, erst bei **Grums** kann man einen kurzen Blick auf ihn erhaschen – und auf das große Holzhäckselwerk. An der Q8-Tankstelle links steht das Rasta Gums, Nyängsgatan 1, Tel. 0555-130 60, das auch Zimmer vermietet. 20 km weiter ist auch schon Karlstad erreicht, das sich im Mündungsdelta des Klarälv ausbreitet.

Karlstad

- **Einwohner:** 63.000
- **Vorwahl:** 0510
- **Information: Turistbyrå,** Bibliotekshuset, Västra Torggatan 26, das ist kurz vor der Tingvallabron über Klarälven, Tel. 540 24 70, im Sommer 10–18 Uhr, So 10–16 Uhr.

In der **Hauptstadt Värmlands** mündet der Klarälv nach 500 Kilometern in den Vänern. Er entspringt in Norwegen. Karlstad hat einen der größten Binnenhäfen Schwedens, in dem Öl, Holz und Papier umgeschlagen werden.

Geschichte

Die Stadt ist aus dem mittelalterlichen Tingvalla hervorgegangen. **König Karl IX.** vergab das Stadtprivileg 1584, darauf wurde der Ort in Karlstad umbenannt. 1963 fand hier der erste öffentliche Auftritt der **Beatles** außerhalb Englands statt, und zwar in der Aula der Sundsta-Schule. Berühmteste Tochter der Stadt ist *Sarah Stina Hedberg;* sie wurde auf Tingvalla geboren, wo eine Tafel an die Schauspielerin erinnert, die unter ihrem Künstlernamen **Zarah Leander** weltberühmt wurde. Da Karlstad ziemlich mittig zwischen Oslo und Stockholm liegt, wird es gerne bei norwegisch-schwedischen Tagungen besucht, dann muss man ein (preiswertes) Hotelzimmer vorbestellen.

▷ Auf dem Stortorget steht das Auflösungsmonument

Sehenswert

Dom

Das Gotteshaus wurde 1730 gebaut und überstand 1865 den Großbrand unbeschadet. Gegenüber liegt das **Adolpho Fridricianum,** in dem heute ein Schulmuseum untergebracht ist.

Stortorget

Der **riesige Platz,** einst angelegt, um Feuersbrünste an der Ausbreitung zu hindern, erstreckt sich zwischen Kungs- und Tingvallagatan.

Residenzplatz

Früher der Hafen, wurde hier das Eisenerz vor der Verschiffung gewogen und Zoll kassiert. Die namensgebende Residenz für den Gouverneur wurde erst 1871 erbaut. Heute steht gegenüber das **Denkmal für König Karl IX.** An der Sandbäcksbrücke, Ecke Järnvägsgatan.

Östrabron

Auf zwölf Granitbögen überspannt sie den Klarälv seit 1770 und ist mit 168 m die **längste Steinbrücke des Landes.** Sie verbindet die Stadtteile Norrstrand und

sd13-037 fph

sd13-035 fph

Haga und sollte stabiler sein als die vormaligen Brücken, die bei Hochwasser weggeschwemmt wurden. Am südlichen Ufer zwischen Gerbereien lag die Zollstation. Anfang des 20. Jh. wurden die Bögen mit Beton verstärkt und eine elektrische Beleuchtung angebracht.

Almen

So heißt das **Stadtviertel,** das den verheerenden Brand 1865 überstand, hier sieht man noch die ursprüngliche Holzhausbebauung. Östlich des Kanals liegt das Viertel Haga, wo viele Kleinbetriebe ansässig waren. Der **Centralpalatset** am Hagatorget war das erste Steinhaus des Ortes; es wurde erst im 20. Jh. gemauert.

> ^ Bild oben: der Cyrillus-Tempel, rechts: die Figur der „Sola"

Sandgrundsudden

Die **Halbinsel** teilt den Klarälv. Auf ihr ist ein Park angelegt, in dem das **Värmland-Museum** mit der Sandgrund Lars Lerin Art Gallery steht. Dazu gehört der **Cyrillus-Tempel,** entworfen von *Cyril Johansson,* der in den 1920er Jahren Häuser mit Ziegelsteinen und rotem Holz baute. Der Tempel weist zwar nur unechte Ziegelsteine auf, dafür aber einen chinesisch anmutenden Innenhof. Das Haupthaus war früher ein Tanzsaal.

Im Kontrast dazu steht der **Neubau von Carl Nyrén,** ein moderner Pavillon aus rotem Holz mit sieben gebogenen Wänden, in dem die Entwicklung Värmlands gezeigt wird. Im 17. Jh. wanderten viele Finnen ein und ließen sich hier nieder. An der Fassade sind Tafeln mit Sprüchen berühmter Landsleute angebracht. Västra Torggatan 26, Tel. 540 24 70, Mo bis Do 8–18 Uhr, Fr bis 17 Uhr.

Pråmkanalen

Über den **Ausgleichskanal** erreichten die Schleppkähne früher den Hafen am See besser als über den Fluss. Der Kanal lag höher als der Vänern, deswegen brauchte man **Schleusen.** Die Schleuse Cakmanas sluss musste allerdings vorsichtig bedient werden, da der Kanal bei jedem Schleusenvorgang Wasser verlor. Führte er nicht genug Wasser, wurde nicht geschleust. Dieses Problem lösten übrigens die deutschen Ingenieure beim Mittellandkanal 200 Jahre später, indem sie das Wasser in unterirdischen Kammern auffingen und beim Hochschleusen wieder in das Becken zurückpumpten. Wegen der geringen Wassertiefe fuhren nur spezielle Kähne mit wenig Tiefgang, kleinere Boote zog man von Land aus mit Seilen. Entlang des Kanals wurden später Grünanlagen angelegt, die sich Anfang des 20. Jh. großer Beliebtheit bei Erholungssuchenden erfreuten. Die **Bucht Tygårdsviken** liegt südwestlich des Pråmkanalen und diente hauptsächlich dem Militär als Lager.

Denkmäler

Zu nennen ist die Bronzebüste von **Zarah Leander** im Opernhaus, wo sie ihre Karriere begann, des Weiteren die von **Selma Lagerlöf:** Die Literaturnobelpreisträgerin sitzt im Stadtpark. Ein besonderes Denkmal ist die Bronzefigur von **Eva-Lisa Holtz,** genannt „Sola“, vor dem Stadshotellet, wo sie im 18. Jh. als Kellnerin arbeitete. Sie hatte immer derart gute Laune, dass die Gäste sie „Sonne“ (Sola) tauften. Dann ist da noch die Statue des **Fabrikanten Andersson** auf dem Hagatorget, der die Mekaniska Verkstad, den ersten Industriebetrieb, gründete. Das **Freiheitsmonument** von *Ivor Johnsson* auf dem Stortorget erinnert an die friedliche Auflösung der Schwedisch-Norwegischen Union 1905.

Praktische Infos

Unterkunft

■ **Elite Stadshotellet**⑤, Kungsgatan 22, Tel. 29 30 00, www.elite.se/sv/karlstad. Die erste Adresse am Ort, der gewaltige Stadtpalast überblickt den Fluss.

sd13-036 fph

■ **Drott Hotellet**③, Järnvägsgatan 1, Tel. 11 56 35, www.drotthotel.se. Eine gute Wahl im Zentrum, dem Bahnhof gegenüber, 85 Zimmer.

■ **Freden Hotellet**②, Fredsgatan 1a, Tel. 11 65 82, www.fredenhotel.com. Preiswerte Unterkunft im berühmten Freimaurerhaus am Bahnhof.

Camping

■ **Swecamp Bomstadbaden,** Tel. 350 68, www.bomstadbaden.se. Ein Campingplatz im lichten Wald mit Blick auf den Vänersee. Alles, was man braucht, ist vorhanden, zur Innenstadt sind es 9 km, vorher kommt man noch an einem Rieseneinkaufszentrum vorbei (E 18 Richtung Westen auf einer Halbinsel).

■ **Skutberget Camping,** Skutberget 653, Tel. 351 39, www.firstcamp.se. 7 km westlich, mit Badestrand und Bushaltestelle. Mitte Mai bis Ende Sept.

Essen und Trinken

■ **3 Kök Restaurang,** Inre hamn Barkassen, Tel. 15 00 20. Serviert wird authentische schwedische Küche an der Gustaf Lovéns gata 9.

■ **Bibliotekskaféet,** Västra Torggatan 26, werktags 9–17 Uhr geöffnet.

■ **Båten,** Älvgatan 4, an der Sandbäcksgatan-Brücke, Tel. 10 11 63. In dem Bootsrestaurant gibt es die Gerichte in verschiedenen Größen, je nach Hunger, ab 17 Uhr.

■ **Blå Bar och Restaurang,** À-la-carte-Restaurant und Weinbar am Stortorget, Tel. 10 18 15, 9–18 Uhr.

■ **Restaurang Freden,** im Freimaurerhaus, Tingvallagatan 15, 9–18 Uhr, schwedische und norwegische Küche. Hier wurde 1905 die Union zwischen Schweden und Norwegen friedlich aufgelöst.

An- und Weiterreise

■ **Auto:** Innerhalb Karlstads sind die Reichswege 61 und 62 vierspurig ausgebaut.

■ **Flug:** Der Flughafen KSD wurde 1944 eröffnet und zog 1997 an seinen jetzigen Standort, etwa 2,5 km nordwestlich von Karlstad, Tel. 540 77 00. Es bestehen Verbindungen nach Oslo, Stockholm und Borlänge. Im Reisebüro kann man einen Transfer mit Värmlandstrafik buchen.

■ **Bahn:** Von der schicken alten Centralstation in der Hamngatan 19 fährt SJ nach Stockholm, Göteborg und Oslo. Regionalzüge von Värmlandstrafik auf den Strecken Arvika – Charlottenberg – Oslo, Säffle – Åmål, Sunne – Torsby und nach Kristinehamn.

■ **Bus:** Die meisten Busse fahren am Stortorget ab. In der City fahren die orangefarbenen Wagen von Karlstadsbuss. **Resekort** ist eine Chipkarte, mit der man im Bus ein digitales Ticket bucht. Ein klassisches Busticket ist deutlich teuer und nur noch beim Fahrer und an einigen Automaten zu bekommen. Die gelb-grünen Värmlandstrafik-Busse fahren in die Gemeinden und Swebus Express nach Oslo, Göteborg und Stockholm.

■ **Boot:** Im Sommer fahren Wasserbusse am innerstädtischen Kanal, den Klarälven und nach Hammarö. Sie können mit dem Busticket benutzt werden. Vänertrafik bietet Rundtouren vom Inre Hamn auf dem Vänern an.

Sonstiges

■ Das **Bomstabaden** gibt es schon seit 1927 mit einem feinen Sandstrand am Vänersee.

■ **Mariebergskogen** ist ein Vergnügungspark südwestlich des Zentrums.

■ **Värmlandsoperan:** Opernbühne am Tingvallastaden, Tel. 21 03 90, www.wermlandopera.com. Das Haus geht auf die Initiative des Militärarztes *Carl-Axel Haak* zurück. 1891 baute der berühmte Theaterarchitekt *Axel Anderberg* das Gebäude, in dem dann reisende Ensembles auftraten. 1913 gab es elektrisches Licht, von 1917 bis 1975 war die Oper ein Kino, danach wurde sie wieder in eine Musikbühne verwandelt.

■ **Hantverksbutiken:** Västra Torggatan 16. Kunsthandwerk, Keramik, Schmuck, handgewebte Textilien, Stickereien, Zinn.

■ **Bergviksladan:** Antiquitäten, Design- und Flohmarkt an der E 18 bei Bergvik, Ausfahrt Skutbergsmotet/Bomstad Karlstad. Mo bis Fr 12–18 Uhr, Sa/So 10–20 Uhr.

Ausflüge

Ausflug in die Schären

Die Schiffe „Sola“ und „Vänersol“ fahren im Sommer zu Tagesausflügen durch die Küstengewässer.

Hammarön

Die etwa 50 m^2 große **Halbinsel** im Vänern bietet außer guten Bademöglichkeiten auch einige kulturhistorische Sehenswürdigkeiten. Die Kirche der 12.000 Einwohner zählenden Gemeinde stammt aus dem 13. Jh. Im 15. Jh. wurden Kalkmalereien hinzugefügt. Die Südspitze ist ein **Vogelschutzgebiet,** in dessen Mitte seit 1872 der Leuchtturm steht. Bei **Skoghall** kann man eine Gletschermühle ansehen, den St.-Olavs-Kessel. Schmelzwasser hat Steine rotieren lassen, die sich in den steinigen Untergrund hineinschliffen. Bei **Gunnarskär** gibt es eine ringförmige Steinsetzung aus der Eisenzeit, die Domarringar, und bei **Hovlanda** steht ein Runenstein.

Mårbacka

Der Ort liegt etwa 35 km auf der E 45 nordwärts in Richtung Sunne. Hier wurde 1858 **Selma Lagerlöf** geboren. Die spätere Nobelpreisträgerin beginnt früh zu lesen und zu schreiben. Ihr erstes Buch bringt ihr ein Auslandsstipendium des Königs ein. 1906 erscheint „Nils Holgerssons Phantastische Reise“. Mittlerweile Lehrerin geworden, hatte sie sich geärgert, dass ihre Schulkinder die eigene Heimat nicht kannten, und beschrieb Schweden und seine Landschaften aus der Vogelperspektive, eben als *Nils* Reise auf dem Rücken der Wildgans *Martin* von Süd nach Nord. 1909 bekam sie dafür als erste Frau den Literaturnobelpreis. Mit dem Geld kaufte sie ihr elterliches Land zurück und lebte dort in einem neu erbauten Gutshaus bis zu ihrem Tod 1940. Ihre Bücher zeichnen sich allesamt durch eine warme Sprache aus, ihre Protagonisten sind kleine Leute, religiöse Eiferer und Kriminelle. *Nils* und Gänserich *Martin* zieren übrigens die Rückseite des 20-Kronen-Scheins – den gibt es angeblich 80 Millionen Mal.

Frykdalbanan

Die **Fahrt mit dem alten Zug** führt vom Bahnhof Kil 80 km nach Norden durch herrliche Landschaften über Sunne, wo Tetrapak ansässig ist, nach Torsby.

Torsby

Hier an der **Mündung des Klarälv** kann man das Flößen lernen. Früher warf man die Stämme am Oberlauf ins Wasser, in dem sie dann nach Karlstad trieben. Heute bindet man unter fachkundiger Aufsicht in Torsby sein Floß zusammen und lässt sich anschließend in Richtung Mündung treiben.

Von Karlstad nach Kristinehamn

In **Skattskär,** kurz nachdem man auf der E 18 die Stadtgrenze überschritten hat, kann man einen Stopp am Vänern einlegen. Danach geht es durch waldgesäumte Gegenden in die Hafenstadt Kristinehamn.

Kristinehamn

- **Einwohner:** 18.000
- **Vorwahl:** 0550
- **Information:** Kungsgatan 30, Mo bis Fr 9–12 und 13–16 Uhr, Sa 10–13 Uhr.

Geschichte

Das Hafen- und Marktstädtchen Bro bekam 1642 mit der Umbenennung die Stadtrechte. Im Hafen standen das Waagehaus und viele Lagerhallen. Man exportierte Eisen aus Bergslagen und Holz. 1633 wurde ein 2,5 km langer **Zaun um den Ort** gebaut und bei den Schlagbäumen an den Enden der Kungsgatan Zoll kassiert. Die Pfähle entlang der Staketgatorna standen noch bis 1859, dann brauchte man Holz für die neue Kirche. Kristinehamn wurde zum Zentrum der värmländischen **Eisenverarbeitung,** auf dem Fasting-Markt wurde jedes Jahr der Weltmarktpreis für Eisen festgelegt. Heute gibt es wieder einen Fasting-Markt Ende Mai, der ist aber eine reine Kirmes.

Die Stadt wurde von fünf großen Feuersbrünsten heimgesucht. 1893 baute man dreistöckige Steinhäuser entlang der Kungsgatan.

Sehenswert

Picasso und Kristinehamn

Im Ort stehen mehrere **Skulpturen** *Pablo Picassos.* Die bekannteste ist 15 m hoch und erhebt sich auf der Halbinsel Strandudden, am Ende des Vålösundvägen am Fyrvägen. Die ersten Skizzen dafür zeichnete *Picasso* in den 1950er Jahren. Die Skulptur sollte eigentlich in Larvik in Norwegen stehen, denn von dort kam *Carl Nesjar,* der 15 Jahre mit *Picasso* zusammengearbeitet hatte. Aber, wie so oft bei „moderner" Kunst, die dortigen Stadtväter lehnten dankend ab. Ein Freund von *Nesjar,* der Schwede *Bengt Olson,* ein Schüler von *Fernand Léger,* schlug dann seine Heimatgemeinde für die heimatlose Skulptur vor. Die Stadtväter von Kristinehamn waren begeistert und finanzierten den Aufbau. Da steht sie nun, seit 1965 und zieht Besucher aus ganz Europa an.

> Picasso-Skulptur auf Strandudden

Kunstmuseum Kristinehamn

Dr. Enwalls väg 13 b, Marieberg, Tel. 882 00, Mo 12–16 Uhr, Di bis Do 12–18 Uhr, Fr bis So 12–16 Uhr, 70 SEK: Werke zeitgenössischer Künstler.

Ölme Diversehandel und Café

Brandkårsvägen 11: Beim Betreten des Ladens wird man um 100 Jahre zurückversetzt. Zu sehen ist unter anderem die **Sparbüchse Lusasken,** die früher als Armenfürsorge in der Stadt diente. Sie war für die Seemänner und deren Witwen bestimmt. Am Luciatag wurde die Büchse geleert.

Boeier

Die Werft in Kristinehamn war berühmt für ihre Küstenschiffe, die Boeier. Der **Flachwassersegler** kam eigentlich im 15. Jh. aus Holland, hat also nichts mit dem Ort an sich zu tun, sondern bezieht sich auf die Art, wie die hölzernen Planken gebogen wurden. Es waren Plattbodenschiffe mit waagerechten Vordersteven und senkrechtem Heck. Obwohl schon die Wikinger Klinkerbeplankung für ihre Boote wählten (die Rumpfplanken sind dachziegelartig übereinander befestigt), sind viele Boeier mit der glatten Kraweelbeplankung versehen. Der Mast mit Baum und Fock ist als Yacht geriggt, es gab oft auch Seitenschwerter. Die Schiffe transportierten z.B. Eisenerz und waren dreimal so lang wie breit. Seit 2005 kreuzt der Nachbau „Christine af Bro“ auf dem Vänern.

Praktische Infos

Unterkunft

■ **Stadshotellet**④, Kungsgatan 27, Tel. 150 30, www.stadshotelletkristinehamn.se. Hotel in einem eindrucksvollen, 150 Jahre alten Haus, das über 40 Zimmer verfügt.

sd13-039 fph

Park Hotell③, Floragatan 2, Tel. 896 90, www.parkhotell-kristinehamn.nu. Das Haus liegt tatsächlich im Park, 100 m vom Bahnhof entfernt, und hat 19 Zimmer.

Hotell Fröding③, Kungsgatan 44, Tel. 101 30, www.hotellfroding.com. 28 Zimmer in einem Stadthaus in der Einkaufsstraße.

Hotel Marieberg③, Mariebergsvägen, Tel. 173 40, www.hotellmarieberg.se. In einer ruhigen Gegend etwa 2 km vom Zentrum gelegen, in der Nähe der See und Wälder.

Mariebergs vandrarhem②, Axel Kumliensv. 5, Tel. 146 60, www.hotellmarieberg.se. In einem zweistöckigen Ziegelreihenhaus in einer ruhigen Straße.

Camping

Kristinehamn Herrgårdscamping & Stugor, Presterudsallén 2, Tel. 102 80, www.herrgårdsliv.se. Südlich des Ortes, um das alte Herrenhaus Presterud, am Vänersee und dem Wanderweg Richtung Picasso-Statue, Hütten, Terrassencafé und Bootsverleih.

Essen und Trinken

Restaurang Mastmagasinet, Södra Hamngatan 5, Tel. 803 40. Großer Freizeit-Pub in einem Hafenspeicher mit maritimem Ambiente.

Töpferei „Hemjords", Gamla Kyrkogatan 16. Teeladen und kleines Café mit 150 Sorten Kaffee aus den besten Mikroröstereien.

Kristinehamns gästhamn, Hamnvägen 9, Tel. 130 80. Einfaches Café in maritimer Atmosphäre.

Papaya kök och café, Albinvägen 2, Tel. 106 68. Lunchbuffet mit Hausmannskost und Gerichten aus dem Wok.

Nässundets station, Riksväg 26 N, Tel. 540 30. Gaststätte in ehemaligem Bahnhof, gemütliches Café.

Niklasdams Trädgård, Niklasdams Gård 2, Tel. 550 12. Gartencafé in Herrenhofambiente.

Picassouddens kiosk och café, Vålösundsvägen 161. Quiches und andere Kleinigkeiten.

Einkaufen

Antikt och diverse: Karlskogavägen 16, Mi 14–18 Uhr, Sa 11–14 Uhr. Antiquitäten und Second-Hand-Produkte.

Bro Antikt, Träslottet: Tullportsg. 11, Mo bis Fr 11–18 Uhr, Sa 10–14 Uhr. Möbel, Gemälde, Lampen, Glas, Porzellan, Nippes.

Lions loppmarknad: Norra Staketgatan, im Sommer Sa 9–12 Uhr. Traditioneller Flohmarkt.

Fyndboa Antikt & kuriosa: Bodalsvägen 5, Mo bis Fr 10–18 Uhr, Sa/So 10–14 Uhr. Riesiger Flohmarkt auf 1500 m^2. Eine Fundgrube für jeden Freund von Kuriositäten.

Röda korset mötesplats Kupan: Spelmansgatan 47, Mi/Do 12–18 Uhr, Sa 10–13 Uhr. Der Laden des Roten Kreuzes.

Sonstiges

Paddeln: Vänerkajak, Lundsholm, Strandvägen 11, Tel. 076-765 33 77, www.vanerkajak.se. Bootsverleih 9–17 Uhr: Einerkajak 300 SEK, Zweierkajak 500 SEK.

An- und Weiterreise

Auto: Die E 18 kommt von Nordwesten um den Vänern, sie geht weiter über Karlskoga, Örebro und Eskilstuna nach Södertälje. Nach Süden geht es auf unserer Route weiter über den RV 26.

Bahn: Früher startete hier die Inlandsbahn nach Norden, heute beginnt sie in Mora. Allerdings gibt es die Gleise noch, und so fährt im Sommer ein Zug von hier nach Norden.

sd13-039 fph

- **Bus:** Die lokalen gelben Busse fahren vom Resecentrum an der Stationsgatan 2 ab. Swebus und Gobybus sind für weitere Stecken zuständig.
- **Flug:** Karlstad Airport ist die nächste Möglichkeit zum Abheben. Für 65 SEK schickt Värmlandstrafik einen Wagen, Tel. 0771-32 32 00.

Ausflüge

Järnleden

Der 32 km lange, orange markierte **Wanderweg** führt auf dem alten Eisen-Transportweg von Hytte am Kanal Norsbäcken bis in den Gasthafen von Kristinehamn. Der Hof Hytte war im 16. Jh. ein Umschlagplatz für das Eisen aus den Bergbaugebieten. Der Weitertransport erfolgte bis zum Bau eines Kanals auf dem Landweg. Über den Hügel Varrvikshöjden musste das Eisen auf Pferdewagen hinauf und wieder hinab transportiert werden. Man wandert an Waldseen vorbei, über das Moor Bromossen auf einem Knüppeldamm, durch Wälder und auf alten Landstraßen. Das Hüttenwerk in Älvbron besaß eine Stabeisenschmiede und schloss 1862, das Werk in Niklasdamm verschlang eine Unmenge Holzkohle und exportierte nach Deutschland und England. Eine Fluchtburg *(fornborgen)* aus der Eisenzeit und die renovierte Kapelle von Östervik liegen ebenfalls am Weg. Infos im Tourismusbüro.

Die „Christine af Bro“ bzw. ihr Nachbau kreuzt auf dem Vänern

Bootsfahrt

Im Sommer kann man für 400 SEK auf der **„Christine af Bro"** mitfahren, die um die Inseln Tyskön, Vålön, Kalvön, Sibberön und Köjan segelt. Tickets auf dem Boot.

Schärenkreuzfahrt

Die Fahrt geht entlang des Vålösunds, vorbei an Gründerzeitvillen und der Skulptur von *Pablo Picasso.* Preis inkl. Kuchenbuffet 300 SEK, Infos über die Touristinfo.

Ausflugsboot „Stöten"

Abfahrt an der Vålösundsbryggan, Café Pärlan, Vålösundsvägen 156. Die „Stöten" fährt nach **Sandvikarna,** einem der schönsten Sandstrände der Vänerschären, Fahrradmitnahme ist möglich. Man kann z.B. nach Sibberön radeln.

Draisine auf der Otterbäcksbanan

„Radeln auf Schienen" kann man von **Konsterud** nach Norden (Degerfors) oder südwärts nach Gullspång. Am Mosstorp findet sich ein Picknick-Bereich am See, im Norden kann man Löfbergs Handelsmuseum in Håkanbol besuchen oder nur das Café (Mi bis So). Die Rückfahrt von Konsterud nach Håkanbol dauert 3–4 Stunden.

Man kann eine Draisine an drei Stellen **mieten:** Änge Brook in Degerfors, Konsterud und Gullspång. Insgesamt gibt es 60 Stück, meist für zwei Personen, wobei einer radelt. In Konsterud stehen auch drei Tandems zur Verfügung. 8 Stunden kosten 300 SEK, 1 Stunde 50 SEK. Anfahrt nach Konsterud über den RV 26 nach Süden in Richtung Mariestad, 4 km südlich von Bäckhammar links ab, 3 km auf der Straße 600 bis Konsterud; die Station ist in der Mitte des Dorfes.

Runenstein in Järsberg

Der **Järsbergsstenen** stammt aus dem 6. Jh. Für seine Inschrift gibt es verschiedene Deutungen, da die Spitze fehlt. Entdeckt wurde er 1862, als ein Bauer den Felsbrocken als Torpfosten benutzen wollte. Als man ihn aufstellte, kamen die Runen auf der Unterseite zum Vorschein, und der Bauer musste sich nach einem anderen Pfosten umsehen. Anfahrt: 7 km auf dem RV 26 nach Süden, in Järsberg hinter dem Kreisverkehr rechts zum Runenstein. GPS 59.285899, 14.135363.

› Herbstliche Stimmung am Vänersee

Von Kristinehamn nach Mariestad

Ab Kristinehamn verläuft die Route wieder nach Süden; 75 km sind es bis Mariestad. Wer zunächst ans Seeufer will: Am schnellsten ist man vom RV 26 im Ort **Ottensäcken,** der am Ufer liegt. Ein paar Kilometer weiter, in **Äskevik,** gibt es eine Badestelle, und eine kleine Straße führt am Seeufer entlang, die etwa 4 km später wieder auf die E 26 mündet. Die Straße ist schmal, Birkenwälder und einige Felder säumen den Weg. Einzige Ortschaft ist **Bäckhammar,** das von einer Papierfabrik dominiert wird.

Nach 30 km kommt man an eine schmale Stelle zwischen Väner- und **Skagernsee.** Hier verläuft die Grenze zwischen Värmlands Län und Västra Götalands Län. 8 km weiter, hinter der Brücke über den **Gullspågsälven,** liegt der gleichnamige Ort mit Steakhaus, Tankstelle und Einkaufsmöglichkeiten. Nach 6 km folgt **Otterbäcken** rechts der Straße. Es ist ein kleiner Yachthafen am Vänern mit einem unbefestigten Parkplatz davor vorhanden. Danach kommt Sjötorp mit Parkplatz und Badestrand. Und der Mündung des Götakanals.

Ausflug auf dem Götakanal

In Sjötorp mündet der Götakanal in den Vänersee. Die Schleuse zum Vänern hat acht Stufen, die bemerkenswerte Namen tragen: „der Handel“, „der Bergbau“, „die Landwirtschaft“, „die Bauern“,

sd13-041 fph

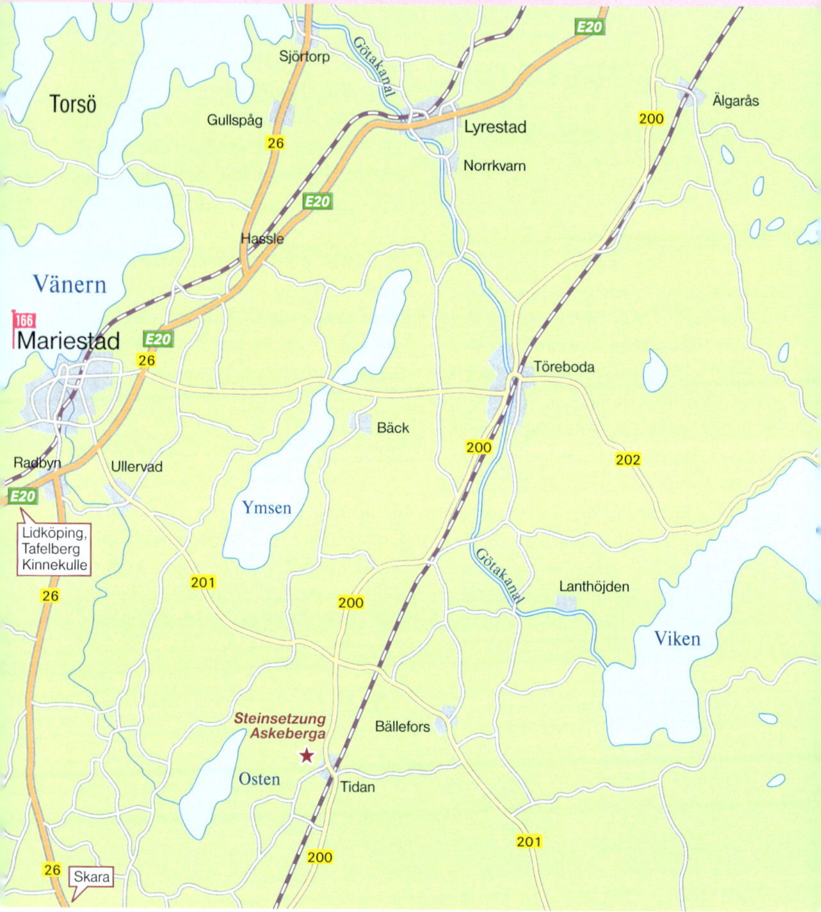

„die Bürger", „die Priester", „der Adel" und „die Staatsverfassung".

In **Norrkvarn** etwa 5 km südöstlich stellte man das meiste Baumaterial für diesen Streckenabschnitt des Götakanals her, eine Mischung aus Mörtel, Sand, Kalk und Alaunschiefer. Außerdem gibt es ein Museum, dem ein Bewohner des Ortes sein „Perpetuum mobile" hinterlassen hat.

Lanthöjden ist der Höhepunkt des Götakanals: Hier liegt der Wasserspiegel 91,5 m über dem des Meeres. Es gibt einen Obelisk als Denkmal. Nun sind der Spätnäskanal und der See **Viken** erreicht. Das Besondere hier sind die Steindämme darin. Es handelt sich um Leitmauern, auf denen die Seeleute der Kanalschiffe abgesetzt wurden, um ihre Boote an langen Seilen weiterzuziehen.

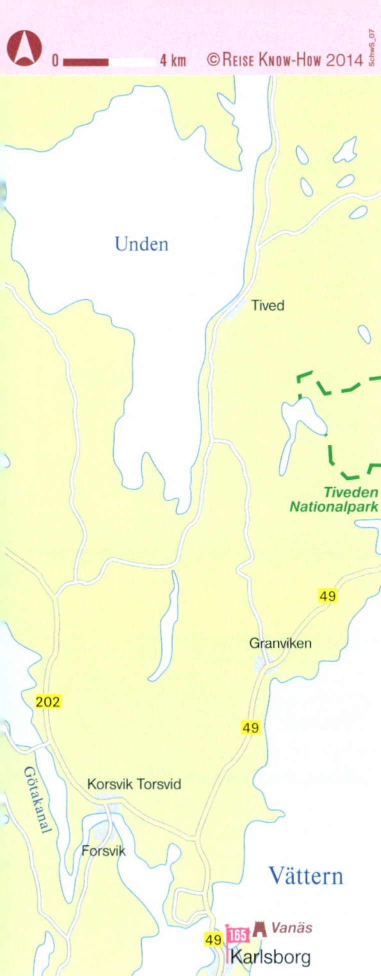

Wer den Kanal weiterfährt, kommt an **Forsvik** vorbei; hier singt die Familie *Kindbom* einen Choral und überreicht den Passagieren der Kanalboote Stiefmütterchen. Der Großvater *Henry* war sehr religiös und fing damit an. Hier gibt es die älteste Schleuse und die älteste Klappbrücke des Kanals (mit Café). Eine Bootswerft baute den **Raddampfer „Erik Nordevall“** von 1837 nach, der nun auf dem Kanal unterwegs ist. An das Original war schwer heranzukommen, da es seit 1856 auf dem Grund des Vättern ruht und nur durch Taucher zu vermessen war.

Karlsborg

Die Stadt liegt in der Provinz Västra Götaland län, **wo der Götakanal in den Vättersee mündet.** Nachdem Schweden als Ergebnis des Russisch-Schwedischen Kriegs 1808/09 Finnland und Åland an Russland verloren hatte, brauchte man ein neues Verteidigungssystem. Staatsrat *Baltazar von Platen*, der Initiator des Götakanals, bestimmte die Landzunge Vanäs für eine **Festungsanlage.** 1819 begann der Bau. Im Falle eines Krieges sollten Regierung, Königsfamilie, die Kronjuwelen und die Goldreserven des Landes über den Götakanal in die Festung gebracht werden, die dann auch als Ersatzhauptstadt fungieren sollte. Das gigantische Bauwerk hat einen Umfang von fünf Kilometern. Drei Seiten sind dem Wasser zugewandt, die Mauer zur Landseite ist 600 m lang und bis zu 3 m dick. In der Mitte der Anlage steht die Garnisonskirche. Allerdings war die Festung mit ihrer Fertigstellung auch schon wieder völlig veraltet. 1929 wurde sie aufgegeben, heute ist hier ein **Museum,** das den Bau dokumentiert.

Eine Adresse für Leute, die gut speisen wollen, ist **Idas Brygga** in der Skepparegatan 9: Von der Terrasse kann man die Boote auf dem Götakanal begutachten und sich dabei kulinarisch verwöhnen lassen.

sd13-040 fph

Insel Torsö

Auf der Weiterfahrt von Sjötorp nach Mariestad stößt man zuerst auf den Abzweig zur Insel Torsö. Sie ist ein **beliebtes Ausflugsziel** der Mariestader. Zur Insel führt eine Brücke, davor gibt es ein Gasthaus. Auf der Insel stehen kleine Badeplätze, Wander- und Radwege zur Verfügung. Die Straße endet an einer Imbissbude. Von hier geht eine kleine Fähre zur **Insel Brommö,** die in Sichtweite liegt. Man kann sich dort Fahrräder leihen und die Insel erkunden.

66 km nach Kristinehamn stößt der RV 26 zwischen den Feldern auf die E 20, die von Örebro kommt. Auf dieser ist man kurz darauf in Mariestad.

^ Mariestad –
hier halten die Züge der Kinnekullebanan

Mariestad

- **Einwohner:** 16.000
- **Vorwahl:** 0501
- **Information: Turistbyrå,** Kyrkogatan 2, Tel. 75 58 50, www.vastsverige.com/sv/mariestad, täglich 8–16.30 Uhr.

Die Stadt und die Insel Torsö sind ein beliebtes Ziel schwedischer Urlauber.

Geschichte

Anna Maria von der Pfalz, die Frau *Karls IX.*, war 1583 die Namensgeberin des Handelsortes. Das Land an der Mündung des Tidan in den Vänern war fruchtbar, man handelte mit landwirtschaftlichen Produkten. Heute ist Industrie angesiedelt, etwa der Konzern Electrolux.

Sehenswert

Der **Stadtkern** aus dem 17. Jh. an der Mündung des Tidån ist noch erhalten, obwohl der Ort mehrfach in Flammen aufging. Entlang der Västerlånggatan und der Prästgårdsgatan stehen noch viele der alten Holzhäuser.

Dom

1580 wurden Värmland und der nördliche Teil von Västergötland als Folge religiöser Konflikte aus der Diözese Skara entfernt, Mariestad wurde 1650 Bischofssitz und der Holländer *Boys* beauftragt, den Dom zu entwerfen. Er orientierte sich an der St.-Clara-Kirche in Stockholm. Der Dom liegt schräg nördlich dem Bahnhof gegenüber.

Marieholm

Auf der **Insel** im Fluss ragt das ehemalige **Schloss** des Regierungspräsidenten empor. Herzog *Karl*, später König *Karl IX.*, ließ sich auf Marieholm ein Herrenhaus bauen, das nach seinem Tod langsam verfiel. Als Gouverneur *Thord Bonde Ulfsson* Marieholm als Amtssitz zugesprochen bekam, musste er erst ein neues Hauptgebäude errichten lassen. Als Oberst *Peter Örneklou* 1683 Gouverneur wurde, verlangte er einen Neubau, den er auch bekam. 1724 blies ein Sturm *Bondes* Haus weg, 1733 gab es einen Neubau, *Örneklous* Haus wurde Küche und Wirtschaftsgebäude. 1811 wurde wieder angebaut, den Gebäudeteil nutzt heute das **Vadsbo-Museum,** Marieholmsbron 3. 1851 ließ Gouverneur *Anders Petter Sand Ströme* das Hauptgebäude aufstocken, und so blieb es bis heute. Das Museum zeigt eine Dauerausstellung zur Stadtgeschichte und Kunstausstellungen. Geöffnet 11–16 Uhr, 40 SEK.

Praktische Infos

Unterkunft

■ **Aqa Hotell**④, Viktoriagatan 15, Tel. 195 15, www.aqva.se. Kleines, familienfreundliches Hotel mit 19 Zimmern in der Innenstadt.

■ **Stadtshotellet**④, Nygatan 10, Tel. 138 00, www.stadshotelletmariestad.se. Dreistöckiges Stadthaus aus der vorletzten Jahrhundertwende, am Nyatorget in Hafennähe, 10 DZ.

■ **Hotell Vänerport**④, Hamngatan 32, Tel. 771 11, http://vanerport.se. In einem Holzhaus am Hafen, ganz schön eingerichtet, aber leider verstellt eine hässliche Lagerhalle die Sicht.

■ **Rasta Mariestad**③, Muggebo, Tel. 700 82, www.rasta.se/mariestad.htm. Das Rasthaus liegt an der E 20, 10 Min. Fahrt sind es ins Zentrum. Nebenan gibt es einen Laden.

■ **Hotell Wiktoria**③, Drottninggatan 7, Tel. 139 05, www.hotelwictoria.se. Das Haus im italienischen Villenstil hat 14 Zimmer und ist Teil des Biosphärereservates Kinnekulle.

■ **STF Mariestad**③, Hamngatan 20, Tel. 104 48, www.vandrarhemmariestad.se. Am Hafen gelegenes rotes Schwedenhäuschen mit 22 Zimmern, 300 m von der Nygatan.

Camping

■ **Eckuddens Camping,** Eckuddenvägen 50, Tel. 106 37, http://ekudden.nordiccamping.se/de. Auf der Landzunge westlich der City an einem Eichenwäldchen gelegen, neben dem Freibad mit beheiztem Becken.

Essen und Trinken

■ **Sill & Dynamit:** Hamngatan 19, Tel. 141 80, 13–22 Uhr. Erstklassige Küche im ehemaligen Tourismusbüro neben dem Hafen, der Name wurde von einem alten Gemischtwarenladen übernommen.

■ **Hamnrestaurangen:** Hier wird Hausmannskost serviert, ab 12 Uhr, am Wochenende ab 18 Uhr, mit tollem Blick.

Ausflüge

Askeberga

Die **Steinsetzung,** bestehend aus 24 gewaltigen Granitblöcken, gehört zu den größten in Schweden und liegt nordwestlich von Tidan, etwa 15 km südöstlich von Mariestad.

Kinnekulle

Der **Tafelberg** 25 km vor Lidköping in der Gemeinde Götene ist 306 m hoch und mit Mischwäldern und Ackerland bedeckt. Ein Teil ist Naturreservat. Es gibt einen **Aussichtsturm,** der durch seine vier zusätzlichen Stützen auffällt, als hätte man Angst, dass ihn ein Herbststurm umbläst. Von oben blickt man man über den Vänern nach Läckö, Lidköping und Mariestad. Aus dem Berg wurden früher Kalksteine und Alaunschiefer gebrochen. Um den Berg verläuft ein ungefähr 40 km langer Wanderweg **(Kinnekulleleden),** der durch die schönsten Naturschutzgebiete und an sehenswerten Kulturdenkmälern vorbeiführt. Am Kinnekulle stehen die meisten schwedischen **Liljestenar.** Bedeutung und Herkunft dieser Liliensteine sind noch nicht ganz geklärt, es gibt ähnliche Sandsteinplatten mit Lilienornamenten in Bohuslän, Dalsland, Uppland, Värmland und auf der Insel Gotland. Man vermutet, dass es sich dabei um frühchristliche Symbole byzantinischen Ursprungs handelt.

Camping

■ **Kinnekulle Camping,** am Hällekis, von der Straße 44 abbiegen über den Berg am Turm vorbei, Tel. 54 41 02, www.kinnekullecamping.se. Der Platz liegt am Wasser, auf der Mole steht ein kleiner Leuchtturm. Geöffnet April bis Sept.

An- und Weiterreise

■ **Auto:** Die E 20 führt von Göteborg nach Örebro. Kostenlos **parken** am Hamnplan und Bantorget.

■ **Bahn:** Von dem hübschen Bahnhof fahren die Züge der Kinnekullebanan den See entlang nach Kristinehamn, Karlstad und Lidköping.

■ **Bus:** Der Busterminal ist am Bahnhof, Västtrafik bedient die Gemeinden, es gibt eine Schnellbusverbindung nach Udevalla und Örebro, Lidköping und Torreboda.

■ **Flug:** Der nächste Flugplatz ist 50 km entfernt, Lidköping-Hovby LDK.

Von Mariestad nach Lidköping

Die Straße 44 führt nun mitten durch die Felsenlandschaft des Halle- und Hunnebergs, vorbei am oben beschriebenen Naturschutzgebiet Kinnekulle. Danach wird es wieder eintöniger, und nach endlosen Feldern ist die nächste Stadt erreicht.

Lidköping

- **Einwohner:** 26.000
- **Vorwahl:** 0510
- **Information: Turistbyrå Nya stadens Torg** im alten Rådhuset, Tel. 200 20, Mo bis Fr 10–19 Uhr, Sa 10–18 Uhr, So 12–18 Uhr.

Mitten durch den Ort fließt der Lidan. Es gibt eine **Alt- und** eine **Neustadt,** aber die Bezeichnungen sind irreführend, denn eine saubere Trennung der Architektur gibt es nicht. Die Bauordnung schrieb vor, dass die Häuser nicht höher sein durften als die angrenzende Straße breit, vermutlich damit bei Feuer die brennenden Teile nicht auf die gegenüberliegenden Häuser fallen konnten. Genutzt hat es wenig, 1849 brannte ein Teil der Stadt ab. Heute sind die beiden Stadtviertel durch drei Brücken miteinander verbunden.

Geschichte

1446 erhielt Lidköping seine Stadtprivilegien. Man lud im neuen **Hafen** am Ostufer des Lidan die Getreideschiffe um und verschiffte Eisenerz aus den Gruben von Bergslagen. 1670 ließ Graf *Magnus Gabriel de la Gardie* am Westufer des Flusses seine eigene Stadt mit geometrischem Grundriss anlegen. Als Rathaus ließ er ein Jagdschloss aus seinem Fundus auf dem Markt aufstellen. Anfang des 18. Jh. wurden die Orte vereint. Im 20. Jh. entwickelte sich Lidköping zu einer wichtigen **Industriestadt.** Es gab eine Porzellanfabrik, die heute geschlossen ist, und in den 1920er Jahren wurden in der Mekaniska Verkstad Autos produziert.

Berühmtester Sohn der Stadt ist der **Architekt Helgo Zettervall.** Er leitete die Renovierung der Dome zu Lund, Linköping, Skara und Uppsala und die des Schlosses Kalmar. 1882 wurde er Direktor der Behörde für öffentliche Bauten und dann Mitglied der Gelehrten-, Geschichts- und Antiquitätenakademie sowie der Königlich Schwedischen Akademie der Wissenschaften.

Sehenswert

Väner Museet

Das Museum zeigt Exponate rund um den großen See und seine Schifffahrt, die Arbeitsbedingungen und die Menschen und ihren Alltag. Framnäsvägen 2 in der Nähe des Seeufers, www.vanermuseet.se, geöffnet 10–17 Uhr, am Wochenende 12–17 Uhr, 30 SEK.

Rathaus

Das alte „Fertighaus“ sieht aus wie eine rote Lagerhalle mit aufgesetztem Kirchturm und steht mitten auf dem Nya stadens Torg im Westteil der Stadt. Es ist das Gebäude, das Graf *de la Gardie* hierhin verfrachten ließ.

Am Limtorget

Im **östlichen Stadtviertel** nahe der Kinnegatan stehen noch ein paar Holzhäuser aus dem 17. Jh. Mehrere Künstler und Handwerker haben ihre **Ateliers** in den malerischen Häusern. In der Druckerei steht noch eine Druckpresse aus dem Jahr 1873, die mit den dazugehörigen Schriften aus Blei und Holz betrieben wird, außerdem eine der wenigen noch existierenden Setzmaschinen (Linotype). Besichtigung nach Voranmeldung unter Tel. 252 86. Im **Handwerkszentrum** wird am Mittwochabend während der Sommermonate musikalische Unterhaltung geboten. Das Café ist tagsüber geöffnet, www.limtorget.nu.

Rörstrand-Porzellanmuseum

Zu sehen sind die Schätze aus 280 Jahren Manufakturgeschichte (siehe dazu auch „Kunst und Kultur: Design/Kunsthandwerk). Aus einem Fundus von 15.000 Objekten hat das Museum von Omas Sonntagsporzellan über Ofenkacheln und Porzellanpuppen bis zur Popkeramik viel zu zeigen. **Rörstrand Center,** Fabriksgatan 2–4, geöffnet 10–17 Uhr, Sa 10–16 Uhr, So 12–16 Uhr.

Praktische Infos

Unterkunft

- **Best Western Edward Hotel**④, Skaragatan 7, Tel. 79 00 00, www.edwardhotel.se. Das zweistöckige blaue Holzhaus im Gamla Staden im Ostteil ist die beste Adresse der Stadt. Restaurant und Weinstube.
- **Hotell Rådhuset**③, Nya Stadens Torg 8, Tel. 222 36, www.hotellradhuset.se. Zentral und preiswert in der Weststadt, das Rathaus ist vom oberen Stock aus zu sehen.
- **STF Vandrarhem**②, Gamla Stadens Torg 4, Tel. 664 30, www.svenskaturistforeningen.se. 2 DZ und 4 Mehrbettzimmer in einem alten Handelshaus mit Garten, davor alte Bäume.

Camping

- **SweCamp Kronocamping,** Läckögatan Framnäs, Tel. 268 04, www.kronocamping.com. 1 km nördlich am Ufer des Vänern. 700 Stellplätze auf einer Wiese, kleiner Strand. Ganzjährig mit nettem Restaurant.
- **Vilsbäcks Camping,** Badvägen 2, Tel. 254 60 27, www.filsbackscamping.se. 4 km östlich auf der Straße 44, nach der Bahn links. 250 Wiesenplätze, mit Badestrand und Laden, ganzjährig.

Essen und Trinken

- Im **Rörstrand Center** gibt es einige Möglichkeiten, z.B. Restaurangerna i R-skrapan, oder auch im Museum.
- **Vin och Piminella,** das Restaurant im Handwerksmuseum bietet ökologische Küche und eine schöne Aussicht.
- **Lusthuset,** von der Gurke zum Hofladen mit Pavillon. Das Restaurant im Gewächshaus ist das ganze Jahr über mit bis zu 100 Sitzplätzen geöffnet und

serviert alles, was die umliegenden Felder hergeben. Der Hof befindet sich westlich in Närebo 4 km vom Stadtzentrum entfernt.

■ **Pirum Restaurant & Wine Bar** im Edward Hotel, Skaragatan 7, Tel. 615 20. Eine der exklusivsten Adressen der Stadt. Mo bis Sa 17–23 Uhr.

■ **Café O bar,** Nya stadens Torg 4, hat auch Sitzplätze im Freien.

■ **Bakgår'n Café & Restaurang,** Nya stadens Torg 4. Städtische Idylle, gutes Essen und/oder Kaffee in einer warmen Umgebung. 10–22 Uhr, So geschlossen.

An- und Weiterreise

■ **Bus:** Västtrafik bedient die umliegenden Gemeinden, ein Schnellbus verbindet die Stadt mit Udevalla und Örebro. Nr. 132 fährt nach Kålland.

■ **Bahn:** Kinnekullebanan hält am Bahnhof an der Rörstrandsgatan und fährt weiter nach Hallsberg, Laxå, Hova, Mariestad, Lidköping, Vara und Herrljunga bis Göteborg.

■ **Rad:** Eine Karte mit Radwegen und Parkplätzen gibt es bei der Gemeinde, Skaragatan 8, und im Turistbyrå (s.o.), Luftpumpen in der Källaregatan 10 und der Stenportsgatan 65.

■ **Flug:** Der Lidköping-Hovby LDK wurde 1940 für die Luftwaffe gebaut; zurzeit keine Linienflüge.

Sonstiges

■ Jeden Samstag gibt es einen großen **Markt** auf dem Nya stadens Torg.

■ **Rörstrand Center,** Fabriksgatan 2-4 im Westteil der Stadt am Seeufer. Einkaufen, Essen und Trinken sowie Entertainment in den ehemaligen Hallen der Rörstrand-Porzellanfabrik. Hier liegt auch das Porzellanmuseum (s.o.).

Ausflüge

Villa Såtenäs, Flugmuseum

Die Villa gehört der **Fliegerstaffel F 7,** die hier Fluggerät aus ihrer Geschichte ausstellt. Das Museum (F 7 Gårds- och flottiljmuseum, Skaraborgs flygflottilj) liegt 20 km nordöstlich und ist über die Straße 44, Abfahrt Såtenäs, erreichbar. Geöffnet Di 15–19 Uhr, Eintritt frei.

Insel Kållandsö

Die Insel 20 km nordöstlich der Stadt ist nach Torsö die zweitgrößte im Vänern. Man merkt aber nicht, dass es eine Insel ist, denn eine Straße bzw. eine kleine Brücke überquert die paar Meter Wasser, die sie vom Festland trennen. Über 1000 Menschen leben hier. Die Insel ist ein Ausflugsziel, hier stehen das Gut Traneberg der *de la Gardies* und das Schloss Läckö. Anfahrt zur Insel auf dem Lidköpingsvägen in Richtung Läckö, nach 18 km links ab nach Spiken.

Im Fischerdorf **Spiken** hat die Seenotrettung eine Station. Hier liegen die Boote der Fischer, die Felchen, Hecht, Zander und Barsch fangen. Probieren kann man die Fische bei Ullis Fiskdelikatesser oder Spikens Brygga Rökeri, www.spiken.se. In **Skalunda** liegt ein mächtiges Hügelgrab aus dem 8. Jh. von über 60 m Durchmesser und 7 m Höhe. Außerdem stehen im Ort zwei Runensteine. Das Gut Stola Herregård in **Strö** wurde im 12. Jh. für die Familie *Ekeblad* gebaut und später umgestaltet. Es wohnten die *Pipers* und die *Hamiltons* dort. Im heutigen Herrenhaus, zwischen 1713 und 1719 errichtet, hat sich die Einrichtung aus der Mitte des 18. Jh. weitgehend erhalten. Es gibt Führungen für 70 SEK durch die prächtigen Gemächer.

Läckö Slott, die Stammburg der Bischöfe von Skara, wurde 1298 auf der äußersten Landzunge der Insel auf einem Hügel errichtet. 1470 zerstörte ein Feuer einen Teil der Festung, man baute sie wieder auf und vergrößerte sie, 1505 übergab der katholische Bischof die Burg an *Gustav Vasa.* 1615 erhielt sie *Jakob de la Gardie,* der mit der schönen *Ebba Brahe* verheiratet war, auf die *Gustav II. Adolf* sein Auge geworfen hatte. Er durfte sie jedoch nicht heiraten, die Mutter hatte ihm zur Vergrößerung ihres Reiches eine andere Braut ausgesucht. Sein Sohn versuchte die Burg dem damaligen Geschmack anzupassen und ließ die Anlage barockartig umbauen. 1681 wurde er abgesetzt und das Schloss ging an den Staat, der es 1752 an *Karl Gustav Tessin* übergab, der es wiederum modernisieren ließ, mit Kachelöfen statt Kaminen und Tapeten an den Wänden. 1810 erhielt General *Adlercreutz* den Bau, danach sein Bruder und ein gewisser *Rudenschöld.* Seit 1914 wurde es wiederholt renoviert und zur Besichtigung freigegeben. Im Sommer finden im Schlosshof regelmäßig Opernaufführungen statt. Am Fuß des Schlosshügels gibt es einen kleinen Bootshafen, nördlich des Schlosses legen die Schiffe der Göta Kanal Rederi regelmäßig an.

■ Das **Restaurant Fataburen** liegt im Innenhof des Schlosses in einem alten Speichergewölbe. Unter weiß getünchten Bögen genießt man Deftiges aus den umliegenden Gärten: 70 Plätze, Tel. 105 00.
■ **Läckö Camping** am Gästehafen, Tel. 48 46 68, www.lackostrand.se. Auch Bed & Breakfast, geöffnet Mitte Mai bis Mitte Sept.

Von Lidköping nach Göteborg

Man kann natürlich auf der Straße 44 nach Trollhättan fahren und dann nach Süden bis Göteborg. Wer aber mehr sehen will, begibt sich auf die 184 nach Südosten. In Skara, 150 km nordöstlich von Göteborg, trifft man auf die E 20; hier ist Göteborg bereits angezeigt.

Skara

Skara, eine der ältesten Städte des Landes, hat 12.000 Einwohner. Nachdem der Ort 1050 **Bischofssitz** geworden war, wurde die Stadt zu einem kirchlichen und kulturellen Zentrum in Västergötland. Nach der Reformation 1527 wurden alle kirchlichen Besitztümer konfisziert und Skara war nur noch Schulstadt. Eine Eisenbahn wollten die Stadtväter später nicht in ihrer Stadt, und so wurde der Ort unbedeutend.

Das alte Zentrum hat noch seinen unregelmäßigen mittelalterlichen Grundriss mit **Marktplatz,** gotischem Dom und Rathaus. Es gibt für Feuerwehrfans das **Brandmuseum** in Skaraborgsgatan zu sehen, mit diversen alten Löschzügen; unregelmäßig geöffnet.

› Schloss Läckö

Skövde

Der mittelalterliche Wallfahrtsort 24 km östlich von Skara brannte 1759 völlig ab, nur die hölzerne Helénsstugan wurde vom Feuer verschont. Durch den Bau der Eisenbahnlinie Stockholm – Göteborg im Jahr 1850 wurde Skövde eine der wichtigsten Städte Västergötlands. Volvo und Rockwool siedelten ihre Fabriken hier an. Außerdem ist es eine Garnisonsstadt.

Bjertorps Slott

Zurück auf der E 20 fährt man nach Süden. Das Schloss Bjertorp, das vor Vara links der E 20 Richtung Kvänum liegt, ist eine Feinschmeckeradresse, Tel. 0512-30 05 00, www.bjertorpslott.se. Das Schloss wurde 1914 für die Familie *Littorin* im **Jugendstil** erbaut und in den 1950er Jahren als Schule genutzt. Heute ist es ein Konferenzhotel mit gut erhaltenem Ess- und Festsaal.

Vara und Vårgårda

Vara ist der nächste größere Ort. Die 5000-Seelen-Gemeinde hat ein schönes Konzerthaus, ein roter Rundbau am Nordostende der Allégatan, Tel. 0512-315 00. Mit dem Zug kann man nach Göteborg fahren.

Autofahrer benutzen die E 20 und erreichen nach einer halben Stunde **Vårgårda.** Der 5000-Seelen-Ort am Säveån bekam seinen Namen nach einem Herrenhof in der Gegend. Er hat sogar einen kleinen Flugplatz. Die Sehenswürdigkeit liegt nördlich bei der Kirche von Kullings-Skövde: das **Gräberfeld Kyllingakullen.** Zehn Grabhügel unterschiedlicher Größe, 18 Bautasteine und dazu

017fotolia

vier Steinsetzungen von acht bis 16 m Durchmesser liegen nördlich der Kirche auf dem Feld und in weitem Umkreis um die Kirche verstreut, eine Karte findet man unter http://wadbring.com/historia/sidor/vargarda.htm.

Zurück auf der E 20, auf halbem Wege zwischen Lidköping und Göteborg, liegt Alingsås. Nach 50 km flotter Fahrt durch eine ziemlich hügelige Landschaft erreicht man schließlich Göteborg. Unterwegs kann man in **Lerum am Aspensee** haltmachen. Zur Übernachtung gibt es ein preiswertes Hotel der Ibis-Kette hinter dem See an der E 20.

Alingsås

- **Einwohner:** 25.000
- **Vorwahl:** 0322
- **Information:** Stortorget 1, Tel. 61 62 00, www.alingsas.se.

Die vierspurige Europastraße 20 geht mitten durch den Ort, eingerahmt von alten Industriegebäuden. Das alte Zentrum um den beschaulichen Markt säumen kleine Läden. Es gibt eine Menge Cafés, meist an der Kungsgatan.

Die Stadt liegt **am Säveån,** vor den Toren der Stadt gibt es die Seen Mjörn und Gerdsken. *Gustav II. Adolf* verlieh die Stadtrechte im Jahr 1619.

Alljährlich im Frühsommer findet das **Kartoffelfest Potatisfestivalen** zu Ehren von *Jonas Alströmer* statt, der sie im Jahr 1724 nach Schweden eingeführt und ziemlich Reklame für die Knolle gemacht hatte. Hier wurde sie auch „Nole“ genannt.

Wichtig wurde 1861 auch der Engländer *Charles Hill,* der eine Baumwollweberei eröffnete und aus der Stadt ein Zentrum der **Textilindustrie** machte. Auch die Gasbeleuchtung in der Innenstadt geht auf seine Initiative zurück.

Bekannt ist die Stadt wegen ihrer romantischen **Holzhaus-Bebauung** vom Anfang des 20. Jh. Anders als in vielen Kleinstädten Südschwedens haben sich hier die Einzelhandelsgeschäfte noch in der Innenstadt halten können. Außerdem gibt es gefühlte 30 Hinterhof-Cafés, die im Sommer meist voll sind. Ich habe gelesen, dass die Vielzahl der Cafés und Bäckereien damit zusammenhängt, dass die in der Textilindustrie tätigen Frauen keine Zeit zum Brotbacken hatten.

Wer im Oktober herkommt, kann das Fest **Lights in Alingsås** erleben, zu dem der ganze Ort illuminiert wird.

Praktische Infos

Unterkunft

- **First Hotel Grand**④, Tel. 67 01 00, www.grandhotel-alingsas.se. Das 1911 erbaute Haus hat 92 Zimmer und liegt zentral am Bahnhof.
- **Lilla Hotellet**③, Magasinsgatan 1, Tel. 108 73, www.lillahotelletialingsas.se. Das Hotel mit 10 Zimmern liegt im dritten Stock (kein Aufzug).
- **STF Vandrarhem Villa Plantaget**③, Nyebrogatan 2, Tel. 441 34, www.svenskaturistforeningen.se. Ganzjährig geöffnete Herberge in einer gelben Holzvilla mit Garten, ein alter kirchlicher Herrenhof. 34 Betten in älteren Häusern und in neuen Gebäuden. In der City nahe Park und Fluss, Kanuverleih.
- **Nääs Fabriker Hotell Restaurang,** Spinnerivägen 1, in Tollered, 20 km Richtung Lerum. Eine gute Adresse für Essen und Unterkunft. In dem alten

Industriegelände am Sävelångens Strand hat sich das Haus teilweise seinen rustikalen Charme bewahren können.

Camping

■ **Lövekulle Camping,** Badplatsvägen 121, Tel. 123 72, www.lovekulle.com. Am linken Flussufer zum Mjörnsee fahren, kleiner Platz am Wasser, u.a. sechs Hütten auf einem Hügel mit Seeblick, 1.5. bis 10.10.

■ **Lygnareds Camping,** Hulabäck, Tel. 520 59, www.lygnaredscamping.se. Auf der Straße 180 nach Süden, kleines Gelände am Seeufer des Gerdsken unter Bäumen.

An- und Weiterreise

■ **Auto:** Die Straße 180 kommt von Borås und führt im Norden nach Gräfsnäs, die E 20 von Mariestad führt im Süden nach Göteborg und die 42 endet in Trollhättan.

■ **Bus:** Västtrafik AB fährt zu allen Orten im Umkreis.

■ **Bahn:** Die Västra Stambanan pendelt seit 1862 zwischen Göteborg und Stockholm.

Ausflüge

Anten-Gräfsnäs-Järnväg

Dies ist eine 12 km lange **Schmalspureisenbahn,** die heute noch benutzt wird. Der Betrieb wird durch ehrenamtliche Mitarbeiter aufrechterhalten. Die Spurweite ist 891 mm (35“). Zur Strecke gehört auch ein **Museum mit Dampf-, Diesel- und Elektrolokomotiven** aus ganz Schweden. Die Loks sind nicht verschlossen, man kann sich alles genau anschauen. Die Museumszüge fahren ab dem Bahnhof Anten. Man kauft eine Fahrkarte aus dickem, braunem Karton. Die mit Kohle betriebenen Dampfloks stammen aus den Jahren 1910 bis 1920. In den sechs einfachen Personenwagen können bis zu 300 Gäste mitfahren. Pro Kilometer werden zehn Kilo Kohle verheizt. Auf ihrer **Fahrt nach Gräfsnäs** braucht die 30 Tonnen schwere Lok 750 Liter Wasser. Deshalb gibt es eine zehnminütige Pause in Kvarnabo zum Wasserfassen. Gräfsnäs ist der Wendepunkt des Zuges; gewendet wird nur die Lok auf einer handbetriebenen Drehscheibe, meist mit Hilfe der mitreisenden Kinder, die davon oft so begeistert sind, dass sie die Lok viel zu weit drehen …

Anfahrt auf der Straße 180 nach Nordwesten, dann auf die 190 und 3 km weiter rechts auf die Straße nach Anten abbiegen, Antens stationsväg 7. Details unter www.agj.net.

Bootstour

Der alte Dampfer „S/S Herbert“ kurvt im Sommer über den **Mjörnsee.** Das erste Boot dort wurde per Bahn angeliefert und fasste 30 Passagiere. 1871 versenkte es ein Sturm im Säveån, der Nachfolger „Jonas“ war so groß, dass der Kanal ausgebaggert werden musste. Allerdings fraß der Kahn zu viel Kohle, sodass man eine neue Maschine einbaute und damit 40 Jahre lang fuhr. Erst 1934 gab es wieder ein Fahrgastschiff, die 40 Jahre alte „Anna“, die nur fünf Jahre später durch „Lucie“ ersetzt wurde, die mit Rohöl dahinqualmte. Dann kam der Schlepper „Herbert“ nach einer rauen Laufbahn auf dem Dalslandkanal.

sd13-044 fph

5 Von Göteborg nach Osten

Von Göteborg geht die Fahrt ostwärts durch das dichter besiedelte Västergötland. Zwischen Borås und Ulricehamn mit seinem Åsundensee liegt ein beliebtes Naherholungsgebiet. Danach nähert man sich den Industriestädten Jönköping/ Huskvarna in Småland. Die Gegend wird, wie auch die weitere Strecke nach Osten, von Wald dominiert.

< Torpa Stenhus

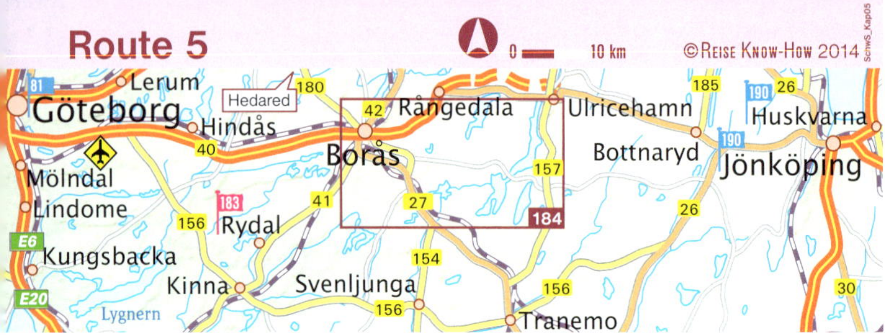

Von Göteborg nach Borås

Wir verlassen Göteborg auf dem Riksväg 27/40, vorbei am Flughafen Landsvetter. Nach 15 km kann man einen **Abstecher nach Rävland** machen. Die Mäanderschleifen des Flusses Storån bilden hier fast einen Kreis. Man sieht sie am besten, wenn man von Rävland nach Süden den Boråsvägen fährt und dann links in den Sätilavägen abbiegt. Zurück auf dem RV 40 geht es durch die typischen niedrigen Wälder nach Borås im Westen.

Borås

- **Einwohner:** 66.300
- **Vorwahl:** 033
- **Information: Turistbyrå,** Österlånggatan 1–3, Tel. 35 70 90, www.boras.se

Die alte Industriestadt in Västergötland bezaubert mit einigen historischen Häusern am Wasser und der **schön gestalteten Uferpromenade,** auf der man beim Schlendern viel zu sehen bekommt. Durch die Stadt fließen der Nolån und der Viskan. Außerdem gibt es über 100 Skulpturen internationaler Künstler zu bewundern.

Geschichte

Im 16. Jh. durfte nur innerhalb von Städten gehandelt werden, deshalb beantragten die Bürger das **Stadtrecht,** da von hier aus die Knallar, die Hausierer, schon lange ihre Waren feilboten, was zu dauernden Streitereien mit den Nachbargemeinden und dem Staat geführt hatte. Noch heute bezeichnet man die ganze Stadt als **Knalleland.** Borås entwickelte sich zum blühenden Ort, obwohl mehrere Brände den alten Ortskern zerstörten. Bald wurde die Stadt zum **Zentrum der Textilindustrie;** die Textilkrise in Europa führte im 20. Jh. jedoch zum Niedergang vieler Betriebe. Das Stadtwappen zieren zwei Schneiderscheren.

Heute haben nur noch ein paar Textilbetriebe in der Stadt überlebt, die Konzernzentralen der Textilunternehmen sind geblieben. In Borås befindet sich auch das Materialprüfungs- und Forschungsinstitut SP, das unter anderem die gültigen technischen Normen kontrolliert. Weitere schwedische **Firmen** mit Niederlassungen sind Ericsson und Volvo. Außerdem ist die Gemeinde zum

Zentrum des Versandhandels geworden, das „Paket aus Borås" wurde zum Synonym für Versandware.

Die Stadt hat nur wenige alte Häuser, da sie **viermal abgebrannt** ist, erstmalig zum Luciafest 1681. Danach wollten viele Wohlhabende nicht mehr in der Stadt wohnen. Das zweite Feuer wütete 1727 trotz einer Feuerwache auf dem Kirchturm, weil die zwei Wächter eingeschlafen waren. Das dritte Feuer vernichtete 1822 zwei Drittel der Häuser inklusive Kirche und Rathaus. Neue Baugesetze erließ man allerdings erst nach dem verheerenden Großbrand 1827.

Sehenswert

Textilmuseum

Druveforsvägen 8, im Zentrum: Wo sonst sollte dieses Museum stehen? Eine **alte Spinnerei** beherbergt Europas größte Sammlung von Textilmaschinen und natürlich seltene Stoffe und etwa 2500 Kleidungsstücke. Tel. 35 89 50, 12–16 Uhr, Di, Do bis 20 Uhr.

NICHT VERPASSEN!

Borås:
auf der Suche nach geklonten Fröschen auf einem Ballkleid | 180

Jönköping:
alles über Streichhölzer und einen der reichsten Männer seiner Zeit erfahren | 192, 193

Diese Tipps sind gelb hinterlegt.

Borås-Museum

Dieses **Freilichtmuseum** befindet sich im **Ramnapark,** Parkgatan 29, westlich des Zentrums. In ihm sind alte Holzhäuser und die Ramna-Kirche aufgebaut. Man erreicht den Park vom Zentrum über eine der vier Bahnbrücken. Im Sommer täglich 12–16 Uhr, 20 SEK, Tel. 35 85 80.

Kunstmuseum

In den großzügigen Räumen des Kulturhauses P. A. Halls Terrass, Schélegatan, wird **zeitgenössische Kunst** des 20. Jh. gezeigt. Tel. 35 76 71/72, www.boras.se unter „Culture", Di bis Fr 11–17 Uhr, Sa/So 11–13 Uhr, 40 SEK.

Feuerwehrmuseum

Brandkårsmuseet: Hier ist Löschausstattung aus vier Jahrhunderten zu sehen. Das Museum gehört zur Feuerwache am Olofsgatan 12–14, Infos Tel. 17 29 50.

Museum Algården

Ålgårdsvägen 33: Das Haus in einer alten Wassermühle am Viskan zeigt **Werke des Grafikers Roland Kempe.** Im Sommer Workshops in Lithografie und Siebdruck. Tel. 41 98 60, http://algarden.se, Di, Sa und So 12–16 Uhr.

Tierpark

Er gehörte zu den ersten Zoos, in denen die Tiere in **weitläufigen Anlagen** zusammenleben durften *(Djur i natur)*. In einer Savannenlandschaft sind unter anderem Elefanten, Zebras, Giraffen und Antilopen unterwegs, insgesamt hat der Zoo eine Fläche von 38 Hektar. Hinter dem Zoo liegt ein Vergnügungspark mit Freibad. Der Tierpark liegt am RV 42 in Richtung Trollhättan, Alidelundsgatan 11, www.boraszoo.se, 12.5. bis 22.6. 10–16 Uhr, 23.6. bis 12.8. 10–17 Uhr, 210 SEK.

Skulpturen

Die finden sich **überall in der Stadt,** z.B. das alte Hausiererstandbild „Knallen" von *Arvid Knöppel* vor dem Postamt. Umstrittener als diese Bronzeskulptur war „Walking to Borås", der 9 m hohe Pinocchio aus Holz von *Jim Dine,* der die Gemüter erregte. Doch das hat schon Tradition, 1995 machten zwei steinerne Stühle des Amerikaners *Richard Nonas* den Marktplatz über Nacht für Autos unpassierbar. Nun stehen über 100 Skulpturen in den Straßen, und jedes Jahr findet ein Skulpturenfestival statt. Doch die unterschiedlichen Meinungen sind geblieben, und so wurde das Comic-Kaninchen der Belgierin *Lindberg de Geer* nachts in den Viskan geworfen. Das Tier konnte zum Glück schwimmen und wurde gerettet. Selbst die Kronprinzessin fand Gefallen an einer Skulptur und kaufte sie. Jetzt hüpfen *William Sweetloves* „Geklonte Frösche auf Ballkleid" nur als Kopie in Borås herum.

Praktische Infos

Unterkunft

- **First Hotel Grand**⑤, Hallbergsplatsen 2, Tel. 799 00, www.firsthotels.se/Vara-Hotell/Hotell-i-Sverige/Boras/First-Hotel-Grand. Es liegt im Zentrum am Park, sieben Stockwerke türmen sich auf dem modernen Erdgeschoss, manche Zimmer haben Wasserblick.
- **Hotel Jazz**④, Allégatan 21 im Zentrum, Tel. 799 45 00, www.nordicchoicehotels.se/Comfort/Comfort-Hotel-Jazz. 70 DZ in dem modisch gestalteten Haus, leider an einer lauten Straße.
- **Vila Mini-Hotel & Vandrarhem**②, Lilla Brogatan 11, Tel. 22 69 69, www.hotellvila.se. Schöner zweistöckiger Altbau im Zentrum, 5 Minuten zu Fuß vom Bahnhof. Für 400 SEK wird man vom Flughafen Landvetter abgeholt.

Camping

- **Borås Camping,** Saltemad, die Straße 42 nach Norden, an der Kreuzung zum Zoo links ab. Am Ufer des Viskån-Flusses, Campinggatan 25, 500 Stellplätze und einige Häuschen, Tel. 35 32 80, ganzjährig. Auf dem Gelände liegt auch die hölzerne **STF-Herberge** mit 44 Betten, DZ ab 400 SEK.

> „Geklonte Frösche auf Ballkleid" – Skulptur von William Sweetlove

sd13-042 fph

Essen und Trinken

- **Vinci,** Södra Strandgatan 7. Preiswerter Italiener in der Nähe des Stadtparks am Viskån, gute Auswahl von Vorspeisen, ab 17 Uhr, Sa ab 12 Uhr.
- **Restaurang Köket,** Krokshallstorget in Bahnhofsnähe. Gute Bedienung, gutes Essen.
- **Babbel Restaurang och Bar,** Västerbrogatan 15, Tel. 13 31 32. Schön am Ufer gelegen, oft voll, mit guten Tapas, ab 16 Uhr.
- **Ett Rum & Kök,** das „Zimmer mit Küche" liegt in der Sven Eriksonsgatan in der Nähe des Flusses und serviert preiswerte Küche.
- **Grands Restauranger,** Hallbergsplatsen, Tel. 10 82 00. Wie der Name sagt, im Hotel Grand, an einer Biegung des Flusses.

Einkaufen

Die ganze Stadt ist quasi zum Discounter geworden, **überall locken Fabrikverkäufe und Sonderposten,** besonders nördlich des Zentrums im Knalleland. Vom Stortorget gehen die örtlichen Einkaufsstraßen ab.

Veranstaltung

- **Matorsdagarna,** so heißt die Musikveranstaltung, die es im Sommer jeden Donnerstag auf dem Stortorget gibt. Die Veranstaltungen sind kostenlos und beginnen, wenn um 21 Uhr die Läden schließen. Um Mitternacht gibt es noch ein Abschlusskonzert im First Hotel Grand.

Radtouren

Radfahren ist hier ungewöhnlich bequem, da man **ehemalige Bahndämme zu Radwegen** gemacht hat. Weil man für die Bahnlinie alle Steigungen planiert hatte, kann man ganz entspannt an den Hügeln des Umlandes vorbeiradeln, ohne sich anzustrengen. Nach 5 km in Richtung Ulricehamn fangen die Bahndämme an. **Räder** verleiht die Turistinfo.

Bootstouren

- Mit dem **historischen Dampfer „Öresjö"** der Reederei Tollesson, Tel. 073-818 57 67, kann man im Sommer Kaffeefahrten auf den Gewässern um Borås unternehmen. Infos und Tickets über das Turistbyrå, 175 SEK inkl. Kaffee, Kuchen und Führer.

An- und Weiterreise

- **Auto:** Borås liegt an der Hauptverkehrsstraße Riksväg 40 zwischen Göteborg und Jönköping. Man fährt durch dünn besiedeltes Gebiet.
- **Busse** fahren für Älvsborgstrafiken und Västtrafik vom Reisezentrum am Bahnhof und vom Södra torget.
- **Bahn:** Mit der Viskadalsbanan geht es nach Varberg und Arvika. Die Centralstation ist ein hübscher Ziegelbau mit Kupferdach, im Westen der City am Stationsvägen. Innen ist ein Café untergebracht.
- **Taxis** bekommt man unter der Nummer 12 70 70 oder 12 71 27.

Ausflüge

Hedared Stavkyrka

Die einzige erhaltene Stabkirche in Schweden liegt etwa 16 km nordwestlich im Örtchen Hedared am Stavkyrkovägen. Im Inneren des schmucklosen kleinen Holzwürfels kann man sich naive Malerei aus dem 18. Jh. ansehen, das Altarbild wurde bei Renovierungen unter einer weißen Farbschicht gefunden.

Neueste Messungen ergaben, dass die Bäume für das Bauholz der Kirche 1501 gefällt wurden.

Vänga Kvarn

Die Mühle von 1850 mahlt heute Biosaaten. Angeschlossen ist ein Café. Wer sich für die Erzeugung von Stärkemehl interessiert, kann hier eine Führung durch die nahe gelegene **Kartoffelmehlfabrik** buchen. Die Mühle liegt 25 km nördlich der Stadt an der Straße 42.

Rydal

In dem Ort 30 km südlich in Richtung Kinna sind einige **Textilfabriken** ansässig, die Interessierte besichtigen können.

Tolkensee

Am Westufer liegt eine Halbinsel, auf der im 17. Jh. für die Familie *Brahe* die **Burg Sundholmen** gebaut wurde. Heute ist nur noch eine Ruine übrig, zu der man hinüberrudern kann. Hier hausen die kleinen nordischen Wasserfledermäuse. Auf dem RV 40 Richtung Ulricehamn bis zur Ausfahrt Äspered fahren, 2,5 km hinter der Kirche von Äspered in Vatunga rechts ab in Richtung Sundholmen Slottsruin.

Sandlidsbanan

Dies ist eine **Gartenbahn,** die auf einer fast 1 km langen Strecke fährt, es gibt Bahnhöfe, Brücken und Tunnel. Eine Signalanlage regelt den Verkehr, da meist zwei Züge gleichzeitig verkehren. Es ist so eine Art Modelleisenbahn mit Personenbeförderung, die Spurweite beträgt 184 mm (7 1/4“), das entspricht dem Maßstab 1:8, ist also ziemlich klein, die Mitfahrer sitzen auf den Personenwagen, der Lokführer auf dem Kohlentender. Betrieben wird das Erwachsenen-Spielzeug von der BMÅS (Borås Miniatyr Ångloks Sällskap). Die Mitglieder freuen sich über begeisterte Besucher ihrer Anlage westlich der Innenstadt auf dem RV 40 (Ausfahrt Tullen/ Västeråsen am Rondell links nach Sandslid in die Brinellgatan, GPS 57.714561, 12.890793). Geöffnet Anfang Mai bis Anfang Oktober, Eintritt etwa 30 SEK, Fahrpläne auf http://bmas.se/joo25.

Torpa Stenhus

Birgit Th. Sparre nannte das Haus in ihren Romanen „Heljö“: Es ist eines der stattlichsten Herrenhäuser, die gegen Ende des 14. Jh. angelegt wurden. Es liegt am Ufer der Bucht Torpasjön am Åsunden in Länghem. Dass das **Haus aus Stein** gebaut war, wurde im Namen hervorgehoben, üblich war damals die Holzbauweise. Das Gemäuer wurde immer wieder vererbt, der jetzige Besitzer ist *Pehr Zethelius,* der Ur-Urenkel des einstigen Auftraggebers *Arvid Knutsson.* Durch tiefe Gräben zur Landseite wurde die Burg uneinnehmbar. Führungen gibt es im Sommer zwischen 11 und 17 Uhr, Eintritt 60 SEK. Zu sehen sind die Festräume und Gästezimmer im Obergeschoss, der Rittersaal, die Schlosskapelle und die Wirtschaftsräume im Untergeschoss. Es gibt einen Hofladen und das

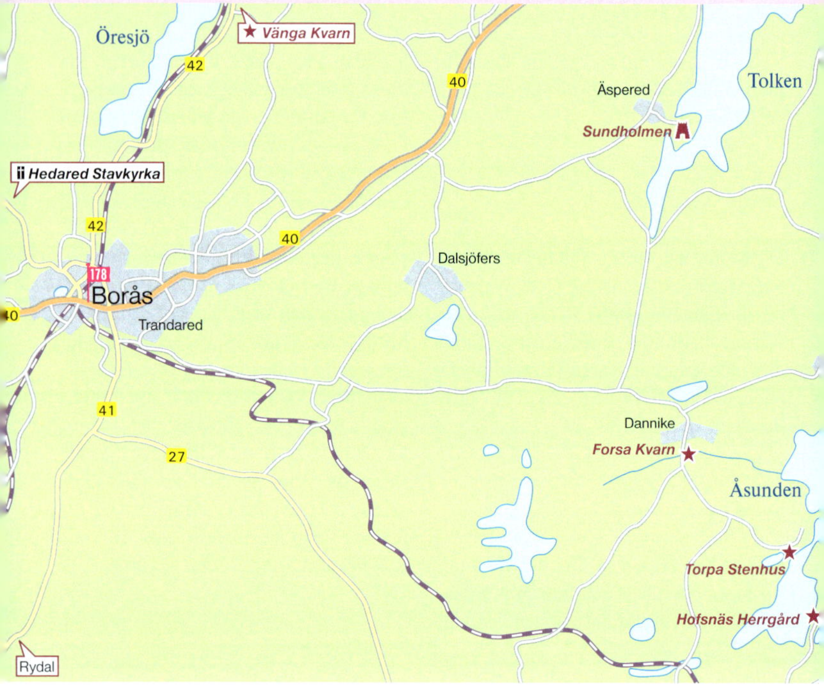

Schloss Café & Restaurant im Hof des alten Speichers (Wildküche und Kleinigkeiten). Anfahrt von Borås die Straße 27 Richtung Karlskrona bis zur Ausfahrt Länghem, von dort ist das Haus ausgeschildert.

Hofsnäs Herrgård

In dem alten Herrenhof in Länghem (bei *Birgit Th. Sparre* heißt er „Lindö") kann man stilvoll übernachten, das schlichte Zimmer für 650 SEK die Nacht, Tel. 0325-403 21. Das Gebäude wurde nach einem Brand 1924 nach den alten Zeichnungen wieder aufgebaut. Der Hof wurde schon 1526 erwähnt. Von Hofsnäs gibt es eine Schiffsverbindung nach Ulricehamn. Außerdem sind **drei Ferienhäuschen** zu mieten: Gårdshuset, das rote Bauernhaus, hat acht Zimmer (in Seenähe, 800 SEK die Nacht). Acht Zimmer am Seeufer bietet das schöne Brygghuset, das direkt am See liegt. Das ehemalige Gärtnerhaus auf einem Hügel am See hat fünf Zimmer für jeweils 600 SEK die Nacht (Anfragen im Torpa Stenhus). **Gammelgården** neben dem Hauptgebäude wird im Sommer für Ausstellungen und den Verkauf von Kunsthandwerk genutzt.

Forsa Kvarn

In dieser **Stromschnelle** im Fluss Ätran wird der Wasserstand des Sees Åsunden

geregelt. Hinter Torpa Stenhus fährt man den Boråsvägen weiter Richtung Dannike. An der Ätran-Brücke steht ein rotes Holzhaus. Hier sind die Stromschnellen, die schon früh eine Mühle antrieben. Früher arbeiteten daneben ein Sägewerk, eine Schmiede und ein Kraftwerk. Die **Mühle** wurde erst 1962 stillgelegt und ist noch erhalten, da sie von *Rune Söderström* bis 1991 in seiner Freizeit betrieben wurde. Heute kann sie Di bis So von 10–17 Uhr besichtigt werden. Im Haus gibt es immer wieder Musikveranstaltungen und Ausstellungen von Malerei und Kunsthandwerk.

Von Borås nach Ulricehamn

Wer auf der Straße 40 weitergefahren ist, sieht bald auf der rechten Seite das Wasser des Sees **Åsunden** schimmern. Man umrundet sein oberes Ende und erreicht Ulricehamn. Wer vorher noch einen der Ausflüge ab Borås gemacht hat und z.B. beim Torpa Stenhus ist, der umfährt den See im Süden und erreicht Ulricehamn über die Reichsstraße 157.

Ulricehamn

- **Einwohner:** 10.000
- **Vorwahl:** 0321
- **Information: Turistbyrå,** Bogesundsgatan 22, Tel. 59 59 59, Mo bis Fr 10–17 Uhr.

1306 wurde an dieser Stelle ein Ort namens **Bogesund** schriftlich erwähnt. 1520 starb *Sten Sture d. J.* im Krieg gegen Dänemark auf dem Eis des Sees Åsunden bei Skottek. 1741 wurde der Ort nach Königin *Ulrika Eleonora* zu Ulricehamn umbenannt. Der Fortschritt im 20. Jh. bescherte der Stadt sogar eine Straßenbahn, die allerdings nur ein einziges Mal fuhr.

Die kleine Stadt am Seeufer weist noch eine ganze Reihe **Holzhäuser** auf. Die alte Durchgangsstraße mit Häusern aus dem 18. und 20. Jh. wurde zur **Fußgängerzone** umgestaltet. Hier sind nicht nur die Läden der üblichen Ketten, sondern auch eine Anzahl kleiner Boutiquen zu finden.

Kallbadhuset, das alte Freibad im See Åsunden, ist die wichtigste Sehenswürdigkeit. Über einen 100 m langen hölzernen Steg erreicht man das ebenfalls hölzerne Badehaus. Das Original ist längst dahin, aber mit dem Nachbau hat der Ort seine Attraktion wieder. Eintritt 60 SEK pro Tag, alle Anwendungen kosten extra, www.ulricehamnskallbad.se. In dem Gebäude ist auch ein Restaurant, Tel. 130 90.

Kunstfreunde können sich den **Bahnhof** an der Strandgatan Ecke Järnvägstorget anschauen. In dem alten Ziegelhaus ist auch ein Büro der Touristinfo untergebracht. Der Architekt *Axel Pettersson* war vom Schloss Trolleholm bei Lund so begeistert, dass er hier ein kleines Trolleholm entwarf.

Bekannt ist Ulricehamn bei **Wintersportlern,** es gibt sieben Lifte hinauf auf die umliegenden Hügel und sechs Abfahrten hinab, für Snowboarder wurden eigene Pisten geschaffen.

Die Touristinfo veranstaltet **Radtouren** in der Umgebung, Infos: Tel. 53 09 70, turist@nuab.se.

Praktische Infos

Unterkunft

- **Hotell Bogesund**③, Stureplan 7, Tel. 154 10, http://hotellbogesund.se. Zentrales dreistöckiges Hotel mit 48 DZ und Blick auf den See Åsunden.
- **Brunnsnäs säteri**②, Brunnsnäs 100, um den See Sämsjön, hinter dem Campingplatz, Tel. 164 35,

sd13-043 fph

www.brunnsnas.se. Herrenhaus aus dem Jahr 1500, die heutigen Gebäude wurden in den frühen 1770er Jahren gebaut.

■ **Hotell③ & Vandrarhem② Nyboholm,** Nyboholmsvägen, Tel. 105 50, www.hotellnyboholm. se. Einfach und gut.

Camping

■ **Vegby Camping,** Storgatan 2, Tel. 729 12, www.vegbycamping.com. In Vegby, südlich von Ulricehamn, zwischen Hulu und Gällstad mit Laden, Ferienhäusern, Camping, Minigolf und Café am See Sämsjön. Campinghütte ab 800 SEK, geöffnet 1.6. bis 31.8.

Essen und Trinken

■ **Bryggan,** die neuen Bootshäuser am Seeufer im Hafen sind Sommer-Restaurant, Café-Bistro & Bar.

■ **Restaurang Emma & Andreas,** Storgatan 33, http://emmaochandreas.se. Querbeet durch viele Kochrichtungen.

■ **Kök 1,** Vistaforsvägen 3 (Järnia Huset). Mittagessen ab 65 SEK.

■ **Restaurang Tysta Marie,** Fiskaregatan 7. Gutes Essen in gemütlichem Ambiente an der Bowlingbahn.

■ **Günthers Brödstuga,** Storgatan 17. Verkauft Sandwiches und Eis.

■ Die Adresse für Feinschmecker ist **Carlsson's Skafferi** in der Storgatan 32. Gutes aus heimischer Küche ab 17 Uhr.

☐ Das Kallbadhuset im Åsundensee

Rund um den Åsundensee

Der See wird umrahmt von fichtenbestandenen Hügeln im Westen und Laubbäumen im Süden. Überall blühen im Sommer Seerosen.

Um den See herum liegen Herrenhäuser, die in *Birgit Th. Sparres* Roman „Die Liebe der Diana von Stjärnö" auftauchen – das Buch hat die Gegend erst so richtig bekannt gemacht. Es geht um romantische Bälle, Schlittenfahrten und Verwandtschaftsfeste, wobei das opulente Leben der Gutsbewohner ganzjährig ein einziges Fest ist. Und auch Passagen über die Armen in ihren Katen gibt es.

Bootstour

Der Åsunden lässt sich mit der **„M/S Sylvia"** erkunden, einem renovierten Ausflugsschiff, das schon bei der Landung der Alliierten 1944 in Frankreich beteiligt war. Herrenhaus-Touren und Rundfahrten, Infos: Tel. 0321-53 01 70.

Fästered

Der ehrwürdige **Gutshof** gehörte viele Jahrhunderte lang dem Geschlecht der *Ribbing*. Am **Fästeredssund** lag die damals strategisch wichtige Festung Fästeredsborg. Das Flusstal Ätradalen und der See Åsunden wurden schon zu Wikingerzeiten als Hauptverkehrsadern von Süden nach Västergötland genutzt, der Fästeredssund war eine schmale Passage, durch die Freund und Feind hindurch mussten. Anfahrt per Auto am Boråsvägen zwischen Hulu und Vegby.

Högagärde

Das Haus (bei *Sparre* „Björksund") liegt in einem schattigen Eichenpark mit herrlicher Aussicht über den See. 1891 heiratete *Ebba Sparre von Torpa* den Rittmeister *Nils Storckenfeldt* und war eine Zeit lang Besitzerin von Högagärde. Heute ist das Haus in Privatbesitz und **nicht zugänglich.**

Åsundsholm

Das Haus wurde in den 1920er Jahren für *Birgit Th. Sparres* Mutter gebaut. Ganz oben unter dem Dach mit Aussicht über den See hatte ihre schreibende Tochter ihre Dichterstube. Heute ist hier eine Cafeteria untergebracht, hinzu kommen **Unterkünfte** sowie eine kleine Ausstellung über *Birgit Th. Sparre*. Das Haus liegt auf dem Gelände des Åsundsholm Golf & Country Club, www.asundsholm.se, vom Strandvägen in Vegby geht es links ab.

Sjöreds Herrgård

Hier verbrachte *Birgit Th. Sparre* ihre Kindheit. Das stilvolle Hauptgebäude ist Mitte des 19. Jh. entstanden. Die *Sparres* verkauften es 1920. **In Privatbesitz.**

Finnekumla Gård

Dieser Hof in wunderbarer Lage mit Aussicht über den See Sämsjön gehörte mehrere Generationen lang zum Besitz des Geschlechts der *Sparre*. Auf dem Hof gab es früher Pferde, Milchkühe und eine Molkerei. Mittlerweile ist das Anwesen ein **Biohof in Privatbesitz.** Die Kapelle **Finnekumla Kyrka** stammt wahrscheinlich aus dem 12. Jh. Dort findet der Besucher einen berühmten Taufstein aus dieser Zeit vor. Auf dem Friedhof ist *Birgit Th. Sparre* begraben. Anfahrt: Man fährt vom Boråsvägen links ans Westufer des Sämsjön.

Rude Kulle

Der **Aussichtspunkt** bietet einen herrlichen Blick über den Åsundensee. Vom Parkplatz bei Rude sind es etwa 100 m.

Gärsbo Kvarn

Die **Mühle,** 1823 gebaut, wurde vom Heimatverein Tvärred renoviert. Von hier verläuft ein 4 km langer Pfad zum kleinen **Naturschutzgebiet Hulahagen.** Die Mühle liegt an der Straße nach Ulricehamn hinter Rude.

Attorp

Die beiden weißen Häuser sind Flügel eines größeren Gebäudes, das 1780 abgebrannt ist. Hier befindet sich heute u.a. ein kleines Landwirtschaftsmuseum. **In Privatbesitz.**

Källebacka

Der 1. Stock dieses **Gutshofs** (heute in Privatbesitz) entstand Ende des 17. Jh., der Rest Mitte des 18. Jh. Noch heute ist ein Großteil der ursprünglichen Einrichtung mit den Möbeln und Wandteppichen erhalten. Der Hof liegt in Marbäck, die Touristinfo in Ulricehamn kann Besichtigungen arrangieren.

Marbäcks Kyrka und Bredgården

Die **Kirche** stammt aus dem 12. Jh., das Siegeskreuz aus dem 15. Jh. Gleich daneben steht das **Gehöft** Bredgården; es wurde bei der Auswanderungswelle nach Amerika gebaut.

Weiter geht es auf der Straße 31/40/47 und über die Grenze von Väätra Gotlands län und Jönköpings län. In **Bottnaryd** kann man den Herrenhof Gunillaberg besuchen (Västtrafik fährt vom ehemaligen Bahnhofsvorplatz).

Gunillaberg

Der Herrenhof liegt mitten im småländischen Wald, umgeben von Weideland, in der Nähe von Bottnaryd. Er hat sich dank des dänischen Künstlers *Tage Andersen* zu einem Zentrum der **Gartenkunst** entwickelt. Der Herrenhof hatte seine Blütezeit im 17. Jh., als Königin *Kristina* ihn als Jagdschloss nutzte. Danach war er Wohnsitz des Gouverneurs von Jönköping, *Johan Printz.* Den ganzen Sommer über stehen **Ausstellungen, Tanz und Musik** auf dem Programm.

Jönköping

Von Ulricehamn nach Jönköping

Je näher man Jönköping kommt, desto dichter wird der Verkehr. Kurz vor Jönköping passiert man den Flugplatz der Stadt. Wer mit Jönköping und Huskvarna nichts im Sinn hat, sollte zwischen den beiden Orten aufpassen, dass er den Abzweig der Straße 31 nach Südosten Richtung Nässjö nicht verpasst (siehe dazu das Kapitel „Von Jönköping an die Ostküste“).

Jönköping/ Huskvarna

- **Einwohner:** 100.000
- **Vorwahl:** 036
- **Information: Turistbyrå,** Tel. 10 50 50

Jönköping ist die Hauptstadt von Nordsmåland. **Quasi mit Jönköping verwachsen ist Huskvarna,** dem Technikkenner ein Begriff, da hier nicht nur Schwedens Waffenfabriken liegen, sondern auch Motorsägen, Nähmaschinen u.v.m. hergestellt werden. Manche Menschen halten Huskvarna nur für eine Firma, die immerhin 350 Jahre alt ist, während die Stadt erst 100 zählt. Allerdings schreibt sich der Firmenname „Husqvarna“. 1903 stellte man das erste schwedische Motorrad der Öffentlichkeit vor, 1917 kam ein gigantisches Modell mit Zweizylindermotor heraus, das an Mili-

Übernachtung
2 Familjen Ericsson's City Hotel
6 Scandic Portalen
10 Elite Stora Hotellet
12 Profilhotels Hotel Savoy
15 Comfort Hotel Jönköping
16 Lovsjöbadens Camping
17 Best Western Plus John Bauer
19 Grand Hotell
21 A6 Vandrarhem & Hotell
22 Quality Hotel Jönköping

Essen und Trinken
1 M. Gudmunds Källare
2 Kock Och Bar
3 Blåhed Gastronomi
4 Karlssons Bar & Matsal
5 Småländska Kolonin
7 Bryggeriet, M/S Nya Skärgården
11 Den Småländska Kolonin
13 Kastrullhäxan
14 Anna Gretas Mat & Bar
18 Ester Kök & Bar
20 Kniv & Gaffel

Nachtleben
8 O'Learys Bar & Restaurang
9 Velvet Lounge

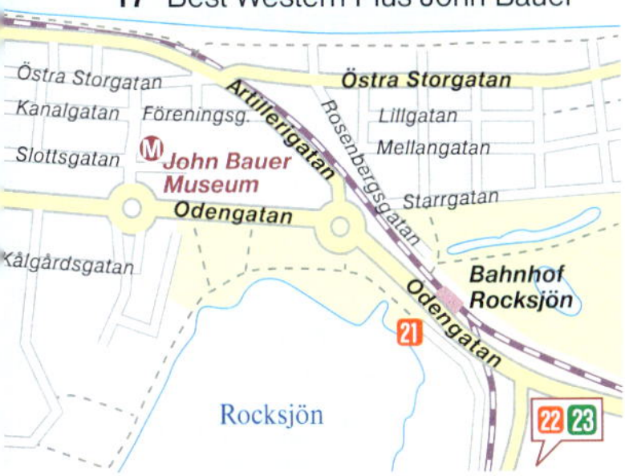

tär und Post ging. Danach kamen Rasenmäher, Näh- und Waschmaschinen, Motorsägen und Öfen auf den Markt.

Die **Seen Rocksjön** und **Munksjön** sind Anlaufpunkte für Naturliebhaber. Um den See zu laufen, hat sich zu einem Volkssport entwickelt, der Rocksjön ist kleiner, parken kann man am Sportstadion beim A 6 Center.

Geschichte

Jönköping ist Mitte des 19. Jh. durch die **Streichholzindustrie** reich geworden. Nachvollziehen kann man die Entwicklung im Tändsticksmuseet in der Västra Storgatan 18. Die ersten Feuerhölzer kamen 1805 aus Frankreich, man musste sie in ein Fässchen mit Schwefelsäure tunken, woraufhin sie entflammten. Damit konnte man nun überall ein Feuerchen entfachen, es war aber eine nicht gerade transportfreundliche Methode. Als nächstes erfand man die Hölzchen, die einen Kopf aus Phosphor hatten, die keine Säuretöpfe mehr benötigten, sondern mit beliebigen Reibflächen auskamen – der Klassiker: der Cowboy und seine Schuhsohle. Mit dem machten 1844 *Gustav Erik Pasch* und der Deutsche *R. Böttger* Schluss, denn sie erfanden das **Sicherheitszündholz,** dessen Schwefelkopf nur an einer phosphorisierten Reibfläche entflammt werden konnte und nicht aus Versehen in der Tasche des Benutzers. Die Reibfläche klebte man sinnigerweise auf die kleinen Holzschachteln zum Aufschieben, die 1874 *Johan Edvard Lundström* erfunden hatte („Tända endast mot lådans plån" – Nur an der Reibfläche anzünden). Ein weiterer småländischer Tüftler, *Lundströms* Freund *Alexander Lagermann,* dachte sich dazu die Maschine aus, die aus kompletten Baumstämmen winzige Streichhölzer herstellte. Sie eröffneten eine Streichholzfabrik, *Johan Edvards*

Bruder kümmerte sich um den Absatz. Was noch fehlte, war Geld, und das besorgte der geniale Geschäftsmann *Ivar Kreuger* (siehe Exkurs weiter unten).

Sehenswert

Sophiakirche (Jönköping)

72 m ragt der **Turm** der lutherischen Sophiakirche in die Höhe. Sie entstand 1888 im neogotischen Stil auf einem alten Marktplatz nach einem Entwurf von *G. A. Dahl*. Ihr Name geht auf Königin *Sophia von Nassau* zurück. Die Glasmalereien in den Chorfenstern gestaltete 1890 *Franz Xaver Zettler*, das hölzerne Taufbecken schnitzte 1908 der Volksschullehrer *Lindahl* aus Kosta. Es gibt zwei Orgeln, die auf der Eingangsempore stammt aus Knivsta, die im Chor hat zwei Manuale und 22 Register und besitzt noch einige Pfeifen aus der 1863 von *P. L. Åkerman* gebauten Orgel.

Tändsticksområdet (Jönköping)

Das **Streichholzviertel** liegt am Hafen. Die roten Ziegelhäuser beherbergen heute Galerien, Restaurants, Cafés und Antiquitätenläden. Samstags findet ein Flohmarkt statt.

Tändsticksmuseet (Jönköping)

Tändsticksgränd 27: Das **Streichholzmuseum** gibt Auskunft über das weltumspannende Geschäft mit den Zündhölzern. In der alten Streichholzfabrik, deren Fasade selbst streichholzartig aussieht, gibt es Läden, ein Radiomuseum und ein Theater. 1.6. bis 31.8. Mo bis Fr 10–17 Uhr, Sa/So 10–15 Uhr, 50 SEK.

Spira (Jönköping)

Kulturgatan 1: Das **Kulturhaus** von Jönköping wird wegen der Glasfront auch „Orangerie“ genannt, ein Zuhause für Tanz, Musik und Theater unter einem Dach.

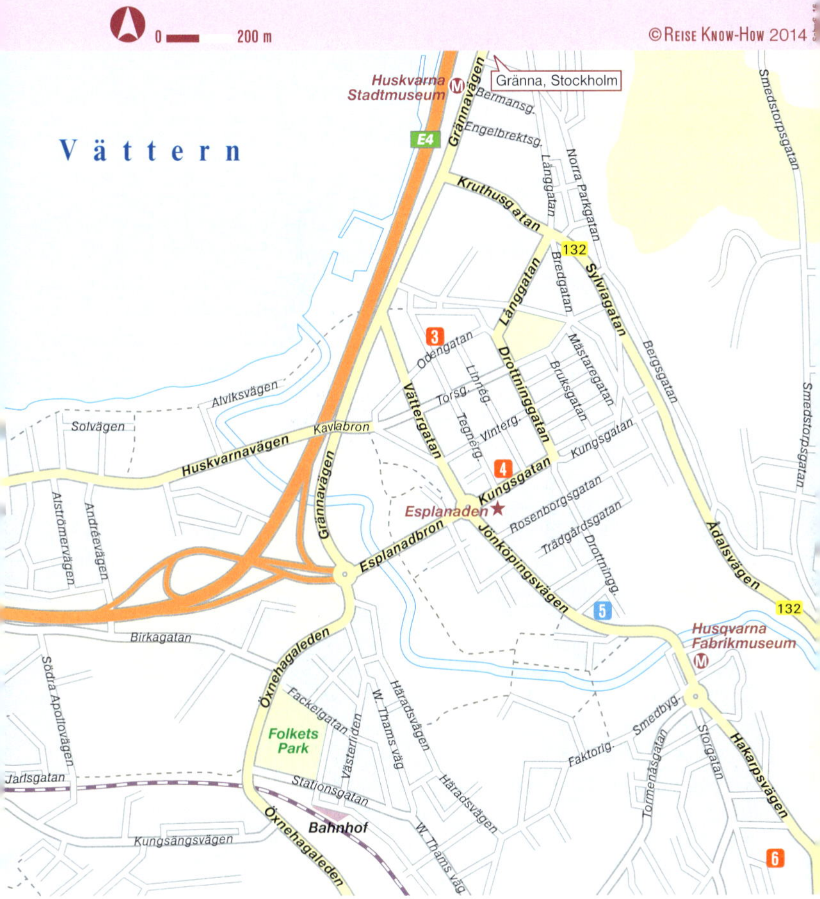

John Bauer Museet (Jönköping)

Dag Hammarskjölds plats 2: Hier geht es um Kunst- und Kulturgeschichte, vor allem *John Bauer* gewidmet, der die fantastischen **Märchenbilder** mit Trollen und Elfen schuf, die in Schweden jedes Kind kennt. Juli/August Mo bis Fr 12–19 Uhr, Sa/So 11–15 Uhr, Eintritt frei.

Parkanlagen

Der **Stadtpark** umfasst das Freilichtmuseum Ryggåsstugan und das Fågelmuseet, in dem Hunderte ausgestopfter Vögel zu sehen sind. Ein weiterer Park ist der kleine**Rådhusparken** in der Innenstadt. Im **Huskvarna Folkets Park** zeigt sich die alte schwedische Parktradition in modernem Gewand. Hier finden Motorsport-, Tanz- und Musikveranstaltungen statt sowie Flohmärkte.

Ivar Kreuger: Hast du mal Feuer?

Ivar Kreuger, 1880 in Kalmar geboren, war der Gründer der **Svenska Tändsticks AB (STAB),** die zentrale Figur im europäischen Zündholzgeschäft und einer der reichsten Männer in den ersten Jahrzehnten des 20. Jh.

Schon sein Großvater und sein Vater stellten **Zündhölzer** her und kauften Mitbewerber auf. Mit 20 Jahren schloss der Sohn ein Studium als Bergbauingenieur ab und zog mehrere Jahre durch die Welt. Mit seinem Erbe schuf er nach dem 1. Weltkrieg innerhalb weniger Jahre einen weltumspannenden Konzern, eben die genannte Svenska Tändsticks AB (STAB), deren Schwerpunkte die Nutzung des schwedischen Holzreichtums und die Produktion von Zündhölzern waren. Sehr erfolgreich expandierte *Kreuger* auf immer neuen nationalen Märkten. Da er über enorme finanzielle Mittel verfügte, war die Herangehensweise immer die gleiche. Er nahm riesige Kredite in Amerika, Holland, Schweiz, England, Frankreich, also in den reichen Industrieländern, auf und lieh das Geld finanziell schwachen Staaten in Mitteleuropa: Deutschland, Ungarn, Rumänien, Polen, aber auch einigen südamerikanischen Staaten. Für diese **Kreditgeschäfte** verlangte der gewitzte und charmante Geschäftsmann als Gegenleistung das **Zündholzmonopol** in den entsprechenden Ländern, was den meisten Staatsmännern lächerlich vorkam. Lediglich der misstrauische *Stalin* war weitsichtig und lehnte ab. Kreuger jedenfalls wurde berühmt und unermesslich reich.

Sein Imperium wuchs und wuchs, die Firma wurde in **Swedish Match** umbenannt. In den 1920er Jahren gehörten ihm Hunderte Fabriken mit Hunderttausenden von Mitarbeitern. Er kontrollierte 60 % des Weltmarktes an Zündhölzern! Zusätzlich kaufte er Bergwerke, schwedische Wälder und Papierfabriken, dazu war er Anteilseigner bei Ericsson-Telefonen.

Als das Deutsche Reich, Rumänien, Ungarn und andere Staaten in den unruhigen Zeiten nach dem Börsencrash 1929 die Zinszahlungen einstellten, konnte auch *Kreuger* seine Gläubiger nicht mehr bedienen. In der Folge brach sein Streichholzimperium zusammen und ließ sich auch mit Tricks und Betrügereien nicht mehr retten. **1932** fand man *Kreuger* **erschossen** auf, in der Hand eine tags zuvor gekaufte Pistole; die Polizei stellte Selbstmord fest. Andere Quellen sprachen von Mord, denn der Unternehmer hatte mächtige Feinde, die Industriellenfamilie der *Wallenbergs* etwa oder *Stalin.* Als Kreugers Ableben bekannt wurde, stürzten die Kurse seiner Unternehmen endgültig ins Bodenlose

Das Streichholzmonopol allerdings fiel in Deutschland erst 1983, nachdem die letzte Kreditrate bezahlt war. Danach stand auf den kleinen Schachteln nicht mehr „Welthölzer", sondern „Zündis" oder Ähnliches.

Fabrikmuseum Husqvarna

Hakarpsvägen 1: Thema ist die über 300-jährige **Geschichte des Industriestandortes.** Tel. 14 61 62, www.husqvarnamuseum.se, April bis Oktober 10–15 Uhr, 50 SEK, engl. Führung ab 200 SEK.

Huskvarna Stadsmuseet

Kruthuset, zwischen E 4 und Grännavägen, Ecke Engelbrektsgatan: Gezeigt werden **Ausgrabungsfunde** aus der Rumlaburg und vom Grund des Vättersees. 1771 als Pulvermagazin gebaut, wurden 1964 wegen der neuen E 4 alle 84.000 Ziegelsteine des Gebäudes abgetragen und 17 m weiter an der jetzigen Stelle neu zusammengebaut. Geöffnet bei Bedarf, Tel. 14 30 58, www.hvahembygd.se. Direkt neben dem Museum gibt es die Möglichkeit, eine Pause im Kroatorpet einzulegen und ein Garnelen-Sandwich zu essen.

Praktische Infos

Unterkunft in Jönköping

■ **Profilhotels Hotel Savoy**⑤, Brunnsgatan 13–15, Tel. 17 32 90, www.profilhotels.com/hotelsavoy. Designhotel mitten in der Stadt.

■ **Best Western Plus John Bauer**④, Södra Strandgatan 15, Tel. 34 90 00, www.johnbauer.se. Ganz schön, aber leider verstellt das Design Center den Blick aufs Wasser.

■ **Familjen Ericsson's City Hotel**④, V. Storgatan 25A, Tel. 71 92 80, www.cityhotel.se. Moderner Chic zwischen Streichholzmuseum und Friedhof.

■ **Quality Hotel Jönköping**④, Ryhovsgatan 3, Tel. 18 36 00, www.nordicchoicehotels.se. Der große Silo ist nur was für Leute mit Auto, weil etwas außerhalb gelegen.

■ **Scandic Portalen**④, Barnarpsgatan 6, Tel. 585 42 00, www.scandichotels.com. Schönes Hotel in der Innenstadt.

■ **Elite Stora Hotellet**④, Hotellplan 3, Tel. 10 00 00, www.elite.se/sv/jonkoping. Wie der Name sagt: Groß und elitär in einem schönen Altbau am Bootsanleger, sehenswert ist der Spiegelsaal.

■ **Grand Hotell**③, Hovrättstorget, Tel. 71 96 00, http://grandhoteljonkoping.se. Altehrwürdig und ein wenig in die Jahre gekommen, zentrale Lage.

■ **Comfort Hotel Jönköping**③, Klostergatan 28, Tel. 10 08 00, www.comfort-jkpg.se. Ein simpler 1960er-Jahre-Bau in der City. Mit Tiefgarage.

■ **A6 Vandrarhem & Hotell**②, Rekrytvägen 5, Tel. 34 00 41, www.rocksjon.se/vandrarhem. Ein schlichtes Haus am Rocksjönsee, der Bahnhof Rocksjön liegt gegenüber.

Unterkunft in Huskvarna

■ **Slottsvillan**⑤, Hakarpsvägen 3, in Richtung Smedbyn, Tel. 14 20 90, www.slottsvillan.se. Das Haus im englischen Stil wurde für *Wilhelm Tham,* den Direktor der Husqvarna-Waffenfabrik, 1896 gebaut. Das Schloss ist ein Kulturdenkmal und liegt in einem ruhigen Garten. 12 Zimmer.

■ **Huskvarna Stadshotell**④, Erikdahlbergsgatan 20, Tel. 13 05 07, www.huskvarnastadshotell.se. Außen 1970er-Jahre-Stil, innen modern, gutes Restaurant.

■ **Scandic Elmia**③, Elmiavägen 8, Tel. 585 46 00, www.scandichotels.com. Ein einfaches Haus außerhalb im Nordosten.

■ **Villa Björkhagen Ab**②, Friggagatan 31, Tel. 12 28 63, www.villabjorkhagen.se. Modernes Hostel am Wasser.

■ **STF Vandrarhem Rosendala Herrgård**②, Odengatan 10, Tel. 14 88 70, www.hhv.se. In einem zweistöckigen Wohnblock untergebracht.

Camping

■ **Lovsjöbadens Camping,** Hyltena, Tel. 18 20 10, www.lovsjocamping.se. 20 km südlich am gleichnamigen See in der Nähe der E 4 im Wald.

Essen und Trinken

■ Es gibt jede Menge Restaurants in Jönköping, deshalb hier nur eine Aufzählung: **Anna Gretas Mat & Bar,** Gourmettempel in der Kapellgatan 19; **Blåhed Gastronomi,** Trädgårdsgatan 9, Tel. 12 66 56; **Den Småländska Kolonin,** Kyrkogatan 4, Tel. 71 22 22; **Ester Kök & Bar,** Södra Strandgatan 15, Tel. 34 90 20; **Kastrullhäxan,** Oxtorpsgatan 19, Tel. 31 31 70; **Kock Och Bar,** Klostergatan 2, Tel. 30 85 80; **Karlssons Bar & Matsal,** Västra Storgatan 9, Tel. 71 21 60; **Kniv & Gaffel,** Slottsgatan 14, Tel. 16 91 00; **Mäster Gudmunds Källare,** Kapellgatan 2, Tel. 10 06 40. Am Hafen liegt das **Restaurang Bryggeriet,** im Wasser davor das Restaurantschiff **„M/S Nya Skärgården".**

■ In Huskvarna empfiehlt sich das **Stockmakaren Restaurang,** Stockmakaregatan 3C, Tel. 13 04 10.

Nachtleben

Jönköpings Nachtclubs sind: **Harrys** und **Sliver Nightclub,** im Hotel Savoy, Brunnsgatan 13–15; **O'Learys Bar & Restaurang,** Västra Storgatan 13; **Velvet Lounge,** Västra Storgatan 4.

Einkaufen

■ Der **Stadtkern von Jönköping** mit seinen beschaulichen Gassen, gemütlichen Cafés und Restaurants lädt zum Flanieren und Shoppen ein.

■ Auf dem Västra Torget von Jönköping ist jeden Samstag **Markt.** Der Markt zählt zu den größten in ganz Schweden.

■ Im **A 6 Center** in der Kompanigatan 36 in Jönköping findet man 80 Geschäfte und Restaurants unter einem Dach. Auf einer Brücke über die E 4 im Osten von Jönköping, 10–20 Uhr, So 11–17 Uhr.

■ In Huskvarna finden sich Einkaufsmöglichkeiten rund um die **Esplanaden.**

An- und Weiterreise

■ **Auto:** Die Gegend ist ein Verkehrsknotenpunkt. Hier kreuzen die Straße 26 von Halmstad, die 47 von Trollhättan, die 40 von Göteborg und die E 4 aus Stockholm den Weg, um nur die großen zu nennen.

■ **Bahn:** Von der Central Station kommt man mit SJ weiter. Bei vielen Fahrzielen muss man in Nässjö oder Skövde umsteigen.

■ **Flug:** Der Flughafen JKG liegt 9 km außerhalb nahe der R 40 Göteborg – Västervik. Mit Höga Kusten Flyg und Flyglinjen geht es nach Stockholm, Bromma und Arlanda. Mit dem Bus der Linie 18 sind es 20 Min. zum Flughafen.

Ausflüge

Hakarps Kyrka steht auf den Hügeln östlich von Huskvarna. Die naiven Deckenmalereien in der Kirche wirken aus heutiger Sicht ein wenig befremdlich.

Zwischen Huskvarna und Jönköping erheben sich die **Sandbänke des Vättern.** Die 30–35 m hohen Sandbänke entstanden, als sich das Inlandeis vor 12.000 Jahren zurückzog. Vom Weststrand des Vätternsees kann man dem wilden Flusslauf des Dunkehallaån fol-

› Blick über Jönköping

gen und dabei den tosenden Wasserfall erreichen, der die Industrialisierung in der Gegend antrieb.

Hassafallsleden ist ein 4 km langer Wanderweg am Sandserydsån, teilweise geht es über schmale Holzplanken und Brücken.

Dumme Mosse liegt oberhalb des Wasserfalls. Dort erwartet einen eine erstaunliche Vegetation, sie ähnelt der in den nordschwedischen Hochgebirgen. Ein Rundwanderweg führt kinderfreundlich auf Holzpfaden durch Moore und an kleinen Seen vorbei.

Taberg heißt die alte Eisenerzstadt. Der gleichnamige Berg ist mehr als 300 m hoch. Sein markantes Profil entstand durch den langjährigen Abbau des Eisenerzes für die Waffenschmieden in Huskvarna. Die alten Stollen können im Rahmen von Führungen besucht werden. Auf der runden Bergseite finden Freunde der Botanik ein wahres Pflanzenparadies vor; schon *Carl von Linné* nannte Taberg das „Wunder von Småland". Tabergstoppen heißt das Lokal oben.

Gegenüber dem Volkshaus in **Norrahammar** ist die kleine Ausstellung „Primitiver Eisenhandel" zu sehen.

John Bauerleden: Dieser Wanderweg über 50 km von Huskvarna nach Gränna ist nach dem Maler *John Bauer* benannt, der in der Gegend lebte und hier seine Inspirationen fand.

Rodberga: Auf dem Riddarberg hat *Calle Örnemark* Skulpturen geschaffen, die vor allen Dingen groß sind. Die „Meuterei auf der Bounty" ist ein lebensgroßes Dreimast-Segelschiff, beim „Indischen Seiltrick" klettert eine Holzfigur einen langen Mast hinauf.

018fotolia

6 Durch Skåne nach Kalmar

Die Provinz Skåne ist bekannt für ihre weiten Felder und gilt als Kornkammer Schwedens. Småland ist das Reich der Tüftler und Erfinder – in Älmhult hat ein großer Möbelkonzern seine Wurzeln. Weiter östlich gelangt man in die waldreiche Gegend der Glashütten, Glasriket genannt. Schließlich stößt man in Kalmar wieder an die Ostsee.

Der Traum des Schwedenurlaubers: rotes Haus am Wasser

Von Malmö nach Höör

Die Weite der Landschaft erlebt man auf dieser Strecke besonders eindrucksvoll. Seen, an deren Ufern Angler sitzen, gelbe Ginsterbüsche und Brombeerhecken. Die Route führt von Malmö nach Nordosten. Hier stehen Windräder auf den Feldern. 11 km nach Lund gibt es einen Abzweig nach **Eslöv** und **Gårdstänga.** Auf der Straße 104 kommt man nach 25 km in Harlösa zu einer Kreuzung, die links zu einer Sehenswürdigkeit führt, **Hjularöd Slott.** Hjularöd war bereits im 13. Jh. bekannt, doch das Schloss ist von 1897 – trotz Mittelalter-Look. *P. A. Toll* ließ es von den Architekten *Clason* und *Wahlman* im französischen Stil errichten. Der Schlossherr war Landwirt und Naturfreund. Heute ist es in Privatbesitz der Familie *Bergengrens.*

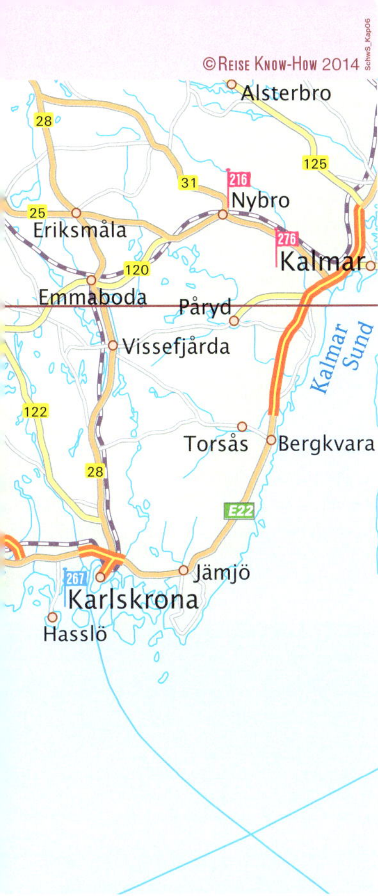

NICHT VERPASSEN!

Höör:
Rosenduft im Garten des Bosjöklosters | 203

Växjö:
dem Dom einen Besuch abstatten | 211

Glasriket:
die Glashütten zwischen Växjö und Nybro durchforsten | 215

Diese Tipps sind gelb hinterlegt.

Zurück auf der E 22 zweigt wenige Kilometer später die Straße 23 ab und führt quer durch Skåne bis nach Oskarshamn an die Ostsee. Der erste Ort ist Höör – mit zwei ö (s.u.).

Höör

- **Einwohner:** 8000
- **Vorwahl:** 0413
- **Information: Turistbyrå,** Föreningsgatan 11, Tel. 275 75, im Sommer Mo bis Fr 10–16.30 Uhr, Sa/So 10–12.30 Uhr.

Der Ort, schön von Hügeln umgeben, spielt erst seit 1858 eine Rolle, als mit Eröffnung der Bahnstrecke Södra stambanan die ersten Besucher kamen. 1939 wurde Höör als Marktgemeinde ausgewiesen. Man erzählt, dass der Ort früher **Hör** hieß. Es war aber in Schweden üblich, auf die Briefe, deren Ziel- und Aufgabeort der gleiche waren, statt des Ortsnamens einfach nur „Hier" zu schreiben. Daraufhin landeten Briefe aus ganz Schweden mit einem hingeschluderten „Här" in Hör. Deshalb soll die Reichspost darauf gedrungen haben, den Ortsnamen zu ändern.

Sehenswert ist **Skånes Djurpark,** der sich auf einheimische Tiere spezialisiert hat. Der Zoo liegt etwa 4 km nördlich des Ortes an der Straße 23. In den weitläufigen Gehegen gibt es nordische Braunbären zu bestaunen, große Luchse, und wer meint, seine Partygäste seien Vielfraße, kann sich hier die echten großen Nager ansehen. Jularp 150, www.skanesdjurpark.se, April bis Sept. täglich 10–17 Uhr, sonst bis 15 Uhr, 180 SEK.

Praktische Infos

Unterkunft

■ **Gästgivaregård**③, Gamla Torg 4, Tel. 220 10, www.hoorsgastis.se. Das Haus ist seit 1692 in Betrieb, sogar *Karl XII.* übernachtete hier. 17 DZ.

Camping

■ **Grottbyn Vandrarhem och Camping**②, Jularpsvägen, Tel. 55 32 70, www.grottbyn.se. 500 m vom Eingang des Zoos entfernt, ganzjährig geöffnet. Hütte ab 550 SEK.

Essen und Trinken

■ **Restaurang Jernkällaren,** Järnvägsgatan 8. Der Name sagt es, ein Kellerlokal, geöffnet Di bis Fr 16–22 Uhr, Sa 13–22 Uhr, So bis 21 Uhr.

■ **Hardy's drive in,** das Schnelllokal stadtauswärts am Frostavallsvägen 2 ist ganz annehmbar.

An- und Weiterreise

■ **Auto:** Die E 22 und die Autobahnen 13 und 23 verlaufen durch die Gemeinde.

■ **Bahn:** Anfang des 20. Jh. hatte Höör eine Bahnlinie nach Hörby, die aber später dem Busverkehr

geopfert wurde. Hier ist heute die Endstation des Regionalzuges Pågatåg.

Bus: Vom Bahnhof z.B. zum Zoo.

Ausflüge

Bosjökloster

Das **weiße Benediktinerkloster** liegt auf einer Landenge zwischen den Seen Östra Ringsjö und Västra Ringsjö an der Straße 23. Niemand weiß genau, wann es gegründet wurde, vermutlich um 1080 n. Chr. Nach der Reformation im 16. Jh. wurde das Nonnenkloster aufgelöst. Frau *Thale Ulfstand* kaufte es von den Dänen, lange Zeit gehörte es der Familie *Beck* und heute dem Grafen *Thord Bonde*. Besichtigen kann man die alten Gewölbe, die Kirche, die noch heute das Gotteshaus der Gemeinde ist, den kleinen Friedhof der Nonnen und natürlich den Park.

Im **Klosterpark** blühen Rosen und Hortensien, eingerahmt von Buchsbaumhecken. Die Rose „Stenchen" blüht dort schon seit 1908 und wurde in „Bosjökloster" umbenannt. Die Rosenblüte beginnt Ende Mai und dauert bis in den September. Umrahmt von Katzenminze (Nepeta) wachsen hier rund 1000 **Rosen**, eine ganze Reihe vom berühmten englischen Züchter *David Austin*, dem es gelang, alte duftende Sorten mit robusten Teehybriden und Floribundarosen zu kreuzen. Am Eingang zum Park steht eine tausendjährige Eiche, außerdem gibt es einen von Klematis umrankten Kräutergarten.

Ein netter Ort zum Rasten und Speisen ist das **Ringsjö Krog & Wärdshus,** Stenlycke 102, Tel. 0413-332 54, www.ringsjowardshus.com. Herrlich in einem alten Park gelegen, der hinunter zum Ringsjön geht. Der Straße 23 nach Süden folgen, am Bosjökloster vorbei.

Golfbegeisterte fahren zum Resort des Clubs **Elisefarm.** Der Course ist von einer Heidelandschaft umgeben und wurde als eine der zehn besten Golfanlagen Europas eingestuft.

sd13-045 fph

Das Bosjökloster bei Höör

Von Höör nach Hässleholm

Vorbei an dem Dörfchen **Tjönarp** am gleichnamigen See, erreicht man die Bezirksgrenze zwischen Malmö und Kristianstad. Auf der Mitte des Weges, in **Sösdala,** lohnt sich ein Stopp, um in einem Schlosspark eine Pause einzulegen, der Ort hat auch einen Bahnhof, der Zug von Höör nach Hässleholm hält hier.

Vannaröds Slott in Sösdala wurde 1890 für *Christian Barnekow* errichtet, und zwar nach einer Abbildung aus Schottland. *Barnekow* wollte damit seine zukünftige Frau *Agnes Sophia Montgomery* beeindrucken, was auch klappte. Nach seinem Tod 20 Jahre später lebte die Witwe dort weiter, die zwischenzeitlich den Bruder des Freiherren geheiratet hatte. Nach einem ziemlichen Hin und Her – auch die Erbin der schottischen Johnny-Walker-Destille lebte zeitweise hier – ging das Schloss 1928 an die Gemeinde, die es allerdings auch wieder verkaufte – das Karussell drehte sich weiter, bis zum August 1952, da erwarb eine Stiftung für 117.000 SEK das Anwesen. Seitdem wird es als Konferenzzentrum und Restaurant betrieben. Sehenswürdigkeiten im Schloss sind Antiquitäten, Ritterausrüstungen und mehrere Kachelöfen. Zum Schloss gehört ein malerischer Park. www.vannarodsslott.se, Tel. 604 56.

Die Straße 23 führt weiter nach Hässleholm, teilweise dreispurig ausgebaut. Der Randstreifen kann als Fahrradweg benutzt werden. Es kreuzt die Straße 21, die von Kristianstad nach Helsingborg führt.

Hässleholm

- **Einwohner:** 18.000
- **Vorwahl:** 0451
- **Information: Turistbyrå,** Stadshuset, Tel. 26 73 00.

Der Ort ist Knotenpunkt für fünf Eisenbahnstrecken und einige wichtige Überlandstraßen. Das Ortszentrum ist eher unansehnlich, es entstand auf der östlichen Seite des Bahndammes. Im 16. Jh. stand an Ort und Stelle nur ein Gutshof. 1860 baute man die **Eisenbahnlinie** Malmö – Falköping, worauf Hässleholm einen Bahnhof erhielt. In den folgenden Jahren entstanden Verbindungen nach Helsingborg, Kristianstad und Markaryd, was dem Ort zu einem Aufschwung verhalf.

Praktische Infos

Unterkunft

- **Hotell Statt**⑤, Frykholmsgatan 13, Tel. 890 00, www.statt.se. Ein solides Gebäude in Bahnhofsnähe, leider muss man schon morgens um 10 Uhr auschecken!
- **Göingehof**④, Frykholmsgatan 23, Tel. 143 30, www.goingehof.se. Das Haus sieht zwar von außen langweilig aus, aber die 42 Zimmer und der Preis sind in Ordnung.
- **Kronans B&B**②, Finjagatan 17, www.discount-hotel-selection.com. Preiswerte Zimmer in einem ganz hübschen Privathaus 1,5 km nordwestlich vom Zentrum.

Essen und Trinken

- **Hembygdsparkens café,** Museivägen 1. Gemütliche Kaffeestube im Zentrum.
- **Café Sjöstugan,** Blåbärsstigen 4. Café am Ufer des Vittsjö.
- Für Nachteulen gibt es den **King's Head Pub** (auch Restaurant), Fr und Sa Night Club.

An- und Weiterreise

- **Bahn:** Die Bahnstrecke nach Karlskrona war ursprünglich eine Kleinbahn und wurde erst in den 1950er Jahren auf Normalspur umgebaut. Auf dieser Blekinge kustbana verkehrt der Öresundståg, der die Küstenstädte von Blekinge und Ostskåne mit der Öresundregion verbindet. Mit dem Hochgeschwindigkeitszug X2000 dauert die Fahrt nach Stockholm etwa 4 Stunden.

Ausflüge

Hovdala Slott

Das Schloss 7 km südlich von Hässleholm **am See Finjasjön** wurde von 1665 bis 1981 vom Adelsgeschlecht *Ehrenborg* bewohnt. Im 17. Jh. kämpften dänische Freischärler, die Snapphanar, gegen Schweden, das Skåne annektieren wollte. Beim Schloss Hovdala kam es zur Schlacht. Heute gibt es Führungen durch die Räume. Im **Park** stehen noch Ruinen aus dem 18. Jh. und die Orangerie aus den 1790er Jahren. Garten und Park sind ganzjährig für Besucher geöffnet. Es gibt auch einen Laden und ein Café-Restaurant. Auf dem Gelände finden Sommerausstellungen, Konzerte und Erzählabende statt, Infos unter www.sfv.se/sv/sevardheter.

Tykarpsgrottan

In dem kleinen Ort **Ignaberga** bei Tykarp 6 km südlich von Hässleholm wurde über Jahrhunderte mit Hammer und Hacke Kalkstein gebrochen. Dadurch entstand in 12 m Tiefe ein gigantisches Labyrinth, das aus unterirdischen Gängen und Sälen auf einer Gesamtfläche von 20.000 m² besteht. Es kann nur mit Führer besichtigt werden. Übrigens wurden hier Szenen für den Film „Ronja Räubertochter" gedreht, und auch Fledermäuse sind von den Gängen sehr angetan. Die Ausfahrt an der Straße 21 ist beschildert. Geöffnet Juli und August 10–18 Uhr, 100 SEK, www.tykarpsgrottan.net/se.

Wanås Slott

Das wunderschöne Schloss liegt 20 km östlich der Stadt und beeindruckt auch mit **Kunstausstellungen** in den Gebäuden und im Park um das Schloss. Seit 25 Jahren stehen hier hauptsächlich Kunstwerke, die sich auf den Standort beziehen, also eigens für den Park geschaffen wurden. Natürlich mit Shop und Café in einer Feldsteinscheune. Infos, Öffnungszeiten und Eintritt unter www.wanas.se. Anfahrt: Von der Straße 23 zweigt nach dem Ort die 119 Richtung Tingsryd ab, vor Knislinge rechts, auch eine Bushaltestelle gibt es davor.

Von Hässleholm nach Älmhult

Rote Mohnfelder wechseln mit grünen Wiesen, weiß leuchten die Gänseblümchen bis zum Horizont. Am Ortseingang von **Osby** liegt ein schöner Parkplatz mit Infotafeln rechts am See. In der Stadt ist der **Konzern Brio** zu Hause, Abkürzung für Bröderna Ivarsson, Osby. Die Firma wurde in ganz Europa für ihre Spielzeugeisenbahn aus Holz bekannt. Gerade und gebogene Holzleisten mit zwei Rillen stellen die Schienen dar, zusammengehalten werden sie durch eine schwalbenschwanz-ähnliche Verbindung. Die Holzräder der Züge rollen in den Rillen. Seit 1908 die Söhne die väterliche Holzfabrik übernahmen, ging es aufwärts, 1909 stellten sie 1000 unterschiedliche Stücke her, die berühmte Eisenbahn kam 1955. Brio ist eine der weltweit größten Firmen der Branche. Das **Brio Lekoseum** ist ein Spielzeugmuseum, in dem Firmenprodukte und die anderer Unternehmen ausgestellt werden, Portgatan, Ecke Briogatan, www.brio.net, 4.6. bis 18.8 täglich 10–17 Uhr, 60 SEK. Nach Brio kommt der kleine Bahnhof mit einem großen Parkplatz und dem **Stora Hotellet,** wo es auch etwas zu essen gibt. Danach kann man zwei Häuser weiter noch schnell bei ICA einkaufen. Außerdem liegt Osby ganz nett am **Osbysjön,** am nördlichen Seeufer geht von der Kristianstadsgatan ein Parkplatz am Ufer ab, der zu einer Rast einlädt.

Fährt man die Straße 119 nach Osten, erreicht man **Lönsboda.** Der Ort ist durch seinen Steinbruch Hägghult bekannt. Hier wird Schwarz-schwedisch gebrochen, ein Stein, der hauptsächlich Bildhauer interessiert, wegen der besagten Farbe.

Kurz vor Älmhult überschreitet man die Grenze von Skåne zu **Småland.** Not macht erfinderisch, und so sind hier findige Tüftler zu Hause (gewesen), Menschen, die zum Ruhm Schwedens in der Welt beitrugen. Auch hier ist, wie in Skåne, Picknicken ein Volksvergnügen. Wobei es nicht nur ums Essen geht, sondern um das Esserlebnis im Freien.

Älmhult

- **Einwohner:** 9000
- **Vorwahl:** 0476
- **Information: Turistbyrå,** Stortorget 1 bei der Gemeindeverwaltung, Tel. 551 52, Mo bis Fr 8–16 Uhr.

Älmhult liegt am **See Möckeln,** eine Reihe von Wanderpfaden verläuft um den See. Der Ort ist Geburtsstadt des Möbelkonzerns **IKEA.** Das Unternehmen eröffnete hier 1958 sein erstes Möbelhaus. Vorher wurde der Ort durch den **Umsteigebahnhof** groß. Hier traf die Södra stambanan von Malmö über Nässjö nach Falköping auf den Sölvesborg-Olofströms-Elmhults-Järnväg SOEJ nach Blekinge und Kristianstad.

Viele Besucher verdankt Älmhult der großen Bekanntheit von IKEA, denn das Möbelhaus ist nach Angaben der Gemeindeverwaltung das wichtigste touristische Ziel. Das **IKEA-Museum** ist durchaus einen Besuch wert, denn es gibt viel zu sehen: Von den ersten flach verpackten Regalen aus den 1950er Jahren über seinerzeit trendige Nierentische bis zu den bombastischen Farben aus den 1970ern. Lustige Fotos von den ersten Kunden, der Versuch, Möbel aus dem 18. Jh. zu kopieren, und ein „Antiquitäten"-Tauschladen vervollständigen dieses urige Museum im Keller des IKEA Hotel & Restaurant gegenüber des IKEA-Hauses. Geöffnet Do 12–19 Uhr, Fr bis So 12–16 Uhr.

Die **Skulptur „Stolen"** von *Kaj Engström* und *Arne Persson* in Form eines gigantischen Stuhles markiert den Ortseingang von Älmhult.

Ein Standbild von **Carl von Linné** steht auf dem Stortorget, der sich vom Bahnhof nach Osten erstreckt. Der berühmte Botaniker wurde im nahen Ort Stenbrohult geboren, die Plastik schuf 1946 *Carl Eldh.*

Praktische Infos

Unterkunft

■ **Möckelsnäs Herrgård**④, Diö 10, Tel. 532 00, www.mockelsnasherrgard.se. Mitten im Wald neben *Carl von Linnés* Råshult (s.u.) steht der gelbe Herrenhof. Die Straße ist holprig und schmal, aber die Fahrt lohnt sich. Es erwartet einen eine gemütliche Atmosphäre und eine atemberaubende Aussicht auf den See.

■ **IKEA Hotel & Restaurant**③, Ikeagatan 1, Tel. 64 11 00, www.vardshuset.nu. Einfaches 1960er-Jahre-Hotel mit 150 Zimmern, simple Architektur, am Service gibt es nichts zu bemängeln. Gegenüber dem Parkplatz zum Warenhaus.

■ **Haga Park Hotel**③, Östra Esplanaden 10, Tel. 539 00, www.hagapark.com. Ein moderner zweistöckiger Bau mit annehmbaren Zimmern, 5 Min. zu Fuß sind es ins Zentrum.

■ **Sofia Apartment Hotell**③, Södra Esplanaden 19, Tel. 0709-50 74 40. In einem einfachen Wohnblock, auch nächteweise.

Camping

■ **Såganäs Camping,** Tel. 212 69, östlich von *Linnés* Råshult ist Såganäs friluftsbas ein beliebter Zwischenstopp für Kanufahrer auf dem Fluss Helge å. Der Platz hat nur rudimentäre Einrichtungen.

Essen und Trinken

■ **Möckelsnäs Herrgård,** Tel. 532 00, von der Straße 23 12 km nach Älmhult den Abzweig Stenbrohult kyra nehmen. Mo bis Sa 12–21 Uhr, So bis 16 Uhr. Großzügiges Speisenangebot von hervorragender Qualität. Obwohl die Besitzer Holländer sind, wird schwedisch gekocht.

■ **Barkhults Gård,** Landgasthaus etwa 16 km östlich von Älmhult an der Straße 120 Richtung Tingsryd in der scharfen Kurve.

■ **Goaroije,** Äskya 1215, auf der Straße 23 nach Norden bis zum Abzweig Nyatorp. Für den Mittag zu empfehlen, 10–16 Uhr. Der Name ist småländisch und bedeutet etwa „Glück gehabt".

■ **Cafés** finden sich in der Norra Esplanaden 13 und 16 sowie auf der Köpmannsgatan 1.

An- und Weiterreise

■ **Bahn:** Älmhult liegt an der Södra stambanan Kopenhagen – Stockholm. SJ fährt nach Kalmar über Växjö. Außerdem kann man direkt nach Dänemark über Helsingør zum Flughafen Kastrup und Kopenhagen fahren.

■ **Bus:** Länstrafiken Kronoberg fährt innerörtlich sowie nach Växjö, Skånetrafiken nach Osby.

Ingvar Kamprad – Lagerprobleme schaffen einen Weltkonzern

Ingvar Kamprad, 1926 als Sohn einer aus Thüringen stammenden Bauernfamilie geboren, gründete 1943 im Alter von 17 Jahren einen Versandhandel in Älmhult, den er **IKEA** nannte. Dabei steht „IK" für die Initialen seines Namens, „E" für Elmtaryd, den Namen des elterlichen Bauernhofes, und „A" schließlich ist der Anfangsbuchstabe seines Heimatdorfes Agunnaryd in der Gemeinde Ljungby.

Das Kapital für sein Geschäft lieh er sich von seinem Vater. Er vertrieb Haushaltsgegenstände und Möbel. Die **Regale,** die er in der elterlichen Garage für seine Studentenbude zusammenbaute, kamen bei seinen Kommilitonen so gut an, dass sie auch welche haben wollten. Da die Garage nicht genug Platz bot, die fertigen Möbel zu lagern, kam *Kamprad* auf die geniale Idee, seine Kreationen zerlegt zu verkaufen und den Zusammenbau den Käufern zu überlassen. Diese Methode erleichterte auch den Versand, und nach 1948 konnte man seine Waren per Katalog aussuchen und sich zuschicken lassen. Das Geschäft florierte, die Firma expandierte. Ein weiterer Schachzug zur Kostenreduktion: *Kamprad* ließ seine Möbel dort produzieren, wo es am preiswertesten war – „Made in Sweden" hatte ausgedient.

Das erste **IKEA-Warenhaus** entstand 1958 in Älmhult, wo es heute noch steht, das erste Kaufhaus im Ausland 1963 in Oslo, auf dem europäischen Festland 1973 in der Schweiz. Im Laufe der Zeit entstand die Idee, in den Verkaufshäusern ein Gefühl von gutem Leben, Leichtigkeit und Qualität zu vermitteln, auf dass es sich in den Köpfen der Besucher auf die Möbel übertrage. Das Konzept war wegweisend und vermittelte auch im Ausland eine **Vorstellung des skandinavischen Lebensgefühls.** Alle Menschen glaubten plötzlich, IKEA sei die prototypische skandinavische Form der Möblierung – und sind dann bei einem Besuch in Schweden völlig perplex, wenn sie dunkle Sofamonster umstellt mit historisierenden Tischchen und vollgestellt mit Nippes entdecken …

Seit den 1970er Jahren lebt *Kamprad* in der Schweiz. Sein **Vermögen** wird auf 23 Mrd. US-Dollar geschätzt, er gehört damit zu den reichsten Menschen der Welt.

Doch ein Schatten liegt auf seiner Biografie: 1994 berichteten schwedische Massenmedien von **Kontakten mit nationalsozialistischen Gruppierungen.** *Kamprad* war Mitglied der rechten Organisation „Nysvenska Rörelsen" und hatte sie bis 1945 finanziell unterstützt. Der Unternehmer entschuldigte sich daraufhin in einem handgeschriebenen offenen Brief bei seinen Mitarbeitern und Kunden und bezeichnete die Zahlungen als größte Dummheit seines Lebens. Sogar zu einem Boykott der IKEA-Produkte war aufgerufen worden.

Ausflüge

Stenbrohult

Am Ende des Strandes am See Möckeln wuchs **Carl von Linné** (siehe Exkurs bei Uppsala) auf. Sein Vater *Nils Linnæus* war hier Pfarrer bis zu seinem Tod 1748. Der Vater pflegte zwischen Pfarrhof und Kirche einen schönen Garten mit mehr als 300 seltenen Pflanzen, die *Carls* Interesse für Botanik weckten. Im Ort Richtung Linnéleden/Möckeln fahren, nach 12 km links zur Kirche und nach Möckelnäs.

Råshult

Der **Hof, auf dem Carl von Linné,** damals noch *Lineaeus,* **geboren wurde,** steht noch an seiner ursprünglichen Stelle, aus dem 18. Jh. ist allerdings nur noch ein Gebäude erhalten. Das 1706 von *Linnés* Vater *Nils Linnæus* errichtete Wohnhaus brannte 1729 ab. 200 Jahre später baute man es originalgetreu nach. Geöffnet ist es von Mai bis Sept. täglich von 11–16 Uhr. Der **Schaugarten Kurrebro Idé** erstreckt sich am Ufer des Asnensees. Im Ort Richtung Linnéleden/ Möckeln fahren oder auf der Straße 23 12 km nach Norden, Abzweig Såganäs.

Von Älmhult nach Växjö

Weiter geht es, immer die Straße 23 entlang, durch Smålands fruchtbare Äcker. Auf halber Strecke vor Växjö kommt man am **Salensee** vorbei, der sich hinter einem Birkenwäldchen versteckt. Danach, 20 km südlich vor Växjö, liegt links der **Madsjö** mit dem **Herrenhaus Huseby Bruk,** einer ehemaligen Eisenhütte, www.husebybruk.com; Kunst- und Antiquitätensammlungen, Führungen. In der Umgebung lohnt das **Eisenhüttenmuseum** einen Besuch, der Schmied arbeitet von Juni bis August Di bis So 11–17 Uhr. In der Mühle praktiziert jeden

sd13-048 fph

☐ Teleborgs Slott (Växjö)

Samstag im Juni bis August um 12 Uhr ein Scherenschleifer mit den alten Geräten, und es gibt eine Archimedes-Schraube (Wasserpumpe). Außerdem: Restaurant im ehemaligen Stallgebäude, Café in der alten Schmiede, Ausstellung Naturum, ein Naturkundemuseum, das die Entwicklungsgeschichte der südsmåländischen Landschaft dokumentiert. Dazu ein Garten mit Rhododendron, Kastanien, Palmen und Agaven.

Vor Växjö wird die Landschaft parkähnlicher und bald ist die Stadt erreicht.

Växjö

- **Einwohner:** 60.000
- **Vorwahl:** 0470
- **Information:** Residenset Stortorget, Tel. 73 32 80.

Die Hauptstadt der Provinz Kronobergs län ist auch **Universitätsstadt** und gilt zudem als Hauptstadt des „Glasreiches". Växjö liegt am Schnittpunkt zweier Seen. Schon in der Eisenzeit betrieb man in

sd13-047 fph

Växjö Handel, es gab ab dem 11. Jh. an dieser Stelle eine Siedlung. Der Name kommt vermutlich von *väg* (Weg) und *sjö* (See), da man im Winter den Weg über den zugefrorenen See zum Markt nahm. 1170 wurde der Ort sogar Bischofssitz, was weitere Menschen anzog. Die Stadtrechte von König *Magnus Eriksson* gab es 1342. Durch anhaltende Grenzstreitigkeiten wurde die Stadt 1276, 1570 und 1612 verwüstet, danach brannte sie dreimal nieder.

Übrigens: Am Kronbergs Theater arbeitete *Henning Mankell* als Intendant und Regisseur, der Schriftsteller *Jonas Jonasson* und der frühere Tennisstar *Mats Wilander* sind berühmte Söhne der Stadt.

Sehenswert

Dom

Die Innenstadt wird dominiert von dem aus dem 14. Jh. stammenden Dom mit seinem Doppelturm, der im Lauf der Jahrhunderte mehrmals restauriert wurde. Schon 1120 stand hier eine Kirche, aus Feldsteinen gefügt. Im Dom ist das große **Mosaik „Jerusalem“** von *Beskov*, der auch die meisten Glasfenster schuf, zu bewundern. An der Ostseite steht ein Runenstein. Südlich des Doms erstreckt sich der Linné-Park. Der berühmte Botaniker ging hier aufs Gymnasium.

Smålands Museet

Södra Järnvägsgatan 2, Tel. 70 42 00, www.kulturparkensmaland.se: Provinz- und **Altertumsmuseum** mit einem angeschlossenen Glasmuseum, Di bis Fr 10–17 Uhr, 50 SEK.

Utwandrarnas Hus

Vilhelm Mobergs gata 4: Informationen über die **Auswandererwelle** im 19. Jh., die 1,2 Millionen Schweden nach Amerika brachte. 1.6. bis 1.9. 10–17 Uhr, sonst Sa/So nur bis 16 Uhr, 50 SEK.

Kronoberg Slottsruin

Es handelt sich um die Ruine eines ehemaligen Bischofssitzes von 1444. 1542 verschanzten sich hier die Bauern unter *Nils Dacke,* als die Truppen von *Gustav Vasa* anrückten. Die smaländer Bauern sollten den Handel mit Dänemark einstellen. Nach dem Sieg der Schweden baute man die **Festung** aus, an der Südseite entstand ein neuer Turm, die Wohnräume wurden mit Fachwerk aufgestockt. Mit 50 Kanonen hoffte man, allen Angreifern standhalten zu können. Die Bediensteten wohnten auf der Nachbarinsel Stallholmen. Nach dem Frieden von Roskilde verfiel die Burg. Was übrig blieb, liegt etwa 5 km nördlich am Helgasjön auf einer Insel nahe am Ufer, ein Steg führt hinüber, es gibt auch eine Bushaltestelle davor.

☐ Der Dom dominiert die Innenstadt

Teleborgs Slott

Der exzentrische Graf *Fredrik Bonde af Björnö* ließ das Schloss in der Slottsallén 12 als Hochzeitsgeschenk für seine junge Frau *Anna Koskull* im Jahr 1900 bauen. Hübsch auf einer Landzunge im **See Trummen** im Süden der Stadt gelegen, war dem Grafen nur das Beste gut genug, und so verschlang der Bau die unglaubliche Summe von fast 193.000 Kronen. Nach neun Jahren im Schloss starb der Graf, nach dem Tod der Witwe erbte es der Neffe. Heute gehört es der Gemeinde und beherbergt Gästezimmer.

Hörenswert

Ekotemplet heißt der Wasserturm von **Teleborg** südlich von Växjö. Eigentlich ein ganz normaler Wasserspeicher und auch nicht einmal besonders hoch, wird er „Echotempel“ genannt, weil jedes Geräusch, dass man im Zentrum unter dem Bottich verursacht, 15 Mal wiederholt wird. Selbst Schlüsselklimpern erzeugt einen Heidenlärm. Anfahrt über den Teleborgsvägen nach Süden, bis links der Straße die Felder anfangen; Hinweisschild zum Parkplatz „Vattentornet“ auf der linken Seite.

Praktische Infos

Unterkunft

■ **Best Western Royal Corner**④, Liedbergsgatan 11, Tel. 70 10 00, www.royalcorner.se. Hotel mit 260 Betten im Stadtzentrum, beheizte Tiefgarage, draußen kostenloses Parken.

■ **Clarion Collection Hotel Cardinal**④, Bäckgatan 10 , Tel. 72 28 00, www.clarionhotel.com/hotel-vaxjo-sweden-SE09. Das 147-Betten-Hotel besteht aus zwei gegenüberliegenden Gebäuden mitten in der Fußgängerzone.

■ **Elite Park Hotel Växjö**④, Västra Esplanaden 10–14 am Theaterparken, Tel. 70 22 50, www.elite.se/sv/hotell/vaxjo/eliteparkhotel. Nebenan befinden sich das Restaurant Teaterparken sowie das Konzerthaus von Växjö.

■ **Elite Stadshotellet**④, Kungsgatan 6, Tel. 134 00, www.elite.se/sv/hotell/vaxjo/stadshotellet. Hotel mit geschichtsträchtiger Vergangenheit.

■ **Teleborgs Slott**④, Slottsallén 12, Tel. 34 89 80, www.teleborgsslott.com. Ein Schlösschen wie aus dem Märchenbuch (s.o.); 10 Zimmer mit Bad auf dem Flur, Zimmer mit Bad im Pförtnerhäuschen.

■ **Butapalats Hotel**③, Vintervägen 2, Tel. 74 02 00, www.butapalats.se. Ziemlich zentraler Neubau.

■ **Bergsnäs Motell**②, untergebracht in einem Holzhaus am Stora Vägen 6, Tel. 600 71. Es wird von der Tankstelle gegenüber betrieben, dort muss man sich auch das Frühstück holen.

■ **Hotell Värend**②, Kungsgatan 27, Tel. 77 67 00, www.hotellvarend.se. Ein einfaches Mittelklassehotel in einer ruhigen Nebenstraße.

■ **Växjö Vandrarhem Evedal**①, L J Brandts väg 11, Tel. 630 70, www.vaxjovandrarhem.nu. 5 km nördlich am Helgasjöns-Strand gelegenes Holzhaus aus dem 18. Jh. Das Nebengebäude wird für Feiern vermietet. Früher gab es noch die „Punschveranda“ für geistige Gespräche. Schöner Garten am See mit Steg und in der Nähe ein Freibad mit 7-Meter-Sprungturm. 21 Zimmer. Die Straße 23 Richtung Linköping, Busse der Linie 7.

Camping

■ **Växjö Swecamp Evedal,** Tel. 630 34, www.evedalscamping.com. Ganzjährig am See Helgasjön, eine Reihe von Hütten gibt es auch.

Essen und Trinken

■ **Fyra krogar vid sjön,** Vattentorget 3, zwischen Linné-Park und See. Speisesaal mit der besten Aussicht der Stadt und gutem Essen. Ab 11.30 Uhr, am Wochenende ab 12 Uhr.

■ **Aktiebolaget Mat & Dryck,** Restaurant in der Storgatan 22, Loft & Terrasse in der Västergatan 12, relativ großes Restaurant.

■ **Båtsmannen Restaurant & Bar,** Båtsmanstorget 1. Mittagsbuffet mit Hausmannskost, abends à la carte. Mit Plätzen draußen.

■ **Bishop's Arms,** Kungsgatan 6. Der Gast ahnt es schon: Hier gibt's 100 Biersorten, Whiskyproben und lange Öffnungszeiten.

■ **Restaurang Brunnen,** bei Evedal am See mit schöner Aussicht.

■ **Gräddhyllan,** Sandgårdsgatan 17 in Bahnhofsnähe, Tel. 74 04 10. Gourmettempel mit Bar und 1950er-Jahre-Weinkeller. Di bis Fr ab 18 Uhr, Juni bis August geschlossen.

Einkaufen

■ **Antikes** gibt es im Hammerdalsvägen 29, in der Norra Esplanaden 8 und im Bergkvara Gård.

An- und Weiterreise

■ **Auto:** Växjö hat zwei Parkzonen, in der äußeren kann man samstags kostenlos parken.

■ **Bahn:** Bahnhof und Bushaltestelle liegen zentral und sind gut zu Fuß erreichbar. Die bessere Streckenanbindung hat Alvesta, da treffen die Södra stambanan und die Kust till kustbanan zusammen, also eventuell erst dorthin fahren.

■ **Bus:** Die Busse der Länstrafiken Kronoberg bringen einen zu einer großen Zahl von Reisezielen in der Umgebung.

■ **Fahrrad:** Eine Verleihstation ist Smålandscykel, Västra Esplanaden 15, Tel. 475 48.

■ **Flug:** Der nächstgelegene Flugplatz ist Småland Airport (VXO), Tel. 75 85 00. Ryanair landet hier von Weeze am Niederrhein kommend, Flysmåland von Berlin-Tegel. Außerdem kommt man nach Arlanda und Bromma.

Ausflüge

Der hölzerne Turm **Nykulla Utsiktstorn** wurde 1958 als Ersatz für den 1923 zerstörten gebaut. Es ist ein reiner Aussichtsturm mit einem kleinen Museum unten. Die obere Etage ist 258 m hoch über dem Meeresspiegel. Von oben erkennt man bei guter Sicht zehn Kirchen der Gegend. Sa/So 12–18 Uhr, im Juli auch werktags 13–16 Uhr. 25 km nörd-

sd13-046 fph

▷ Nykulla Utsiktstorn – schöne Aussicht von oben

lich von Växjö, hinter dem Helgasee in den Åbyforsvägen nach Rottne abbiegen.

Villa Gransholm④, Gransholmsvägen 132, Gemla, Tel. 676 65, www.villagransholm.se: Das ländliche Hotel befindet sich in einem schönen Haus in Gemla, ursprünglich die Residenz des Managers von Gransholms Sägewerk. Der ließ sich diverse Türme und Giebel an seine Villa bauen. Sie liegt in einem großen Park mit Teich zwischen Växjö (15 km) und dem Eisenbahnknotenpunkt Alvesta (10 km). 11 DZ, gute Küche.

Baden kann man auf der **Insel Hissö** im Helgasjön. Dazu dem Kungsgårdsvägen immer weiter folgen, bis er Hissövägen heißt. Eine kleine Brücke führt auf die Insel.

Folgt man dem Hissövägen weiter, erreicht man bald **Evedal** am Helgasee. Nahebei entdeckte man im 19. Jh. eine Heilquelle, von der die Legende berichtet, dort habe ein altes Pferd gegrast und sei danach wieder ein Fohlen gewesen. Den Brunnen nannte man Evedal, der bald ein beliebter Kurort wurde. Gäste fahren mit dem Dampfer „Thor" vom Ort hinüber. Evedals värdshus ist ein moderner Bau beim Vandrarhem, hier kann man stilvoll speisen, www.evedalsvardshus.se.

Hembygdsgården Sjövillan ist ein ehemaliger Speicher einer Haferflocken-Fabrik. Als die Hafermühle stillgelegt wurde, entstanden im Erdgeschoss Wohnungen. Der Speicher und die Wohnungen können besichtigt werden. Dazu fährt man links am Ufer des Helgasjön nach Norden bis **Åby** vor der Schleuse, Hembygdsgården Sjövillan, Åby sluss, So 13–17 Uhr.

Die **Åby-Schleuse** des Räppe-Asa-Kanals und der **Dampfer „Thor"** wurden 1887 gleichzeitig eingeweiht. Das älteste Dampfschiff Schwedens wird noch heute mit Holz befeuert. Auf ihm durften seinerzeit 100 Passagiere mitfahren (heute 70), außerdem zog er bis zu drei Lastkähne hinter sich her. Das Geschäft florierte, sodass die Gesellschaft ihm noch die Schiffe „Delfin", „Tärnan" und „Oden" zur Seite stellte. In den 1930er Jahren wurde der Verkehr auf die Straße verlagert, und so kam „Thor" 1957 eine Zeit lang ins Museum. Wieder reaktiviert, leistet die Maschine heute 35 PS, die für eine Geschwindigkeit von 9 Knoten reichen. Da sie frei mitten im Schiff steht, kann man dem Maschinisten bei der Arbeit zuschauen. Bei der Schleusenbrücke ist außer Maschinist und Kapitän noch der Schornsteinleger erforderlich, der Wimpel und Ofenrohr einklappt, damit die Fuhre unter der Brücke hindurch passt. Die **Schiffstouren** beginnen an der Schlossruine Kronoberg von Juni bis August 10–17 Uhr. Eine Tour über eine Stunde kostet 100 SEK, die Schleusentour 150 SEK.

Weiterreise

Wer sich nicht für Glas und das Glasriket (s.u.) interessiert bzw. **schnell zur Küste** will, kann von Växjö über die Straße 37 nach Oskarshamn fahren oder unterwegs auf die 34 wechseln, die weiter südlich bei Mönsterås auf die Küste trifft. Alle übrigen bleiben auf der Straße 25 und erreichen bald den 3000-Seelenort **Lessebo,** an dessen Bahnhof die Kust till kust banan hält, die von Küste zu Küste von Göteborg nach Kalmar führt. Früher startete im Ort auch eine Schmalspurbahn nach Kosta mit seiner

Glashütte (s.u.). Eine Sehenswürdigkeit ist die **Papiermühle** Lessebo Handpappersbruk in der Storgatan 79. Hier wird bis heute Papier mit der Hand geschöpft, man kann dabei zusehen. Gegründet 1693, schafft der Betrieb heute 25 kg Papier am Tag, hauptsächlich schöne Schmuckpapiere, die getrocknete Pflanzen enthalten. http://lessebopapper.se, der Laden ist von 9–16 Uhr geöffnet.

Das Glasriket

Växjö wird als Zentrum des Glasreiches angesehen. Ursprünglich war es eine der ärmsten Gegenden des Südens, die Felder karg, nur Holz gab es reichlich.

Gustav Wasa hatte im 16. Jh. keine Lust mehr, die horrenden Preise für Muranoglas zu bezahlen und holte sich venezianische Glasbläser nach Stockholm. Die schufen dann in Schweden die **Gläser für die Trinkgelage am Hof** – es muss ein ziemlicher Verschleiß gewesen sein … Ein Problem war, dass die ständig brennenden Öfen eine Gefahr für die Holzhäuser der Hauptstadt darstellten. So kam es schließlich zum Umzug der Glashütten ins Småland, wo es reichlich Sand, Feuerholz und Wasser als Produktionsgrundlage gab, ebenso die erforderlichen Arbeitskräfte. In den Öfen wurde das Sandgemisch bei ca. 900 Grad geschmolzen, mit den Blasrohren herausgezogen und anschließend von den Bläsern frei oder in feuchte Holzformen geblasen. Dann wurde das Glas vom Blas-

rohr abgeschnitten und kam in den Kühlofen, in dem es langsam herunterkühlte, damit es keine Spannungsrisse bekam. So arbeitet man noch heute.

Zwischen Växjö und Nybro liegen viele **Glashütten,** zu den bekanntesten gehören Nybro, Pukeberg, Kosta und Orrefors (s.u.). Weitere Hütten sind Rosdala, Bergdala Glasbruk, SEA, Transjö Hytta, Mats Jonasson Målerås, Skruvs Glasbruk, Åfors und Micke Johans Konstglas. Alle können besichtigt werden, und die meisten verkaufen auch. Man kann den Glasbläsern bei der Arbeit zuschauen oder an Führungen teilnehmen, in der Regel sind die Hütten ab 9 Uhr für Besucher zugänglich. Rund eine Million Interessierte kommen jedes Jahr.

Eine Besonderheit in der Gegend ist **Hyttsill.** Gegen Abend sank die Temperatur in den Kühlöfen so weit ab, dass man darin Hering backen konnte. Auch Brot und Wurst wurden zubereitet. Danach gab es lange Tafeln, an denen die Belegschaft aß, oft begleitet von Gesang. Da früher die Glashütten immer warm und hell beleuchtet waren, zog das natürlich allerlei Besucher an, und der Dorftratsch wurde über diese Runden verbreitet. Hyttsill-Abende werden heute im Sommer für Touristen gefeiert, es gibt Veranstaltungshinweise in den einzelnen Hütten.

▷ Glasbläser in Orrefors

In **Duvemåla** kann man sich auf die Spuren der Auswanderer begeben. Hier lebte *Vilhelm Moberg,* der das große schwedische Auswanderer-Epos verfasste. Man kann seine Schule besuchen oder die Stätten sehen, wo der Film dazu gedreht wurde.

Nybro

- **Information: Turistbyrå,** Dunderbergsgatan 2, Tel. 0481-452 15.

Nybro ist eine Industriestadt mit 13.000 Einwohnern, der größte Arbeitgeber ist der Parketthersteller Kähr AB. Sehenswert ist das **Stora Hotellet.** Im Stadtsaal gibt es eine der größten Freskomalereien Europas zu bestaunen. Zwölf Jahre lang arbeitete *Gunnar Theander* an seinem Bild über die industrielle Entwicklung.

Wer genug Glas gesehen oder sich beim Wühlen in den Sonderangeboten in die Finger geschnitten hat, fährt in Nybro auf die Straße 25 und ist nach 25 km in Kalmar an der Ostküste. Die Straße verläuft schnurgerade durch lockeren Wald, der einzige Ort unterwegs ist Trekanten. Wer noch schnell was einkaufen will, fährt dort ab, im Nya vägen gibt es einen ICA-Markt und auch eine Tankstelle. Kalmar ist im Kapitel „Die Südküste bis Kalmar" beschrieben.

Glashütten

Nybro

Herkulesgatan 2: Nybro glasbruk ist die einzige Glashütte, die direkt in einer Stadt liegt, da man Wert auf die Nähe zur Bahnstrecke legte. Spezialität ist **be-**

maltes Glas, gern auch im Retro-Design. www.nybro-glasbruk.se, werktags 10–17 Uhr, Sa 10–16 Uhr, So 12–16 Uhr.

Pukeberg

Die Pukeberg-Hütte von 1872 ist eine der besterhaltenen Glashütten. Hauptsächlich **Gebrauchsglas** wie Lampenschirme oder Zapfsäulenglas werden produziert. Zusätzlich ist heute das Archiv für schwedische Formgebung in den renovierten Räumlichkeiten untergebracht. Pukebergs glasbruk, Pukebergarnas väg, www.bruksshopenipukeberg.se, werktags 10–17 Uhr, Sa 10–16 Uhr, So 12–16 Uhr.

Kosta

Seit der erste Ofen 1742 in Betrieb genommen wurde, entstehen hier **Glaskunstwerke** – es ist die älteste noch produzierende Glashütte. Kosta Glasbruk, www.kostaboda.se, werktags 10–17 Uhr, Sa 10–16 Uhr, So 12–16 Uhr.

■ Zum Essen kann man ins **Linnéa Art Restaurant** gehen, Stora vägen 75, Tel. 0478-360 52. Es ist eine Adresse für Feinschmecker, die die schwedische Küche goutieren. Mo bis Fr 11.30–14.30 und 18–22 Uhr, Sa 12–15 und 18–22 Uhr, So 12–15 und 18–21 Uhr.

Orrefors

Das Glas der Hütte wurde mit der berühmten Art-déco-Ausstellung in Paris bekannt. Nach einem Umsatzeinbruch Anfang des 20. Jh. kam man auf den Gedanken, die **Vasen** durch Künstler wie Maler und Bildhauer gestalten zu lassen und die Form nicht mehr den Glasbläsern selbst zu überlassen. Eine so einfache wie zündende Idee: Das Geschäft lief

sd13-050 jt

daraufhin schnell wieder besser, und andere Glashütten zogen nach. Auf dem Gelände befinden sich die Villa, die als Direktorenwohnsitz diente, ein Obstgarten, eine Hammerschmiede und die **Ausstellungshalle Bengt Gate,** in der Orrefors' Sammlungen gezeigt werden. Orrefors glasbruk, Tel. 0481-341 89, www.orrefors.se, werktags 10–18 Uhr, Sa 10–16 Uhr, So 11–16 Uhr.

Praktische Infos

Unterkunft

■ **Björkängen Hotell**⑤, Stora vägen 2, Kosta, Tel. 0478-500 00, www.bjorkangen.se. Im südlichen Teil von Kosta, ca. 1,5 km von der Glashütte entfernt, 26 Zimmer, das Hotel arrangiert Hyttsill-Abende in der Kosta-Hütte.

■ **Kosta Boda Art Hotel**④, Stora vägen 75, Kosta, Tel. 0478-348 30, www.kostabodaarthotel.com/de. 97 DZ und natürlich eine ganze Menge Glas in allen Zimmern, der Bar und der Lobby.

■ **Stora Hotellet**④, Mellangatan 11, Nybro, Tel. 0481-519 38, www.storahotellet.se. Zentral in Nybro, kurzer Fußweg zur Einkaufsstraße und zum Bahnhof, 37 Zimmer.

■ **Nybro Lågprishotell**③, Vasagatan 22, Nybro, Tel. 0481-109 32. Ruhig, aber nahe dem Bahnhof und der Pukeberg-Hütte, Bademöglichkeit am See Linneasjö, 14 Zimmer.

■ **Hotell Orrefors**③, Kantavägen 29, Orrefors, Tel. 0481-300 35, www.orreforshotell.se. Das kleine Hotel in der Ortsmitte ist eine gute Wahl.

■ **Grimsnäs Herrgård**③, Skruv, uriges Holzhaus aus dem 16. Jh. – wie auf einem Bauernhof.

sd13-051 fph

Bergdala Wärdshus③, Hovmantorp. Gute Küche und Hyttsill-Veranstaltungen.

Moshults Vandrarhem③, Moshult 120, Emmaboda, Tel. 070-914 14 56. Gemütliche Jugendherberge mit schöner Aussicht in *Vilhelm Mobergs* Geburtsort.

STF Orrefors②, Herberge & Feriendorf Riveberg, Orrefors, Tel. 0481-308 46, www.svenskaturistforeningen.se. 15 Stugas bei der alten Mühle Rivebergs Kvarn mit dazugehörigem Teich, 1.4. bis 31.10.

Orrefors Vandrarhem②, Silversparregatan 14, Orrefors, Tel. 0481-300 20, www.orreforsvandrarhem.se. Herberge in einem Haus aus dem 19. Jh. und in einem kleineren Haus.

Camping

Orrefors Camping, Sjöbo/Tikaskruv, Tel. 0481-304 14, www.orrefors-camping.se. Gemütlicher Familien-Campingplatz auf einer Halbinsel am Orranäsasee. 6 Hütten, 50 Plätze teilweise direkt am See oder auf einer leicht bewaldeten Wiese, 1.5. bis 30.9.

Kosta Bad & Camping, Rydvägen 10, Kosta. Imbiss, beheizter Pool, Ferienhäuser und Verkauf von Angelkarten für die umliegenden Seen, auf einer Wiese gegenüber einer Tankstelle, ganzjährig.

Emmaboda Camping, Fritidsvägen, Emmaboda, etwa 1 km vom Zentrum von Rasslebygd entfernt. 40 Plätze und 5 Hütten, Schwimmhalle mit Sprungbecken, 8.5. bis 15.9.

Joelskogen Camping, Grönvägen, Nybro, am kleinen See Linnea, Tel. 0481-450 86. Ferienhäuser, Wohnwagen- und Zeltplätze in Uferlage, 1.4. bis 1.11.

Lessebo Camping, Djurhult, Lessebo, Tel. 0478-314 60. Kleiner Platz am See Läen, 30 Stellplätze, 12 davon mit Strom, 2 Hütten, Kiosk, 20.6. bis 31.8.

☐ Grüne Laube von Pukeberg

Einkaufen

Glas kann man in fast allen Hütten kaufen, meist sind reichlich Parkplätze vorhanden, es gibt einen Laden und manchmal ein Café. Oft werden auslaufende Serien oder weniger gute Stücke preiswert im Fabrikladen angeboten, billiger bekommt man es in der Regel nicht. Da das Meiste noch in Handarbeit hergestellt wird, kann vieles im Laden stehen, was der Glasbläser selbst als nicht perfekt eingestuft hat. In den meisten Bläsereien kann man auch durch die Fabrikation wandern, solange man die Arbeiter nicht behindert, natürlich sind auch Führungen möglich.

An- und Weiterreise

Bahn: Nybro, Emmaboda, Lessebo und Hovmantorp haben Bahnhöfe. SJ und Öresundtågen bieten Direktverbindungen von Kalmar, Göteborg und Malmö/Kopenhagen. Reisende von Stockholm steigen in Alvesta um.

Bus: Kalmar Länstrafik fährt in Kalmar und Nybro und in umliegende Orte, inkl. Öland. Länstrafiken Kronoberg kurvt durch Växjö und das Kronbergslän. Svenska Bus Nr. 11 Växjö – Lindshammar – Linköping – Stockholm, Nr. 12 Nybro – Kalmar – Linköping – Stockholm; Swebus Express bedient die Strecke Jönköping – Nybro – Kalmar.

Flug: Die nächsten Abflugmöglichkeiten sind Småland Airport in Växjö VXO, von wo flysmåland täglich nach Stockholm und Ryanair im Sommer nach Düsseldorf fliegt, und Kalmar KLR; von hier fliegen Golden Air, SAS und Kalmarflyg nach Stockholm. Zwischen den Stadtzentren und Flugplätzen verkehren regelmäßig Transferbusse.

7 Die Südküste bis Bromölla

Auf dem „Kustvägen", der Küstenstraße, geht es von Trelleborg nach Osten. Das Singen des Windes und der Blick über die Ostsee vermitteln den Eindruck von Einsamkeit, wäre da nicht die Straße, die verlässlich an die Gegenwart erinnert. Geschichtsträchtige Hafenstädte wie das alte Ystad und Åhus liegen direkt am Meer.

Åhus: Kirche St. Maria

0 10 km ©Reise Know-How 2014

Von Trelleborg nach Ystad

Auf der Straße Nummer 9, die zu Recht „Kustvägen“, Küstenstraße, heißt, geht es von Trelleborg ostwärts. Bald ist das Fischerdorf **Gislövs Läge** erreicht. Die örtliche Kirche ist aus dem Jahr 1240. Im 15. Jh. wurden Kalkmalereien angebracht, die erst bei Renovierungsarbeiten im 20. Jh. wieder zum Vorschein kamen. Die Straße geht an Feldern vorbei geradeaus und immer in Sichtweite der Ostsee.

Der nächste Ort an den Gestaden der Ostsee ist **Smygehuk,** 14 km von Trelleborg entfernt. Auf Schwedens südlichster Landzunge fand man zwei Grabstätten aus der Steinzeit, Stora und Lilla Kungsdösen. Im Hafen Smygehamn steht eine Fischräucherei, die auch Fisch verkauft. Rote Bootshäuschen reihen sich auf der Westseite des kleinen Hafenbeckens aneinander. Eine Skulptur erinnert an *Selma Lagerlöfs* Roman „Nils Holgersson“, dessen Held in der Nähe gestartet ist (s.u.). Übernachten kann man im alten Leuchtturmwärterhaus, vor dem Hafen, das neun Zimmer und eine SB-Küche bietet, **Smygehuk vandrarhem och fyr**②, Tel. 231 78, www.smygehukhostel.com. Der Leuchtturm lässt sich besteigen. Das alte Köpmannsmagasinet ist die örtliche Sehenswürdigkeit und nicht zu verfehlen, nach dem Hafen links. In dem Gebäude am Strand sind ein Café, eine Kunstausstellung und auch die Touristeninformation untergebracht. www.soderslatt.com/smygehuk, Eintritt frei.

Beddingestrand ist das nächste Ziel, das im Sommer in Scharen von Badenden heimgesucht wird. Der obligatorische Golfplatz liegt links der Straße, das lang gestreckte Dorf ist von einstöckigen

Puppenstubenhäuschen gesäumt. Lichte Fichtenbestände schützen vor den Herbststürmen vom Meer, kurze Stichwege führen zum kilometerlangen Sandstrand. Weitere Campingplätze folgen.

Nach dem Ortsschild gehen die Wiesen wieder bis ans Meer, und der Blick kann bis zum Horizont schweifen. Märchenfreunde können kurz ins Landesinnere abbiegen und erreichen hinter Beddinge immer geradeaus **Västra Wemmenhög.** Der Ort ist völlig unbedeutend, fand jedoch Einzug in die internationale Literatur: Von hier startete *Nils Holgersson* auf dem Gänserich *Martin* seine Reise durch Schweden in dem nobelpreisgekürten Roman von *Selma Lagerlöf.*

Auf dem Kustvägen kommt nun **Hörte Hamn,** 28 km nach Trelleborg und 19 km vor Ystad. Es hat einen winzigen Hafen, eigentlich nur für Ruderboote, aber hier lässt sich gut eine Pause einlegen und aufs Wasser schauen.

NICHT VERPASSEN!

Ales Stenar:
die beeindruckende Schiffssetzung bei Kåseberga | 230

Burg Glimmingehus:
eine der am besten erhaltenen Burgen des Landes | 234

Kristianstad:
Erkundungen im historischen Stadtkern | 243

Diese Tipps sind gelb hinterlegt.

Bei der Weiterfahrt gehen die Felder wieder bis ans Meer. Für die nächste Pause bietet sich Mossbys Kaffestuga an, die allerdings nicht am Meer liegt. Wer vom Schauen müde geworden ist, kann im **Mossbylund Konferens & Gardshotell**⑤ unterkommen, Tel. 0411-300 36, www.mossbylund.se. Auf der linken Seite, etwas zurückversetzt.

Legendär in der Provinz **Skåne** ist das Licht, das an die französische Provence erinnert. In der Südecke Schwedens haben viele Maler ihre Heimat gefunden, dadurch findet man hier reihenweise Galerien. Die Schlösser und all die Dörfer laden zur Reise in die Vergangenheit ein, bei der einzig die Stromleitungen die heutige Zeit dokumentieren.

9 km vor Ystad wird die Lanschaft etwas abwechslungsreicher, links der Straße steigen die Felder immerhin 5 m an. Nun kann man links nach **Charlottenlund** abbiegen. Zur Erinnerung an seine dritte Frau *Charlotta* gab Graf *Eric Ruuth* seinem Landsitz diesen Namen. Das jetzige Gebäude ist 1848 von einem Dom-Architekten geplant worden, der ihm ein mittelalterliches Aussehen verpasste. Seit 1901 wohnt hier die Familie *Lachmann.* Der Däne *Jacob Lachmann* war ein erfolgreicher Zuckerfabrikant. Zusammen mit seiner Frau trug er nordische Kunst des 19. Jh. zusammen. Das Schloss wird noch als privater Wohnsitz genutzt.

Auf der Straße 9 zurück zweigt bald rechts der Västerleden nach Ystad ab; wer auf der Hauptstraße bleibt, wird um die Stadt herumgeführt.

Ystad

- **Einwohner:** 25.000
- **Vorwahl:** 0411
- **Information: Turistbyrå,** St. Knuts Torg, Tel. 57 76 81, Mitte Juni bis Mitte August Mo bis Fr 9–19 Uhr, Sa/So 10–18 Uhr, sonst 9–17 Uhr. Auch Verleih von Fahrrädern.

Ystad existiert seit dem 12. Jh. Das Städtchen mit seinen mittelalterlichen Holzhäusern, gepflasterten Straßen und sonnigen Plätzen erfreut sich durch die Romanfigur des Kommissars *Wallander* inzwischen weltweiter Berühmtheit. Der deutsche Literaturkritiker *Steinfeld* hat *Mankell* der „Überforderung einer Landschaft durch eingebildete Verbrechen" bezichtigt (sein eigener Schwedenkrimi „Sturm" ist von anderen Kritikern eher abschlägig beurteilt worden). Viel wichtiger: 40 km Sandstrand erstrecken sich vor den Toren der Stadt.

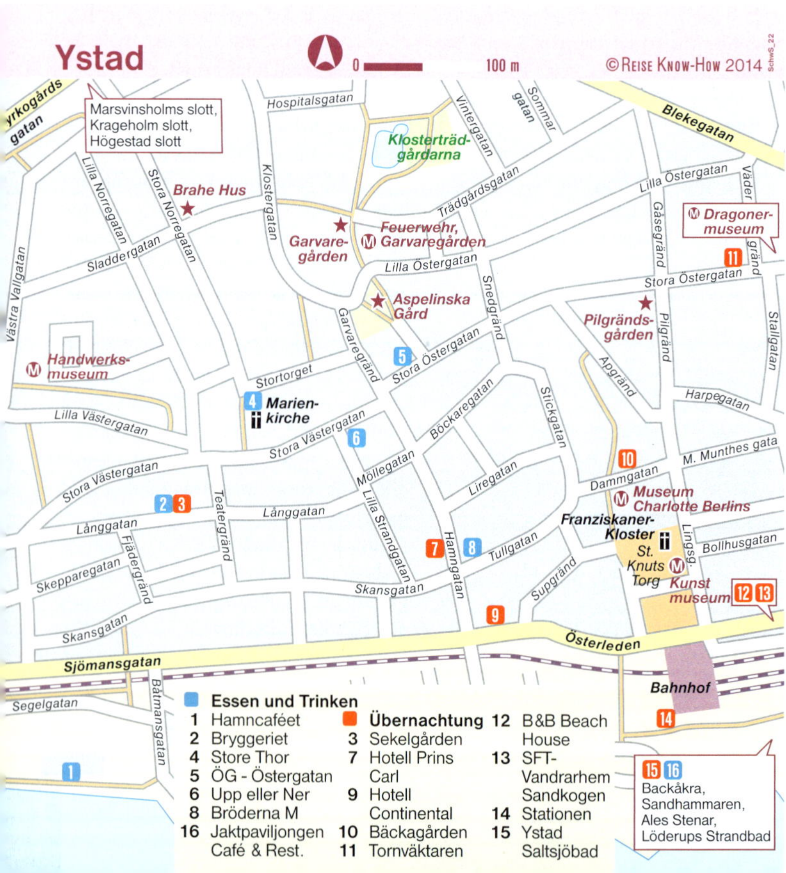

☐ Karte S. 222

Geschichte

Im 13. Jh. tauchen erstmals schriftlich die Namen Ystath und Ysted auf, wahrscheinlich von einem alten Wort für die Baumart Eibe abgeleitet. Die Siedlung an der Ostsee entwickelte sich zum **Hafenort.** Die Fischerei und der Heringshandel sorgten im späten Mittelalter für einen Aufschwung, der im 16. Jh. endete. Erst im 19. Jh. ging es erneut bergauf, allerdings durch zweifelhafte Art. Der Hintergrund: Durch *Napoleons* Kontinentalsperre wurde auch Schweden von der Einfuhr wichtiger Waren abgeschnitten, wie z.B. Salz und Gewürze. Aber es gab natürlich wagemutige Kapitäne, die trotz des Verbotes versuchten, Waren an Land zu bringen. Dazu eignete sich der unbedeutende Hafen von Ystad ganz gut, und so florierte der Handel mit Schmuggelware.

Sehenswert

In der Stadt gibt es etwa 300 alte Fachwerkhäuser aus dem 18. Jh. zu entdecken, sie stehen verstreut zwischen den moderneren Bauten.

Franziskanerkloster

Das Franziskanerkloster am St.-Knuts-Platz mit der daneben liegenden St.-Petri-Kirche wurde 1267 in der damals dänischen Stadt gegründet und gehört zu den **am besten erhaltenen Klosteranlagen Schwedens.** Über 250 Jahre bauten die Mönche an der vierflügeligen Klosteranlage. 1532 wurden sie dann im Zuge der Reformation vertrieben. Danach wurden West- und Nordflügel niedergerissen und aus dem Ostflügel ein Hospital. Die Ruinen der beiden zerstörten Flügel sind, von Rosen umrankt, noch vorhanden. Das Hospital wurde 1777 geschlossen und darin eine Brennerei eingerichtet. Danach diente das Haus als Kornspeicher. Als die Stadt Ystad das Gebäude 1876 erwarb, meinten die Leute, die Ruine müsse abgerissen werden. Ein Schutzverein gründete sich, und 1912 wurde das Gebäude renoviert und ein Museum und eine Bibliothek eingerichtet. So wurde das Kloster zum ersten **Kulturzentrum** der Stadt. Hier erwarten den Besucher neben der Klostergeschichte Ausstellungen mit Themen, die sich mit den zahlreichen Verwendungs-

⌃ Franziskanerkloster: Kirche St. Petri

arten des Bauwerks befassen. Die **Gartenanlage** beruht auf dem Rad der heiligen Katharina, die zu den wichtigsten Heiligen der Franziskaner gehört. In der Mitte des Rosengartens steht ein von *Camilla Bergman* gestalteter Brunnen. Man kann zwischen Mandel- und Walnussbäumen, Flieder, Maulbeerbüschen, Feigen-, Apfel- und Birnbäumen picknicken. Außerdem laden der Kohl-, der Kräuter- und der neu angelegte Pfingstrosengarten hinter dem Klosterteich zur Besichtigung ein. Im Sommer sitzt man im Klostercafé unter freiem Himmel.

Die **Klosterkirche** beherbergt die Ausstellung „Macht und Heiligkeit" über die reichen und mächtigen mittelalterlichen Geschlechter, die hier ruhen.

Kunstmuseum

St. Knuts Torg, am Busbahnhof, Tel. 57 72 85: Überwiegend **Malerei** aus der dänischen Zeit, aber auch aktuelle Künstler. Di bis So 12–16 Uhr, 46 SEK.

Brahe Hus

In der Norregatatan, Ecke Sladdergatan steht das **Ziegelhaus** der Familie *Brahe* mit seinem markanten abgestuften Giebel aus dem 16. Jh. Die *Brahes,* die viele Ländereien besaßen, hatten großen politischen Einfluss.

Marienkirche

Die Grundmauern der Kirche gehen auf das 13. Jh. zurück. **Mehrfach** wurde sie seitdem **umgebaut,** Mitte des 17. Jh. stürzte der Turm ein und zerschlug dabei große Teile des Gotteshauses. Trotzig baute man die Kirche doppelt so groß wieder auf.

Rathäuser

Das **alte Rathaus** daneben ist wesentlich jünger, seine Fassade im Empirestil wurde 1840 vollendet. In den Kellergewölben befindet sich ein Restaurant.

Auch das **neue Rathaus** von 1812 ist im Empirestil gebaut. Es war eigentlich ein Privathaus und steht am Österportstorget.

Museum Charlotte Berlins

Charlotte Josephina Euphrosyne Aurora Constantia wurde 1841 als Tochter des Amtsrichters *Johan Theodor Berlin* in Ystad geboren. Von ihrem Erbe kaufte sie 1881 das Haus in der Dammgatan und lebte dort mit ihrer Dienerin. Den Gewinn ihrer Aktienspekulationen gab sie für **Uhren und Silber** aus. Im Testament stand: „All meine weitere Hinterlassenschaft beliebiger Art und Beschaffenheit soll für ein Museum in der Stadt verwendet werden, das den Namen »Fräulein Charlotte Berlins in Ystad gegründetes Museum« tragen soll." So geschah es 1916. In dem gelben Haus am Stortorget, Drammgatan 23, werden die alte Einrichtung und die Sammlung *Berlins* gezeigt.

[>] In der Innenstadt von Ystad

Pilgrändsgården

Stora Östergatan: Errichtet im 16. Jh., soll das Haus eines der **ältesten Fachwerkhäuser Nordeuropas** sein. Es wurde 1947 restauriert.

Aspelinska Gård

Garvare/Ecke Teppgränd: Das Ensemble besteht aus drei zusammenhängenden Häusern rund um einen Innenhof. Seinerzeit gehörte es einem Goldschmied, heute beherbergt es eine **Töpferwerkstatt.**

Militärmuseum

Nils Ahlins gata 19: In der Hauptsache handelt es sich um ein **Dragonermuseum** – Dragoner waren Fußsoldaten, die zum schnellen Vorwärtskommen leichte Pferde benutzten. Sie waren dadurch besonders beweglich, der König setzte sie als eine Art Polizeitruppe auch zu seinem Schutz ein. Täglich 12–16 Uhr, 46 SEK.

Handwerksmuseum

Skepparegatan 11C: Im Museum gibt es **eine Ecke für jede Gilde,** Bootsbauer, Tischler, Drucker, Schuster, Friseur, Bäcker, Schmied, Mechaniker, Steinmetz. Geöffnet samstags. Verkauft werden auch Erzeugnisse aus der Gegend.

Garvaregården

Bäckahästgränd 1 (die Gasse geht von der Lilla Östergatan ab): In einem ehemaligen Gerberhof gründete sich 1839

sd13-052 fph

Henning Mankell – Ystad und Afrika

Der **Schriftsteller** *Henning Mankell* wurde 1948 in Stockholm geboren. In seiner Jugend lebte er eine Zeit lang in Paris und fuhr danach zur See. Damals fing er an, sich fürs Theater zu interessieren, und begann zu schreiben. Sein Erstling „Bergsprängaren" erschien 1973, schon ein Jahr später folgte „Sandmålaren". In den 1980er Jahren schrieb *Mankell* weitere Bücher, darunter viele Jugendbücher.

Der große **Durchbruch** kam 1991 mit dem **ersten Wallander-Buch „Der Mörder ohne Gesicht".** Ursprünglich nicht als Reihe gedacht, sollten neun weitere Krimibände folgen. *Mankell* ist einer der erfolgreichsten schwedischen Schriftsteller überhaupt, seine Bücher vom Kriminalinspektor der Polizei in Ystad wurden weltweit in 25 Millionen Exemplaren verkauft. Mehrere Romane wurden zudem erfolgreich verfilmt, zuerst mit dem melancholischen *Krister Henriksson* und parallel mit *Rolf Lassgård* als *Wallander,* danach mit *Kenneth Branagh* in der Hauptrolle.

Neben der Schriftstellerei ist das **Theater** *Mankells* Leidenschaft geblieben, er schrieb eine ganze Reihe Stücke. „Flickan och Flygaren" und „Horisonttjuven" wurden in Marsvinsholms Schlosspark aufgeführt.

Seit Anfang der 1990er Jahre wohnt der Autor auch in **Maputo,** der Hauptstadt von Mozambik. Im Teatro Avenida, das er 1986 gründete, ist er als Dramaturg und Regisseur tätig. Er hilft einheimischen Schriftstellern, ihre Werke zu veröffentlichen, und setzt sich für die Bekämpfung von AIDS ein. Manche seiner Kriminalromane spielen auch in Afrika.

die **erste Freiwillige Feuerwehr Schwedens.** Frivillige BergningsCorpsens museum, Tel. 130 28, Ende Juni bis Mitte August, Do 12–16 Uhr, Sa 11–15 Uhr, Eintritt frei.

Hörenswert

Viermal in der Stunde bläst der Turmwächter nächtens in sein Horn – diese Tradition hat sich nicht nur in Krakau gehalten, sondern auch in Ystad.

Wallanders Ystad

Henning Mankells Hauptfigur aus der zehnbändigen Krimireihe ist *Kurt Wallander,* Kriminalinspektor der Polizei in Ystad. Kurz nach Erscheinen des ersten Buches kamen auch schon die ersten „Wallandertouristen" nach Ystad. Heute ist das Interesse so groß geworden, dass die Turistinfo sich zu geführten Touren entschloss, bei denen man die **Schauplätze der Romane** aufsucht. Man fährt auf einem uralten Löschzug der Freiwilligen Feuerwehr durch die Straßen. *Mankells* „fiktiven" Handlungsplätze entsprechen oft echten Orten, so wohnt der Inspektor in der Mariagatan, auch die Polizeiwache gibt es, die Sparkasse, den Bahnhof, Fridolfs Konditori und einige anderer Ziele, auch außerhalb der Stadt. Infos im Turistbüro.

Praktische Infos

Unterkunft

■ **Hotell Continental**⑤, Hamngatan 13, Tel. 137 00, www.hotelcontinental-ystad.se. Schwedens vermutlich ältestes Stadthotel wurde auf den Resten eines Zollhauses aus dem 18. Jh. errichtet. Zentrale Lage in der Altstadt, die Gänge und das Treppenhaus sind wirklich herrschaftlich zu nennen, die 52 Zimmer sind z.T. schlichter eingerichtet. Das Restaurant ist Mo bis Do ab 18 Uhr geöffnet.

■ **YSB Ystad Saltsjöbad**⑤, Saltsjöbadsvägen 15, Tel. 136 30, www.ysb.se. Die drei Kästen mit mehr als 370 Betten gibt es schon seit 1897. Sie liegen direkt am Strand, wenige Fahrminuten vom Zentrum. Ziemlich teure Pauschalangebote.

■ **Sekelgården**④, Långgatan 18, Tel. 739 00, www.sekelgarden.se. Hotel in einem Bürgerhaus aus dem 18. Jh. 100 m vom Stor Torg entfernt.

■ **Hotell Prins Carl**④, Hamngatan 8, Tel. 737 50, www.hotellprinscarl.com. Das 19-Zimmer-Hotel liegt in Hafennähe in einem älteren Gebäude.

■ **Tornväktaren**③, Stora Östergatan 33, Tel. 784 80, www.tornvaktaren.se. Kleines Hotel in einem zweistöckigen Haus in der Fußgängerzone, nahe Österports Torg, nicht zu teuer.

■ **Hotell Bäckagården**③, Dammgatan 36, Tel. 198 48, www.backagarden.nu. Das kleine Stadthaus aus dem 17. Jh. liegt nah am Kunstmuseum und der Turistinfo. Im Sommer kann man im Garten frühstücken.

■ **STF-Vandrarhem**③, Kantarellen 7, Tel. 772 97, www.svenskaturistforeningen.se. Die Herberge liegt in Sandkogen etwa 2 km östlich der City, geöffnet Juni bis August.

■ **B&B Beach House**②, Fritidsvägen 9, Tel. 665 66, www.beachhouseystad.se. Das Beste ist die Lage, das blaue Holzhaus von 1910 liegt 10 m vom Wasser entfernt, die 42 Zimmer allerdings sind winzig. Sandskogen liegt zwischen der Stadt und dem Ufer, man kann den Strandweg entlang nach Ystad fahren.

■ **Stationen**②, Spanienfararegatan 25, Tel. 070-857 79 95, www.turistlogi.se. Die Jugendherberge liegt im alten Bahnhof zwischen Gleis und Hafen.

Camping

■ **Sandskogens Camping,** Tel. 192 70, www.sandskogenscamping.se. Ziemlich groß mit 350 Stellplätzen, geöffnet Mai bis Mitte Sept. 3 km östlich der Stadt links der E 9 gelegen.

■ **Nybrostrand Camping, Nybrostrands Camping,** Fredriksbergsvägen 63, Tel. 55 12 63, www.nybrostrandscamping.n.nu. Der kleine Platz liegt etwa 7 km ostwärts, von der E 9 ab nach Köpingebro, 1.5. bis 30.9.

Essen und Trinken

Man muss sich nicht von Pizza und Hamburgern ernähren wie Kommissar *Wallander,* natürlich gibt es gute Restaurants im Ort.

■ **ÖG – Östergatan,** Stora Östergatan 1, Tel. 55 55 88. Hochpreisig, aber ein angenehmes Restaurant, Mo bis Sa 17–23 Uhr.

■ **Bröderna M,** internationale Küche in der Hamngatan 11, ab 11.30 Uhr geöffnet, im Sommer bis 23 Uhr.

■ **Hamncaféet,** am Sportboothafen. Hier kann man bei gutem Wetter eine leckere Mahlzeit auf einer schwimmenden Brücke einnehmen.

■ **Store Thor,** Stortorget 1. Das klassische Restaurant in Ystad, allerdings für das gebotene Essen zu teuer. Es liegt in einem Gewölbekeller.

■ **Upp eller Ner,** schön gelegen am Stortorget 11, Tel. 788 00. Internationale Küche, 11.30–15 und 17–22 Uhr, So 15–21 Uhr.

■ **Bryggeriet,** Långgatan 20. Das Restaurant ist in der Brauerei nahe Stor Torg untergebracht. Die urige Atmosphäre wird von den beiden mächtigen Kupferkesseln bestimmt, die für die Herstellung von

Ysta Färsköl benutzt werden. Das Fachwerkhaus von 1700 beherbergt auch einen Hof, dort ist der Biergarten. Rustikale Gerichte und – Bier. Mo bis Do 12–22 Uhr, Fr/Sa bis 23 Uhr, So 13–21 Uhr.

■ **Jaktpaviljongen Café & Restaurang,** Jaktpaviljongsvägen 2. Unter lichten Bäumen in Meeresnähe lässt es sich prima speisen.

An- und Weiterreise

■ **Auto:** Die E 9 biegt vor dem Zentrum nach Norden ab und umgeht die City. Östlich des Fähranlegers geht es dann wieder an der Küste weiter.

■ **Bahn:** Die Stadt liegt an der Strecke Malmö – Tomelilla – Simrishamn, der Bahnhof befindet sich am Hafen am Österleden.

■ **Bus:** Zum Hafen von Trelleborg und zu den Stränden gibt es Busverbindungen, zentrale Haltestelle ist der Bahnhof.

■ **Boot:** Es verkehrt eine Fähre nach Świnoujście, dann gibt es eine Verbindung nach Bornholm, und in Kåseberga kann man mit dem eigenen Boot anlegen.

Ausflüge

Österlenleden

Dieser 190 km lange **Rundwanderweg** führt an der Küste bis Haväng hinter Kivik und biegt dort ab ins Landesinnere Richtung Brösarp; es geht durch Heideflächen und Laubwälder.

Ales Stenar

Diese beeindruckende **Schiffssetzung** aus der Wikingerzeit liegt südöstlich von Ystad an der Küste **bei Kåseberga.** 59 große Felsen wurden wie der Umriss eines Schiffes auf einer Länge von 67 m angeordnet. Bug- und Heckstein sind mit je 1,8 Tonnen Gewicht die größten. Die alte Kultstätte befindet sich auf einer

› Die beeindruckende Schiffssetzung Ales Stenar ist über 1400 Jahre alt

über 30 m hohen Steilküste direkt an der Ostsee. Wissenschaftler datieren die Anlage auf etwa 600 n. Chr. Die Steine sind teilweise aus einer Entfernung von 30 Kilometern herangeschafft worden, was man durch Vergleiche der inneren Steinstruktur feststellen konnte. Ausgrabungen rund um die Anlage brachten diverse Gebrauchsgegenstände zutage. Bei diversen Rekonstruktionsarbeiten der vergangenen Jahrhunderte wurden allerdings Steine verändert. Ob die Anlage eine Grabstätte war, ein Treffpunkt oder einen Sonnenkalender darstellt, ist immer noch unklar, man fand jedenfalls keine Knochen. In Kåseberga, einem netten Dorf mit einem kleinen Hafen, gibt es an der geschwungenen Mole Räucherfisch zu kaufen. Zu den Steinen führt ein Fußweg auf das Hochplateau hinter dem Hafen.

Sandhammaren

Die **Südostspitze** ist vor allem sandig, der weltgrößte Sandkasten, sagen die Anwohner. Es erwartet den Gast eine lockere **Dünenlandschaft,** die in den weiten Strand übergeht. Bekannt ist Sandhammaren vor allem wegen des Windes, der optimale Bedingungen für **Surfer** bietet. Das Baden sollte man an Tagen mit ablandigem Wind lieber bleiben lassen, besonders Kinder sollten nicht ohne Aufsicht im Wasser sein. **Sandhammarens Fyr,** der Leuchtturm aus Stahl, ist das Wahrzeichen des Strandes. Nicht weit davon liegt das **Museum zur Seenotrettung.** 1891 zog die Station von Mälarhusen nach Sandhammaren um, und man baute den Schuppen für das Rettungsboot. Das Boot wurde mit einem zehnspännigen Pferdewagen zum

020fotolia

Dag Hammarskjöld (1905–1961)

„Icke jag utan gud i mig" (Nicht ich, sondern Gott in mir – Inschrift des Gedenksteins im Dom zu Uppsala)

Der schwedische Diplomat und Politiker wurde 1953 zum zweiten **UNO-Generalsekretär** gewählt (und vier Jahre später für eine zweite Amtszeit bestätigt). Er entwickelte die Vereinten Nationen zu einem Instrument glaubwürdiger Friedensstiftung und -sicherung und spielte dabei selbst eine herausragende Rolle, die von heutigen Generalsekretären nicht annähernd erreicht wird. Mit Hartnäckigkeit und Umsicht vermittelte er immer wieder in Krisenregionen und -zeiten.

Er „erfand" 1956 die **Blauhelme,** eine UN-Friedenstruppe hauptsächlich mit Soldaten aus kleineren und neutralen Mitgliedsstaaten, und schickte sie gleich an den Suezkanal, wo die britisch-französischen Truppen gerade abzogen und die Gefahr eines Krieges drohte.

Als 1960 die kongonesische Regierung unter *Lumumba* gestürzt wurde, vermuteten manche eine Beteiligung *Hammarskjölds.* Unter ungeklärten Umständen kam er danach beim **Absturz seiner DC6** zwischen der Grenze der abtrünnigen Provinz **Katanga** und Nordrhodesien (heute Sambia) ums Leben. Er wollte nach Ndola, um *Moïse Tschombé,* den Führer Katangas, zu treffen, um ihn zur Rückkehr in die unabhängig gewordene belgische Kolonie Kongo zu bewegen. Doch Katanga war reich an Gold, Diamanten, Kupfer und Uran, und *Tschombé* war prowestlich eingestellt (anders als der neutralistisch ausgerichtete Restkongo); die internationalen Geschäftemacher konnten also hoffen, ein unabhängiges Katanga würde leicht auszubeuten sein. 1998 tauchten Dokumente auf, die eine Ermordung *Hammarskjölds* durch die USA, Großbritannien und Südafrika möglich scheinen lassen, was diese Staaten zwar bestreiten, doch hatten sie allesamt massive politische und wirtschaftliche Interessen im damaligen Kongo, die durch *Hammarskjölds* Einsatz hätten bedroht werden können.

Der Schwede *Göran Björkdahl,* der im Kongo an wohltätigen Projekten arbeitete, veröffentlichte im Jahr 2009 Papiere, die den Mord beweisen sollten.

Hammarskjöld ist der einzige UN-Generalsekretär, der während seiner Amtszeit ums Leben kam. 1961 wurde ihm posthum der **Friedensnobelpreis** zugesprochen. Unter seinen zurückgelassenen Papieren fand sich eine Art spirituelles Tagebuch mit etwa 600 Einträgen, die viel über das religiöse Empfinden des Christen und Politikers erzählen. Es ist unter dem Namen „Zeichen am Wege" veröffentlicht worden.

Wer sich für weitere Details interessiert, der suche im Web unter den Stichworten „Kongo", „Lumumba", „abtrünnige Provinz Katanga" oder „Moïse Tschombé".

Wasser gezogen, es war für acht Ruderer ausgelegt. An der Landspitze gab es Sandbänke, die ständig ihre Lage verändern. 1862 wurden zwei Leuchttürme auf Sandhammaren gebaut, woraufhin die Unglücksfälle etwas zurückgingen. Trotzdem war es zusätzlich erforderlich, die Rettungsstation hierher zu verlegen. 1945 wurde die Station geschlossen. Das Museum hat von Mitte April bis Anfang September geöffnet.

Um den Piraten keine Deckung zu geben, ließ *Karl XI.* die Eichenwälder am Ufer fällen, was den Wind natürlich begünstigt. In den Gewässern um die Landspitze liegen noch heute **Wracks** auf dem Meeresgrund, es soll der größte Schiffsfriedhof Schwedens sein.

Marsvinsholms Slott

Der Vorgängerbau des heutigen Schlosses wird zum ersten Mal im 14. Jh. unter dem Namen Borsjö erwähnt. Das heutige Gebäude im Stil der Spätrenaissance ist in den Jahren 1856/57 gebaut worden. Es ist ein privates Wohnhaus, also nicht zu besichtigen, der **Schlosspark** ist aber ganzjährig für die Allgemeinheit geöffnet. Im Sommer gibt es ein Café und ein **Freilichttheater** im Park: Ystads Stående Teatersällskap nimmt Reservierungen unter Tel. 073-600 15 entgegen. Im **Skulpturenpark** werden jeden Sommer neue Werke ausgestellt. im Erdgeschoss des Schlosses ist auch eine **Galerie** untergebracht. Hier sind kleinere Werke der Künstler zu besichtigen, die im Park vertreten sind. Am Eingang steht ein Schaukasten mit Informationen über Schloss und Geschichte auf Deutsch, Englisch und Schwedisch. Man findet das Schloss, wenn man die E 65 10 km in Richtung Malmö fährt.

Krageholms Slott

Das Schloss liegt malerisch am gleichnamigen See, 12 km nördlich von Ystad **bei Sövestad.** 1670 brannte das ursprüngliche Hauptgebäude ab. *Karl XI.* klagte den Eigner *Jörgen Krabbe* wegen „ungebührenden Umgangs“ mit den Dänen an und ließ ihn hinrichten.

Högestad Slott

Der Bau aus Feldsteinen und Ziegeln aus dem 17./18. Jh. liegt 10 km nördlich (auf der Straße 19 nach Norden, Abfahrt Högestad) und erinnert weniger an ein Schloss als an ein Landgut. Der erwähnte *Jörgen Krabbe* war auch Besitzer von Högestad. Seine Witwe, *Jytte Thott,* traf die Hinrichtung ihres Mannes so schwer, dass sie ein Zimmer komplett in Schwarz einrichten ließ.

Backåkra

Backåkravägen 73: So heißt das Haus, das der frühere UN-Generalsekretär **Dag Hammarskjöld** bewohnte. Es ist als Museum hergerichtet. Anfahrt über den Östra Kustvägen bis hinter Löderup, geöffnet Juni bis August 12–17 Uhr. Wen die politische Weltgeschichte zu sehr ermattet hat, findet Unterkunft im **Backåkra Vandrarhem**②, Östra Kustvägen 1231, Tel. 0411-52 60 80, www.backakra.se. Der flache Bau ist mit Flohmarktmöbeln eingerichtet und hat 50 Betten.

Von Ystad nach Simrishamn

Die Straße 9 verlässt Ystad ostwärts am Meer entlang. Bei Nybrostrand geht es landeinwärts über fruchtbare Felder. In **Glemmingebro** kann man sich in Olof Victors Bageri und Café ein paar Köstlichkeiten genehmigen. Vielleicht reicht es ja auch noch für einen Stopp beim **Köpingsbergs Vingård** in **Köpingebro.** Köpingsberg Wine & Spirits wurde auf dem traditionellen Hof gegründet. Es gibt Gruppenführungen durch den „Weinberg", Weinproben und einen Hofladen, der allerlei Accessoires und Kunstwerke verkauft. Köpingebro ist der weltweit nördlichste Weinberg für die Herstellung von Schaumwein. Es wurden 4500 Reben auf einem geschützten Südhang mit einem günstigen Mikroklima gepflanzt. Hier entstand der erste schwedische Sekt. Tel. 0411-55 06 25 46, http://kopingsberg.se. Es gibt in der Gegend von **Löderup** noch ein weiteres Weingut, **Ekesåkra vingård,** „Österlenvin", Hagestad Mossaväg 4, im Dörfchen Ekesåkra, 2 km vom Meer entfernt. Auch hier mit Hofladen, Tel. 0706-52 62 71 46, www.osterlenvin.se. 2003 begann man, um das Weingut herum die Hügel mit den Sorten Rondo, Orion und Bolero zu bepflanzen.

■ **Löderups Strandbad**④, Södra Strandbadsvägen 40, Löderup, Tel. 52 62 60, www.loderupsstrandbadscamping.se. In dem Hotel mit Restaurant genießt man einen fantastischen Meerblick. Es steht ein Außenpool zur Verfügung. Die moderne Anlage besteht aus einer Reihe einstöckiger Holzhäuser. Zum Hotel gehört auch eine Feriendaussiedlung 30 km weiter in Löderup. In Nybrostrand von der E 9 auf den Östra Kustvägen abbiegen.

Kurz nachdem die E 9 sich mit der E 11 vereint, kann man rechts nach **Brantevik** an die Ostsee abbiegen. Der Ort war zur Zeit der Segelschiffe ein wichtiger Hafen, und so gab es viele Kapitänshäuser an Land. Rund 500 Menschen wohnen heute noch hier.

■ Essen mit Meerblick und übernachten kann man in **Branteviks Bykrog**③, Mästergränd 2. Im **Hamngården**③ kann man ebenfalls nächtigen, Östersjögatan 94, Tel. 0414-221 25, www.hamngarden.se; mit Balkon und Meerblick.

Biegt man in Hammenhög Richtung Skillinge (s.u.) ab, gelangt man zur **Burg Glimmingehus**, einer der am besten erhaltenen des Landes. Die Festung wurde zur Zeit des Übergangs vom Mittelalter zur Renaissance gebaut. Auf einem Schlussstein über dem Eingang ist das Datum „2. Mai 1499" vermerkt. Als Baumeister ist *Adam van Düren* genannt, der auch am Kölner Dom beteiligt war. Im 15. Jh. wurde es unter den wohlhabenden Familien Mode, Wohnhäuser aus Stein bauen zu lassen. Sie konnten es sich leisten, auf Fachwerk zu verzichten. Der Bau einer Burg sollte auch gegen Bauernaufstände schützen, aber es standen mehr Komfort und Repräsentation im Vordergrund. Das Haupthaus ist 30 m lang und auf drei Seiten von niedrigeren Wirtschaftsgebäuden umgeben, die das Backhaus, ein Brauhaus, eine Schmiede, den Brunnen und den Weinkeller enthielten. Die ursprünglichen Wallanlagen existieren nicht mehr, auch die Zugbrücke ist durch einen festen

Steg ersetzt. Seit dem 17. Jh. ist das trutzige Gebäude unbewohnt, später wurde die Burg als Getreidelager genutzt. Der heutige Wassergraben, der das Ensemble rechteckig umschließt, ist im 20. Jh. restauriert worden. Die Burg ist im Besitz des Staates und nun ein Museum, das vom Leben im Mittelalter berichtet. Ein Restaurant und ein Café gehören auch dazu. Geöffnet Juni bis Mitte August 10–18 Uhr, danach bis Mitte Sept. 11–16 Uhr, Okt. bis März Sa/So 11–16 Uhr, April und Mai 11–16 Uhr, 60 SEK.

Das malerische Dorf **Skillinge** lebt vom Fischfang – nicht nur: Es gibt hier auch die **Domaine Sånana,** Hävdavägen Hoby 26:11. Hier hat man sich dem Wein verschrieben, der auf den leichten Sandböden südlich von Skillinge gut gedeiht. Man kann das Gut besuchen und Österlen-Wein probieren, Tel. 0414-304 68 46. Im Hafen liegen die Fischerboote neben denen der Freizeitkapitäne. Es gibt eine Kapelle und ein kleines Seeefahrtsmuseum. Die jährliche Fischereimesse ist etwas für Fachleute.

Zurück auf der E 9 geht es bis **Järrestad** und in die Gemeinde Simrishamn. Hier breiten sich fruchtbare Äcker aus, die die Hälfte der Gemeinde bedecken. Der nördliche Teil ist hügelig und bewaldet. Der höchste Hügel ist der **Stenshuvud** im gleichnamigen Nationalpark. Die Küste ist felsig und weist sandige Strände auf. Da es eine Unmenge Sommerhäuschen gibt, verdoppelt sich die Einwohnerzahl im Sommer. Bald ist Simrishamn erreicht.

Simrishamn

- **Einwohner:** 20.000
- **Vorwahl:** 0414
- **Information: Turistbyrå,** Varvsgatan 2, Tel. 81 98 00, im Sommer 9–19 Uhr, Sa/So 10–18 Uhr.

Der beschauliche Ort mit seinem Hafen war im Mittelalter ein Fischerdorf zur Versorgung der 8 km östlich gelegenen Stadt Tumathorp (Östra Tommarp), die sowohl ein Kloster als auch eine Münze besaß. Als Tumathorp 1304 niederbrannte, wurde Simrishamn sogar **Stützpunkt der Hanse.** Zur Zeit von *Christian IV.* gab es einen Aufschwung, dem 1655 die Pest ein Ende setzte. Als Folge des Friedens von Roskilde wurde das Dorf schwedisch. Heute ist die Gemeinde durch Landwirtschaft, Fischverarbeitung und Tourismus geprägt. Der Hafen ist der drittgrößte Fischereihafen des Landes. In der Ortsmitte gibt es einen Park, der sich fast 1 km lang neben der E 9 hinzieht.

Im Ort ist noch der Einfluss der dänischen Architektur zu erkennen. Die Kirche St. Nicolai wird schon 1161 erwähnt, sie war ein Seezeichen für die Schifffahrt, quasi ein Leuchtturm ohne Licht.

Einen Besuch wert ist das **Autoseum.** Hier stehen auf 4000 m^2 etwa 100 Autos, rund 60 Mopeds und Motorräder sowie zwei Flugzeuge. Das Museum beherbergt unter anderem den Citroën von *Dag Hammarskjöld,* den alten Porsche des schwedischen Königs und den Cadillac von *Gustav V.* Auch einige seltene Automobile, ein französischer Motobloc von 1909 und der überaus elegante Rosengart von 1939, sind zu sehen. Viele Objekte stammen aus dem Verkehrsmuseum von Skokloster bei Sigtuna. Hinzu kamen 15 Fahrzeuge aus dem technischen Museum in Stockholm. Fabriksgatan 10, Tel. 137 80, unregelmäßig geöffnet, 100 SEK.

Praktische Infos

Unterkunft

- **Hotel Svea**⑤, Strandvägen 3, Tel. 41 17 20, www.hotellsvea.se. Ein zweistöckiger Kasten mit Meerblick am Hafen, natürlich mit annehmbarem Restaurant.
- **Maritim Krog & Hotel**⑤, Hamngatan 31, Tel. 41 13 60, www.maritim.nu. Das alte Haus liegt schön am Hafen, 8 Zimmer über dem Restaurant, 6 im „Tullhuset" ca. 100 m weiter.
- **Hotel Kockska Gården**④, Storgatan 25, Tel. 41 17 55, www.kockskagarden.se. Halb Holz, halb Stein, wie alt genau, weiß niemand mehr.

Camping

- **Borrbystrand Camping,** Tel. 52 12 60, www.borrbystrandscamping.com. Kurz vor Skillinge, unter Kiefern am Strand, mit einfachen Hütten. Mitte April bis Mitte Sept.

Essen und Trinken

- **Bellas Bistro**, Storgatan 6. Kleines Restaurant mit Bewirtung im Freien. Wein, Lebensmittel, Schokolade.
- **Evelinas Kök,** Storgatan 3. Gemütlich & familiär, mediterrane und ländliche Küche.
- **Restaurangbåten Glada Räkan,** ein Restaurantboot vor der Hamngatan, nur im Sommer.
- **Restaurant Röken,** Småbåtshamnen. Drei verbundene Häuschen mit Sitzplätzen im Freien, Fisch und Garnelen wunderschön am Hafen. Mo bis Do bis 23 Uhr, Fr/Sa bis 24 Uhr.

An- und Weiterreise

- **Auto:** Die E 9 verläuft, von Ystad kommend, mitten durch den Ort nach Norden in Richtung Kivik.
- **Bahn:** Der Ort hat einen Bahnhof, die Züge fahren ins Netz der SJ.
- **Boot:** Vom Hafen gibt es eine Fährverbindung zur dänischen Insel Bornholm.

Sonstiges

- **Börje Olssons Skafferi** ist ein Hofladen in der Storgatan 11. Bewirtung, Essen zum Mitnehmen und Picknick-Körbe.
- Die **Nya Rökeriet** im Svartehallsvägen verkauft Geräuchertes für daheim oder zum Sofortverzehr.
- **Galleri Thomas Wallner,** Simris bygata 9, Galerie zeitgenössischer Maler mit angeschlossenem Café und Restaurant.

Ausflug nach Hallamölla

Zwischen Tomelilla und Brösarp stürzen aus einer Fallhöhe von 23 m die Wassermassen des größten und imposantesten Wasserfalls der Provinz Skåne in die Tiefe. Unterhalb des Wasserfalls steht eine schöne, funktionstüchtige Mühle, die 1949 stillgelegt wurde. Jedes Jahr zum „Möllans dag" darf sich die Mühle noch einmal drehen. Anfahrt: Von der Straße 19 Richtung Andarum abbiegen, am nächsten Abzweig ist der Fall ausgeschildert.

Von Simrishamn nach Åhus

Zunächst geht es an der Küste weiter durch kleine Orte, doch bald schwingt die Straße ein wenig ins Landesinnere. Dann ist **Vik** erreicht. Die Landschaft ist wie ein Ziergarten, es gibt ausgedehnte Obstplantagen. Um sie vor den rauen Winden zu schützen, hat man die Felder mit hohen Hecken umgeben. Vik gilt als Zentrum des Obstanbaus. Der **Golfclub Österlen** besitzt zwei 18-Loch-Parcours. Da er direkt am Wasser liegt, kann man zwischen den Schlägen einen Blick aufs Meer werfen, außerdem verläuft eine Bahn direkt durch eine Apfelplantage.

Umfährt man den **Nationalpark Stenshuvud,** taucht auch schon Kivik auf. Doch zunächst ein Blick nach Stenshuvud. Der Nationalpark liegt ca. 10 km nördlich der Stadt. Er breitet sich um den gleichnamigen, buchenwaldumstandenen Hügel aus, wurde 1986 eingeweiht und gehört eher zu den kleinen Parks. Wenn man das Besucherzentrum verlässt, kann man ganz geruhsam durch den Wald auf den 97 m hohen Hügel, den Steinkopf, wandern. Von hier geht der Weg über einen hölzernen Steg wieder hinab zur Ostsee, wo sich ein Strand ausdehnt. Zur Übernachtung eignet sich das Blåsingsborgs Gårdshotell⑤, Tel. 0414-702 18, www.blasingsborg.se. Das Haus hat auch ein renommiertes Restaurant. Bei der Zubereitung der Speisen lässt man sich von Zutaten aus der Region inspirieren.

Falls sie nach **Tommarp** kommen, lohnt ein Stopp im **Karlaby Kro**⑤, Karlaby 13, Tel. 0414-203 00, www.karlabykro. se. Die tolle Gaststätte bietet Gourmetküche in netter Atmosphäre, außerdem stehen 21 Zimmer für zahlungskräftige Gäste bereit.

Kivik

In der Nähe des kleinen Ortes befindet sich das Grab von Kivik, restaurierte **Überreste eines Grabes aus der Bronzezeit.** Mit 75 m Durchmesser weicht es von den meisten nordischen Gräbern der Bronzezeit ab. Der Hügel enthielt zwei Grabkammern. Da alles geplündert und als Steinbruch benutzt wurde, gibt es keine Funde mehr darin. Es wurde nach Radierungen aus dem 18. Jh. restauriert. Das Grab und die Zeichnungen in der Kammer können besichtigt werden, es liegt einige hundert Meter von der Küste entfernt. Im Inneren gibt es Steinplatten mit eingeritzten Figuren. Davor liegt ein Café. In der Nähe finden sich die beiden großen **Steinsetzungen Penninggraven** und eine 60 m lange **Schiffssetzung auf dem Gräberfeld von Ängakåsen in Bredarör.** Das Grab von Kivik ist beschildert und liegt auf Brösarps backar, dem Hügel von Brösarp, etwa 2 km vom Ort. In den 1960er Jahren hatte der Ort zweifelhafte Berühmtheit durch seine Pornomessen erlangt.

In Kivik findet jedes Jahr ein großer **Markt** statt. Im Sommer werden im **Kivik Art Centre** bzw. rund um den Hügel Lilla Stenshuvud Kunstwerke aus den Bereichen Architektur und Bildhauerei unter freiem Himmel ausgestellt. Das Kunstzentrum befindet sich etwa 2 km südlich von Kivik. Die Skulptur „A sculpture for subjective experience of ar-

sd13-053 fph

chitecture“ von *Chipperfield & Gormley* ist nicht nur ein Erlebnis als Kunstwerk, auch die Aussicht vom 16 m hohen Turm ist reizvoll.

Nördlich des Nationalparks Stenshuvud stehen zwischen weiten Obstplantagen die **Mosterei von Kivik,** Kiviks Musteri, und das **Haus des Apfels** – Äpfel auf dem Lehrpfad, auf Schautafeln und im Laden. Das Restaurant Kernhaus (Kärnhuset) führt aber nicht nur Apfelkuchen und Apfelsaft.

Praktische Infos

Unterkunft

■ Schön ist das **Vitemölla Badhotell**④, Lejegatan 60, Tel. 0414-700 00, www.badhotell.com. Es ist eine Art vergrößerter Wintergarten, mit großem Speisesaal und Blick aufs Meer, 7 DZ, die Zimmer 7 bis 10 haben Meerblick. Vom Guide „Vägarnas bästa“ ausgezeichnet.

Camping

■ Übernachten kann man im Sommer auf dem kleinen **Campingplatz** mit Blick aufs Meer, Väg 9, Tel. 0414-709 30, www.kivikscamping.se, 23.3. bis 26.10.

Essen und Trinken

■ **Allé,** Svinaberga, Mi bis Sa 18–23 Uhr, im Sommer mit Garten.

■ **Buhres Kajplats,** Hamnplan. Café, Gasthaus und Laden mit Räucherei. Mehrfach prämiert, ein außergewöhnliches Haus in wunderbarer Atmosphäre am Hafen in einem Gebäude, das aussieht wie ein Speicher. Bewirtung im Freien.

■ **Eva på torget,** Torget 1. Essen & Entspannung in einem modernen Haus am Platz.

■ **Café och Restaurang Tamarind,** Mellby stora väg 9. Man kann auch draußen sitzen, entweder unter einem Dach oder ganz im Freien.

⌃ Bronzezeitliches Grab bei Kivik

Brösarp

Weiter auf der Straße 9 ist schnell Brösarp erreicht. In dem Örtchen kann man im Sommer in die Vergangenheit fahren, und zwar mit dem **Österlen-Dampfzug „Ångloket på Österlen“.** Dazu ersteht man im alten Bahnhof eine Rückfahrkarte nach St. Olof aus schwerem Karton, wie sie vor 100 Jahren üblich waren. Die Waggons sind altmodisch, die Lok dampft langsam durch die offene Landschaft Österlens. Bei Ravlundabro kann man bis zum Meer schauen. Der nächste Halt ist dann Vitaby. Wer von St. Olof fährt, muss bedenken, dass der Endhalt in Brösarp abends erfolgt. Nach St. Olof fährt die Lok vorwärts, zurück rückwärts, da man keine Drehscheibe besitzt. Die Museumsbahn wird von einem Verein betrieben, der ungefähr 600 Mitglieder hat. Derzeit hat man fünf Dampfloks, von denen zwei immer im Einsatz sind. Infos: www.skanskajarnvagar.se.

Am Bahnhof von Brösarp ist ein **Café** in einem ehemaligen Restaurant-Waggon untergebracht; es gibt Kuchen, belegte Brote und kleinere warme Speisen.

Wer sich etwas gönnen will, kann hier einkehren: **Brösarps Gästgifveri**④, Albovägen 21, Tel. 0414-736 80, www.brosarpsgastgifveri.se. Das exklusive Haus gibt es seit 1684, früher war es ein Treffpunkt für Adel, Geistliche, Bürger und Bauern. Traditionelles schonisches Essen wie Aal, Gans, Lamm und Dorsch steht auf der Speisekarte.

Christinehofs Slott

Das **prunkvolle Schloss** hat drei Stockwerke und zwei Flügel. Es wurde 1737–1740 im Barockstil für die Gräfin *Christine Piper* errichtet. Im Sommer gibt es Konzerte und Theateraufführungen, das mittlere Stockwerk des Schlosses mit den Gemächern der Gräfin steht zur Besichtigung mit oder ohne Führung offen. Zur Anfahrt bei Brösarp ins Landesinnere abbiegen.

Rund um das Schloss breiten sich die **Moorgebiete von Borstakärr** aus. 2002 begann man damit, den ursprünglichen Zustand der damals trockengelegten Gebiete wieder herzustellen. Inzwischen sind viele Tier- und Pflanzenarten, die sich in feuchten Lebensräumen wohlfühlen, zurückgekehrt.

Alaunwerk von Andrarum

In der Nähe von Schloss Christinehof befindet sich das Alaunwerk von Andrarum. 1637 von dem Dänen *Jochum Beck* gegründet, finden sich auf dem Gelände reiche Naturlandschaften. Es gehört zum Naturschutzgebiet Verkån.

Alaun findet vielfache Verwendung, es ist eine schwefelsaure Doppelverbindung, die meist mit Aluminium oder Kalium versetzt wird. Das Pulver wird in Papierfabriken zum Klären der Leimung benutzt, in Gerbereien braucht man es, Knetmasse wird damit hergestellt. Die Lösung macht Stoffe wasserdicht und Holz unbrennbar (Alaunwasserglas). Hortensien im Garten bekommen durch die Beigabe von Alaun blaue Blüten. Alaunkristalle benutzt der Mann, der sich zu hektisch rasiert hat, zur Blutstillung und Frauen als Deostift, weil er die Hautporen nicht verschließt. In Asien klärt man mit ihm trübes Wasser.

Absolut Reines aus dem Norden – Schwedens ungewöhnliche Destillerie

Lars Olsson Smith brachte 1879 den „absolut rent Bränvin", den absolut reinen Branntwein, in den Handel, den er mit der von ihm erfundenen Rektifizierungsanlage in der Fabrik auf der Insel Reimersholm erzeugt hatte. Durch dieses Verfahren war man in der Lage, den Alkohol von den geschmacks- und brummschädelintensiven Fuselölen zu befreien und einen **Vodka** von höherer Qualität zu erzeugen, als es mit der klassischen Destillation möglich war.

Den Branntwein bot *Smith* der neu gegründeten **staatlichen Ausschankgesellschaft** exklusiv an. Als die jedoch ablehnten, verkaufte er ihn selbst mit so überwältigendem Erfolg, dass die Gesellschaft zurückruderte und den Schnaps nun doch von ihm bezog. 1917 übernahm die staatliche Gesellschaft seine Anlage, nannte sich „Vin & Sprit" und kontrollierte den Vertrieb.

sd13-054 fph

In den 1970er Jahren wollte man den boomenden Markt in den USA erobern. Also wurde ein Team von Fachleuten für die Vermarktung zusammengestellt. *Gunnar Brumann* fand nach allerlei kruden Ideen eine alte Apothekerflasche in einem Trödelladen in der Stockholmer Altstadt Gamla Stan und schuf daraus das neue **Flaschendesign,** das viele Experten zwar ablehnten, doch wurde die Flasche trotzdem produziert. Um die Reinheit des Inhalts zu visualisieren, verzichtete man auf ein Papieretikett und druckte den Text direkt auf das Glas, was viele Werbeleute wiederum entsetzte, litt darunter doch die Lesbarkeit. Den Namen „Absolut Vodka" wählte man aus rechtlichen Gründen, denn „absolute pur" war in den USA schon geschützt. *Michel Roux* kreierte die berühmte Reklame, die zu einem Meilenstein in der Werbegeschichte wurde. Die Flasche wurde von Künstlern abgebildet, mit den Worten „Absolut soundso". 1979 trat der frisch designte Åhus-Vodka seinen Siegeszug in der Welt an. Die nächste Werbeidee: Man zeigte allerlei Gegenstände, die die Umrisse der Flasche hatten, wie „Absolut Genf", in der das Innere einer Schweizer Taschenuhr gezeigt wurde, mit einem Unruh-Halter in Flaschenform, oder „Absolut Berlin", in der ein Fragment der Berliner Mauer in Flaschenform zu sehen war. Später wurden auch Sonderflaschen produziert, etwa „Absolut No Label", die keine Beschriftung trug. Die Marke gehört heute der Gruppe Pernod Ricard.

Verkasee

Der wunderschön gelegene See lädt zum **Fischen** (Barsch, Hecht, Regenbogenforelle) ein. Während der Betriebszeit des Alaunwerkes wies der See reiche Torfvorkommen auf und sorgte für den benötigten Brennstoff. Am Verkasee befinden sich Zeltplätze, Hütten, Grillplätze und Toiletten. Angelkarten sind am Parkplatz von Schloss Christinehof am Automaten erhältlich.

Biegt man von der Straße 19 auf die 118 ab, gelangt man über weite Felder mit vereinzelten Höfen an den Abzweig der Straße 118, die nach Åhus ans Meer führt. Obwohl die Straße nur ein Feld breit am Meer entlangführt, ist das Wasser wegen der Bepflanzung von der Straße aus nicht zu sehen.

Åhus

- **Einwohner:** 10.000
- **Vorwahl:** 044
- **Information: Turistbyrå,** Torget 15 (im Museum), Tel. 13 47 77, Mo bis Fr 10–19 Uhr, Sa bis 15 Uhr.

Geschichte

Schon in der Wikingerzeit gab es im Nordwesten einen Handelsplatz. Vor den Stadttoren baute man im Mittelalter die Burg Aose hus für den Bischof von Lund sowie ein Kloster. Man lebte vom Hafen und dem **Aalfang.** Die Stadtrechte wurden im 14. Jh. verliehen. In den dänisch-schwedischen Kriegen wurde die Stadt mehrfach geplündert und 1617 ihrer Stadtrechte beraubt, die sie erst im 20. Jh. wieder bekam. Die Kleinstadt liegt in der Nähe der Mündung des Flusses Helge ån.

Sehenswert

Die Kleinstadt hat sich noch ein wenig von ihrer mittelalterlichen Bausubstanz bewahrt. Deswegen und auch wegen der ausgedehnten **Badestrände Äspet und Täppet** besuchen im Sommer eine Menge Touristen die Stadt – und nicht wenige trinken einen **Vodka Absolut,** der vor Ort hergestellt wird.

Altstadt

An der Nordseite des großen Platzes Stortorget befindet sich das **Åhus-Museum,** das rote Gebäude war einst das Rathaus, Torget 15, Tel. 13 47 77. Es zeigt das Leben in der mittelalterlichen Stadt. Nordwestlich davon steht die **Sankt-Maria-Kirche** (12. Jh.), sie ist im typisch dänischen Stil gehalten.

In der Nähe des Hafens Skeppsbron liegt die **Schlossruine Aose hus.** Der Name bedeutet „Haus an der Mündung“. Die Burg stand auf einer Insel und kassierte Zoll von den Flussbooten. 1569 von Herzog *Karl* zerstört, versank sie im Flugsand und wurde erst im 19. Jh. wieder entdeckt.

Vom **Kloster Åhus** steht nur noch eine Mauer. Bemerkenswert ist ein östlich der Ruine der **Sankt-Anna-Kapelle** aufgestellter steinerner Sarkophag. Über den Helge ån führt die 1908 entstandene **Äspetbrücke.**

Westlich der Altstadt

Westlich der Altstadt stehen mehrere vom Heimatverein St. Annas Gille betreute **historische Gebäude.** Neben einer Tabakscheune, die an die Tradition der Gegend als Tabakanbaugebiet erinnert, befinden sich dort die Seilerei Malmström und der als Heimatmuseum betriebene Hof Anders Håkansgården.

Absolut-Brennerei

Köpmannagatan 29: Das historische Gebäude ist nicht zu übersehen, es gibt auch einen modernen Trakt mit schwarzer Fassade. Von hier „fließt" der **Vodka** in alle Welt. Besichtigung möglich, aber kein Verkauf, Tel. 28 80 00.

Praktische Infos

Unterkunft

■ **Åhus Gästgifvaregård**④, Gamla Skeppsbron 1, im Kleinhafen, Tel. 28 90 50, www.ahusgastis.com. Hier konnte man schon 1737 übernachten und gut essen. Die Zimmer haben Blick auf den Fluss, manche einen Balkon, insgesamt 98 Betten.

■ **Ängshyddan**③+④, Yngsjövägen 462, Tel. 23 28 55, www.angshyddan.se. Auf einem alten Hof an der Straße nach Yngsjö, es gibt einen schönen Wintergarten, Hotelzimmer, Hütten und einen kleinen Laden mit Kunsthandwerk.

■ **Hotel Åhus Strand**③, Kantarellvägen 1, Tel. 28 93 00, www.ahusstrand.se. Am Sandstrand, eher kastenförmig, 117 Zimmer.

■ **Hotell Briggen**③, Lotsgatan 46, Tel. 28 94 93, www.hotellbriggen.se. Renoviertes Haus aus dem 18. Jh., 14 Zimmer, gegenüber der Klosterruine unweit des Hafens.

■ **Åhus Vandrarhem**②, Stavgatan 3, Tel. 24 85 35, www.cigarrkungenshus.se. Schönes Haus mit grünem Garten in der ehemaligen Residenz des Zigarrenkönigs von 1893 am Hafen.

■ **Strandvillan**②, Kolonivägen 62, Tel. 28 93 05, www.strandvillan-ahus.se. Holzvilla in den Dünen am Strand nördlich des Zentrums.

Camping

■ **Regenbogen Åhus,** Kolonivägen 59, Tel. 24 89 69, www.regenbogen.se. Camping und Hütten unter Bäumen nördlich des Zentrums, mit Shop, Fahrrad- und Kanuverleih.

Essen und Trinken

■ **Pråmen,** schwimmendes Restaurant auf einem modernen Ponton im Hafen von Åhus, Hamnpromenaden (Gammla Skeppsbron), Nordufer, Tel. 30 02 40. Juni bis Aug. Fr/Sa Live-Musik.

■ **Åsikten Restaurang & Bar,** erinnert an einen Bootsschuppen, Gamla Skeppsbron am Nordufer, Tel. 24 01 05.

■ **Åmund,** Gamla Skeppsbron 3, Tel. 28 96 70. Kleines Hafenrestaurant, in dem man gut Fisch essen kann, es gibt aber auch herrliche Rippchen. Fr/Sa ab 18 Uhr.

■ **Handelsbaren,** Åvägen 4. Rustikales Sommerlokal auf der anderen Seite des Flusses, man wird an der Pier neben dem Glasboot (= Eisdiele) mit einem Boot abgeholt.

■ **Das Landhaus,** Fädriften 2, liegt unter lichten Bäumen am Strand gegenüber dem Campingplatz Regenbogen, Tel. 24 95 31. Regionale Küche.

Fährt man von Åhus auf der Straße 118 20 km landeinwärts, liegt hinter dem Hammarsee sogleich das beschauliche Kristianstad.

Kristianstad

- **Einwohner:** 35.000
- **Vorwahl:** 044
- **Information: Turistbyrå,** Stora Torg, Tel. 13 53 35, im Sommer Mo bis Fr 10–19 Uhr, Sa 10–15 Uhr, So 10–14 Uhr.

Der Ort liegt nicht an der Küste, sondern am großen **Hammarsjön.** Das Zentrum ist von einem Kanal und dem Fluss Helgeån umgeben, der den **Araslövsjön** im Norden mit dem Hammarsjön im Süden verbindet. Die Innenstadt wird durch den Västra Boulevarden und den Östra Boulevarden eingerahmt, sie weist einige schöne Häuser auf. Die Boulevards verlaufen auf den alten Festungswällen.

Der dänische König *Christian IV.* gründete den Ort neu, nachdem schwedische Truppen die Stadt Vä an dieser Stelle niedergebrannt hatten. Er wurde im 17. Jh. zur Grenzfestung. Nach dem Frieden von Roskilde 1658 avancierte Kristianstad zur Handelsstadt. Hier ist übrigens das „Loch Schwedens", die E 22 senkt sich bis auf 2,40 m unter den Meeresspiegel, was aber unauffällig geschieht.

Sehenswert

Stora Torg

Dem gut erhaltenen historischen Stadtkern um den Stora Torg sieht man noch die ehemalige Bedeutung als Festung an. Am Platz liegen das Zeughaus und das Bürgermeisterpalais aus dem 17. Jh. Das 1891 gebaute **Rathaus** wurde dem Stil der alten Häuser angepasst. Das **Frimurarehuset** weist auf die Bedeutung der Freimaurer in Südschweden hin.

Länsmuseet

Im alten Zeughaus befindet sich heute das schön gestaltete **Bezirksmuseum** Länsmuseet, in dem über die militärische Bedeutung der Festungsstadt und die Änderungen der Lebensbedingungen im Laufe der Zeit berichtet wird. Juni bis August 11–17 Uhr, Eintritt frei. Im selben Haus ist auch eine **Galerie,** Di bis So 11–16 Uhr.

Heliga Trefaldighetskyrkan

Die zwischen 1618 und 1628 nach Plänen des Architekten *Hans van Steenwinckel* erbaute heilige Dreifaltigkeitskirche ist eines der bedeutendsten Beispiele für den **protestantischen Kirchbau,** ein geradezu eleganter Bau mit einer holländischen Kanzel aus verschiedenfarbigem Marmor und zwölf Granitpfeilern. Die Kirche erhebt sich gegenüber dem Hauptbahnhof am Västra Boulevarden.

Tivoliparken

Im **Stadtpark** befinden sich der schöne Rundbau des Theaters Kristianstad und die denkmalgeschützte **Fornstugan.** Gebaut wurde sie 1886 als Museum in einem idealisierenden nationalromantischen Stil. Heute ist darin ein Café untergebracht. Der Park liegt am Helge ån.

Filmmuseum

In den Ateliers der Östra Storgatan 53 wurden 1909 die **ersten schwedischen Filme** gedreht. Es werden auch Filme gezeigt, Tel. 13 57 29, Eintritt frei.

Järnvägsmuseet

Das **Eisenbahnmuseum** liegt in einer Halle an der Västra Storgatan 74, mehrere Vereine haben ihr Material zusammengeführt: Anhänger, Triebwagen, Schienen-Traktor, Dampf- und Elektroloks. 12–17 Uhr, Eintritt frei.

In der näheren und weiteren Umgebung von Kristianstad stehen viele Schlösser, z.B. Schloss Christinehof

Praktische Infos

Unterkunft

- **Hotel Bishops Arms**④, Västra Boulevarden 7, Tel. 10 13 66, www.bishopsarms.com. Very british, neben dem Hauptbahnhof.
- **First Hotel Christian IV**④, Västra Boulevarden 15, Tel. 20 38 50, www.firsthotels.se. Ein antikes Bankhaus, von Rittern bewacht, 86 Zimmer. In den alten Kassenräumen ist das Restaurant eingerichtet, im Tresorraum der Weinkeller. Zentrale Lage.
- **Hotel Sirius**④, Västra Boulevarden 35, Tel. 21 77 40, http://hotelsirius.se. Das schmucke Gebäude wurde um die vorletzte Jahrhundertwende als private Residenz eines Händlers gebaut. Seit 1936 ist es ein 20-Zimmer-Hotel. Es liegt gegenüber dem Tivolipark.
- **Tomarp Gårdshotell**④, Helmershusvägen 218, Tel. 931 18, www.gardshotell.com. Das moderni-

sd13-055 fph

sierte Bauernhaus liegt schön am Råbelövssjön, kaum 15 km von Kristianstad.

- **Best Western Hotel Anno 1937**④, Västra Storgatan 17, Tel. 12 61 50, www.hotelanno.se. Kleines, altes Hotel mit 37 Zimmern.
- **Stadshotellet**④, Nya Boulevarden 8, Tel. 10 02 55, www.stadshotelletkristianstad.se. Ein klassischer Palast aus dem 18. Jh., 38 Zimmer.
- **Quality Hotel Grand**③, Västra Storgatan 15, Tel. 28 48 00, www.nordicchoicehotels.se. 137 Zimmer im Zentrum, die Einrichtung etwas gewöhnungsbedürftig.
- **bed & breakfast AB**③, Ambulansvägen 1, Tel. 10 23 10, www.bochb.se. Übernachtung in 13 Zimmern auf Hotelniveau in ruhiger Umgebung im Stadtzentrum.

Camping

- **Charlottsborgs camping och vandrarhem,** Slättängsvägen 98, Tel. 21 07 67, www.charlottsborgsvandrarhem.com. Die Anlage liegt in einem Park 3 km von Zentrum entfernt, mit altem Gebäude, Hütten und Zeltplätzen unter Bäumen auf einer Wiese.

Essen und Trinken

- **Lilla Torg** ist der Platz, von dem alle großen Einkaufsstraßen abgehen.
- **Bykrogen i Österslöv AB,** Restaurant in einer alten Stärkefabrik im Stadtteil Österslöv, Lövens väg 30. Veranstaltungen, auch Übernachten möglich.
- **Carlssons Taverna,** Ringvägen 22, 9–18 Uhr; **Restaurang Kvarnen,** Spannmålsgatan 9, in der alten Mühle rieselt kein Mehl mehr durch die Balken, dafür kann man gut speisen; **Bånken pub och restaurang,** Östra Storgatan 27; **Kong Christian,** Tivoligatan 12; **Kippers Källare,** eines der besten Restaurants in Kristianstad, ist in einem Kellergewölbe aus dem 17. Jh. untergebracht, Östra Storgatan 9, Tel. 10 62 00, Mo bis Sa 18–22 Uhr.
- **Konditoreien** gibt es im Prästallén 8, in der Saluhallen und in der Hesslegatan 6, die mal Schwedens beste Konditorei war.
- **Brogårdens Gårdsförsäljning,** Byholmsvägen 134, verkauft Freilandgemüse aus eigenem Anbau.

An- und Weiterreise

- **Auto:** Im Westen führt die Straße 19 nach Ystadt oder Älmhult und die 21 nach Häsleholm, im Süden die E 22 nach Lund oder an der Küste nach Norden. Im Osten des Ortes zweigt die kleine Straße 118 nach Åhus ab. **Parken** kann man im Zentrum hinter dem Busbahnhof, Einfahrt von der Södra Kaserngatan aus, ansonsten gibt es überall genügend Parkplätze, einfach den Schildern folgen.
- **Bahn:** Über den mächtigen Bahnhof am Västra Boulevarden ist Kristianstadt mit der Hauptstrecke nach Stockholm und Malmö verbunden. Es fahren Skånetrafiken und SJ, am besten man fährt zunächst nach Hässleholm und dann weiter.
- **Bus:** Hier sorgen Skånetrafiken und Swebus express für das Vorwärtskommen.
- **Flug:** In Everöd im Süden gibt es den kleinen Flughafen KID, der über die Straße 19 zu erreichen ist. In den 1940er Jahren als Militärflugfeld gebaut, wird er seit den 1960ern zivil genutzt. Nach dem Bankrott von Skyways gibt es zurzeit keine reguläre Verbindung mit Stockholm.

Ausflüge

Naturreservat Kjugekull

Rund 25 km nordöstlich Richtung Bromölla, auf der Landzunge zwischen Oppmannasjö und Ivösjö, liegt dieses Reservat. Das Besondere an der waldreichen Gegend sind **Granitfelsen,** die im ganzen Gebiet verstreut liegen und bis zu 30 m hoch sind. Sie sind das Ziel der Boulderer, der Kletterer ohne Hilfsmittel, die man bisweilen hier antrifft.

Schlösser

In der Gemeinde stehen viele Schlösser. **Widtsköfle** gilt als eine der besterhaltenen Renaissanceburgen, im 16. Jh. von *Jens Brahe* als Verteidigungsanlage errichtet. Heute ist das Schloss ein privater Wohnsitz.

Maltesholms Slott liegt 18 km südwestlich am nördlichen Rand des Linderödsåsen. Das Gut gehörte von Beginn an zu Schloss Widtsköfle. Der Park ist für Besucher geöffnet.

Trolle Ljungby hieß bis 1830 Ljungby, es gehört zu Skånes prachtvollsten Renaissancegebäuden im typischen Christian-IV.-Stil. Um 1460 erwarb *Jens Holgersen Ulfstand* das Gut; er ließ auch Glimmingehus bauen.

Råbelövs Slott liegt in der Råbelöfsallén 82-7 und sieht durch seine doppelten Giebel beeindruckend aus.

Bäckaskogs Slott, auf der Landzunge zwischen Ivösjön und Oppmannasjön gelegen, war im 13. Jh. ein Kloster. Ein Teil davon gehört zum heutigen Schloss, König *Karl XV.* pachtete es bis zu seinem Tod 1872. Heute ist es ein Hotel, von einem reizvollen Park mit Rosengarten umgeben. Barumsvägen 113, Fjälkinge, 10 km auf der E 22 nach Nordwesten.

Karsholm Slott liegt im gleichnamigen Ort im Karsholmsvägen 110 an der Westseite des Sees Opmannasjön.

Ovesholms Slott, Uddarpsvägen 123, ist im Besitz der Familie *Hamilton.*

Balsberget

So heißt ein fast 100 m hoher **bewaldeter Fels** nördlich von Kristianstad. Von oben hat man einen herrlichen Blick auf die umliegende Landschaft mit dem Råbelövssjön im Osten und Kristianstad im Süden. Das Gebiet steht unter **Naturschutz** und ist Heimat großer Buchen, Eichen und Kiefern. 1749 fand der Naturforscher *Carl von Linné* hier Fossilien und kam zu dem Schluss, dass das Gebiet einmal im Meer gelegen haben musste. Die **Balsbergshöhle** ist eine der größten Höhlen Südschwedens. Pfade und Hallen haben eine Gesamtlänge von 290 m. Die größten Räume in der Höhle sind etwa 35 m lang und bis zu 5 m hoch. Ein Teil sind natürliche Formationen, die durch Wasser in den Kalkstein gegraben wurden, der Rest resultiert aus dem Kalksteinabbau. Wenn die Fledermäuse ausgeschlafen haben, ist Sommer und dann kann man sich den Schlüssel beim Råbelöfs godskontor holen. 16.4. bis 14.10, Führungen unter Tel. 044-754 40, www.vattenriket. kristianstad.se.

Anfahrt von Kristianstad nach Norden in Richtung Arkelstorp, am Abzweig Richtung Fjälkestad; südlich von Fjälkestad gibt es einen ausgeschilderten Pfad zur Balsberget, die Straße führt zu einem Parkplatz. Entlang des Seeufers östlich des Berges gibt es einen Radweg, der rund um den Råbelövssjön führt. Mit dem Bus: Regionen 544.

Von Kristianstad nach Bromölla

Auf der E 22 geht es nun nach Bromölla. Man verlässt die Provinz Skåne und fährt bis hinter Karlskrona durch die **Provinz Blekinge.** Als sich nach der letzten Eiszeit die Eismassen zurückzogen, schliffen sie hier lange Rillen in den Untergrund, die in Nord-Süd-Richtung verlaufen. Die **Geröllfelder von Listerhuved** zeugen davon. Im Buch über die wundersame Reise des *Nils Hogersson* kann man sich über die Beschaffenheit der Gegend informieren. Dort wird die Landschaft als „drei Treppenstufen vor Småland" beschrieben. Die oberste Stufe enthält magere Erde mit Kleingeröll, darauf wachsen Birken und Tannen. In der mittleren Stufe ist die Erde schon fruchtbarer, und in der untersten liegt der beste Ackerboden. In der Gegend lebten berühmte Menschen wie die Schriftsteller *Harry Martisson, Sven Edvin Salje, Ragnar Jändel* und der Maler *Bengt Nordenberg,* die aber außerhalb der Staatsgrenzen kaum bekannt sind.

Bromölla

- **Einwohner:** 8000
- **Vorwahl:** 0456
- **Information: Bromölla turistbyrå,** Hermansens gata 22, in der Bibliothek, Tel. 82 22 22.

Bis 1971 war Bromölla eine „Minderstadt" *(köping),* eine Stadt zweiter Klasse. Die Verwaltungsreform in jenem Jahr gab dann allen Gemeinden die gleichen Rechte. Der **Iftötorget** liegt zwischen der Storgatan und der Hermansensgata. Um den Platz gruppieren sich Rathaus, Kino und das völlig zugewachsene Iföhaus.

Sehenswert

Die Steinkiste von Bromölla

Die Kiste am Tiansväg stammt vermutlich aus der Jungsteinzeit. 1915 sollen darin Feuerstein und eine halbe Steinaxt gefunden worden sein.

Iföverkens Industrimuseet

Storgatan 45: Wem der Sinn nach einem Museumsbesuch steht, kann sich im **Industriemuseum** die erste Toilette der Firma IFÖ anschauen. Das Museum ist übrigens ein schöner Bau und von Grün umgeben. 13–16 Uhr, 20 SEK.

Scanisaurus

Iftötorget: Die Saurier sind die buntesten Sehenswürdigkeiten des Ortes. Der Künstler *Gunnar Nylund* entwarf 1971 das große **Schwanenhals-Saurierpaar** im Brunnen. Es besteht aus etwa 3000 bunten Keramikteilen aus der schon erwähnten Toilettenfabrik. Das Skelett ist aus Stahlbeton.

Ivetofta Kyrka

Das **schöne Gotteshaus** wurde wahrscheinlich schon Mitte des 11. Jh. erbaut, die Treppengiebel im dänischen Stil kamen später dazu. Dadurch wirkt das Gotteshaus komplett dänisch. Von der Storgatan in den Kyrkovägen abbiegen, nach 800 m auf der rechten Seite.

Praktische Infos

Unterkunft

■ **Bromölla bed and breakfast**①, Fjälkingegatan 1, Tel. 0709-99 55 68, www.bbbk.se. Ein einfaches Haus mitten im Ort.

■ **Bellas Place Hotell**①, an der E 22, Kristianstadsvägen 782-1, Tel. 259 10, www.bellasplace.se. Restaurant, Motel und Biosupermarkt, alles konsequent im Look der 1950er Jahre, 19 DZ.

■ **Hotell Iföhus**①, Ifötorget, Tel. 280 40, www.ifohus.se. Schlichtes Hotel am Marktplatz mit einem brauchbaren Restaurant.

Camping

■ **Camping & Hostel Strandängen,** Scoutvägen 6, am See Ivösjön, Tel. 255 93, www.bromollacamping.se. Auf dem Campingplatz gibt es einen Boots-

und Fahrradverleih. Das Strandbad befindet sich nur 50 m entfernt. Auch 11 Zimmer.

Essen und Trinken

Das beste Lokal ist wohl das **Refill Restaurant** in der Ivögatan 1, ein Kiosk mit Tischen auf dem Platz. Sonst gibt es noch das **Korsholmens Restaurang,** Korsholmsvägen 1, ein Blockhaus mit Seeblick, mehrere **Pizzerien,** z.B. das Piri Piri, Ågatan 9, und den **Baldakinen** im Tiansvägen 16.

An- und Weiterreise

■ **Auto:** Die E 22 von Kristianstad nach Sölvesborg läuft südlich an der Stadt vorbei, die Straße 116 geht von der Ausfahrt der E 22 nach Norden bis Olofström.

■ **Bahn/Bus:** Am Resvägen liegt der kleine Bahnhof, von dem auch die Busse nach Sölvesborg und Kristianstad fahren.

■ **Boot:** Mit der „MS Klacken" auf dem Ivösee; 40 Menschen passen auf das Boot, im Sommer vom Hafen aus zweistündige Touren, z.B. zum Schloss Bäckaskog (siehe bei Kristianstad).

So schön kann der Winter sein

021fotolia

8 Die Südküste bis Kalmar

Von Bromölla geht es ostwärts weiter auf dem „Kustvägen", der Küstenstraße, die Ostsee immer in Reich- und oft in Sichtweite. Größere Orte auf dem Weg sind Karlshamn und Ronneby sowie Karlskrona, Stützpunkt der königlichen Kriegsflotte. Dann geht es noch etwa 80 km nordwärts bis Kalmar. Von dort kann Öland erkundet werden (siehe nächstes Kapitel).

< Ronneby: Seenlandschaft im Kurpark

Route 8 0 10 km ©Reise Know-How 2014

Von Bromölla nach Sölvesborg

Wenn man die E 22 weiterfährt, kann man nach etwa 8 km links in den Sissebäcksvägen abfahren und in der dortigen **Räucherei** bei Bedarf einen Aal kaufen, bevor man rechts nach Sölverborg abbiegt, das wieder am Meer liegt. Der südliche Schärengarten bietet Eilande in allen Größen, es gibt nackte Felsen wie **Utklippan** und die lauschige **Insel Sturkö.** Viele Inselbewohner waren gleichzeitig Bauern und Fischer, wobei die Fischerei überwog. Jedes Jahr zwischen März und April besetzen die Eiderenten die Gegend, und man kann bisweilen 100.000 Vögel am Tag sehen. Die Vogelliebhaber stehen dann zu Hunderten bei Utlängan, Västra Uttorp auf der Insel Sturkö oder bei Lindsö Udde auf der Halbinsel Gö.

Sölvesborg

- **Einwohner:** 9000
- **Vorwahl:** 0456
- **Information: Visit Sölvesborg,** Tel. 81 61 82, Mo bis Do 8–17 Uhr, Fr bis 16 Uhr.

Die Stadt wurde im Schutz der Festung angelegt, die dem Platz seinen Namen gab. Das Straßennetz stammt noch aus dem Mittelalter. 1801 brannte auch dieser Ort ab, aber man baute ihn an den gleichen Straßen wieder auf. Ansonsten hat sich Sölvesborg Mitte des 19. Jh. durch seine **Schnapsbrennereien** einen Namen gemacht.

Die Stadt liegt auf einer Landzunge, wenn man südlich hinausfährt, ist nach 4 km Schluss; hier gibt es einen Badestrand und einen Parkplatz mit Meerblick – für Womos leider verboten, da hier der Campingplatz beginnt.

Bekannt ist Sölvesborg für seinen **Mittelaltermarkt** im Juli.

Sehenswert

Besonders schön sind die kopfsteingepflasterten Gassen, an denen sich die einstöckigen **Holzhäuschen** wie Schachteln aneinanderreihen, bereit umzufallen, wenn eins entfernt werden sollte. Hier finden sich kleine, nette Geschäfte und gemütliche Cafés. Nördlich vom Zentrum liegt eine **Schlossruine** aus dem 14. Jh.

Auf dem kleinen Markt Stortorget stehen auf der Brunnenfontäne „**Ask och Embla**" des Bildhauers *Stig Blomberg*, die ziemlich selbstbewusst in die Runde schauen.

Sölvesborgs Museet

Skeppsbrogatan: Das Museum liegt in einem ehemaligen Lagerhaus für Getreide und Branntwein. Beides war kostbar und musste gut aufbewahrt werden. Das Museum zeigt auch Erzeugnisse des ersten örtlichen Betriebs, der Fayencefabrik. Mit Auto parkt man am besten am Hafen. 18.6. bis 18.8. Mo bis Fr 10–18 Uhr, Sa/So 11–16 Uhr.

Kirche St. Nicolai

Västra Storgatan: Die Kirche stammt aus der Zeit der Hanse und ist das **älteste Gebäude der Stadt.** Zur dortigen Quelle Sankt Enevold pilgerten im 14. Jh. fromme schwedische Christen. Quelle und Pilgerstrom sind heute versiegt, aber „Frömmigkeit stärkt das Reich" verkündet auch heute noch ein Spruch an der Kanzel.

Stentoften

Dieser **Runenstein** aus dem 6. Jh. ist nicht komplett entschlüsselt worden, es geht um die Wünsche König *Hådulfs*, der unbekannte Steinmetz wollte sich der Unsterblichkeit seines Werkes versichern und versprach auf der Rückseite des Steins Tod und Leid all jenen, die sein Werk zerstören. Das hat gewirkt, der Stein steht heute noch, und zwar in der Sankt-Nicolai-Kirche und nicht an seiner ursprünglichen Stelle. Da beim Versetzen des Steins niemand zu Schaden kam, muss es wohl gestattet gewesen sein …

Listers Härads Tingshus

Tingshusgatan 4, Ecke Ungersgatan: Beim **Amtsgericht** hat der Architekt *Gunnar Asplung* 1919 alles getan, um das

NICHT VERPASSEN!

Ronneby:
der Brunnspark verzaubert mit seiner Märchenlandschaft | 264

Karlskrona:
Wissenswertes zu Marine und Reeperbahnen | 270, 271

Kalmar Slott:
der Renaissance-Palast ist einer der besterhaltenen in Europa | 277

Diese Tipps sind gelb hinterlegt.

sd13-056 jt

Gebäude größer und respekteinflößender aussehen zu lassen, als es die Finanzen hergaben. Das Gebäude hat einen riesigen Giebel, obwohl es nur die Seitenfront ist. Heute steht es unter Denkmalschutz und gehört zu den Architekturjuwelen Schwedens. Besichtigung 9.7. bis 16.8. Di bis Fr 14–17 Uhr.

Festungsruine Slottsudden

Die Ruine liegt 4 km nordöstlich der Stadt. Vom ehemals 30 m hohen Turm ist nichts mehr zu sehen, die doppelten Wallgraben hat man rekonstruiert. Von hier regierte der Landesfürst. 1564, nach dem Blutbad von Ronneby, brannte die Festung aus. Heute ist auf Slottsudden **Platz für 10.000 Zuschauer,** wenn dort Konzerte oder Theateraufführungen stattfinden. Das Haus trägt Europas größtes Schilfdach. Zu erreichen von der Storgatan rechts in die Slottsallén, hinter der Glashütte.

Praktische Infos

Unterkunft

■ **Stadshotellet**③, Järnvägsgatan 8, Tel. 109 10, www.sbgstatt.se. Das Gründerzeithaus ist zwar riesig, hat aber nur 13 Zimmer. *Alfred Hellerström* baute es 1911 als Hotel, versehen mit Damensaal und Männersalon. 2003 fiel ein Trakt Privatinteressen zum Opfer.

■ **B & B – Hotell Vita Huset**③, Järnvägsgatan 4, Tel. 0708-11 41 01, www.vhbb.se. Ein altes Eckhaus mit Türmchen am Bahnhof, Etagenbad.

■ **B & B Villa Orion**③, Överlyckevägen 10, Tel. 135 58, www.villaorion.se. Die Zimmer liegen in einem Nebengebäude mit separatem Eingang und Terrasse. Die Villa selbst ist ein Backsteinbau und liegt zentrumsnah.

■ **Hotell Edgar**③, Ungersgatan 8, Tel. 102 20, www.hotelledgar.se. Kleines Hotel in Zentrum am Bahnhof. 8 Zimmer in einem zweistöckigen Backsteinbau, Garten, um die Ecke das alte „Musicum".

■ **Hotell Humbla**③, Bredgatan 8, Tel. 159 59, www.hotell-humbla.com. Jugenstilvilla von 1903, die Familie *Humbla* verkaufte sie 1962 an die Stadt. Nur 3 DZ.

■ **Mjällbyhus Pensionat**②, Hälleviksvägen 460, Tel. 503 37, www.mjallbyhus.se. Ein altes Gebäude (17. Jh.) in Meeresnähe, vermietet werden auch Hütten.

⌃ „Ask och Embla"
sehen Adam und Eva wenig ähnlich

> Potemkinsches Gericht: Listers Härads Tingshus

Camping

■ **Tredenborgs Camping,** Tel. 121 16, der einfache Platz liegt auf einer Wiese am Wasser an der Spitze der Landzunge. Es gibt sogar Plätze nur 4 m vom Wasser entfernt.

Essen und Trinken

■ **Salvatores Trattoria,** Stortorget 4, ist ein italienisches Feinschmeckerlokal, Di bis Do 16.30–22 Uhr, Fr bis 23 Uhr, Sa 13–23 Uhr, So bis 20 Uhr.

■ **Altona,** Stortorget 12. Restaurant/Pub, Freitag mit Disco.

■ **Black & White,** in der Köpmansgatan liegt dieses Esslokal.

■ **Glass- och sillabåten,** am Bogen der Hamngatan am Hafen liegt ein Kutter mit Speisenausgabe, davor ein paar Sitzplätze und ein Eisstand – was will man mehr?

■ **Restaurang Blåregn,** Lilla Skolgatan 6, 25 m vom Stortorget. Mittagsrestaurant in einem typischen roten Holzhaus mit Innenhof.

■ **Coffee House,** Café in der Innenstadt, Repslagaregatan 6, Mo bis Fr 9–18 Uhr, Sa 10–16 Uhr, So 11–15 Uhr.

■ Die **Conditori Baxi** stellt Tische auf die Straße am Stortorget.

Festival

■ Das **Sweden Rock Festival** nahm 1992 in Olofström mit der Rockgruppe „Nazareth" seinen (bescheidenen) Anfang, mittlerweile gehört es mit über 30.000 Besuchern zu den bedeutendsten Rock-/Metal-Festivals der Welt und findet im Juli in Norje bei Sölvesborg statt.

sd13-057 fph

An- und Weiterreise

- **Auto:** Die E 22 schneidet den Weg ab und kommt erst bei Norje wieder ans Meer. Wer ins Landesinnere will, kann am Kreisverkehr in Pukavik auf die Straße 121 nach Olofström abbiegen.
- **Bahn:** Am Hafen liegt der Bahnhof, wo auch die Busse abfahren.
- **Bus:** Nr. 432 fährt nach Nogersund zur Fähre nach Hanö.

Ausflüge

Tararp's Såg

In den **Gletscherkuhlen** von Tararp bereiteten die Riesen früher ihr Essen zu, berichtet die Sage. Tatsächlich entstanden sie durch den großen Druck des Schmelzwassers vom Inlandeis. Die Kuhlen sind bis zu 4 m tief. Eine ist zerborsten, sodass man sie im Schnitt sehen kann. Vom Rastplatz hat man eine schöne Aussicht über die Landschaft. Anfahrt über die Straße 27 nach Nordwesten über Asarum, Tararpsvägen.

Hällevik

Östlich der Stadt breitet sich die **Halbinsel Listerlandet** aus. Der Ort Hällevik besitzt einen der größten Fischereihäfen des Landes und liegt malerisch in einer Bucht. An vielen Stellen gibt es Räucherfisch zu kaufen. Wer baden will, geht an die Sandstrände von Listerlandet. Wenn der Sommer vorbei ist, hat Hällevik auch ein beheiztes Schwimmbad. **Hälleviks Fischereimuseum** beleuchtet die harte Zeit, als Fischerei die einzige Einnahmequelle war. Eine akzeptable Unterkunft ist das moderne **Hanöhus**③, Hanöhusvägen 8, Tel. 0456-525 10, www.hanohus.se. Oberhalb der Strandpromenade gelegen, hat es 100 Zimmer und einige Häuschen zu vermieten.

Am Ende der Straße liegt **Nogersund,** der Parkplatz am Fähranleger zur Insel Hanö gestattet zwei Wochen Parkdauer.

Insel Hanö

Die **sagenumwobene Insel** ist ein sehr beliebtes Ziel, 30.000 Besucher pro Jahr lassen sich sehen. Wer nicht im eigenen Boot anreist, setzt mit der „M/S Vitaskär" von Nogersund über. 1759 erwarb *Elsa Greta Schult* Hanö von der schwedischen Krone. Seitdem ist die Insel **Privateigentum,** seit Mitte des 19. Jh. ist sie erst bewohnt. Ungefähr die Hälfte der Inselfläche besteht aus Wald, zum größten Teil aus Hainbuchen. Der Fremdenverkehrsverein vergleicht den Wald zu Recht mit den Gemälden *John Bauers:* verzauberte Stimmung, wucherndes Farnkraut, moosbedeckte Steine. Die **Landzunge Brönsäcken** besteht aus Millionen ovaler Steine, sie wird auch heute noch ständig durch Wind und Wellen umgeformt. **Hanö Fyr** soll der höchstgelegene **Leuchtturm** der Ostsee sein, der weiß getünchte Ziegelturm ragt immerhin bis in eine Höhe von 74 m hinauf, weil er auf einem Hügel steht. Seine Leuchtreichweite beträgt mehr als 40 km, drei Lichtblitze werden alle 15 Sekunden über das Meer geschickt. Der Turm wurde von 1904–06 auf dem Dach der Wohnstätte des Leuchtturmwärters errichtet. Er wurde einem Drachen zum

Verhängnis, sagen die Bewohner. Der flog nämlich nachts zwischen Hanö und Tärnö hin und her. Als der Leuchtturm das erste Mal aufleuchtete, schlug der Drache vor Schreck gegen den Berg Fyrhallarna. Im Hafen steht der Feuerschuppen mit Löschgerät, einer Funkverbindung zur Feuerwehr auf dem Festland und einer Sirene auf dem Dach. 1810–12 war Hanö Basis für die englische Kriegsflotte in der Ostsee, deshalb gibt es einen kleinen englischen Friedhof. Seit 1956 leben Damhirsche auf Hanö, zunächst fünf, heute geschätzte 100 bis 200 Tiere. Im Hanö Bygdegård kann man eine Kleinigkeit essen.

Im **Fischerdorf Hörvik** hat man sich auf den Aalfang spezialisiert. Der **Älafisket Dag** ist die größte Feier des Jahres. Essen kann man den fetten Fisch z.B. im Loka Kajutan am Hafen. Dort sind auch reichlich Parkmöglichkeiten vorhanden.

Von Sölvesborg nach Karlshamn

Wer auf der Straße 123 auf die Halbinsel Listerlandet gefahren ist, muss zur Weiterfahrt in **Mjällby** in Richtung Karlshamn abbiegen und erreicht wieder die E 22, die bei **Norje** ans Meer vorstößt. Dort gibt es einen Kreisverkehr, an dem man einen Abstecher auf der Straße 121 nach Olofström machen kann, sofern man sich für das Angeln oder schwarzen Granit interessiert.

Olofström

Der Ort hat etwa 7500 Einwohner, die Vorwahl 0454 und ein Turistbyrå in der Östra Storgatan 24, Tel. 931 00. **Volvos Automobilwerk** ist seit den 1950er Jahren der größte Arbeitgeber der Stadt. Das Werk teilt die Stadt in eine östliche Hälfte mit dem Zentrum und eine westliche Hälfte am See. Im Ort fließen **drei Flüsse** zusammen: Holjeån, Snöflebodån und Vishultån. Um 1750 gründete man am Holjeån eine Eisenhütte. Anfang des 20. Jh. kamen von hier viele emaillierte Eisengeschirre. Danach verlegte man sich auf Pressblech, was Volvo auf den Plan rief.

Nördlich des Ortes, in **Vilshult,** wird **schwarzer Granit** gebrochen, der in Künstlerkreisen als „Diabas“ bekannt ist.

Hotel

■ Wer ein Hotel sucht, sollte sich im **First Hotel**④ in der Ågatan 3 einmieten, Tel. 30 12 30, www.firsthotels.se. Moderner Backsteinbau im Herzen der Stadt mit Blick auf den Park.

Camping

■ Wohnmobilisten fahren zum **Halens Camping,** Halenvägen 321, Tel. 402 30, www.halenscamping.se. Hier gibt es außer 100 Zeltplätzen auch Hütten und Zimmer im netten Gemeinschaftshaus für 390 SEK zu mieten.

■ **Djupadal Camping,** Svängstavägen 358, Tel. 451 44, www.djupadal.se. Liegt 3 km östlich am Orlundensee.

Essen und Trinken

Zum Essen gibt es außer dem **Hotelrestaurant** noch **Todde'z,** eine Kneipe in der Järnvägsgatan. **Halenkrog** liegt auf dem Gelände des Campingplatzes, und in der Storgatan betreiben sie noch eine **Konditorei.**

An einigen Stellen verläuft die E 22 so nah am Meer, dass man vom Auto aus und zwischen hohen Kiefern hindurch einen Blick darauf werfen kann. Hinter **Pukavik** schwingt sie sich ins Landesinnere, und bald ist der Abzweig nach Mörrum erreicht. Die schmale Straße verläuft durch ein paar Felder und verrät nichts von der Berühmtheit des Ortes.

Im Mörrumsåen tummeln sich viele Fische

Mörrum

Das **Dorf am Mörrumsåen** ist Anziehungspunkt für **Sportangler** aus ganz Europa. Die weiße Kirche aus der Zeit um 1840 steht wie ein Leuchtturm mitten im Ort. Sie hat nur einen Stundenzeiger und erinnert an eine Zeit, in der Minuten und Sekunden nicht so wichtig waren.

Der 1. April ist zum Volksfest geworden, dann startet das Sportangeln mit Gästen aus der ganzen Welt. **Lachs** wird bis zum Hochsommer geangelt und dann bis September **Meerforellen.** Hier werden bis zu 10 kg schwere Lachse gefangen. Schon 1231 war der Lachsfang in Mörrum für den dänischen König eine gute Einnahmequelle. Im Laxens Hus an der **Stromschnelle Kungsforsen** kann man sich über den Lachs informieren und durch eine Glaswand die Fische im

sd13-062 fph

Fluss beobachten. Vom 1.4. bis 31.10. täglich bis 16 Uhr. Man kann zu beiden Seiten des Mörrumsåen einen Pfad kilometerlang flussabwärts entlang spazieren und hat immer wieder romantische Ausblicke.

■ Übernachten kann man im **Hotel Walhalla**③, Stationsvägen 24, Tel. 0454-500 44, www.hotel-walhalla.se.

■ **Essen** kann man im **Laxerian** oder im **Mörrums Fiskekrog,** z.B. – genau – Lachs.

Svängsta

Wenn man dem Mörrumsåen flussaufwärts folgt, erreicht man Svängsta, das bei vielen Anglern bekannt ist. Die Firma Pure Fishing stellt hier seit mehr als 50 Jahren Rollen und Ruten für Sportangler her. Früher hieß sie **Halda Urfabriken.** Den Namen „Halda" kennt noch jeder Rallyefahrer von den mechanischen Weg- und Zeitmessern, die quasi in allen Wettbewerbsautos der 1960er und -70er Jahre eingebaut waren. Der Export von Uhren, Taxametern und Schreibmaschinen der Marke Facit erfolgte weltweit. Im **ABU-Museum,** Holländarevägen 86, sieht man die alten Produktionsstätten der mechanischen Wunderwerke. Mo bis Fr 13–16 Uhr, Sa 10–13.30 Uhr, 25 SEK.

Nach einigen Kilometern durchs Landesinnere erreicht man den Abzweig nach Karlshamn.

Karlshamn

■ **Einwohner:** 30.000

■ **Vorwahl:** 0454

■ **Information: Turistbyrå,** Ronnebygatan 1, Tel. 165 95, www.karlshamn.se.

König *Karl X. Gustav* ließ um das Dorf Bodekull an der Mündung des Mieån einen Hafen und eine Werft bauen. Der Ort erhielt 1664 die Stadtrechte. Die Stadt stand lange Zeit **im Dienste des Genusses.** Es wurden Branntwein und Punsch, Tabakwaren und Kautabak *(Snus)* hergestellt. Auch die größte Produktion von Spielkarten in Schweden war hier ansässig, kurz, ein Sündenpfuhl ohnegleichen.

Von der Mitte des 19. Jh. bis 1940 wurde um Karlshamn **Granit** gebrochen und exportiert, die Firma Fernström beherrschte den Handel und betrieb Steinbrechereien in Stärnö und auf der Insel Tjurkö. Aber Brüche lohnen sich nicht mehr, seitdem der Asphalt das Pflaster verdrängt hat.

Auf der **Halbinsel Stärnö** steht das größte **Ölkondenskraftwerk** Skandinaviens mit drei Blöcken zu je 340 MW, das durch seine 140 m hohen Kamine sofort ins Auge sticht. Technikfans können es besichtigen, ein Lift bringt sie 32 m hoch auf einen der Öfen. Durch Ölverbrennung wird Dampf für Turbinen erzeugt. Durch Abkühlen des Dampfes in einem Kondensator entsteht eine Druckdifferenz, die eine Gegendruckturbine antreibt, was den Wirkungsgrad der Anlage verdoppelt. Daneben liegt das Umspannwerk der Swepol.

In der Nähe von Karlshamn steht eines der höchsten Bauwerke in Schweden, der **Gungvalamasten,** ein 335 m hoher Sendemast für Fernsehen und UKW-Hörfunk.

Sehenswert

Kulturviertel

Auch diese Stadt ist niedergebrannt, und zwar 1763. Also sind die meisten Häuser nach dieser Zeit entstanden. In der südlichen Drottninggatan steht das Geburtshaus von *Alice Tegnér.* An die Komponistin von Kinderliedern wird auch im **Stadtmuseum** erinnert. Im Kulturviertel finden sich außerdem eine Tabakfabrik, eine Silberschmiede, die **Kunsthalle** in einem alten Speicher mit einer Sammlung schwedischer Malerei der 1940er Jahre, eine Druckerei und die Kaufmannshöfe. Das am besten erhaltene Kaufmannshaus aus dem 18. Jh., der **Skottsbergska Gården,** hat noch einen alten Laden im Souterrain.

In der letzten der einst 40 Tabakfabriken kann man sich über die Produktion von Snus, des schwedischen Kautabaks, und Zigarren im 18. Jh. informieren.

Karlshamn besaß im 19. Jh. zwei **Punschfabriken,** die der Familie *van Bergen* wurde zum Museum. Der Von-Bergen-Punsch wurde sogar im Ausland in Lizenz produziert.

Das **Auswandererdenkmal** von *Axel Olsson* zeigt die beiden Romanfiguren *Karl-Oskar* und *Kristina* aus dem Auswandererepos von *Vilhelm Moberg.* Das Denkmal wird oft von Amerikanern mit schwedischen Wurzeln besucht, denn unzählige Schweden flohen in den Jahren um 1850 vor der wirtschaftlichen Not ihrer Heimat in die USA.

Carl-Gustafs-Kirche

Die Kirche ist nach den Plänen aus dem 17. Jh. in der Kungsgatan 58 wiedererrichtet worden. 1681 war mit dem Bau am Marktplatz begonnen worden, Architekt war der Stadtplaner *Erik Dahlberg.* Krach mit der Gemeinde, Geldmangel, Krieg, Pest und Cholera verzögerten die Fertigstellung bis 1714. Die alte Kirche wurde dann als Lager genutzt. Ihre Lage passte nicht zum Straßennetz, und der Kirchturm war zu schwach für die Glocken, sodass man einen externen baute. Im Inneren sind Gemälde zu Kreuzigung, Grablegung und Auferstehung aus dem 18. Jh. zu sehen.

Frisholmen

Im alten inneren Hafen liegt die **Insel mit dem ehemaligen Kastell,** dessen Bau 1675 begann, als die Dänen den Schweden den Krieg erklärt hatten. Allerdings lag es ungünstig, denn das Festland in der Nähe hatte einige Hügel, und von ihnen ließ sich die Festung ungestört beschießen. Es hat sich trotzdem einiges erhalten, und die dazugehörige Kirche ist beliebt für Trauungen. Besonders im Frühsommer ist die Insel von blühenden Fliederbüschen übersät. Außerdem bietet die kleine Insel dem Theater Smedjan einen Aufführungsort. Die „M/F Flunder" bringt einen hin.

▷ Beschaulichkeit in Karlshamn

Vattentornet

Auf dem **Pengaberget** steht ein **alter Wasserturm,** GPS 56.174906,14.877382, von dem man einen herrlichen Blick über die Stadt hat. Es geht hinter dem Bahnhof den Hagaslättsvägen hinauf und dann rechts den Weg mit dem Parksteifen hinein; von dort kann man zum Turm hinunterlaufen.

Vägga

Südöstlich des Zentrums liegt die **Halbinsel** Vägga, umgeben von einem parkähnlichen Buchenwald und alten Villen. Vägga verfügt über eine Werft, eine Räucherei und einen Badeplatz. Das **Feriendorf Kollevik** hat Hütten und einen 3-Sterne-Campingplatz. Hier gibt es einen Sandstrand und Klippen, man kann sich auch ein Boot mieten. Restaurant und Kiosk sind vorhanden. Sehr schön gelegen ist das Café Villa Utsikten.

Saltsjöbadet

Das **Meerwasserbad** ist östlich der Stadt auf Vägga am Saltsjöbadvägen zu finden. Die erste Kaltbadeanstalt entstand 1898 am Ufer des Meeres, das heutige Gebäude ist aus den 1970er Jahren.

Praktische Infos

Unterkunft

■ **Port Hotel**④, Drottninggatan 102–104, Tel. 142 20, www.porthotel.se. 10 Gehminuten vom Bahnhof, am Anfang der Fußgängerzone in der Nähe des Hafens und trotzdem sehr ruhig.

sd13-059 fph

First Hotel Carlshamn④, Varvsgatan 1, Tel. 890 00, www.firsthotels.com. An der Mündung des Mieån mit Blick auf den Hafen liegt der schlichte Kasten – „First" Hotel ist übertrieben.

Scandic Karlshamn④, Jannebergsvägen 2, Tel. 58 87 00, www.scandichotels.com. 3 km vom Zentrum entfernt direkt an der E 22.

STF Vandrarhem③, Surbrunnsvägen 1C, Tel. 140 40, www.svenskaturistforeningen.se. Das Haus erinnert an einen 1960er-Jahre-Wohnblock, liegt aber zentral. Alle Zimmer mit Dusche und WC.

Camping

Kolleviks Camping, Kolleviksvägen, Tel. 812 10. Das Feriendorf Kollevik mit Campingplatz liegt 3 km südöstlich der Stadtmitte auf der Halbinsel Vägga (s.o.). 16.4. bis 30.9.

Essen und Trinken

Gurmet Grön, Biblioteksgatan 6 am Hafen, Tel. 164 40. Wie der Name verspricht, eine Adresse für gutes Essen. Es gibt auch einen SB-Grill. Mo bis Fr 11.30–15 Uhr.

Ölhallen, hier wird seit den 1930er Jahren Hausmannskost in historischer Umgebung aufgetischt.

Hoby Kulle Herregård, ein Haus aus dem 18. Jh. an der Straße nach Ronneby, Tel. 0457-814 33, Juni bis August 12–18 Uhr.

Compagniet Pub & Nattklubb, Ronnebygatan 43. Location für den späteren Abend.

An- und Weiterreise

Parken: Wohnmobile können im Sommer auf dem Bootslagerplatz am Hafen von Väggaviken stehen, was mit Strom 170 SEK pro Nacht kostet (es gibt einen Kassenautomat für Kreditkarten), oder eine Bucht weiter in Svanviken am Idrottsvägen. Kostenlos kann das Mobil am Östra Kajen bei der Turistinfo stehen. Eine Nacht kann man auf dem Parkplatz am Saltsjöbaden und dem Busparkplatz vom Kreativum stehen, eine Woche am Bahnhof.

Bahn: Im 19. Jh. entstanden zwei schmalspurige Eisenbahnlinien, von denen eine in den 1950er Jahren zur Normalspur umgebaut wurde. Heute fahren SJ und Öresundståget, ein Fahrplan ist auch im Tourismusbüro erhältlich.

Bus: Blekingetrafiken bedient Blekinge samt Kalmar und Växjö. Die Busse halten am Bahnhof. Für das Sweden Rock Festival werden extra Transferbusse eingesetzt.

Boot: Fährverkehr nach Liepāja in Lettland, Gdynia in Polen und Klaipeda in Litauen. Blekingetrafiken bedient im Sommer die Strecken Guö/Järnavik – Tjärö, Karlshamn – Kastellet, Karlshamn – Tärnö – Joggesö – Tjärö und Matvik – Tärnö.

Ausflüge

Kreativum

Hier werden Kindern und Erwachsenen allerlei **physikalische Spielereien** geboten, die das logische Denken herausfordern. Auch ein Kuppelkino kann besucht werden. Nahe der E 22 im Gebäude der ehemaligen Strömma-Baumwollspinnerei, Strömmavägen 28, Tel. 30 33 60, Do geschlossen, 145 SEK.

Eriksbergs Viltreservat

Das **Naturschutzgebiet** liegt in Eriksberg, von der E 22 in Åryd abfahren. Im Süßwassersee wächst eine der weltweit größten Ansammlungen roter **Seerosen,** sie blühen von Mittsommer bis September. 1856 brachte *Bernhard Agaton Kjellmark* sie von Fagertärn an der Grenze zu

Västergötland hierher. Es gibt außerdem heimische Tiere zu sehen, Mufflons, Wisente und *Fladdermöss* (Fledermäuse). Im Sommer 12–19 Uhr, 150 SEK.

Stärnö

Diese **Halbinsel** südwestlich von Karlshamn ist ein beliebtes Wandergebiet mit schönem Badeplatz. Im Sommer gibt es auch eine Gartenwirtschaft. Das größte **Steingrab** in der Provinz Blekinge, **Högarör,** befindet sich ebenfalls auf Sternö. Es ist knapp 5 m hoch und stammt aus der frühen Bronzezeit. Das Grab liegt 50 m über dem Meer, und so hat man eine tolle Aussicht über die Hanöbucht.

Tärnö

Der Schärengarten weist eine Reihe von Inselchen auf, auf denen man früher Hechte fing. Boote fahren nach Tjärö, Guövik, Joggesö und Tärnö.

Weit im Meer liegt die größte **Insel,** Tärnö. Dort kann man den **Drakberget** besteigen, der sich inmitten eines Feldsteingebietes erhebt. Ist das Wetter klar, kann man die Küste von Blekinge in ihrer ganzen Länge sehen. Lang ist auch das Fischerdorf, dass sich die Straße entlangzieht. In den 1920er Jahren gab es etwa 250 Bewohner, heute sind es ein paar mehr, aber wenn die Badegäste und Freizeitkapitäne weg sind, wird es still hier.

Tjäro

Auf der **Insel** fehlen private Sommerhäuschen, die Idylle ist also perfekt: Wiesen, weidende Kühe, Steinmauern und reichlich **Wanderwege.** Die Insel steht unter Naturschutz und gehört dem STF. Im Dorf leben Bauern, für den Reisenden stehen ein Gästehafen, Läden, Restaurants und ein Bootsverleih bereit.

Von Karlshamn nach Ronneby

Die E 22 umkurvt den Schärengarten und führt weiter nach Norden. Hungrige Feinschmecker fahren zum **Guö Värdshus,** Guövägen 16, Trensum, Tel. 0454-603 00. Die gelbe Holzvilla liegt schön am Bockfjärden, Ausfahrt 54, bei Åryd, 1 km nach Guö. Wer im Ort abbiegt, kann sich in **Hällaryd** die schöne Kirche aus dem Jahr 1878 anschauen, diesmal keine dänische Architektur.

Unterwegs nach Ronneby gibt es noch eine Möglichkeit zur Übernachtung unweit der E 22 im **Galtsjöns Wärdshus**③, Tel. 0454-160 35, www.galtsjon.se. Das einfache zweistöckige Haus liegt schön am Seeufer.

Ronneby

- **Einwohner:** 12.000
- **Vorwahl:** 0457
- **Information: Turistbyrå,** Västra Torggatan 1, Tel. 617 570, www.ronneby.se.

Nach Ronneby kommt man über diverse Kreisverkehre und befindet sich bald im

Zentrum. Das Städtchen liegt in einer Schleife des **Ronnebyån** und trägt den Beinamen „Garten von Schweden". Der Ronnebyån ist bei Paddlern äußerst beliebt, man kann schon in Småland bei Hovmantorp am Rottnensee einsetzen. Nach etwa 70 km auf teils etwas schwieriger Strecke erreicht man Karlsnäsgården bei Ronneby.

Geschichte

Im 13. Jh. war Ronneby Zentrum des Handels mit der Hanse. 1564, als es noch dänisch war, fand hier eine Schlacht zwischen dem dänischen und dem schwedischen Heer statt, in deren Verlauf die Schweden den Ort niederbrannten. Nach dem Frieden von Roskilde von 1658 stationierte Schweden im nahe gelegenen Karlskrona die Kriegsmarine und erkannte Ronneby die Stadtrechte zugunsten von Karlskrona ab. Erst im 18. Jh. kam es durch die Industrialisierung zum Aufschwung. Größter Arbeitgeber ist die Bodenbelagsfirma Tarkett.

Nachdem man 1775 entdeckt hatte, dass die **Wasserquellen** vor Ort eisenreich sind, entwickelte sich Ronneby zu einem der bedeutendsten schwedischen Kurorte.

023fotolia

Sehenswert

Heliga Kors Kyrka

Die Heilig-Kreuz-Kirche aus dem 12. Jh. ist die **älteste Sehenswürdigkeit** der Stadt. 1564 flohen die damals dänischen Einwohner in die Kirche, aber die schwedischen Angreifer drangen ein und töteten alle. Die Kerben in der Eichentüre der Nordwand zeugen noch heute von dem Ereignis.

Brunnspark

Der **Kurpark** südlich der Stadt ist ein gepflegter Garten mit Wasserfall, Seenlandschaft, üppig lila und weiß blühenden Rhododendren, einem bergigen Waldbereich mit Badesee, Duft- und japanischem Garten. Die hölzernen Kurgebäude sind gut erhalten und beherbergen die Jugendherberge und ein Wiener Café mit abendlicher Live-Musik. Nicht

< Villa im Brunnspark

nur Kranke kamen hierher, auch gut situierte Bürger aus dem In- und Ausland wurden angezogen von dem Kurleben, die Herren der Gesellschaft auch von Damen in heiratsfähigem Alter. Die erste Heilquelle war schon 1705 entdeckt worden, doch die Glanzzeit kam gegen Ende des 19. Jh. 1959 brannte das Brunnenhotel restlos nieder, in moderner Gestalt wurde es neu errichtet und ist heute eines der größten Konferenzzentren des Landes. Die hübschen alten **Holzhäuser** im Park stehen unter Denkmalschutz und sind sorgfältig renoviert worden. In der Villa Vera ist **Blekinge Naturum** untergebracht, wo u.a. Informationen zu Wanderwegen eingeholt werden können. Im ehemaligen Brunnenkrankenhaus lockt heute das Wiener Café. Die Villa Gymnastiken ist das Besuchszentrum des Brunnenparks. In den alten Wandelhallen kommen im Sommer Musik und Unterhaltung zur Aufführung, jeden Sonntag gibt es einen Flohmarkt.

Mor Olivagården

Kvarnplan 2: Am Siverfallet stand einmal eine Gewehrfabrik, die jedoch ein Hochwasser mit sich riss. Die **Mühle** Mor Olivagården steht noch, innen gibt es Handwerksausstellungen. Mo bis Fr 11–17 Uhr, Sa/So bis 15 Uhr.

Praktische Infos

Unterkunft

- **Hotel Hviidehus**④, Övre Brunnsvägen 71, Tel. 46 13 00, www.hviidehus.com. Eine romantisch im Brunnspark gelegene alte Villa.
- **Grand Hotel Ronneby**③, Järnvägsgatan 11, Tel. 268 80, www.grandronneby.se. In die Jahre gekommener Bau gegenüber dem Bahnhof mit Blick auf den Kanal.
- **Hotel Davids Hill**③, Espedalsvägen 4, Tel. 151 11, www.hotel-davidshill.com. 1,3 km vom Bahnhof Ronneby entfernt liegt das verschachtelte Holzhaus in leichter Hanglage.
- **Villa FloraViola**③, Brunnsparken, Fridhemsvägen 2, Tel. 628 110, www.svenskaturistforeningen.se. Villa aus dem 19. Jh., Zimmer mit Parkblick. Einfaches Bed & Breakfast, allerdings muss man fürs Frühstück 5 Min. durch den Park laufen.
- **STF Vandrarhem**②, Övre brunnsvägen 54, Tel. 263 00, www.svenskaturistforeningen.se. Ebenfalls im Brunnspark gelegene alte Holzvilla.

Camping

- **Ronneby havscamping,** Torkövägen 52, Tel. 301 50. In Bökenäs liegt dieser idyllische 4-Sterne-Platz an der Bucht in Listerby mit Meerblick. Zeltplätze, Apartments, Hütten.
- **Järnaviks Camping,** Bastuviksvägen 61, in Bräkne-Hoby, Tel. 821 66, www.jarnavikscamping.se. Auch dieser Platz liegt direkt am Meer, mit Strand und Klippen. In der Nähe ein Naturschutzgebiet und Wanderwege. 20.4. bis 9.9.

Essen und Trinken

- **Bergslagskrogen,** Kallingevägen 3. Restaurant mit Hausmannskost im Zentrum, Mo bis Fr 11–14.30 Uhr.
- **Blekan Restaurang & Pizzeria,** Övre Brunnsvägen 30, Tel. 154 22. Ganz okay, Mo bis Do 16–22 Uhr, Fr bis 23 Uhr, Sa 15–23 Uhr, So bis 21 Uhr.
- **Brunnsparkens Restaurang & Café,** Övre Brunnsvägen 58, Tel. 150 60. Lokal in einem stilvollen alten Holzhaus. Im Sommer Mo bis Sa 11–22 Uhr, So 10–17 Uhr.

■ **Kalasköket,** der Pub in der Götgatan 19 bietet einfache Gerichte, ebenso das **Köksmästaren** im Fridhemsvägen 15 und der **Ronneby Café & Matsal** in der Prinsgatan 17.

Einkaufen

■ **Ronneby Bruk Fabriksförsäljning,** Järnbruksvägen 5, in Kallinge an der Straße zum Flughafen. Verkauft werden Töpfe, Pfannen und Gusseisernes aus der eigenen Fabrik.
■ **Antikparken,** Antiquitätengeschäft im Folkparksvägen 4. Viele größere Dinge wie Möbel.

An- und Weiterreise

■ **Bahn:** Der Öresund-Zug zwischen Kopenhagen und Ronneby verkehrt stündlich.
■ **Flug:** Der kleine Flughafen RNB liegt 6 km nördlich in Kallinge, www.swedavia.se/ronneby. Flüge mit Golden Air, Malmö Air oder SAS nach Stockholm. Für jeden SAS-Flug gibt es einen Shuttlebus nach Karlskrona. Auf dem Flugplatz ist die Staffel F 17 der schwedischen Luftwaffe stationiert.

Ausflüge

Saxamara

Wer sich für traditionelle Holzboote interessiert, kann zur **Bootswerft** nach Saxamara fahren. Hier baut die Firma Olsson seit 1927 in reizvoller Lage **Blekinge-Segler.** Die volkstümlichen Transport- und Fischerboote mit Spiegelheck und ziemlich tiefem Kiel gab es von 12 bis 40 Fuß, heute dienen sie vor allem Freizeitkapitänen als Fortbewegungsmittel. Die Werft gehört zum Blekinge-Museum in Karlskrona und ist täglich 10–16 Uhr geöffnet. Den Wagen kann man an der Kirche abstellen und zur Werft am Wasser laufen.

Torkö

Die **Insel** liegt östlich der Halbinsel Gö. In früherer Zeit gab es dort Steinbrüche, einer davon lief voll Wasser und es entstand ein See. Die Überreste des einstigen Franziskanerklosters sind mittlerweile von Pflanzen überwuchert.

Von Ronneby nach Karlskrona

Wer die E 22 benutzt, kann 1 km vor Listerby bei Twing links abbiegen und zum 4 m hohen **Björketorp-Stein** fahren. Er stammt aus einer Zeit vor den Wikingern. Links und rechts steht jeweils ein Wächterstein ohne Inschrift. Die drei bilden mit sieben weiteren Steinen einen Ring. Das deutet auf eine Kult- oder Thingstätte hin. Beide Seiten des Runensteins sind beschriftet. Experten meinen auch bei diesem Stein die Drohung vor Zerstörung zu entziffern, die potenzielle Schänder der Gedenkstätte mit einem Fluch belegt. GPS 56.20298, 15.37734.

Zurück auf der E 22 kommt **Nättraby.** Dahinter geht es rechts nach **Skärva,** wo sich 1780 der berühmte Schiffsbauer *Frederic Henric af Chapman* ein eigenartige Sommerresidenz bauen ließ, eine Mischung aus Tempel und Villa und heute in Privatbesitz. Danach kommen schon die Abfahrten nach Karlskrona.

Karlskrona

- **Einwohner:** 35.000
- **Vorwahl:** 0455
- **Information: Turistbyrå,** Stortorget 2, Tel. 30 34 90, www.karlskrona.se.

Karlskrona entstand einst auf mehr als 30 Inseln, es ist heute Schwedens einzige Barockstadt, touristisch interessant, licht und freundlich. Die „Kriegsmarinestadt Karlskrona" gehört zum **Weltkulturerbe der UNESCO.**

Geschichte

Da Stockholm als Flottenstützpunkt nicht geeignet war – die Ostsee fror dort oben im Winter zu –, wurde die **königliche Flotte** 1679 in Karlskrona stationiert. Die **Schiffswerft Varvet** unter der Leitung von *Fredric Henric af Chapman* bekam 1782 von *Gustav III.* den Auftrag, für dessen Kriegsplanungen eine neue Flotte zu schaffen, was *Chapman* durch optimierte Fertigungsmethoden gelang. In nur drei Jahren wurden zehn Linien- und zehn Fregattenschiffe in Serie gebaut, andere Werften hätten in der Zeit zwei geschafft. Um den Kriegshafen vor allzu mutigen Angreifern zu schützen, wurden Steine in den Meerengen zwischen den Schären versenkt. Nur wenige Stellen waren noch tief genug für große Schiffe, und genau diese Stellen behielt man besonders im Auge.

Größter Arbeitgeber ist auch heute noch der Staat bzw. die Marine, z.B. baut die Kockumswerft Kriegsschiffe.

Die Straßen wurden vom **Stadtplaner Dahlgren** breit und gerade angelegt, der riesige Stortorget und der Admiralitätstorget waren mit barocken Häusern umgeben. *Dahlgren* hatte viele Militäranlagen studiert, er schrieb sogar ein Buch darüber. Das Interessanteste aus seinem Besitz ist allerdings sein Notizbuch, das heute im Nationalmuseum liegt. Seine Seiten sind nicht aus Papier, sondern aus Elfenbein, dadurch ließen sich die Aufzeichnungen wieder wegwischen. 1790 brannte auch Karlskrona trotz der guten Planung größtenteils ab. Danach war der **Neoklassizismus** die Moderichtung in der Architektur, sodass bei den neueren Gebäuden strenge Linien vorherrschen.

Sehenswert

Rathaus

Das Rathaus **am Stortorget** wurde nach dem Stadtbrand 1790 neoklassizistisch errichtet, der große Portikus aus den Originalzeichnungen wurde aber erst 1905 davor gesetzt.

Björkholmen

Auf der **Insel** stehen noch **einige der ältesten Häuser der Stadt,** die sich zwischen dem Björkholmskajen und der Chapmansgatan die leicht hügeligen Gassen entlangziehen, aufgereiht wie Spielzeughäuschen.

Grevagården

Borgmästaregatan 21: Der **Palast des Wachtmeisters** wurde 1703 im Barockstil errichtet. Im Erdgeschoss befanden sich Küche und Lager, im ersten Stock lagen die Wohnräume. Die beiden großen Eiben auf der Terrasse stehen unter Naturschutz. Der Barockgarten wurde in den 1970er Jahren rekonstruiert.

Stumholmen

Die **Insel** östlich der Innenstadt gehört zum Weltkulturerbe „Kriegsmarinestadt Karlskrona". Sie gilt als herausragendes Beispiel einer **Seefestung** aus dem 17. Jh. Die Verlängerung der Kyrkogatan führt über eine kleine Brücke auf die Insel, die lange militärisches Sperrgebiet war.

Blekinge-Museum

Das Museum liegt zum Teil auf Sturholmen, der Rest auf der Altstadtinsel. Eingang in der Borgnästaregatan 21 am Fisktorget. Es sind Ausstellungen über die Küste und die Schären zu sehen. Im Sommer 10–18 Uhr, 60 SEK.

Wer erfahren will, wie sich die Sammelleidenschaft von Museumsleuten auswirkt, kann ins **Magazin** des Blekinge-Museums nach Rosenholm fahren. In der riesigen Halle ist eine überwältigende Anzahl alter Gegenstände aufgestellt, Wagen, Boote und Dinge des täglichen Bedarfs, einfach unglaublich. Mittwochs von 13–16 Uhr sind Besucher willkommen. Anfahrt: Den Ronnebyvägen in Richtung E 22 zurückfahren und rechts Richtung Telenor Arena abbiegen, am nächsten Kreisverkehr in den Vaktvägen und nach 1 km links den Skrädderivägen bis zum Ende.

Der **Spielplatz Grevagrundet** gehört zum Museum und soll Kindern die Inselwelt näherbringen. Es gibt ein Boot, Fischerbuden und das Holzpferd „Hilla". Mo bis Fr ab 8 Uhr, am Wochenende ab 12 Uhr.

Fredrikskyrkan

Der Architekt *Nicodemus Tessin d. Jüngere* baute die Friedrichskirche 1720–44. Er schuf sie nicht im schwedischen, sondern im europäischen Barockstil. In einem der beiden Türme befindet sich ein **Glockenspiel** mit 35 Glocken, die täglich dreimal ertönen. Die Turmspitzen sind nicht etwa abgebrannt, sie wurden nie aufgesetzt. Das Taufbecken wird von einem Engel gehalten, der auf einem Sockel mit Monsterfüßen steht, es wurde von *Gilbert Sheldon* (nicht zu verwechseln mit *Gilbert Shelton*) aus Holz geschnitzt.

Heliga Trefaldighets Kyrka

Die Kirche mit ihrer runden Kuppel, vom Architekten der Fredrikskyrkan 1709 im italienischen Barockstil konstruiert, war die Kirche der deutschen Gemeinde, die aus pommerschen Seefahrern und Handwerkern bestand, deshalb nennen sie viele auch **Tyska Kyrka.** Im Inneren ist auch das Besucherzentrum für die Weltkulturerbestätte Karlskrona untergebracht.

Ulrica Pia Kyrka

Zur Gründung von Karlskrona wurden schnell zwei Holzkirchen gezimmert. Die eine nannte man Hedwig Eleonora, sie wurde von der Stadtgemeinde benutzt. Die andere, nach der Königinwitwe *Ulrica Eleonora* Ulrica Pia genannt, wurde für die Admiralitätsgemeinde gebaut und 1685 eingeweiht. Sie ist die **größte Holzkirche Schwedens,** im Stil des strengen karolinischen Klassizismus, und beherbergt interessante Kunstgegenstände, oft Geschenke von Gemeindemitgliedern. Vor dem Haus steht der „alte Rosenbom", eine Holzfigur, die als Spendenbüchse diente. Zum Einwurf der Münzen klappte man den Hut auf. Die Originalfigur ist auf Grund von Altersschwäche ins Innere der Kirche gebracht und draußen von einer neuen ersetzt worden, angefertigt vom Werftbildhauer *Karl Karlsson.* Das Vorbild soll der pensionierte Oberbootsmann sein, der dann Kirchenwächter wurde.

Eine kurze Wegstrecke von der Kirche entfernt, im Admiralitätspark, steht der **Glockenturm** der Admiralitätskirche, er war Zeitmesser für die Werftarbeiter und ist dem antiken Leuchtturm Faros bei Alexandria nachempfunden.

Kungsbron

Südöstlich vom Etortorget am Wasser liegt die **Promenade** Kungsbron. Hier ragt auch die **Bastion Aurora** in die Höhe, und man hat einen schönen Blick über die Gewässer.

Marinemuseum

Das Marinemuseum am Südende der Altstadt gehört zu den zentralen militärhistorischen Museen. Es befasst sich mit der **maritimen Geschichte Schwedens.** Zu sehen sind Modelle der Schiffe, die in

Repslagarbanan – die Reeperbahn ist kein Vergnügen

Reeper machten Schiffstaue, es waren angesehene Leute, im Gegensatz zu Seilern, die Seile, Bändsel und Bindfäden für den Hausgebrauch drehten. Die Technik ist uralt, es gibt 3000 Jahre alte Seile in gutem Zustand aus Ägypten. Man verwendete Materialien wie Rinde, Haare und Pflanzenfasern aus Hopfen und Flachs. Im Mittelalter wurde **Hanf** allgemein als Ausgangsstoff verwendet. Er ist die reißfesteste Naturfaser und fault im Wasser nur langsam. Der Hanf für die Reepschlägerei wurde zumeist aus Russland und den baltischen Ländern importiert. Für die Takelage des schwedischen Großseglers „Vasa" wurden mehr als 12.000 Meter Seil benötigt. Die Seile eines Ostindienfahrers im 17. Jh. wogen mehr als 20 Tonnen. Kokos, Abaca und Sisal wurden später die gängigen Materialien in Schweden. Zum Schluss wurden die Taue mit Teer imprägniert.

Die **Reeperbahnen** standen meist im Freien, in Schweden jedoch baute man bis zu 300 Meter lange einstöckige Hallen. Die Fasern wurden zu Garn gesponnen. Zwei oder mehr Garne wurden dann in entgegengesetzter Richtung zu ihrem eigenen Garndrall verdreht. Das Tau entsteht aus drei oder vier Seilen, ebenfalls entgegen dem Drall der Einzelseile gedreht, das Gegenschlagseil. Dazu wurden die Hanfgarne von vier Rollen gezogen und am anderen Ende der Halle auf einem beweglichen Schlitten befestigt, da sich die Seile durch das Aufdrehen verkürzen. Die vier Enden wurden von Helfern mit Kurbeln gleichmäßig gedreht und die Verdrillung, der Schlag, mit einem hölzernen Ziehkopf in die richtige Form und Abstand gebracht. Er wurde in Richtung der Garnrollen bewegt, und hinter ihm drehte sich das Hanfseil auf. Gehalten und bewegt wurde er von den Reepschlägern, später auf einen Schlitten montiert. 1793 erfand der Engländer *Huddart* die erste Cordage-Maschine, mit der das Verdrillen von Pferdekraft und später durch eine Dampfmaschine besorgt wurde.

Um ein *fullängdsrep,* 120 Klafter bzw. ca. 220 m, zu erzeugen, musste man Fäden von 300 m Länge drehen. Wenn diese miteinander verdrillt waren, waren noch etwa 260 m übrig. Wenn dann vier Seile verdrillt wurden, ergab das ein Tau von ungefähr 220 m Länge.

Anfang des 20. Jh. kamen die ersten elektrischen Maschinen zum Einsatz. Heute schlägt man Seile aus Polypropylen und Polyester vollautomatisch.

Karlskrona vom Stapel liefen, und eine Sammlung geschnitzter Galionsfiguren. Außerdem gibt es einen Unterwassertunnel, der über die Meeresarchäologie informiert, während man auf ein echtes Wrack aus dem 17. Jh. blickt. Täglich 10–18 Uhr, 100 SEK.

Auf der hinter dem Museum anschließenden **Insel Lindholmen** liegt ein altes, von *Pohlheim* konstruiertes Trockendock, und man kann das erste **U-Boot** Schwedens, die **„Hajen"**, bewundern. 1904 mit Elektroantrieb entworfen, ist die „Hajen" eigentlich kein richtiges U-Boot, da sie sich nur ein paar Minuten unter der Wasseroberfläche aufhalten konnte, bis die Batterien leer waren und durch den Verbrennungsmotor wieder aufgeladen werden mussten. Das Boot hatte immerhin 18 Mann Besatzung.

Das Dreimast-Vollschiff **„Jarramas"** lief 1900 auf der Örlogsvarvet vom Stapel, es hatte einen komplett stählernen Rumpf. In den nächsten 47 Jahren diente der schnelle Segler als Ausbildungsschiff der Marine. Später kaufte es die Stadt und baute es zum Restaurantschiff um. Nun wird es vom Marinemuseum restauriert. Der Name kommt aus dem Türkischen und bedeutet „Die Freche".

Repslagarbanan

In der **Reeperbahn** auf Lindholmen wurden Schiffstaue hergestellt. Sie wurde 1696 gebaut und arbeitete 250 Jahre lang, heute noch werden bisweilen Taue für Museumsschiffe gefertigt. Wenn nicht gearbeitet wird, gibt es ein Video zu sehen. Mit Shop und Café, 75 SEK, Mai bis Oktober, über die Turistinfo zu buchen.

Vattenborgen

Ist keine Wasserburg, sondern das **Wasserreservoir** im Stil einer Burg. Trinkwasser wurde bis 1863 von Lyckeby, Nättraby und Ronneby mit Lastkähnen geholt, dann war der Wasserspeicher auf dem Stortorget fertig.

Sonstiges

Im Sommer fährt die **Dragsötåget,** ein Minizug auf Gummirädern, täglich für 20 SEK vom Scandic-Hotel zum Dragsö Camping.

Die „Hajen", das erste U-Boot Schwedens

sd13-060 fph

Olof Palme (1927–1986)

Der **Sozialdemokrat,** 1927 in Stockholm geboren, gilt als der bekannteste schwedische Politiker. Er war **zweimal Ministerpräsident** des Landes und setzte die Reformpolitik seines Vorgängers *Tage Erlander* fort. *Palme* machte durch seine Anti-Kriegs-Haltung und seinen Einsatz für die Abrüstung international von sich reden. Seine Anfang der 1980er Jahre vorangetriebene Entspannungspolitik stand den Interessen der USA unter *Reagan* entgegen, die die Konfrontation mit den Russen suchten.

1981 lief das (vermeintlich) **sowjetische U-Boot U 137** vor Karlskrona auf Grund. Ein Unglück, vor allem aber eine Inszenierung: Mittlerweile gehen die meisten Fachleute davon aus, dass es sich um eine amerikanische Geheimdienstaktion zur Schwächung der Friedenspolitik *Palmes* handelte – den Schweden sollte die angebliche Bedrohung durch die UdSSR vor Augen geführt werden. Die Amerikaner hatten dabei einen Teil des schwedischen Militärs auf ihrer Seite. Das erklärt auch, warum der Marine verboten wurde, das U-Boot zum Auftauchen zu zwingen, denn dann wäre herausgekommen, dass es in Wahrheit ein amerikanisches Boot war. Der damalige US-amerikanische Verteidigungsminister *Weinberger* gab auch zu, dass vor Karlskrona regelmäßig amerikanische U-Boote kreuzten, derweil russische auf Grund ihrer Ausrüstung dazu gar nicht in der Lage gewesen wären.

1986 fiel *Olof Palme* **einem Attentat** zum Opfer: Nach einem Kinobesuch mit seiner Frau wurde er auf offener Straße erschossen. Die genauen Umstände des Mordes sind bis heute nicht eindeutig geklärt und geben immer wieder Anlass zu den krudesten Verschwörungstheorien.

Unter dem Marktplatz führt ein alter Eisenbahntunnel hindurch. Im Sommer kann man dort manchmal auf einer **Draisine** fahren. Vom südlichen Teil des Hogelandparks geht es in den Untergrund, die Schienen verlaufen teilweise in einem offenen Graben und tauchen unter der Kirche im Admiralitetsparken wieder auf.

Praktische Infos

Unterkunft

■ **Scandic Karlskrona**⑤, Skeppsgossegatan 2, Tel. 37 20 00, www.scandichotels.com. Der schulähnliche Bau liegt am Rande der Innenstadt am Wasser, mit Blick auf das Inselchen Stakholmen.

■ **Clarion Collection Hotel**④, Skeppsbrokajen, Tel. 36 15 00, www.clarionhotel.com/hotel-karlskrona-sweden-SE089. Moderner Bau, die Zimmer nach hinten sind ruhiger.

■ **Aston Hotel**④, Landbrogatan 1, Tel. 194 70, www.hotelconrad.se. In den oberen drei Etagen eines alten Gebäudes am Beginn der Fußgängerzone. Früher wohnten die Eigner hier, während ihre Schiffe in der Werft waren. Als die U 137 auf Grund lief (s.u.), war alles voller Journalisten.

■ **A Hotel**④, Alamedan 10, Ecke Drottninggatan, Tel. 30 02 50, www.ahotel.se. Ein neueres Haus im Zentrum. Parken für 75 SEK pro Tag auf dem Hof oder ab 16 Uhr gratis auf der Straße.

■ **Hotell Conrad**③, Kopmansgatan 12, Tel. 36 32 00, www.hotelconrad.se. Einfaches Haus im Zentrum, das durch seinen Garten mit allerlei essbaren Beeren punktet.

Camping

■ **Dragsö Camping,** Tel. 153 54. Auf einer eigenen Insel 2,5 km vom Zentrum, Dragsövägen. Strand,

Felsen, schöner Blick auf die Stadt, auch Hütten und Zimmer. Im Sommer fährt ein Minizug vom Zentrum hierher.

■ **Skönstavik Camping,** Tel. 237 00, an der Ostsee, 6 km von Karlskrona. Wiesen nahe dem Meer mit insgesamt 250 Plätzen, Feriendorf mit 22 Ferienhäusern und Zimmer. 1.4. bis 30.9. Unterschiedliche Preise, je nach Lage zum Meer.

Essen und Trinken

■ **Saltö Utkik,** Utövägen 3a, Tel. 841 00.

■ **Två Rum och Kök,** die „zwei Zimmer mit Küche" in der Södra Smedjegatan 3 sind ein Eldorado für Liebhaber von Fischgerichten. Mo bis Fr 18–23 Uhr, Sa 17–23 Uhr.

Einkaufen

Zum Shoppen geht man in die **Wachtmeister Galleria,** Borgmästaregatan 1-16, mit Café und vielen Geschäften. Das **Kronan-Modehaus** in der Ronnebygatan 46 bietet Bekleidung, Schmuck, Spielzeug und Sportartikel. Zum Flanieren geht man **rund um den Stortorget.**

An- und Weiterreise

■ **Bahn:** Der Hauptbahnhof ist ein Sackbahnhof am Jänvägstorget.

■ **Bus:** Die Überlandbusse halten nördlich des Hogalandparks.

■ **Flug:** Ab Stortorget fährt ein Bus zum kleinen Flugplatz in Ronneby, von dem nur wenige Verbindungen bestehen.

■ **Boot:** Für Freizeitkapitäne gilt es zu beachten, dass die Gewässer um Karlskrona immer noch militärisches **Sperrgebiet** sind und man nur in Senoren anlegen darf. Die Turistinfo erteilt Auskunft über die genaue Lage der Korridore.

Ausflüge

U 137

Den bekanntesten Ausflug in die Schärenwelt unternahm das **sowjetische U-Boot** U 137 im Oktober 1981. Sehr zum Ärger schwedischer Politiker blieb die Reise nicht unbemerkt, denn das Tauchboot lief bei Torrumskär östlich von Sturkö auf Grund. Der Ort ist zu besichtigen. Später kam heraus, das die US-Regierung die Friedenspolitik des schwedischen Premiers *Olof Palme* unterlaufen wollte und ein amerikanisches Boot als russisches umetikettiert hatte und absichtlich auf Grund laufen ließ. Bei einer Befragung sahen sich daraufhin viele Schweden von Russland bedroht. *Henning Mankell* beschrieb das Ereignis in seinem Roman „Der Feind im Schatten".

Kruthus

Damit das Schießpulver für die ganzen Kanonen in der Stadt keine Gefahr darstellte, lagerte man es in **Pulvertürmen** außerhalb der Stadtmauern auf Inseln. Auf Mjölnarholmen kann man noch einen besichtigen, im Väghuset wird erklärt, wie das Pulver hier sicher gelagert wurde. Kaffee gibt es auch.

Öriket

„Inselreich" wird der **Schärengürtel** genannt, der Verband der Einzelhändler ließ sich sogar einen Wimpel entwerfen. Mit der „MF Axel" und der „MF Spättan" kann man einen Ausflug in die Schären unternehmen, Abfahrt am Fisk-

sd13-061 fph

torget. Die kargen äußeren Schären lebten vom Fischfang und deckten den Bedarf des Flottenstützpunktes.

Aspö

Die **Insel** ist ein Vorort von Karlskrona, man kann kostenlos übersetzen. Hier arbeitete früher eine Lotsenstation, deren Turm noch vorhanden ist, ansonsten stehen auf dem Eiland jede Menge Wochenendhäuschen und die **Festung Drottningskär,** die mit dem Kastell Kungsholm auf der anderen Seite den Sund beherrschte. Drottningskär liegt auf einer eigenen kleinen Insel, durch eine Brücke verbunden, ist ganz gut erhalten und beherbergt ein Lokal.

Schärenlandschaft bei Karlskrona

Tjurkö

Die **Insel** war durch ihre Steinbrüche bekannt. Als die Straßen des Landes zunehmend asphaltiert wurden, ebbte ihre Bedeutung ab. Das **Kungsholm-Kastell** von 1680 liegt auf einer externen Insel ohne Brücke, es gibt aber einen Bootsverkehr ab Tjurkö. Sehenswert ist der einmalige **Rundhafen** am nördlichen Anleger, der durch seine umgebende Mauer eigenartige akustische Effekte erzeugt. Führungen durch das **Küstenartilleriemuseum** werden angeboten. Schiffe der königlichen Marine brachten einige seltene Pflanzen auf die Festungsinsel. Auch auf Tjurkö gibt es diverse kleine Läden und Cafés. **Übernachtung** auf dem Stenbräcka Camping, Idrottsvägen 11, Wiese mit 150 Plätzen am Meer, Tel. 0455-424 82, 4.4. bis 31.8. Im Gästehaus Stenbräcka kann man ohne Zelt unterkommen.

Senoren

Die erste der Inseln ist auch über die Straße zu erreichen. Bei **Brofästet** kann man lokal produzierte Waren kaufen und einen Kaffee mit Blick auf den Möcklösund trinken. Auf Senoren finden sich ein Dorfladen, ein Campingplatz mit Boots- und Fahrradverleih und eine Räucherkammer. Die Insel hat eine schöne, abwechslungsreiche Landschaft und vor allen Dingen viele Nebenstraßen, die sich gut mit dem Fahrrad erkunden lassen. Bekannt sind die hier angebauten Erdbeeren. **Übernachtung** im Kustgården, in Hütten oder zum Zelten, Tel. 0380-418 90.

Trummenäs

Auf der **Halbinsel** östlich der Stadt liegt der **Trummenäs Camping,** Stensnäsvägen, Ramdala, direkt am Strand, allerdings ohne jeglichen Schatten: 130 Plätze, Tel. 0455-36 04 63, www.trummenas-camping.se, 28.4. bis 20.9., 215 SEK. Auf dem benachbarten 9- und 18-Loch-Golfplatz können Golfer die Auswirkung von Meeresbrisen auf fliegende Gegenstände von 4,2 cm Größe und 46 Gramm Gewicht testen.

Sturkö

Die **Insel** 30 km südöstlich der Stadt ist seit 1939 ohne Boot über Brücken zu erreichen; von der E 22 ausgeschildert. Man kann auch per Boot übersetzen und ein Fahrrad mitnehmen, auf dem man dann zurückradeln kann. Auf der Insel wurde ein Schatz mit alten Münzen aus 17 verschiedenen wichtigen Orten gefunden. In der wuchtigen Windmühle ist ein Restaurant untergebracht. Es gibt mehrere Fischerhäfen und Kunsthandwerksläden. Sturkö **Camping,** Tel. 0455-424 82, liegt auf einer Wiese am Wasser und verfügt über ein Restaurant. Stenbräkagårdens Camping, Tel. 0455-642 85, liegt ebenfalls am Wasser und hat auch Hütten.

Von Karlskrona nach Kalmar

Auf der E 22 nordwärts ist der nächste Ort nach etwa 35 km **Fågelmara.** Wer dort rechts nach **Kristianopel** abbiegt, erreicht nach 6 km den kleinen Hafenort und in der Storgatan 23 Kristianopels Gästgiveri; das Lokal stammt aus dem 17. Jh. und serviert z.B. Kabeljau mit Hummer-Sauce. Früher war der Ort eine dänische Grenzfestung und von einer dicken Mauer umgeben. Nachdem er 1658 schwedisch geworden war, wurde die Festungsanlage zerstört, die Kirche mit dem Treppengiebel und Reste der Stadtmauer blieben erhalten. Im 18. Jh. entstand der Ort neu. Hier beginnt der **Blekingeleden,** auf dem man durch die ganze Provinz wandern kann. Der örtliche Campingplatz liegt an der Stadtmauer, auf der man seinen Abendspaziergang machen kann.

Die im Südosten gelegene **Halbinsel Torhamnsudde** ist ein ornithologisches Paradies. In der offenen Heidelandschaft machen viele Zugvögel Rast. Man erreicht die Halbinsel, wenn man die E 22 bei Jämjö verlässt und in Torhamn an der Kirche nach Süden abbiegt.

Zurück auf der E 22 folgt nun ein Ort mit dem lustigen Namen **Brömsebro.** Er liegt an der Grenze zwischen Småland und Blekinge. In der Vergangenheit verlief hier die Grenze zwischen Dänemark und Schweden, was zu diversen Grenzstreitigkeiten führte. Die Dänen bauten an der Mündung des Brömsebaches die Festung Brömsehus. Die namensgebende Brücke gab es auch. Heute sind davon nur noch ein paar Reste vorhanden. 1645 wurden bei einem Friedensschluss die südschwedischen Provinzen zwischen Dänen und Schweden neu aufgeteilt. Der „ewige" Friede dauerte allerdings nur zwölf Jahre. Ein Denkmal, der Friedensstein, erinnert daran. Nicht weit entfernt an der Küste ließ der dänische König um 1600 als Gegenstück zur schwedischen Burg Kalmar die Festungsstadt Kristianopel erbauen. Der Ort Brömsebro entstand allerdings nicht auf dem alten Bröms, sondern an der Bahnlinie von Karlskrona nach Torsås.

Von der E 22, 35 km vor Kalmar und 3 km nördlich bei Söderåkra, geht es rechts ab zur **Stufvenäs Gästgifveri**⑤, Stuvenäs 101, Söderåkra, Tel. 0486-219 00. Auf dem Hof aus dem 17. Jh. im **Naturschutzgebiet Örarevet** kann man hervorragend speisen und in einem der 26 Zimmer stilvoll übernachten. Dazu gibt es Meerblick.

Nach 35 km erreicht man die größere Stadt Kalmar.

Kalmar

- **Einwohner:** 37.000
- **Vorwahl:** 0480
- **Information: Turistbyrå,** Ölandskaijen 9, Tel. 41 77 00, im Sommer Mo bis Fr 9–21 Uhr, Sa/So 10–17 Uhr.

Geschichte

Der Name stammt vermutlich aus dem Altschwedischen und bezeichnete die steinigen Untiefen vor der Stadt. Kalmar war zuerst nur ein Handelsplatz und gilt als eine der ältesten Städte Schwedens, da ihr Name auf einem Runenstein aus dem 11. Jh. steht. Mitte des 13. Jh. wurde Kalmar von **deutschstämmigen reichen Händlern** dominiert. Exportiert wurde Teer, Holz und Kalkstein aus Öland, eingeführt Salz und Gewürze.

Königin *Margarete von Dänemark* ließ 1397 ihren 15-jährigen Sohn *Erik* zum König von Dänemark, Norwegen und Schweden krönen. Gleichzeitig wurde die **Kalmarer Union** gegründet, die den Staaten eigene Gesetze und Verwaltungen zusicherte, ein Bündnis, das 150 Jahre existierte.

Da Kalmar schlecht zu verteidigen war, dachte man über eine **Verlegung** zur Mündung nach. Als die Stadt 1647 abbrannte, setzte man das Vorhaben in die Tat um. Gleichzeitig wurden Wälle angelegt und die Bastionen gebaut. Dahinter erstreckte sich die Stadt mit rechtwinkligen Straßen. Allerdings mussten viele Einwohner zur Übersiedlung in die neue Stadt gezwungen werden. Da die Bürger durch den Salzhandel zu Wohlstand gekommen waren, ließen sie sich gleich Häuser aus Stein bauen.

1689 wurde das Hauptquartier der schwedischen Flotte von Kalmar nach Karlskrona verlegt. 100 Jahre später wurden die Wälle dem Verfall preisgegeben und 1860 ganz abgerissen. Die neue **Eisenbahn** brauchte einen Bahnhof, und so schuf man Platz dafür, indem man den Schlossgraben zuschüttete.

1950 fielen viele alte Häuser der **Modernisierung** zum Opfer, man baute Parkplätze und Warenhäuser. 1977 wurde eine Hochschule gegründet, die sich 2010 mit den Hochschulen von Växjö und Kalmar zur Linné-Universität zusammenschloss.

Sehenswert

Kalmar Slott

Das **besterhaltene Renaissanceschloss in Nordeuropa** (s. Abb. S. 524) steht auf einer kleinen Halbinsel an der Küste und ist durch den Burggraben vom Festland getrennt. 1180 lies *Knut Eriksson* einen Verteidigungsturm zum Schutz vor Piraten errichten, Ende des 13. Jh. kam eine Ringmauer samt vier Türmen hinzu. Nachdem *Gustav Vasa* aus dänischer Gefangenschaft geflohen war, kam er hier unter. Später ließ er die Festung komplett umbauen, starke Erdwälle ringsherum sollten vor Kanonenbeschuss schützen, das Hauptgebäude wurde zum Palast umgestaltet. 22 Mal ist die Festung belagert, aber nie erstürmt worden, später waren darin ein Getreidelager und ein Gefängnis untergebracht, und zuletzt schützten die Wälle und der Graben die königliche Schnapsbrennerei. Da der Staat Geld brauchte, schaffte er sich ein Monopol zum Brennen, gleichzeitig musste er dann aber auch für eigene Brennereien sorgen, und so wurden viele alte Verteidigungsanlagen zu Brennereien umfunktioniert. Das Gemäuer sollte sogar abgerissen werden, doch seit Mitte des 19. Jh. wird es stetig renoviert.

Gamla Staden

Västerport oder Högvakten heißt das Stadttor aus dem Jahr 1658, es führte zur Stadt auf der Insel Kvarnholmen. Die **Altstadt** Gamla Staden liegt beim Schloss, das im 17. Jh. neu angelegte Zentrum auf Kvarnholmen, der Mühleninsel. In der Altstadt steht der **Dom,** der von 1602 bis 1915 Bischofssitz war. Eine weitere Sehenswürdigkeit sind die drei orgelpfeifenartigen **Holzhäuser „Tripp Trapp Trull“.**

Länsmuseet

Skepsbrogatan 51: Das **Provinzmuseum** widmet sich der Region und dem Schlachtschiff „Kronan“. Das ging 1676 unter, mittlerweile sind aber 20.000 Teile geborgen und hier ausgestellt worden. Täglich 10–17 Uhr, 80 SEK.

Klapphuset

Das alte **Waschhaus** in der Östra Vallgatan wird noch heute benutzt.

Theater

Larmtorget 1: Das von Architekt *Bror Carl Malmberg* entworfene Theater wurde 1863 eingeweiht. Es ist ganz im Geiste jener Zeit gestaltet und wurde schnell der Mittelpunkt für Unterhaltung und Vergnügen. Es gab auch einen Zirkus, ein Hotel und einen Tanzsalon im Haus. Heute wird es als Gastspielbühne genutzt, es finden unterschiedliche **Kulturveranstaltungen** statt.

Stadtpark

Er hat den **Charakter eines naturnahen englischen Parks** und schließt sich an das Schloss an. Er wurde 1877–80 dank einer Schenkung des Großhändlers *Jo-*

han Jeansson angelegt. Aus Dankbarkeit ließen die Bürger eine Büste von ihm aufstellen. Eine sanfte Linienführung mit vielen alten Bäumen verschaffen dem Park, typisch englisch, abwechselnd lichte und schattige Partien. Auch der romantische Stil kommt zur Geltung, in Gestalt vieler Exoten wie z.B. Bambus, Kaukasischer Flügelnuss und Magnolien. Im Stadtpark liegt ein Snack-Restaurant mit Aussicht über die Schlossförde. Daneben gibt es eine im Sommer gut bespielte Bühne. Neben der Bühne liegt ein Lusthaus, das ursprünglich in der Altstadt stand und *Johan Gustav Wahlboom,* einem Schüler *Carl von Linnés,* gehörte.

Konstmuseet

Das Kunstmuseum steht am Ufer des Sundes im Stadspark mit Blick auf den Bahnhof gegenüber. Gezeigt wird zeitgenössische Kunst. Tel. 42 62 82, www.kalmarkonstmuseum.se, 15.6. bis 31.8. täglich 11–17 Uhr, 50 SEK.

Ölandsbron

Die über 6 km lange und 13 m breite **Ölandbrücke** ist auch eine Sehenswürdigkeit, man kann sie sogar zu Fuß überqueren. Mit dem Bau wurde 1967 begonnen, die Einweihung fand 1972 statt. Die Betonkonstruktion reicht mit ihren Fundamenten bis zu 22 m tief in den Sund. Bei Normalwasser ergibt sich eine Durchfahrtshöhe von 36 m.

Praktische Infos

Unterkunft

■ **Clarion Hotell Packhuset**④, Skeppsbrogatan 26, Tel. 570 00, www.nordicchoicehotels.se/Clarion-Collection/Clarion-Collection-Hotel-Packhuset. In einem alten Hafengebäude mit toller Aussicht.

■ **Calmar Stadshotell**④, Stortorget 14, Tel. 49 69 00, www.profilhotels.se. Hotel in einem türmchenbewehrten Jugenstilgebäude im Zentrum.

■ **Hotell 42**④, Larmtorget 2, Tel. 152 30, www.hotell42.se. Aus dem 18. Jh., schönes Ambiente, schön gelegen, schöner Preis.

■ **Slottshotellet**③, Slottsvägen 7, Tel. 882 60, www.slottshotellet.se. Neben dem Kalmar Art Museum und Kalmar-Schloss, nahe dem Krusenstiernska Garten.

■ **Brofästet Hotell o Konferens**③, Gröndalsvägen 19, Tel. 42 70 00, www.sodexomeetings.se. Das Hotel liegt schön in der Nähe der Ölandbrücke.

■ **Vandrarhem Savanen**③, Rappegatan 1, Tel. 255 60, www.hotellsvanen.se. Nördlich der Innenstadt, 39 Hotel- und 21 Herbergszimmer.

■ **Jennygården**③, Jenny Nyströms gränd 5, Tel. 070-939 47 38. Ein altes Schwedenhäuschen mit Stall und Dachboden im Zentrum.

Essen und Trinken

■ **4 Kök Restaurang & Café,** Storgatan 21. Traditionelle Küche, 120 Sitzplätze.

■ **Calmar Hamnkrog,** Skeppsbrogatan 30. Nettes Lokal mit Terrasse direkt über dem Wasser. Hier kann man hervorragend schwedisch essen. Mo bis Fr 11.30–22 Uhr, Sa 17–23 Uhr, So 12–17 Uhr.

■ **Ristaurante Ernesto,** Södra Långgatan 5, Tel. 241 00. Der Italiener punktet mit riesigen Fenstern, durch die man bei Regen entspannt auf die Straße schauen kann.

■ **Gröna Stugan Restaurang,** Larmgatan 1. Von 1927–30 wurden Kaffee und Knödel serviert, heute ist der grüne Flachbau mit runden Fenstern versehen, es gibt Tagesgerichte und moderne Hausmannskost.

■ **Restaurang Zegel,** Landgången 4 . Das Lokal liegt im Gästehafen direkt am Kai, serviert werden einfache Gerichte.

■ **Rosenlundska Källaren,** Östra Sjögatan 3. In diesem Keller wird schwedisch gekocht, es gibt auch Tagesgerichte.

■ **Källaren Kronan,** modernes Restaurant im Keller des Sahlsteenska-Hauses aus dem 16. Jh.

■ **Alexis Café,** Norra Långgatan 34; **Bremerssons,** Esplanaden 30, Bistro und Café; **Hamnkaféet,** Skeppsbron 2, traditionelles Haus am Hafen; **Krusenstiernska Gården,** Stora dammgatan 1, etwas südlich vom Zentrum in einem alten Haus mit Garten.

An- und Weiterreise

■ **Bahn:** In der Stationsgatan erreicht man über den Hauptbahnhof täglich Züge nach Stockholm, Göteborg, Malmö und Kopenhagen. Der Köpenhamnståget hält auch am Flughafen Kastrup in Dänemark.

■ **Bus:** Am Hauptbahnhof ist auch der Busbahnhof, von dem die kleineren Orte der Umgebung angefahren werden. Kalmar Länstrafik fährt nach Nybro und in umliegende Orte inkl. Öland.

■ **Flug:** Kalmar verfügt über den Flughafen KLR westlich vom Zentrum, von dem überwiegend schwedische Ziele angeflogen werden, Malmö Aviation nach Bromma, SAS nach Arlanda. Die Fluggesellschaft Blue1 fliegt nach Berlin-Tegel, SAS nach Hamburg und Hannover.

■ **Boot:** Reisende, die mit dem Boot kommen, können am Gästehafen im Zentrum anlegen. Für Brückenphobiker gibt es im Sommer tägliche Verbindungen vom Skeppsbron nach Färjestaden auf der Insel Öland. Der Katamaran „Dessi" ist mit 110 Passagieren 30 Min. unterwegs.

Sonstiges

■ **Saga** heißt das **älteste Kino Schwedens,** das noch in Betrieb ist. 1906 wurde es in einem Gartenhaus im Stadtteil Malmen eröffnet, Södra vägen 12, der Saal umfasst immerhin 173 Sitzplätze.

■ Zum **Einkaufen** kann man durch Kvarnholmen schlendern. Neben dem Seglerhafen befindet sich das **Einkaufscenter Baronen,** das zurzeit etwa 30 Geschäfte beherbergt. Um das IKEA-Warenhaus wurde die **Hansa City** gebaut, daran wiederum schließt sich das **Einkaufscenter Giraffen** an, in dem viele der üblichen Kettenläden vertreten sind.

■ Der **Freizeitpark Salvestaden** wurde für eine TV-Serie über das Mittelalter gebaut, aber aus Geldmangel geschlossen.

Ausflug nach Stensö

Die **Halbinsel** liegt ca. 2,5 km südlich der Stadtmitte und ist eines der beliebtesten Freizeitgebiete Kalmars. Dort können inmitten reizvoller Natur ein 4-Sterne-Campingplatz, Freibad, Café und Restaurant sowie Minigolfplatz in Anspruch genommen werden. **Stensö camping** liegt am Ufer des Västra Sjön, Stensövägen 100, Tel. 888 03, www.stensocamping.se: 15 Hütten, Laden, Kanu-, Tretauto- und Fahrradverleih, 4.4. bis 30.9. Ganz an der Spitze der Halbinsel steht der **Vasa-Stein,** wo *Gustav Vasa* nach seiner Flucht aus Lübeck 1520 an Land ging.

sd13-066 fph

9 Öland

Schon die Fahrt auf die Insel ist spektakulär: Seit 1974 führt die Straße über eine der längsten Brücken Europas, über 6 km lang, verbindet sie das Festland bei Kalmar mit dem Ort Färjestaden auf Öland. Die Insel hat die höchste Sonnenscheindauer ganz Schwedens und ist ein beliebtes Urlaubsziel für Familien, die dort Ferienhäuser mieten oder auf einem der 25 Campingplätze oder Feriendörfer wohnen.

‹ Öland, die Insel der Windmühlen

Färjestaden

■ **Vorwahl:** 0485 (gilt für die ganze Insel)
■ **Einwohner:** 5000
■ **Informationen: Borgholm Turistbyrå,** Storgatan 1, Tel. 123 40; **Boda Turistbyrå,** Tel. 223 60; **Mörbylänga Turistbyrå,** Torget 1, Tel. 415 55; **Ölands Turistbyrå, WelcomeCenter,** Färjestaden, Tel. 890 00.

Fährt man von der Brücke, die Färjestaden mit dem Festland verbindet, ab, kommt gleich das **WelcomeCenter** mit Touristeninformation, Bistro, Kiosk, einem großen Parkplatz und Tankstelle. Die Straße endet bei Möllstorps Camping am Sund. Der Ort war vor der Einweihung der Brücke 1972 der wichtigste Fährhafen der Insel. Heute kann man am alten Hafen einen Bummel machen.

Hinter der Brücke links lockt einer der größten Vergnügungsparks Schwedens, **Ölands Tier- und Vergnügungspark.** Anfänglich nur ein Zoo auf einem Bauernhof, beherbergt er heute an die 160 Tierarten. Es folgten Saurier-Nachbildungen aus Beton sowie ein Vergnügungspark mit Riesenrad und der großen Achterbahn von Gröna Lunds Tivoli aus Stockholm. Zum Schluss kam ein Spaßbad hinzu.

■ **Djurpark,** Djurparksvägen, Färjestaden, Tel. 392 22, www.olandsdjurpark.com, 15.6. bis 18.8. täglich 10–18 Uhr, Amusement- und Wasserpark 11–17 Uhr, Tageskarte 300 SEK.

Praktische Infos

Unterkunft

■ **Hotell Skansen**⑤, Tingshusgatan 1, Tel. 305 30, www.hotelskansen.com. Eine Mischung aus Alt und Neu nahe dem Hafen. 60 Zimmer mit einem Hauch von Luxus, Restaurant, Pool.

Camping

■ **Möllstorps Camping,** Turistvägen, Tel. 393 88, www.mollstorps-camping.se. Ein riesiger Platz mit 600 Stellplätzen in schöner Strandlage. Das Brorestaurangen verarbeitet nur Frisches aus der Gegend. Mitte April bis Ende September.

An- und Weiterreise

Auto: Die Straße 136 verläuft von Färjestaden nach Norden und Süden. Im Süden führt noch eine Straße parallel zur Ostküste bis in die Höhe von Borgholm.
Bus: Kalmar Länstrafik fährt von Kalmar und Nybro nach Öland.
Rad: Z.B. entlang der Süd-Öland Railway (SOJ), einer 96 km langen Schmalspurstrecke zwischen Borgholm und Ottenby. Der letzte Zug fuhr 1962. Zu sehen ist z.B. die Station Karlevi, die eher an ein Klohäuschen erinnert.

Sonstiges

Zum **Einkaufen** lohnt sich der Weg zu **Ölands Köpstad** mit einem großen ICA-Markt, Brovägen, südlich der Brücke am zweiten Kreisverkehr. 10–19 Uhr, Sa/So 11–16 Uhr. **Paradisverkstaden** ist ein Glas- und Keramikladen am Paradisvägen, links des Brovägen, täglich 10–16 Uhr.

NICHT VERPASSEN!

Die Insel der Windmühlen:
Hightech aus früheren Zeiten verstehen, z.B. in der Sandviks Kvarn | 285, 288

Borgholms Slott:
in der riesigen Burgruine werden alte Zeiten lebendig | 286

Stora Alvaret:
das Kalkplateau weist eine interessante Flora auf | 292

Diese Tipps sind gelb hinterlegt.

Zum Essen gibt es das **Schnellrestaurant Tre Ankare** in Ölands Köpstad. Am alten Fähranleger, Kai 4, befindet sich ein kleines **Lokal** am Wasser.

Von Färjestaden nach Norden

Von Färjestaden nach Osten fahrend, in der Inselmitte, liegt Ölands größte frühgeschichtliche Befestigungsanlage **Gråborg.** Die Burg hatte eine elliptische Form, war 210 m lang und 160 m breit. Umgeben war sie von einer 4 m hohen Schutzmauer aus Feldsteinen mit drei Eingängen. Heute sind nur Reste erhalten. Davor steht die Kapelle Sankt Knuts, auch sie nur eine romantische Ruine. GPS 56.665556, 16.605, Wanderwege führen durch das Gebiet.

Im Bogen fährt man zurück und weiter nach Norden. Im **Naturreservat Rönnerum** gibt es den größten Bestand an Hainbuchen in ganz Schweden, außerdem ein paar Fundamente von Häusern aus der Eisenzeit. Ebenfalls in der Inselmitte steht **Ismanstorps Borg,** eine Burg umgeben von Wäldern, zwischen den Ortschaften Rälla und Långlöt. Heute steht bzw. liegt noch der 125 m messende Steinwall mit den Fundamenten von 88 Häusern, vermutlich um 400 n. Chr. errichtet. Wegen der vielen Öffnungen, insgesamt neun, vermutet man, dass die Anlage nicht ausschließlich zur Verteidigung diente, sondern eine Art Stadtzentrum darstellte.

In **Sörby,** 10 km vor Borgholm, steht der alte Hof Kackelstugan, V. Sörbys bygata 16; hier kommen kreative Gerichte

Öland – das andere Schweden

Die Insel, 140 km lang und nur höchstens 16 km breit, unterscheidet sich landschaftlich deutlich von der angrenzenden Festlandsprovinz Kalmar län, denn auf dem insularen Kalksteingrund gedeihen **seltene Pflanzen,** die schon Schwedens berühmtesten Botaniker *Carl von Linné* anzogen, der meinte, Öland sei „völlig anders als die übrigen schwedischen Provinzen". **Windig** ist es, besonders im Herbst, deswegen gab es auf dem Eiland fast 2000 Windmühlen, jeder Hof besaß eine eigene, auch heute sind noch etwa 400 erhalten, die meisten davon Bockwindmühlen (s.u.).

Die Insel besteht aus einer großen **Kalksteinplatte,** die nach Osten hin sanft ins Meer entschwindet. Die Westränder hingegen bilden eine Abbruchkante, die in den nördlichen Regionen direkt ins Meer abfällt. Die Inselmitte ist dicht bewaldet, hier dehnen sich riesige zusammenhängende Laubwälder aus.

Vor etwa 7000 Jahren tauchte die Insel aus der Ostsee auf und wurde sofort besiedelt, zahlreiche Spuren der ersten Bewohner sind noch heute sichtbar. Man versuchte sich in Ackerbau, was auf dem kargen Kalksteinboden nicht einfach war.

Zurzeit leben etwa **24.000 Menschen** auf der Insel, die meisten betreiben Landwirtschaft oder sind im Tourismus beschäftigt.

Windmühlen – rotierende Holzhäuser

Auf Öland findet man noch eine Menge hölzerner **Bockwindmühlen.** Sie wurden zum Mahlen von Getreide benutzt. Bei dem genannten Mühlentyp ist das treibende Windrad am Giebel des Mühlenhauses montiert. Das ganze hölzerne Haus selbst steht drehbar gelagert auf einem hölzernen Bock. An einer langen Stange kann das Häuschen in den Wind gedreht werden, anschließend wird die Stange am Boden mit Pflöcken blockiert. Der Drehschwung des mit Segel-

sd13-065 fph

tuch bespannten Windrades wird im Inneren des Mühlenhäuschens mittels zweier hölzerner Zahnräder auf den großen steinernen Mühlstein am Boden umgelenkt. Die eher kleinen Bockwindmühlen wurden alle privat betrieben.

Sandviks Kvarn

Diese Mühle auf Öland ist die größte Mühle Nordeuropas, eine **26 m hohe Holländermühle.** Bei diesem Typ sitzen die Mühlenflügel auf einem großen Turm, nur dessen oberer Teil, der Kopf, wird in den Wind gedreht. Dies passierte oft mit Windkraft, indem man ein zusätzliches kleines Windrad an der Rückseite befestigte, das den Mühlenkopf drehte. Bei der Sandvik-Mühle wird der Kopf über Ketten gedreht und gebremst. Hinzu kommt bei großen Mühlen eine umlaufende Galerie, auf der die Ketten gezogen wurden, kleinere wurden, wie im Falle der Bockwindmühle, mit einer hölzernen Stange vom Boden aus geschwenkt. Die riesige Sandvik-Mühle wurde aus Vimmerby geholt und 1885 auf einem Kalksteinsockel aufgebaut. Sie war eine Lohnmühle, die bis 1952 benutzt wurde. Pferdefuhrwerke konnten bis ins Innere fahren. Die Getreidesäcke wurden über Aufzüge in den 5. Stock gehievt, wo fünf Paar Mühlsteine drehten, jedes etwa drei Tonnen schwer, gefertigt aus Kalk- und Vulkanstein und Gusseisen. Zum Auswechseln gab es eine kranartige Vorrichtung im 6. Stock. Die Flügel hatten jalousienähnliche Klappen aus Holz, mit denen man die Drehgeschwindigkeit den Windverhältnissen anpassen konnte – Hightech früherer Zeiten.

◁ Die Ölandbrücke verbindet die Insel mit dem Festland

auf den Tisch, und man kann auch übernachten.

Die östliche Spitze ist ganzjährig von Vögeln besucht. **Kapelludden** heißt die Spitze nach der mittelalterlichen Kapellenruine dort. Komplett ist die Idylle mit Fischerdörfchen, Kreuz am Wege und Leuchtturm – Heidenstammare heißen diese Modelle nach ihrem Erfinder.

Borgholm

Borgholm ist die **größte Stadt auf der Insel.** Im Mittelalter lag hier das Fischerdorf Borgh. Erst nachdem das Stadtrecht 1816 verliehen worden war, entstanden die schachbrettartig angelegten Straßen und die Bevölkerung wuchs auf 700 Menschen an. Das Schulgebäude von 1842 wurde dann zur Kirche umgebaut. Heute besitzt Borgholm einen der größten Yachthäfen Schwedens und ist ein Touristenort geworden. Handwerklich gearbeitet wird auch, die Glashütte Orrefors betreibt eine Filiale, die Ölands nya glasbruk in der Storgatan 34, Mo bis Fr 10–18 Uhr, Sa 10–15 Uhr.

■ **Hotell Borgholm**④, Trädgårdsgatan 15–19, Tel. 770 60, www.hotellborgholm.com. Das schöne Hotel steht mitten im Ort, im Restaurant kann man vorzüglich speisen, z.B. *soppa till pilgrimsmussla,* Suppe in einer Jakobsmuschel. Di bis Sa ab 18 Uhr, in der Saison auch montags.

Prinsessan Estelles Promenad heißt der neue Wander- und Fahrradpfad zu Ehren des jüngsten Mitglieds des Königshauses, der vom Hotell Borgholm zum nördlichen Eingang des Schlosses Solliden (s.u.) führt.

Naturreservate

Südlich von Borgholm liegen die Naturreservate **Halltorps Hage** und **Borga Hage** mit Hainbuchen und sogar tausendjährigen Eichen. Ein Wanderweg führt zum Borgholms Slott (s.u.).

An der Straße 136, ca. 9 km südlich von Borgholm, liegt **Halltorps Gästgiveri**⑤, Landsvägen 105, Tel. 850 00, www.halltorpsgastgiveri.se. Dies ist eine Spitzenadresse für Menschen, die romantische Hotels mögen. 30 DZ, riesiger Wintergarten, hervorragendes Restaurant.

Himmelsberga

Dieses sehenswerte **Freilichtmuseum** befasst sich mit der traditionellen bäuerlichen Kultur der Insel. Das Museum umfasst Bauernhöfe mit Geräten und Maschinen, auch mehrere Ausstellungsräume und einen Dorfladen. Natürlich gibt es auch Kaffee. Himmelsberga liegt auf der Ostseite südlich der Straße von Rälla nach Långlöt, etwa 1 km westlich von Langlöt.

Himmelsberga, Tel. 56 10 22, www.himmelsbergamuseum.com, 15.5. bis 31.8., 80 SEK.

Borgholms Slott

Borgholms Slott ist **eine der größten Burgen Nordeuropas.** *Johann III.* ließ die mittelalterlichen Teile abreißen und durch ein modernes Gebäude im Renaissancestil ersetzen, einen rechteckigen Bau mit vier runden Türmen an den Ecken. 1650 erfolgte der letzte Umbau, *Karl X. Gustav* fand Barock schöner. 1806 vernichtete ein Feuer alles außer den Mauern. So kann man das Schloss heute besichtigen, komplett, aber ohne Decken und Dächer. Nordöstlich der Schlossruine steht der **„Jagdstein“**, der an königliche Jagden im 19. Jh. erinnert.

⊡ Borgholms Slott

Nicht weit vom Parkplatz steht ein Schloss der Königsfamilie; man kann es nur von außen begutachten, denn es wird noch bewohnt.

Solliden Slott

Dies ist die **Sommerresidenz der königlichen Familie.** Das Haus wurde 1903–06 nach den Anweisungen von Königin *Victoria* erbaut. Der Architekt des in italienischem Stil gehaltenen Anwesens war *Torben Grut,* der auch das Olympiastadion in Stockholm für die Spiele 1912 entworfen hat. Dem Schloss schließt sich eine prächtige Pergola an, die mit klassischen Skulpturen geschmückt ist. Südlich erstreckt sich der geometrisch angelegte italienische Renaissancegarten mit hohen Thujen und Buchsbaumhecken.

Südlich des italienischen Gartens breitet sich der **englische Park** aus, mit weiten Rasenflächen, Platanen und Zypressen, daneben eine riesige Blutbuche mit einer Büste Königin *Victorias.*

Westlich vom italienischen Garten ergießt sich ein romantischer **Wasserfall.** Dahinter kommt der **holländische Garten,** Königin *Wilhelmina* ließ ihn als Geschenk von holländischen Gärtnern 1926 anlegen.

sd13-063 fph

Im Pavillon am Eingang werden jeden Sommer neue **Ausstellungen** mit königlichen Themen gezeigt. Dort ist auch der kleine Laden. Dann gibt es noch die kleine **Crêperie,** die natürlich Crêpes mit Füllungen, Eis und Kuchen serviert.

Sollidens Schlosspark ist vom 15. Mai bis 15. September für Besucher zugänglich, und zwar täglich 11–18 Uhr, letzter Einlass 17 Uhr, 75 SEK, Führung 350 SEK. Die beste Zeit für einen Besuch ist der 14. Juli, zu Kronprinzessin *Victorias* Geburtstagsfeier im Freien, wenn schwedische Künstler auftreten. Das Ereignis wird live im Fernsehen übertragen.

Köpingsvik und Bredstättra

5 km nordöstlich von Borgholm liegt Köpingsvik. Hier bietet sich für ein gutes Essen der **Solberga Gård** an, Ramsättravägen 45, im Sommer täglich 12–14 und 17–22 Uhr. Auf der östlichen Inselseite lohnt ein Stopp in Bredstättra. Die dortige **Zuckerbäckerei** wird von einem deutschen Aussteigerehepaar betrieben.

Skurkvarna

In **Jordhamn** erwartet den neugierigen Reisenden eine **Scheuermühle.** Um für die Schlösser die benötigten Kalksteine glatt zu bekommen, bediente man sich eines Scheuergangs. Die Blöcke aus dem örtlichen Kalkstein wurden in einem Göpel im Kreis ausgelegt und durch Pferde- oder Ochsenkraft mit einem weiteren Stein glattgescheuert. Das dauerte etwa eine Woche pro Lage. Durch den Bau der windbetriebenen Scheuermühle wurde die Arbeit erheblich beschleunigt. Die Mühle wurde von den Handwerkern vor Ort gebaut und war bis 1930 in Betrieb.

Vida-Museum

An der Straße 136, 9 km südlich von Borgholm, liegt das **kubistische Gebäude** aus Glas und Beton, das auf 2000 m² Werke von *Ulrica Hydman-Vallien* und *Bertil Vallien* zeigt, die sehr unterschiedliche Stile haben und beide auch im Glasreich gearbeitet haben. In der Halle Trotzig stehen Werke des gleichnamigen Künstlerehepaares. Außerdem gibt es wechselnde Kunstausstellungen.

Vida-Museum, Halltorp, Tel. 774 40, www.vida-museum.com, 10–17 Uhr, 40 SEK.

Sandviks Kvarn

In Sandvik (an der Straße 136 ausgeschildert) lohnt der Besuch der **größten Windmühle des Nordens.** Seit 1955 dient Sandviks Kvarn als Museum und kann besichtigt werden. Außerdem ist dort ein gemütliches Restaurant eingerichtet (siehe auch Exkurs „Öland“).

Weiter nach Norden

Stößt man weiter nach Norden vor, findet man im Reservat **Petgärde** einen kleinen Aussichtsturm zum Beobachten der Vögel vor. Auch im Reservat **Knisa Mosse** steht solch ein Turm.

Nun verläuft die Straße 136 in der Inselmitte. Hier gibt es eine gute Möglich-

sd13-064 fph

keit, sich zu verköstigen: **Ninnis Kroppkaksbod,** im Sommer Di bis Sa 11–18 Uhr, sonst Mo und Sa 11–17 Uhr. Der Name sagt es: Kartoffelknödel in allen Variationen werden in dem kleinen Lokal angeboten, mit Sahne, Preißelbeeren und was der Garten sonst so hergibt. Ein Angebot, das viele wahrnehmen, besonders wenn das Wetter gut ist, gibt es schon mal einen Stau. Links von der Straße 136 Richtung Hagelstad, GPS 57. 124506, 16.949404.

Später passiert man die **Källa Ödekyrka** an der Quelle des hl. Olav. Die Quelle ist längst versiegt, die Kirche verlassen. Die heutige Kirche stammt vom Ende des 12. Jh., die Sakristei war an der Nordostecke des Langhauses angebaut. Der ursprüngliche Turm ist nur noch teilweise erhalten, bei einer „Modernisierung" wurden die Reste mitsamt dem Kirchenschiff mit einem Ziegeldach versehen und die Schießscharten von außen zugemauert. Der obere Stock war wohl schon eingestürzt. Draußen gibt es noch die Reste eines Friedhofs.

Vom Ort **Löttorp** westwärts kommt man zur königlichen Domäne Horns kungsgård. Das große Lokal Lammet & Grisen, Hornvägen 35, Tel. 203 50, www.lammet.nu, zieht jedes Jahr Gäste zum Lamm- und Schweinessen an – gut, aber hochpreisig.

Zurück in nördliche Richtung kommt man zum kleinen Fährhafen **Byxelkrok,** von wo man auf die Blå Jungfrun übersetzen kann. Zum Essen kann man den Griechen „Terrazen" auf dem Hamnplan aufsuchen.

Sandviks Kvarn

Blå Jungfru 0 100 m

Nördlich von Byxelkrok erwartet einen noch der „Trollwald“ **Trollskogen** mit seinen verbogenen Kiefern, der zum **Ökopark Böda** umgestaltet wurde.

Am nördlichen Ende der Insel überrascht **Neptuns Åkar** mit Kalksteinformationen und einem Gräberfeld aus der Wikingerzeit. Zu guter Letzt ragt der **Leuchtturm Långe Erik,** ein Wahrzeichen der Insel, aus einem weiten Geröllfeld auf.

Blå Jungfru

Die **kleine Insel** vor der Nordspitze Ölands ist ein **Nationalpark.** Sie ist etwa 1 km lang und nur von Hasen und Fledermäusen bewohnt. Der nördliche Teil ist schroff und kahl, der südliche flach und mit Laubwald bewachsen. Die Insel besteht aus vom Eis polierten Granitklippen und großen Blöcken. Der Blå-Jungfru-Granit ist ein **Rapakiwi-Gestein** (finnisch für „fauler Stein“). Es hat Feldspateinschlüsse, die bis zu mehrere Zentimeter groß sind, dadurch zerfällt der Stein oft. Trotzdem wurde in ganz Europa damit gebaut, da er in vielen Ländern vorkommt.

Interessant ist **Trojeborgen,** eine Steinsetzung aus 15 Ringen an der Südspitze der Insel. Die Anlage ist ein Labyrinth aus kleinen Steinen, sie wurde schon von *Carl von Linné* beschrieben, wozu sie diente, ist unklar. Es gibt einen **Aussichtspunkt** auf der Insel, der in schwindeliger Höhe von 86 m einen guten Blick ermöglicht. An der **Westküste** finden sich Kalksteinlöcher und eine Grotte, alle Wege sind markiert und mit Tafeln versehen.

Praktische Infos

Unterkunft

■ **Byxelkroks Marina Sea Resort**③, Neptunivägen 5, Tel. 285 50, www.byxelkroksmarina.se. Das Haus hat Zimmer oder Apartments mit Küche und Balkon mit einem tollen Blick auf Kalmar, es liegt in unmittelbarer Nähe des Hafens in Byxelkrok.

■ **Gästgivaregården in Södvik**③, Gamla väg 35, 2,5 km vom Fischerdorf Sandvik, auf halbem Weg zwischen Borgholm und dem nördlichen Inselende, Tel. 263 90. Gebaut schon im frühen 17. Jh., ist es eines der ältesten Wirtshäuser Ölands und steht in einem großen Garten.

Camping

Einige der landschaftlich schönsten Strandcampingplätze liegen im Norden der Insel.

■ **Böda Sand,** Tel. 222 00, www.bodasand.se. Auf der Straße 136 Richtung Borgholm, etwa 23 km nördlich von Löttorp ab Kreisverkehr beschildert.

Gröndals Camping, Köpingevägen 41, Köpingsvik, Tel. 722 27, www.grondalscamping.se. 150 Plätze, Mitte April bis Ende September.

Sonjas Camping, John Emils gata 43, Löttorp, Tel. 232 12, www.sonjascamping.se. Von der Straße 136 am Kreisverkehr rechts ab, an der Bucht von Sandviken gelegen, hat der preisgekrönte Platz 400 Stellplätze und einen Sandstrand, 27.4. bis 1.10.

Böda Hamns Camping, Tel. 220 43, www.bodahamnscamping.se, Mellbödagatan 180 rechts vom Böderhamnsvägen und Bödahamnsvägen 39, am Hafen von Böda. Der Platz hat alles, was man braucht, Fischverkauf und Bootsverleih, 200 Stellplätze, 26.4. bis 30.9.

Von Färjestaden nach Süden

Die **Agrarlandschaft in Südöland** ist platt wie ein Butt und wurde vor langer Zeit mit Steinmauern in beackerte Felder und in offene Weideflächen unterteilt, auf denen Schafe und Rinder in Meeresnähe grasen. Die Steine wurden mühselig aus den Äckern geklaubt und sollten vor dem Wind schützen, der im Frühjahr und Herbst die kostbare Krume wegzublasen drohte. Über die Jahrhunderte wurden alle Bäume abgeholzt, um Weideland und Feuerholz zu bekommen. Nachgewachsen ist nichts. In dem Gebiet gibt es eine Menge Straßendörfer, die sich ähneln. Hier stehen auch die meisten Windmühlen.

Die größeren Orte sind **Mörbylånga** und Degerhamn, beide am Sund gelegen. Bei Mörbylånga liegen die Reste der Bårby borg, ein halbkreisförmiger Steinwall an einem Abhang. **Degerhamn** hat den größten Industriebetrieb des Landes, ein Zementwerk. Südlich davon kann man auch sehen, wo der für die Zementherstellung benötigte Alaunschiefer früher herkam, die Ruine der Hütte hat noch einen 40 m hohen Schornstein. Anfahrt von der Straße 136 am Schild „Bruksruin“ den Rödfyrsvägen rechts zum Meer.

Verlässt man Färjestaden auf der Storgatan zur Straße 136 hin, folgt **Björnhovda** mit der **„Königin der Mühlen“**, Kvarnkungen. Sie steht an der Ecke gegenüber dem ICA-Markt und ist ebenfalls eine Bockwindmühle *(stubbkvarnar)*, hat aber zwei Stockwerke. Die Mühle entstand auf dem Festland in Runsten und wurde 1880 über den Sund hergeschafft. Bei gutem Wind konnten beide Mühlsteine 400 kg Mehl pro Stunde schaffen. Die Mühle war bis 1930 in Betrieb. Dem Besitzer fehlte dann das Geld, die Gemeinde wollte sie nicht, und erst als die Mühle aufs Festland verkauft werden sollte, bildete sich eine Interessengemeinschaft, die sie 1938 für 2500 SEK erwarb und renovierte. Allein die Mühlenflügel wiegen viereinhalb Tonnen, sodass die Mühle nicht mehr von Hand in den Wind gedreht werden konnte, sondern nur über eine Art Flaschenzug.

Gleich nach Björnhovda kann man in **Beijerhamn** durch einen Wald von Eichen, Eschen, Linden und Ulmen an der Küste entlanglaufen. Im Frühjahr blühen reichlich Blumen.

In **Vickleby,** 10 km südlich, lohnt auf jeden Fall ein Abstecher in die alte Meierei Café Mejeriet, Vid väg 136, für eine Pause im schattigen Garten bei köstlichen Kleinigkeiten. Im Sommer täglich außer Mo 12–15 und 19–24 Uhr.

Hinter dem Ort Mörbylånga liegt das Robben- und Vogelschutzgebiet **Ekkelsudde.** Unweit davon können Hobbyarchäologen auf dem **Gettlinge-Grabfeld** ihrem Interesse nachgehen. Das 2 km lange Feld enthält hauptsächlich Gräber aus der Eisenzeit.

Auf der Ostseite der Insel liegt auf gleicher Höhe der **Hof Eksgården** aus dem 16. Jh., Gårdby 149, Tel. 334 50. In dem schönen Garten gibt es gutes Essen und auch ein Bett für die Nacht.

Stora Alvaret

Das gigantische **Kalkplateau** „Der große Alvar"ist dank seiner einzigartigen Biodiversität eine UNESCO-Welterbestätte geworden. Alvare sind Karstlandschaften mit einer dünnen Humusschicht über Kalksteinfelsen. Das Plateau ist einer der letzten naturbelassenen Landstriche auf der Insel. Äcker und Weideland sind seit 5000 Jahren unverändert. Wenn es regnet, steht alles unter Wasser, da der Stein das Versickern verhindert. Das Gestein soll etwa 40 m tief sein. In der Mitte liegt der See Möckelmossen.

Eketorp Slott

In der **Burg** wurde der Lebensalltag der frühen Bewohner der Insel rekonstruiert. Die Burg ist teilweise wiedererrichtet worden, Teile der Kalksteinmauern sind noch von 400 n. Chr. In einem Gebäude werden die Fundstücke ausgestellt, die Glasvitrinen werden durch Lichtschächte beleuchtet.

■ **Eketorp Slott,** www.eketorp.se, 24.6. bis 11.8. 10.30–18 Uhr, sonst 11–17 Uhr, 125 SEK, es gibt auch geführte Touren und Mitmach-Aktivitäten; hier kann sich jeder z.B. einmal als Schmied und im Lanzenkampf versuchen.

Karl X. Gustafs Mur

Unweit von Eketorp liegt ein fast vollständig erhaltener **mittelalterlicher Steindamm,** der quer über die Insel verläuft. Er sollte das Wild im damals königlichen Jagdrevier „einsperren". Die Straße 136 verläuft durch Öffnungen, an denen früher Tore waren, an der Ostseite bei Näsby, kurz hinter dem Vandrarhem Ottenby.

Långe Jan

An der Südspitze liegt das **Naturreservat Ottenby.** Darin wacht der Långe Jan, ein 42 m hoher **Leuchtturm** und ein Wahrzeichen von Öland. Er bietet einen Rundblick über die Insel und den viel befahrenen Sund nach Kalmar. An seinem Fuß gibt es eine Ausstellung zu den Zugvögeln und ein Restaurant. Von der Straße 136 fährt man an der südlichsten Stelle beim Schild „Ölands s udde" ab und ist nach 4 km am Ende.

Schiffswracks „Svärdet" und „Mars"

Taucher fanden **2011** südöstlich von Öland in großer Tiefe ein nahezu intaktes schwedisches Kriegsschiff aus dem 17. Jh. Fachleute bezeichnen den Fund der **„Svärdet“** zusammen mit der Entdeckung der „Mars“ (s.u.) als sensationell. Die „Svärdet“ unter dem Kommando des Admiral *Klas Uggla* war im Jahr 1676 in einem Gefecht mit der niederländisch-dänischen Flotte gesunken. Es ging damals um die Macht im Mare Baltikum, 600 Seeleute kamen bei dem Untergang um, das Schiff bekam einen fast mythischen Status. Weil es so schlecht erreichbar war, wurde das Wrack von Plünderungen verschont.

Kurze Zeit später fand man nördlich vor Öland ein weiteres, noch älteres Wrack. Die **„Mars“** war bei einer Seeschlacht im Jahr 1564 gesunken. Sie konnte identifiziert werden, weil der Name des Schiffes in die Kanonen eingraviert war.

Die einzigartigen Wracks werden auf dem Meeresgrund liegen bleiben, eine Bergung in dieser Tiefe ist unwahrscheinlich. Die Geschichte der beiden schwedischen Schiffe soll in den USA für IMAX-Kinos verfilmt werden.

Praktische Infos

Unterkunft

- **Gammalsbygården**④, Gammalsby 114, Degerhamn, Tel. 890 00, www.gammalsbygarden.se. 4 km vom Eketorp Slott, in Laufnähe zum Gräsgårds-Fischereihafen. 25 Betten in 14 Zimmern, teilweise mit Balkon und Meerblick.
- **Allégården Kastlösa**③, Tel. 890 00, www.kastlosa.se. 16 DZ im Bauernhof und 4 DZ im Pfarrhaus. 29 km südlich der Brücke, vor der Kirche von Kastlösa rechts, an der Straße 136 steht ein Schild.
- **Brukshotellet Degerhamn**③, Degerhamnsvägen 23, Tel. 890 00, www.brukshotelletdegerhamn.se. Die Straße 136 nach Süden, in Möckleby am Laden rechts und dann den Hügel hinab, das Haus liegt rechts und bietet 6 DZ.
- **Ottenby Hostel & Camping**③, Ottenby 106, Tel. 66 20 62, www.ottenbyvandrarhem.se. Kurz vor der Steinmauer Karl X. Gustafs Mur, 50 2- bis 4-Bett-Zimmer in einer Landschule, beheizter Pool. 48 Womo-Stellplätze und Parzellen zum Zelten.

Camping

- **Haga Park Camping,** Campingvägen2, Tel. 360 30, www.hagapark.se. Großer Platz mit 350 Stellplätzen, Quick stop, von Mörbylånga nach Norden, Abfahrt Haga Park, Ende April bis Anfang Oktober.
- **Stenåsabadet Camping,** Slagerstad, Tel. 440 78, www.stenasa.com. Am östlichen Inselufer liegt diese kleine Platz, in Slagerstad von der östlichen Inselstraße zum Meer und zur Badestelle abbiegen. April bis Oktober.

sd13-067 fph

▷ Keine Mühle gleicht der anderen auf der Insel

sd13-070 fph

10 Die Ostküste

Dieses Kapitel beschreibt den zentralen Ostküstenabschnitt zwischen Kalmar und Norrköping. Die Landschaft ist durch eiszeitliche Moränen geprägt, an die sich die Straßen anpassen. Die Küste ist sehr zerklüftet, ihr vorgelagert sind mehr als 300 größere und kleinere Inseln. Dem schmalen Küstenstreifen Ölands folgt Östergötland. Söderköping gehört zu den am besten erhaltenen mittelalterlichen Städten Schwedens.

Söderköping: Schlossruine Stegeborg

Von Kalmar nach Oskarshamn

Auf der E 22 geht es parallel zur Küste und der Insel Öland nach Oskarshamn. Vor der Küste liegen mehr als 300 größere Inseln. Dazwischen ragen die kahlen Felsbuckel der Schären aus dem Wasser. Die Straße führt an der ersten Abfahrt Rugstorp über einen Damm auf die **Insel Lindö** und endet an einem kleinen Hafen, der außer einer Bushaltestelle keinerlei Infrastruktur hat.

Die **Ruine des Klosters Kronobäck** liegt kurz vor Mönterås. 1290 wurde das Kloster als Hospital gebaut und Ende des 15. Jh. zum Kloster umgewandelt. Später war es wieder Hospital und verfiel. Heute findet jedes Jahr ein Mittelalterfest in dem Gemäuer statt.

Küstenstraße

Von der E 22 kann man einen reizvollen Abstecher machen und auf einer schmalen Straße an der Ostsee entlangfahren. Zuerst kommt das alte Küstenörtchen **Pataholm,** das im Mittelalter ein wichtiges Handelszentrum für Teer, Pech und Erz aus dem Småland war. Später kam der Holzhandel dazu, worauf Schiffbau und Schifffahrt aufblühten. Am Hafen lädt das Café Förlig Wind zur Einkehr ein, das im Sommer ab 10 Uhr geöffnet hat. Der Name geht auf den letzten Segler Schwedens zurück, dessen Reste hier teilweise zu sehen sind.

Von Steinmauern gesäumt, schlängelt sich nun die alte Küstenstraße durch eine wunderschöne Landschaft. Sie verbindet Pataholm mit Timmernabben und Mönsterås.

Am Alsterån in Ålem steht seit 1760 **Strömsrum Slott,** Schwedens ältestes erhaltenes Holzschloss. Ein Teil brannte zwar 1920 ab, aber der Rest beeindruckt auch heute noch. Damit es nach teurem Steinhaus aussah, hatte man es ockerfarben angestrichen. Aus dem ursprünglichen Obstgarten wurde eine Anlage nach englischem Stil geschaffen. Anfahrt: 3 km hinter Pataholm rechts nach Strömsrum, das Schloss steht direkt nach der Alsterån-Brücke rechts.

Wer auf der Straße weiterfährt, erreicht **Timmernabben.** Am Hafen stehen schöne Parkplätze zur Verfügung, allerdings ist das Abstellen von Womos verboten. Die müssen 1 km weiterfahren zum Timmernabben Camping, Varvsvägen 29, Tel. 0499-238 61. Die Ostsee kann zwischen den Schären im Winter schon mal mit dem Auto befahren werden, wie auf youtube zu sehen ist („Driving on ice in Timmernabben").

Sjöhistoriska Rummet, Korsvirkeshuset: Im Fachwerkhaus am Hafen wird die Seefahrtsgeschichte von Timmernabben dokumentiert. Info über das Gemeindeamt. Die Baracke dahinter an der Mole ist das originale Deckshaus von Schwedens größter Brigg, der „Svea".

Sowohl auf der alten Straße wie auch auf der E 22 erreicht man als nächstes das 5000-Einwohner-Städtchen **Mönterås.** Das Zentrum hat eine schöne kleine Einkaufsstraße. Am Hafen, wo die Busse halten, ist ein kleiner Park.Wer nur im Wohnmobil übernachten will, kann für etwa 80 SEK am Gästehafen parken und dort die Sanitäreinrichtungen benutzen. Im Ort biegt man wieder auf die E 22.

Dämmans Fyrplats heißt ein kleiner **Leuchtturm,** der mitten im Kalmarsund auf einer Schäre aus Granit steht. 1873 wurde der untere Teil aufgeschüttet und der Leuchtturm gebaut. Nach seiner Außerdienststellung 1969 verfiel er zusehends, bevor er zu einem ziemlich exklusiven Hotel mit Restaurant umgebaut wurde; Infos: www.damman.se.

15 km vor Oskarshamn empfielt es sich, zum Essen und Ausruhen nach **Påskallavik** ans Meer abzubiegen. Påskallaviks Gästgifveri, Kustvägen 31, ist ein angenehmer Zwischenstopp. Der alte Gasthof in dem hübschen roten Häuschen wurde restauriert. Im Sommer sitzen alle draußen und genießen das hervorragende Essen. Übernachten kann man im Lyckans Guesthouse④ gegenüber, einer alten Villa mit fünf unterschiedlichen Zimmern und herrlich verspieltem Wintergarten, deren Garten zum Hafen hinunterführt; Callerströmsgatan 10, Tel. 0491-916 86.

NICHT VERPASSEN!

Västervik und Umgebung:
Fischerhäuschen
und Schärenlandschaft | 301, 303, 304

Bahnromantik:
mit der Schmalspurbahn
von Västervik nach Hultsfred | 304

Söderköping:
Häuser gucken in einer der am besten erhaltenen mittelalterlichen Städte Schwedens | 305

Diese Tipps sind gelb hinterlegt.

Der nächste Ort ist der Hafen **Vånevik.** Hier wird der berühmte Vånevik-Granit gebrochen, der rote Stein kommt hauptsächlich aus den Steinbrüchen um die Ortschaft im Süden der Gemeinde. Tjolöholms Slott vor Göteborg ist z.B. aus diesem Stein gebaut, der sich auch in Deutschland großer Beliebtheit erfreute, da er nicht so grobkörnig, frostfest und teilweise mit schönen blauen und grünen Adern durchsetzt ist. Die Steinmetze Kessel & Röhl eröffneten 1870 den ersten Steinbruch, etwa 30 weitere folgten. Mit Ausbruch des Ersten Weltkriegs brach das Geschäft zusammen und 8500 Steinmetze wurden entlassen. Erst der Bedarf *Albert Speers* für dessen Nazi-Prunkbauten in Berlin weckte neue Hoffnungen, die durch die Kapitulation Hitlerdeutschlands zunichte gemacht wurden. Im **Stenhuggar Museet** ist die Geschichte nachzulesen, mit Lehr- und Wanderwegen: Hantverksgatan 18–20, Abfahrt von der E 22 Påskallavik.

Oskarshamn

- **Einwohner:** 18.200
- **Vorwahl:** 0491
- **Information: Turistbyrå,** Hantverksgatan 18, beim Hotel Oskar, Tel. 770 72, Di bis Fr 10–16.30 Uhr.

Der Ort ist eigentlich der Hafen des 3 km westlich gelegenen Döderhult. 1856 erhob *Oskar I.* das Fischerdorf zur Stadt. Man lebte vom Schiffsbau. Heute sind die Werften außer Betrieb. Arbeit gibt es nur noch in den Steinbrüchen der Gegend und beim Lkw-Hersteller Scania. Lange war die Ortschaft Vånevik Lieferant für roten Granit. Die Neustadt ähnelt den anderen gesichtslosen Städten mit Häusern aus den 1960er Jahren, der alte Teil auf der Klippe jedoch besitzt Charme durch seine Gassen. Die 3200 Menschen fassende Arena Oskarshamn wird vom bekannten Eishockeyverein IK Oskarshamn genutzt.

Sehenswert

Fnyket

Das **Hafenviertel** steht unter Denkmalschutz und besteht hauptsächlich aus kleinen Holzhäusern, die durch Gassen und Treppen miteinander verbunden sind. Die moderne Methodistenkirche hat einen ungewöhnlichen Turm.

Långa Soffan

Das Möbel ist kein Sofa, aber eine immerhin 72 m lange **Bank** in der Nähe der Gotlandfähre, die 1867 gestiftet wurde. Sie steht erhöht an der Straße Skeppsbron, und man überblickt den Hafen.

Seefahrtsmuseum/ Döderhultarn Museet

Der Holzschnitzer *Axel Petersson,* genannt „Döderhultarn", fertigte über 200 **Skulpturen** aus Feuerholz an, die im Döderhultarmuseum zu bewundern

▷ Der Hafen von Oskarshamn

sind. Die etwa 30 cm hohen Figuren illustrieren Szenen aus dem Leben der Dorfbewohner. Das Museum ist sehr zu empfehlen. Daneben liegt das Seefahrtsmuseum mit historischen Relikten und der „S/S Nalle", einem mit Dampf betriebenen Schlepper von 1923. Beide Museen befinden sich in der Hantverksgatan 18–20, geöffnet 3.6.–31.8. Mo bis Fr 10–18 Uhr, Sa/So 10–14 Uhr, 70 SEK.

An der Kirche bekam *Petersson* ein Denkmal, und das Atelier des 1925 verstorbenen Künstlers in der Garvaregatan 9 kann man ebenfalls besuchen.

Praktische Infos

Unterkunft

■ **Hotell ett**④, Hantverksgatan 17, Tel. 78 14 00, www.hotellettoskarshamn.se. Zentral gelegenes ultra-modernes Hotel in der alten Schwimmhalle. Man kann z.B. im Bademeisterbüro übernachten oder in der Frauensauna.

■ **Best Western Sjöfartshotellet**④, Sjöfartsgatan 13, Tel. 76 83 00, www.sjofartshotellet.se. 32 Zimmer in einem 1960er-Jahre-Bau an der Durchgangsstraße.

■ **Clarion Collection Hotel Post**④, Stora vägen 33, Tel. 160 60, www.clarionhotel.com. Beeindruckender Bau am zentralen Platz.

■ **Adels Hotell**④, Adelsgatan 4, Tel. 78 03 03, www.adels.se. In der Nähe des Gotland-Terminals 1918 als Residenz für den Direktor der Kupfergesellschaft erbaut, haben die Zimmer hohe Decken und große Fenster.

■ **Best Western Corallen**③, Gröndalsgatan 35, Tel. 76 81 81, www.hotelcorallen.se. Ein moderner zweistöckiger, wellenförmig geschwungener Würfel, komfortabel, trendig und gut.

■ **STF Vandrarhem Oscar**③, Södra Långgatan 15–17, Tel. 158 00, www.svenskaturistforeningen.se. Im Konferenz- und Kulturzentum „Forum".

025fotolia

Camping

- **First Camp Gunnarsö,** Östersjövägen 101, Tel. 882 00, www.firstcamp.se. Großer Platz am Wasser. Es gibt eine ganze Reihe von Hütten unter Bäumen, die alle unterschiedlich sind. 1.5. bis 15.9.
- **Havslätts Café & Camping,** Eversvägen 30, Tel. 153 25, www.havslatt.com. Direkt an einem Meeresbad mit kinderfreundlichem Strand, Zeltplätze, Hütten und natürlich ein Café, wie der Name schon verspricht.

Essen und Trinken

- **Abbe's,** Bäckgatan 14. Das Restaurant liegt am Hafen und hat auch Sitzplätze im Freien.
- **Restaurang Tuppen,** Axel Munthes stig 1. Schwedische Gerichte, Tagesgericht.
- **Restaurang Fingerkroken Domus,** Flanaden 13. Restaurant in der Fußgängerzone mit schwedischer Hausmannskost und Tagesgericht.

An- und Weiterreise

- **Auto:** Die E 22 führt durch Oskarshamn, nach Westen geht die Straße 37.
- **Bahn:** Am Bahnhof direkt am Hafen halten Züge von SJ in Richtung Berga und Nässjö.
- **Bus:** Kalmar Länstrafik verbindet die Gemeinden, Svenska Buss die kleineren Städte und Svebus die großen.
- **Flug:** Neben der E 22 12 km nördlich liegt ein kleiner Flugplatz für Sport- und Geschäftsflieger, www.skyways.se.
- **Boot:** Es gibt eine Fährverbindung nach Gotland, im Sommer fahren Boote zur Insel Blå Jungfrun, die unter Naturschutz steht (siehe bei Öland). Ebenfalls im Sommer fährt die Auto- und Passagierfähre „M/S Solsund" zwischen Oskarshamn und Byxelkrok auf Öland; Info und Buchung: Tel. 449 20.

(Kein) Ausflug

Im 30 km nördlich gelegenen **Stensjö** entstand in den 1960er Jahren **Schwedens erstes Atomkraftwerk** direkt am Kalmarsund. Drei Siedewasserreaktoren produzieren 2560 Megawatt Strom. 2006 kam es zu einem Zwischenfall, worauf zwei Blöcke modernisiert wurden, 2008 rochen Spürhunde an zwei Arbeitern Sprengstoff, man fand aber nichts. Im September 2013 verstopften Quallen den Kühlkreislauf. Neben dem Kraftwerk wird seit 1985 das **atomare Zwischenlager Clab** für die Atomabfälle aus allen schwedischen AKWs betrieben.

Von Oskarshamn nach Västervik

Auf der E 22 geht es weiter bis zum Abzweig Västrum/Gunnebo. 11 km von der E 22 bei Gunnebo gibt es Kunst in allen Preisklassen bei **Västrum Konstrum** (Galerie, Ausstellung, Antikhandel), in der Hauptsache Funktionalismus aus dem 20. Jh., Art déco sowie Sachen aus den 1950er Jahren. Man fährt durch Västrum und Skaftet bis zur Kraftwerksbrücke, unmittelbar vor dem Hügel geht es rechts ab, Villa Alphyddan, Skaftet, Gunnebo, www.vastrumkonstrum.se. Außerdem lädt in Gunnebo direkt am Wasser der **Güllene Hästen④** zum Verweilen ein, Bruksvägen 13C, Tel. 0709-98 72 03, www.gyllenehasten.com.

Zurück auf der E 22 verläuft die Straße nun durch eine sanft hügelige Gegend, die ziemlich eintönig mit Birken-

sd13-068 fph

und Fichtenwald bestanden ist. Nach 30 km fährt man an Granitfelsen vorbei, es wird noch hügeliger.

Etwa 10 km vor Västervik trifft die E 22 auf die Straße 40, die von Göteborg quer durchs Land nach Vimmerby führt und hier am Meer endet.

Västervik

- **Einwohner:** 21.200
- **Vorwahl:** 0490
- **Information: Turistbyrå,** Rådhuset, Stortorget, Tel. 25 40 40.

Die Stadt trägt den Beinamen „Perle der Ostküste" und ist bekannt für ihre kleinen Fischerhäuschen. Der frühere Tennisprofi *Stefan Edberg* und *Björn Ulvaeus* von ABBA sind die bekanntesten Söhne der Stadt.

Sehenswert

Stegeholm Slott

Die Festung wurde 1370 auf einer Insel vor Västervik wahrscheinlich von Herzog *Albrecht II. von Mecklenburg* gebaut und hatte später abwechselnd schwedische und dänische Kommandanten. Die heutigen Ruinen dienen als **Veranstaltungsort.** Mittlerweile geht der Slottsholmsvägen direkt über die Insel, man kann die Mauern nicht verfehlen.

Wimmerströmska Gården

Im Obergeschoss eines Hauses aus dem 18. Jh. steht eine Sammlung von 6000

^ Die Smalspåret führt von Västervik nach Hultsfred

Teilen Porzellan, Keramik, Kleider, Möbel, Stickereien und Kunstwerke, die *Stina Wimmerström* dort zusammengetragen hat. Eingang Brunnsgatan 2, Führungen über die Turistinfo.

Västerviks Museet, Unos torn

Der 1997 errichtete **Aussichtsturm** auf Kulbacken ist 18 m hoch, man kann von ihm über die Stadt blicken. Er gehört zu Västerviks Museum, ein Zahnarzt hat ihn gespendet. Das Museum umfasst eine Reihe alter Gebäude, ein Salzmagazin, das Loftbodenhaus und eine Mühle auf Kulbacken. Außerhalb gibt es auch eine Sammlung alter Bauernboote zu sehen, sog. „Tjustökor". Mo bis Fr 10–16 Uhr, Sa/So 13–16 Uhr, 40 SEK.

Praktische Infos

Unterkunft

■ **Best Western Stadshotell**④, Storgatan 3, Tel. 820 00, www.stadshotellet.nu. Das weiße zweistöckige Stadthaus ist die beste Adresse, das Hotel hat rund 100 Zimmer.

■ **Lysingbadet**④, Lysingsvägen, Tel. 317 67, www.lysingsbadet.se. Auf einer Halbinsel 3 km südlich vom Zentrum, mit Zimmern, Hütten, Zeltplätzen und einem beheizten Pool. Das gute **Restaurant Skärgårdsvillan,** eine kleine Holzvilla mit Garten, liegt ebenfalls auf dem Gelände.

Essen und Trinken

■ **Smugglaren,** Smugglargränd 1. Schwedische Küche im roten Häuschen am Hafen, 18–23 Uhr.

026fotolia

■ **Saltmagasinet,** Kulbacken, Tel. 189 35, auf dem Slottsholmsvägen über die Brücke, hinter dem Ortsschild links auf den Hügel. Vom Garten des Sommerhäuschens blickt man auf die Stadt. Hier gibt es die beste lokale Küche.

■ **Två Möjligheter,** Restaurant und Café in einem modernen Pavillon im Gertrudsviks Sjöstad, einem weitläufigen Park mit alten Eichen. 11.30–14.30 Uhr, So 12–15 Uhr.

■ **Bubbel,** Notholmsvägen 2, am Gästehafen.

■ **Smedjan,** Notholmsvägen 2. Restaurant am Meer mit Blick auf die Stadt, auch Frühstück und Mittagessen, 70 Plätze im Haus, 120 im Freien.

■ **Tre Rum & Kök,** „Drei Zimmer mit Küche" am Grönsakstorget, Wintergarten mit Hafenblick, und die Küche kann sich sehen lassen.

■ Das **Guldkant,** Grönsakstorget 6, ist eine Mischung aus Restaurant und Delikatessengeschäft, Mittagessen mit Hafenblick.

An- und Weiterreise

■ **Auto:** Von der E 22 führt ein Abzweig in die City. Kurz hinter dem Ortsausgang liegt links der Hjortensee, an dem die Raststätte Wärdshuset Hjorten mit Snacks zur Pause am See einlädt.

■ **Bahn:** Västervik liegt an der Strecke nach Linköping, die durch SJ bedient wird.

■ **Bus:** Lokal- und Regionalbusse von Kalmar Läns Trafik, weitere Strecken mit Expressbussen der Swebus und Svenska Buss.

■ **Flug:** Cimber Air fliegt von München nach Norrköping, mit Air Baltic, KLM und Next Jet geht es nach Linköping, beide ca. 1½ Stunden Fahrt von Västervik entfernt.

■ **Bootsfahrt durch die Schären nach Nyköping:** Die Abfahrt ist Skeppsbrokajen. Man passiert Grindö, Kättilö und Arkö. Infos: Tel. 011-12 78 01.

☒ Holzbrücke als Verbindung zwischen den Schäreninseln bei Västervik

Ausflüge

Gränsö Slott

Auf der **Halbinsel Kulbacken** 4 km vom Zentrum kann man in 45 Zimmern⑤ stilvoll wohnen, Tel. 824 30, www.granso.se. 1847–51 wurde das Herrenhaus für *Eric Sparre* zu einem modernen „Empireschloss" umgebaut. Die Kuppel auf dem Dach des Schlosses ist eine Nachbildung des Rosendal-Palastes auf Djurgården in Stockholm. 1992 wurde das Schloss an die Gemeinde verkauft und brannte während der Sanierung aus. Durch Spenden wurde es rekonstruiert.

Idö

Die **südliche Schäre** besitzt einen **Lotsenausguck,** von dessen Dach man meilenweit über Land und Meer oft bis nach Öland schauen kann. Unter *Gustav Vasa* wurde das Lotsen für die staatlichen Schiffe eingeführt. Anwohner der Küstenregionen verrichteten diesen Dienst gegen Steuerbefreiung und freies Wohnen. Hatte ein Lotse Glück, bekam er ein Trinkgeld von den Schiffsbesatzungen. Am Turm wird mit Bildern und Gegenständen das Schärenleben dargestellt. Der Skärgårdskrog liegt auf einer Anhöhe, das Restaurant ist neu und hat Balkon und Terrasse mit Zeltdach. Den Fahrplan für das Schärenboot zur Insel Idö erhält man unter Tel. 285 80, www.idoskargardsliv.com.

Hasselö

Auf der **Insel** wohnen 25 Menschen. Der nördliche Teil ist mit dichtem Laubwald bedeckt, der mittlere mit einem langen Sandstrand und Nadelwald. Im Südosten gibt es Wiesen und kahle Klippen. Die **Nachbarinsel Sladö** ist Naturschutzgebiet, sie ist durch einen schmalen Kanal abgetrennt, eine Brücke führt hinüber. Die „M/S Sladö" fährt von Västervik nach Hasselö um 10 und 16 Uhr, zurück um 11 und 17 Uhr. Der Inselladen verleiht Fahrräder und Kajaks, zum Essen geht man ins Restaurant Sjökanten, 12–15 Uhr, Mi, Fr und Sa auch abends, oder ins Café Sand, das einen verglasten Wintergarten besitzt. Das Vandrarhem hat fünf Mehrbettzimmer und ein DZ mit Balkon unter dem Dach, Tel. 911 30, ganzjährig geöffnet.

Smalspåret

Die **Schmalspurbahn** führt 70 km weit von Västervik nach Hultsfred, hier rollen im Sommer Dampfzüge und Schienenbusse aus den 1950er Jahren, die Schienen schlängeln sich an Seen entlang und durch steile Berghänge. Wenn man auf der Straße 33 Richtung Vimmerby fährt, erreicht man nach 2 km Fårhult. Hier fuhr 1984 der letzte Personenzug der SJ auf der Schmalspurstrecke die 167 km zwischen Västervik und Växjö. Als der Betreiber SJ die letzten Gleise mit 891 mm Spurweite abreißen wollte, wurde die Strecke von einer Interessengemeinschaft gekauft, wozu das Geld gesammelt wurde; sogar *Astrid Lindgren* setzte sich für den Erhalt der Strecke ein. Nun fahren wieder Züge, im Sommer täglich, Fahrzeit 25 Min.; von Västervik um 8, 12.15 und 16.15 Uhr, von Fårhult um 11.28, 15.28 und 19.30 Uhr.

Den **Bahnhof** übernahm ein Ehepaar und renovierte ihn. Die Bahnhofskneipe wurde zum Värdshuset Den Gröna Tuppen, es ist ein gastronomisches Highlight in Skåne geworden, Tel. 0490-202 70, www.gronatuppen.se; am besten man reserviert, Juni täglich 11–18 Uhr, Juli Di bis So 11–22 Uhr, August Di bis So 11–22 Uhr. Auch **Übernachtungen** im Bahnhof oder im Coupé auf dem Abstellgleis sind möglich.

Von Västervik nach Söderköping

Nach 20 km Fahrt ist man in **Gamleby.** Dort bieten sich eine Pause und ein Spaziergang auf den 80 m hohen **Garpedans-Berg** an. Oben erwartet den Besucher ein Skulpturenpark in schöner Natur mit Blick über die Bucht. Im Park gibt es steinerne Trolle und Fantasiegeschöpfe.

Im Hafen von Gamleby ist oft der **Schoner „Linnéa"** anzutreffen. Bis Mitte der 1960er Jahre transportierte der herrliche Zweimaster vielerlei Frachten, dann kaufte das Ehepaar *Bergström* die „Linnéa" und segelt nun mit Reisegruppen, Firmen und Privatgästen; Büro in der Loftagatan 5, Tel. 0493-101 74, www.skonarenlinnea.se. 1985 wurde das Schwesterschiff „Vega" für Segeltörns zwischen den Schären umgebaut.

Hinter Gamleby erreicht man die **Provinz Östergotland.** Sanfte Hügel, weite

Felder, rote Höfe, die reinste Modelllandschaft. Manchmal wurde die Straße ein wenig durch die Felsen geschlagen, aber nie so weit, dass man von einer Schlucht sprechen könnte. Ab und zu eine Tankstelle, ein Ortsschild, ein paar Gehöfte. Das Meer ist nicht zu sehen. Wer möchte, kann zum Wasser abfahren, zum Beispiel die Straße 212 nach **Fyrudden** (etwa 25 km). Am winzigen Hafen findet sich ein Laden.

Die E 22 durchschneidet kilometerlang Feld um Feld, von dünnen Wäldchen gesäumt. Bald kommt Söderköping in Sicht, eingebettet in eine Hügellandschaft.

Söderköping

- **Einwohner:** 7000
- **Vorwahl:** 0121
- **Information: Turistbyrå Stinsen,** Margaretagatan 19, Tel. 181 60.

Die Stadt liegt etwa 15 km südöstlich von Norrköping an der Europastraße 22. Es ist eine **gemütliche Kleinstadt** mit schmalen Gassen, Kopfsteinpflaster und lebhaftem Treiben am Götakanal. Die Stadt liegt auf einer dichten Lehmschicht, was Archäologen besonders erfreut. In diesen Schichten blieb organisches Material wie Holz und Leder gut erhalten, und so gibt es hier viele Grabungsfunde, die auf eine frühe Besiedlung hinweisen. Erstmalig im 13. Jh. taucht der Ort in schriftlichen Quellen auf. 1302 wurde hier König *Birger Magnusson* gekrönt. Bis Ende des 16. Jh. war Söderköping einer der wichtigsten schwedischen Handelshäfen. Doch nach und nach wurde der Hafen zu flach für große Schiffe und verlor seine Bedeutung. Zu Beginn des 19. Jh. machte man Söderköping zum Kurort und ein neuer Aufschwung setzte ein.

Söderköping **gehört zu den am besten erhaltenen mittelalterlichen Städten** Schwedens. Die meisten Häuser sind aus Holz, nur die St.-Laurentius-Kirche und das Haus, dass sich König *Johan III.* hier bauen ließ, sind Steingebäude.

Das **Drothem-Viertel,** der ehemalige Klosterbereich, ist umgeben von niedrigen Häuschen und verwinkelten Gassen.

Zwischen dem Storån und dem Kanal liegt die aus dem 18. und 19. Jh. stammende idyllische Umgebung des Heilbrunnens, der **Brunnsparken.**

Der **Götakanal** verläuft am Nordrand der Stadt am Fuße des Ramunderberges (siehe Exkurs bei Motala). 1832 weihte ihn der König hier an der ersten Schleuse ein. Heute ist aus dem ehemaligen **Mems Magasin** ein schönes Café mit Laden geworden. In der Schleusenmauer ist eingemeißelt, dass es sinnlos sei, ohne den Segen des Herrn zu bauen. Mem liegt 6 km entfernt an der Mündung des Kanals ins Meer.

Praktische Infos

Unterkunft

- **Söderköpings Brunn**⑤, Skönbergatan 35, Tel. 11 09 00, http://sbrunn.se/. Romantisches Hotel. Früher pilgerten die Reichen wegen der Heilquelle hierher, heute sitzen alle im Wirtshaus, trinken aber weniger Wasser, sondern eher exquisiten Wein.
- **Hotell Laurenti**④, Bykvarnsvägen 2, Tel. 156 40, www.hotellaurenti.se. Das Hotel hat elf Zimmer mit insgesamt 28 Betten.

■ **Stegeborgs Trädgårdshotell**④, Stegeborg, Tel. 420 03, www.stegeborg.se. Acht Zimmer in schöner Lage am Kanal.

■ Es gibt zwei STF-Vandrarhems: Das **Kanalmagasinet**③ liegt in Mem, Tel. 270 40, www.kanalmagasinet.se, im alten Haus an der ersten Schleuse des Götakanals. Das Haus wurde für König *Karl XIV. Johan* zur Einweihung des Götakanals gebaut. **STF Mangelgården**③, Skönbergagatan 48, Tel. 102 13, www.svenskaturistforeningen.se. Das rote Torhaus steht in einer kleinen Grünanlage unweit des Brunnparken.

Camping

■ **Mons Camping & Stugor,** Lagnö, St. Anna, Tel. 511 33, www.monvision.se. 60 Plätze auf einer Wiese mit Wasserblick. Im Bootshaus hat das Bistro Båthus einen Balkon über dem Wasser. Der Grill ist auf einer Miniinsel. Zur Anreise die Straße 210 nach Südosten bis Mon fahren.

Essen und Trinken

■ **Braskens krog,** Fixpunkten, Tel. 150 48. Restaurant und Pub.

■ **Bondens Crêperie & Lanthandel,** gut essen und Schiffe gucken am Kanalhafen, Bergsvägen.

■ **Café de la Pé,** Restaurant am Hagatorget, Tel. 102 86.

■ **Göta Källare,** Bergsvägen 3, Tel. 103 13. Kein Keller, aber ein gutes Restaurant am Kanal.

■ **Kanalkrogen,** wie der Name verspricht, auch am Kanal, Kanalhamnen, Bergsvägen 11.

An- und Weiterreise

■ **Auto:** Die E 22 verläuft mitten durch den Ort.

■ **Bahn:** Söderköping liegt an der Strecke nach Linköping, die von SJ bedient wird.

■ **Bus:** Lokale Busse von Kalmar Läns Trafik, Expressbusse von Swebus Express.

Ausflüge

Mauritzbergs Slott

Ein **Landgut** wie aus dem Bilderbuch: Mauritsbergsvägen 5, Vikbolandet, Tel. 0125-501 00. Direkt am Meeresarm Bråviken gelegen, hat es 12 DZ⑤ und bietet eine hervorragende Küche, dazu einen 18-Loch-Golfplatz des renommierten Golfarchitekten *Robert Kaines*. Baronin *Ebba Grip* lebte hier von 1583 bis 1666. Sie änderte den Namen des Hofes von Björsätter in Mauritzberg nach ihrem Vater. Sie wurde von ihrer Großmutter aufgezogen, die ihr schon früh die Verwaltung des Besitzes überließ.

Bolltorp Slott

Das Schloss ist eher ein Landsitz mit allerlei Aktivitäten und **Café.** Die Straße 210 Richtung Sankt Anna fahren, nach ca. 5 km beschildert, Tel. 200 14.

Mem Slott

Der Ursprung des **weißen Herrenhauses** liegt im Mittelalter, 1683 kam es an die Krone und wurde von verschiedenen adeligen Familien bewohnt. *Jakob Bagge* brachte als Kriegsbeute zwölf silberne Apostelfiguren mit, die versteckt, aber von späteren Bewohnern gefunden wurden. Bis 2001 wurde das Landgut als Tagungshotel genutzt, dann erwarb es die Familie *Adler* als Wohnsitz.

Stegeborgs slottsruin

20 km südwärts, mitten im Sund, liegt **auf einer kleinen Insel** an der Slätbakenbucht des Götakanals diese Ruine. Im Mittelalter eine wichtige königliche Festung, ließ sie *Johan III.* zur Renaissanceburg umbauen, so hoch wie der bereits existierende Turm. Im Sommer täglich geöffnet. Führung nach Voranmeldung oder Audioguide (50 SEK) für einen Rundgang auf eigene Faust. Die mittelalterliche Kirche von Skällvik liegt in der Nähe. **Stegeborgs Hamnkrog** ist ein hervorragendes Lokal am Gästehafen auf Slottsholmen, Tel. 420 01. Zur Insel führt eine Brücke, weiter nach Osten muss man die Fähre nehmen.

Von Söderköping nach Norrköping

Nach kurzer Fahrt auf der E 22 tauchen links die ersten Fabriken auf, nach einem großen Kreisverkehr ist dann Norrköping erreicht (zur Stadtbeschreibung siehe Kapitel „Die nördliche Ostküste"). Diejenigen, die von Helsingborg heraufkommen, treffen auf der E 4 von links ein. Die E 4 geht westlich am Ort vorbei. Rechts passiert man die Straße zum Flughafen.

sd13-071 fph

Unterwegs mit dem Wohnmobil bei Söderköping

027fotolia

11 Auf de E 4 bis Jönköping

Von Helsingborg ganz im flachen Westen geht es durch weite Felder auf der Europastraße 4 bis zum Vättersee. Der südwestliche Teil Smålands gehörte früher zu den ärmsten Gegenden Schwedens. Auf den Mooren wuchs nichts Brauchbares, ebenso wenig auf den Sandböden. Auf halbem Wege zwischen Halmstad und Jönköping liegt der Nationalpark Store Mosse.

< Nationalpark Store Mosse: das größte Moor Südschwedens

0 10 km

Rångedala
Hindås
Borås
Ulricehamn
Mullsjö
Vättern
Huskvarna
Jönköping
Kinna
Svenljunga
Tranemo
Lillan
Riksettan R1
Skillingaryd
Store Mosse Nationalpark
Gislaved
Vrigstad
High Chaparral
Anderstorp
Runenstein
Värnamo
Tofta
Ullared
Tvååker
Smålandsstenar
Lammhult
Åminne Bruk
Ohsabanan
Bor
Riksettan R1
Falkenberg
Hyltebruk
Småland
Bolmen
Hörda
Alvesta
Piksborg
Ljungby
Vrå
Östra Elinge Älgpark
Halmstad
Annerstad
Hamneda
Skalan
Traryd
Kolsvatten
Älmhult
Torekov
Laholm
Markaryd
Almundsryd
Osby
Mölle
Ängelholm
Örkelljunga
Höganäs
Olofström
Hässleholm
Immeln
Åstorp
Klippan
Ivösjön
Helsingborg
Helsingør
Röstånga
Kristianstad
Sölvesborg
E4
E6
E20
E22

Von Helsingborg nach Ljungby

Auf der Europastraße 4 in Richtung Stockholm kann man bei Åstorp auf den Riksväg 21 wechseln und einen Abstecher nach Klippan an den Stromschnellen des Rönne å machen. **Klippan** entstand im 16. Jh. um die Papiermühle Klippans bruk herum an den Stromschnellen. Das ursprüngliche Dorf hieß Åby, doch bei der Einrichtung der Eisenbahnlinie erhielt der Bahnhof den Namen der Fabrik, seitdem nennt man den ganzen Ort so. Ab Klippan war der Fluss in Richtung Ängelholm schiffbar. Die ehemals wichtige Lederfabrik dort ist inzwischen geschlossen. Der **Bjärhus Gårdsbutik** ist ein Bioladen für Fleisch, Wurst und Gemüse, Bjärhus 7738, an der Straße nach Perstorp.

NICHT VERPASSEN!

Store Mosse:
in diesem Naturschutzgebiet mit dem See Bolmen kommen Naturliebhaber und Wanderer auf ihre Kosten | 318

High Chaparral:
Cowboys, Indianer und Pistoleros in der Westernstadt bei Värnamo | 319

Diese Tipps sind gelb hinterlegt.

Lotta på Åsen in Ljungbyhed, Slättåkra 920, ist eine bekannte Waffelstube beim Söderåsens-Nationalpark südlich von Ljungby.

Zurück auf der E 4 geht es nach Norden. Wer keine Lust auf die breite E 4 hat, nimmt die Ausfahrt „Markaryd S" auf die 117 und fährt über 50 km auf dem alten Ljungbyvägen E 4 N. Dies ist eine zweispurige Straße, die parallel zur E 4 nach Ljungby führt, teilweise in Sichtweite. Man fährt über **Stömsnäsbruk** nach Traryd, wo es wieder eine Auffahrt auf die E 4 gibt.

Traryd liegt 80 km von Malmö entfernt und ist ein hübscher Ort in schöner Umgebung, die zum Wandern einlädt. Am Laganfluss befindet sich ein Wasserkraftwerk. Die E 4 führt im Westen um den See **Trarydsmagasinet** herum, die Straße 120 verläuft durch den Ort am Ostufer und trifft auf die E 4 nach 5 km. Wer weiter auf dem Ljungbyvägen fahren will, nimmt vor der Auffahrt rechts den Weg nach Hornsborg und kann noch 25 km auf der beschaulichen Strecke zurücklegen.

Hier im Norden verlief die Grenze zum ehemals dänischen Halland. Der **Bolmensee** ist mit 185 km² Fläche das größte Gewässer Smålands. Die Provinz ist der „Armen-Landkreis". Die kargen Felder sind derart steinig, dass die Leute sagen, zum Pflanzen von Kartoffeln müsse man diese erst kochen, um sie in den Boden zu bekommen. Die Steine sind überall zu sehen. Man hat sie mühsam aus den Feldern geklaubt und an den Rändern zu Mauern aufgeschichtet.

Im Dorf **Östra Elinge** 15 km vor Ljungby liegt der **Älgpark,** in dem man Elche, die „Könige der Wälder", aus der Nähe sehen kann. Das Glückscafé ist Fr bis So 10–17 Uhr geöffnet. Elchsouvenirs gibt es auch zu kaufen, Tel. 070-370 08 22, Mai bis Oktober täglich 9–19 Uhr. Abfahrt von der E 4 bei Hamneda, von dort ausgeschildert.

Bald danach erreicht man den Abzweig nach Ljundby. Die Straße E 4 läuft in einem weiten Bogen um die Kleinstadt, am Ortseingang kreuzt sie den Riksväg 25, der von Halmstad an der Küste in Richtung Växjö und Kalmar führt; der oben beschriebene Ljungbyvägen kommt mitten im Ort raus.

Ljungby

- **Einwohner:** 15.000
- **Vorwahl:** 0372
- **Information:** Stortorget 6, Tel. 78 92 20, www.visitljungby.se/de, Mo bis Fr 9–18 Uhr, Sa/So 10–14 Uhr.

Im Mittelalter lag der Ort am Laganfluss an einer Kreuzung von Handelswegen und bekam deshalb schon früh einen Gasthof. 1953 brannte die Innenstadt ab. Wer in den Ort fährt, findet den stillgelegten Bahnhof der Strecke Karlshamn – Bolmen vor und ein paar schöne Häuser am Gamla Torg, etwa das steinerne Tellushus, das den Stadtbrand überstand. Am Tinghuset, dem alten Gericht am Gamla Torg, liegt heute das **Ljungby Museet,** in dem es eine Sammlung alter Wandbehänge zu bewundern gibt, Außerdem wird an die Sängerin *Kristina Nilsson* erinnert. Nach dem Brand wurde der Platz umstritten modern wieder aufgebaut, mit einem Brunnen in der Mitte und hohen Häusern drumherum. Samstags findet ein Flohmarkt statt. Im **Sagomuseet** am Stortorget 1 gibt es nicht die Geschichte des Sago-Anbaus zu sehen, sondern man erfährt etwas über die Sagen in der Gegend um Ljungby. Hier finden im Sommer auch Lesungen auf Deutsch statt, Di bis Fr 11–15 Uhr.

Das **Museum** zu *Sven Ljungberg* und *Ann Margret Dahlqvist-Ljungberg,* das über deren Leben und Arbeit als Maler und Schriftsteller informiert, liegt am Fluss Lagan in der Strandgatan, die von der Kungsgatan abzweigt. Di bis So 12–16 Uhr.

Nördlich der Stadt steht die **Annelundskirche** am Skogskyrkogården. Sie wurde 1970 erbaut und soll in ihrer Gestaltung an *Noahs* Arche erinnern. 2002 wurde die Kirche durch die Malereien des Künstlers *Sven Ljungberg* bekannt. Wer interessiert ist, kann gleich noch das daneben liegende Begravningsmuseet, das Bestattungsmuseum, besuchen.

Tågcentralen: Nicht nur für Kinder verlockend ist die große Modelleisenbahnausstellung, Mi 19–21 Uhr, Sa 11–16 Uhr. Man geht dazu an der Preem-Tankstelle zum roten Industriegebäude rechter Hand.

Praktische Infos

Unterkunft

- **Garvaren**④, Stationsgatan 2, Tel. 480 84, www.hotell.garvaren.se. Sechsstöckiges Gebäude an der ehemaligen Bahn.
- **Linnéa**④, Märta Ljungbergsv. 12, Tel. 130 20, www.hotell-linnea.com. Zentral bei den Geschäften, gegenüber der Kirche.
- **Hotel Terraza**③, Stortorget 1, Tel. 135 60, www.terraza.com. 95 Zimmer in einem Zweckbau in der Innenstadt.

sd13-072 fph

■ **Best Western Motell Ljungby**③, an der Kreuzung der E 4 mit der Straße 25, Tel. 825 00, www.motelljungby.se. Einfaches Haus am Ortseingang, daneben Tankstelle und Einkaufszentrum.

Camping

■ **Ljungby Semesterby och Camping Park,** Kronoskogen, Campingvägen 1, Tel. 103 50, der Platz liegt beim nördlichen Kreisverkehr am beheizten Kronoskog-Freibad, 1.5. bis 30.9.

Essen und Trinken

Einige Lokale finden sich in der Storgatan und in der Stationsgatan. Außerdem gibt es im ehemaligen Bahnhof den **Stationskrogen** und den **Stationsgrill,** z.B. für Reisende, die auf den Bus warten.

Hinweisschild, das wohl mehr sein will …

An- und Weiterreise

■ **Auto:** Durch die Gemeinde Ljungby verlaufen die Europastraße E 4 und der Weg 25.

■ **Bahn:** Bahnhöfe gibt es in Alvesta und Värnamo, sie werden von SJ bedient.

■ **Bus:** Die Busse von Länstrafiken Kronoberg fahren vom ehemaligen Bahnhof in der Stationsgatan zu den kleineren Ortschaften im Umland.

Ausflüge

Der **Bolmensee** ist mit seinen Hunderten kleinen Inseln ein schönes Gebiet zum Paddeln. Kanufahrer können auf dem Lagan über den Bolmensee bis zum Meer gelangen. Eine der mit 150 km längsten Kanustrecken führt durch die herrlichen Landschaften von Ljungby, Markaryd und Laholm. An vielen Stellen längs der Strecke gibt es Lagerplätze mit Strom und Toiletten.

Bolmsö ist die größte Insel im Bolmensee. Die Straße über Tannåker führt hinüber. Auf der Insel liegt der Campingplatz Bolmsö Island, www.bolmsocamping.se. Der nette Platz verfügt über zwölf einfache Hütten, Stellplätze und B&B-Zimmer. Außerdem: kleiner Sandstrand, Bootsverleih, diverse Aktivitäten. Geöffnet von Mai bis Anfang September.

Von Bolmstad fährt im Sommer das **Ausflugsboot „Kavalieren"** über den See, Di bis So 10.30 und 14 Uhr. Zum Schwimmen eignen sich die vielen kleinen **Strände,** z.B. im Dorf Odensjö. Im Dorf Piksborg im Süden des Sees kann man Reste einer mittelalterlichen Grenzfestung besuchen, die schon seit 1435 ein Ruine ist.

Die Überreste der Burg Skagaholm erheben sich am See **Exen.** Gute Wandermöglichkeiten gibt es in der Nähe der Strände von Vallsnäs, Nässja und Bedjarör. In **Annerstad** südlich der Straße 25 liegt das Torpa Bus- & Technikmuseum; zu sehen sind Busse, Droschken, Mopeds und Motorräder, 24.6. bis 26.8. Mi, Sa/So 13–17 Uhr.

In Lagan kommt man über eine Brücke auf den Bolmsö CA auf der gleichnamigen Insel. Von hier sind es 35 km bis Värnamo (s.u.). Das Lokal Stallet ist in einem Stall untergebracht. Interessant ist der romantische Gutshof **Toftaholm Herrgård⑤**, Tel. 0372-04 40 55. Das Herrenhaus, dessen Geschichte sich bis ins 14. Jh. zurückverfolgen lässt, liegt sehr schön am See Vidöstern unweit der E 4. Außerdem ist es eine gastronomische Hochburg, das Restaurant ist täglich 12–15 und 18–21 Uhr geöffnet, So abends geschlossen. Anfahrt: 2 km von der E 4 zwischen Värnamo und Ljungby, Ausfahrt 83.

Von Ljungby nach Värnamo

In **Hörda** hat man so viele Steine aus den Böden geholt, dass man sie zu einem riesigen Steinhaufen aufgetürmt hat. Sämtliche Häuser liegen an der Dorfstraße. Auf der E 4 überschreitet man bald die Grenze zwischen Kronobergs Län und Jönköpings Län, landschaftlich ändert sich nichts, sanfte Hügel, weite Felder. Nach 40 km ist Värnamo erreicht.

Värnamo

- **Einwohner:** 35.000
- **Vorwahl:** 0370
- **Information: Värnamo Turism,** Storgatan 50, Tel. 188 99, Juli und August Mo bis Fr 10–18 Uhr, Sa bis 14 Uhr.

Die Stadt liegt westlich der E 4 inmitten von Laub- und Nadelwäldern, die von Weiden und sumpfigen Stellen unterbrochen werden. Mitten durch den Ort fließt der **Lagan,** dadurch war Värnamo früher als Handelsplatz interessant. Vom 300 m hohen **Isaberg** hat man einen guten Rundblick.

Das Wohnhaus des Designers **Bruno Mathsson** (siehe Exkurs) und dessen erstes Glashaus stehen mitten in Värnamo. Das Haus beherbergt eine Ausstellung von *Mathssons* Möbeln. Tånnögatan 17, Mo bis Fr 13–17 Uhr.

Der **Park Apladalen** unweit der Einkaufsstraße steht unter Naturschutz. Hier können sich Kinder verschiedene

Tiere anschauen, während die Erwachsenen im Freilichtmuseum Handwerk und die Häuser aus dem 18. und 19. Jh. studieren. Außerdem gibt es einen Kräutergarten, Restaurant und Café.

Die **Kirche** wurde 1683 erweitert und 1775 und 1862 jeweils neu gebaut. Der Taufstein stammt aus dem 13. Jh., die schönen Glasfenster aus dem 19. Jh.

Vandalorum ist ein Zentrum für Kunst und Design mit aktuellen Ausstellungen, täglich 11–17 Uhr, 70 SEK. Anfahrt: Straße 27 Richtung Göteborg, dann die Ausfahrt Värnamo Süd nehmen und Richtung Tånnö fahren, gleich links liegen die roten Scheunen.

Växjövägen 30: Die Möbelfirma **Källemo** stellt zeitgenössische Möbel her, die von bekannten Designern gestaltet wurden, unter anderem *Bohlins* Stahl-Beton-Sessel oder den Gummi-Stuhl „Non", der Aufmerksamkeit erregte, als er verkehrt herum in einem Aquarium lag. Führungen jeden Mo im Juli um 18 Uhr, Besuch Mo bis Fr 8–16.30 Uhr.

Ein **Runenstein** aus dem 11. Jh. steht nördlich von Värnamo am Jönköpingsvägen im Industriegebiet, GPS 57.21002, 14.03952.

Riksettan R1

Die **Touristenstraße** verläuft von Vaggeryd im Norden durch Värnamo und Ljungby nach Markaryd im Süden. Entlang der alten Reichsstraße finden man nette Restaurants, Sehenswürdigkeiten und viel Natur. Sie stellte im Altertum eine der wichtigsten Verkehrsverbindungen Schwedens dar. Schon im 12. Jh. benutzten Könige, Händler und Strauchdiebe diesen Weg, der sich parallel zum Laganfluss entlangschlängelte. Im 17. Jh. baute man die ersten Gasthäuser. Bei der Touristinfo in Värnamo bekommt man eine Wegkarte mit Beschreibungen.

Praktische Infos

Unterkunft

■ **Scandic Värnamo**④, Storgatsbacken 20 E, Tel. 65 66 00. Modern eingerichtet mit Fitness und Sauna, zentrale Lage, 5 Gehminuten vom Bahnhof entfernt.

sd13-073 fph

> Runenstein bei Värnamo

Bruno Mathsson – mit Sattelgurten zu Weltruhm

Eigentlich sollte der **1907 geborene Schreiner** werden wie sein Vater, aber er strebte nach mehr. Der **Funktionalismus** hatte es ihm angetan, er lieh sich jedes Buch über Kunsthandwerk, das er bekommen konnte. 1930 reiste er zur Stockholmmesse und begann eigene Entwürfe zu formen. Sein Durchbruch waren die Wartezimmerstühle für das Krankenhaus von Värnamo, die mit Sattelgurten gepolstert waren. Das Personal fand sie grässlich und holte sie erst wieder hervor, als ihr Schöpfer berühmt geworden war. 1933–36 entwarf er auf der Grundlage von **Holz und Sattelgurten** eine ganze Kollektion, ergänzt durch einen genialen Klapptisch, der sich zum schmalen Regal zusammenfalten lies. Danach ging es steil aufwärts: New York, San Francisco.

Nach dem 2. Weltkrieg schuf *Mathsson* **Glashäuser,** deren Betonfundamente eine elektrische Fußbodenheizung hatten. Die Fenster bestanden aus mehrlagigem Glas, die Zwischenräume waren zur Isolation mit Stickstoff gefüllt. *Mathsson* nannte es Brunopane, daraus wurde Thermopane.

Für sich und seine Frau baute er ein Haus bei Halmstad, 1965 folgte eins am Strand des Vidöstersees und 1973 eins in Portugal.

1976 entwickelte *Bruno Mathsson* eine Möbelkollektion für Japan, die zum Teil heute noch produziert wird. Sein letztes Möbel, wieder ein Stuhl, entstand 1986, der Designer starb zwei Jahre später.

Seine Möbel erscheinen für immer jung, sie sind Kunstwerk und Gebrauchsgegenstand, stehen in Museen und sind doch modern. Infos: www.scandinaviandesign.com/bruno-mathsson-int.

■ **Hotel Bredaryds Wärdshus**④, Lundavägen 16, Tel. 803 20, in Bredaryd, 20 km westlich von Värnamo, an den Landstraßen 153 und 27. Ein Haus in deutsch-österreichischem Stil, Schwedens erstes Brauerei-Restaurant. 18 Zimmer.

■ **Hotel Tre Liljor**③, Storgatan 28 B, Tel. 473 00, liegt mitten in Värnamo mit dem Fluss Lagan auf der Rückseite. Die 39 Zimmer sind in verschiedenen Stilen eingerichtet.

■ **Hotel Ibis**③, Tel. 37 11 00, es liegt, umgeben von Schnellrestaurants, bei Bredasten außerhalb von Värnamo, wo die Straße 27 die E4 kreuzt. 57 Zimmer.

■ **Hotel Apladalen**②, Växjövägen 5, Tel. 100 17. Zentral gelegenes gemütliches Hotel und B&B, 1924 als Wohnhaus gebaut, 11 Zimmer.

Camping

■ **Värnamo Camping Prostsjön,** Tel. 166 60, am gleichnamigen See, von der Straße Lagastigen die erste Straße rechts ab, Prostgårdsvägen. 19 Campinghütten, 75 Stellplätze, Badestrand, Laden, Boots-, Kanu- und Fahrradverleih. Mitte Juni bis Mitte Sept.

Essen und Trinken

■ **Café 18,** Stogatsbacken 18, mitten in der Fußgängerzone. Im Sommer mit Plätzen auf der Vorder- und Rückseite. Drinnen kann man im großen Glaserker sitzen und den Passanten zuschauen.

■ **Gästgivargården,** Växjövägen 1, nahe dem östlichen Ende der Storgatan. Ein historisches Gebäude aus dem 19. Jh, das als Handelshaus, Lehranstalt und Wohnsitz für zwei Hardesvögte diente. Mo bis Fr 11.30–14 Uhr, Di bis Sa 17–23 Uhr. Gute Weinauswahl, sommerliches Grillbuffet, Live-Musik und Bar auf der Terrasse.

■ **Harrys Pub & Restaurant,** Storgatsbacken 19. Englischer Pub mit gutem schwedischen Essen. Im

Sommer gibt es Sitzplätze im Freien an der Einkaufsstraße, Fr/Sa auch Nachtclub. Mo bis Mi 17–23 Uhr, Do bis 1 Uhr, Fr/Sa bis 2 Uhr.

- **Bredaryds Wärdshus** (siehe „Unterkunft") ist ein ausgezeichnetes Restaurant, das auch sein eigenes Bier braut. Die Spezialität ist das „Plankstek", ein auf einem Brett serviertes Rinderfilet. Abgerundet wird das Ganze mit 200 Sorten Whisky und 250 Sorten Bier. Das Gasthaus ist darüber hinaus ein kleines Museum mit über 3600 Flaschen Bier.
- **Max,** Refugen 2, an der Kreuzung E 4/Straße 27. Serviert schwedisches Fleisch und bietet neben klassischen Hamburgern auch Salate, Fisch- und vegetarische Gerichte.
- **Matlusten,** Doktorsgatan. Traditionelles Mittagessen, neben dem Krankenhaus. 11–14 Uhr.
- **Stigs Pelikanen,** Storgatan 32. Einfache Gerichte und Backwaren aus der eigenen Bäckerei. Sitzgelegenheiten im Freien am Ufer des Lagan.

An- und Weiterreise

- **Bahn:** Der Bahnhof ist in der Järnvägsgatan, Hauptstrecken Helsingborg – Jönköpin, Borås – Växjö. MerResor, www.krosatagen.se, und SJ.
- **Bus:** Länstrafiken fährt alle Ziele der Gegend an, Swebus unterhält Expressbusse für den Rest des Landes. Sie halten am ICA Kvantum.
- **Flug:** Die nächsten Flughäfen sind Jönköping und Växjö, beide 70 km entfernt.

Ausflüge

Ohsabanan

Das ist eine **Schmalspur-Museumseisenbahn** mit 600 mm Spurweite. Diese merkwürdige Spur hatte der französische Industrielle *Décauville* 1898 in Paris vorgestellt, und die Schweden verlegten sein System aus finanziellen Gründen. Die etwa 15 km lange Strecke führt von der alten Papierfabrik Ohs Bruk durch den Wald nach Bor, wo das Papier früher auf Züge der Hauptstrecke umgeladen wurde. Nach dem Bau eines Sägewerkes und einer Sulfitfabrik wurde der kleine

☐ Bahnhof der Ohsabanan

sd13-074 fph

Zug auch für deren Transporte benutzt. Gebaut um 1907, wird die Strecke seit 1970 von einem privaten Verein mit Personenzügen von Juni bis August befahren. Man setzt Dampf- und Dieselloks ein. Nach Bor und zurück werden 160 SEK verlangt. Wer mit dem Zug kommt, kann mit Jönköping Länstrafik von Växjo oder Malmö bis Bor fahren und dann umsteigen.

Store Mosse

Auf halben Wege zwischen Halmstad und Jönköping liegt der über 7000 Hektar große **Nationalpark.** Er ist das **größte Moor Südschwedens.** Hier trifft der Wanderer auf nebelverhangene Wiesen, sumpfige Tümpel, Schwingrasen und Wanderdünen. Weil im Gebiet seltene Vögel brüten, wollte man es schon 1905 unter Schutz stellen. 80 Jahre später war es dann so weit.

Die Gegend um den **See Bolmen** sind die Reste des Gletschersees, der nach der Eiszeit halb Småland bedeckte. Als die Landhebung einsetzte, trocknete der See aus. Auf dem Seeboden hatte sich Sand abgelagert, der zu Dünen, den **Rocknar,** wurde, die später versumpften. Abgestorbene Pflanzen wurden zu Torf, der langsam über den Wasserspiegel hinauswuchs. Das Hochmoor bezieht heute sein gesamtes Wasser aus dem Regen. Im Park gibt es auch Niedermoore, die vom Grundwasser gespeist werden.

Heute sind die Dünen mit **Kiefernwald** und am Boden mit Heidel- und Preiselbeeren bewachsen. Im Hochmoor gedeihen nur wenige Pflanzen, der Sonnentau hat sich auf Insekten spezialisiert, das Weißmoos braucht nur Regenwasser. Der **Torf** aus dem Moor wurde als Brennmaterial oder zur Isolation verwendet. Für den Transport baute man eine Eisenbahnlinie quer durch das Moor. Heute befördert die Bahn vor allem Reisende. Allerdings gibt es keine Bahnstation mehr im Nationalpark, ein Waldbrand hat weite Teile des Areals verwüstet. Die spektakulärsten Bewohner des Gebietes sind **Adler.** Sie haben ein eigenes „Restaurant", eine Plattform, auf der sie von November bis März verköstigt werden. Unter www.webbkameror.se/djurkameror/storemosse kann man den Tieren beim Futtern zuschauen.

Häufig anzutreffen ist der **Kranich.** Früher war sein Ruf im Frühling das Signal für die Bauern, mit dem Pflügen zu beginnen. Ende März, Anfang April kann man die Balztänze der Kraniche z.B. vom Vogelturm aus beobachten.

Das **Naturum** ist das Infozentrum des Parks. Durch sein Panoramafenster lassen sich mit Ferngläsern die Vögel betrachten. Oktober bis März So 11–17 Uhr, April, Mai, September Sa/So 11–17 Uhr, Juni bis August täglich 11–17 Uhr.

Übernachten kann man im ehemaligen Haus des Verwalters der Torfindustrie Kittlakull mitten im Nationalpark. Es ist die komfortabelste Möglichkeit: 22 Betten in vier Zimmern mit Strom und Wasser. Dann gibt es 150 m weiter die zwei roten Häuschen Svänö mit 30 Betten in fünf Zimmern ohne Strom und Wasser. Lövö, ein Haus einer ehemaligen Siedlung aus dem 17. Jh., bietet vier Schlafzimmer mit 18 Betten, kein Strom, Wasser aus dem Brunnen in der Nähe des Hauses. Buchung: Tel. 0370-188 99. Von Värnamo mit dem Bus 201 Richtung Gislaved. Auf Wunsch hält er am Parkplatz in Fågeltornet, Store Mosse.

Åminne Bruk

1899 wurde das **Eisenhüttenwerk** in Åminne am See Vidöstern errichtet. Um die Hütte und die Eisenbahnstation herum entstand dann das Dorf Åminne. Der Hochofen war bis 1934 in Betrieb, die Gießerei bis 1992. Heute ist das Werk ein **Museum** mit gut erhaltenem Hochofen und den Lagerhäusern. Anfahrt von Värnamo nach Süden in Richtung Hånger/Åminne. Mi bis So 14–18 Uhr.

High Chaparral

Die **Westernstadt** ist nach der gleichnamigen alten TV-Serie benannt. Das Riesenareal teilen sich verschiedene Themenbereiche, das Indianerdorf, die Minenstadt, das mexikanische Dorf und die Westernstadt. Es gibt einen Badesee und Unterkünfte, verschiedene Saloons und einen Fluss mit einem Raddampfer darauf. Ein Zug verbindet die einzelnen Dörfer. Außerdem fährt eine Postkutsche durch die Straßen, der Zug wird ausgeraubt. Es gibt auch eine „Mexikanische Show". Professionelle Stuntmen führen ihre Kunststückchen vor und die Indianer einen Regentanz. Wer bleiben will, kann im Hotel Bengt②, das wie ein Westernfort aussieht, in einfachen Hütten oder auf dem Zelt- und Caravanplatz übernachten. Dann kann man um 19.30 Uhr auch die Show im Saloon besuchen. Reservierungen unter Tel. 827 85, www.highchaparral.se. Brännehylte, Hillerstorp, auf der Straße 151 hinter Store Mosse, täglich 10–19 Uhr, Tagesticket 200 SEK.

Von Värnamo nach Jönköping

Nach 70 km ist die Südspitze des Vättersees erreicht, vorher kann man noch in Hok haltmachen, auch der Zug aus dem Süden macht das: **Hooks Herrgård**⑤ ist eine Gourmet-Adresse. Das Restaurant mit tollem Blick auf den Hokasjön zieht vor allem Golfspieler an, denn es gibt hier zwei renommierte 18-Loch-Plätze. Mo bis Fr 11.30–22 Uhr, Sa/So 12–22 Uhr. Es bestehen auch Übernachtungsmöglichkeiten. Anfahrt: 30 km südlich vor Jönköping den Abzweig nach Vaggeryd nehmen und 12 km bis Hok fahren.

In **Lammhult,** auf der Straße 127 40 km ostwärts, liegt der Laden der Svenska Trasmattor, in dem alte Flickenteppiche zu moderaten Preisen angeboten werden, aber auch neu gewebte. Lädja Norregård, Tel. 070-615 04 63, www.svenskatrasmattor.com, die Straße nach Rottne 2 km Richtung Ladja links.

Außerdem lohnt ein Abstecher 10 km weiter nach Osten, zum **Asa Herrgård.** Das Hotel liegt schön am See Asasjön. Die Geschichte des Hauses reicht bis ins 14. Jh. zurück, es ist mit småländischen Möbeln eingerichtet. 31 moderne Zimmer, Weinkeller und Festsaal, Tel. 0472-26 30 52.

Die Ausfahrt **Lovsjö** 12 km vor Jönköping führt zur Raststätte am gleichnamigen See, an dem der Lovsjöbadens Camping liegt, Hyltena Sjöbo 3, Tel. 036-18 20 10, www.lovsjocamping.se.

12 Von Jönköping an die Ostküste

Dieses Kapitel führt uns aus der Mitte Südschwedens an die Ostküste. Die von Granitklippen gesäumte Küste wird bei Västervik gegenüber der Insel Öland erreicht. Auf dem Weg, bei Vimmerby, liegt Astrid Lindgrens Heimathof, in Vimmerby selbst der Themenpark „Astrid Lindgrens Welt“.

< Bilderbuchschweden auf dem Weg an die Ostküste

Von Jönköping nach Nässjö

Von Jönköping (zur Stadtbeschreibung siehe Kapitel „Von Göteborg nach Osten“) fährt man auf der Straße 31 nach Südosten. Die leicht hügelige Landschaft wechselt zwischen offenen Feldern und Nadelwaldgebieten, bis man den nächsten größeren Ort, Nässjö, nach etwa 40 km erreicht hat.

Nässjö

- **Einwohner:** 17.000
- **Vorwahl:** 0380
- **Information: Turistbyrå,** Rådhusgatan 20, Tel. 51 80 60, www.nassjo.se, werktags von 9–17 Uhr geöffnet.

Der Fluss **Emån,** der hier entspringt, mündet bei Kalmar in die Ostsee und galt lange Zeit als ein Eldorado für Paddler. Auch heute noch kann man flussabwärts oder auf den zahlreichen Seen ringsum paddeln. Den Ort gibt es erst seit 1914. Vom **Vattentorn** hat man einen guten Blick ins Land, die 160 Stufen hinauf muss man ohne Fahrstuhl bewältigen. Der Turm fasst 2 Millionen Liter Wasser und wurde 1963 gebaut. Er erinnert an eine 23 m hohe Konservendose auf Füßen. Im Inneren gibt es außer der Treppe noch Skulpturen von *Axel Wallenberg* zu sehen und die Sammlung des Heimatmuseums. Ansonsten kommen Bahnfans auf ihre Kosten, da hier die Schienen von sechs Bahnstrecken zusammenlaufen. Das wird im Eisenbahnmuseum dokumentiert: Das **Järnvägsmuseet** in der Brogatan 10 ist im alten Bahnhof Ångsågen untergebracht. Zahlreiche Lokomotiven und Wagen können besichtigt werden, darunter mehrere Dampflokomotiven. Das Museum besitzt eine Schmalspur-Dampfspeicherlokomotive – ihre Besonderheit: Sie selbst wird nicht beheizt, sondern der heiße Dampf wird aus einem fremden Kessel in den wärmeisolierten eigenen getankt. Dadurch war sie für feuergefährdete Or-

te geeignet. Ein Dampfwagen von 1888 gehört auch zum Inventar. Anfahrt: Südwestlich der Brogatan biegt man mit dem Auto rechts ab zum Parkplatz, Fußgänger haben eine eigene Brücke vom/zum Bahnhof. Im Sommer Di bis So 11–15 Uhr geöffnet.

Jeden Donnerstag ist **Markt** auf dem Stortorget. Wer eine Runde Minigolf spielen will, kann dies im **Stadtpark** tun, der zwischen der Mariagatan und einem Teich liegt. Abends kann man ins **Pigalle** gehen – das ist kein Nachtclub, sondern der Name des Kulturhauses in der Mariagatan 2.

Praktische Infos

Unterkunft

- Übernachten kann man im **Hotell Högland**④, Esplanaden 4, am Bahnhof, Tel. 131 00, www.hogland.se. Das Haus ist ein schlichter Turm mit über 100 Zimmern aus den 1960er Jahren, immerhin verkehrsgünstig gelegen.

An- und Weiterreise

- **Bahn:** An der Centralstation laufen sechs Bahnstrecken zusammen. SJ fährt z.B. in 5 Stunden nach Malmö.
- **Bus:** Der Busbahnhof liegt an der Esplanaden zwischen Bahnhof und Stadtpark.

Ausflug zur Kleva Gruva

1691 sah ein Glöckner auf dem Kleva-Berg auf einem Stein etwas glitzern, das aussah wie Gold. Man fand **Kupfer** und begann Erz abzubauen, mit Unterbrechungen und trotz des Preisverfalls bis 1920. In den unterirdischen **Höhlen** gibt es eine 100 m hohe Halle und einen 50 m tiefen See. Führung um 11.30 und 13.30 Uhr auch auf Deutsch, gut für Kinder geeignet, täglich geöffnet mindestens 11–16 Uhr, von Mai bis Juni nur am Wo-

NICHT VERPASSEN!

Kleva Gruva:
Höhlenforscher begeben sich in die unterirdischen Hallen im Kleva-Berg | 323

Vimmerby:
wieder Kind sein in „Astrid Lindgrens Welt“ | 325

Diese Tipps sind gelb hinterlegt.

030fotolia

chenende, www.klevagruva.com, Eintritt 90 SEK inkl. Leih-Helm und -Leuchte. Anfahrt auf der Straße 47, 10 km östlich von Vetlanda liegt **Holsbybrunn;** ab dort beschildert.

Von Nässjö nach Vimmerby

Auf dem Riksväg 40 geht es weiter ostwärts. Wer will, macht einen Abstecher nach **Eksjö,** das bekannt ist für seine einzigartige Holzhausarchitektur. Die Altstadt mit ihrer historischen Bebauung steht fast komplett unter Denkmalschutz. Für die Rettung des Bestandes gab es 1997 eine Auszeichnung. Übernachten kann man im **Hotel Ullinge**⑤ zwischen Nässjö und Eksjö am Weg 128, Tel. 0381-810 60, www.ullinge.se. Das Haus direkt am Seeufer hat 25 Doppelzimmer und ein separates Häuschen.

Hinter Mariannelund kann man links nach **Rumskulla** abbiegen. Dort liegt der **Runkesten,** mit 10 x 4 m der größte Stein der Welt, der von Menschen bewegt werden kann. Seit der Eiszeit wackelt er so vor sich hin. Wer auch dran rütteln will, kann von Rumskulla einen ausgeschilderten Wanderweg benutzen.

In der Gegend gibt es noch eine weitere Natursehenswürdigkeit, eine Stileiche, die fast 1000 Jahre alt ist: **Rumskullaeken.** Der Umfang beträgt etwa 13 m. Da Teile des Stammes abgestorben sind, hat man sie mit Seilen zusammengehalten, der Baum ist eingezäunt. Lage etwa 10 km weiter nach Norden bei Norra Kvill (GPS 57.734722, 15.628889).

⌃ Astrid Lindgren bei der Arbeit

Zurück auf dem Riksväg 40, überschreitet die Straße die Bezirksgrenze zwischen Linköping län und Kalmar län. Man fährt an Nadelwäldern vorbei, rechts liegen zwei Seen, nach 20 km Fahrt lichtet sich der Wald. Felder, Industrie und ein Kreisverkehr folgen, man hat Vimmerby erreicht.

Vimmerby

- **Einwohner:** 8000
- **Vorwahl:** 0492
- **Information: Turistbyrå,** Rådhuset 1, Tel. 310 10, www.vimmerbyturistbyra.se. Im Sommer mind. geöffnet 9–18 Uhr, am Wochenende bis 15 Uhr.

Den Ort kennen viele – von hier stammt die weltbekannte Kinderbuchautorin **Astrid Lindgren.** „Vimmerby ist eine Stadt, die für Betrügerei und Ochsenhandel bekannt ist", soll in einem alten Buch gestanden haben. Auf jeden Fall ist es ein Zentrum des Viehhandels gewesen. Im Mittelalter wurde Vimmerby viermal durch dänische Heere niedergebrannt. Ein Versuch des Schwedenkönigs, die Bewohner zum Umzug nach Kalmar zu bewegen, scheiterte, und die Dänen verwüsteten die Stadt erneut. Den Rest besorgten zwei Großfeuer 1683 und 1821. Die Storgatan soll eine der ältesten Straßen Schwedens sein. Davon ist heute nichts mehr zu spüren. Mittlerweile gibt es in Vimmerby – *Astrid Lindgren* sei Dank – auch eine Krachmacherstraße, eine Kalle-Blomquist-Straße usw.

Hof Näs, der Bauernhof, auf dem *Astrid Lindgren* aufwuchs und der die Vorlage für ihr „Bullabü" war, kann besucht werden (vom Zentrum nach Norden, Prästgårdsgatan 24). Auch *Pippis* Veranda gehört eigentlich zu Näs. *Astrid Lindgrens* Verwandte fertigen Kunsthandwerk an, das auf dem Hof verkauft wird. Juni bis Anfang Sept. 10–18 Uhr. Wer hungrig ist, kann im Lantköket på Näs småländische Gerichte und hausgemachte Kuchen essen (17.6. bis 18.8. täglich 10–18 Uhr).

Astrid Lindgrens Welt

Jedes Kind weiß, dass *Pippi Langstrumpf* das stärkste Mädchen der Welt ist und die Villa Kunterbunt ein gelbes Haus mit einem Pferd auf der Veranda und *Michel* in einem Tischlerschuppen wohnt. „Astrid Lindgrens Welt" ist ein **130.000 Quadratmeter großer Themenpark,** Schwedens beliebtestes Ausflugsziel für Familien mit Kindern, mitten in Vimmerby, Lundgatan. 350 Mitarbeiter, darunter 100 Schauspieler, lassen *Lindgrens* Kinderbücher und ihre Figuren Realität werden. Geöffnet 10–17 Uhr, Erwachsene zahlen 240 SEK, Kinder von 3–12 Jahren 180 SEK, Parken pro Tag 40 SEK, 1 Tag und 1 Nacht 130 SEK. Für weit gereiste Gäste gibt es ein Feriendorf und einen Campingplatz (s.u.). Die Anlage liegt ganz in der Nähe am Waldrand, nur 250 m vom Parkeingang entfernt.

Praktische Infos

Unterkunft

- **Björkbackens Karaktärshotell**④, Traktorgatan 3, www.bjorkbacken.se, Tel. 798 90. Flachbau, die Zimmer sind natürlich nach *Lindgrens* Figuren gestaltet.

■ **Hotell Ronja**④, Stora Mässhallsgatan 16, www.hotellronja.se, Tel. 167 00. Mit 80 Zimmern das größte Haus im Ort, modern eingerichtet, bewachte Parkplätze.

■ **Vimmerby Stadshotell**④, Stortorget 9, Tel. 121 00, www.vimmerbystadshotell.se. Das älteste Hotel der Stadt stammt von 1860 und bietet außer modernen Zimmern noch die Hotelveranda zum Entspannen und ein gutes Restaurant.

Camping

■ **Astrid Lindgrens Welt Feriendorf & Camping,** Stellplätze, Ferienhäuser mit oder ohne eigenes Bad, 15 Min. zu Fuß in die Stadt, www.vimmerbyturistbyra.se, ganzjährig geöffnet.

Vimmerby: Astrid Lindgrens Welt

Essen und Trinken

■ **Bakfickan Kafé,** Stortorget 5, mit Aussicht auf den Marktplatz. Sandwiches und natürlich Zimtschnecken, Mo bis Fr 8.30–18 Uhr, Sa 9.30–15 Uhr.

■ **Monte Carlo,** Falkängsgatan 1, Tel. 144 25. Das größte Restaurant, mit Sommerterrasse und großem Parkplatz, bietet eine breite Auswahl verschiedenster Gerichte.

028fotolia

■ **Restaurang Storgatan 48,** wochentags 10–18.30 Uhr, Sa 10–15 Uhr, So 11–15 Uhr.

■ **Brygghuset,** Åbrovägen 13. Mischung aus Pub und Bierstube neben der Brauerei Åbro, Sommerterrasse, schwedische und internationale Gerichte plus 120 Sorten Bier. Mo bis Do 11.30–23 Uhr, Sa bis 24 Uhr, So 17–24 Uhr.

An- und Weiterreise

■ **Bahn:** Es gibt einen Bahnhof an der Strecke Linköping – Kalmar.

■ **Bus:** Kalmar Länstrafik fährt die umliegenden Gemeinden an.

Ausflug in den Nationalpark Norra Kvill

Der Nationalpark liegt etwa 19 km nordwestlich der Stadt. Man fährt von der Straße 23 in Vimmerby Nord ab und dann immer in Richtung Rumskulla, bis der Park ausgeschildert ist. 30 m hohe Fichten, Krüppelkiefern und Birken bestimmen den Bewuchs. Der **Hügel Idhöjen** ist 230 m hoch und bietet einen guten Überblick. Der Nationalpark entstand 1927 und wurde später auf 114 Hektar erweitert. Der Park wird staatlich unterhalten und soll sich zu einem Urwald entwickeln.

Gut 50 km nach Vimmerby auf der Straße 40, vorbei an flachen Feldern, erreicht man bei Västervik die E 4, die parallel zur Küste von Trelleborg bis nach Stockholm verläuft.

13 Von Jönköping nach Norrköping

Auf dem Weg in Richtung Norrköping geht es zunächst nach Norden am Vättersee entlang, bis man in Motala auf den Götakanal stößt. Von dort führt die Strecke über Linköping ostwärts Richtung Küste.

< Vadstena Slott

Von Jönköping nach Gränna

30 km östlich von Jönköping zwischen Huskvarna und Aneby an der Straße 132 liegt in Lekeryd die Luxusherberge **Sunds Herrgård**⑤, Tel. 036-820 06.

Weiter auf der E 4 liegt nun auf der linken Seite der riesige Vättersee, die Straße verläuft über viele Kilometer erhöht direkt am Ufer entlang, auf der rechten Seite türmt sich auf weiten Strecken eine 20 m hohe Felswand. Es gibt eine Parallelstraße ca. 15 km im Landesinneren, die aber unspektakulär zwischen Feldern verläuft. Nach 30 km kommt der Abzweig zur Straße 133, Tarnås/Gränna. Eine Institution in **Ölmstad** ist das **Motel Vätterleden**③ rechts der E 4, Vättersmålen 15, Tel. 036-522 30. Es liegt auf halbem Weg zwischen Jönköping und Gränna und war 1962 eine der ersten Raststätten in Schweden, der Besitzer *Carsson* schrieb später sogar ein Buch darüber. Zimmer mit Seeblick.

Gränna

- **Einwohner:** 2600
- **Vorwahl:** 0390
- **Information: Turistbyrå,** Tel. 10 38 60

Von Jönköping fährt der Linienbus Nr. 121 nach Gränna (ca. 40 Min.). Er hält auch vor dem Hotel Gyllene Uttern (s.u.). Gränna und die Insel Visingsö (s.u.) sind eine Reise wert. Tolle Panoramen, Schlösser, Burgruinen, Kopfsteinpflaster, Holzhausidylle in Reinkultur, verschwiegene Fußpfade und dichte Eichenwälder erwarten den Gast. Gränna liegt am Ostufer des Vätternsees und ist von der Straße schnell zu erreichen. Es gehört zur Gemeinde Jönköping. Im Sommer ist Gränna von Ausflüglern überfüllt. Die Bebauung der zentralen Stadtteile besteht hauptsächlich aus Holzvillen, viele mit Garten. Die Durchgangsstraße wird im Sommer zum Nadelöhr.

Gränna ist der einzige Ort in Schweden, der adlige Stadtrechte statt königlicher bekam. Der Hintergrund: 1641 wurde **Per Brahe** zum schwedischen Reichsdrost, dem obersten Beamten des Staates, ernannt. In seiner Grafschaft ließ er ein Schloss auf der Insel Visingsö ausbauen und zwei weitere Schlösser errichten. Am Seeufer, das der Insel gegenüber liegt, legte er 1652 den Ort Brahe-Grenna an, der heute den Namen Gränna trägt.

NICHT VERPASSEN!

Insel Visingsö:
Ruhe & Entspannung zwischen Holzhausidylle und Eichenwäldern | 333

Linköping:
die Domkirche beeindruckt innen wie außen | 342

Götakanal:
Schiffe gucken in der Schleusentreppe bei Berg | 345

Diese Tipps sind gelb hinterlegt.

Sehenswert

Polkagrisar

Der Ort ist bekannt für diese **rot-weißen Zuckerstangen (Polka-Schweinchen).** Sie werden nach dem Rezept von *Amalia Eriksson* aus dem Jahr 1859 aus Zucker, Wasser und Essig gefertigt und sind in zahlreichen geschmacklichen und optischen Varianten erhältlich. Man kann die Fabrikation besichtigen oder es sogar selbst versuchen. Mittlerweile gibt es Dutzende von Herstellern und Läden überall im Ort, wo man sich mit Süßigkeiten eindecken kann.

Ballonmuseum

In Gränna wurde der Ballonfahrer **Salomon August Andrée,** geboren. *Andrée* war Zivilingenieur und 1897 Mitglied einer Polarexpedition, die mit einem Wasserstoffballon den Nordpol zu erreichen versuchte. Unzureichend vorbereitet, scheiterte der Flug und die drei Männer starben. Die Ballonhülle hatte sich mit Wasser vollgesogen, sodass sie zu schwer wurde und der Ballon strandete. 33 Jahre nach dem Verschwinden konnten Details rekonstruiert werden, als man die Leichen mit Tagebüchern und einen Film fand. Zum Gedenken wurde ein Museum eingerichtet, das die gescheiterte Expedition dokumentiert. Ausgestellt ist auch eine Kopie des Unglücksballons. Brahegatan 38, Tel. 10 38 90.

Grännabergets Friluftsmuseet

Das **Freiluftmuseum** mit bäuerlichen Häusern liegt auf einem Hügel und bietet eine tolle Aussicht über den Ort, Tel. 10 38 90.

Tryckeri Museet

Brahegatan 28: In diesem Museum kann man sich über den **Buchdruck** seit *Gutenberg* informieren.

Praktische Infos

Unterkunft

■ **Västanå Slott**⑤, Västanå 1, Tel. 107 00, www.vastanaslott.se. 5 km vor Gränna liegt rechts der E 4 dieser Herrenhof mit schönen Zimmern und gutem Essen. Kaminzimmer und Bibliothek, alles gediegen.

■ **Hotel Amalias Hus**⑤ **& Villa Amalia,** Brahegatan 2/3, Tel. 413 23/19, www.amaliashus.se. Alles wie im 19. Jh. liebevoll eingerichtet, ein märchenhaftes Haus.

■ **Hotell Smålandsgården**④, Brunnsvägen 8, Tel. 300 14. Komfortables Herrenhaus am See Örensjön, 8 km von Gränna landeinwärts.

■ **Gyllene Uttern**④, das Hotel „Goldener Otter" liegt vor Gränna an der E 4 etwas erhöht auf einem Plateau. Der Blick ist gigantisch, das Hotel ein altes Schloss aus Feldsteinen mit einem Rittersaal und einer verglasten Veranda, auf der es sich bei Regen herrlich ausruhen lässt. Tel. 108 00, www.gyllenuttern.se. 43 Zimmer, die meisten mit Seeblick, *Greta Garbo* wohnte immer in Nr. 123. Zum Essen eignet sich die oben genannte Veranda ebenfalls, 12–20 Uhr, Café täglich außer Mo 10–19 Uhr.

■ **Grännagården**④, Hamnvägen 2, Tel. 100 91, http://grannagarden.se. 100 m von der Hauptstraße in einem typischen roten Holzhaus.

■ **Hotell Ribbagården**③, Ribbagårdsgränd 4, Tel. 108 20, www.ribbagarden.se. Im Jahr 1900 von Baron *von Düben* eröffnet, heute noch ein schönes Haus.

sd13-075 fph

■ **Strandterrassens Vandrarhem**②, Tel. 418 40, www.strandterrassen.se. Am Hafen, schön gelegenes Holzhaus mit Café und 18 DZ.

Camping

■ **Getingeryds Camping,** Getingeryd, Tel. 210 15, am Strand Vätterns, 9 km nördlich von Gränna.
■ **Grännastrandens Familjecamping,** Tel. 107 06, www.grannacamping.se. Ein kleiner Platz am Hafen mit Blick auf den Anleger.

Essen und Trinken

Essen kann man im **Valvet/Matlust,** Ribbagårdsgränd 1, Tel. 109 10. Außerdem gibt es **am Hafen** eine Brasserie und die Strandterrassen. Der **Hamnkogen** ist die Adresse für Feinschmecker, Tel. 100 38, Mai, Sept. bis Dez. Fr/Sa 18–22 Uhr, So 12–18 Uhr, Mai Mo bis Fr 18–22 Uhr, Sa/So 12–22 Uhr, Juni bis August täglich 12–22 Uhr.

Ausflüge

Insel Visingsö

Vom Ort besteht eine Fährverbindung zur Insel Visingsö. Die 14 km lange Insel ist die **größte im Vättersee.** Sie entstand, als der Riese *Vist* Gras in den See warf, damit seine Frau keine nassen Füße bekam, so sagt man. Im 12. Jh. wurde sie das Zentrum der Macht im Reich. *Magnus Ladulås* ließ an der Südspitze eine Burg bauen und später im 17. Jh. die *Brahes* eine am östlichen Ufer. Von beiden sind nur noch Ruinen erhalten. Die Insel ist heute komplett mit Feldern überzogen, der Lehmboden ist sehr fruchtbar. „Remmalagsvagnar" heißen die örtlichen Pferdewagen, mit denen man z.B. zum Turm der **Kumlaby Kyrka** fahren und von oben den größten schwedischen Eichenwald erblicken kann, der dort einst für den Kriegsschiffbau angelegt wurde. Im Touristbüro am Hafen kann man Fahrräder ausleihen, Tel. 10 38, außerdem steht dort das Värdshus. Wer die letzte Fähre verpasst hat, kann in folgenden Häusern **übernachten:** Visingsö Hotell④, Tel. 566 00; Visingsö Pensionat③, Abrahamstorp, Tel. 401 69; Visingsö Stf Vandrarhem③, Fredängen, Tel. 401 91. Visingsöstugor Öbergs Café lässt schlechtes Wetter vergessen, Rökinge 81, Ängslyckan, Tel. 406 88. Im Hafen, hinter dem Örtagård, liegt das Café Solbacken, von dessen Veranda man den Booten zuschauen kann, 10–20 Uhr, Sa bis 22 Uhr.

☒ Der Marktplatz von Gränna

Von Gränna nach Vadstena

Auf der E 4 sind es von Gränna bis Linköping 35 km. Doch es besteht auch die Möglichkeit, in **Ödeshög** die Autobahn zu verlassen und auf der Straße 50 noch ein Stück am Seeufer entlangzufahren. Links liegt das Örtchen **Hästholmen** am Seeufer. Der Leuchtturm ist angebunden, damit er im Herbst nicht weggeblasen wird, am Hafen steht noch ein historischer Verladekran. Der nächste Ort ist durch Schloss und Kloster berühmt geworden: Vadstena.

Vadstena

- **Einwohner:** 6000
- **Vorwahl:** 0143
- **Information: Turistbyrå slottet,** Tel. 151 25

Geschichte

Im Mittelalter befand sich hier ein katholisches **Kloster** für Mönche und Nonnen **des Ordens der Hl. Brigitta von Schweden.** Sie lebte im 14. Jh. auf Schloss Ulfåsa als *Brigitta Gudmarsson.* 1341–43 unternahm sie mit ihrem Mann eine Wallfahrt nach Santiago de Compostela. Als ihr Ehemann starb, schenkte der König der bekannten Frau die Burg Vadstena. Dort wurde sie von religiösen Eingebungen heimgesucht, ein Kloster für Nonnen und Mönche zu errichten. Doch als sie versuchte, das in die Tat umzusetzen, stieß sie auf Widerstand, und so reiste sie mit einem ihrer Söhne nach Rom, um beim Papst vorzusprechen. Das Kloster wurde genehmigt, aber *Brigitta* blieb in Rom. Nach einer weiteren Wallfahrt im Alter von 70 Jahren verstarb sie, das Kloster wurde von einer Tochter geführt. Der Brigittaorden breitete sich in der Folge mit über 80 Häusern in ganz Europa aus. 1395 baute man eine schmucklose Kirche aus bläulichem Kalkstein neben das Kloster, die **Blåkirka.** Mönche und Nonnen betraten das Gotteshaus durch getrennte Eingänge und sangen dann gemeinsam, hatten aber keine Sichtverbindung. Drinnen gibt es für jeden Apostel einen Altar. In den Gewölben haben außer der Gründerin einige wichtige Schweden ihre letzte Ruhestätte gefunden. Mit der Reformation kam das Ende. *Gustav Vasa* konfiszierte den katholischen Besitz und ließ als Zeichen seiner Macht dem Kloster gegenüber eine Burg bauen (s.u.). Teile des Baumaterials wurden aus geschlossenen Klöstern der Gegend entwendet. Das Kloster Vadstena wagte *Vasa* erst 1595 zu schließen. Es wurde ein Hospital und später eine Anstalt. Erst 1954 erhielt der Brigittaorden die Anlage zurück.

Sehenswert

Das Stadtzentrum mit seinem mittelalterlichen Grundriss ist heute eine Fußgängerzone, das Schloss und das Kloster locken alljährlich viele Gäste an.

Vadstena Slott

Die Burg wurde 1545–1620 im Auftrag von **Gustav Vasa** erbaut. Auf der Nordseite dominiert das dreigeschossige Hauptgebäude mit einem zentralen Turm, die anderen Seiten bestehen aus starken Wällen mit runden Eckbasteien. Die Anlage umgibt ein **Wallgraben,** der über einen Zufluss vom Vättersee versorgt wird. 1552 heiratete König *Gustav Katharina Stenbock* und machte die Burg zu seiner Residenz. Nachdem Ende des 16. Jh. ein Feuer gewütet hatte, wurde das Schloss ganz profan als Kornspeicher verwendet. Später begann man die alten Mauern zu renovieren und installierte hier das Landesarchiv. Heute zählt die Anlage zusammen mit Schloss Gripsholm und Schloss Kalmar zu den am besten erhaltenen Vasaburgen und ist die „eigentliche“ Renaissanceburg Schwedens.

Rådhus

Es ist angeblich das **älteste Rathaus des Landes,** sieht aus wie eine Kirche und steht an der Storgatan östlich des Schlosses. Eine schmale Freitreppe führt zum Eingang im ersten Stock.

Praktische Infos

Unterkunft

■ **Starby Hotel**⑤, Tel. 751 00, www.starbyhotell.se. Das Haupthaus ist eine alte Kapitänsvilla mit großen Räumen, ein moderner Anbau komplettiert die Anlage in einem baumbestandenen Park am Ödeshögsvägen 1 200 m vom Bahnhof entfernt. Bis zum Vättersee und dem Schloss Vadstena sind es nur 5 Min. zu Fuß. 59 Zimmer.

■ **Vadstena Klosterhotel**⑤, Tel. 315 30, www.klosterhotel.se. Die Unterbringung erfolgt in 31 winzigen Zimmern. Das Hotel liegt im Park des Klosterareals neben der Blåkirka. Zum Vättersee sind es wenige Meter, wo es einen Sandstrand mit einer Brücke gibt.

■ Deutlich preiswerter ist das **Vandrarhem**②, Skänningegatan 20, neben der Feuerwehr, Tel. 103 02, www.svenskaturistforeningen.se.

Essen und Trinken

■ **Valven,** Storgatan 18, ab 11.30 Uhr. Uriges Lokal in den Gewölben des Helgeandshuset.

■ **Restaurang Hörnet,** Skänningegatan 1, Tel. 131 70. Super Küche in modernem Ambiente, mitten im Ort zwischen Storgatan und Motalagatan. Im Sommer täglich 12–23 Uhr.

■ **Restaurang Munkklostret,** Lasarettsgatan 5. Romantisch speisen im Gewölbe des Klosterhotels, im Sommer täglich 12–22 Uhr. Das Restaurant besitzt einen beachtlichen Weinkeller.

Von Vadstena nach Motala

Verlässt man Vadstena auf dem RV 50 in nordöstlicher Richtung, ist der nächste Ort Motala am Götakanal.

Motala

■ **Einwohner:** 30.000

■ **Vorwahl:** 0141

■ **Information:** Turistinfo am Hafen (Hamnen), Tel. 22 52 54

Motala ist eine wichtige Hafenstadt am Ostufer des Vätternsees. Der **Götakanal** verbindet Boren- und Vättersee und fließt parallel zum Motalafluss. Fünf Schleusen, **Borenhults Slussen,** überwinden den Höhenunterschied von 15 m zwischen den beiden Seen.

Schon früh war die Gegend besiedelt: Bei der Suche nach Überresten aus der Zeit *Gustav Vasas* stießen Archäologen auf 8000 Jahre alte Fundstücke. Viel, viel später, Anfang des 19. Jh., entwickelte sich Motala durch den **Bau des Götakanals** zu einem bedeutsamen Handelsplatz. Die Werft Motala verkstad wurde in *Jules Vernes* Roman „20.000 Meilen unter dem Meer“ gar zur Werft der „Nautilus“ ernannt.

In der Stadt auf halbem Weg zwischen Stockholm und Göteborg errichtete man 1927 eine große **Sendestation** für Radioausstrahlungen. Später entstand die Firma Luxor, Schwedens größter Hersteller von Radio- und TV-Geräten.

Der Götakanal, das blaue Band Schwedens

Im Jahr 1064 segelte König *Hårdrådes* Flotte mit 60 Schiffen den Götafluss hinauf. Die Wasserfälle von Lilla Edet, Trollhättan und Vargön behinderten die Fahrt, man musste die Schiffe den Berg hinaufziehen. 500 Jahre später gab es erste Pläne, Schleusen zu bauen, um vom Skagerak zum Vänersee zu kommen, aber erst im 19. Jh. war es geschafft und die erste Schleuse in Trollhättan nahm den Betrieb auf. Sie ist heute noch zu sehen, ebenso ihr Nachfolger aus dem Jahr 1844.

Die Geschichte des Kanals ist eng mit einer Person verknüpft: **Baltzar Bogislaus von Platen,** geboren auf Gut Granskevitz bei Schaprode auf Rügen. Auf seine Initiative hin wurde der Götakanal gebaut.

1801 übernahm Admiral *von Platen* die Leitung des **Trollhättankanals,** der seit 1779 Schwedens Westküste mit dem Vänersee verband. Beim Durchforsten des Archivs seiner Arbeitsstätte fand er Pläne zu einem Kanal, der bis an die Ostküste von Schweden reichen sollte. Er erkannte die wirtschaftliche und strategische Bedeutung dieses Projekts und begann die Idee umzusetzen. Der Kanal würde nicht nur den Wasserweg verkürzen, sondern auch den schwedischen Schiffen den dänischen Zoll im südlichen Öresund ersparen. Der Admiral erkundete auf eigene Kosten die Strecke und verfasste einen Bericht, den er 1806 beim schwedischen König einreichte. *Gustav IV. Adolf* gab zwei Jahre später das Projekt frei und übertrug *von Platen* die Leitung des Kanalbaus. Der Rügener wurde zum Staatsrat ernannt und Reichsstatthalter in Norwegen. Die Fertigstellung des Kanals im Jahr 1832 erlebte *von Platen* jedoch nicht mehr. Er starb 1829 und wurde in Motala begraben.

sd13-126 fph

60.000 Arbeiter hatten eine enorme Leistung vollbracht: 58 Schleusen ermöglichten es den Schiffen, 91,5 Meter Höhenunterschied und die Gesamtlänge von 190,5 Kilometern zu überwinden. Heute ist der Götakanal die **größte Touristenattraktion in Schweden,** und fast jeder Wassersportler an der Ostsee träumt davon, einmal durchzufahren.

Die **Fahrt** geht von Stockholm in den Mälarsee, bei Birka gibt's eine steile Kehre, und über Södertälje geht es durch den Kanal nach Trosa, wo die offene See erreicht wird. Südwärts schippert man weiter über Öxleösund, um vor Söderköping wieder in einen Kanal einzufahren. Hinter Norsholm wird der 33 Meter hoch liegende Roxensee durchquert. Vorbei an Linköping erreicht das Boot bei Berg die siebenstufige Schleusentreppe, um auf 67 Meter Höhe zu kommen. Zwei Schleusen später schwimmt es schon auf 73 Metern durch den Borensee. Jetzt sind noch einige Anstrengungen erforderlich, um auf die Höhe von 79 Metern bei Motala zu kommen. Hier ist wieder freie Fahrt über den Vätternsee, vorbei an Vadstena. In Karlsborg, am Westufer des Sees, wird das Schiff auf das höchste Niveau des Kanals gehoben, der See Viken liegt 91,5 Meter über dem Meeresspiegel. Danach geht es im Kanal bergab, über Sjötorp hinunter zum Vänersee, 44 Meter über Grund fährt das Schiff auf dem Vänern an Mariestad vorbei und passiert das Schloss Läckö, an dessen Bucht in der Ferne Lidköping zu erahnen ist. In Vänersborg wird es wieder eng, der Trollhättan-Kanal weist eine Menge Schleusen auf, um von 44 auf 37,7 und dann bis auf 6,3 Meter in Lilla Edet hinunterzukommen. Der Trollhättan-Kanal ist 82 Kilometer lang, 10 Kilometer davon mussten aus dem Fels gesprengt werden. Das letzte Stück wird den Götaälv entlang geschippert, bis in Göteborg wieder die Höhe 0 des Skagerak erreicht ist.

Drei berühmte **Passagierschiffe** sind unermüdlich im Einsatz. Die „Juno" wurde 1874 in Motala gebaut, sie ist 6,68 Meter breit und hat 31 Kabinen, die „Wilhelm Tham" aus der gleichen Werft ist aus dem Jahr 1912 und 5 cm breiter, das jüngste Schiff, die „Diana", wurde 1931 in Finnboda vom Stapel gelassen. Sie ist mit 6,79 Metern der breiteste Pott, hat aber nur 28 Kabinen. Da die Schiffe nur wenig schmaler sind als der Kanal, werden die Seiten mit einer Reihe von Fendern geschützt. Die sind nicht, wie bei Yachten üblich, aus Plastik, sondern an der Bordwand hängen Fichtenstämme. Des Öfteren wird jedoch auch solch ein massiver Holzbalken zermalmt und muss durch mitgeführte neue ersetzt werden. Die Schiffe werden von rund 450 PS starken Motoren angetrieben, das reicht für 10 Knoten = 18,5 km/h bei Vollgas.

Die komplette Tour **von Stockholm nach Göteborg** dauert vier Tage und kostet etwa 1100 €, aber es gibt auch Sonderfahrten über kürzere Distanzen, z.B. kulinarische Touren zwischen Karlsborg, Töreboda und Mariestad. In verschiedenen Restaurants und Cafés am Ufer werden Veranstaltungen angeboten. Das Unternehmen Göta kanalbolag hat Paketangebote wie Fahrrad- oder Golffahrten. Infos: www.gotakanal.se.

Der Götakanal

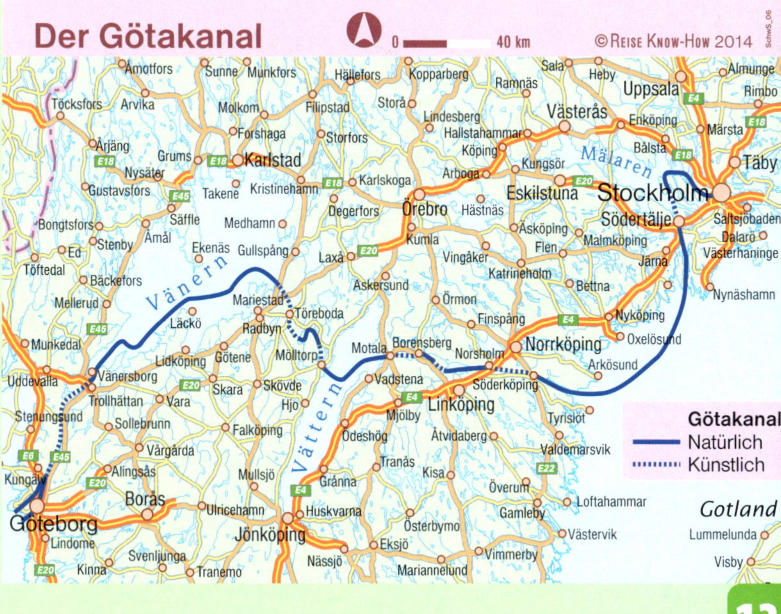

Sehenswert

Museen

Svarta gatan 1: Das **Kanal- und Seefahrtsmuseum** an der Mündung des Götakanals zeigt Exponate zur Geschichte des Kanals. 17.6. bis 11.8. täglich 12–16 Uhr, 40 SEK.

Strand 71: Das **Motala-Museum** ist in **Charlottenborgs Slott** eingerichtet. Das Schloss wurde für General *Ludwig Weirik Lewenhaupt* gebaut, der es nach seiner Frau benannte. Zu sehen sind Skulpturen der berühmten Holzschnitzerin *Helena Sophia Isberg*, bekannt als die „Jungfrau Isberg", die 35 Jahre, bis zu ihrem Tod 1875, in Motala arbeitete. Auch im Angebot: eine große Puppenhaus-Sammlung und ausgestopfte Vögel. Geöffnet Fr bis So 13–16 Uhr, Erwachsene zahlen 40 SEK. Das Schloss liegt 2 km östlich vom Zentrum, ausgeschildert von den Straßen RV 50 und RV 34.

Platensgatan 2: Das **Motormuseum** am Hafen zeigt eine große Fahrzeugsammlung auf 2000 m² Fläche, darunter viele Rolls Royce, ein Koenigsegg CC8S (siehe bei Ängelholm) und ein Amilcar-Schwimmauto. 8–20 Uhr, So ab 10 Uhr, 80 SEK.

Sonstiges

Am Verkstadvägen am Ufer des Kanals befindet sich das **Grab Balthasar von Platens.** Der „Vater" des Götakanals starb drei Jahre nach dessen Einweihung. Überliefert sind folgende Worte von ihm: „Wenn du nicht kannst, willst du nicht" – ein Mann der Tat also.

sd13-076 fph

Im **alten Industriegebiet** am Ende des Verkstadvägen stehen noch einige historische Gebäude und die ehemaligen Wohnstätten der (Kanal-)arbeiter.

Radiovägen 1, **Langwellensender in Bondebacka:** Zwischen zwei über 100 m hohen Gittermasten spannt sich die Antenne des Langwellensenders Motala, eine der leistungsstärksten Anlagen dieser Art. Die Programme wurden in Stockholm aufgenommen und per Telefon zum Sender Motala übermittelt, wo sie auf der Frequenz 189 KHz ausgestrahlt wurden. 1961 wurde der Betrieb eingestellt. **Sveriges Rundradiomuseum** berichtet von der Anlage, Juni bis August 10–20 Uhr, Eintritt frei. Zur Jubiläumssendung des Schwedischen Rundfunks kletterte die damals 69-jährige *Astrid Lindgren* als einzige auf den Sendemast, niemand sonst im Publikum traute sich das.

Im Ortsteil **Ervasteby** steht ebenfalls einen Sendemast, über 330 m hoch, für UKW-Radio und Fernsehen.

Praktische Infos

Unterkunft

■ **Best Western Motala Statt⑤**, Stortorget, Kungsgatan 6–8, Tel. 21 64 00, www.motalastadshotell.com. 78 Zimmer in nettem Hotel am zentralen Platz mit Harry's Bar.

■ **Best Western Hotel Motala④**, Kungsgatan 1, Tel. 166 60, www.hotelm.se. 25 DZ, das Schwesterhotel des Statt ist einfacher.

■ **Hotell Medevi Brunn④,** Medevi Brunn, Tel. 911 00, www.medevibrunn.se. Mitten in Schwedens ältestem Bad, 1678 gegründet, der Brunnen war seit der Steinzeit bekannt. Das Hotel ist in verschiedenen Gebäuden untergebracht.

■ **Hotell Nostalgi④**, Platensgatan 2, am Hafen auf einer Landspitze, Tel. 564 00, www.hotellnostalgi.se. 22 Zimmer mit Blick auf die Hafeneinfahrt.

■ **Wärdshuset Berggrens källare④**, Verkstadsvägen 91, Tel. 505 90, www.berggrenskallare.se. Nicht nur wohnen, auch stilvoll essen kann man hier.

■ **Berggrens källare③**, Verkstadsvägen 91, Tel. 505 90, www.berggrenskallare.se. Zwischen Götakanal und Motala ström, 1928 erbautes gemütliches Gasthaus, nur im Sommer geöffnet, 4 Zimmer.

■ **Nya Park Hotel③**, Platensgatan 27, Tel. 535 00, www.park-hotel.se. Ein einfaches Haus 200 m vom Bahnhof entfernt.

■ **STF-Vandrarhem②**, Skogsborg, Tel. 574 36, www.svenskaturistforeningen.se. Am Varamobaden, ganzjährig geöffnet.

sd13-077 fph

‹ Einen Besuch wert ist das Motormuseum

› Admiral von Platen, der „Vater“ des Götakanals

Essen und Trinken/Einkaufen

■ **Brunneby Musteri,** Obst- und Beerenverarbeitung, schöner Hofladen, der regionale Produkte verkauft. Restaurant und Café. 20 km von Motala am RV 34 in Richtung Linköping, auf der Hauptstraße ausgeschildert. Mo bis Fr 9–18 Uhr, Sa 10–16 Uhr, So 11–16 Uhr.

An- und Weiterreise

■ **Auto:** Von Süden biegt man von der E 4 in Ödeshög auf den Riksväg 50 Richtung Örebro. Im Norden führt der Riksväg 50 nach Jönköping, östlich der Riksväg 34 zur E 4 nach Linköping.
■ **Bahn:** Der Bahnhof ist nur 5 Min. zu Fuß vom Zentrum entfernt.
■ **Bus:** Täglich fährt der Expressbus 955 nach Stockholm, Fr und So bedient Swebus die Strecke. Östgötatrafikens bedient Linköping und Mariebergs gård. Askersund und Vadstena werden ebenfalls angefahren. Vom Busterminal fährt der Både express zum Anleger. Bustickets gibt es im Pressbyrån, Stortorget.
■ **Boot:** Auf dem Götakanal und dem Vättersee verkehren regelmäßig Boote, Infos am Hafen.

Von Motala nach Linköping

Wer auf dem RV 34 nach Norden fährt, umrundet den **Roxensee** und kann in **Borensberg** einen Kaffee trinken. Übernachten kann man in Schwedens ältester Herberge Borensberg, Husbyvägen 4–6, Tel. 0141-401 61, www.gastgivaregarden.com. Weiter geht es durch herrliche Alleen, vorbei an verstreuten Höfen. Bekannt (auch als Fotomotiv zum Götakanal) ist das rote Haus am Kanalufer, das **Göta Hotell**④, Götagatan 2, Tel. 0141-400 60, www.gotahotell.se. Es liegt auf einer schmalen Landzunge zwischen dem Götakanal und dem Motalafluss. Auch sehr gute Küche und ein Logenplatz zum Studieren der Anlegemanöver vor der Terrasse. 12–14 und 18–20 Uhr.

Dann ist auch schon Linköping erreicht; hier trifft man wieder auf die E 4, die zwischen Ödeshög und Linköping verläuft. Einziger Ort vorher ist **Mjölby,** wo die Stufen und Fälle des Svartån schon im 13. Jh. Standort mehrerer Getreidemühlen waren, danach wurden sie zur Energieerzeugung genutzt. Die letzte verbliebene Mühle steht am Kungsvägen. Am Bahnhof trifft die Södra stambanan von Stockholm nach Kopenhagen auf die Linie Örebro – Motala – Hallsberg.

Hinter Mjölby überquert die E 4 den **Svartån,** wo es einen Rastplatz am Ufer vor der Brücke gibt.

Übernachten kann man südlich von Linköping im Sätravallens Camping, Sätravallen bei Bestorp, Tel. 013-400 19, oder auf dem Campingplatz von Glyttinge 4 km westlich, Tel. 077-101 200, http://glyttinge.nordiccamping.se, der auch 30 Reisemobilplätze mit Wasseranschluss hat.

▷ Im Flygvapen Museet von Linköping

Linköping

- **Einwohner:** 140.000
- **Vorwahl:** 013
- **Information:** Turistbyrå, Storgatan 15, Tel. 190 00 70, Mo bis Fr 10–18 Uhr, Sa bis 16 Uhr, So 12–16 Uhr.

Die bedeutende südschwedische Stadt ist Bischofssitz, Garnisons- und Universitätsstadt. Auch als Industriestandort ist die Stadt bekannt geworden, Saab produziert hier. Linköping ist beschaulich und leicht zu Fuß zu erkunden. Auch das Fahrrad ist eine gute Option.

Gut 50 km weiter liegt der kleine Ort Norsholm. Hier überquert die E 4 den **Götakanal,** die wichtige Schiffsverbindung von Stockholm nach Süden. Bis Stockholm sind es noch ca. 200 km. Nördlich der Stadt breitet sich der Roxensee aus, den die Schiffe auf der Götakanalroute durchqueren.

Seit der Bronzezeit ist die Gegend besiedelt. Im Nordischen Krieg wurde die Siedlung in Brand gesteckt und später ziemlich rechtwinklig wieder neu errichtet. Mehrere Freizeitparks ziehen die örtliche Bevölkerung an. In Linköping wurde der **erste Rondellhund** aufgestellt, die schwedische Version von Kunst am Bau, sprich: die „Verschönerung" von Kreisverkehren. Alles begann 2006, als die Künstlerin *Stina Opitz* „Cirkulation II" in einem Kreisverkehr installierte. Es war ein 70 cm großer Betonhund vor einem 9 m durchmessenden Betonreifen, doch Vandalen zerstörten den Hund. Während der anschließenden öffentlichen Diskussion stellten zwei Künstler einen Holzhund auf, der danach durch einen Betonknochen ersetzt wurde. Nachdem eine Zeitung den Rondellhund als eigene Rasse bezeichnet hatte, griff der Unsinn auf andere Kreisverkehre in ganz Schweden über.

sd13-078 fph

Sehenswert

Stortorget

Der **Folkungerbrunnen** von *Carl Milles* zeigt „Folke", der halb blind auf seinem Pferd nach seinem Enkel sucht, ein Motiv aus der Folkunga-Sage. Die Storgatan durchschneidet den Platz.

Gamla Linköping

Kryddbodtorget 1, Tel. 12 11 10: Das **Freilichtmuseum** südwestlich vom Zentrum besteht aus 90 bis zu 250 Jahre alten Häusern, die man hier aufgestellt hat. Es gibt verschiedene Geschäfte, eine Post, eine Feuer- und Polizeiwache sowie eine Apotheke. Auch die Wohnhäuser können betreten werden.

Park der Trädgårdsföreningen

1859 auf Initiative des Dekans *Petter Nejdel* gegründet, sollte der Park das Interesse an **Garten- und Landwirtschaft** in der Bevölkerung wecken. 1860 errichtete man das erste Gebäude samt Gewächshäusern und pflanzte 7000 Bäume, Wege und ein Brunnen folgten. Ein Eingangsgebäude komplettierte den Park. Später baute man das Restaurant Schweizeriet hinzu, dass jedoch abbrannte. Der Musikpavillon ist aus dem Jahr 1890. Der König besuchte den Park 1893. 2004 schließlich erweiterte man die renovierte Anlage um einen 17 m hohen Tetraeder neben den Gewächshäusern. Hier überwintern mediterrane Pflanzen aus dem Park, und es gibt ein Café. Eingang z.B. über die Linnégatan.

Domkirche

Linköping ist Bischofssitz, der Dom in der Sankt Persgatan überragt die Stadt und ist **eine der bedeutendsten Kirchen Skandinaviens.** Er wurde in der Zeit von 1150 bis 1499 auf den Resten des Vorgängerdoms erbaut, der Turm kam erst zwischen 1747 und 1756 hinzu. Die dreischiffige Hallenkirche verbindet Spätromanik und Spätgotik. Das prächtige Südportal trägt reichen Figurenschmuck. Im Inneren gibt es eine Gedenktafel für Meister *Gerlach* aus Köln, der den Hallenchor mit den drei Kapellen entwarf. 1886 ersetzte der Architekt *Zettervall* den klassizistischen Turm durch eine neugotische Version. Der ehemalige Hauptaltar von *Maarten van Heemskerk* von 1543 wurde später zur Seite an den Südumgang des Chors gerückt. Den beeindruckenden Jesus auf dem Altargemälde schuf *Henrik Sörensen* im 20. Jh.

Flygvapen Museet

Carl Cederströms gata 2: Das **Luftwaffenmuseum** ist ein Museum für Technik und Kulturgeschichte mit Militärflugzeugen und anderen Exponaten, die im Zusammenhang mit der 100-jährigen Geschichte des Flugzeugbaus stehen und von denen viele weltweit einzigartig sind. Zu sehen sind u.a. die Reste der schwedischen DC-3, die 1952 von einem sowjetischen Jagdflieger über der Ostsee abgeschossen wurde; erst 2003 wurde

▷ Die mächtige Domkirche der Stadt

031fotolia

das Wrack auf dem Grund der Ostsee wiedergefunden. Tel. 495 97 00, Sept. bis Mai Di bis So 11–17 Uhr, Juni bis Aug. 11–17 Uhr, Mi bis 20 Uhr, 60 SEK.

Praktische Infos

Unterkunft

■ **Hotel Ekoxen**④, Klostergatan 68, Tel. 25 26 00, www.ekoxen.se. Ein 1980er-Jahre-Haus, einfach und unweit des Bahnhofs und direkt am Trädgårdsföreningen-Park.

■ **Elite Storan**④, Stortorget 9, www.elite.se/sv/hotell/linkoping/storahotellet. In die Jahre gekommenes luxuriöses Haus am Marktplatz mit eigener Tiefgarage.

■ **Scandic Hotell**④, Gamla Tanneforsvägen 51, Tel. 495 54 07, www.scandichotels.se. Ein moderner Kasten mit 217 Zimmern, der sich an den Halbkreis der Biegung des Stångån anpasst.

■ **STF Vandrarhem und Cityhotel**④, Klostergatan 52a, Tel. 14 90 90, www.svenskaturistforeningen.se. Fünfstöckiger Ziegelsteinklotz.

Camping

■ **Camping Villa Björkhagen,** Friggagatan 31, Tel. 12 28 63, www.villabjorkhagen.se. 280 Stellplätze, Quick Stop möglich. Abfahrt Elmia und dann in Richtung Roselund. Der Platz liegt herrlich hoch über dem See. Laden und Strandbad in der Nähe, länger verweilende Gäste können sich an die platzeigene Ver- und Entsorgung anschließen.

■ Etwa 20 km nördlich am Roxensee **beim Kloster Vreta** liegt der **Caravan Club Sandvik Camping,** Tel. 0771-19 91 99, ein leicht abfallender Wiesenplatz mit 90 Stellplätzen und 10 Hütten am Seeufer. 1.5. bis 31.8.

Essen und Trinken

■ **Storan Restaurang,** Stortorget 9, Tel. 10 31 90. Regionalküche mit gutem Blick auf den Platz von der ersten Tischreihe gibt es im Storan Hotell. Mo bis Do 11.30–24 Uhr, Fr 11.30–1 Uhr, Sa 12–1 Uhr.

■ **Restaurang ModMed,** Gamla Tanneforsvägen 51, Tel. 495 54 07. Eine gute Adresse im Scandic-Hotel, mediterrane Küche mit Blick auf den Fluss. Mo bis Fr 11.30–14 und 17–1 Uhr, Sa 14–1 Uhr.

Einkaufen

Die meisten Läden liegen zwischen den drei wichtigsten Plätzen wie an einer Perlenkette von Westen nach Osten aufgereiht, vom Stortorget zum Träd-

sd13-079 fph

◁ Schleusensystem Bergs Slussar

gårdstorget durch die „kleine krumme Straße" Tannerforsgatan und dann über die Nygatan auf den Lilla Torget (Gylle torget).

An- und Weiterreise

- **Auto:** Die E 4 nach Stockholm führt direkt am Ort vorbei.
- **Bahn:** Die Stadt liegt an der SJ-Strecke Göteborg – Stockholm. Der Kustpilen kommt von Kalmar. Nach Västervik fährt der erste Biogaszug: In eine Fiat-Diesellok wurde ein Volvo-Gasmotor eingebaut, der aus Gasflaschen gespeist wird.
- **Bus:** Den Nahverkehr nach Kalmar oder Norrköping erledigt ÖstgötaTrafiken.
- **Flug:** Saab unterhält zwei Flughäfen, davon im Osten den LPI, www.linkopingsflygplats.se, von dem man mit Nextjet nach Kopenhagen und mit KLM nach Amsterdam fliegen kann. Außerdem gibt es den militärischen Flugplatz mit dem Luftwaffenmuseum im Westen.

Ausflug: Bergs Slussar

Die sieben hintereinander liegenden **Schleusenkammern** gehören zum Götakanal. Insgesamt 36 m Höhenunterschied werden hier bewältigt. Von der E 4 in Richtung Jönköping biegt man an der Ausfahrt Linköping Nord/Berg auf den Bergsvägen ab. Nach der Besichtigung kann man in den Kanalkogen einkehren. Radfahrer können idyllisch entlang des Kanals bis nach Motala radeln. **Übernachten** kann man im STF Vandrarhem Berg②, Bergs Slussar, am Kanal, Tel. 603 30, www.svenskaturistforeningen.se, und im Göta Hotell in Borensberg (s.o.).

Von Linköping nach Norrköping

5 km hinter der Auffahrt auf die E 4 stürzen zwei Saab-Düsenjäger im Tiefflug auf die Autobahn zu – nein, nicht wirklich: Sie sind der Hinweis auf das Luftwaffenmuseum (s.o.). Weitgehend flach geht es weiter nach Osten. Bei **Norsholm** etwa 10 km südlich von Norrköping kann man die Ausfahrt 117 nehmen und gelangt zum **Värdshuset Löfstad Slott,** Axel Lillies Väg, Tel. 033-51 65, www.vardshusetlofstadslott.se. Gute Küche Mo bis Fr 11–15 Uhr, Sa/So 11–17 Uhr. Das Schloss aus dem 15. Jh. gehörte 200 Jahre der Familie *Lillie,* wurde dann der Familie *De la Gardie* zugesprochen und später den *Pipers.* Diese vermachten es dem Museum Östergötland mit der Forderung, dass nichts entfernt oder hinzugefügt werden dürfe. Der **Park** aus dem 19. Jh. hat weder die Symmetrie des Barock noch den Schwulst des Rokoko, sondern zeichnet sich als englischer Park durch seine „geplante" Natürlichkeit aus. Zwei Hemlock-Tannen brachte *Axel von Fersen* 1783 aus Amerika mit. 1810 wurde er in Stockholm ermordet, ein Gedenkstein erinnert an die Tat.

Nach Norsholm ist die steinige Hügellandschaft zu Ende, und man erreicht die Tiefebene. Der Verkehr wird immer dichter, während man sich der Industriestadt **Norrköping** nähert (siehe Stadtbeschreibung im Kapitel „Die nördliche Ostküste").

sd13-080 fph

14 Die nördliche Ostküste

In diesem Kapitel geht es an der Ostküste entlang von Norrköping bis Stockholm. Auf dem kurzen Weg durchfährt man die Provinzen Östergotland, Södermanland und kommt nach Upland. Stockholm, der Hauptstadt Schwedens, ist im Anschluss ein eigenes Kapitel gewidmet.

◁ Norrköping: Felszeichnungen im Stadtteil Himmelstalund

Norrköping

- **Einwohner:** 88.000
- **Vorwahl:** 011
- **Information: Turistbyrå,** Källvindsgatan 1 in Värmekyrkan, 24.6. bis 18.8. täglich 10–18 Uhr, Infos auch in Himmelstalund.

Norrköping liegt links und rechts des Motala ström, der aus dem Vättersee kommt. Im Laufe der Jahrtausende hat der Fluss eine Menge Geröll zur Mündung gespült, auf dem die Stadt nun steht. Durch die Felsen und einen Höhenunterschied von über 20 m entstanden Wasserfälle und Stromschnellen. Die Stadt selbst ist eher gesichtslos, von Industrie geprägt und nicht gerade der Traum des Schwedenurlaubers.

Geschichte

Der Motalafluss trieb hier schon vor der Stadtgründung Mühlräder an. 1384 bekam der Ort die Stadtrechte. Es wurde an der schmalsten Stelle des Flusses eine Brücke gebaut, heute Gamlabro. Am Marktplatz errichtete man eine Kirche, die *Johannes dem Täufer* geweiht war. Eine weitere, Sankt Olai Kyrka, kam dazu. Man lebte recht und schlecht vom **Lachsfang.** Die Burg Ringstaholm auf einer Insel im Motala ström war von einiger Bedeutung bei den Bauernaufständen, deshalb wurde sie 1469 abgefackelt.

1581 ließ *Johann III.* das große **Norrköpingshus** bauen, später wohnte *Elisabet Vasa* darin, was die Stadt enorm belebte, da es die ganze königliche Verwandtschaft nach Norrköping zog. Bei späteren Erbfolgestreitigkeiten brannte das Schloss nieder, worauf sich *Johann* deutsche Handwerker holte und mit dem Bau von Johannisborg Slott begann. Doch kurz darauf verstarb er, und der Schlossbau stagnierte. Geblieben ist der Torturm (östlich vom Bahnhof).

Im 17. Jh. siedelte sich **Industrie** an, dank der Erzgrube Finspång konnte der Belgier *Luis de Geer* auf der Insel Kvarnholmen Waffen fabrizieren. Danach entstanden über 100 Fabriken, eine Seilerei, Werften und viele Textilfirmen, denn der König brauchte Uniformen für seine Soldaten. Als es in der Stadt 1826 zum zweiten Mal innerhalb von fünf Jahren brannte, wurden Holzhäuser verboten.

Die **Drottningsgatan** ist Norrköpings Hauptstraße und erstreckt sich vom Bahnhof bis zum Kunstmuseum.

sd13-085 fph

Sehenswert

Strykjärnet

In dem schönen siebeneckigen Gebäude von 1917, das aus dem Wasser an der Aksholmsbron ragt, war ursprünglich eine Weberei untergebracht, heute ist es das **Museum der Arbeit,** in dem täglich von 11–17 Uhr die Geschichte der Industrialisierung gezeigt wird. Laxholmen, Tel. 18 98 00, www.arbetetsmuseum.se.

Stadtmuseum

Holmbrogränd: Im Stadtmuseum gleich gegenüber liegt der Schwerpunkt auf der Entwicklung der **Textilindustrie** des Ortes. Tel. 15 26 20. Di, Mi, Fr 11–17 Uhr, Do bis 20 Uhr, Sa/So 12–17 Uhr, Eintritt frei.

NICHT VERPASSEN!

Norrköping I:
alles über Industrie & Arbeit erfahren im Strykjärnet mit dem Museum der Arbeit | 349

Norrköping II:
an früher denken während einer Fahrt mit der Trambahn | 353

Trosa:
Besuch am idyllischen „Ende der Welt" | 359

Diese Tipps sind gelb hinterlegt.

Die alte Handelskammer der Stadt am Holmenstorget

Norrköping

Konstmuseet

Kristinaplatsen, Tel. 15 26 00: Zu sehen sind **schwedischer Modernismus und zeitgenössische Kunst.** Das Museum basiert auf einer großzügigen Spende des Industriellen *Pehr Swartz* zu Beginn des 20. Jh. Bis zur Fertigstellung des Museums zeigte man die Werke aus seinem Besitz in der Villa Swartz. Das Gebäude wurde von *Kurt von Schmalensee* entworfen, später kam die Fensterreihe hinzu. Der **Skulpturenpark** rund um das Kunstmuseum bietet derzeit rund 15 Werken eine Bleibe. 1.6. bis 31.8. Di bis So 12–16 Uhr, Mi bis 20 Uhr. Eintritt frei, geführte Touren 60 SEK.

Gamla Torget

An diesem **Platz,** einem der ältesten in Norrköping, wurde bereits im 14. Jh. gehandelt. Drumherum wuchs die Stadt. Es gab einmal Pläne für einen Brunnen, aber die Rohre, die aus ausgehöhlten Baumstämmen hergestellt wurden, versagten und der Wasserdruck war zu

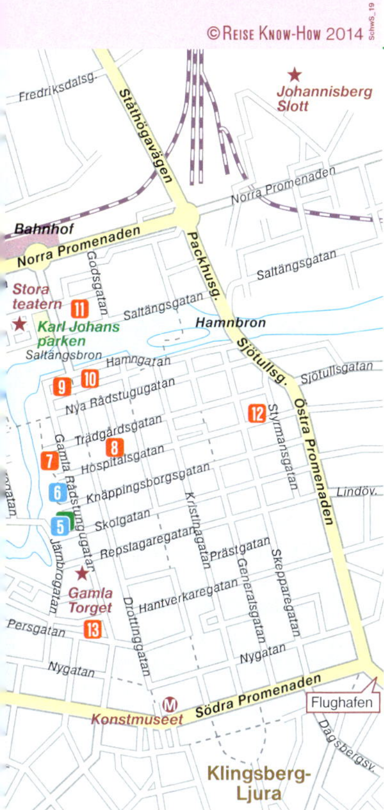

niedrig. Der Brunnen wurde dann im Järnvägsparken aufgestellt. Es wurde auch überlegt, verkehrsbedingt mehrere Gebäude abzureißen, aber die Bewahrer setzten sich durch. Auf dem Platz steht eine Statue des Industriellen und Waffenfabrikanten *Louis de Geer,* von *Carl Milles* aus schwarzem Granit gefertigt.

Kneippen

Kein Vergnügungsviertel, sondern das der besseren Leute um 1900. Es entstanden damals eine Kuranlage mit Hotel, Gästehaus und Restaurants, die später aber teilweise abgerissen wurden.

Haus der Philosophischen Fakultät

1802 startete die Papierherstellung bei Holm bruk, 54 Jahre später protzte man mit einem fünfgeschossigen Geschäftshaus mit Gaslicht und Aufzug, heute **Teil der Universität.**

Grünanlagen

Hinter dem Bahnhof liegen der **Järnvägsparken** und der **Karl Johans Parken.** Botaniker sehen sich die bedeutsame Kakteenrabatte an, die in den 1920er Jahren angelegt wurde. Nahebei steht u.a. das Grand Hotell.

Stora Teatern

Slottsgatan 135: 1850 entstand hinter dem Grand Hotell **Eklunds Teatern.** Es wurden Werke von *Ibsen, Bjørnson* und *Strindberg* gezeigt. 60 Jahre später wurde an dessen Stelle ein schöner Jugendstilbau von *Axel Anderberg* gesetzt.

Brandkårsmuseet

Skrovsjövägen 22: **Schwedens größtes Feuerwehrmuseum** in Simontorp zeigt Fahrzeuge, Ausrüstung, Uniformen und vieles mehr. Ein 100 Jahre alter Löschzug ist der ganze Stolz der Betreiber. Zufahrt vom RV 55 zwischen Norrköping und

Katrineholm. Tel. 880 55, www.brandkarsmuseet.se, Di bis So 10–16 Uhr, 50 SEK.

Himmelstalunds Hällristningar

Himmelstalundsallén 2: Im Stadtteil Himmelstalund sind gut erhaltene **Felszeichnungen** aus der Bronzezeit (etwa 1500–500 v. Chr.) zu sehen. Die Motive sind Schiffsdarstellungen, Elche, Pferde und Wildschweine, dazu Symbole wie Kreise und Spiralen. Die Zeichnungen liegen neben dem Freibad an der südlichen Einfahrt links der E 4, Tel. 16 55 45, www.ffin.se.

Einkaufsstraße in Norrköping

Ungewöhnliche Erscheinung: das Strykjärnet

Praktische Infos

Unterkunft

- **Hotel Kneippen**⑤, Kneippgatan 7, Tel. 13 30 60, www.kneippen.se. Gutes Hotel in einer prächtigen gelben Villa.
- **The Lamp Hotel**⑤, Hospitalsgatan 5, Tel. 12 20 10, www.thelamphotel.se. Trotz des Namens nicht billig, in einem modernisierten Haus aus dem 17. Jh. mit Garten.
- **Grand Hotell**④, Tyska torget, Tel. 19 71 00, www.elite.se/sv/hotell/norrkoping/grand. Zentral mit Blick auf den Fluss Motala liegt das herrliche Gebäude aus den 1920er Jahren nur 5 Min. vom Hauptbahnhof entfernt.
- **Scandic Norrköping City**④, Slottsgatan 99, Tel. 495 52 00, www.scandichotels.com. Ein großes Haus gegenüber Park und Busstation.
- **Best Western Princess Hotel**④, Skomakaregatan 8, Tel. 28 58 40, www.princesshotel.se. Das empfehlenswerte Hotel verfügt über 117 Zimmer und liegt im Zentrum.

sd13-084 fph

■ **Hotel Centric**④, Gamla Rådstugugatan 18–20, Tel. 12 90 30, www.centrichotel.se. Hübsche Lage an Park und Fluss, das Gebäude wurde 1929 im „amerikanischen Stil" ohne tragende Wände erbaut. Es ist eins der ältesten Hotels vor Ort.

■ **Strand Hotell**④, Drottninggatan 2, Tel. 16 99 00, www.hotelstrand.se. An keinem Strand, sondern mitten im Zentrum an der Saltängsbron.

Camping

■ **Citycamping Himmelstalund,** im gleichnamigen Stadtteil am Utställingsvägen, Tel. 17 11 90. Zu den Felszeichnungen (s.o.) führt eine Brücke.

■ Wer außerhalb bleiben möchte, kann nach Bodaviken zu **Kolmrådens Camping** an den Svinjön fahren, Tel. 716 44 16, oder man biegt 15 km südlich von Norrköping von der Autobahn ab und fährt 15 km nach Nordwesten auf der Straße 215 zum **Mårängens Bad & Camping** in Skärblacka am Glansee, Tel. 591 41.

Essen und Trinken

■ **Fiskmagasinet,** Kvarteret Knäppingsborg, Skolgatan 1 B. Meeresfrüchte, modernes Ambiente, aber altes Gebäude mit Blick auf den belebten Innenhof der Skolgatan. Mo bis Do 11.30–14 Uhr, Fr bis 17 Uhr, Sa ab 12 Uhr.

■ **D A Världens Bar Restaurang** und **Kårhuset Trappan,** Västgötegatan 15, dem Strykjärnet gegenüber mit Blick darauf. Café, Restaurant, Pub und Nachtclub.

■ **Pappa Grappa,** Gamla Rådstugugatan 26–28, parallel zur Drottningsgatan, Tel. 18 00 14. Zwar werkelt ein katalanischer Koch in der Küche, die Ausrichtung aber ist italienisch.

Einkaufen

■ **Kvarteret Knäppingsborg,** Skolgatan 1 B. Innenhof mit trendigen Geschäften und dem Fischlokal Fiskmagasinet (s.o.).

An- und Weiterreise

■ **Bahn:** Der erste Zug nach Katrineholm fuhr bereits 1866 ab dem Bahnhof an der Norra promenaden. Rasch kamen neue Strecken hinzu, denn die Industrie musste ihre Waren zum Hafen transportieren. Heute fährt SJ nach Stockholm und Malmö.

■ **Trambahn:** Sie gibt es seit 1904, auch gleich elektrisch, AEG baute die Wagen. Schon am zweiten Tag blieb sie im Schnee stecken. Selbst die Umstellung auf Rechtsverkehr hat die Bahn verkraftet, alle Haltestellen und die Einstiege der Wagen mussten umgebaut werden. Als man allerdings die goldgelbe Bahn nach 90 Jahren in ein kräftiges Rot um-

sd13-122 fph

spritzen wollte, hagelte es Bürgerproteste und die Farbe blieb wie am ersten Tag.

■ **Bus:** An der Norra promenaden fahren alle Überlandbusse ab, es wird auch ein günstige Touristenkarte im Turistbyrå angeboten.

■ **Flug:** Schon 1934 gab es ein Flugfeld. Heute kann man vom Flugplatz NRK u.a. nach Gotland und Südeuropa fliegen. Nextjet bedient Kopenhagen, SAS und Finnair Helsinki.

■ **Boot:** Norrköping besitzt mehrere Hafenanlagen, früher war der innere Hafen nur im weiten Bogen anzufahren, seit 1962 behebt der Lindö-Kanal das Problem. Der äußere Hafen Händelö dient dem Umschlag von Containern. Vom Hafen auf Lindö fahren **Personenfähren** zum Tierpark Kolmråden und zur Insel Esterön.

Ausflüge

Fahrt durch die Schären

Es geht quer durch die Schärenküste bis **nach Västervik.** Die Fahrt verläuft von Lindö über Arkö, Kättilö und Grindö. Infos unter Tel. 12 78 01.

Esterön

Ein Dichter nannte das **Eiland** mitten im Bråvikenfjord „Insel der Glückseligkeit". Sie steht unter **Naturschutz** und ist ein beliebtes Naherholungsgebiet, Wald aus Eichen und Weiden und viele Badestellen bestimmen das Bild. Rehe, Hasen und Dachse haben sich ausgebreitet.

Lövstad Slott

10 km südlich vom Zentrum neben der E 4 steht **Schwedens größtes Schloss.** Das Gebäude und der umliegende Park wurden im 17. Jh. erbaut. Das Schloss gehörte über 200 Jahre der Familie *Lillie,* wurde dann den Familien *De la Gardie* und *von Fersen* vererbt und gelangte schließlich in den Besitz der Familie *Piper* (bis 1926). Man kann besichtigen, was die Familien durch Generationen hindurch ansammelten. Der Schlosspark wurde im 19. Jh. zum englischen Park umgestaltet, wie es damals Mode war. Führungen unter Tel. 013-33 50 67.

Kolmrådens Djurpark

27 km nordwestlich, auf der E 4 um den Fjord herum, ist am Nordufer des Bråvikenfjords in einem alten Steinbruch ein großes Gelände für Wildtiere entstanden. Man kann mit dem Wagen oder einem Bus durchfahren. Die „Nullachter" (Stockholmer) kommen in Scharen her. Das Gelände ist als **Safaripark** ausgebaut, nicht nur vom Auto aus lassen sich exotische Tiere beobachten, auch eine Seilbahn zieht mit ihren Gondeln über die Löwen und Bären hinweg. Der eigentliche **Zoo** gehört zu den größten in Europa, heimische Tierarten und Exoten bewohnen die Gehege, dazu gibt es ein **Delfinarium** mit Tiershows. Tagesticket 395 SEK, Kinder bis 12 Jahre zahlen 295 SEK, 2 Tage 510 bzw. 405 SEK, Parken 50 SEK. Inbegriffen sind Wasserachterbahn und Seilbahnfahrten. Dazu gibt es zahlreiche Restaurants und Unterkunftsmöglichkeiten, darunter ein hochklassiges Hotel mit Familien-Spa und die Möglichkeit, im afrikanischen Safarizelt in der „Savanne" zu übernachten.

Von Norrköping nach Nyköping

Wer nicht auf der E 22 die ganzen 60 km bis nach Nyköping fahren will, kann die erste Ausfahrt (Åby) nehmen und dem Strandvägen folgen. Nach 2 km dann rechts ab nach **Strömsfors,** auf die Straße 899. Sie verläuft parallel zur E 4, teilweise nur durch einen Grünstreifen von ihr getrennt, und trifft als 890 wieder auf die E 4 ein paar Kilometer vor Nyköping.

Ob nun auf der E 22 oder der 899/890, kurz hinter Norrköping verlässt man Östergotland und tritt in die **Provinz Södermanland** über. Das Touristenbüro von Sörmland macht Reklame mit den Inga-Lindström-Filmen, die hier gedreht wurden (siehe auch www.ingalindstrom.se). Nach 25 km ist man in Nyköping am Meer.

Nyköping

- **Einwohner:** 30.000
- **Vorwahl:** 0155
- **Information: Turistbyrå,** Rådhuset, Stortorget, Tel. 24 82 00, www.visitnykoping.se, 10.6. bis 18.8. Mo bis Fr 8–18 Uhr, Sa/So 10–16 Uhr.

Die Stadt hat ihr malerisches Stadtbild zum Teil bewahrt. Der Fluss Nyköpingsån schlängelt sich hinaus in die Bucht, man kann an ihm entlangwandern. Im Sommer kann man sich zum Schiffegucken in ein Café setzen.

Anfang des 14. Jh. war Nyköping mit der mächtigen Burg Nyköpingshus ein wichtiges politisches Zentrum in Schweden und Schauplatz des Machtkampfes zwischen König *Birger Magnusson* und seinen Brüdern *Erik* und *Valdemar.* 1634 wurde es Residenzstadt, 1656 brannte die Stadt nieder, 1715 legten die Russen Feuer. Im 19. Jh. brachten Textilfabriken, eine Werft und eine Eisenhütte einigen Wohlstand.

Der berühmteste Sohn der Stadt ist *Karl X. Gustav,* König von Schweden.

Sehenswert

Die niedrigen Bürgerhäuser, die Residenz und das alte Gerichtsgebäude des Architekten *Carl Westman* sind aus dem 18. und 19. Jh. Am Fluss Nyköpingsån stehen alte Manufakturen und Fabriken, die heute Büros, Restaurants u.a. beherbergen.

Nyköpingshus

Im Jahr 1100 nur ein quadratischer Turm aus Stein auf einem Felsvorsprung an der Flussmündung, kamen später die Mauern hinzu. Im Innenhof wurde ein Wohnhaus erbaut. An Weihnachten 1317 fand im Nyköpingshus ein **berühmtes Bankett** statt: **König Birger Magnusson** hatte seine Brüder *Valdemar* und *Erik* ins Schloss eingeladen. Die beiden hatten elf Jahre zuvor ihn und seine Frau gefangen gehalten. *Valdemar* und *Erik* dachten, es wäre ein Versöhnungsfest, wurden aber in den Turm geworfen, wo man sie verhungern ließ. 1396 schuf Königin *Margareta* im Nyköpingshus die Grundlage für die Kalmar Union. *Gustav Vasa* ließ anbauen, danach wurden viele Könige dort geboren, lebten oder starben im Schloss. Nach dem Feuer 1656 wurde es als Renaissanceschloss wieder aufgebaut und 1719 von den Russen zerstört. Die Reste wurden alles Mögliche: Armenhaus, Getreidespeicher, Gefängnis, Psychiatrie. Heute kann man die Mauern vom 1. Juni bis 31. August täglich 11–17 Uhr besichtigen, Eintritt frei. Von der Kungsgatan am Fluss geht man in die Vallgatan.

Bilmuséet på Sunlight

Rund 30 **Autos** kann man in der alten Seifenfabrik am Nytorget 7 bewundern, darunter einen Edsel von 1958, den Nachbau Excalibur und einen Rolls-Royce Phantom II von 1933. Infos über Tel. 0155-20 50 00.

Praktische Infos

Unterkunft

- **Best Western Blommenhof Hotell**⑤, Blommenhovsvägen 4, Tel. 20 20 60, www.blommenhof.se. Auf der anderen Seite der E 4, exklusiv.
- **Sunlight Hotell**④, in der alten Seifenfabrik gleichen Namens, Nytorget 7, Tel. 20 50 00, www.sunlight.se. Es ist die Topadresse der Stadt.
- **Hotel Lanterna**④, Östra Längdgatan 8, Tel. 45 50 30, www.hotellanterna.se. Zentral, 13 Zimmer, ein modernes Haus, aber sehr schön auf Alt gemacht mit großem Wintergarten.
- **Ibis Hotel**④, Gumsbackevägen 2, Tel. 28 90 00, www.ibis.com/Nyköping. Der übliche Silo am südlichen Ortseingang, 96 Zimmer.
- **Clarion Collection Hotel Kompaniet**④, Folkungavägen 1, Tel. 28 80 20, www.nordicchoicehotels.se, direkt am Fluss der Burg gegenüber.
- **Nyköping Hostel**②, in der Nähe der Burg, Brunnsgatan 4, Tel. 21 18 10, http://nykopingsvandrarhem.se. 13 Zimmer, 56 Betten, das Haus von 1764 erinnert an eine Dorfschule.
- **Railway hostel**②, 30 m westlich vom Bahnhof, Tel. 96 92 00, www.railway.nu. Erinnert ein bisschen an ein kubanisches Tabakbauernhaus, einfach, preiswert und gut.
- **Femöre Marina**②, sieben Hütten direkt am Wasser neben dem Restaurant Sailor, am Oxelösund südlich der City, Fiskehamnsvägen 12, am Ende der Straße 53.

Camping

- **Caravan Club Strandstuviken,** kleiner Platz mit 20 Stellplätzen 10 km südlich der City, den Arnöleden bis zum Örstigsleden, ganzjährig.
- **Sandviks Camping,** südöstlich beim Sandviksbadet am Meer, Tel. 0156-410 09, Norra Klacka, Västerljung.
- **Hjortensbergsbadet,** Wohnmobil-Parkplatz am Stockholmsvägen zwischen Innenstadt und E 4. 150 SEK inkl. Eintritt ins Bad.

Essen und Trinken

- **Crazy Cow,** Brunnsgatan 41B. Pub, der Mittagessen und à la carte serviert.
- **Erik på Slottet,** am Nyköpingshus, Hamnvägen 1. Gutes Essen.
- **Hamnmagasinet Restaurant & Bar,** Skeppsbron 1. Essen und Schauen am Hafen.
- **Lotsen,** Skeppsbron 11. Bar-Restaurant und Nightclub.
- **Matrosen,** Spelhagsvägen, das Restaurant der Gastronomieschule in Hafennähe.
- **Moas Mat & Catering,** Gasverksgatan 9. Traditionelle schwedische Küche.
- **Restaurant Qvarnen,** Västra Kvarngatan 64, in der Mühle Storhusqvarn auf der rechten Flussseite.

Restaurant mit schönem Blick, Innen- und Außenbereich, Mittagsmenü und kleine Gerichte.
■ **Rasta Nyköpingsbro,** wer es eilig hat, isst im Brückenrestaurant der Autobahnraststätte (E 4).
■ **Rökeriet,** Östra Skeppsbron, nahe der Flussmündung. Auf den Terrassen vor den alten Hafenspeichern auf dem linken Ufer werden Fischsuppe und andere (maritime) Gerichte serviert.

Einkaufen

■ In der **Västerport und Nyckeln Hallen** an der Västra Storgatan liegen viele Läden unter einem Dach. Auf der **Östra Storgatan** gibt es eher kleine Läden mit Wohnaccessoires, Kleidung, Kunst und Möbeln.
■ **Trödel u.v.m.:** Bryggeriet Antik Reparatur, Behmbrogatan 7, Möbel; Lena's RetroCorner, Bagaregatan 56B, Rock 'n' Roll und Fifties; Anderslunds Kuriosa & Loppis, Flohmarkt auf dem Neuen Friedhof, Kyrkogården, Mo bis Fr 9–18 Uhr, Sa 9–15 Uhr; Antik & Kuriosa, auf der Südseite des Bangårdsgatan, Porzellan, Gemälde und Möbel; Frälsningsarmén, Laden der Heilsarmee, St. Annegatan 10; Hamnens Antik & Kuriosa, im Hafen, Östra Skeppsbron, Flohmarkt mit Antiquitäten, Büchern und Porzellan; Mjölkcentralens Loppis, Flohmarkt etwas außerhalb in der alten Arla-Fabrik, Eskilstunavägen 7, Möbel, Kleidung, Porzellan.

An- und Weiterreise

■ **Parken:** Städtische Parkplätze im Zentrum kosten 6 SEK die Stunde. Touristen können einen Tag kostenlos parken, Info im Turistbyrå.
■ **Bahn:** Regionalzüge nach Stockholm brauchen 1 Std., es gibt auch eine Verbindung nach Norrköping und zum Kolmården-Tierpark.
■ **Bus:** Länstrafiken bedient das ganze Södermanland, Swebus, Svenska Buss, Säfflebuss und Blåklintsbuss den Rest der Gegend.
■ **Flug:** Der Flughafen Stockholm-Skavsta liegt 7 km nordwestlich von Nyköping nahe der Europastraße 4. Der seit 1940 bestehende Fliegerhorst Nyköping wurde bis 1980 von der Luftaufklärungsstaffel F 11 genutzt. 1984 wurde er als Zivilflughafen wiedereröffnet. Es existiert eine Buslinie nach Norrköping und Linköping mit sechs bis sieben Abfahrten pro Tag. Die Busse der Gesellschaft Flygbussarna verkehren alle 30 Min. ohne Halt zum Stockholmer Busbahnhof (Cityterminalen) am Hauptbahnhof. Die Fahrtdauer beträgt ca. 80 Min. Zudem fährt einmal am Tag ein Bus frühmorgens von Stockholm-Gullmarsplan mit Halt u.a. in Södertälje nach Skavsta und nach Mitternacht zurück. Ryanair fliegt im deutschsprachigen Bereich von Karlsruhe/Baden-Baden, Berlin-Schönefeld, Wien/Bratislava, Bremen, Weeze, Frankfurt-Hahn, Lübeck, Klagenfurt sowie Memmingen.
■ **Rad:** Es gibt etwa 130 km sichere und leicht zugängliche Radwege in und zwischen den städtischen Gebieten.
■ **Boot:** Vom Hafen legen Boote in die Schären ab, z.B. die „MS Storsand" der Trosarederi.

Ausflüge

Öster Malma Slott

1660 für den Generalzollverwalter *Wilhelm Drakenhjelm* errichtet, erstrahlt dieses charmante **Barockschloss** nach 350 Jahren immer noch in seinem ursprünglichen Erscheinungsbild. Das weiße Haus am Malmasee hat 48 Zimmer, einen schönen Park, blühende Terrassen am See und Obstgärten. Nach einigen Eigentümerwechseln kaufte es der Schwedische Jägerverband. Angeboten werden Hotelzimmer und einfache Unterkunft, ein Restaurant mit Wildgerichten und ein Hofladen. Anfahrt: Kurz hinter der Stadt die E 4 verlassen und auf

sd13-082 fph

der Straße 223 28 km nach Norden fahren. Tel. 24 62 28.

Tullgarn Slott

Das **Königliche Sommerschloss** liegt zwischen Nyköping und Stockholm, Abfahrt von der Straße 218 Richtung Trosa. Die strenge Fassade überrascht mit einer Mischung aus Rokoko, gustavianischen Elementen und viktorianischem Stil. Es wurde für einen Herzog gebaut und war von 1770 bis Anfang des 19. Jh. die Sommerresidenz von König *Gustaf V.* und Königin *Victoria*. Zu besichtigen sind die wirklich sehenswerten herzöglichen Räume. Danach kann man eine Pause auf dem Hof machen, auf den eine Brise vom Meer hereinweht, einen Kaffee in Königin *Victorias* Stallungen oder in der Orangerie trinken. Tägliche Führungen im Sommer ab 11 Uhr, 60 SEK. Auch Baden ist möglich. Der Park hat eine rechteckige Form und enthält nach modernem skandinavischen Muster Nutzpflanzen und Blumen. Außerdem steht darin Tullgarns värdshus⑤, eine Unterkunft mit Restaurant, www.tullgarnsvardshus.se, Mai bis August Mo, Di 11–15 Uhr, Mi bis Fr 11–18 Uhr, Sa 12–24 Uhr, So 12–18 Uhr.

Von Nyköping nach Södertälje

Weiter nach Stockholm geht es nordostwärts auf der Straße bis zur Auffahrt auf

sd13-083 fph

die E 4 hinter **Sörby.** 28 km sind es bis Södertälje. Vorher fährt man über die Grenze zwischen Södermanland und Stockholms län.

Trosa

- **Einwohner:** 5000
- **Vorwahl:** 0156

Dieses schöne Städtchen am gleichnamigen Fluss ist aus Stockholm mit dem Boot zu erreichen – eine schöne Fahrt, wenn man sich nach Beschaulichkeit sehnt. Autofahrer benutzen die Abfahrt von der E 4 zur Straße 218. Der Ort wurde wegen Verlandung des Flusses an die Mündung verlegt und dort von den russischen Truppen 1719 niedergebrannt. Heute ist er ein **Ferienort** am „Ende der Welt", wie es oft heißt. Ein kleines Handwerksmuseum ist im alten Gerberhof untergebracht (Mitte Juni bis Mitte August 11–17 Uhr). Vom Hafen legen Boote in die Schären ab.

Vom 17.6. bis 11.8. fährt der kostenlose **„Blaue Zug"**, eine Minibahn auf Autofahrgestell, vom Hafen über Trosa Torg und Trosa Kvarn bis Trosa Porten. Im Juli steuert der Zug außerdem den Campingplatz Trosa Havsbad (s.u.) an.

Das **Inselchen Sävö** vor der Stadt ist ein **Naturreservat** und war immer schon Knotenpunkt diverser Segelrouten. Hier gibt es Badeplätze, auch der Wanderweg Sörmlandsleden führt vorbei. Müde Reisende finden im STF-Gästehaus einen Schlafplatz, Ekviken, Västerljung, Tel.

^ Impressionen aus Trosa

403 46, www.savovandrarhem.com. Die Häuser stammen aus dem Jahr 1870, als Sävö noch Lotsenstation war; 35 Betten, 9 Zimmer, 5.4. bis 5.11. Anfahrt: Richtung E 4, dann die Straße 219 südwärts und links in den Källviksvägen abbiegen; am Ende liegt der Hafen Källviks Brygga, von dem man für 100 SEK (Retourticket) um 10, 14 und 16 Uhr übersetzen kann, Tel. 403 46.

Unterkunft

- **Bomanns Hotell**⑤, Östra Hamnplan 1, Tel. 525 00, www.bomans.se. Individuell eingerichtete und exklusive Zimmer am Hafenkanal.
- **Trosa Stadshotell**④, Västra Långgatan 19, Tel. 61 70 70, www.trosastadshotell.se. Tolles Hotel.
- **Vandrarhemmet Snipan**②, Västra Långgatan 1, Tel. 121 42, www.vandrarhemmetsnipan.com. Weitläufige moderne Herberge, die zentral am Hafen, 500 m vom Torget, liegt.

Camping

- Für **Wohnmobilisten** gibt es einen Platz am ABC-Hafen; für 800 SEK kann man die Hafeneinrichtungen nutzen. An der Straße 218 beim ICA-Supermarkt Trossen liegt ein Parkplatz, wo man einen Tag lang kostenlos parken kann. Der Platz an der Askögatan ist für Fahrzeuge bis 2,50 m Höhe zugelassen.
- **Campingplatz Trosa Havsbad,** Rävuddsvägen 42, Tel. 124 94, www.trosahavsbad.se. Der Platz verfügt über Hütten mit und ohne Bad sowie einen Bootsverleih. 19.4. bis 29.9.

Essen und Trinken

- Der **Sjökrog** liegt nicht am Meer, sondern in der Fiskargatan, aber es gibt dort guten Fisch zu essen.

Auf der E 3 nähert man sich allmählich dem Großraum Stockholm, der Verkehr wird dichter. Kurz vor Södertälje stößt die E 20 von links dazu.

sd13-086 fph

Södertälje

- **Einwohner:** 65.000
- **Vorwahl:** 0523, 08
- **Information: Tödertälje Tourist,** Saltsjögatan 1, Tel. 060 30, im Sommer Mo bis Fr 9–18 Uhr, Sa 10–14 Uhr.

Der Ort wurde schon im 11. Jh. erwähnt, ist mehrfach abgebrannt und verlor durch das aufstrebende Stockholm stetig an Bedeutung. Erst der Kanalbau 1806 und die Eisenbahnstrecke 1860 brachten neuen Aufschwung. Auch **Scania,** einer der größten Lkw-Hersteller der Welt, der in Södertälje beheimatet ist, sorgt(e) für Arbeit. Wer sich für Brummis interessiert, sollte das **Fabrikmuseum** besuchen. Hier stehen u.a. ein Nachbau des Urahns aller Scania-Lkws, der Surahammar 1897, und ein Vabis G 4 von 1909. Anschließend kann man in der netten Personalkantine etwas zu sich nehmen.

Der berühmteste Sohn der Stadt ist übrigens der frühere Tennisprofi und mehrfache Wimbledonsieger *Björn Borg.*

Sehenswert

„S/S Ejdern"

Wieder einmal haben wir es mit dem angeblich ältesten, noch in Betrieb befindlichen **Dampfschiff** der Welt zu tun. Der Dampfer wurde 1880 in Göteborgs Mekaniska Werkstad gebaut und kam 1906 nach Södertälje, wo er vergammelte. 1964 erwarb der Museumsverein die Reste und restaurierte das Schiff. Nun dampft es wieder, mit Kohle befeuert, sommertags mit 90 Passagieren zwischen Södertälje und Adelsö. Es fährt gelegentlich sogar nach Mariefred, Stockholm und Oaxen. Für Technikfans: 22 m lang, 1,30 m Tiefgang, Compound-Dampfmaschine mit 55 kW Leistung, die für 8 Knoten reicht, und ein schottischer Kessel „Skottepanna". Drei Mann Besatzung sind zum Betrieb nötig: der Kapitän, der die Befehle gibt, der Steuermann, der sie erhält, und der Maschinist zum Kohleschaufeln. Tickets unter Tel. 0523-060 30.

Torekällbergets Friluftsmuseet

Torekällberget: In diesem **Freiluftmuseum** sind alte Södertäljer Häuser und Höfe zu besichtigen, die illustrieren, wie bürgerliche Familien und Arbeiter früher lebten. Außerdem gibt es Geschäfte und Cafés, ferner ein Bauernhof, ein Bootsmannhaus und das Wahrzeichen, die Windmühle. Juni bis August 10–18 Uhr, Eintritt frei. Entlang des Södertälje-Kanals sind einige Spazierwege eingerichtet.

Tom Tits Experiment

Storgatan 33, am Kanal: Im **Wissenschaftszentrum** Tom Tits Experiment lassen sich in einer alten Fabrik 600 einfache Experimente aus den unterschiedlichsten Bereichen von Naturwissenschaft und Technik unternehmen. Tel. 08-550 225 00, www.tomtit.se, 189 SEK, Kinder von 3 bis 14 Jahren 149 SEK.

☒ Entspannung auf der kleinen Insel Sävö vor Trosa

Södertuna Slott

Auf **Frösjöns Strand** außerhalb von Gnesta steht dieses prächtige Bauwerk aus dem 17. Jh., heute ein **Hotel,** Tel. 0523-705 00, www.sodertuna.se. Stilvolles Übernachten und exklusive Speisen werden hier geboten. Ursprünglich hieß das Haus Kallades Wad, benannt nach der Furt in der Nachbarschaft. Besitzer war Ritter *Karl Niklisson Färla,* der 1381 vom Riksdrots *Bo Jonsson Grip* vor dem Hochaltar der Riddarholmskyrkan in Stockholm ermordet wurde. Im Dreißigjährigen Krieg ging das Schloss an die Krone, 1646 kaufte es *Claes Stiernsköld.* Die Familie besaß auch den Hof Tuna, ein paar Meilen entfernt, der dann Norrtuna hieß, während Wad Södertuna genannt wurde. Nach *Stiernskölds* Tod 1665 hatte das Haus verschiedene Besitzer, 1891 bekam es *Ebba von Hallwyl,* die es modernisieren ließ. Seitdem zieren barocke Elemente und Rokoko-Türen das Schloss. Im 20. Jh. wurde das Haus unter mehreren Besitzern aufgeteilt und schlussendlich ein Hotel.

Praktische Infos

Unterkunft

■ **Ditt Hotell Hotel Torpa Pensionat④**, Torpavägen, Torpavägen 4, Tel. 08-550 1 21 11, www.torpapensionat.se. Tolle Lage direkt an einem Aus-

sd13-081 fph

läufer der Ostsee an einem kleinen Yachthafen östlich der City. Schönes altes Haus. Die E 6 ist allerdings manchmal etwas laut.

■ **Quality Hotel Park**④, Saltsjötorget zwischen Hafen und Bahnhof, Saltsjötorget 151, Tel. 08-550 265 00, www.nordicchoicehotels.se. Ein kleineres Hotel, futuristisch gestaltet, zentral gelegen, gut.

■ **Scandic Skogshojd**③, Tappgatan 15, Tel. 08-517 391 00, www.scandichotels.com. Alt, laut und einfach, aber zentral.

■ **Scandic Sodertalje**③, Verkstadsvägen 7, Tel. 08-517 356 00, www.scandichotels.com. Billiges Durchschnittshotel im Industriegebiet, das Besondere ist die Uhreninstallation auf dem Dach.

■ **Rönninge gård**③, Rönninge Gårds väg 18, Tel. 08-532 501 80, www.ronninge-kungsgard.se. Rönninge liegt weiter nördlich, der Hof mit 31 Zimmern wiederum in einer ruhigen Gegend in Seenähe; man geht den Rönningevägen bis zum Fußballfeld.

Essen und Trinken

■ **Glashyttans Värdshus,** Nasets Udde. Ganz gute Küche.

■ **La Cantina,** Nygatan 2. Durchschnittlicher Italiener.

■ **Medusas Källare,** Kaplansgatan 1. Verlässlicher Grieche.

■ **Hotell Skogshojd,** Tappgatan 15. Zentrale Lage und gute Hausmannskost.

An- und Weiterreise

■ **Auto:** Södertälje hat zwei neue Zubringer zur Europastraße 4. Es gibt einen kostenlosen **Parkplatz** im Süden: Von der E 4 an der Kreuzung Saltskog zum Verkstadsvägen, dann links in den Ängsvägen und nach der Bahn abermals links in den Sydhamnsvägen. Der Parkplatz kommt nach 200 m rechts. Ansonsten kostet Parken 2–15 SEK/Std.

■ **Bahn:** Vom alten Bahnhof Centrum station kann man nach Stockholm, Eskilstuna, Göteborg und Malmö fahren. Außerdem gibt es südlich davon die ebenfalls alte Hamnstation und auf der anderen Fjordseite den modernen Bahnhof Östertälje.

■ **Bus:** Östlich vom Bahnhof und vor dem Stadhus fährt Swebus Express landesweit. Die grünen Busse von Länstrafiken fahren nach Strangnäs und Trosa, zudem gibt es den Flygbussarna nach Arlanda.

■ **Boot:** Die „S/S Ejdern" fährt im Sommer nach Adelsö, Birka, Drottningholm/Stockholm und Mariefred; die „S/S Mariefred" nach Stockholm, Sandviken, Enhörna/Ekensberg und natürlich Mariefred. Tickets über die Turistinfo.

◁ Die „S/S Ejdern" auf großer Fahrt

037fotolia

15 Stockholm

Kurz vor Stockholm ändert sich das Bild: Die Straßen werden plötzlich geradezu beängstigend breit, links und rechts reihen sich Vorstadtsiedlungen aneinander. Schon bald kann man erste Blicke auf die „Perle im Mälarsee" erhaschen, und ehe man sich versieht, erreicht man Slussen, den Verteilerring für die Innenstadt. „Slussen" heißt Schleuse: Von hier wurde früher die Hafeneinfahrt kontrolliert und Zoll kassiert.

‹ Stockholm fasziniert bei Tag und Nacht

Einleitung

- **Einwohner:** 2 Mio.
- **Vorwahl:** 08
- **Information: Sverige Huset,** Hamngatan 27, Eingang vom Kungsrädgården; **Touristinfo,** Vasagatan 14, direkt gegenüber des Hauptbahnhofs, Tel. 508 28 508, www.visitstockholm.com/de; **Destination Stockholm,** Svenskundsvägen 17, Tel. 663 00 80, www.destination-stockholm.se.

Von Süden über Slussen kommt man auf die Insel Riddarholmen. Das Stadtgebiet verteilt sich auf **insgesamt 14 Inseln,** die durch 57 Brücken verbunden sind. Die „Alte Insel" **Gamla Stan** mit der deutschen Kirche, dem Reichstag und dem Königlichen Schloss ist nur eine der vielen Sehenswürdigkeiten der Stadt – und durchweg Fußgängerzone. In den städtischen Gewässern werden sogar Lachse gefangen, was die Stadtväter gern als Sauberkeitsbeweis sehen.

Die **Innenstadt** Stockholms wird täglich von über 500.000 Fahrzeugen passiert. Um die Menschen in Bus und Bahn zu locken, führte man ein ausgeklügeltes Einbahnstraßensystem ein – ohne Erfolg. Man überlegte auch, die Autobesitzer zum Kauf einer Bus-Monatskarte zu verpflichten, die dann als Parkausweis gelten sollte – daraus wurde nichts. Nun gibt es für Einheimische eine City-Maut.

Stadtgeschichte

Die Gewässer rund um die Hauptstadt waren im 12. Jh. die Hauptschlagadern des Reiches. Hier war die Stadt um das Jahr 800 entstanden; den Anfang hatte eine Festungsanlage gemacht, die auf der **Insel Björkö im Mälarsee** auf Pfählen erbaut worden war. Der Mälaren ist ein Süßwassersee und liegt etwa 40 km von der Ostsee entfernt, jedoch reichen Meerwasserarme bis an den See heran. Saltsjö heißt er am Ende.

Die Festung zog Kaufleute an, die sich vor Ort niederließen, und so vergrößerte sich die Siedlung schnell. Der Engpass Stömmen stoppte große Schiffe, es musste umgeladen werden. *Birger Jarl* bot 1252 der Lübecker Kaufmannschaft zollfreien Handel und Niederlassungsfreiheit an. Das Jahr gilt auch als eigentliches Gründungsjahr der Stadt. Gegen Ende des 16. Jh. trieben dort ca. 6000 Kaufleute Handel, ein Drittel davon waren **Deutsche,** die sich, wie in Bergen zur Zeit der Hanse, die Geschäfte unter sich aufteilten. Im Rathaus regierten paritätisch je drei schwedische und deutsche Bürgermeister, 15 schwedische und 15 deutsche Ratsherren.

Im 16. Jh. expandierte die Stadt aufs Festland und wurde **Sitz des Königs.** Als Flottenstützpunkt eignete sie sich allerdings weniger, da die Ostsee in dieser Gegend im Winter zufror. Deshalb wurde die königliche Flotte in Karlskrona in Südschweden stationiert. Auch Stockholm blieb vom Feuerteufel nicht verschont: Es brannte viermal, und 1710 raffte die Pest ein Drittel der Einwohner dahin.

NICHT VERPASSEN!

Gamla Stan:
auf den Spuren der Hanse durch die Altstadt spazieren | 367

Die „Vasa“:
das Flaggschiff des Königs kam nicht weit | 376

Södermalm:
aus einem Arbeiterviertel wurde ein trendy Stadtteil | 379

Diese Tipps sind gelb hinterlegt.

Sehenswert

Im Folgenden werden die Sehenswürdigkeiten nach Stadtteilen geordnet vorgestellt.

Gamla Stan

Die **Altstadt** ist einmalig gut erhalten, in Stockholm hat nie ein Krieg gewütet. Allerdings wollte ihr der schweizerische Architekt und Stadtplaner *Le Corbusier* den Garaus machen. Sein Plan sah vor, den kompletten Bestand an alten Häusern zu vernichten und stattdessen eine Hochhaussiedlung in Blockbauweise aus Beton und Glas zu errichten. Wie man sieht, kam es dazu nicht, das Vorhaben war den Stadtvätern schlicht zu teuer. Das Modell des Kahlschlags steht heute im Architekturmuseum.

Die Altstadt gehört zu den großen Sehenswürdigkeiten der Hauptstadt. Die Hauptgassen sind mindestens acht Ellen breit, damit man dort gleichzeitig reiten und gehen konnte. Heute ist das Viertel **autofrei** und lädt ein zum Bummeln, vorbei an vielen teuren Läden und Boutiquen. Das Königliche Schloss und das Parlament liegen ebenfalls in diesem Bezirk. Bis ins 20. Jh. blieb ein großer Teil Gamla Stan ein Slum, erst nach und nach kamen Licht und Ordnung in das Gassengewirr. Wie die Stadt im Mittelalter aussah, ist im Bild „Vädersolstavlan" in der Nikolaikirche zu sehen.

Kungliga Slottet

Das riesige **Königliche Schloss** wurde Mitte des 18. Jh. auf den Ruinen der abgebrannten Burg Tre Kronor errichtet. Architekt war *Nicodemus Tessin d. J.* Er schuf das neue Schloss mit 600 Zimmern auf sieben Etagen im Stil des italienischen Barock für *Karl XII.* Die Hauptseite ist die zum Wasser liegende Nordfassade, das Zentrum der vierflügeligen Anlage bildet der quadratische Schlosshof. Der Hauptbau hat drei volle und zwei Mezzaningeschosse. Nach Osten hin umschließen Flügelgebäude den **Schlossgarten Logården,** nach Westen bilden halbkreisförmige Flügelgebäude den äußeren Schlosshof, in dem sich u.a. die Schlosswache befindet. Am Nordeingang wachen die zwei 1702 und 1704 gegossenen Bronzelöwen, die, wie damals üblich, mit Bällen spielen, die **Auffahrt** heißt deshalb **Lejonbacken.** Ende des 19. Jh. wurde das Schloss renoviert, wobei seine goldgelbe Fassade durch die heutige dunkelbraune ersetzt wurde, die auch die gegenüberliegende, durch die Brücke Norrbro mit dem Schloss verbundene Königliche Nationaloper hat.

Skattkammaren: Die Schatzkammer im Schloss beherbergt die Kroninsignien. Man kann sie besichtigen. Der Eingang befindet sich im Südflügel. Die Königskrone soll sich aber im Tresor der Nationalbank befinden. Zu offiziellen Anlässen wird sie nicht getragen, da sich die letzten Könige weigerten, sich krönen zu lassen (wohl aus Furcht, sie könnte ihnen vom Kopfe fallen, wie Karl XII., dem dieses Missgeschick passiert sein soll, als er sich nach der Zeremonie aufs Pferd schwang, wodurch die Krone eine hässliche Delle bekam). Geöffnet 15.5. bis 15.9. täglich 11–17 Uhr, Eintritt 150 SEK.

Wachablösung: Vor dem Schloss zelebrieren die königlichen Dragoner täglich (Mo bis Sa 12.15 Uhr, So 13.15 Uhr) die Wachablösung, ein Spektakel ersten Ranges. Die königlichen Reiter laufen – ohne Pferde – in ihren historischen Uniformen zum Wachhäuschen vor dem Schlosstor und wechseln die Wachposten unter den Tönen einer Militärkapelle aus. Da das Dragonerregiment die Sicherheit der königlichen Familie gewährleisten muss, wurden die historischen einschüssigen Musketen gegen Bofors-Sturmgewehre ausgetauscht.

Mårten Trotzigs Grård

Die Gasse in Gamla Stan ist gerade einmal 90 cm breit. Benannt ist sie nach *Martin Traubtzich* aus Wittenberg, der durch den Handel mit Kupfer reich wurde und sich dann *Mårten Trotzig* nannte. Er sammelte u.a. Geld für den Umbau der Kirche St. Gertrud.

Tyskakyrkan

Svartmangatan 16: Die deutsche **Kirche St. Gertrud** stammt aus dem 16. Jh. Das ursprüngliche Gebäude wurde im 14. Jh. als Zunfthaus für die deutschen Kaufleute der Hanse errichtet und 150 Jahre später umgebaut. Der Innenraum wurde durch Geschenke und Spenden finanziert. Hier finden die Besucher eine einzigartige vergoldete Galerie in opulenter Spätrenaissance, die **Kungaläktaren,** die mit Verzierungen und kleinen Statuen dekoriert ist. Sie wurde von *Nicodemus Tessin d. Ä.* für Königin *Hedvig Eleonora* gebaut; die Monarchin war deutscher Abstammung und suchte die Kirche auf. Die Loge wird heute ab und zu von Königin *Silvia* und Kronprinzessin *Victoria* besucht. Den 96 m hohen Turm baute man im Jahre 1878, nachdem der alte abgebrannt war. Im Turm befindet sich ein Glockenspiel, es wird vom einem Turmzimmerchen hoch über den Dächern vom Kantor gespielt.

Die südliche Galerie enthält 119 Bilder mit biblischen Szenen. Oberhalb ist das Prunkstück installiert, die **barocke Düwen-Orgel,** eine Kopie, die man 2004 von der ersten Orgel aus dem Jahr 1684 anfertigte. Beachtenswert sind noch der barocke Altaraufsatz und die Kanzel von 1660 aus Alabaster und Ebenholz.

Storkyrkan

Die fünfschiffige **Nikolaikirche** an der Spitze des Slottsbacken Hang nahe dem Königspalast wurde im Jahr 1306 an der Stelle einer kleinen Kapelle namens St. Nikolaus erbaut, 1942 wurde sie dann die **Kathedrale von Stockholm.** Die kö-

Blick über die Altstadt (Gamla Stan)

034fotolia

niglichen Zeremonien finden hier statt, zuletzt 2010 die Hochzeit von Kronprinzessin *Victoria.* Das gotische Interieur stammt aus dem 15. Jh., als die Kirche erweitert wurde, das Äußere wurde im 18. Jh. z.T. in barockem Stil umgebaut, damit es besser zum Königspalast passte. Die Hauptattraktion ist eine 3,50 m hohe **Skulptur von St. George und dem Drachen.** Sie erinnert an den Sieg der Schweden über die Dänen 1471 und wurde vom Heerführer *Sten Sture* beauftragt. Ihr Schöpfer ist letzlich unbekannt, obwohl sie dem deutschen Bildhauer *Bernt Notke* zugeschrieben wird. Die Skulptur ist aus Holz, Eisen, Blattgold und Elchgeweih gefertigt.

Ein weiteres Kunstwerk ist die **Vädersolstavlan.** Es zeigt eine atmosphärische Erscheinung über Stockholm 1535, als sechs „Sonnenhunde" oder „Nebensonnen" über der Stadt beobachtet wurden. Das aktuelle Bild von 1636 ist eine Kopie von *Jacob Heinrich Elbfas,* das Original aus dem 16. Jh. ging verloren.

Weitere kostbare Stücke sind der silberne Altar aus dem Jahr 1650, die Kanzel, zwei königliche Stühle von *Burchardt Brecht,* ein 3,70 m hoher Leuchter und zwei riesige Gemälde von *David Klöcker Ehrenstrahl,* welche die Kreuzigung und das Jüngste Gericht abbilden.

Sonstiges

Trångsund 1: Der **Glockenturm der Krönungskirche,** im Jahr 1743 erbaut, erhebt sich 66 m hoch über Gamla Stan.

Brända Tomten: Nach einem Brand entstand hier 1740 ein Wendeplatz für Fuhrwerke in der engen Altstadt. Heute ein ruhiger Platz, Kindstugatan Ecke Själagårdsgatan.

Die **Handelsbörse** am Stortorget wurde 1778 von *Erik Palensted* erbaut und arbeitet noch heute.

Birger-Jarl-Straße in Riddarholmen

035fotolia

Kungsholmen

Stadshuset

1923 an der Bucht Riddarfjärden auf Kungsholmen erbaut, gilt das **Rathaus** als Meisterwerk der schwedischen Nationalromantik, der Architekt *Ragnar Östberg* wurde von italienischer Architektur beeinflusst. Der Bau hat dreimal so viel gekostet wie veranschlagt. Das Gebäude ist um zwei Innenhöfe angeordnet, von denen einer abgedeckt ist. Eine Art italienische Kolonnade trennt den Innenhof vom angrenzenden Garten. Der 106 m hohe Glockenturm erhebt sich wie ein Leuchtturm. Wer sich die Mühe macht, die 365 Stufen zu erklimmen, wird mit einem herrlichen Blick über Stockholm belohnt. Auf seiner Kuppel weht eine Wetterfahne mit drei Kronen, dem nationalen Emblem Schwedens. Innen ist ein kleines Museum untergebracht. Der Turm und das Museum sind im Sommer geöffnet, Eintritt 60 SEK. Am Fuße des Turms befindet sich das Grab von *Birger Jarl,* dem legendären Gründer von Stockholm.

Die besten Künstler schmückten das neue Rathaus. Im **Goldenen Saal** (Gyllene Salen) befindet sich ein Mosaik aus 19 Mio. (!) vergoldeten Steinchen, an dem zwei Jahre gearbeitet wurde, *Einar Forseth* verbrauchte dazu zehn Kilo Gold. Hier wird alljährlich am 10. Dezember der Nobelpreis verliehen. Die **Blå Hallen** ist nicht blau geworden – *Östberg* war vom Rohbau so begeistert, dass er die vorgesehenen blauen Kacheln wegließ. Die lange Halle über der Kolonnade ist mit einem Fresko von *Prins Eugen* dekoriert. Auf der Terrasse am Mälaren stehen Brunnen aus Granit und die Statue „Dansen und Sången" (Tanz und Gesang) von *Carl Eldh.* Außerdem sind Porträts des Dramatikers *August Strindberg,* des Dichters *Gustaf Fröding* und des Malers *Ernst Josephson* zu sehen. Auf einer hohen Säule steht der Freiheitskämpfer und Nationalheld *Engelbrekt Engelbrektsson.*

Riddarholmen

Riddarhus

Riddarhustorget 10: *Simon de la Valleé* war der Architekt des prächtigen, 1641 bis 1672 im niederländischen Klassizismus errichteten Baus. Er wurde während der Bauzeit erstochen, sein Sohn und zwei Mitarbeiter führten das Werk zu Ende. Der **Rittersaal** im ersten Stock diente von 1668 bis 1866 als **Sitzungssaal des Adels.** Heute versammelt sich hier jedes dritte Jahr die schwedische Ritterschaft zu ihren Sitzungen. Auch die Königliche Schwedische Akademie der Wissenschaften und die Akademie für Literatur, Geschichte und Kunstdenkmäler halten hier ihre Feierlichkeiten ab. An den Wänden hängen die Wappenschilder aller schwedischen Adelsfamilien. Der Forschungsreisende *Sven Hedin* war 1902 der letzte, der geadelt wurde, sein Wappen hängt neben dem Eingang zum Rittersaal. Die Decke ist mit allegorischen Darstellungen von *David Klöcker Ehrenstrahl* bemalt. In einer Vitrine befindet sich Porzellangeschirr mit den Wappen von adligen Familien, auch eine Geldkiste aus dem 17. Jh. steht dort. Der **Landmarschallsaal** wurde im 18. Jh. für die Zusammenkünfte der Provinzgouverneure benutzt. Die bedeutendsten waren *Per Brahe, Johan Gyllenstierna, Karl Gustaf Tessin* und

Axel von Fersen. Geöffnet Mo bis Fr 11.30–12.30 Uhr, Eintritt 50 SEK.

Skeppsholmen

Skeppsholmen ist über eine Autobrücke erreichbar, auf der Insel fährt auch ein Linienbus. Hier kann man zu Fuß am Wasser entlangschlendern. Früher durfte das einfache Volk nur zu Friedenszeiten auf die Insel, die sonst der Marine vorbehalten war. Im alten Gemäuer der Marinekaserne „Långa Raden" gibt es ein besonderes Hotel. Am östlichen Ende von Skeppsholmen startet eine kleine Fähre nach Djurgården, auch die Fußgängerbrücke auf die Insel **Kastellholmen** nimmt hier ihren Anfang. Wichtigstes Gebäude auf Skeppsholmen ist das namensgebende Kastell, dass *Fredrik Blom* 1848 an der Stelle des abgebrannten Vorgängers bauen ließ. Die Insel hieß auch mal Notholmen und Skansholmen, erst seit 1720 Skeppsholmen, was zu Verwirrungen bei der Suche nach dem Wrack der „Vasa" führte, da die Bezeichnungen nicht mit den Karten übereinstimmten. Hinter dem Kastell liegt der **Königliche Schlittschuhpavillon Skridskopaviljongen.** Das schlossähnliche Gebäude aus Ziegelsteinen von *Adolf Emil Melander* erinnert an das Aufkommen dieses Volkssports um 1860. An der Fassade sind außer dem Königswappen noch das Wappen von Königin *Sofia von Nassau* mit Schlittschuhen und das des Segelclubs eingelassen.

sd13-089 fph

Norrmalmen

Dies ist Stockholms **Geschäftszentrum.** Im 17. Jh. wurde Norrmalmen eingemeindet, Stadtpaläste und Bürgerhäuser entstanden. Der Zentralbahnhof von 1871 zog Banken, Geschäfte und Vergnügungseinrichtungen nach sich. 1952 wurde das Meiste planiert und ein moderner Stadtbezirk entstand. Von Interesse sind das Kulturhuset, das Konserthuset, das Nationalmuseum, der Sergels Torg, der Park Kungsträdgården und die Hamngatan.

Sergels Torg

Dies ist **Stockholms zentraler Platz.** In den 1960er Jahren wurde das Gewirr aus Gassen und Läden, Hotels und Kneipen

‹ Der Kaknäs-Turm mit Restaurant und schöner Aussicht

durch eine architektonische Scheußlichkeit aus Beton ersetzt: Die Geschäfte wurden ins Untergeschoss verlegt, oben tobt der Verkehr dreispurig. Als auch noch die alten Bäume im Kungsträdgården einem Keller-Konsumtempel weichen sollten, führte das zu wütenden Protesten in der jungen Bevölkerung. Alles endete in einer gewaltsamen Polizeiaktion, was noch mehr Menschen mobilisierte, sodass die Pläne schließlich gestoppt wurden und der Bürgermeister zurücktreten musste.

Strindberg-Museum

Drottninggatan 85: Hier verbrachte der Schriftsteller *August Strindberg* seine vier letzten Lebensjahre. Geöffnet Di bis So 12–16 Uhr, Eintritt 60 SEK.

Kulturhuset

Das Haus der Kultur am Sergels Torg ist seit 1974 **Zentrum der Schönen Künste.** Hier sind Ausstellungen von Fotografien, Malerei, Design, Multimedia und Mode zu sehen. Geöffnet ab 9 Uhr, http://kulturhuset.stockholm.se.

Königliches Opernhaus

Gustav Adolfs Torg: Das Renaissancegebäude von 1898 beherbergt ein modernes **Museum** mit Sammlungen schwedischer und internationaler Kunst und an der Rückseite das berühmte **Restaurant Opernkällaren.**

Kaknäs-Turm

Mörka kroken: **155 m** ragt der viereckige Fernsehturm in den Himmel über der Hauptstadt. Man fährt für 45 SEK hoch, kann oben essen oder auf die Stadt blicken. Geöffnet Mai bis Aug. 9–22 Uhr, sonst 10–18 Uhr. Anfahrt mit Bus 69 von Sergels Torg nach Ladugårdsgärdet, Autofahrer parken vor dem Turm.

Tegnérlunden

Es ist eigentlich nur eine quadratische Grünfläche mit einem kargen Spielplatz und einem künstlichen Bachlauf, der von der Spitze eines Hügels in ein Wasserbecken fließt. Umschlossen ist das Areal von fünfstöckigen Wohnhäusern. Bekannt wurde der Ort 1954 durch „Mio, mein Mio“ von **Astrid Lindgren;** deren Roman beginnt hier, als der Stiefsohn von Onkel *Sixten* sich im Park in eine Traumwelt verabschiedet. Im Tegnérpark hat man der Schriftstellerin ein **Denkmal** errichtet, gegenüber vom wüsten Strindberg-Monument schaut sie auf die Upplandsgatan. Auf ihrem Mantel sind Titel ihrer Bücher verzeichnet, umgeben ist sie von den Kindern aus ihren Büchern: Das Zwergenpaar *Peter* und *Petra* schaut zu ihr auf, auf ihrer Schulter fliegt Herr *Lilienstengel,* und *Bo Vilhelm Olsson* wird von ihrem Mantel beschützt.

Östermalm

Dies ist Stockholms **eleganteres Cityquartier** mit diversen teuren Modegeschäften, z.B. in der **Birger Jarlsgatan.** Die Sturegallerian am Stureplan vereint viele Geschäfte unter einem Dach. Der **Östermalmstorg** ist wegen der dortigen Markthalle unbedingt sehenswert.

Dramaten

Die Dramaten, offiziell **Kungliga Dramatiska Teatern,** am Nybroplan ist ein prächtiges Gebäude im Stil des Art Nouveau. Um es bauen zu können, wurde eine Lotterie veranstaltet, die ein solcher

Erfolg war, dass der Architekt *Fredrik Lilljekvist* aus dem Vollen schöpfen konnte. *Carl Milles* zeichnet für die Fassade verantwortlich. Die vergoldeten Statuen von *John Börjesson* sind „Lyrik" und „Drama". Das Theater eröffnete im Jahr 1908 nach sechs Jahren Bauzeit mit *August Strindbergs* „Meister Olof". Vor dem Theater steht eine Bronzestatue der Schauspielerin *Margaret Krook,* die konstant auf 37° Celsius gehalten wird.

Saluhall (Östermalmshallen)

Auf dem Östermalmstorg steht die sehenswerte **Markthalle,** die der Architekt *Clason* 1885 entwarf, heute mit Geschäften und einem Lokal besetzt.

Hedwig Eleonora Kyrka

Gegenüber in der Storgatan 2 erhebt sich die Hedwig Eleonora Kyrka, benannt nach König *Karl X. Gustavs* Frau. Man begann mit dem achteckigen Bau 1725, mit *Goran Joshua Adelcrantz* als Architekt, der Vorgänger war an Geldmangel gescheitert. Die neue Kirche wurde 1737 geweiht. 1868 bekam man eine neue Orgel von *Per Larsson Åkermans,* die man hinter dem gewaltigen Vorgängermodell von *Jonas Gren* und *Petter Stråhles* von 1762 installierte. Im Turm hängt u.a. eine große Glocke, die 1639 in Helsingör gegossen wurde. Mit einem Gewicht von 4,73 Tonnen ist sie eine der bekanntesten schwedischen Kirchenglocken.

Blasieholmen

Der Stadtteil zieht sich am Ufer zwischen Djurgården und Östermalm entlang. Auch die Halbinsel vor Skeppsholmen gehört dazu.

Nationalmuseum

Holmamiralens väg 2, Strömkai: *Gustav Vasa* stapelte seine Kunst zuerst in Schloss Gripsholm, wo heute nur noch die Porträtsammlung zu sehen ist. Für den Rest ließ man 1866 von dem Architekten *August Stüler* ein nationales Museum bauen. Allein eine halbe Million Grafiken lagern dort – und die Kunstsammlung des Staates ist zu besichtigen, außerdem wechselnde Ausstellungen. Bei der Wandgestaltung kam es zum öffentlichen Streit, ob *Gustaf Cederström* oder *Carl Larsson* die Bemalung ausführen sollten. *Larssons* „Sonnenwendopfer", auf Leinwand gemalt, verschwand sogar und tauchte 40 Jahre später in Japan wieder auf. Infotel. 519 543 00, geöffnet täglich 10–18 Uhr, Eintritt 100 SEK. Wegen Renovierung zurzeit in der Konstakademien, Fredsgatan 12.

Grand Hotel

Södra Blasieholmen 8, Tel. 679 35 00: Das 5-Sterne-Hotel ist über die Stadtgrenzen hinaus durch sein **Smörgåsbröd** bekannt geworden; dieser Brunch war lange Zeit eingestellt worden, doch ein Chefkoch führte ihn in den 1950er Jahren wieder ein. In der Mitte des Büfets thront die „Punschurne", aus der man eisgekühlten Aquavit zapfen kann, um die ganzen salzigen Heringsspezialitäten verdaulich zu machen. Das Vergnügen ist, gegen ein gewisses Entgelt, auch Nicht-Gästen zugänglich, um Reservierung wird gebeten.

Helgelandsholmen

Die winzige Insel verschwindet fast unter den Straßen mit ihren Brücken. Das wichtigste Gebäude ist der **Reichstag,** Riksgatan 1. Das Riksdagshuset ist monumental und pompös gehalten, zum Wasser hin liegt ein halbrunder Teil. Der neobarocke Bau ruht auf 10.000 Eichenpfählen, sonst wäre der Koloss schon im Erdreich der Insel versunken. Unregelmäßig gibt es Führungen, Infos vor Ort.

Mittelalter-Museum

Das Museum unter der Norrbro-Brücke schildert Entstehung und mittelalterliche **Entwicklung der Stadt.** Kern der Ausstellung sind Funde von archäologischen Grabungen aus den Jahren 1978–80. Geöffnet Juni bis August Di bis So 12–17 Uhr, Mi 12–19 Uhr, Eintritt 70 SEK.

Djurgården

Die Insel, ursprünglich Jagdgebiet des Königs, beherbergt heute eine Reihe von Museen. Da im Sommer die **Zufahrt** für Autos nicht gestattet ist, bleibt nur der Fußweg oder der öffentliche Verkehr per Bus oder Boot vom Anleger unterhalb vom Hotel Esplanade am Strandvägen, von Skeppsholmen oder vom Saltsjökvarn-Anleger auf Nacka. Von Sergels Torg fährt im Sommer die alte Straßenbahn Spårväg City zur Waldemarsudde.

Nordiska Museet

Djurgårdsvägen 6–16: Das Museum geht auf die Initiative von *Artur Hazelius* zurück, es informiert über die Kulturgeschichte Schwedens. *Isak Gustaf Clason* entwarf das Gebäude im Renaissancestil, in der 125 m langen und 24 m hohen Mittelhalle thront *Gustaf Vasa* als 6 m hohe Holzfigur von *Carl Milles*. Die ältesten Exponate stammen vom Anfang des 16. Jh. Geöffnet 10–17 Uhr, Eintritt 100 SEK, Tel. 519 546 00, www.nordiskamuseet.se.

Neben dem Museum liegt der **Galärkyrkogården** (Galär-Friedhof) zum Gedenken an die Opfer des Untergangs der Fähre „Estonia", bei dem 1994 852 Menschen ertranken. Es ist ein Baum, um den ein Metallring mit den Koordinaten des Unglücks liegt. Den Baum umgeben Betonwände mit den Namen der Opfer.

Weiter südlich am Djurgårdsvägen befindet sich das **Biologische Museum,** und noch weiter im Süden liegt der alte hölzerne **Zirkus.**

Junibacken

Junibacken ist eine **Märchenwelt für Kinder.** Mit dem „Sagotåget", dem Geschichtenzug, geht es durch das Gelände und durch die Welten schwedischer Kinderbücher. Zum Beispiel können die Kinder *Willi Wiberg* anrufen und sehen, ob er daheim ist, Hüte bei *Rut und Knut & Lilla T* aufprobieren oder auf dem Motorrad von *Willi Werkel* fahren. Die Zugfahrt endet an *Pippi Langstrumpfs* „Villa Kunterbunt". Geöffnet Di bis So 10–17 Uhr, Eintritt für Erwachsene 154 SEK, für Kinder von 2–15 Jahren 125 SEK. Hinter dem Nordiska Museet im Galärparken, Bus 69, Tunnelbanan Nordiska Museet.

Vasa Museet

Galärvarvsvägen 14: Wichtigstes Museum Stockholms ist die **Vasawerft.** Die „Vasa" sollte 1628 das Flaggschiff der schwedischen Kriegsflotte werden. Doch sie kenterte schon nach einer Minute und versank 30 m tief im Hafen. 333 Jahre später wurde das Wrack geborgen und konserviert. Es ist Schwedens größtes Museumsstück geworden. Eine riesige

Die „Vasa"

Das Schiff sollte 1628 das **Flaggschiff der schwedischen Kriegsflotte** werden und die Überlegenheit der schwedischen Weltmacht auch auf dem Meer dokumentieren. Kleine Schiffe seien eine Vergeudung von Bauholz, soll *Gustav II. Adolf* geäußert haben. So baute man auf der Werft Skeppsholmen im Stockholmer Hafen die „Vasa". Sie war **61 Meter lang und 11,5 Meter breit,** die größte Höhe betrug 52 Meter, 130 Mann Besatzung hatten Platz an Bord. Es war ein Schiff vom Typ Regalskepp mit 48 schweren und 16 leichten Kanonen. Am 10. August 1628 lief das Schlachtschiff unter dem Jubel der Zuschauermenge aus.

Doch der Ozeanriese entpuppte sich schnell als **Fehlkonstruktion:** Schon nach 1300 Metern des Weges kenterte das Schiff bei einem leichten Windstoß und versank „mit Segel und Flaggen und allem". Der Ballast im Rumpf hatte nur 120 Tonnen (Steine) betragen, 400 Tonnen wären nötig gewesen. Doch bei dem Gewicht hätten die unteren Kanonenpforten ständig unter der Wasserlinie gelegen. Bei den folgenden Gerichtsverhandlungen konnte keinem Verantwortlichen eine Schuld nachgewiesen werden. 40 Jahre später barg man aus dem 30 Meter tief liegenden Wrack die kostbaren Bronzekanonen. In den folgenden Jahrhunderten geriet das Schiff in Vergessenheit.

Bis der **Schiffsbauingenieur Anders Franzén** sich 1954 aufmachte, nach alten Plänen die genaue Untergangsstelle zu suchen. Da in der Ostsee keine Schiffsbohrmuscheln leben, musste das Wrack relativ unversehrt sein. Er zog mit einem Motorboot um die vermutete Stelle herum seine Kreise und suchte den Meeresgrund mit einem Echolot ab, was ihm den Spott der Kollegen und der Zeitungen einbrachte. Als sich der Ingenieur abermals in die Archive begab, stieß er auf den offiziellen Bericht des Untergangs an den König. Dabei entdeckte er, dass man die Inseln in späteren Jahrhunderten umbenannt und er dadurch an der falschen Stelle gesucht hatte. Im Frühjahr 1956 fuhr er noch einmal mit seinem Boot los. Das Echolot zeigte einen etwa 60 Meter langen Hügel an, den zuvor Fachleute als Bauschutt eingestuft hatten. Diesmal hatte *Franzén* ein selbst gebasteltes Gerät dabei, und zwar ein torpedoförmiges Eisenprojektil mit Flossen am hinteren Ende, an dem eine 30 Meter lange Leine befestigt war. An der Spitze hatte er ein Stanzeisen montiert, ein Röhrchen mit geschliffenem Rand, wie man es zum Lochen von Leder und Pappe verwendet. Damit fuhr er zur bezeichneten Stelle und setzte sein Senklot ein, bis nach vielen Versuchen altes Eichenholz im Locheisen war. Die „Vasa" war gefunden!

Nun übernahmen Fachleute von höchster Stellen die Durchführung. Mit Hilfe der Marineschule und deren Taucher barg man Hunderte von hölzernen Wrackteilen und geschnitzte Figuren. Das Schiff lag drei Meter tief im Schlamm, das Oberdeck war von unzähligen Ankern zerfurcht. 1961 entschloss man sich zur **Bergung.** Mit Wasserstrahlen wurden sechs Tunnel durch den Schlamm unter dem Rumpf gespült und 15 cm dicke Taue durchgezogen. Die Bergungsgesellschaft Neptun rüstete zwei Pontons mit jeweils sechs hydraulischen Hebevorrichtungen aus. Die gingen über dem Wrack in Stellung, man flutete die Pontons, bis sie gerade noch schwammen, zog die Taue fest und pumpte das Wasser wieder aus den Pontons heraus. Dadurch hoben sie sich komplett an und die „Vasa" ebenso. Da man sich um die Statik sorgte, wurde das Schiff bis zur Grundberührung in seichtere Gewässer geschleppt, und das Spiel begann von

Neuem. In 20 Tagen legte man so 500 Meter zurück und konnte das Wrack in nur noch 16 Meter tiefe Gewässer bringen. Als der Rumpf nur noch wenige Zentimeter unter Wasser lag, befestigte man Schwimmblasen daran. Wegen des hohen Gewichts des mit Wasser gefüllten Schiffes konnte man es nicht über die Wasseroberfläche heben, deshalb gingen Taucher daran, sämtliche Löcher im Rumpf abzudichten, die rund 70 Kanonenpforten mit Holzplatten zuzunageln und alle Eisennägel und Schrauben, die längst weggerostet waren, durch Holzpflöcke zu ersetzen. Nachdem alles dicht verschlossen war, begann man, das Wasser und den Schlamm aus dem Inneren abzusaugen, bis der Rumpf, von zwei Pontons in der Waage gehalten, wieder von selbst schwamm. Nun schleppte man das Schiff ans Ufer der Skansen-Insel, wo in einem Trockendock ein weiterer Ponton aus Beton wartete. Die „Vasa" wurde hineingezogen und auf dem gefluteten Ponton abgesetzt. Wieder pumpte man das Wasser heraus, bis das Schiff auf dem Ponton an die Stelle geschleppt werden konnte, wo man mit der Restaurierung beginnen wollte. Der Ponton ist übrigens auch heute noch unter dem Schiff.

Da die Eichenbalken nach 333 Jahren im Salzwasser an der Luft heftig schrumpfen und zu zerfallen drohten, ließ man sie danach jahrelang mit Wasser und diversen Chemikalien berieseln, deren Zusammensetzung man in mühseligen Versuchen ermittelt hatte. Um das ganze Schiff herum baute man eine 20 m hohe und 60 m lange schwimmende Aluminiumhalle, die das **Museum** bildet. 1989 wurde eine größere Halle gebaut, die auch die Masten mit aufnehmen konnte, und die „Vasa" bekam hier ihren endgültigen Liegeplatz. 2013 stellten Wissenschaftler einen beschleunigten Zerfall der Eiche fest, man fürchtet um die Zukunft des einmaligen Objekts.

sd13-087 fph

Prins Eugen – der Adel malt

Prins Eugen Napoleon Nikolaus wurde 1865 auf Schloss Drottningholm am Mälarsee geboren und starb 1947 in Stockholm. Er war der jüngste Sohn des schwedischen Königs *Oskar II.* und dessen Frau *Sophia von Nassau.* Als Herzog der Provinz Närke widmete er sich neben seinen repräsentativen Pflichten hauptsächlich der Malerei. Sein Entschluss, Künstler zu werden, stand den damaligen gesellschaftlichen Normen völlig entgegen. Aber er setzte seinen Willen durch und studierte von 1885 bis 1889 Malerei bei *Vilhelm von Gegerfelt* und *Pierre Puvis de Chavannes* in Paris. Von ihnen beeinflusst, widmete er sich vor allem der **romantischen Landschaftsmalerei.** Motive waren die Kulturlandschaften Stockholms, Sörmlands und Österlens in Skåne. Später nahm er auch öffentliche Aufträge an. Bekannt sind seine Fresken im Stockholmer Rathaus. Er stellte in Berlin, Dresden und München aus. Als er 1947 starb, vermachte er die Villa mit ihrer Kunstsammlung dem schwedischen Staat.

Wer Gefallen an den Bildern findet, kann sich den Bildband „Eugen. Ein Prinz malt Schweden" kaufen, der 2006 im Kerber Verlag erschien.

sd13-088 fph

Halle umgibt seit 1988 das Schiff auf seinem Ponton. Fachleute fanden im September 2012 heraus, dass der Säuregehalt im Holz gestiegen und das Schiff dadurch gefährdet ist. Nun überlegt man fieberhaft, wie das Schiff zu retten ist. Geöffnet (noch) täglich 10–17 Uhr, Juni bis Aug. 8.30–17 Uhr, Eintritt 110 SEK, www.vasamuseet.se.

Seehistorisches Museum

Das Museum zur Seegeschichte Schwedens liegt im nördlichsten Teil des Djurgården. Geöffnet Di bis So 10–17 Uhr, Eintritt frei, Anfahrt mit Bus 69.

Skansen

Der **Freiluft-Museumspark** geht auf das Jahr 1891 zurück und sollte gegen das allgemeine Kultursterben traditionelle Häuser und Lebensweisen bewahren. So versammelte man 150 Häuser aus ganz Schweden hier und brachte darin Handwerkerfamilien unter, die ihrem alten Gewerbe nachgingen. Die Anlage war das erste Freiluftmuseum in Schweden, unzählige folgten dem Beispiel. Geöffnet täglich 10–22 Uhr, Eintritt 120 SEK. Außerdem gibt es Gehege mit nordischen Tieren, der Tierpark ist von Mitte Mai bis Oktober 9–21 Uhr geöffnet. Man erreicht das Gelände z.B. über eine Seilbahn vom Haselius-Eingang aus. Bus Richtung Djurgården (Linie 44 oder 47). Eintritt 70–140 SEK, Seilbahn 22 SEK. **Solliden,** Skansens höchster Punkt, bietet eine der besten Aussichten über Stockholm.

Tekniska Museet

Museivägen 7: Das **Technische Museum** liegt im nördlichen Djurgården. Viele Modelle erläutern die technische Entwicklung. Geöffnet Mo bis Fr 10–17 Uhr, Eintritt 120 SEK.

Prins Eugens Waldemarsudde

Prins Eugensväg 6: Der Maler *Prins Eugen* kaufte 1905 die Waldemarsudde auf der Halbinsel Djurgården und ließ dort eine **Jugendstilvilla** von dem Architekten *Ferdinand Boberg* bauen. Heute ist sie ein Museum, das die Wohnung *Eugens* und eine umfangreiche Sammlung schwedischer Malerei des 19. und 20. Jh. enthält. Auch eines seiner berühmtesten Gemälde, „Det gamla slottet" von 1893, das *Prins Eugen* bei seinem Aufenthalt im Sundbyholms Slott bei Eskilstuna gemalt hatte, befindet sich hier. Eintritt 100 SEK, Anfahrt mit Bus 47.

Rosendals Slott und Rosendals Trädgården

Rosendalsvägen: Die Besonderheit des Bauwerks ist gar nicht zu sehen, es ist nämlich das einzige **Fertighaus-Schloss.** Man baute es aus vorgefertigten Holzteilen, die anschließend verputzt wurden. In Auftrag gegeben hatte das Schloss im Empirestil *Karl XIV. Johan*. Führungen Juni bis Aug. Di bis So für 60 SEK.

Um das Schloss ist **Rosendals Trädgården** angelegt. Der Hauptzweck des Gartens besteht darin, die breite Öffentlichkeit für biodynamische Gartenkultur zu begeistern. 1860 wurde hier eine Gesellschaft für Gartenbau gegründet, seitdem wachsen Apfelbäume, Weinreben (Hardy) und seltene Rosen. Schon 1878 hatte der Garten 23.000 Topfpflanzen. In den Gewächshäusern gedeihen biodynamisch angebautes Gemüse, Blumen und Kräuter. In einem Café werden Gebäck und leichte Mittagsgerichte aus biologisch angebauten Zutaten serviert. Seit 1984 verwaltet eine Stiftung den Garten ohne Zuschüsse, nur durch den Erlös aus Café, Bäckerei und den Geschäften. Geöffnet Mai bis Sept. 11–17 Uhr, Sa/So bis 18 Uhr, sonst schließt es früher.

Spritmuseum

Das bekannte **Schnapsmuseum** residiert im Djurgårdsvägen 38, Galärskjulen. Interessante Schau mit „Schnüffelkabinett" und schönem Restaurant am Wasser. Geöffnet täglich 10–18 Uhr, Di bis 20 Uhr, 100 SEK, Tel. 121 313 00, http://spritmuseum.se.

ABBA-Museum

Djurgårdsvägen 68: Seit 2013 werden in diesem Museum die schwedische Kultband und die 1970er Jahre mit modernster Animationstechnik lebendig gehalten; die Besucher sind interaktiv und multimedial Teil des Geschehens. Geöffnet täglich 10–20 Uhr, Eintritt 195 SEK, www.abbamuseum.com. Wer noch nicht genug hat, kann am **ABBA City Walk** teilnehmen. Info: Stadtmuseum Slussen, www.stadsmuseum.stockholm.se.

Södermalm

Aus dem alten Arbeiterviertel ist ein **trendiger Stadtteil** geworden. Wie so oft, wohnten zuerst die Armen hier, dann Studenten und Künstler, und plötzlich war das Viertel „in". Auf dem **Mariaberget** westlich von Slussen stehen neben der klaren Nachkriegs-Architektur die alten Mietskasernen von Stockholms Arbeiterklasse. Der kurze **Monteliusväg** bietet bei Sonnenuntergang einen herrlichen Blick auf Riddarfjärden und Rathaus. Der baumbestandene **Mariatorget** verspricht ein wenig Erholung im hektischen Alltagsbetrieb. In der Hornsgata liegt die renomierte **Galerie blås & knåda.** Nach ihr siedelten sich immer mehr Kunstläden an.

In der **Götgatan** gibt es eine Reihe von Designläden. Ganz in der Nähe, am baumbestandenen **Mosebacke Torg,** liegt das Södra Teatern und drumherum Nachtlokale und Jazzkeller, z.B. der Jazzclub Mosebacken mit handgemachter Musik.

Katarinahissen

Der 1881–83 gebaute **Freiluftaufzug,** der den Slussplan mit dem rund 35 m höher gelegenen Mosebacken verbindet, war ursprünglich dampfbetrieben. Der Aufzug wurde sofort nach der Eröffnung eine Attraktion. 1933 entstand die heutige Version. Derzeit außer Betrieb.

sd13-092 fph

Stadtmuseum

Södermalmstorg: Hier kann man sich zur **Geschichte Stockholms** informieren. Geöffnet Di bis So 11–17 Uhr, Do 11–20 Uhr, Eintritt 70 SEK. Seit Neuestem gibt es eine **Stig-Larsson-Tour** auf der Spuren seiner Millenium-Trilogie, 120 SEK. Der Spaziergang führt u.a. vorbei an *Mikael Blomkvists* Zuhause in der Bellmansgatan 1, an *Lisbeth Salanders* luxuriösem 21-Zimmer-Apartment und dem Redaktionsbüro des fiktiven Magazins „Millennium" in der Götgatan.

Außerhalb der City

Sky View

Globen torget 2: Mit der Kugelgondel auf die größte Kugel der Welt – die **Globenarena,** 1989 eingeweiht, gilt als größter sphärischer Bau der Welt. Das Stadion fasst bis zu 16.000 Zuschauer. Der Sky View ist ein gläserner Fahrstuhl, der auf der Außenhaut der Arena auf Schienen bis ganz nach oben in 130 m Höhe fährt. Die Kabinen sind zwei Glasgondeln, die jeweils Platz für 16 Personen bieten. Vorbestellung unter Tel. 0771-81 10 00 oder auf www.globearenas.se/sv/skyview.aspx, 130 SEK.

Millesgården

Herserudsvägen 32, Lidingö, nördlich von Norrmalm: Der terrassenförmig angelegte **Skulpturenpark** beeindruckt u.a. mit einem tollen Blick auf Stockholm. Zu besichtigen sind ein Garten voller

Skulptur im Millesgården

Statuen von *Carl Milles,* Kopien seiner berühmtesten Werke, das Atelier mit der Kunstsammlung des Bildhauers und die Räume seiner Frau *Olga* und seiner Schwester *Ruth,* beide Malerinnen. Wechselnde Ausstellungen, geöffnet 10–17 Uhr, U-Bahn bis Ropsten, Straßenbahn eine Station bis Torsvik, dann den Berg hoch.

Skogskyrkogården

Der **Friedhof** ist Weltkulturerbe. Auf dem 100 Hektar großen Gelände stehen z.B. Kapellen der Architekten *Gunnar Asplund* und *Sigurd Lewerentzin,* wichtige Werke modernistischer Architektur. Anfahrt über die Straße 73 nach Süden bis zur Kreuzung Sockenvägen, Tunnelbanan Skogskyrkogården.

Hagaparken

Im 18. Jh. ließ *Gustav III.* diesen Park nach englischem Vorbild anlegen, um den Städtern Erholung zu bieten. Darin stehen allerlei Gebäude, ein Schloss aus dem 19. Jh. und das Café Vasaslätten, das nur bei Sonnenschein geöffnet ist. Wichtigste Sehenswürdigkeit sind die **Koppartälten.** Die Kupferzelte sehen aus wie türkische Zelte aus der Zeit des Sultans Suleyman und sind tatsächlich aus Kupfer, was ihnen zu einer schönen grünen Patina verhalf. Auf einer Insel im Brunnsvikensee liegen Könige und Königinnen begraben. Anfahrt über die E 4 Abfahrt Hagaparken, Bus 52 von der Rådhusgatan zum Stallmästaregården.

Sky View

Aktivitäten

Baden

In der Stadt gibt es Badestellen auf Långholmen, bei Smed sudden und im Rålambshovspark. Hallenbäder sind das Art-Nouveau-Bad Sturebadet, Sturegallerian 36, oder das Centralbadet, Drottninggatan 88. Ansonsten kann man überall ins Wasser hüpfen.

Gröna Lunds Tivoli

Stockholms **Vergnügungspark** (seit 1883) liegt ganz im Südwesten der Halbinsel Skansen. Anfangs war der Platz nur ein grüner Garten, daher der Name Gröna Lund (Grünes Wäldchen). Heute ste-

033fotolia

hen hier das ganze Jahr über jede Menge Karussells, Buden und sonstige Attraktionen. Eintritt 95 SEK.

Tango

Die Tänzer treffen sich **im Restaurant Pelé,** Upplandsgatan 18, T 19 Station Rådmasgatan, Tel. 31 97 00, Infos bei Svensk-Argentinska Tangoföreningen c/o Kuajara, Wollmar Yxkullsgatan 52 B, 11850 Stockholm.

Ballonfahrten

Far&Flyg, Gröndalsvägen 38: Das Ungewöhnliche an der Ballonfahrt über die Hauptstadt ist die Tatsache, dass sie überhaupt gestattet ist, denn das gibt es sonst nirgends auf der Welt! Für 2000 SEK ist man dabei.

Rooftop-Tour

Stora Gråmunkegränd 14–12: **„Upplev mer"** ist eine Stadtführung der ganz besonderen Art für Schwindelfreie: Angeseilt geht es über die Dächer des Parlamentsgebäudes, auf schmalen Stegen über eiserne Treppchen, vorbei an Türmen über die Dachfirste des Hauses. Führung auch auf Deutsch, Tel. 22 30 05, www.upplevmer.se, 525 SEK.

Praktische Infos

Unterkunft

Die Hotelzentrale im Hbf hat ganzjährig geöffnet: Mo bis Fr 9–11.30 und 13–17 Uhr, im Sommer bis 23 Uhr, Tel. 508 285 08. Bei der Unmenge an Herbergen in der Stadt beschränke ich mich hier auf außergewöhnliche und ein paar preiswertere Hotels. Jugendherbergen kosten 200–450 SEK im 2-Bettzimmer, wenn nicht anders angegeben.

Unterkunft in Gamla Stan (Altstadt)

■ **Lord Nelson Hotel**⑤, Västerlånggatan 22, Tel. 506 401 20, www.thecollectorshotels.se/en/lord-nelson. 1973 kauften *Majlis* und *Gunnar Bengtsson* das einfache Hotel Ignatius und benannten es um. Beide sammelten maritime Antiquitäten, die sie hier unterbrachten. 29 kleine, maritime Zimmer.

■ **Lady Hamilton Hotel**⑤, um die Ecke, Storkyrkobrinken 5, Tel. 506 401 00, www.thecollectorshotels.se/en/lady-hamilton. Hinter dem Schloss, das Haus geht auf die 1470er Jahre zurück. Ursprünglich drei Häuser, wurden sie vom Kaufmann *Lorens Erdtman* zu einem vereint. Seit 1975 ein Hotel. Der Keller hat einen Brunnen, der heute als Tauchbecken in der Sauna benutzt wird. Das zweite Hotel der *Bengtssons* nannten sie nach Lord *Nelsons* Geliebter Lady *Hamilton*. In die Jahre gekommen, mit teilweise winzigen Zimmern, aber hohem Preis.

■ **Victory Hotel**⑤, Lilla Nygatan 5, Tel. 506 400 00, www.thecollectorshotels.se/en/victory. Es ist das dritte Bengtsson-Hotel, ebenfalls in Gamla Stan und auch voll mit Antiquitäten, benannt nach Lord *Nelsons* Flagschiff. Das beste der drei.

■ **Rica Gamla Stan**④, Lilla Nygatan 25, www.rica.se/vara-hotell/stockholm/rica-hotel-gamla-stan. Ein typisches verwinkeltes Altstadtgebäude, die Zimmer sind sehr klein und dunkel.

Unterkunft in Vasastan

■ **Hellsten**④, Luntmakargatan 68, Tel. 661 86 00, www.hellsten.se. Altes Stadthaus gegenüber dem

Rex in einem Gebäude von 1898, parallel zum Boulevard Sveavägen, U-Bahn-Station Rådmansgatan, mit Bar im Kolonialstil und verglastem Frühstücksraum. Frühstück auch im Hof, die Zimmer zum Hof haben oben Balkone.

■ **Rex**③, Luntmakargatan 73, Tel. 16 00 40, www.rexhotel.se. Ein liebevoll renoviertes Haus aus dem Jahr 1866, U-Bahn-Station Rådmansgatan, in der Nähe des alten Observatoriums.

■ **Hotell Colonial**②–④, Vastmannagatan 13, Tel. 20 04 00, www.colonial.se. In einem ruhigen Altbau in der Nähe des Bahnhofs, auch einfache Zimmer.

Unterkunft in Norrmalm

■ **Radisson Blue Waterfront Hotel**④, Nils Ericssons Plan 4, Tel. 505 060 00, www.radissonblu.com. Moderner Bau direkt am Bahnhof. Vom Arlanda Flughafenexpress ist er bequem zu Fuß zu erreichen. Zimmer mit ungerader Nummer liegen zum Wasser.

■ **Freys Hotel**④, Bryggargatan 12, Tel. 506 213 00, www.freyshotels.com. Ebenfalls Nähe Flughafenexpress, teilweise kleine, alte Zimmer.

■ **Freys Hotel Lilla Radmannen**③, Radmansgatan 67, Tel. 506 215 00, www.freyshotels.com/lilla-radmannen. Ein kleines Hotel in einer ruhigen Seitenstraße der Drottninggatan, Frühstück nur von 7.30–9.30 Uhr, der Bus 69 fährt zur Central-Station.

■ **Central**③, Vasagatan 38, Tel. 566 208 00, www.profilhotels.se/centralhotel. Wie der Name sagt, zentrale Lage, in einem schönen Altbau, aber nur kleine Zimmer.

■ **Tegnérlunden**③, Tegnérlunden 8, Tel. 545 455 50, www.hoteltegnerlunden.se. In ruhiger Lage, aber kleine Zimmer, nahe der Einkaufsmeile Drottninggatan, schön ist der helle Frühstücksraum im 4. Stock.

Unterkunft in Skeppsholmen

■ **Skeppsholmen**⑤, Gronagangen 1, Tel. 407 23 00, www.hotelskeppsholmen.com. 1699 als „Lange Reihe" zur Unterbringung der Königlichen Marine gebaut, liegt isoliert, aber schön auf der Insel, die Zimmer sind sehr klein, unbedingt auf Wasserblick achten. Schöner Garten, seit einem Artikel in der „Zeit" steigen die Buchungen.

■ **Af Chapman**④, Västra Brobänken, Tel. 463 22 66, www.stfchapman.com. Dieses einzigartige Hostel befindet sich auf einem Schiff aus dem späten 18. Jh., das vor der Insel Skeppsholmen ankert. Mit Gemeinschaftsküche und Blick auf die Altstadt. Die Kajüten sind renoviert, einige mit privatem Bad, Gästelounge in einem nahe gelegenen Gebäude. Bushaltestelle an der Ecke, ganzjährig.

■ **Hantvekshuset**④, Västra Brobänken, Tel. 679 50 17, www.svenskaturistforeningen.se. 152 Betten, 15.6. bis 15.9.

Unterkunft in Långholmen

■ Für den ausgefallenen Geschmack gibt es das 250 Jahre alte Gefängnis **Hotel Långholmen**③, Lågholmsmuren 20, Tel. 720 85 00, www.langholmen.com. Auf der grünen Insel zwischen Södermalm und Kungsholmen, 100 luxuriöse „Zellen", früh buchen, da überlaufen.

Unterkunft in Kungsholmen

■ **STF Herberge Fridhemsplan**③, Eriksgatan 20, Ecke Hantverkargatan, Tel. 653 88 00, www.fridhemsplan.se. Das größte Hostel des Landes. Auch Hotel (DZ mit Fenster③).

Unterkunft in Riddarholmen

■ **Mälardrottningen**③, Riddarholmskajen, Tel. 545 187 80, www.malardrottningen.se. *Barbara Huttons* ehemalige Yacht von 1924 liegt am Kai von Riddarfjorden und bietet 60 Zimmer und die Aussicht auf Södermalmen.

Unterkunft in Östermalm

■ **Parlan Hotell**④, Skepparegatan 27, nahe Stureplan, Tel. 663 50 70, www.parlanhotell.com. Privathaus mit acht Zimmern. Zugang mit Code, die Rezeption ist über Nacht nicht besetzt.

■ **Stureplan**④, Birger Jarlsgatan 24, Tel. 440 66 00, www.hotelstureplan.se. Altbau von 1899, teilweise große Zimmer, Superior-Zimmer sind die gute Wahl.

■ **Mornington**④, Nybrogatan 53, Tel. 507 330 00, www.mornington.se/stockholm. Ruhige Lage nahe an der U-Bahn-Station Östermalmstorget, Nähe Saluhall. Nette Zimmer, große Bibliothek.

■ **Oden**④, Hornsgatan 66b, Tel. 457 97 00, www.hoteloden.se. Das Hotel wurde 1972 erbaut und verfügt über 138 Zimmer, gegenüber liegt die Gustav Vasa Kyrka.

■ **Hotel Stureparkens**③, Sturegatan 58, Tel. 662 72 30, www.stureparkens.nu. Ein kleines Privathotel im quirligen Viertel, gegenüber ein kleiner Park. Parkplätze vorhanden.

■ **Crystal Plaza**③, Birger Jarlsgatan 35, Tel. 406 88 00, www.crystalplazahotel.se. In einem altehrwürdigen Eckhaus nahe Stureplan und Tunnelbanan, 11 Zimmer.

Unterkunft in Södermalm

■ **Rival**⑤, Mariatorget 3, Tel. 457 89 00, www.rival.se. Luxuriöses Art-déco-Hotel des ehemaligen ABBA-Mitglieds *Benny Andersson*. Kino im Haus.

■ **Hellsten Malmgård**④, Brännkyrkagatan 110, Tel. 46 50 58 00, http://hellstensmalmgard.se. Ein aus der Zeit gefallenes altes Herrenhaus, umgeben von der Realität und hohen Häusern, jedes Zimmer individuell gestaltet, nahe der Uferpromenade.

■ **Hotel Acapulco**④, Tel. 702 33 00, www.acapulco-hotell.se. Am schattigen Bjurholmsplan 23, mit ruhigen Apartments für Selbstverpfleger.

■ **Zinken**③, Zinkensväg 20, Tel. 616 81 10, www.zinkensdamm.com/de. Ganzjährig geöffnete Herberge und Hotel, eine Idylle im Grünen.

■ **Columbus**③, Tjarhovsgatan 11, auf der Rückseite des Parks der Katharinakirche, Tel. 503 112 00, www.columbus.se. In der alten Brauerei Lorenz Sifvert, aus dem Jahr 1780. Gebraut wurde im Erdgeschoss, die oberen Etagen dienten als Wohnraum für die Arbeiter. 1815 hieß das Haus „Wurstkessel", da hier die Soldaten der Stadtwache wohnten, die man „Würstchen" nannte. Die Zimmergröße ist unterschiedlich.

■ **Röda Båten**③, Tel. 644 43 85, www.theredboat.com. Dümpelt am Södermälarstrand unweit von Slussen, von der Mehrbettkajüte bis zur Kapitänskajüte⑤. Abends herrlicher Blick auf die Altstadt.

■ **Gustaf Af Klint**②, Stadsgårdens Kajplatser 153, Tel. 640 40 77, www.gustafafklint.se. Ein weiteres Hotelschiff links von Slussen.

Unterkunft außerhalb

■ **STF Jumbo Stay Stockholm**④, Jumbovägen 4, Tel. 593 604 00, www.jumbostay.com. In einer ehemaligen Boeing 747 direkt neben dem Flughafen Arlanda. Privat- oder Gemeinschaftsbad, teilweise Zugang zur Aussichtsplattform auf dem linken Flügel. Die kostenlose Shuttle-Buslinie 14 verkehrt zwischen dem Jumbo Stay und den Flughafenterminals. 76 Betten in 27 Zimmerchen und eine Suite im Cockpit, die aber über 3000 SEK die Nacht kostet.

■ **Herberge Hågelby Gård**③, Tel. 530 624 00, www.svenskaturistforeningen.se. In Botkyrka, mit Blick auf den See Aspen, liegt der schöne Hågelbyparken. Auf der E 4 südlich der City, ganzjährig.

■ **Herberge Hökarängen**③, Mundstycksvägen 18, Tel. 724 65 04, 24.6. bis 12.8. Auf der Straße 73 nach Süden in Farsta, Haltestelle der grünen Linie Gubängen oder Farsta 1,5 km entfernt.

Camping

■ **Bromma,** Blackebergsvägen 25, Tel. 37 04 20, www.angbycamping.se. In Ängby, westlich auf der E 4 Richtung Uppsala-Nord bis Ängby, dann beschildert. 15.6. bis 31.8., Hütte ab 500 SEK, Tunnelbanan-Station 400 m entfernt.

■ **Rösjöbadens Camping,** Lomvägen 100, Sollentuna, Tel. 96 21 84, auf der E 4 nach Norden, Richtung Norriken abbiegen, dann Richtung Edsberg, Schilder ab Verkehrskreisel, beim Rösjö-Freizeitgebiet. Badegelegenheit, 1.5. bis 15.9.

■ **Bredäng,** Stora Sällskapets Väg, Skärholmen, Tel. 97 70 71, 10 km südwestlich vom Zentrum, von

Süden kommend an der Einmündung E 3/E 4 links ab, 20 km weiter fahren, kurz vor der Tankstelle abbiegen, dann Schilder, von der Tunnelbanan-Station Bredäng 5 Min. zu Fuß. 2.4. bis 7.10. Bäume, Hügel, Seeblick.

■ **Ellboda,** Bogesund, Tel. 541 315 30, 6 km von Vaxholm, das von Stockholm mit dem Boot zu erreichen ist. 15.5. bis 15.9.

■ **Husbilcamping Långholm,** auf der Insel Långholm im Zentrum, nur für Wohnmobile. E 4 Richtung Södermalm, Liljeholmsbron Richtung Zentrum. An der Västerbron rechts ab, unter der Brücke.

■ **Östermalms Citycamping,** Fiskartorpsvägen 2, Tel. 10 29 03, www.camping.se. Einfache Anlage, aber der zentralste Platz in Stockholm, 20.6. bis 22.8.

Essen und Trinken

„Dies ist eine über die Maßen durstige Stadt!", kommentiert der Dichter *Carl Michael Bellman* sein Stockholm. Viele der gehobenen Restaurants sind sonntags geschlossen, einige auch über den Sommer und nach Weihnachten, daher empfiehlt es sich, auf deren Website nachzusehen. Viele Häuser bieten ein günstiges Tagesgericht zu Mittag an. Hier ein paar Adressen, von preiswerter Küche bis Oberklasse.

Essen und Trinken in Vasastan

■ **Stockholms Matwarufabrik,** Idungatan 12. Eines von Vasastans beliebtesten Restaurants. Einfach, preiswert und gut.

■ **Tennstopet,** Dalagatan 50. Legendäres Restaurant seit 1867, man sollte hier einen „Wallenbergare", das legendäre Hackfleischgericht mit Wildsauce, probieren.

■ **Tranan,** Odenplan, Ecke Karlbergsvägen 14. Beliebtes Restaurant mit traditioneller und moderner schwedischer Küche zu moderaten Preisen. Ideal nach dem Bummel um die Odengatan.

Essen und Trinken in Norrmalm

■ **Pontus,** Brunnsgatan 1 (Norrmalm), Österlandgatan 17 (Gamla Stan), Tullhus 2 (Skeppsbrokajen). Der bekannte Gastronom serviert Erlesenes im mittleren Preissegment.

■ **F 12,** Fredsgatan 12. Trendiges Themenrestaurant, das von dem bekannten Koch *Melker Andersson* geführt wird, hochpreisig.

■ **Viktoria,** am zentralen Platz Kungsträdgården. Schwedisch-französische Küche, der Tipp für Fleischesser: Biff Rydberg!

■ **Operakällaren,** Karl XIIs Torg. Seit der Renovierung Schwedens beste Adresse, der Chefkoch versorgte auch die Gäste der königlichen Hochzeit. Opulentes Renaissance-Ambiente mit Kronleuchtern, Spiegeln und Fresken. Direkt um die Ecke, im selben Gebäude, liegt die **Operabaren,** in der einfacheres, aber ebenso köstliches Essen serviert wird.

■ **Sturehof,** Sturegallerian 42, Stureplan 2, Tel. 440 57 30. Traditionsreiches Restaurant, 1897 als deutsche Bierhalle gegründet. Hier wurde Volvo „erfunden". Mo bis Fr 11–2 Uhr, Sa ab 12 Uhr, So ab 13 Uhr.

■ **Panorama-Café** im Kulturhaus, Blick über die Stadt, Sergels Torg, 11–17 Uhr, Mo geschlossen.

Essen und Trinken in Kungsholmen

■ **Kungsholmen & Pontonen,** Norr Mälarstrand Kajplats 464. Gutes Essen, trendig, mit zwei Bars: **Orangeriet** ist eine davon, hier kann man im Sommer sehen und gesehen werden.

■ **Lux,** Primusgatan 116, Tel. 619 01 90. Eine alte Fabrik wurde zu einem großen Restaurant mit strenger Innenarchitektur. Ausgezeichnete Köche, hohe Preise, im Sommer am besten auf der Terrasse mit Blick auf den Mälaren speisen (reservieren!).

■ **Salt,** Hantverkargatan 34. Sehr schwedisch: Preiselbeeren, Knäckebrot und Leuchten wie Elche. Eng, aber preiswert.

Essen und Trinken in Östermalm

■ **Örtagården,** berühmtes vegetarisches Restaurant in der Östermalmshalle, Nybrogatan 31, Tel.

622 17 28. Tagsüber gibt es ein tolles Büfett zum Festpreis.

■ **Rolfs Kök** im Industriestil wurde schon zum Kulturerbe erklärt, Tegnérgatan 41, Tel. 10 16 96, moderne Küche.

■ **Halv Grek Plus Turk,** Jungfrugatan 33. Wie der Name andeutet – orientalisch modern.

■ **Dramaten,** im königlichen Schauspielhaus gibt es ein Café. Im Sommer mit Terrasse im ersten Stock über dem Theatereingang.

■ **Brasserie Bobonne,** Storgatan 12. Sie gehört zu Stockholms besten.

■ **Jacobs Krog,** Artillerigatan 14, Tel. 667 20 40. Ein Däne traut sich nach Stockholm und serviert Smørrebrød zu moderaten Preisen.

Essen und Trinken in Blasieholm

■ **B.A.R.,** Blasieholmsgatan 4A. Eine Mischung aus Fischrestaurant, Aquarium und Bistro Bar. Moderate Preise.

■ **Atrium,** Södra Blasieholmshamnen 4, Tel. 611 34 30. Schwedische Küche zu fairen Preisen im Nationalmuseum.

■ **Lydmar,** Södra Blasieholmshamnen 2. Alles klassisch, außer der Musik.

■ **Mathias Dahlgren – Matsalen,** im Grand Hotel, Blasieholmshamnen 2. Gehört zu den Luxusrestaurants mit traditionellem Service. Das lockere Schwesterrestaurant liegt eine Tür weiter.

Essen und Trinken in Gamla Stan

■ **Frantzén/Lindberg,** Lilla Nyegatan 21. Sterneküche und legeres Ambiente, rangiert derzeit unter den weltweit 20 besten Restaurants.

■ **Stralsund-Keller,** am Skottsgränd. Seit 700 Jahren wird hier gefeiert, hier sang schon der schwedische Troubadour *Bellman,* und die Rolling Stones gaben sich auch die Ehre.

› Nordisches Museum

■ **Den Gyldene Freden,** Österlånggatan 51, seit 1722. Künstler wie *Bellman, Zorn* und *Taube* waren Stammgäste. Michelin-Stern und hochpreisig.

■ **Riddarkällaren,** Riddarholmshamnen 19, Tel. 411 69 76. Preiswerteres Kellerrestaurant mit Balkanküche.

■ **Mistral,** Gamla Stan, Lilla Nygatan 21. Moderne Küche, überraschend preiswert, allerdings mit langen Warteschlangen.

■ **Zum Franziskaner,** Skeppsbron 44, Tel. 411 83 30. Eines der ältesten Restaurants in Stockholm aus dem Jahr 1200. Schwedische und deutsche Speisen, preiswert.

Essen und Trinken in Djurgården

■ **Villa Gothem,** Rosendalsvägen 9. Die erste Adresse für heimische Klassiker.

■ **Rosendals trädgårdar,** Rosendalsterrassen 12, nahe der Endhaltestelle des 47er Busses. Café in einem alten Gewächshaus mit Bio-Bäckerei, in dem es traditionelles Kleingebäck, Kuchen, Brote und ein köstliches Mittagessen gibt. 11–16 Uhr.

■ **Wärdshuset Ulla Winbladh,** Rosendalsvägen 8, Tel. 534 897 01. Schwedisch speisen in einer Gründerzeitvilla. Am besten mit dem Boot vom Skeppsbrokajen zu erreichen. Die Namensgeberin ist eine Hure aus einer Bellmann-Geschichte.

■ **Blå Porten,** Djurgårdsvägen 64, Tel. 663 87 59. Hausgemachte Gerichte und Mehlspeisen zu günstigen Preisen, im Sommer auch vor der blauen Tür im Freien.

■ **Fjäderholmarnas Krog,** auf der Insel Fjäderholm im Saltjö-Strom nördlich von Djurgården. Von dem beliebten Lokal hat man einen fantastischen Ausblick. Allein die Fahrt mit der Fähre zur Insel und die Lage der Gaststätte am Wasser sind den Besuch wert.

■ **Oaxen Krog,** Beckholmsvägen 26, www.oaxen.com. Ausgezeichnetes Restaurant, das von Mai bis Ende Okt. und im Dez. öffnet. Achtung, das Menü kostet mind. 1750 SEK. **Oaxen slip** ist die preiswertere Alternative unter der gleichen Adresse.

Essen und Trinken in Södermalm

Söder Malärstrand, hier liegen einige Restaurantschiffe, man kann mit herrlichem Blick auf Gamla Stan essen.

Eriks Gondolen, Södermalm, Stadtsgarden 6. Die Bar auf dem Katharinahissen bietet nachts eine tolle Aussicht. So und Mo geschlossen.

Pelikan, Blekingegatan 36. Altes bürgerliches Lokal, in dem hervorragende Hausmannskost serviert wird, preiswert.

Söders Hjärta, Bellmansgatan 22 B, gegenüber dem Kirchhof, Tel. 640 14 62. Originelles und sehr gemütliches Restaurant, preiswerte Küche.

Per Olsson Choklad & Konditori (POCK), kurz vor Långholmen, Heleneborgsgatan 19. Köstliche Nachspeisen.

Kvarnen Bierhallen, Tjärhovsgatan 4. Eine Institution mit hervorragender Hausmannskost und einer der Schauplätze aus *Stieg Larssons* Millennium-Trilogie.

Urban Deli, der angesagteste Ort auf Södermalm aus Beton und Stahl hat eine gesellige Bar, einen Imbiss, eine Markthalle und ein Öko-Lebensmittelgeschäft.

Bistro Sud, Swedenborgsgatan 8 A. Klassische schwedische Küche.

Hermanns, Fjällgatan 23 A, Tel. 643 94 80. Fantastische Sicht von der Terrasse, sehr gute vegetarische Gerichte und großzügiges Buffet, noch dazu preiswert.

Beliebt ist das legere **Akkurat** in der Hornsgatan 18, hier geht es ruhig zu.

Imperiet, Götgatan 78. Schwedische Küche im ehemaligen Finanzamtshochhaus.

Preiswerter ist der **Strömmingsvagnen Slussen,** die Fischbude auf dem Östermalmtorg mit dem Blechfisch auf dem Dach hat absoluten Kultstatus, 11–20 Uhr. Nicht zu verwechseln mit Strömmen daneben.

036fotolia

Essen und Trinken außerhalb

■ **Lux Dessert & Choklad,** Liljeholmen, Sjöviksvägen 72. Von Södermalm nach Süden, nach der Brücke auf Liljeholmen links ab. Eine Empfehlung für köstliche Desserts, nur zum Mitnehmen, aber das Anstehen lohnt sich.

Bars/Ausgehen

Das Stockholmer Nachtleben ist echt skandinavisch, daher bekommt man in den meisten Bars und Clubs auch etwas zu essen.

■ **Scandic Grand Central Bar,** die Location im Scandic Hotel Kungsgatan ist ein beliebter Anlaufpunkt in Norrmalm.

■ **Bar D.O.C** (ehem. Divino), Karlavägen 28.

■ **Absolut Ice Bar,** im Nordic Sea Hotel. Alles aus Eis, -5° kalt, Winterkleidung wird gestellt, natürlich ist auch der Vodka eiskalt.

■ **Och Himlen Därtill** ist eine hochpreisige Cocktail Lounge mit einem spektakulären Rundumblick, Götgatan 78, Tel. 660 60 68, am Wochenende bis 3 Uhr.

■ **Indigo,** Bar und Lounge in der Götgatan 19.

■ Die Bar im **Bistro Jarl** in der Birger Jarlsgatan 7 ist ein Klassiker und bei einem Publikum von 35+ beliebt. Indie-Rock läuft in der **Pet Sounds Bar** in der Skånegatan 80. Im Sommer lockt die **Villa Godthem** nach Djurgården, Rosendalsvägen 9.

■ **Trädgården,** Hammarby Slussväg 2, in Södermalm, ab 17 Uhr geöffnet. Angesagter Club unter einer Autobrücke.

■ Eine trendige Bar auf Södermalm ist das **Marie Laveau** in der Hornsgatan 66b.

■ Live-Jazz gibt es im **Berns,** Näckströmsgatan 8, im **Fasching,** Kungsgatan 63, www.fasching.se, oder im **Glen Miller,** Brunnsgatan 21 A. Und wer

Strandvägen: einst die beste Wohngegend, heute reiht sich hier ein Café an das nächste

sd13-090 fph

supertrendig sein will, lässt sich auf die Gästeliste des **2.35:1** im Keller von Berns setzen. Das **White Room,** Jakobsbergsgatan 29, auf Norrmalm ist eine beliebte Lounge Party Bar. Das **Debaser Slussen,** Karl Johans Torg 1, ist eine Freiluftlocation mitten zwischen den Brücken und das Richtige für Rock 'n' Roll-Fans. Bei **Hornstull Strand** auf Östermalm, Hornstulls strand 4, gibt's vom gleichen Betreiber Pop und Rock um die Ohren.

Cafés

Da der Stockholmer jederzeit und überall seinen Kaffee trinkt, gibt es eine unübersehbare Zahl von Cafés, deshalb hier nur drei zur Auswahl:

- **Vetekatten,** Kungsgatan 55, Norrmalm. Eine echte Institution: ein traditionelles schwedisches Kaffeehaus mit einem Labyrinth gemütlicher Zimmer und köstlicher Backwaren.
- **Petite France** auf Kungsholmen ist ein Tipp unter Stockholms Feinschmeckern. Das Brot allein ist schon einen Besuch wert.
- **Kaffee & Drömmar,** Ringvägen 8, Södermalm. Hier gibt es den ganzen Tag über Frühstück.

Einkaufen

Einkaufen in Norrmalm

- **Kaufhäuser: Åhléns** in der Klarabergsgatan 50, **Gallerian** in der Hamngatan und **Sturegallerian** sind sogar sonntags für ein paar Stunden geöffnet. Schlussverkäufe *(utsalg)* gibt es zwischen Weihnachten und Neujahr, Ende Januar und Ende Juni. **NK,** die **Nordisk Kompaniet,** wurde 1902 eröffnet und ist immer noch ein renommiertes Haus.
- **Düfte: Aeter- & Essencefabrik AB,** Wallingatan 14, 9.30–18 Uhr. In diesem alten Laden kann man alles kaufen, was riecht, Likörenessenzen ebenso wie ätherische Öle, Duft- und Haarwasser, Kräuter und Gewürze.
- Am Hötorget neben der Konzerthalle wird sonntags ein **Flohmarkt** abgehalten.

Einkaufen in Vasastan

Der Arbeiterstadtteil westlich von Norrmalm erlebte vor einigen Jahren eine Renaissance, als im Birkastan um die **Rönstadsgatan** herum immer mehr trendige Läden und kleine Lokale aufmachten. Antiquitätenläden und Second-Hand-Boutiquen vervollständigen das Angebot. Tunnelbanan, grün, St. Eriksplan. Exklusiver ist es rund um den **Odenplan** etwa bei Afrodite Antik und bei Kungsholmen Antik in der Hantverkargatan 47.

Schmale Gasse in Gamla Stan

sd13-093 fph

Einkaufen in Östermalm

Dies ist das Stadtviertel mit den **eleganten Geschäften.** Internationale Modehäuser und einheimische Stars haben hier ihre Läden, z.B. Nathalie Schuterman-Boutique, Birger Jarlsgatan 5, oder Anne Holtblad, Grev Turegatan 13.

Einkaufen in Södermalm

Trödel und Trendiges kann man hier reichlich kaufen, es gibt einige Läden, z.B. am Ringvägen und im **Sofo-Viertel** (south of Folkungagatan) zwischen Folkungagatan, Götgatan, Renstiernas gatan und Skånegatan. An der Götgatan liegt Skrapan, das ehemalige Finanzamt. Hier sind etwa 30 Geschäfte angesiedelt, zusätzlich Restaurants und Cafés. Tunnelbanan Medborgarplatsen. Bei Emmaus, der traditionellen Armenhilfe, bekommt man Second-Hand-Sachen zu moderaten Preisen.

Markthallen und Shopping Mall

Die Markthallen sind nur tagsüber geöffnet und sonntags geschlossen. Die Hauptzeit ist mittags zwischen 11.30 und 13 Uhr.

- **Östermalmshallen** am Östermalmstorg ist ein Eldorado für Feinschmecker mit Bäckereien, Käsegeschäften, Fischläden, Obst- und Gemüseständen, gemütlichen Cafés und Lunchrestaurants in einem spektakulären Gebäude von 1888. Andersson Fågel & Vilts verkauft geräuchertes Rentierherz und Elchsalami, Lisa Elmqvists eingelegten Hering, gebeizten Lachs, Maränenrogen und Austern von der Westküste. Mo bis Do 9.30–18 Uhr, Fr bis 18.30 Uhr, Sa bis 16 Uhr.
- **Östermalms Korvspecialist** in der Nybrogatan 55 ist eine winzige Würstchenbude an den Östermalmshallen, in der 40 verschiedene Würste mit Sauerkraut, Senf und anderen göttlichen Soßen serviert werden.
- Die **Hötorgshallen** am Hötorget sind Stockholms kulinarisches Zentrum. Man fährt am Hötorget die Rolltreppe hinunter und holt sich einen schnellen Heringssandwich bei Kajsas Fisk, einen türkischen Burger bei Izmir oder ein saftiges Merguez-Sandwich bei La Gazelle.
- **Skärsholmen,** Storholmsgatan 16. Die größte Shopping Mall überhaupt. Im Parkhaus im Untergeschoss findet der größte Flohmarkt Schwedens statt, und zwar täglich 11–18 Uhr.
- **Östermalms Fyndmarknad,** Markt im Karlavägen 89.

Veranstaltungen

- **Tag des Schärenschiffes:** Am ersten Mittwoch im Juni wird die Parade alter Schärenboote im Hafen gefeiert.
- **Bellman-Festival:** Der Volksdichter wird im Hagapark Ende Juni geehrt.
- **Stockholm Jazz Festival:** Jazz, Blues, Soul, Funk und Latin Ende Juli. Infos unter www.stockholmjazz.com.

Schwule und Lesben

An Sommerabenden treffen sich Gays, Lesben, Bisexuelle und Transgenders am schwimmenden **Mälarpaviljongen.** Das **Högkvarteret** in der Närkesgatan 8 ist bei Queer-Fans und Kreativen gleichermaßen beliebt. Gays findet man im **Torget** oder **Roxy,** Lesben gehen am Wochenende gern ins **Judy's** in der Närkesgatan 8 oder ins **Urban Deli.** Die **Gay Pride Week** findet jedes Jahr Ende Juli/Anfang August statt.

Botschaften

- **Deutsche Botschaft,** Skarpögatan 9, Tel. 670 15 72, www.stockholm.diplo.de, Mo bis Fr 9–12 Uhr, Do auch 13.30–15.30 Uhr.
- **Österreichische Botschaft,** Kommendörsgatan 35/V, Tel. 665 17 70, www.bmeia.gv.at/botschaft/Stockholm, Mo bis Fr 9.30–16.30 Uhr.

■ **Schweizerische Botschaft,** Valhallavägen 64, Tel. 676 79 00, www.eda.admin.ch/stockholm, Mo bis Fr 9–12 Uhr.

Stockholm-Karte

Die kleine Plastikkarte ist in den Touristbüros für **450 SEK pro Tag** erhältlich (2 Tage 625 SEK, 3 Tage 750 SEK). Mit ihr kann man die öffentlichen Verkehrsmittel unbegrenzt benutzen und viele der Sehenswürdigkeiten ohne Eintritt besuchen und außerdem kostenlos parken. In den Touristbüros bekommt man eine Liste aller Leistungen und Freiparkscheine.

Rund ums Auto

■ **Motormännens Riksförbund,** Sveav 32, Tel. 690 38 00, www.motormannen.se. Automobilclub.
■ **Kungliga Automobilklubben** (KAK), Stockholm 16 (Södra), S. Blasieholmshamnen, Tel. 678 00 55, www.kak.se. In den 1930er Jahren war der Vorsitzende des Automobilclubs ein gewisser *Sture Lindgren,* dessen Frau *Astrid* als Schriftstellerin zu Weltruhm gelangte.
■ **Straßenhilfsdienst/Notfälle:** Tel. 241 00
■ **Maut:** Stockholm hat die „Trängselskatt" (Gedrängesteuer) eingeführt. Schwedische Bürger (jedoch nicht Touristen!) müssen in der Hauptstadt werktags 30 SEK für Fahrten in und aus der Innenstadt zahlen. An 18 Mautstationen wird dies per Funksystem kontrolliert. Der Tag vor Ferienbeginn und der Juli sind frei.
■ **Parken:** Günstig in den Parkhäusern der Innenstadt (25 SEK für den ganzen Abend). Wer sein Auto für längere Zeit abstellen will, kann dies bei Silja Line oder Viking Line an den Fährterminals tun. Bei Ropsten (Glasverksvägen/Ropstensslingan) kann man ein Monatsticket für 150 SEK kaufen. www.stockholmparkering.se listet alle Parkplätze auf.

Transport in der Stadt

Der Nahverkehr ist in Zonen eingeteilt. Man kann Hefte mit 18 Abschnitten kaufen, für die erste Zone benötigt man zwei Abschnitte, danach jeweils einen Abschnitt. Für Touristen bietet sich die **Stockholmkarte** an (s.o.). In Zeitschriftenläden (Presbyro) kann man auch eine Tageskarte für 100 SEK erstehen, die **24-timmarskort.**

U-Bahn (Tunnelbanan)

Schwedens einzige U-Bahn – von den etwa 140 Streckenkilometern verlaufen 60 unterirdisch. Es gibt drei Linien: Die **Gröna Linjen** (grün) ist die längste, hinzu kommen die **Röda Linjen** (rot) und die **Blå Linjen** (blau). Zur Geschichte: 1877 gab es eine erste Pferdebahn, später folgte die elektrische Straßenbahn Spårvägar. 1931 grub man für die grüne Metrolinie einen Tunnel zwischen Skanstull und Slussen, weitere folgten, in den 1950er Jahren plante man die rote Linie gleich als U-Bahn. Auch die blaue verläuft fast nur unter der Erde. **T-Centralen** ist die Hauptstation. Die modernsten Züge von Adtranz fahren auf der grünen Linie.

Die **Stationen** kennzeichnet ein blaues „T". In den 1950er Jahren gab es einen Wettbewerb zur künstlerischen Gestaltung der Bahnhöfe; bis heute sind etwa 90 Stationen „veredelt" worden. In sieben Stationen wechseln die Kunstwerke wie in einer Kunsthalle, deshalb sprechen manche von der längsten Kunstgalerie der Welt. Beispiele sind die Stationen T-Centralen mit steinernen Sofas, Kungsträdgarden mit griechischen Malereien, Solna Centrum mit Gucklöchern auf Kunstwerke, Vällingby mit Bäumen, Hässelby Strand mit Mosaiken und Gubbängen mit Skulpturen.

Busse

Zwei sehr beliebte Buslinien sind die 47 (nach Gröna Lund, Skansen und zum Vasamuseum) und die 69 (zum Kaknästurm). Mit einem **Hop On Hop Off Ticket** (ca. 220 SEK), das 24 Stunden lang für beliebig viele Fahrten in den speziellen Sightseeing-Bussen gilt, werden viele Sehenswürdigkeiten angefahren. Das Ticket ist auch als Kombikarte für Boot und Bus erhältlich, dann kann man die Stadt auch vom Wasser aus kennenlernen.

- **Gelbe Route:** Grand Hotel, Schloss, Medborgarplatsen, Stadsgården port, Slussen, Rålambshov Park, City Hall, Casino Cosmopol, Ice Bar, Hauptbahnhof, Gustav Adolfs Torg.
- **Grüne Route:** Gustav Adolfs Torg, Kulturhuset, Hard Rock Café, Haga Södra, Karolinska Institute, Vasaparken/St. Eriksplan, Clarion Sign, Ice Bar, Hauptbahnhof.
- **Blaue Route:** Grand Hotel, Gustav Adolfs Torg, Hauptbahnhof, Kulturhuset, Strandvägen und Nybroviken, Vasamuseum, Skansen, Djurgårdsbron, Tekniska Museet, Kaknästurm, Frihamnen-Hafen, Tallink/Silja-Terminal, Karlaplan, Stureplan.

Historische Straßenbahn

- **Spårväg City:** Seit 1991 fährt die **Djurgårds Linjen** im Sommer Touristen von Djurgården zum Norrmalmstorg. Mit der Umstellung auf Rechtsverkehr kam seinerzeit das Aus für die Straßenbahn, denn man hätte alles umbauen müssen. Das geschah dann mit den Museumsbahnen. Seitdem wird das Streckennetz kontinuierlich erweitert. Man plant eine Linie von Kungsholmen im Westen bis zur Brücke nach Lidingö. Damit die Züge nicht unfreiwillig zur U-Bahn werden, muss auf dem Sergels Torg erst die Decke verstärkt werden. Zum Einsatz kommen blaue 750-Volt-Gleichstromwagen.

Taxis

- Es gibt **Touristentaxis,** deren Fahrer dem ausländischen Gast sprachkundig zur Seite stehen. Bestellung unter Tel. 15 00 00.

Fähren

- **Silja Line,** Kungsgatan 2, Tel. 22 21 40, www.siljaline.de.
- **Viking Line,** Centralstation, Tel. 452 42 00, www.vikingline.se.
- Für **Ausflüge** stehen Fähren zu den Ålandinseln und unzählige innerörtliche Ausflugs- und Rundfahrtschiffe bereit.
- Stockholm ist der Endhafen des **Götakanals,** der bei Söderköping in die Ostsee mündet. Man kann von hier aus mit dem Schiff nach Göteborg fahren, was jedoch ziemlich teuer ist. Eine Bekannte hat es geschafft, diese Strecke zu trampen, was wohl ein Glücksfall war. Wer es dennoch versuchen will, baue sich an einer der zahllosen Schleusen auf. Die Reedereiadresse: **AB Göta Kanalbolag,** Box 3, 59121 Motala, www.gotakanal.se.

Bahn

Der Hauptbahnhof Stockholms, die **Centralstation,** Centralplan 15, mit Post und Touristbüro, ist oft Ausgangspunkt für eine Stadttour. Die wichtigste Bahnlinie kommt von Trelleborg aus dem Süden und führt nach Kiruna in Lappland, von wo man auf der Erzbahnstrecke auch nach Narvik in Norwegen fahren kann. Ein beliebter Treffpunkt in der Bahnhofshalle ist ein Geländer mit afrikanischen Figuren (von 1956). Gegenüber vom Hauptbahnhof steht das World Trade Centre mit Cafés und Bahnverbindung zum Airport. Die Staatsbahn im Internet: www.sj.se.

Flüge

- Es gibt in Stockholm zwei Flughäfen: 10 km westlich vom Stadtkern liegt **Bromma,** hier starten die meisten Inlandsflüge. Von der Vasagatan 6-14 gegenüber dem Hauptbahnhof fahren Zubringerbusse in 20 Min. dorthin. Außerdem halten dort Bus 110 und 152. Der **Internationale Arlanda-Airport** mit Verbindungen in die ganze Welt liegt ca. 40 km nördlich der Stadt. Vom Keller des World Trade Centre fährt zwischen 5 Uhr früh und 23.30 Uhr alle Viertelstunde der Airportexpress nach Arlanda. Vom Bahnhof kommt man auch unterirdisch auf diesen Bahnsteig. Manche Flüge lassen sich schon hier einchecken. Der Zug braucht 20 Min. und hält am Flughafenterminal 2/3/4 Süd und 3 Min. später nahe Terminal 5 Nord. Die Fahrt kostet 180 SEK, Studenten mit Ausweis zahlen die Hälfte. Im Zug gekaufte Tickets sind 30 SEK teurer. Vom Hauptbahnhof fährt alle 10 Min. ein Flughafenbus (80 SEK).

■ **Fluglinien:** Finnair, Normalmstorg 1, Tel. 244 43 30; SAS, Frösundaviks Allé 1, Solna, Tel. 797 00 00.

Ausflüge zu Schären, Schlössern und Herrenhöfen

Tyresö

Südlich von Stockholm gibt es in Tyresö ein **Schloss** aus dem 17. Jh. zu besichtigen. Schlafen kann man in der STF-Jugendherberge Lilla Tyresö, Kyrkvägen 3, Tel. 770 03 04, www.lillatyreso.se.

Stockholmer Schärengarten

Der Stockholmer Schärengarten besteht aus ungefähr **30.000 Inseln, Schären und Felsen,** die sich östlich vom Stadtzentrum bis in die Ostsee erstrecken. Einige sind große, bewohnte Inseln, die für ihre lebhaften Sommerpartys bekannt sind, andere kahle Felsen oder mit Gras bewachsene Kuppen, die von Seehunden oder Bootsfahrern okkupiert werden. Hier hat nicht nur *Mikael Blomquist* sein Sommerhaus, sondern auch Tausende andere „Nullachter", wie die Stockholmer nach ihrer Telefonvorwahl von den Inselbewohnern genannt werden.

Für die Schären kann man kaum Tipps geben, ohne sich zu verzetteln, am besten in das nächste Boot gesprungen und ab geht die Post, z.B. mit Cinderella, www.stromma.se/en/Skargard/Cinderellabatarna, ab Strandvägen oder mit Vaxholms, www.waxholmsbolaget.se/visitor/archipelago-traffic/plan-trip, ab Strömkajen vor dem Esplanade-Hotel. In einer Stunde ist man auf Vaxholm. Tickets kauft man an Bord für 150–300 SEK. Die Schiffe fahren das ganze Jahr über bei jedem Wetter. Wer auf einem fernen Inselchen steht und zurück will, sollte auf die **„Ampel"** achten, eine rotgelb lackierte runde Blechtafel, die drehbar gelagert ist. Normalerweise liegt die Scheibe waagerecht, doch wenn jemand auf ein Boot will, dreht er sie in die senkrechte Position. So wird das Schild von den vorbeifahrenden Schiffen gesehen, und der Kapitän legt an, um den Passagier aufzunehmen, natürlich nicht ohne die Tafel wieder waagerecht zu stellen. Nicht bei allen Schiffen steht das Endziel angeschlagen, man muss die Besatzung fragen. Manche Inseln, wie etwa Grinda oder Utö, haben mehrere Anleger, die jeweils auf unterschiedlichen Routen angesteuert werden.

Wer länger unterwegs sein will, kann sich für 420 SEK das 16 Tage gültige **Båtluffarkortet** kaufen. Mit der Karte kann man beliebig viele Bootsfahrten im Schärengarten unternehmen, man bekommt sie in der Touristeninformation am Sergels Torg.

Nacka

Mit dem Wagen kann man auf der Straße 228 nach Nacka fahren und dort die alten **Herrenhöfe** aus dem 18. Jh. besichtigen. Wer Zeit hat, kann auf dem **Sörmlandsleden** wandern. Der ist insgesamt 1000 km lang und führt über längere Strecken an der Küste entlang.

Saltsjöbaden

Wer nicht so gut zu Fuß ist und weiterfährt, erreicht den **Badeort** Saltsjöbaden, der von dem alten **Grandhotel**⑤ überragt wird. Es sieht ein wenig nach Disneyland aus, was auch daran liegen mag, dass man von der Zufahrt aus durch die Eingangshalle hindurchblicken kann und es dadurch wie eine Theaterkulisse wirkt. Das Haus im französischen Stil wurde vom Finanzier *KA Wallenberg* nach einem Besuch in Monte Carlo ersonnen. 1893 wurde es mit großem Pomp eröffnet, die gesamte Kriegsmarine schoss Salut, der König stiftete zwei wertvolle Vasen. Bald wurde das Hotel ein sehr beliebtes Reiseziel, *Wallenberg* hatte zwischenzeitlich die Bahnverbindung von Stockholm zum Hotel bauen lassen. Danach gingen hier Politiker, gekrönte Häupter und Stars aus und ein, 1938 berieten schwedische Politiker vor Ort über die Zukunft des Landes. Das Hotel hat 61 Zimmer und ein erstklassiges Restaurant, Tel. 506 170 00, www.grandsaltsjobaden.se.

Wer nicht in dem berühmten Grandhotel wohnen will, kann es im **Vår Gård Saltsjöbaden**⑤ versuchen, Ringvägen 6, Tel. 748 77 00, www.vargard.se, auch mit Blick aufs Wasser.

Ein Bummel zum **Hafen,** zu dem aus Slussen ein Vorortzug fährt, führt zum Kungliga Svenska Segel Sällskapet, dem Königlich-Schwedischen **Yachtclub,** der ein schönes altes Gebäude am Hotellvägen 9 besitzt.

Wer weiter fährt oder läuft, kommt vom Hotellvägen auf die kleine **Insel Restaurangholmen,** wo es nur eine kleine Gartenwirtschaft rechts am Wasser gibt, die Holmen Kök & Bar. Ansonsten stehen hier moderne Privathäuser, und ganz im Süden der Insel liegt das alte **Friluftsbad,** das man nur zu Fuß erreicht. Die sehenswerten Holzbauten vom Ende des 18. Jh. sind nach Geschlechtern geteilt. Das grüne Damenbad hat ein schlichtes Äußeres mit Holzdecks und Sprungturm. Das „Herrenhaus“ ist ebenfalls eine zweistöckige Holzkonstruktion mit langen Reihen von Umkleidekabinen. Von einem der Ecktürme kann man aus Höhen von 2, 5, 8 und 11 m ins Meer springen. Zwischen beiden Häusern liegt der Zwischenstrand. Eintritt 60 SEK. Der erwähnte *KA Wallenberg* finanzierte außer dem Bad noch eine Rodelbahn, einen kleinen Hafen und eine Sprungschanze. Außerdem gibt es ein Restaurant.

Fjäderholmarna

Die **nächstgelegene Inselgruppe der Schären** ist mit der Fähre von Strandvägen und Slussen in 20 Minuten erreicht. Der Name kommt von Fierdholmarna, „Inseln in der Bucht“. In den 1800er Jahren hatte Fjäderholmarna eine große Bedeutung im **Schnapskrieg** zwischen *L. O. Smith* (siehe Exkurs zu Absolut bei Åhus) und der neuen Alkohol-Monopolgesellschaft in Stockholm. Schnapskäufer der Hauptstadt wurden von *Smith* kostenlos zur Insel gefahren, dort verkaufte er seinen Stoff lose oder in Flaschen. In neun Monaten brachte *Smith* über eine Million Liter seines „tiodubblet renade“ (zehnmal raffinierten) Vodkas an den Mann. Boote mit gemütlichen beheizten Lounges gingen mindestens zweimal die Stunde von Stockholm hinüber. Schließlich gab die Monopolgesellschaft auf und kaufte selbst in der Fabrik von *Smith* in Åhus ein. In den 1920er Jahren übernahm die schwedische Marine die Inseln, um eine Munitionsfabrik zu bauen.

Heute ist Fjäderholmarna ein **beliebtes Ziel** bei Einheimischen und Touris-

sd13-091 fph

ten. Während der Sommermonate gibt es die Fährdienste Fjäderholmslinjen, Strömma Kanalbolaget und Waxholmsbolaget. Der Fjäderholmarnas Krog ist ein ausgezeichnetes Sommerrestaurant. Am Gasthafen liegt die Räucherei (Rökeriet) mit Restaurant und Café, Tel. 542 494 91. Mitten auf der Insel findet man Ateliers und Geschäfte zahlreicher Kunsthandwerker. Außerdem gibt es ein Freilichttheater und ein **Schnapsmuseum** zu besuchen. Die Fjäderholm-Inseln vermitteln einen ersten Eindruck von der malerischen Schönheit der Stockholmer Schären. Infos unter www.fjaderholmarna.se.

⌃ Vorsicht beim Aussteigen: Tankstelle für Boote bei Vaxholm

15

Värmdö

Auf dieser Insel wurde der Ort **Gustavsberg** durch die gleichnamige Porzellanmanufaktur bekannt. Sie kann besichtigt werden. Odelbergs väg 5 B, www.varmdo.se/Resource.phx/plaza/publica/turist/index.htx. Man kann über die Straße 222 von Stockholm über Nacka herfahren.

Vaxholm

Vaxholm ist eine **Stadt mit idyllischen pastellfarbenen Holzvillen** aus dem 19. Jh. Sie entstanden um die Festung herum. 15 Mal täglich fährt ein Schiff auf die Insel (130 SEK), aber auch mit dem Bus kann man anreisen. Am Torget gibt es eine Turistinfo, Restaurants und Cafés. Dem Anleger gegenüber liegt das türmchenbewehrte **Vaxholms Hotell④**,

Tel. 541 301 50, www.waxholmshotell.se. Das Militär hatte seinerzeit eine Vorschrift erlassen, die erst 1912 aufgehoben wurde, nämlich dass alle Häuser aus Holz zu sein hatten, nicht damit es aussehe wie in Bullabü, sondern damit der Ort ganz fix abgefackelt werden konnte, falls ein Feind nahte. Da das nie passierte, stehen die Fischerhütten und Sommerhäuschen heute noch.

Grinda

In gut einer Stunde lässt sich die **Insel** mit dem Schnellboot über Vaxholm erreichen (100 SEK). Die Landschaft ist idyllisch, im Sommer bestehen Bademöglichkeiten am Strand oder von den Felsen aus. Auf der Insel gibt es ein Hotel, Ferienhäuser, die Jugendherberge, einen Campingplatz sowie viele Möglichkeiten, etwas zu unternehmen. Das Hotel **Grinda Wärdshus**④, Tel. 542 494 91, www.grindawardshus.se, in der Inselmitte ist im Jugendstil erbaut und hat das ganze Jahr über an den Wochenenden geöffnet, eine gemütliche Bar gibt es auch. Die Insel hat zwei Anleger.

Svartsö

Ist eine **Insel** weiter nach Nordosten und hat als Ziel den **Svartsö Krog** zu bieten, Tel. 542 472 55. Auf der großen Insel gibt es Wald, Felder und Seen.

Nämdö

Auf der **Insel** weit draußen in der Ostsee lockt der **Hamnkrog** an der Sandbrygga, Tel. 571 561 57. Ein paar hundert Meter weiter hat das Schärenmuseum eine Filiale; geöffnet von Ende Juni bis 4. August 13–16 Uhr.

Bergholmen

Die **Island Lodge** bietet sieben Luxuszelte mit Ofen und bequemem Bett, dazu eine fantastische Aussicht auf die Stockholmer Schären. Zu buchen über **Vladi Private Islands GmbH,** Ballindamm 7, 20095 Hamburg, Tel. 040-33 89 89. Die Insel ist mit dem Boot ab Vaxholm in 10 Minuten erreichbar, von der Stockholmer Innenstadt sind es 40 Minuten.

Landsort

Zwei Stunden sind es mit dem Boot von Stockholm auf diese **Insel,** die seit 1985 unter Naturschutz steht. In der Mitte verläuft ein Streifen Mischwald, rechts und links liegen Klippen, darauf die bunten Häuser und dazwischen alte Leuchtbaken. Das Wahrzeichen der Insel ist der **Leuchtturm.** Nachts schickt der alte rot-weiße Turm sein Licht über die Ostsee, einmal lang, viermal kurz. Neben dem Leuchtturm stehen Kanonen auf den Klippen. Bis Ende der 1990er Jahre war die Insel militärisches Sperrgebiet. Heute herrscht hier vor allem – Stille.

Dalarö und Ornö

Zwischen den beiden Inseln erstreckt sich **Schwedens erster kulturhistori-**

scher Unterwasserpark. Mehr als 30 Schiffswracks locken Taucher aus aller Welt an. Darunter befinden sich Schätze wie das sogenannte Dalarö-Wrack (Dalarövraket), ein Dreimaster, der vermutlich zwischen 1640 und 1670 hier Schiffbruch erlitt. Auch die Handelsschiffe „Anna Maria“ und „Jutholmsvraket“, deren Untergang auf Anfang des 18. Jh. geschätzt wird, gehören dazu.

Falls Sie auf Ornö festsitzen, können Sie sich ein Wassertaxi mieten. Nach Dalarö kommt man, wenn man von der Straße 73 nach Nynäshamn auf die 227 abbiegt und über die Brücke fährt. **Fähren:** Ornö Sjötrafik AB, Autofähre Dalarö – Ornö, www.ornosjotrafik.se; Strömma Kanalbolaget, www.stromma.se; Utö Rederi AB, www.utorederi.se, „M/S Mysing“, „M/S Havsörnen“ (Årsta havsbad – Utö und weitere Inseln), „M/S Utö Express“ (Nynäshamn – Nåttarö – Rånö – Ålö). **Übernachtung** in der Jugendherberge **STF Dalarö**③, Tullbacken 4, Tel. 501 516 36, www.svenskaturistforeningen.se; modernes Haus mit Blick aufs Wasser und eigenem Anleger.

Sandhamn

Hier hat *August Strindberg* eine Zeit lang gelebt. **Landsort Fyr** aus dem Jahr 1659 ist ein 45 m hoher Leuchtturm. Heute kommen 100.000 Gäste pro Jahr in das **idyllische Dorf,** z.B. ins Sandhamns Värdshus zum gut Speisen, Tel. 571 532 64. Früher lagen hier die Lotsenboote, die die dicken Pötte durch das Inselgewirr nach Stockholm leiteten, später errichtete der schwedische Yachtclub sein Clubhaus hier. Infolge der ganzen Bootsleute gibt es sogar ein Nachtleben im kleinen Ort rund um den Hafen. Zum **Übernachten** bieten sich das Sands Hotell, Tel. 571 530 20, und das Seglarhotellet, Tel. 574 504 00, an. Dykarbaren an der Strandpromenaden ist eine Adresse für erstklassiges Essen. Die **Boote** von Cindarellabåtarna fahren einmal pro Tag und brauchen rund 3 Stunden bis nach Stockholm (140 SEK), Vaxholmbolaget fährt siebenmal pro Tag nach Stavsnäs.

Kymmendö

August Strindberg nannte die Insel **„Blumenkorb im Meer“.** Das Wassertaxi braucht von Dalarö 15 Minuten. Die Insel ist eine der wenigen Schären, die noch in **Privatbesitz** sind, die Familie *Berg* vermietete *Strindberg* 1871 ein Zimmer in ihrem Haus auf der waldig-sumpfigen Insel. Als dem Dicher das zu eng wurde, ließ er sich vom Knecht im Wald einen 2 m² großen Verschlag zum Schreiben zimmern. Mit seinen Schärengeschichten „Die Hemsöer“ wollte er den Konflikt zwischen Stadt und Land, Zivilisation und Natur witzig darstellen. Leider erkannten sich die Bewohner von Kymmendö darin wieder und auch noch schlecht getroffen, sodass er sich auf der Insel nie mehr blicken lassen durfte. Alle, die nicht *Strindberg* heißen, können z.B. in Carlssons Bakficka speisen.

Hålludden

Das **Kunstzentrum Artipelag** ist eine Kunst-, Konzert- und Veranstaltungshalle mit mehreren Restaurants sowie einem Design-Shop. Das neue Gebäude fügt sich auf natürliche Weise in die Umgebung ein, mit Blick auf den Baggensfjärden und in der Ferne auf Saltsjöbaden. Artipelag ist über Land (Straße 222 über Nacka) in 15 Minuten, per Ausflugsschiff von Stockholm in 1 Stunde erreichbar. Infos: www.artipelag.se.

Utö

Utö ist **eine der äußeren Inseln** südöstlich der Hauptstadt, etwa 10 km lang, mit 350 Einwohnern. Bekannt ist das **Utö Wärdshus,** Tel. 501 571 00. 1889 kaufte der Händler *Levin* die Insel und machte aus der mittelalterlichen Erzmine eine Art Ferienresort, das selbst *Greta Garbo* anlockte. Heute gibt es ein Minenmuseum, die alten Arbeiterhäuser an der Lurgatan und eine Holländer-Windmühle von 1791 zu sehen. Touristinfo und Hüttenvermietung: Tel. 501 574 10. Baden kann man in der Nähe des Anlegers von Persholmen und bei Rästavik oder Ålö Storsand. Seglarbaren serviert einfache Gerichte mit Hafenblick, oder man holt sich was vom Kiosk Fisklådan und setzt sich ans Wasser. Für 130 SEK fährt Waxholmbolaget einmal pro Tag von Stockholm über Tyresö in 3½ Stunden her, achtmal vom Stockholmer Vorort Årsta Havsbad oder Nynäshamn. **Wassertaxis** bis 12 Personen haben: Utö Varv, Tel. 070-682 79 68; Sjötaxi vom Wärdshus, Tel. 504 20 300; Rånö Gård, Tel. 501 576 24.

Finnhamn

Finnhamn besteht aus **mehreren Inseln.** Der Anleger liegt unterhalb von Finnhamns Café Krog, von dessen Terrasse man über den Schifffahrtskanal blicken kann. Gleich hinter dem Laden sieht man Kohlenhändler *Rönströms* Sommerhaus, in dem heute ein Hostel② untergebracht ist. Auch einen Zeltplatz gibt es, Tel. 542 462 12, www.svenskaturistforeningen.se, ganzjährig geöffnet. Dreimal pro Tag schippert Waxholmsbolaget in 2½ Stunden von Stockholm hierher (130 SEK).

Nynäshamn

Nynäshamn ist die **südlichste Festlandsspitze,** der **Hafenort** liegt am Ende der Straße 73, die von Stockholm nach Süden verläuft. Von hier fahren Schiffe nach Gdansk oder Ventspils in Lettland. Bekannt ist das Restaurant Kroken, Tel. 520 100 25, Fiskargränd 8, nicht zu verfehlen am Hafen rechts vom Anleger hinter Fischladen und Räucherei.

16 Rund um Stockholm

Von Stockholm können spannende Ausflüge unternommen werden. Zum großen Mälarsee im Westen der Hauptstadt kann man das Boot nehmen. Sehenswert ist das königliche Schloss Drottningholm. Im Norden erwartet das mittelalterliche Sigtuna die Gäste mit vielen alten Häusern und in der Nähe mit dem Königsschloss Rosersberg. Auch die alte Universitätsstadt Uppsala mit ihrem mächtigen Dom ist definitiv einen Abstecher wert.

< Sigtuna am Mälarsee

Von Stockholm nach Westen

Westlich der Hauptstadt breiten sich die Wasser des Mälaren aus. Als erste Station der Tour um den See kann man ein Boot vom Stockholm-Strömkajen besteigen und auf die Insel Lövön mit dem Königlichen Schloss fahren (Mai bis Sept.). Mit dem Wagen fährt man über die Straße 275 am Kreisverkehr in Bromma auf die 276.

Drottningholms Slott

Viele deutsche Urlauber kommen zum Schloss auf der **Insel Lövön,** um einen Blick auf das Königspaar zu erhaschen. Die wohnen allerdings in einem nicht öffentlichen Seitenflügel. Die gesamte Anlage wurde 1991 in die UNESCO-Liste des Weltkulturerbes aufgenommen. Die barocke Residenz ist dem Schloss Versailles nachempfunden. 1661 erwarb die Witwe des schwedischen Königs *Karl X. Gustav, Hedwig Eleonora von Schleswig-Holstein-Gottorf,* das Schloss, das noch im selben Jahr niederbrannte. Da Geld keine Rolle spielte, ließ sie ein neues Barockschloss nach den Plänen des Architekten *Nicodemus Tessin d. Ä.* errichten und einen Schlossgarten nach französischem Vorbild anlegen. Ab 1777 ließ *Gustav III.* einen englischen Landschaftspark hinzufügen, dessen Gestalter *Fredrik Magnus Piper* war. Man kann einer Führung durch die Gemächer mit ihren Gemälden und Originalmöbeln beiwohnen und anschließend durch den Schlossgarten schlendern.

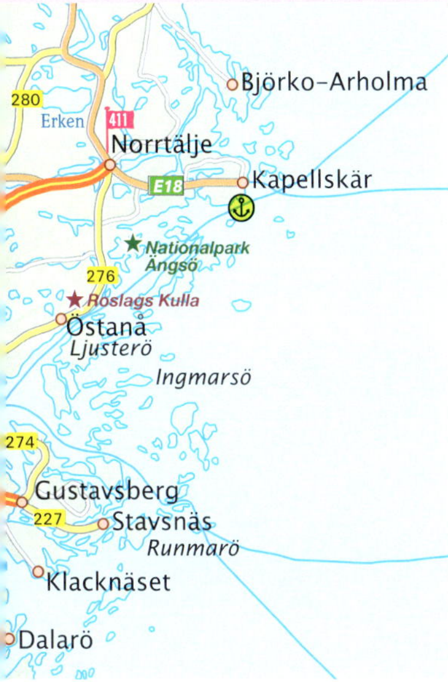

Kina Slott

Das **Chinesische Schlösschen,** Teil der Schlossanlage und ursprünglich ein zweiflügeliger Pavillon, war 1753 ein Geburtstagsgeschenk an Königin *Lovisa Ulrika* von König *Adolf Fredrik*. Das in aller Eile errichtete Holzhaus begann sich schon nach zehn Jahren aufzulösen, deshalb wurde zwischen 1763 und 1769 von *Carl Fredrik Adelcrantz* ein Neubau durchgeführt. Das Rokokohaus ist mit chinesischen Versatzstücken erstellt und beherbergt einen Billardsaal und Schätze aus der Königlichen Sammlung. Es gab weitere Gebäude für das Landleben, ein Speisehaus, eine Küche sowie eine Werkstatt. Im Park östlich des Pavillons steht eine **Volière,** Pagode genannt. 2010 drangen Diebe in das Haus ein und entwendeten wertvolle Kunstgegenstände; sie flohen per Moped und Boot, die Antiquitäten wurden nie gefunden.

NICHT VERPASSEN!

Drottningholms Slott:
sich königlich amüsieren im Theater des Schlosses auf der Insel Lövön | 403

Skoklosters Slott:
barocke Pracht am Ufer des Mälarsees | 415

Uppsala:
Gelehrsamkeit & Schönheit | 416

Diese Tipps sind gelb hinterlegt.

Drottningholms Slottsteater

Höhepunkt eines Besuchs in Drottningholm aber ist das Schlosstheater. Es ist **eines der am besten erhaltenen Barocktheater Europas** und wurde 1766 für die Königin *Luise Ulrike von Preußen* gebaut, das alte war im Jahr 1762 bei einer Vorstellung abgebrannt. Das Geld war mittlerweile knapp, und so entstand ein von außen recht schmuckloser Bau auf dem Schlossgelände. Innen ist die Deko aus Pappmaché und der Rest gemalt. Im Zuschauerraum gibt es mehrere Arten von Logen, solche für unanständige Gelüste, andere, von denen man nur die Zuschauer beobachten konnte, und dann die königlichen Logen, obwohl der König lieber im Parkett saß. Der Architekt *Carl Fredrik Adelcrantz* und seine Helfer durften beim Bau des Hauses umsonst dort wohnen, sodass zeitweise 150 Menschen in dem Bau lebten. Seinen

sd13-094 fph

sd13-095 fph

Höhepunkt erlebte das Theater unter *Gustav III.*, der selbst Theaterstücke schrieb und gerne als Schauspieler auftrat. Nach seinem Tod verfiel das Haus und wurde erst 1921 bei der Suche nach einem verschwundenen Gemälde „wiederentdeckt". Die komplette Bühnentechnik samt Windmaschine und Falltür für untergehende Schiffe ist noch original erhalten. Das Theater besitzt eine einzigartige Sammlung alter Bühnenbilder und Kostüme aus dem 18. Jh. Heute finden wieder Aufführungen statt, frühzeitige Anmeldung ist ein Muss. Führung im Sommer auch in deutscher Sprache täglich 11–16 Uhr, 90 SEK.

Zurück auf dem Festland, verlässt man den Großraum Stockholm auf der Straße 275 und der E 18 und fährt am Nordufer des Mälarsees nach Westen, vorbei an **Björkliden,** das man nicht mit dem gleichnamigen Bahnhof oben in Lappland verwechseln darf; zum Glück heißt die örtliche Bahnstation Kallhäll. Die Straße schwingt sich nun bei **Enköping** um den Mälarsee herum. Die Stadt ist auf sandigen Moränenresten erbaut und wird vom Enköpingså durchflossen. Wer gut essen will, sollte in Enköping zur Kungsgatan 27 fahren, das Bistrot Bombance serviert Di bis Fr ab 11.30 Uhr und Sa ab 12 Uhr köstliche Kleinigkeiten. Der Ort wurde im 19. Jh. typisch schwedisch um die Kungsgatan angelegt, ringsherum befinden sich Meerrettichfelder. Heute steht die Stadt in Schweden für Gartenkultur, zahlreiche Parks und alljährliche Pflanzenmessen.

Zurück auf der E 18 folgt Västerås.

‹ Drottningholms Slott: Schlosspark und -theater

Västerås

- **Einwohner:** 110.000
- **Vorwahl:** 021
- **Information: Turistbyrå Västerås & Co.,** Tel. 39 01 00, Kopparbergsvägen 1, am Konzerthaus, www.visitvasteras.se, 15 Min. parken frei.

1120 wurde aus dem Handelsplatz Aros der Bischofssitz Västerås, worauf mehrere Reichstage in der Stadt abgehalten wurden. Wichtiger Arbeitgeber ist heute der Allmänna Svenska Elektriska Aktiebolaget ASEA, die Firma baute z.B. die Züge der Stockholmer U-Bahn. Das Schloss der Stadt ist heute Sitz der Regionalregierung. In Västerås wurde die Modekette **H&M** gegründet. Für Freunde US-amerikanischer Autos ist das **Power Big Meet Festival** in der ersten Juliwoche eine Attraktion, bis zu 14.000 Wagen sind hier zu sehen.

Der lokale Performancekünstler **Mikael Genberg** beabsichtigt übrigens, eine Hütte aus Kunststofffolie auf dem Mond zu bauen. Er hat bereits berühmte Unterstützer gefunden. Mit dieser Aktion will er den Menschen Mut machen, etwas Unmögliches zu versuchen.

Erwähnt sei auch **Olof Rudbeck d. Ä.:** Als Dozent der Botanik an der Universität Uppsala tätig, legte er 1654 den botanischen Garten an, der durch *Carl von Linné* berühmt werden sollte.

Berühmt ist der Schriftsteller und Philosoph **Lars Gustafsson,** der 1936 hier geboren wurde und internationale Anerkennung erhielt. Wichtige Bücher sind der Roman „Die Sache mit dem Hund" von 1993, der halbdokumentarisch von einem Wissenschaftler handelt, und „Geheimnisse zwischen Liebenden“, die Geschichte eines Mannes, der sich in seine Putzfrau verliebt. Der Roman „Wollsachen“ wurde verfilmt. 2009 unterstützte *Gustafsson* die schwedische Piratenpartei, verließ sie aber ein Jahr später. In Deutschland ehrte ihn das Goethe-Institut.

Sehenswert

Kyrkbacken

Bis ins 16. Jh. war die **hügelige Gegend nördlich der Kathedrale** die Wohngegend der Armen, der Süden war der bürgerliche Teil, wo die „besseren“ Leute lebten. 1623 bis 1711 wütete die Pest in Kyrkbacken, wohingegen städtebauliche Modernisierungen einen Bogen um das Gebiet machten. Erst in den 1940er Jahren sollte alles abgerissen werden, um Platz für zeitgemäße Bauten zu schaffen, doch 1964 begann man diesen Teil mit seinen engen Gassen zu pflegen und bewahren. Heute leben um den Kirchplatz allerlei Künstler, und man kann zu Fuß um die Häuser spazieren.

Dom

Mit dem Bau begonnen wurde Mitte des 11. Jh. oder möglicherweise schon früher. Der älteste Part war eine kleine Kirche aus Granit, 1244 begann man sie mit Ziegeln zu erweitern. Der Dom wurde 1271 zu Mariä Himmelfahrt geweiht. Er besteht aus drei Schiffen mit Querschiff, hatte Holzdecken und kleine Fenster, einen Steinboden ohne Bänke. Ein Triumphkruzifix aus dem frühen 13. Jh. ist wahrscheinlich eine schwedische Arbeit. In den folgenden Jahrhunderten wurde der Bau immer wieder erweitert und im Westen der über 100 m hohe Turm von *Nicodemus Tessin d. J.* gebaut. 1517 erhielt das Gotteshaus seine heutige Größe. Ende des 19. Jh. kamen einige pseudogotische Verzierungen hinzu, heute nur noch über der Orgelempore zu sehen. Unter dem Chor wurde König *Erik XIV.* begraben: Als man in den 1970er Jahren den steinernen Sarg öffnete, fand man seine Beine abgesägt neben dem Körper liegen – man vermutet, dass der Sarg zu kurz geraten war.

Kunst-Hotels

Utter Inn, das „Gasthaus des Otters“, ist eine echte Sehenswürdigkeit. Das winzige rote Schwedenhäuschen dümpelt auf einem Ponton im Mälarsee. Der ist ein wenig größer als das Häuschen und bietet noch Platz für zwei Liegestühle. Innen gibt es einen Kocher und eine Toilette. Zum Schlafen steigt man durch eine Luke 3 m hinab ins Innere des Pontons mit dem 6 m^2 großen Schlafraum. Panoramafenster geben den Blick frei auf die Unterwasserwelt des Sees. Erbauen ließ das „schwimmende Haus“ der Künstler *Mikael Genberg* (s.o.).

Das **zweite Hotel** des Künstlers liegt ebenfalls im Mälarsee und ist ein ganz normales rot-weißes Holzhaus. Halt! Normal ist das Haus, jedoch nicht seine Lage. Es steht im Wasser und zwar fast bis zur Fensteroberkante des Erdgeschosses. Wohnen kann man im Obergeschoss.

Aller guten Dinge sind drei: Mit seinem **Hotell Hackspett**④ geht *Genberg* in die Höhe. Er hat ein Schwedenhäuschen

13 m hoch in die Krone einer alten Eiche im Vasapark verfrachtet. Hinaufgezogen wird man mit dem Seil. April bis Ende Oktober.

Praktische Infos

Unterkunft

■ **Hotell Arkad**④, Östermalmsgatan 25, Tel. 12 04 80, www.hotellarkad.se. 43 Zimmer in einem Wohnblock im Zentrum, Parkplatz auf dem Hof.

■ **Hotell Vesterås**④, Vasagatan 22, Tel.18 03 30, www.hotellvasteras.se. In einem Neubau gegenüber dem Einkaufszentrum mitten im Ort.

■ **Elite Stadshotellet**④, Stortorget 7, www. elite.se/sv/hotell/vasteras/stadshotellet. Außen mondän, auch innen luxuriös, aber manche Zimmer sind klein. Das Haus wurde 1917 gebaut.

■ **First Hotel Plaza**④, Karlsgatan 9, Tel. 010 10, www.firsthotels.se. Das Hotel ist in einem futuristischen Hochhaus untergebracht, **Sky Bar** im 24. Stockwerk.

Camping

■ **Mälar Camping,** Johannisbergsvägen, Tel. 14 02 79. Schöne Anlage am See nahe des Zentrums mit Zimmern in der Västerås Lodge und Hütten.

■ **Sjöevent i Västerås AB** betreibt einen Wohnmobilstellplatz am Lögarängsvägen im Gästehafen für 150 SEK die Nacht. Dabei kann man die Serviceeinrichtungen des Hafens benutzen.

Essen und Trinken

■ **Frank,** Stortorget 3. Kleine Gerichte nach Saison, Di bis Sa ab 17 Uhr.

■ **Restaurang Varda,** Vasagatan 14. Beliebtes Restaurant in der Innenstadt, 100 Plätze, edles Ambiente. In der Regel ab 11.30 Uhr geöffnet, Pause von 14–17 Uhr.

■ **Limone Kök & Bar,** Stora Gatan 4. Sehr guter Italiener im Zentrum, Mo bis Fr 11–13.30 Uhr, abends Mo bis Sa 17.30–22 Uhr.

■ **Hässlö Werdshus,** Flottiljgatan 73, Tel. 80 09 35. Die gelbe ehemalige Offiziersmesse ist ein führendes Restaurant, ein wenig abgelegen, aber einen Besuch wert, schwedische Küche. Mo bis Fr 11.30–14.30 Uhr, Mi bis Fr 18–22 Uhr, Sa 13–17 Uhr.

■ **Karlsson auf dem Dach,** Restaurant und Weinbar im 23. Stock des Plaza-Hotels mit atemberaubender Aussicht auf den Mälarsee und Västerås.

An- und Weiterreise

■ **Parken:** Es gibt die „Rote Zone", die Mo bis Fr 9–19 Uhr und Sa 9–16 Uhr kostenpflichtig ist (18 SEK pro Std.), die „Gelbe Zone" (Mo bis Fr 9–18 Uhr, Sa 9–15 Uhr, 14 SEK), die „Blaue Zone" (6 SEK) und die „Weiße Zone" (4 SEK).

■ **Bahn:** Der Hauptbahnhof ist im Södra ringvägen. Züge der SJ fahren nach Stockholm, Regionalgesellschaften lassen hier abfahren.

■ **Bus:** Busse von Västmanlands lokaltrafik fahren am Hauptbahnhof ab, es gibt Stadt-, Vorort- und Servicelinien, die man anrufen muss.

■ **Flug:** Der Airport Stockholm-Västerås (VST) liegt 5 km südöstlich an der E 18. Ryanair fliegt nach London-Stansted, ein Bus fährt in 90 Min. nach Stockholm.

■ **Boot: Rederi Mälarstaden** befährt den See seit 1830 im Linienverkehr, außerdem zu den Inseln Ridön und nach Sundbyholm. Die „Elbafärjan" fährt „hop on/hop off" vom Anleger in Västerås oder vom Mälar Camping. Die Tour dauert ca. 1 Stunde, passiert werden Östra Holmen und die Insel Elba. Zwischendurch kann man beliebig aussteigen. Die „M/S Havsörnens" fährt nach Birka und Strängnäs, außerdem gibt es Touren nach Gripsholm und zum Königlichen Schloss oder Schloss Sundbyholm. Die **Ar-**

boga Rederi lässt den alten Dampfer „Thor" zu mehrstündigen Rundfahrten in den See stechen, etwa den Hjälmare-Kanal hinauf bis Kungsör und Arboga.

Ausflüge

Jazzmuseum

Sofielundsvägen 35: **Europas erstes Jazzmuseum** in Strömsholm ist ein absolutes Muss für den Jazzfreund. Die Sammlung umfasst Fotografien, Instrumente, Kleidung, Erinnerungsstücke, Poster, Filme, Bücher, Autografen, Briefe und Kuriositäten. Das Archiv hat über 12.000 Artikel erfasst, meist als Spenden. Das angeschlossene Restaurant serviert Cajun-Küche. Außerdem gibt es oft Konzerte mit renommierten Musikern. Im Sommer täglich geöffnet 13–17 Uhr, Anfahrt auf der E 18 nach Süden bis zur Abfahrt auf die 56 Richtung Eskilstuna. Info: www.jazzmuseum.se/jazzens-museum-i-stromsholm.

Neben dem Museum liegt das **Vandrarhem Strömstad,** Sofielundsvägen 23, Tel. 0220-437 74. Außerdem kann man Strömsholms Slott besuchen.

Strömsholms Slott

Der gelbe **Barockpalast** von *Nicodemus Tessin d. Ä.* steht auf einer gepflasterten Insel im Kolbäcksån an der Mälarviken. Das Haus war eine Art königliches Hotel für hohe Gäste auf dem Weg nach Süden. Sehenswert sind das Interieur aus dem 17. Jh., eine bedeutende Sammlung schwedischer Gemälde, das königliche Schlafgemach aus der gustavianischen Ära und die berühmten Tapeten des Malers *Lars Bolander.* Im Kellergewölbe kann man sich über die Gärten und Parks schlau machen. Im Küchengebäude befindet sich das Schlosscafé mit dem großen Esssaal, der gern für Hochzeiten benutzt wird. Den Sommer über (Juni und Juli) ist das Schloss täglich 12–16 Uhr zu besichtigen, Eintritt 70 SEK.

Dem **Schlosspark** verleihen stattliche Eichen und alte Weiden einen unverwechselbaren Charakter. *Gustav Vasa* unterhielt hier seine Pferdezucht für die Armee, für ihn hatten Pferde eine besondere Bedeutung. Dafür trieb er von den umliegenden Gemeinden Steuern ein. Alljährlich finden heute noch Pferderennen statt. Anfahrt von Västerås die E 18 nach Westen bis hinter Kolbeck, dann links ab in die 252.

Ängsö Slott

„Und die Sonne ging über Fagerön; Die Große Bucht war wie ein Spiegel; Und die Erde brachte Frucht, und der Himmel war schön; Und der Strand war gesprenkelt mit Segeln", schrieb ein Dichter über das Schloss. Das erste Mal ist „Engsev" im Jahr 1167 dokumentiert, in einer Urkunde von 1196 heißt es, König *Knut Eriksson* habe einen Bauernhof Engsev an das Kloster verkauft. Der **würfelförmige Ziegelbau** mit vier jeweils 400 m² großen Etagen wirkt etwas merkwürdig, das Obergeschoss wurde 1740 aufgesetzt. Im Laufe der Jahrhunderte wurde das Schloss mindestens dreimal umgestaltet. Heutiger Besitzer ist die Familie *Piper.* Das Schloss beherbergt ein Museum. In der zweiten Etage liegt der große Speisesaal für 130 Gäste, auf der dritten der Ballsaal, der vierte Stock diente zum Wohnen. Die Skrattkammaren bietet Erlebnisse speziell für Kinder. Das Schloss liegt 20 km südöstlich von Västerås am See. Juli bis Mitte August täglich 11–16 Uhr, 65 SEK, http://engso.se/slottet.

Köping

Westlich von Västeras an der E 18 liegt Köping, ganz ohne Präfix Norr-, Ny-, Jön- oder Lin-. Der Name bedeutet einfach Marktort. Für die Welt bedeutsam wurde das Örtchen, als dort der deutschstämmige **Carl Wilhelm Scheele** 1776 die verwahrloste Dorfapotheke übernahm. Seine Probleme mit den Erben der Apotheke müssen uns an dieser Stelle nicht interessieren, wichtig ist, dass *Scheele* hier die Gas-Analyse erfand und dadurch der oxydativen Kraft von Sauerstoff auf die Spur kam. Danach entdeckte er die Adsorption von Gasen, ein Prozess, der heute Autokatalysatoren möglich macht, und unternahm erste Versuche mit Silberchlorid. Die Verbindungen mit Ammoniak führten dann zur fotografischen Platte. Molybdän, Phosphor, Wolframoxid, Barium, Chlor, Flusssäure – alles wurde von ihm erstmals isoliert. 1786 erkrankte *Scheele,* heiratete seine Haushaltshilfe, machte sie zur Alleinerbin und verstarb zwei Tage später. Ein Denkmal würdigt den großen Chemiker. Das Stadtmuseum bewahrt seine Erinnerung, Barnhemsgatan 2, Mo bis Fr 10–18 Uhr. Hotels im Ort sind das Scheele, das Gillet, das Bishops arms und ein STF-Heim namens Knektar.

Besuchen kann man auch das **Automuseum Bil & Teknikhistoriska Samlingarna,** das eine illustre Sammlung präsentiert: Bentley 8 Litre Bj. 1930, Delage D 8 Bj. 1931, einen seltenen Berliner Slaby-Beringer Elektro und einen wunderschönen Voisin C 5 Bj. 1924. Untergebracht ist das Museum in den Räumlichkeiten von Köpings Mekaniska Verkstad (KMV) von 1856, wo 1940 Teile für Volvo produziert wurden. Di bis So 10–18 Uhr, 50 SEK, Glasgatan 19, Tel. 0221-206 00, www.biloteknik.se.

Nach dem Ort kann man auf der E 20 nach Eskilstuna oder Örebro fahren.

Von Stockholm nach Norden

Über die E 18 geht es von **Solna** durch leicht felsige Gegenden und dichte Wälder zum 65 km entfernten Norrtälje.

Nicht weit von Solna liegt das Ulriksdal Slott direkt am Westufer des Ostseearmes Edsviken in der Slottsallén. Die Ausfahrt von der E 18 ist ausgeschildert.

Ulriksdals Slott

Das Schloss aus dem 16. Jh. wird noch heute **von der königlichen Familie benutzt.** Gelegentlich soll sich König *Carl XVI. Gustaf* im Park aufhalten und malen. Gebaut wurde es für den Kommandanten *Jacob De la Gardie* von dem Architekten *Hans Jacob Kristler;* zunächst hieß es Jacobsdal. Mehrere schwedische Regenten haben ihre Spuren hinterlassen, Königin *Kristina* ließ ihre Krönung 1650 hier beginnen, im Stall kann man ihre prächtige Krönungskutsche besichtigen. Das Schloss ist für Besucher im Sommer geöffnet, Führungen Di bis So ab 12 Uhr, 60 SEK. In der Nähe befinden sich ein Kräutergarten und andere interessante Gebäude.

Zentral im Schlosspark liegt die **Orangerie** von *Nicodemus Tessin d. J.* aus dem 17. Jh. Ursprünglich diente sie nicht als Lustort, sondern hier wuchsen tatsächlich Südfrüchte, denn die waren seinerzeit extrem teuer, und so kam man im Königshaus auf die Idee, das begehrte Obst selber anzubauen. Heute kann man hier Skulpturen bewundern, z.B. französische aus dem 17. Jh. Abends erleuchten alte gasbetriebene Fackeln dramatisch die Wände, an denen Werke von *Johan Tobias Sergel* und *Carl Milles* hängen. Wer sich für nordische Mythologie interessiert, kann hier seiner Fantasie freien Lauf lassen. Im 18. Jh. meißelte man eher Griechisches. In den Innenräumen wachsen noch einige alte Bäume und Sträucher.

Die **Schlosskapelle** im niederländischen Renaissancestil wurde von dem Architekten *Fredrik Wilhelm Scholander* entworfen und in den 1860er Jahren auf einer Landzunge südlich des Schlosses gebaut.

Confidencen, das älteste Rokokotheater Schwedens, wurde 1753 eingeweiht und dann auch von *Gustav III.* und *Carl Michael Bellman* genutzt. Ähnlich dem Theater von Drottningholm geriet es in Vergessenheit und wurde erst gegen 1980 von der Opernsängerin *Kjerstin Dellert* neu bespielt. Heute ist es ein beliebtes Sommertheater mit Oper, Ballett und Konzerten.

An der Küste weiter nach Norden

Wer gemütlich nach Norden reisen will, sollte nicht die E 18 wählen, sondern an der Küste entlangfahren. Dazu biegt man 8 km hinter **Täby** auf die Straße 276 Richtung Åkersberga ab. Die Gegend nennt sich **Roslagen.** Ab und zu schimmern spiegelnde Seen durch die Birken, auf den Feldern verstreut liegen dicke Felsbrocken. Alle paar Kilometer führen Stichstraßen zum Meer, eine davon zum Fähranleger **Östanå,** wo es einen Kiosk gibt. Von hier kann man zur **Insel Ljusterö** übersetzen, wo es ein paar kleine Ortschaften, viel Wald und einige Weiher gibt.

Zurück auf dem Festland folgt **Roslags Kulla.** Im Ort steht eine kreuzförmige Kirche, 1706 komplett aus Holz für den Gutsherren von Östan errichtet. Auf der Straße 276 erreicht man an weiteren Feldern vorbei schließlich die „Perle von Roslagen“, Norrtälje. Die E 18 tangiert Norrtälje im Süden. Hauptsächlich wird diese Autobahn von den Touristen benutzt, die über den Hafen Kappellskär nach Finnland reisen. Diese Verbindung ist wesentlich preiswerter als die Überfahrt von Stockholm nach Helsinki.

> Landschaft bei Ängsö in der Nähe von Norrtälje

Norrtälje

- **Einwohner:** 17.000
- **Vorwahl:** 0176
- **Information: Turistbyrå, Kontaktcenter,** Lilla Brogatan 3, Tel. 719 90, Mo bis Fr 10–17 Uhr, Sa 10–15 Uhr.

Die **Hafenstadt** liegt an einem Meeresarm, der tief ins Landesinnere reicht. Der Norrtäljeån fließt durch die Stadt und ergießt sich dann in den Norrtäljeviken. Die City von Norrtälje ist beschaulich, gelbe Holzhäuschen reihen sich wie Dominosteine aneinander, von ebenso kleinen Geschäften besetzt. Die Stadt wurde von *Gustav II. Adolf* gegründet. Vorher gab es einen Handelsposten am Norrtäljeviken. 1719 brannten die Russen die Stadt nieder. An der Stegelbäcksgatan und der Norrtäljegatan liegen rund 60 Militärgebäude aus dem Jahr 1952, das Gelände steht heute unter Denkmalschutz. Das merkwürdige Gebäude an der Brücke der Stora brogatan ist das alte Kino „Biograf Royal", das *Albin Stark* 1939 errichten ließ.

Sehenswert

Societetsparken

Der Park am Südufer des Norrtäljeån mit dem angrenzenden Societetshus und der Kärleksudden-Insel davor war ab der zweiten Hälfte des 19. Jh. ein **gesellschaftlicher Treffpunkt** für wohlhabende Schweden, sogar aus Stockholm reisten die feinen Herrschaften an. Im Park gibt es einen Pavillon und einen Gästehafen, heute kommen die Menschen zum Baden oder gehen ins Restaurant.

043fotolia

Societetsbron

Norrtälje war schon im frühen 19. Jh. einer der besten Badeorte der Ostküste. Für die Badegäste wurde 1879 eine **Fußgängerbrücke aus Holz** über den Fluss gebaut. Nachdem sie wegen des Autoverkehrs abgerissen wurde, stellte man einen Nachbau 75 m weiter westlich an der Nygatan zum Fischmarkt auf.

Wallinska Gårdarna

Nachdem die Russen die Stadt zerstört hatten, entstanden um 1730 neue Häuser, darunter die **roten Häuschen** des Wallinska gårdarna am Lilla Torg, in denen heute ein Café und ein Buchladen mit Galerie untergebracht sind.

Rådhuset

Tullportsgatan Ecke Stora brogatan: Das **hölzerne Stadthaus** aus dem Jahr 1730 hat einen Glockenturm und einen Käseladen an der Ecke.

Praktische Infos

Unterkunft

■ **Åtellet Hotell**④, Sjötullsgatan 10, Tel. 70 04 50, www.atellet.se. Das gelbe Holzhotel im Stil des späten 18. Jh. steht am Fluss und ist die erste Adresse vor Ort, auch ein schönes Restaurant am Ufer gehört dazu.

■ **Sven Fredriksson Bed & Breakfast**④, Vasagatan 4G, Tel. 0176-197 47, www.svenfredriksson.com. Vom gleichnamigen Musiker betriebenes kleines Haus mit vier Zimmern.

Essen und Trinken

■ Im Hafen vertäut liegt seit 1968 der Dampfer **„S/S Norrtelje"**. Das Boot, um 1900 für die Route zu den Åland-Inseln gebaut, ist heute ein Restaurant. Serviert wird Hausmannskost. Hamnplan an der Roslagsgatan-Brücke, 11–22 Uhr.

■ **Pub Hörnet,** Lilla Progatan 4 b. Liegt am Wasser und hat Sitzplätze draußen.

■ **Piren,** Badstugatan, beim Gästehafen. Schöne Atmosphäre, es gibt Fisch und Snacks.

■ **Gamla Stans Trädgård,** der Name sagt alles: Garten in der Altstadt, mediterrane Kleinigkeiten.

Einkaufen

■ Einer der interessantesten Kuriositätenläden ist **Mormors Prylar** in der Tillfällegatan 2 – nichts, was man braucht, aber eine Menge Trödel.

An- und Weiterreise

■ **Auto:** Nach Norrtälje verläuft die E 18 südlich des Fjordes noch rund 30 km weiter und endet am Fährterminal in Kappellskär. Von dort geht es nach Mariehamn auf den Åland-Inseln, nach Naantali und Turku in Finnland sowie Paldiski in Estland. Viking Line und Tallink-Silja fahren in dichten Abständen.

■ **Bahn:** Norrtälje bekam 1885 eine Bahnverbindung über Rimbo nach Uppsala und Stockholm. Hantverkaregatan, heute Busbahnhof.

■ **Bus:** SL fährt in 1 Stunde mit Bussen der Linie 676 nach Stockholm, der Busbahnhof liegt an der Bangårdsgatan.

Ausflug nach Ängsö

So heißt ein **kleiner Nationalpark** auf der gleichnamigen Insel südlich von Norrtälje, der 1909 zum Schutz der alten

Wiesen angelegt wurde. Nur im nördlichen Teil der Insel wächst ein bisschen Wald, hier haben sich einige Greifvögel angesiedelt. Man kann mit dem Boot von Stockholm übersetzen, außer dem Minihafen gibt es keine Infrastruktur.

Sigtuna

- **Einwohner:** 8500
- **Vorwahl:** 0592
- **Information:** Stora gatan 33, Tel. 0594-806 59, Mo bis Fr 10–17 Uhr, Sa 11–16 Uhr, So 12–16 Uhr.

Direkt an der E 4, nach dem Flughafen Arlanda, etwa 50 km nordwestlich von Stockholm, liegt Sigtuna zu beiden Seiten des Sigtunafjärden, eines Seitenarms des Mälarsees. Anfahrt von Stockholm über Solna – vorbei am Abzweig zum Hagapark biegt man bei Märsta auf die Straße 263 in das hübsche Städchen ab.

Im Zentrum stehen kleine hölzerne Wohn- und Geschäftshäuser aus dem 18. und 19. Jh. Sie verleihen Sigtuna das **Flair einer alten Gartenstadt.** Westlich des Stadtkerns baute man während der 1920er Jahre im klassizistischen Stil.

038fotolia

Kirchenruine in Sigtuna

Sigtuna gilt als eine der **ältesten Städte Schwedens.** Nach Ausgrabungen geht man davon aus, dass sie um 980 von König *Erik Segersäll* gegründet wurde. Später wurden in Sigtuna die ersten schwedischen Münzen geprägt. Mitte des 11. Jh. löste die Siedlung Birka als Handelsort und geistliches Zentrum ab und wurde Bischofssitz. Die erste von sieben Kirchen wurde gebaut. Mit dem Aufschwung von Uppsala und Stockholm verlor Sigtuna an Bedeutung. Im 16. Jh. stagnierte die Stadtentwicklung, das Kloster wurde abgerissen, die Kirchen verfielen. Zu Beginn des 20. Jh. wurde Sigtuna Schul- und Konferenzstadt. Der Bau des nahe gelegenen Flughafens Stockholm-Arlanda brachte neuen wirtschaftlichen Aufschwung.

Heutzutage besuchen viele Touristen das Städtchen und erfreuen sich an den alten Häusern und engen Gassen und genießen Spaziergänge am Ufer des Mälarsees. Die Hoteliers haben sich zu einer **Klimainitiative** zusammengeschlossen und wollen CO_2-neutral arbeiten; Info: www.sigtunaturism.se.

Die **Mariakyrka** aus dem Jahr 1247 ist eine der ältesten Backsteinkirchen des Landes, vorher schichtete man Feldsteine auf. 1255 wurde in einer Chornische Erzbischof *Jarler* begraben. Das Bauwerk ist in einem Stil zwischen Romanik und Gotik gebaut und sieht völlig anders aus als die üblichen Steinkirchen. 1530, während der Reformation, wurde das Kloster abgerissen und die Marienkirche zur Pfarrkirche. Auch in dieser Kirche gab es eine Predigerluke, durch die das Volk außerhalb der Kirche zuhören konnte, sie wurde aber später zugemauert.

Långgatan 9: **Lottas Garfveri** ist eine historische Gerberei, die noch nach alter Tradition für Museen arbeitet. Man kann sie besuchen und den Gerbern bei der Arbeit zuschauen.

Praktische Infos

Unterkunft

■ **Sigtuna Stiftelsen**⑤, Manfred Bjorkquists Alle 2–4, Tel. 589 06, www.sigtunastiftelsen.se. Ein schönes Haus aus dem frühen 19. Jh., inspiriert von italienischen Klöstern, etwas westlich vom Zentrum am Seeufer.

■ **Sigtuna Stadshotell**④, Stora Nygatan 3, Tel. 501 00, www.sigtunastadshotell.se. Designhotel mit der Eleganz der vorletzten Jahrhundertwende-Architektur, in einem zweistöckigen Holzhaus mit Seeblick.

■ **Hotell Kristina**③, Rektor Cullbergs Väg 1, Tel. 580 00, www.hotellkristina.se. Ein Privathotel in der alten Schule mit Blick auf den See, 60 DZ, in der Nähe der Hauptstraße. Im Sommer Opernaufführungen im Garten.

Essen und Trinken

■ **Kopparkitteln,** Stora Gatan 31. Mit Terrasse im 1. Stock, Blick auf den Mälarsee.

■ **R.C. Chocolat,** Stora Gatan 49. Trüffel, Pralinen und andere Süßigkeiten gibt es im Café zu kosten und zu kaufen. Mo bis Fr 9–18 Uhr, Sa 9–16 Uhr.

■ Das **Café Tant Brun** ist nach einem Kinderbuch von *Elsa Beskow* benannt. In dem romantischen Häuschen mit Garten gibt es köstlichen Apfelkuchen, Laurentii Gränd 3.

■ **Båthuset Krog & Bar,** am Hafen. Nach dem Besuch auf dem Hausboot schwankt man auch ohne Alkohol … Im Herbst vor dem Kamin eine dampfende Krabbensuppe oder Lachs mit gebratenem Wurzelgemüse genießen – lecker! Mai bis Sept. Di bis Sa 18–22 Uhr, Okt. bis April Mi bis Sa 18–21 Uhr.

An- und Weiterreise

Bus: Upplands Nahverkehr (UL) deckt die Strecke Uppsala – Arlanda ab. Es gibt einen Transfer vom Flughafen Arlanda nach Märsta und Sigtuna. Die Linien 570 und 575 pendeln zwischen Sigtuna und Märsta-Bahnhof.

Bahn: SJ verbindet jede Stunde Stockholm und Uppsala über den Bahnhof Märsta mit Arlanda. Info: Tel. 75 75 75, www.sj.se. Von Märsta nach Stockholm fährt viermal pro Stunde eine S-Bahn, die Fahrzeit beträgt 35 Min.

Flug: Arlanda Airport, Inlandsflüge Tel. 797 61 00, internationale Flüge Tel. 797 50 50.

Boot: Stockholm-Stadshuskajen – Sigtuna – Skokloster, 30. Juni bis 19. Aug. Mi bis So, www.stromma.se.

Ausflüge

Steninge Slott

Schwedens schönstes Barockschloss wurde 1705 vollendet. Es liegt oberhalb des Mälarsees. Bewohnt wurde es von den *Gyllenstiernas* (1649–1735) und den *von Fersen* (1736–1839). *Axel von Fersen* hatte übrigens eine Affäre mit *Marie Antoinette.* In den Ställen aus dem Jahr 1873 wird schwedisches Kunsthandwerk verkauft, zudem gibt es ein gutes Restaurant. Ladenzeiten: Mo bis Fr 11–18 Uhr, Sa/So 10–17 Uhr, das Schloss selbst ist Besuchern nicht zugänglich. Anfahrt von Stockholm auf der E 4 nach Norden, Abfahrt Märsta vor dem Arlanda Airport.

Skoklosters Slott

Das Barockschloss am Ufer des Mälaren, im 17. Jh. erbaut, ist das **größte Privathaus in Schweden** und eines der bedeutendsten Barockschlösser der Welt. Bei einem Besuch kann man die unzähligen ausgestellten Möbel, Textilien, Skulpturen und Gemälde bewundern. Das Interessanteste aber ist der unvollendete Saal: Hier sieht es aus, als wären die Handwerker gerade erst gegangen, dabei wurde der Bau schon vor 300 Jahren aus Geldmangel gestoppt. Das vierflügelige Schloss wurde um einen engen quadratischen Innenhof angelegt. Im Erdgeschoss liegen Küche und Bäckerei, im ersten Stock die Wohntrakte von Gräfin und Graf, im zweiten Obergeschoss die Gästeräume und unterm Dach die Bibliothek und die Waffenkammer des Grafen. Geöffnet 1. Mai bis 14. Juni sowie im Sept. Sa/So 12–16 Uhr, 15. Juni bis 31. Aug. täglich 11–17 Uhr, Eintritt 70 SEK. Anfahrt von Sigtuna die Straße 263 über Österby nach Häggeby und dann nach Skokloster. Im Sommer kann man ein Boot ab Stockholm, Uppsala oder Sigtuna nehmen.

Roserbergs Slott

Ein weiterer schwedischer Königspalast – der weiße Bau wurde ursprünglich 1630 für die Familie *Oxenstierna* errichtet. 1762 ging er dann in königlichen Besitz über, nämlich an den jüngeren Bruder *Karls XIII.,* König *Karl XIV. Johan.* Mit seiner Gattin *Desideria* verbrachte er hier oft die Sommermonate und führte ein recht lässiges Landleben. Heute gibt es hier eine gut erhaltene Einrichtung aus dem spätgustavianischen 18. Jh. bis zum Empire-Stil zu bewundern. Auch der Schlossgarten ist sehenswert. Täglich Führungen jede Stunde ab 11 Uhr, 60

SEK. Rosersberg, Slottsvägen 203, www.royalcourt.se, von Stockholm die E 4 in Richtung Arlanda Airport nehmen.

Der nördlichste Ort in diesem Reiseführer ist das geschichtsträchtige Uppsala, über die Straßen 263/255 oder über die E 4 zu erreichen.

Uppsala

- **Einwohner:** 141.000
- **Vorwahl:** 018
- **Information: Turistbyrå,** Kungsgatan 59, Mo bis Fr 10–18 Uhr, Sa 10–15 Uhr, www.uppsala.se.

Uppsala ist eine berühmte **Universitätsstadt.** Die Hochschule wurde 1477 als zweite Universität Schwedens gegründet (nach der in Lund). Der Fluss Fyrisån plätschert gemütlich mitten durch den Ort, an zwei Stellen ergießen sich kleine Wasserfälle. Die Stadt liegt teilweise auf dem Geröllrücken Uppsalaåsen aus der letzten Eiszeit.

Die Namen **berühmter Persönlichkeiten,** die in Uppsala lebten, arbeiteten und lehrten, verbinden sich mit der Stadt: der Astronom, Mathematiker und Physiker *Anders Celsius,* der Mathematiker *Germund Dahlquist,* der Naturwissenschaftler und Botaniker *Carl von Linné,* der Anatom *Olof Rudbeck d. J.,* der Astronom und Physiker *Anders Jonas Ångström,* der Filmemacher *Ingmar Bergman.* Heute lebt der bekannte Autor *Håkan Nesser* in der Nähe.

041fotolia

Ein Hort der Gelehrsamkeit: die Universität von Uppsala

Geschichte

Ursprünglich hieß die Siedlung **Aros,** später Östra Aros. Der Ort war ein bedeutender Handels- und politischer Versammlungsplatz, zudem Bischofssitz. In die Stadt strömten viele Pilger, deutsche Handwerker und Kaufleute siedelten sich an. Im Jahr 1477 erhielt Erzbischof *Ulfsson* die Erlaubnis des Papstes, eine Universität zu gründen.

Als Krönungsort wurde Uppsala gar als Hauptstadt Schwedens gesehen. Während der Zeit der Kalmarer Union war die Stadt mehrfach **umkämpft.** 1470 wurde die Domkirche gestürmt und 1501 die königliche Domäne niedergebrannt. Schon 1473 brannten die Domkirche und mehrere große Gebäude. Während des Befreiungskrieges 1521 wurde der Bischofssitz angezündet. Nach der Reformation verfielen die Kirchen, ein Großteil des kirchlichen Besitzes wurde von der Krone eingezogen. Die Einwohnerzahl verringerte sich. Einen Aufschwung brachte 1547 der Bau des Schlosses. 1572 brannten erneut große Teile der Stadt nieder.

Im 17. Jh. förderte *Olof Rudbeck d. Ä.* die Entwicklung Uppsalas. 1702 verwüstete ein weiteres Feuer die Stadt, die Domkirche, das Schloss und ein Großteil der Universitätsgebäude wurden beschädigt. Als die Stadt sich langsam wieder erholte, brannte 1766 der Stadtteil Kungsängen und 1809 Fjärdingen. Die heutige Schreibweise des Stadtnamens mit zwei statt einem „p" wurde 1903 eingeführt. Die Stadt zeichnet heutzutage ein ausgesprochen dynamisches Studentenleben aus, auch in Gestalt der *Nationen* (Studentenhäuser), in denen die Studenten, nach schwedischen Landschaften geordnet, organisiert sind und vielerlei Aktivitäten unternehmen.

Sehenswert

In Uppsala stehen mehrere Kirchen, von denen der Dom mit Abstand die bedeutendste ist (s.u.). Erwähnt sei auch die **Dreifaltigkeitskirche** (Helga Trefaldighets kyrka) auf der Westseite des Fyrisån-Flusses, die schon im 13. Jh. ein wichtiger Versammlungsort der Gemeinde war.

Dom

Die größte Kirche Skandinaviens wurde im nordfranzösischen Stil erbaut, vermutlich 1289–1435, die Türme wurden aber erst 1480 fertig. 1702 brannte er aus; beim Wiederaufbau kamen Barockelemente hinzu. *Helgo Zetterval* restaurierte ihn 1885–93. Sein Erscheinungsbild war danach aber so umstritten, dass man es 1970 schließlich wieder änderte. Hinter der **Zweiturmfassade** erstreckt sich eine dreischiffige Halle mit Seitenkapellen und Chorgang, alles eine Mischung aus baltischer Backsteingotik und französischer Hochgotik. Die Türme sind so hoch wie das Kirchenschiff lang ist, nämlich 118 m. Es gibt zahlreiche Seitenkapellen, in denen Adelige begraben liegen. Im Nordturm befindet sich ein Dommuseum, das Südportal weist reich verzierte Figuren aus Speckstein auf. In der Friedenskapelle zitiert der im Boden eingelassene Gedenkstein für *Dag Hammarskjöld* eine Notiz aus seinem Tagebuch: „Nicht ich, sondern Gott in mir!"

Universität

Die Universität als Ganzes ist sehenswert (v.a. das Hauptgebäude mit der bedeutenden Münzsammlung und die Aula), umgeben ist sie von einem weitläufigen Park.

Universitätsmuseum Gustavianum

Das lang gestreckte zweistöckige Gebäude wurde gegenüber dem Dom auf den Grundmauern des alten Bischofspalastes errichtet. In seine Mitte setzte man 1662 eine Kuppel mit einer Sonnenuhr an der Spitze. Hier befand sich Prof. *Olof Rudbecks* anatomisches Theater, der erste Hörsaal mit ansteigendem Gestühl. *Carl von Linné* ging in die **Vorlesungen** und war enttäuscht von dem Gebotenen. Zu Beginn war außer Lehrsälen, Essens- und Leseräumen für Studenten auch eine Buchdruckerei in dem Gebäude eingerichtet, später kam eine Bibliothek dazu. Heute sind hier **Sammlungen** mit klassischen, ägyptischen und nordischen Antiquitäten sowie eine Dauerausstellung zur Geschichte der Universität Uppsala zu sehen. Eine Rekonstruktion des Rudbeckschen Lehrsaals aus den 1950er Jahren ist zugänglich, sie gehört zur den Sehenswürdigkeiten Uppsalas. Geöffnet täglich außer Mo 10–16 Uhr, www.gustavianum.uu.se.

Universitätsbibliothek Carolina Rediviva

Drottninggatan Ecke Övre Slottsgatan: Hier lagerten einst die größten Schätze der Bücherwelt. Die Bibliothek beherbergt heute eine faszinierende Auswahl an antiken Stadtplänen, Büchern und Gemälden, der größte Schatz ist die **Silberbibel** *(Codex Argenteus)* aus lila Papier und mit silberner Tinte beschriftet. Eintritt 20 SEK.

Schloss

1540 geplant und seit 1757 **Residenzschloss,** liegt der Bau hoch über der Stadt. In der Halle bestieg Königin *Kristina* 1654 den schwedischen Thron. Zu besichtigen sind der Thronsaal mit den angrenzenden Fluren, das Treppenhaus und die Schlosskirche. Drottning Christinas väg 1, oder über die Freitreppe vom Dag Hammarskjölds väg, Juni bis Aug. Di bis Fr 12–16 Uhr, Sa/So bis 16.30 Uhr, 90 SEK. Sehenswert ist auch der **Botanische Garten** *(Botaniska trädgården)* gegenüber dem Schloss.

Linnaeus-Garten

Gegründet von *Olof Rudbeck* im Jahr 1655, handelt es sich um den ersten Botanischen Garten Schwedens. Heute gedeihen hier **1300 Pflanzenarten,** allesamt von *Carl von Linné* (siehe Exkurs weiter unten) kultiviert. Geöffnet Mai bis Sept. Di bis So 11–17 Uhr, www.linnaeus.uu.se, Svartbäcksgatan. Auf dem Gelände liegt auch ein Museum.

Gamla Uppsala

Im Stadtteil Norra Staden gelegen, ist Alt-Uppsala eine wichtige historische Siedlung mit drei **Hügel- bzw. Königsgräbern,** die nach neuesten Erkenntnissen zwischen 475 und 550 angelegt worden sind und um die sich Mythen, Sagen und Dichtungen ranken, denen man im Gamla Uppsala Museum auf die Spur gehen kann. Auch ein Grabfeld aus der Eisenzeit und Bootsgräber der Wikinger finden sich auf dem Gelände, ferner der Tingshügel, auf dem Versammlungen abgehalten wurden.

Praktische Infos

Unterkunft

■ **Grand Hotell Hornan**④, Bangårdsgatan 1, Tel. 13 93 80, www.grandhotellhornan.com. Zentral und sehr schön in einer ruhigen Straße gelegen, teilweise mit Blick auf den Fluss.

■ **Clarion Hotel Gillet**③, Dragarbrunnsgatan 23, Tel. 68 18 00, www.nordicchoicehotels.se. Die Zimmer sind klein und einfach, aber nur 10 Min. zu Fuß zum Bahnhof entfernt.

■ **Akademihotellet**③, Övre Slottsgatan 5, Tel. 15 51 90, www.akademihotellet.se. Zentral zwischen Schloss und Innenstadt, dient das Haus meist Gastprofessoren als Unterkunft, es ist einfach und zweckmäßig.

■ **Hotell Kvarntorget & Uppsala Vandrarhem** ②, Kvarntorget 3, Tel. 242 008 30, www.uppsala-vandrarhem.se. 22 Hotel- und 33 Hostelzimmer, moderne Architektur und buntes Ambiente.

Essen und Trinken

■ Uppsala ist Universitätsstadt, folglich gibt es jede Menge Restaurants, Bars und Kneipen. Herausragend ist **Peppar Peppar,** Suttungs gränd 3: Das alte Lagerhaus aus rotem Backstein beherbergt ein hervorragendes Restaurant, Mo bis Mi und Fr ab 17 Uhr, Sa/So ab 16 Uhr.

☐ Der mächtige Dom erhebt sich über die Stadt

040fotolia

Carl von Linné (1707–1778)

Carl Linnaeus wurde am 23. Mai 1707 in Råshult in Schweden geboren und wurde einer der berühmtesten **Naturwissenschaftler.** Sein Vater war Pastor. Eigentlich sollte der Bub Arzt werden, aber schon früh war sein Interesse an der Botanik erwacht. 1727 studierte *Carl* in Lund und wechselte ein Jahr später nach Uppsala. 1732 unternahm er eine Reise nach Lappland, die ihm von der Universität finanziert wurde. Heraus kam das leicht zu lesende Werk „Eine Lappländische Reise", eine genaue Schilderung vom Leben der Samen in der damaligen Zeit.

Nach einer Zeit in Holland ging er zurück nach Schweden und Uppsala, da er einer reichen Frau in Falun die Ehe versprochen hatte. Er gründete die **Stockholmer Akademie der Wissenschaften** und das Naturhistorische Museum. Neben **Reisen** nach Deutschland, England, Dänemark, Holland und Frankreich hatte er auch noch Zeit, das Studium der Medizin zu Ende zu bringen. 1739 wurde er praktischer Arzt. Durch Protegierung durch Graf *Tessin* dann Admiralitäts-Medicus, fand er eine Marktlücke, nämlich die Behandlung von Geschlechtskrankheiten bei Adligen, was ihm Wohlstand und Ansehen in Adelskreisen einbrachte. Zwischenzeitlich heiratete er *Sara Lisa Moraeus.*

sd13-096

1741 zum Anatomie-Professor in Uppsala ernannt, legte er ein Jahr später den Botanischen Garten der Stadt neu an. Sein Buch **„Curiositate naturali"** erschien 1748. Sein wichtigstes Werk war eine Klassifizierung und Systematisierung von Pflanzen und Tieren nach Art, Geschlecht und anderen Merkmalen. Bis dahin hatte jeder Forscher seine neu entdeckten Pflanzen nach Belieben „getauft", was dazu führte, dass dieselbe Pflanze von verschiedenen Wissenschaftlern jeweils anders benannt wurde. Man musste bei der Nennung einer Pflanze immer hinzufügen, von welchem Wissenschaftler man gerade sprach. *Carl von Linné* erfand die **botanische Nomenklatur** und ist somit für das System der lateinischen Pflanzen- und Tiernamen verantwortlich. Wobei er es sich nicht verkneifen konnte, mit seinen Feinden abzurechnen – nach ihnen benannte er Unkräuter und Giftpflanzen. 1753 erschien **„Species plantarum"** mit der Beschreibung von rund 8000 Arten.

1758 erwarb der Forscher Gut Hammarby, wurde geadelt und nannte sich fortan *Carl von Linné.* Sogar der König höchstselbst war auf seinem Gutshof zu Gast. *Linné* starb am 10. Januar 1778 in Uppsala, wo er in der Domkirche beigesetzt ist.

■ **Bistro Hijazz,** an der Centralstation, Mo bis Do 11–24 Uhr, Fr/Sa bis 2 Uhr; **Café Linné Konstantina,** Svartbäcksgatan 24; **Saffets** am Stortorget, türkische Küche; **Mambergs Fisk** liegt am Fyristorg 8 und serviert Fisch am Wasser; **Domtrappkällaren** ist ein Keller mit regionaler Küche, St. Eriksgränd 15; der **Wermlandskällaren** in der Nedere slottsgatan 2 bietet preiswerte Gerichte; das **Avec** am Stortorget 753 ist eine nette kleine Bar in der Fußgängerzone, täglich bis 2 Uhr morgens.

■ Die Stadt hat ein ausgeprägtes **Studenten- und Nachtleben** um die nach schwedischen Landschaften geordneten Studentenhäuser; im **Katalin** gleich hinter dem Hauptbahnhof in einem Ziegelbau, der früher ein Lager für die Bahn war, werden Jazz und Blues gespielt.

An- und Weiterreise

■ **Auto:** Uppsala liegt gut erreichbar an der E 4 und den Reichsstraßen 55 und 72.

■ **Bahn:** Der Bahnhof liegt an der Hauptstrecke nach Stockholm mit dichter Zugfolge. Viele Züge halten am Flughafen Arlanda. Nach Norden geht es in Richtung Sundsvall und Östersund. InterCity und x2000 fahren nach Stockholm.

■ **Flug:** Der Flughafen Arlanda liegt näher an Uppsala als an Stockholm. Es gibt Bahnanschluss und regelmäßigen Busverkehr zum Flughafen.

Ausflug: Linnés Hammarby

Der **Gutshof** etwa 15 km südöstlich der Stadt wurde erstmals 1337 urkundlich erwähnt. 1758 erwarb der später berühmt gewordene Botaniker **Carl von Linné** das Gut sowie das in der Nähe liegende Gut Sävja und neun weitere Grundstücke für 80.000 Taler. Erst ließ er das Hauptgebäude aus Holz errichten, dann kam 1769 im hinteren Teil des Gehöftes ein Steinhaus für seine Sammlungen hinzu. Der alte *Linné* hatte die Gewohnheit, seine Studenten auf das Gut Hammarby zu bestellen, mit ihnen in Sävja zu frühstücken und auf Hammarby den Tag zu beschließen. Der Hof wird heute von der Universität Uppsala verwaltet und ist zu besichtigen: Juni bis August Di bis So, Museumsladen, Ausstellungen und Café 11–17 Uhr; das Haus ist nur im Rahmen einer Führung zu betreten, 12.30 Uhr auf Englisch, 60 SEK, der Park ist 11–17 Uhr geöffnet.

042fotolia

☐ Schlosspark in Uppsala

17 Von Karlstad nach Stockholm

Auf die Spuren Alfred Nobels begibt sich ein Museum in Karlskoga. Der Nationalpark Tiveden ist Schwedens südlichste Wildmark an der Nordspitze des Vättern. Der riesige Mälarsee bietet eine Reihe von Sehenswürdigkeiten. Schloss Gripsholm in Mariefred kennen viele Deutsche durch Kurt Tucholskys Roman. In der Wickingerstadt Birka wird die Frühzeit Schwedens lebendig.

‹ Das Rathaus von Örebro

Von Karlstad nach Karlskoga

Von Karlstad am Vänern geht es in Richtung der Hauptstadt geradewegs ostwärts auf der E 18. Da Kristinehamn schon im Rahmen der Route 3 beschrieben ist, lassen wir es rechts liegen und fahren durch bis an den **Möckelnsee,** an dem Karlskoga liegt. Unterwegs überschreitet man die Grenze zwischen Värmland und dem Örebro län, was sich aber landschaftlich nicht bemerkbar macht, der lockere Wald bleibt derselbe.

Karlskoga

- **Einwohner:** 10.000
- **Vorwahl:** 0586
- **Information: Turistbyrå,** Krykbacken 9, Tel. 614 74, Mo bis Fr 10–18 Uhr, Sa 10–14 Uhr.

Der wichtigste Arbeitgeber in der Kleinstadt ist der **Rüstungskonzern Bofors** – so wichtig, dass es 1950, als die Stadtrechte vergeben wurden, Überlegungen gab, den Ort gleich Bofors zu nennen. Die Waffenschmiede siedelte sich hier an, weil die Firmenleitung ihre Fabriken gut geschützt im Landesinneren haben

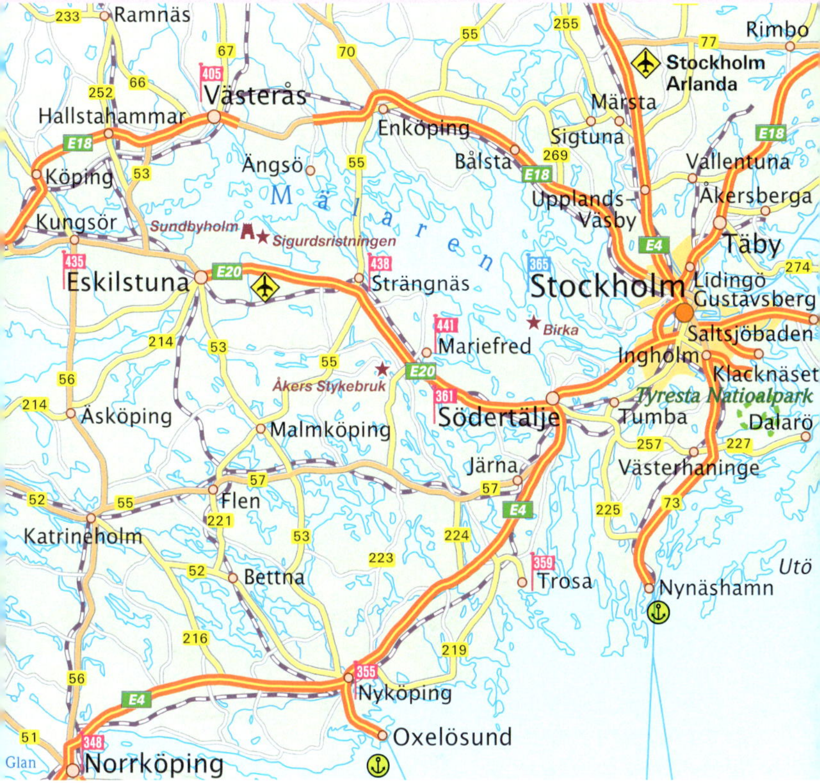

NICHT VERPASSEN!

➔ **Karlkogas Nobelmuseum:**
Schwedens größte Testamentsanfechtung verstehen | 427

➔ **Schloss Gripsholm:**
Schwedens größte Porträtsammlung begutachten | 441, 442

➔ **Birka:**
Schwedens größte Wikingersiedlung auf der Insel Björkö erleben | 443

Diese Tipps sind gelb hinterlegt.

wollte. Seit dem Fall des Eisernen Vorhangs schrumpft der Konzern und damit die Einwohnerzahl des Ortes.

1897 bestätigte das Bezirksgericht von Karlskoga die Rechtmäßigkeit des Testaments eines gewissen **Alfred Nobel,** in dem dieser verfügt hatte, sein Vermögen, das er mit der zerstörerischen Kraft des Dynamits gemacht hatte, möge fortan einem guten Zweck dienen, indem daraus Geld an Personen gezahlt werde, die sich um den Frieden in der Welt verdient gemacht hatten.

Mit einer Statue ehrt der Ort **Agneta Andersson,** die die erste schwedische Olympiasiegerin war.

Alfred Nobel – eine weitreichende Erfindung und ein schweres Erbe

1833 in Stockholm geboren und in Petersburg aufgewachsen, war *Alfred Nobel* ein **begnadeter Naturwissenschaftler,** was ihm Hunderte von Patenten einbrachte. Er war **Pazifist,** konfliktscheu und verachtete Kriege. Der Chemiker *Ascanio Sobrero* hatte den Sprengstoff **Nitroglycerin** entdeckt, stellte aber die Entwicklung ein, da es schon bei der geringsten Erschütterung explodierte und folglich nicht zu transportieren war. *Nobel* jedoch schreckte das nicht, er wollte einen sicheren Sprengstoff entwickeln, den die schwedischen Straßenbauer dringend brauchten. Als 1864 sein Labor explodierte, wobei zahlreiche Personen starben, unter anderem sein Bruder, zwang ihn die Öffentlichkeit, seine Manufaktur auf ein Schiff im Mälarsee zu verlegen. 1866 machte *Nobel* die entscheidende Entdeckung: Nitroglycerin wurde durch die Beimengung von Kieselgur unempfindlich gegen Erschütterungen. Er nannte seinen neuen Sprengstoff **Dynamit** und wurde reich.

Er musste jedoch bald feststellen, dass er damit eine Menge Leid über die Menschheit gebracht hatte. Quasi als Wiedergutmachung bestimmte er 1895, ein Jahr vor seinem Tod in San Remo, testamentarisch, dass sein Vermögen aus der Verarbeitung von Explosivstoffen in eine Stiftung zu überführen sei. Diese sollte jedes Jahr Geldpreise an Menschen verleihen, die sich um den Frieden verdient gemacht und der Menschheit den größten Nutzen erwiesen hatten. In besagtem **Testament** bestimmte er seinen 26-jährigen Assistenten *Ragnar Solman* und *Rudolf Lilljequist* zu Testamentsvollstreckern und vermachte ihnen als Arbeitsgrundlage 100.000 Kronen. *Solman* und *Lilljequist* verdanken wir letztendlich, dass es den Preis gibt.

Nobels Vermögen war über ganz Europa verstreut, und die Tochtergesellschaften dachten nicht daran, das Geld herauszurücken. Doch *Solman* gelang es innerhalb von fünf Jahren, den größten Teil des Geldes, umgerechnet etwa 150 Millionen US-Dollar, zu sichern. In der Zeit von 1929 bis 1946 war *Solman* dann Direktor der Nobelstiftung.

Nobels Verwandte versuchten, das Testament anzufechten, selbst der König wollte nicht, dass das Geld außer Landes floss. Man hielt *Nobel* für unpatriotisch und unschwedisch. Vielen schienen auch die Kriterien der Preiswürdigkeit zu schwammig gefasst.

Am Ende aber passierte doch alles so, wie *Nobel* es gewollt hatte. Die **Preisverleihung** findet alljährlich am 10. Dezember in Stockholm und in Oslo statt. Überreicht werden die Preise vom schwedischen König und dem Vorsitzenden des norwegischen Nobel-Komitees. Verliehen werden Preise in den Sparten Physik, Chemie, Medizin und Literatur. Dazu stiftet das Norwegische Parlament einen Friedenspreis. Außerdem gibt es noch einen von der Schwedischen Reichsbank gestifteten Preis in Wirtschaftswissenschaften.

Die Preisverleihung verlief nicht immer ohne Pannen: Der Sizilianer *Quasimodo* erfuhr durch eine undichte Stelle schon einen Tag vorher von seiner Wahl; *Boris Pasternak* sagte ab oder wurde abgesagt; *Knut Hamsun,* berüchtigt für seinen Alkoholkonsum, benahm sich unschicklich *Selma Lagerlöf* gegenüber usw. usf. Und jedes Jahr von Neuem wird natürlich weltweit diskutiert, ob die Preisträger die Ehre auch verdienen.

Natürlich lässt es sich gut **paddeln und wandern** in der Gegend. Mit dem Kanu kann man den Berglagskanalen entlangfahren, auf dem früher Eisenerz aus Filipstad 65 km nordwestlich von Karlskoga in die Stadt geschippert wurde. Wem das zu anstrengend ist, besteigt die „M/S Nobella" und lässt sich fahren. Info übers Touristbüro.

Sehenswert

Nobelmuseum

In dem Gebäude, in dem heute das Museum untergebracht ist, hatte der Erfinder des Dynamits in jungen Jahren sein Laboratorium. Bis zu seinem Tod lebte *Alfred Nobel* auf **Björkborns Herrgård,** das zum Museum gehört: Björkbornsvägen 10, Juni bis August Di bis So 11–16 Uhr, 100 SEK. Das angeschlossene Café ist von 11–16 Uhr geöffnet.

Bofors Museet

Björkbornsvägen 10: Dieses **Industriemuseum** informiert über die Anfänge des gleichnamigen Rüstungskonzerns. In der im 17. Jh. gegründeten Eisenhütte Bofors wurde Roheisen zu Schmiedeeisen veredelt. Zuerst hielt man sich noch mit Landwirtschaft über Wasser, als man allerdings mit der Herstellung von Kanonen begann, expandierte Bofors Bruk stark. Bis Mitte des 20. Jh. gab es hütteneigene Lebensmittelläden, und die Wohnung war Teil des Arbeitslohnes. Geöffnet Juni bis August Di bis So 11–16 Uhr.

Bohlin Racing

Gälleråsen 652, Tel. 150 20: Wer sich zum Rennfahrer berufen fühlt, kann hier sein Glück versuchen. Die **Rennstrecke** fürs Publikum liegt 6 km nördlich von Karlskoga an der Straße 205, ausgeschildert „Motorbana". Go-Karts kann man zwischen 10 und 15 Uhr mieten, auch Fahrten mit Geländewagen sind möglich.

Praktische Infos

Unterkunft

■ **Bofors Hotell**④, Hyttåsvägen 12, Tel. 811 00, www.boforshotell.com. Das Haus ist ein schlossähnlicher Kasten nahe der E 18, der in einem schönen Park liegt, der Service ist gut. Das erste Hotel wurde 1876 in Mora gezimmert und per Bahn nach Karlskoga transportiert, wo man es der Einfacheit halber gleich gegenüber dem Bahnhof aufstellte. Mit dem heutigen Bau von 1930 wollte Bofors seine Kunden beeindrucken.

■ **Hotell Alfred Nobel**④, Torget 1, Tel. 364 40, www.hotellalfrednobel.com. Ein Ziegelblock von 1939 mit 37 gediegenen DZ.

■ **Karlskoga Hotel & Konferens**④, Boåsvägen 2, Tel. 637 40, www.karlskogahotel.se. Neben der E 18, nicht gerade eine Schönheit, aber praktisch mit 86 geräumigen Zimmern.

■ **Hotell Krey**④, Kanalvägen 1, hinter den Bahngleisen am Museum, Tel. 358 00, www.hotellkrey.se. Nett gelegenes rotes Häuschen aus dem Jahr 1873 mit 3 DZ.

■ **Karlskoga Folkhögskola Vandrarhem SVIF** ②, Rektor Lindholms väg 23, Tel. 646 00, www.karlskogafolkhogskola.se. Von der Innenstadt südlich am Seeufer, 25 Zimmer.

Camping

- **SCR Lunedets Camping,** Tel. 150 82. Der Platz liegt von Wald umgeben in einem Erholungsgebiet am See Alkvettern und dem Bergslagskanal. Café, Restaurant, Rad- und Bootsverleih. 15.4. bis 30.9.
- **Villingsbergsgårdens Camping & Pensionat SCR,** Tel. 77 01 40, www.villingsberg.com. 10 km östlich des Ortes an der E 18 Richtung Örebro am Våtsjön an der Grenze von Värmland und Närke, einige Hütten, Bootsverleih. 14.6. bis 15.8.

Essen und Trinken

- **Strandkanten,** Grönfeltsgatan 30. Gutes Restaurant, Mo bis Fr 11–14 und ab 17 Uhr, Sa ab 11 Uhr.
- **Max i Karlskoga,** Viaduktgatan 4A. Schnellrestaurant.
- **Gastro Bar & Kök,** Torget 2–4. Mittagsbuffet von 11.30–13.30 Uhr, Di bis Sa ab 18 Uhr.
- **Restaurang Ratten,** Tibastvägen 8. 8–14 Uhr.
- **Harrys i Karlskoga,** Alfred Nobels Torg 1. Eine Adresse für das Bier am Abend.

An- und Weiterreise

- **Parken:** In Karlskoga gilt ganzjährig zwischen 0 und 7 Uhr: An geraden Tagen ist das Parken auf der Straßenseite mit geraden Hausnummern wegen der Straßenräumung verboten, an ungeraden auf der anderen Seite.
- **Bus:** Sieben Buslinien fahren durch Karlskoga, Länstrafiken Mälardalen fährt auch nach Stockholm. Die Busstation ist Värmlandsvägen 17, aber auch vor dem Touristbüro kann man zusteigen.
- **Rad:** Karlskoga verfügt über ein umfangreiches Radwegenetz, eine Karte zu den überwiegend sogar beleuchteten Radwegen gibt es in der Touristinfo, auf dem Alfred-Nobel-Platz steht sogar eine Luftpumpe zur Verfügung.

Ausflüge

Svartå Herregård

Svartå 171: Das gustavianische **Herrenhaus am See Lilla Björken** besteht aus vier Gebäuden. Hauptgebäude, West- und Ostflügel und Nebengebäude wurden im Jahr 1896 als Residenz für den Richter *Carl Falker* gebaut. Das Ensemble gehörte zu einer Eisengießerei und liegt in einem üppigen Park mit Ruderbooten und Badesteg. Heute ist in Hauptgebäude und Flügeln ein Hotel⑤ mit 38 Zimmern untergebracht. Die Eisengießerei wurde übrigens 1966 gesprengt, nur die Schornsteine stehen noch. Anfahrt auf der Straße 205 über Degerfors 20 km nach Süden.

Von Karlskoga nach Örebro

Wer auf der E 18 bleibt, fährt weiter Richtung Osten durch waldreiche Gegenden und erreicht bald Örebro.

Örebro

- **Einwohner:** 130.000
- **Vorwahl:** 019
- **Information: Örebrokompaniet turistbyrå,** Olof Palmes Torg 3, Tel. 21 21 21, Mo bis Fr 11–18 Uhr, Sa 11–15 Uhr.

Örebro liegt **am Svartån,** kurz vor dem See Hjälmaren. Die Turistinfo macht die

sd13-098 fph

Der Wasserturm Svampen

Stadt quasi zum Mittelpunkt des Landes und rechnet vor, dass 70% der Bevölkerung Schwedens in einem Umkreis von 300 km um Örebro wohnt – tja, wenn das nichts ist.

Die bekanntesten **Kinder der Stadt** sind Prinz *Daniel von Schweden*, Ehemann von Kronprinzessin *Victoria*, der siegreiche Rallyefahrer *Stig Blomqvist* und der Ingenieur *Jonas Wenström*, Mitgründer von ASEA, heute ABB und ein großer Elektrokonzern. *Wenström* ist einer der Erfinder des Dreiphasen-Drehstrommotors, 1890 stellte er ihn vor und bekam in Schweden ein Patent darauf. *Schenk Bradley, Doliwo-Dobrowolski* und *Haselwander* gelten ebenfalls als die Erfinder. Wer von wem beeinflusst wurde, lässt sich nicht mehr sagen. Der Krimi- und Jugendbuchautor *Håkan Nesser* wurde 1950 in Kumla 20 km südlich der Stadt geboren.

Der große Jahrmarkt **Hindersmässan** findet alljährlich in der letzten Januarwoche statt. Früher brachten die Eisenhändler ihre Ware zur Messe am St.-Heinrichs-Tag in den Ort.

Wenige Kilometer von der Stadt am Ufer des Hjälmaren-Sees und an der Mündung des Svartån führen **Spazier- und Radwege** durch die ruhige Seelandschaft.

Geschichte

1265 ließ *Birger Jarl* an der Furt durch den Fluss Svartån einen Wehrturm bauen. Nach und nach entstand eine Siedlung. Man handelte mit Eisenerz aus den

Gruben nördlich des Ortes. Im 17. Jh. wurde der **Hjälmarekanal** angelegt, auf dem Güter in Richtung Stockholm transportiert werden konnten. 1854 ereilte auch Örebro das übliche Schicksal der damaligen Zeit, es brannte komplett ab. Der Wiederaufbau erfolgte in Stein. Im 19. Jh. stieg Örebro zum Zentrum der Schuhindustrie in Schweden auf. 1967 wurde eine **Universität** mit den Fakultäten Ökonomie, Sozialwissenschaften und Medizin gegründet. In Grenadjärstaden betreiben Bierfreunde eine kleine **Brauerei,** die Närke Kulturbryggeri, die 2003 unter dem Motto „Bier ist Kunst" gegründet wurde.

Örebro Slott

Sehenswert

Örebro Slott

Kansligatan 1, Tel. 21 21 21: Gebaut wurde der mächtige Steinbrocken vermutlich im 13. Jh. Die Vasaburg wurde danach von Norwegern, Dänen und Schweden belagert. 1540 wurde in ihren Mauern Schweden zum Erbreich erklärt. 1617 verfasste man hier die erste Reichstagsverordnung, 1810 wurde der Marschall *Jean Baptiste Bernadotte* zum Thronfolger gewählt. Die Wasser des Vättern speisen den **Burggraben,** man kann schon fast von einer Insel sprechen, auf der das quadratisch gebaute Schloss steht. Die vier runden Türme an den Ecken sind unterschiedlich groß. Im 19. Jh. wurde die Anlage im historisch-

sd13-097 fph

romantischen Stil umgebaut. Führungen durch das sehenswerte Schloss im Sommer täglich, den Rest des Jahres Sa/So.

Wadköping

Wadköpingvägen: Das **Freilichtmuseum** liegt am Ufer des Svartån mitten im Ort und stellt das alte Örebro dar. Es gibt eine Hauptstraße, die auf beiden Seiten von Häusern gesäumt ist: Auf der einen stehen die niedrigen, rot gestrichenen Gebäude des 17.und 18. Jh., auf der anderen Straßenseite ist das Stadtbild Örebros nach dem großen Brand von 1854 nachgebaut. Es gibt Kunstausstellungen, Handwerk, ein Café und Geschäfte. Der Name des Museums geht auf einen fiktiven Ort zurück, den der Schriftsteller *Bergmann* 1919 für seinen Roman „Markurells in Wadköping" erfand. Ganzjährig geöffnet, Eintritt frei.

Stortorget

Hier steht auf dem höchsten Punkt des Hügels die **St.-Nikolai-Kirche,** seit dem Mittelalter die Hauptkirche der Stadt. Angeblich sollen es Kaufleute aus Lübeck gewesen sein, die die Kirche bauen ließen. Auf jeden Fall wurde romanisch begonnen, und als Europa von der Gotik überrollt wurde, baute man auch hier gotisch weiter, sodass die Kirche an die Dome in Skara und Uppsala erinnert. Der Turm wurde 1585 durch einen Blitz in Brand gesetzt und 1770 von dem berühmten Baumeister *Carl Fredrik Adelcrantz* niedriger gebaut und mit einem Laterngeschoss versehen. 1863 meinte man, er würde nicht zum Haus passen und baute ihn gotisch um. Am Stortorget steht außerdem das neugotische **Rathaus,** das nicht nur wegen seines Glockenspiels bekannt ist: Im Winter kann man hier den größten Adventskalender Schwedens bewundern.

Svampen

Der „Pilz" ist der Wasserturm und nicht zu übersehen. Er steht an der Dalbygatan 4 unweit der nördlichen Einfahrt in die Stadt und wird nachts illuminiert. Tagsüber zeigt er sich grau-weiß gestreift. Das 58 m hohe Bauwerk wurde 1958 von *Sune Lindström* entworfen, der Tank fasst 9 Millionen Liter Wasser, im „Stiel" fahren zwei Fahrstühle zur Aussichtsplattform mit Restaurant (10–18 Uhr, die Fahrt kostet 89 SEK). Beim Bau des Turms wurde zuerst der Pilzhut aus Beton gegossen, danach mit hydraulischen Pressen stückweise angehoben und dann jeweils ein Stück Stiel darunter gegossen. Eine der Pressen ist noch oben zu bewundern.

Nur das 22 Stockwerke hohe Wohnhaus **Krämaren** überragt den Svampen, deshalb läuft das Wasser in seinen oberen Etagen nicht einfach aus dem Hahn, sondern muss mit extra Pumpen im Haus auf Druck gebracht werden.

Gustavsvik

Gustavsviksvägen 11: Gustavsvik ist **eines der größten Freizeitbäder Schwedens** und Nordeuropas größtes Hallenbad. Es umfasst ein 50-m-Becken, hölzerne Hängebrücken, Palmen und eine Wildwasserstrecke, zudem einen Campingplatz und Hütten, die man mieten kann. Im Sommer täglich 10–21 Uhr, ab 90 SEK, Tel. 19 69 50.

Praktische Infos

Unterkunft

- **Elite Stora Hotellet**④, Drottninggatan 1, Tel. 15 69 00, www.elite.se/sv/hotell/orebro. Das gelbe Haus von 1858 steht am Ufer des Svartån, hat 133 Zimmer und bietet eine gute Sicht auf das Schloss.
- **Best Western City Hotell**④, Kungsgatan 24, Tel. 601 42 00, www.cityhotelorebro.se. Ein modernes Haus der Kette.
- **Behrn Hotell**④, Stortorget 12, Tel. 12 00 95, www.behrnhotell.se. Zentral am großen Platz, in einem schönen Altbau, elegant und gehobener Standard.
- **Ibis**③, Stenbackevägen 2, Tel. 17 07 07, www.ibis-orebro.com. Das Hotel liegt 1,5 km vom Bahnhof Örebro Södra und 2 km vom Stadtzentrum entfernt beim Gustavsvik-Freizeitbad an der E 18.
- **STF Livin' Hotel**③, Järnvägsgatan 22, Tel. 31 02 40, www.livin.se. Das angenehme Haus liegt 5 Min. zu Fuß vom Hauptbahnhof entfernt.
- **Hotell Storgården**③, Fredsgatan 11, Tel. 12 02 00, www.hotellstorgarden.se. 500 m vom Bahnhof entferntes altes Gründerzeithaus mit 19 Zimmern, hohen Decken und stilvoller Einrichtung.

Essen und Trinken

- **Slottskällaren,** gemütliches Restaurant im Elite-Hotel, das bis ins 13. Jh. zurückgeht. Der „Keller" hat eine gute Aussicht auf die Stadt.
- **Bishops Arms Pub,** große Auswahl an Bieren und Whiskys, ebenfalls im Elite-Hotel.
- **Kungsgatan1,** am schön gepflasterten Platz gibt es gute lokale Küche und biologisch angebaute Zutaten, Tel. 32 33 15.
- **Drottninggatan 38,** französische Brasserie zentral in der Nähe des Näbbtorget, wochentags ab 11.30 Uhr.
- **Ågatan 3,** auch ohne richtigen Namen, Mo bis Sa ab 18 Uhr, einfach gut essen.
- **Restaurang Drängen,** Oskarsvägen 1, Tel. 32 32 96. Im kargen Zimmer des alten Schulhauses gibt es exquisite Speisen. Di bis Sa ab 17 Uhr.

An- und Weiterreise

- **Auto:** Hier treffen sich zwei wichtige Fernstraßen: Die E 20 macht auf dem Weg von Södertälje nach Göteborg einen Schlenker durch Örebro, und die E 18 verbindet Stockholm mit Oslo.
- **Bahn:** Es gibt zwei Bahnhöfe, Centralstationen und Södra station. SJ verbindet mit Stockholm und dem Rest von Schweden.
- **Bus:** Die meisten Stadtbusse halten am Rescentrum am Hauptbahnhof, weitere Haltestellen sind Järntorget, Våghustorget, Krankenhaus und Konserthuset. Länstrafiken fährt in der Stadt, Go by Bus zu den umliegenden Gemeinden.
- **Flug:** Der Flughafen ORB liegt 12 km westlich an der E 18. Man kann nach Stockholm, Malmö und Kopenhagen fliegen. Kein Airportbus.

Ausflüge

Kilsbergen

20 km westlich von Örebro hat sich ein Stück Wildnis für Freizeitsportler erhalten. In der Gegend um die Kilsbergen Konferens & Lodge, www.kilsbergen.se, gibt es unzählige **Wanderwege und Skiloipen. Angellizenzen** für die Seen Södra Ånnabodasjön und Falkasjön sind in der Lodge erhältlich.

Karlslunds Herregård

Diedens allé 11: Im 16. Jh. gab es hier nur einen königlichen Stall mit einer Gartenanlage, daneben stellte man Ziegel, Kalk, Leinöl und Schnaps her. Der eigentliche **Herrensitz** wurde um 1809 erbaut. Später kamen eine Orangerie, eine Gärtnerwohnung und ein Treibhaus dazu. Ende des 19. Jh. wurden ein Park und ein Obstgarten hinzugefügt. 1819 erfolgte durch den Architekten *Carl Christoffer Gjörwell* eine Umgestaltung: U.a. wurden im Salon französische Panoramatapeten angebracht, die handgedruckten Papiere zeigen Frankreichs wichtigste Häfen. 1897 baute man eine Wasserkraftstation, die noch immer im Betrieb ist und besichtigt werden kann. Heute wird Karlslund als **Restaurant und Tagungsstätte** genutzt, im Sommer gibt es auch ein Terrassencafé. Die Anlage umfasst Läden und Werkstätten, eine Schmiede und einen Bootsbauer. Anfahrt über die Karlslundgatan Richtung Garphyttan und links in den Kvarnfallsvägen (5 km), Busse Nr. 8, 27, 28. Führungen organisiert die Örebrokompaniet, Tel. 21 21 21.

Fährt man den Kvarnfallsvägen weiter, kommt man zur **Mühle Tekniska Kvarnen** aus dem Jahr 1889, in der ein kleines technisches Museum eingerichtet ist. Hier kann man allerlei elektrische Spielereien ausprobieren, da die Mühle zur Stromerzeugung diente. Geöffnet Mitte Juni bis Mitte August am Wochenende 11–16 Uhr, 80 SEK, mit Laden und Café.

Nationalpark Tiveden

Schwedens südlichste Wildmark hat nur eine Fläche von 13 m^2 und liegt an der Nordspitze des Vättern, in Närke und Västergötland, auf halbem Weg nach Mariestad. Infolge der Eiszeit entstanden Grotten, Felsritzen und Waldseen. Die **Schlucht Stigmanspasset** bildet den Eingang, man fährt auf dem Weg zum Besucherzentrum, wo man das Auto abstellen kann, hindurch. Im Nationalpark erheben sich zwei Berge, der Stora Trollkyrka und der Lilla Trollkyrka, ferner gibt es die Grotte Stenkällar und viel alten Wald sowie mehrere gut markierte Rundwanderwege, die teilweise über Holztreppen und Felsen führen. Am Nordende des Sees Trehörningen liegt der **Badestrand Vitsand.** Der Park ist am einfachsten über die Autobahn von Karlsborgsvägen und Askersund zu erreichen. Der Tivedsleden führt dann zum Stenkällevägen bis zum Parkplatz.

■ **Übernachten** kann man im einfachen **STF-Pensionat Tiveden**② in Häggeboda oder in **Tivedstorp,** das komplett zur Jugendherberge② wurde, Tel. 0584-47 20 90, beide unter www.svenskaturistforeningen.se. Am Ostufer des Sees Unden liegt **Camping Tiveden,** Baggekärr 2, Tel. 0584-47 40 83. Nebenan entsteht ein Feriendorf mit mindestens 10 Häuschen.

> Eskilstuna: Häuserfront am Fluss Arboga

Von Örebro nach Eskilstuna

Man verlässt Örebro auf der E 18/20 vorbei am Hjälmarsee und fährt 80 km ostwärts. Die Straße führt durch flache Landschaften, deren Felder nur dann und wann von Birkenwäldchen unterbrochen werden. 5 km nach der Brücke über den Fluss Arboga kommt ein Autobahndreieck, wo man sich rechts auf die E 20 nach Eskilstuna einordnet.

Eskilstuna

- **Einwohner:** 75.000
- **Vorwahl:** 016
- **Information: Turistbyrå,** Tullgatan 4, Tel. 710 70 00, in einer gelben Villa am Rothoffsparken, 24.6. bis 18.8. Mo bis Fr 10–18 Uhr, Sa 10–14 Uhr.

Zwischen den Seen Hjälmaren und Mälaren am Eskilstunaån gelegen, ist die Stadt benannt nach dem Missionar *Eskil,* der 1080 beim Handelsplatz Tuna begraben wurde. 1658 erhielt Eskilstuna die Stadtrechte, nachdem der Ort es durch die Produktion von **Werkzeug und Waffen** zu einer gewissen Berühmtheit gebracht hatte. Erst 200 Jahre später entstand das prächtige Rathaus am Fristadstorget, mit Zinnen am Dach und drei Eingängen.

Berühmter Sohn der Stadt ist der Jazzsaxophonist **Börje Fredriksson,** der in seinem kurzen Leben großen Einfluss auf die Entwicklung des Jazz in Schweden hatte. Anfang der 1960er Jahre spielte er im Quartett mit *Palle Danielsson* am Bass, *Bobo Stenson* am Klavier und dem Schlagzeuger *Fredrik Norén.*

Ähnlich wie in Malmö, sind auch in Eskilstuna **„Cykelbarometer"** installiert, die anzeigen, wie viele Radler gerade in der Stadt unterwegs sind.

sd13-099 fph

Sehenswert

Rademacherschmiede

Rademachergatan: Hier kann man Schmieden, die das Handwerk noch auf traditionelle Weise ausüben, bei der Arbeit zusehen. *Reinhold Rademacher* wurde 1654 von König *Karl X. Gustav* zum Aufbau des heimischen Schmiedehandwerks angeworben. Als Mann der Tat machte er aus Eskilstuna das Zentrum der schwedischen Stahlschmiedekunst, sozusagen das schwedische Solingen. Sechs Schmieden entstanden in der Folgezeit.

Gap-Sundins Kedja heißt eine seltsame Kette, die von dem renommierten Schmied und trinkfesten Großmaul *Sundin* im 19. Jh. geschaffen wurde. Eine Nachbildung dieses merkwürdigen Gewirrs aus Eisenringen ist am Stadtmuseum, in der Touristinfo und in der Rademacherschmiede für etwa 115 SEK zu kaufen.

Tingsgården

Der alte Handelshof beherbergt eine **Glas- und Keramikgalerie** in der Västra storgatan am Ufer des Eskilstunaån. Im Haus befindet sich auch ein Restaurant.

Parken Zoo

Flackstavägen, westlich der City: Es handelt sich um eine **ziemlich große Anlage** mit Armurleoparden, Sumatratigern und anderen Miezekatzen, mit Affen und Krokodilen, kurz: Die ganze exotische Tierwelt hat man hier versammelt. Dazu gibt es ein Bad und andere Kinderbelustigungen. Geöffnet 10–17 Uhr, Eintritt 185 SEK, Kinder bis 16 Jahre zahlen 135 SEK.

Praktische Infos

Unterkunft

- **Hotell Eskilstuna**③, Strängnäsvägen 10, Tel. 51 04 10, www.hotelleskilstuna.se. 2 km östlich nahe der E 20 gelegenes einfaches Haus.
- **Comfort Hotell**③, Hamngatan 9, Tel. 17 78 00, www.nordicchoicehotels.se. Ein unschöner Kasten an der Uferstraße, aber die Aussicht ist schön und die Einrichtung trendy.
- **Clarion Collection Htl Bolinder Munktell**④, Munktellstorget, Tel. 16 78 00, www.nordicchoicehotels.se. Ein sehr schönes Haus von 1838 in toller Lage mit Blick aufs Wasser.
- **Eskilsgården**③, Zetterberggatan 20, Tel. 12 02 45, www.esilsgarden.se. Ein jüngeres, einfaches Stadthaus.

Essen und Trinken

- **Restaurant P-2,** Portgatan 2. Wöchentliche Mittagsmenüs, Mo bis Fr 11–16 Uhr, Sa ab 12 Uhr.
- **Nordstiernan,** Västra Storgatan 20. Asiatisches Essen und Hausmannskost.
- **Tingsgården Restaurang,** Rådhustorget 2. Mit einer hölzernen Terrasse über dem Eskilstunaån, Mo bis Fr 11–22 Uhr, Sa 12–23 Uhr, So 12–22 Uhr.
- **Contrast,** Promenadgatan, im Bibliotekshuset. Den Jazzclub gibt es seit 30 Jahren, Konzertkarten in der Turistinfo.
- **Jernberghska Krog & Café,** Rademachergatan 48. In der alten Schmiede sitzt man gemütlich und speist vorzüglich.

An- und Weiterreise

Bus: Mit Linjetrafik in alle Richtungen.
Bahn: Eskilstuna ist ein Eisenbahnknotenpunkt, die Svealandsbanan verläuft zwischen Arboga und Stockholm, Fahrzeit nach Stockholm ist 1 Stunde. Die TGOJ-banan führt von Uppsala im Norden bis in den Süden nach Norrköping.
Rad: Die Stadt gibt sich Radfahrer-freundlich. Es stehen überdachte Fahrradständer und vier Luftpumpstationen im Zentrum zur Verfügung (Bahnhof, Fristadstorget, Munktellstorget, Rådhusbron/Smörtorget). In Torshälla gibt es eine Luftpumpe auf dem Östra torget. Für Touren liegen im Turistbyrå Karten bereit.
Flug: Eskilstuna Airport EKT liegt 13 km östlich der Stadt zwischen E 20 und der Eisenbahnlinie.

Ausflüge

Sundbyholms Slott

Das Schloss mit seinem gepflegten Park liegt 12 km nördlich am Mälarsee. Im Mittelalter gehörte es dem Kloster in Eskilstuna. Nach der Reformation 1527 ging es an die Krone, die es dem Sohn des Königs, Carl Carlsson Gyllenhielm, übergab. Der nächste Besitzer, Bundesschatzmeister Seved Bååt, ließ es aufstocken. Nach mehreren Besitzerwechseln mietete es 1890 Frau Hammarhielm, geb. Baroness Coyet. Während ihrer „Regentschaft“ wurde Sundbyholms Slott bekannt für seine Gastfreundschaft, der **Malerfürst Prins Eugen** und seine Freunde hielten sich 1893 hier auf. Es entstand sein berühmtes Bild „Det gamla slottet“ mit dramatischen Wolken über dem Anwesen, das er in einem Brief an seine Mutter beschrieb: „Das Schloss liegt da, zerfallen und unbewegt inmitten der Natur, und ewig scheint die Sonne und ziehen Wolken vorüber.“ Das Gemälde hängt heute in der Waldemarsudde in Stockholm. 1953 baute man das Haus um, und das Restaurant (sörmländische Küche) und der angrenzende Yachthafen wurden eröffnet, Tel. 965 00.

Das **Hotel**⑤ ist ein moderner Bau mit Blick auf den Mälarsee, die Zimmer verteilen sich auch auf das Kutscherhaus aus dem 17. Jh. und das Gartenhaus. Anfahrt auf dem RV 53 aus der Stadt nach Norden über den Kreisverkehr der E 3 geradeaus zum Mälarsee (etwa 12 km).

Sigurdsristningen

Die **5 m hohen Runen** sind in den 1000 Jahre alten Granit gemeißelt und berichten über *Sigurd.* Die Felsen liegen auf der anderen Seite des Flusses Ramsundsån, von Jäner in Richtung Sundbyholms Slott, GPS 59.441697, 16.634644. An der Straße steht ein Hinweisschild.

Von Eskilstuna nach Strängnäs

Nach 15 km wird es ein wenig bergiger, und ein paar 20 m hohe Felsen säumen die E 20, die gerade hindurchläuft. Hinter Härad ist der Abzweig der Straße 55 erreicht, die nach Strangnäs Nord führt.

Strängnäs

- **Einwohner:** 13.000
- **Vorwahl:** 0152
- **Information: Turistbyrå,** Västerviken, Storgatan 38, in einer Holzhütte am Hafen, Tel. 297 90, Juni bis August Mo bis Fr 10–15 Uhr.

Die alte Stifts-und Schulstadt ist seit dem 12. Jh. ein **Zentrum der Kultur** in der Gegend. Die Domkirche stammt aus dem 13. Jh., die mächtige Bischofsburg aus dem 15. Jh. *Axel Oxenstierna* ließ im 17. Jh. die Jäderkirche umbauen und durch *Nicodemus Tessin d. Ä.* im Renaissancestil modernisieren. *Oxenstierna* wurde später unter dem Altar begraben. Die Stadt liegt auf einem Hügel an einem Ausläufer des Mälarensees. Von der Innenstadt führt ein Viadukt auf die nächste Insel hinüber. Die moderne Stadt ist das Zentrum der Pharmaindustrie Schwedens, Astra und Pfizer haben hier Fabriken.

Die spiegelglatten **Seen** rund um Marvikarna sind beliebt bei Paddlern. Der Kanuwanderweg verläuft bis nach Vagnhärad.

Sehenswert

Valskvarn

Hinter dem Freizeithafen steht auf einem Hügel eine **Holländer-Windmühle** (siehe auch den Exkurs zu Windmühlen bei Öland). Anders als auf Öland, wo jeder Hof eine kleine Mühle besaß, war das in Strangnäs durch das Zunftgesetz untersagt, die Müllergilde musste also

sd13-100 fph

ran. 1815 bekam der Bürgermeister die Erlaubnis zum Bau der Mühle. Da ihre Qualität viele Jahre zu wünschen übrig ließ, ist die rote Mühle, die heute auf dem Kvarnkullen zu sehen ist, von 1888 und die dritte Version. Bis in die 1930er Jahre wurde hier Weizen gemahlen, zuletzt trieb ein Elektromotor im Keller die vier Mühlsteine an. Da man nach einem Alleinstellungsmerkmal suchte, kam man darauf, dass sie die größte sechsflügelige Windmühle Schwedens ist – na ja. Jedenfalls waren die Flügel mit Segeltuch bespannt, die Segelfläche konnte dem Wind angepasst werden, dazu verlief eine hölzerne Galerie um die Mühle. Der Mühlenkopf wurde von innen mit einer Winde in den Wind gedreht. Im Inneren erreicht man die fünf Böden über Leitern, für die Säcke gab es einen Flaschenzug. Die Besichtigung ist von 12–14 Uhr möglich, Auskunft erteilt das Museum, im Sommer gibt es auch ein Café mit traditionellem Backwerk, Grassagårdens café, Kvarngatan 2. Hinter der Mühle liegt der Mühlenhof.

Domkirche

Um das Jahr 1250 wurde zunächst eine Holzkirche errichtet, die man später durch einen gotischen Ziegelbau ersetzte. In der Kirche wurde **Gustav Vasa** am 6. Juni **1523 zum schwedischen König gewählt,** und hier werden die Grabinsignien *Karl IX.* aufbewahrt. Um 1500 wurden eine Seitenkapelle und eine weitere Sakristei angebaut. Der 96 m hohe Turm kam 1740 hinzu. Zwischen dem Turm und dem dreischiffigen Langhaus sieht man noch Reste des ursprünglichen Kirchenportals. Das Langhaus hat Kreuzgewölbe, der Chor ein Sterngewölbe. Die Orgel wurde mehrfach erneuert und 1907 sogar an eine andere Stelle versetzt. Die Kirche hat sich mittelalterlichen Charme bewahrt und ist einen Besuch wert.

Stadtrundgang

Die **Gyllenhjelmsgatan** führt vom Stortorget zum Dom hinauf und ist mit alten einstöckigen Häusern bebaut. Hinter dem Dom geht es wieder steil abwärts. Verlässt man die Gassen und spaziert die **Strandpromenade** entlang, kommt man am Dampfschiffsanleger und dem kleinen **Park Bo Setterlind** vorbei. *Bo Setterlind* war ein 1923 geborener religiöser Lyriker und Mitglied der Freimaurer, der sich als Verteidiger des „idealen Gedichtes“ hervortat. Er lehnte jeden Realismus ab, da Lyrik seiner Meinung nach nicht von sozialen und materiellen Dingen handeln konnte. Am Wasser laden Cafés zu einer Verschnaufpause ein.

Armeemuseum

Wohl nur hartgesottene Militärfans wird das Armeefahrzeugmuseum **Arsenalen** anziehen, www.arsenalen.se, Juni bis August täglich 11–17 Uhr, 80 SEK. Zu sehen sind hauptsächlich deutsche und schwedische Panzer und Radfahrzeuge. Es liegt an der E 20 kurz vor Härad.

◁ Die Windmühle Valksvarn überragt den Ort

Praktische Infos

Unterkunft

■ **Ulvhälls Herrgård**⑤, Ulvhälls allé, Tel. 186 80, www.ulvhall.se. Das Haus, ein weißer Herrensitz von 1758, liegt 2 km östlich des Zentrums direkt am Wasser. Gehobener Standard, 32 Zimmer.

■ **Hotel Laurentius**⑤, Östra Strandvägen 12, Tel. 104 44, www.hotellaurentius.se. Das 12-Zimmer-Hotel residiert in einem roten Holzhaus mit schönem Blick auf die Bucht, vom Haus führt ein steiler Fußweg zum Dom.

■ **Best Western Hotel Rogge**④, Gyllenhjelmstorget, Tel. 228 80, www.hotelrogge.se. Der Platz, der die Trädgårdsgatan unterbricht, ist autofrei. 34 Zimmer und gute Ausstattung.

Essen und Trinken

■ **Edsbacka Bistro,** Västervikstorget 6. In einem kleinen roten Backsteingebäude in der Nähe des Hafens gibt es erstklassige Speisen. Di bis Fr 11.30–16 Uhr, Di bis Sa 17–21 Uhr, So 13–19 Uhr.

■ **BK Bar och Restaurang,** Eskilstunavägen 34. Bar, Nachtclub und Restaurant.

■ Kaffee und Kuchen gibt es im **Café Prinsen** in der Trädgårdsgatan 21 oder, wenn es dort zu voll ist, im **Café Trägår'n** in der Trädgårdsgatan 1.

■ Das **Café Ångbåtsbron** steht auf einem Holzdeck am Bootsanleger Strandvägen unterhalb des Hotel Prinsens und hat Plätze mit Blick aufs Wasser.

An- und Weiterreise

■ **Bahn:** Die Haltestelle Strängnäs liegt an der Lånbergsgatan vor der großen Granitwand, das Stationsgebäude hat ebenfalls eine große Wand auf der Rückseite, als wolle sie dem Felsen zeigen, dass sie es auch kann. Züge von SJ und Tågplus fahren Richtung Eskilstuna und Örebro. Wer nach Mariefred oder Styckebruk fahren möchte, steigt 4 km vorher, in Läggesta, aus, und nimmt den Bus.

■ **Bus:** Länstrafiken hält auch am Bahnhof.

■ **Boot:** Der sicherste Weg verläuft über Mariefred, das im Sommer regelmäßig von Stockholm angefahren wird. Täglich wird vom Hafen auch zum Weltkulturerbe Birka (s.u.) übergesetzt.

Ausflüge

Åkers Stykebruk

Åkers Styckebruk ist **einer der ältesten Bergbauorte** des Landes: Aus dem Berg zwischen Styckebruk und Gnesta wurden früher Erz, Holzkohle und Kalk geholt, die in den Schmelzöfen von Åkers Styckebruk AB, einer der ältesten Firmen Schwedens, von 1580 an weiterverarbeitet wurden. Man goss bis 1866 Kanonenrohre aus Stahl. Bis heute werden hier Teile für die Stahlindustrie hergestellt. In einem weitläufigen Park liegen verschiedene gut erhaltene Gebäude. Im **Bergbaumuseum** bekommt man die früheren Arbeitsbedingungen der Bergleute vor Augen geführt. Von Mai bis August an den Wochenenden geöffnet, im Juli Mi bis So 13–16 Uhr, Eintritt frei. Anfahrt Richtung Südosten bzw. Malmby, bei Stallarholmen.

Malmköping

Wer auf der E 55 nach Süden will und durch Malmköping kommt, kann sich das dortige Altersheim ansehen. Es wurde zur Sehenswürdigkeit, seit *Jonas Jonasson* 2009 hier seinen Romanhelden *Allan Karlsson* aus dem Fenster klettern ließ (siehe Bücherliste im Anhang). **Stra-**

ßenbahn-Freunde fahren nach Malmköping, weil 40 alte Wagen aus den Jahren 1903 bis 1950 auf einer 2,5 km langen Strecke zwischen Malmköping und Hosjö unterwegs sind. Es geht durch Wald und Feld, und zwar vom 22. Juni bis 4. August täglich 11–17 Uhr, Tagesticket 80 SEK, www.sparvagssallskapet.se.

Von Strängnäs nach Mariefred

Wer nicht von der E 20 nach Mariefred am **Mälarsee** abbiegt, ist kurz darauf in Södertälje und kann auf der E 4 bis Stockholm durchrauschen. Aus der Hauptstadt erreicht man den See am einfachsten mit dem Boot in rund zwei Stunden, mit dem Auto nimmt man die E 20 nach Södertälje und fährt von dort nach Westen Richtung Strängnäs.

Mariefred

- **Einwohner:** 3900
- **Vorwahl:** 0159
- **Information: Turisbyrå Hamnplanen,** Tel. 297 90, www.strangnas.se, Juni bis August.

„Niemand aber hätte von diesem Ort Notiz genommen, wenn hier nicht eines der ältesten Schlösser Schwedens … *(Kurt Tucholsky)*. Die Attraktion ist natürlich **Gripsholm Slott**, aber auch ein paar alte Gassen laden zum Verweilen ein, z.B. die Munkehagsgatan und der Källargränd, die zum Seeufer hinabführen, wo die engen Gassen Klostergatan und Kyrkogatan liegen. Die weiße Kirche aus dem 17. Jh. steht auf einem Hügel auf den Grundmauern des 1493 gegründeten Kartäuserklosters.

☐ Mariefred am Mälarsee

045fotolia

044fotolia

Das heutige Schloss erhebt sich auf den Resten der 1380 erbauten Grips-Burg, deren Auftraggeber *Gustav Vasa* war. „Das Schloss, aus roten Ziegeln erbaut, stand leuchtend da, seine runden Kuppeln knallten in den blauen Himmel“, schrieb *Kurt Tucholsky* 1929 in seinem Büchlein über Gripsholm. Schwedische Besucher kennen den deutschen Schriftsteller und Journalisten *Tucholsky* kaum, dafür aber die **staatlich-schwedische Porträtsammlung** mit 4300 Porträts berühmter Schweden bis Anfang des 20. Jh., unterbracht in der ehemaligen Königlichen Schnapsbrennerei in Mariefred. Auf dem Friedhof liegt *Kurt Tucholsky* begraben, der sich 1935 im Ort das Leben nahm. Viele deutsche Besucher glauben, er habe im Schloss gelebt, doch das war nie länger bewohnt. Am besten sieht man es auf der Landspitze liegen, wenn man in Mariefred am Gripsholmsvägen steht, aber man kann natürlich die Bucht umrunden und ganz hinfahren.

Praktische Infos

Unterkunft

■ **Gripsholms Värdshus & Hotel**⑤, Kyrkogatan 1, Tel. 347 50, www.gripsholmsviken.se. Das Hotel und Restaurant liegt auf dem Klostergelände aus dem Jahr 1400 und diente einst als Unterkunft für

⌃ Gripsholm Slott

adlige Reisende. Ein Bilderbuchhäuschen mit 46 Zimmern.

- **Gripsholmsviken**④, Tel. 367 00. Das Haus liegt mit Blick auf das Schloss in der alten Kronobränneri von 1777, die heute irgendwie an eine Kaserne erinnert, in der gegenüberliegenden Bucht. Das Zentrum ist schnell zu Fuß erreicht. 60 DZ.
- Preiswerter ist das **Sjöboden B&B**③, Herr Stens Väg 3a, Tel. 076-128 66 74, www.boisjöboden.se. Ein herrliches Häuschen mit Frühstücksterrasse direkt am See.

Essen und Trinken

- **Anna på torget,** Kyrkogatan 11. Nettes Restaurant, 11–16 Uhr.
- **Café Blå Katten,** Munkhagsgatan 10. Ist für ein Frühstück gut.
- **Callanderska gården,** Klostergatan 5. Traditionelles Sommercafé.
- Das **Järnvägscaféet,** Museijärnvägen, bietet Kleinigkeiten, **Mariefreds hamnkafé** liegt im Gästehafen und serviert im Sommer einfache Mahlzeiten.

Ausflug nach Birka

Auf der Insel Björkö im Mälarsee liegt die **Wikingersiedlung** Birka, ab dem 8. Jh. ein bedeutendes Handelszentrum. 1825 fing der Schotte *Alexander Seton* mit Ausgrabungen an. Heute zeigen Studenten in Wikingerkleidung, wie der Alltag damals ausgesehen haben könnte. Seit 1993 gehört die Siedlung zum **UNESCO-Weltkulturerbe.** In einem kleinen Museum werden Ausgrabungsstücke und vor allem viele Modelle der Häuser gezeigt. Die wichtigsten Fundstücke befinden sich jedoch im Historiska Museet in Stockholm. Auf dem höchsten Punkt der Insel wurde im Jahr 1834 das **Ansgar-Kreuz** zur Erinnerung an König *Ansgars* ersten Besuch dort errichtet. Im Südosten schuf *Lars Israel Wahlman* die schlichte **Ansgar-Kapelle** aus Sandstein, die mit Skulpturen des Bildhauers *Carl Eldh* geschmückt ist. Der Rest der Insel ist von Schafszüchtern „besetzt“, die im Dörfchen Björkö leben.

Man kann **per Boot** von Strangnäs, Mariefred und Stockholm herkommen. Es fahren Schiffe der Strömma Kanalbolagets, der Rederi Mälarstadens und der Museiföreningen Ångfartyget Ejderns båtar. Auf der Nachbarinsel Adelsön lag die Königsburg Hovgården mit einem Hafen. Mit dem Auto kann man auch bis dorthin fahren und dann übersetzen.

18 Gotland

Die Insel Gotland, Heimat der Goten, ist dank ihres milden Klimas ein beliebtes Ferienziel. Vor allem Fahrradtouristen und Jugendliche wissen die Vorzüge der Insel zu schätzen. Die Hauptstadt Visby war einst ein bedeutendes Handelszentrum und ist heute ein Ort mit Flair und Sehenswürdigkeiten. Anfang August findet ein riesiges Mittelalterspektakel statt.

< Windmühle bei Dämba auf der Insel Fårö

Geschichte

Die Insel ist **seit der Steinzeit bewohnt,** das belegen archäologische Funde. Vermutlich lebten die Ureinwohner von der Robbenjagd. Aus der Wikingerzeit gibt es viele Fundorte von Münzen. Die Fundamente der ältesten Häuser stammen aus der Zeit um Christi Geburt. Sie sind bis zu 60 m lang und haben bis zu 1,50 m dicke Mauern. Man fand fast 1800 solcher Fundamente. Hier lebten einst die **Goten,** die später als Ost- und Westgoten große Reiche im Mittelmeerraum besiedelten.

Die Stabkreuzplatten *(Stavkorshällar)* in einigen Kirchen weisen auf die **Christianisierung** hin und den Einfluss von Byzanz. Im 13. Jh. gab es rege Handelsbeziehungen zwischen Gotland, dem Kiewer Reich und Byzanz.

In ihrer langen Geschichte wurde die Insel oft mit **Krieg** überzogen, hier ein paar Daten: Von 1361 an war Gotland dänisch. 1394 besetzten die Vitalienbrüder die Insel und entwickelten sich zu gefürchteten Piraten, die die halbe Ostsee terrorisierten. Als der dänische König *Christian II.* vertrieben wurde, floh er nach Gotland. 1525 beschossen die Lübecker, Visby ohne die Dänen zu erobern. 1645 kam Gotland wieder an Schweden. Im Dänisch-Schwedischen Krieg 1675–1679 wurde die Insel wieder von den Dänen besetzt; als sie vertrieben wurden, sprengten sie die Visborg. 1700 bis 1721 und 1808 kamen schließlich die Russen.

Geologie

Gotland besteht hauptsächlich aus einem **Kalksteinplateau,** im Süden gibt es allerdings auch eine Sandsteinformation. **Raukar** sind die größten Sehenswürdigkeiten, ein Rauk ist eine Kalksteinsäule, die bis zu 10 m hoch sein kann. Sie entstanden an den Küsten von Gotland und Farö nach der Eiszeit durch Auswaschungen des unterschiedlich harten Kalk- und Mergelgesteins an den Steinstränden von Digerhuvud und Langhammars sowie in den Wäldern bei Lickershamn, im Süden bei Hoburgen und im Osten bei Ljugarn. *Carl von Linné,* der die Insel besuchte, um ihre Natur zu studieren, sprach von Figuren, die wie Geister und allerlei Teufel aussehen. Der bekannteste Rauk ist der Hoburgsgubben an der Südwestspitze der Insel in Hoburgen. Am Strand von Lickershamn steht der höchste, die 20 m hohe „Jungfrun".

NICHT VERPASSEN!

Visby:
„Mittelalter-Feeling"
zwischen den Stadtmauern | 448

Hablingbo:
kein schlechter Tropfen,
der Gotlandwein | 453

Insel Fårö:
Schafe, Raukar & Ingmar Bergman | 455

Diese Tipps sind gelb hinterlegt.

Sonstiges

Es gibt **elf Naturreservate** auf der Insel, und auch weitere Inseln gehören dazu: Lilla Karlsö und Stora Karlsö, zwei Kalksteinplateaus, liegen im Westen gut sichtbar vor Gotlands Küste. Hoch im Norden ist Gotska Sandön, die große Sandinsel, zu finden, die schon seit 1909 Nationalpark ist. Um den Park Ojnareskogen gibt es Streit. Seit die Firma Nordkalk die Genehmigung zur Abholzung des Waldes bekam, um an die begehrten Kalkvorkommen zu gelangen, regt sich Protest seitens der Umweltschützer.

Außer durch Kalk hat sich Gotland einen Namen für sein **Lammfleisch** und seine **Trüffel** gemacht.

„Maria Wern, Kripo Gotland": Die Krimis der Gotländer Bestsellerautorin *Anna Jansson* sind auch im deutschen Fernsehen zu verfolgen. Die gelernte Krankenschwester begann mit 40 Jahren zu schreiben, sieben Romane über die Kriminalinspektorin und alleinerziehende Mutter *Maria Wern* sind dabei entstanden. *Anna Jansson* befasst sich besonders mit der ethischen Dimension von Verbrechen.

Das **Inselinnere** ist geprägt von stillen Heidelandschaften und Trockenwiesen, über denen die Luft flimmert. Ab Mitte Juni zeigen sich die Blüten der 35 Orchideenarten und sorgen für bunte Farbtupfer in der südlichen Heide Alvaret.

Die größeren Orte sind die Hauptstadt Visby, der Hafen Slite im Nordosten, der Hafen Klintehamn im Westen und die Orte Roma und Hemse, die mitten auf dem Land liegen. Etwa 150 Fischerdörfer kommen hinzu, davon stehen elf unter Denkmalschutz.

Im Folgenden wird die Hauptstadt eingehender vorgestellt, der Rest der Insel nur in aller Kürze. Interessierte mögen auf den ausführlichen **Inselführer „Gotland"** aus dem Reise Know-How Verlag zurückgreifen.

Visby

- **Einwohner:** 22.500
- **Vorwahl:** 0498 (gilt für die ganze Insel)
- **Information: Tourist Information,** Skeppsbron 4–6, Tel. 20 17 00, in dem gelben Backsteinhaus am Hafen gleich gegenüber dem Fähranleger.

Geschichte

Visby war eine **bedeutende Handelsstadt,** der Däne *Valdemar Atterdag* ließ sich von den Visbyern Steuern bezahlen. Später im 14. Jh. kamen Seeräuber und deutsche Ordensritter. Visby wurde wichtige Hansestadt, man handelte vor allem mit **Stockfisch,** ein Artikel, der in der gesamten katholischen Welt begehrt war, da das Fleischverbot am Freitag zum Fischverzehr zwang. Kühlmöglichkeiten gab es nicht, also wurde die verderbliche Ware getrocknet und bis nach Nordafrika verschickt. Die Ordensritter übergaben das Inselreich Gotland an die schwedische Krone unter Königin *Margarethe.* Seit 1805 steht die Stadt unter Denkmalschutz, 1995 wurde sie zum Weltkulturerbe erklärt.

> Die mächtigen Stadtmauern boten über Jahrhunderte Schutz

Sehenswert

Stadtmauer

Berühmt ist die Stadtmauer aus dem 13. Jh., die über eine **Länge von 3½ Kilometern** zu sehen ist. **44 Türme** sind noch erhalten. Im Schnitt 6–12 m hoch, ist die Mauer innen mit einem Wehrgang versehen. Die Tore konnten mit Fallgittern verschlossen werden. Die Mauer zur Seeseite ist vermutlich noch älter als die landseitige. Die Tochter des dänischen Eroberers *Valdemar* lies zur Hafensicherung die Burg Visborg erbauen, die beim Abzug der Dänen allerdings gesprengt wurde.

St. Maria

St. Maria ist der **deutsche Dom,** den die Flotte der Hanse bei der Rückeroberung Visbys verschonte. Seinen Anfang nahm der Dom im 12. Jh. als dreischiffige romanische Basilika mit einem Querschiff und dem Westturm. Er war für die deutschen Seeleute und Kaufleute gedacht, die sich in Visby ansiedelten. Später wurde er mehrfach umgebaut und erweitert. Das Langhaus wurde vergrößert, das Querschiff verdoppelt, hinzu kamen ein Chor und zwei Osttürme. Die praktischen Hansekaufleute konnten allerdings so viel trockenen Raum nicht ungenutzt lassen, deshalb ließen sie in das Kirchenschiff ein weiteres Stockwerk als Lager einziehen; heute erkennt man von außen die Windenhaken für die Flaschenzüge. Danach zog auch noch die Kasse der Nowgoroder Handelsleute in die Kirche. Um 1300 wurde eine Kapelle auf der Südseite angebaut und der Westturm aufgestockt. Innen gibt es z. B. Glasmalereien auf den Fenstern und seit 1684 eine Kanzel aus Nußbaumholz, die in Lübeck gebaut wurde. Die große Orgel wurde von Åckerman & Lund 1892 hergestellt.

Strandgatan

Hier wurden im Mittelalter steinerne Warenmagazine gebaut, die Kaufleute wohnten in hölzernen Häusern daneben. Die besten erhaltenen **Giebelhäuser** sind die Gamle apoteket, die Visby börs und das Liljehornska huset, alle aus dem 13. Jh.

Sonstiges

Das **Burmeisterska huset** ließ der Lübecker Kaufmann *Burmeister* im 17. Jh. erbauen, heute beherbergt es die Touristeninformation und ein Museum.

Eine **Kirchenruine** ist **St. Katharina,** auch Heilig-Geist-Kirche genannt. Sie ist die einzige in ganz Schweden mit einem oktogonalen Grundriss und fiel 1611 einem Brand zum Opfer.

Im **Gotlands fornsal** findet sich alles zur Kultur- und Kunstgeschichte.

Die **Torsburg bei Kräklingbo** ist die größte vorgeschichtliche Wallburg *(fornborg)* Skandinaviens. Der Wall hat fast 5 km Umfang und steht auf einem schützenden Hügel. Archäologen haben durch die C14-Methode (Suche nach radioaktiven Isotopen, deren Zerfallszeit bekannt ist, in organischem Material) das Alter auf 300 n. Chr. bestimmen können. In dem Wall wachsen einmalige Pflanzen, die *Carl von Linné* auf seiner „Dienstreise“ 1741 begeisterten.

In einer **rekonstruierten Wikingersiedlung** aus dem 11. Jh. kann man in

sd13-101 fph

den Alltag dieses legendären nordischen Volksstammes eintauchen und mehr über sein Leben erfahren.

Festival Medeltidsveckan

Das Festival, eines der größten Mittelalterfeste des Nordens, findet alljährlich in der 32. Kalenderwoche **Anfang August** statt. Rund 200.000 Besucher kommen zu dem Spektakel mit Kostümen, Musik, Tanz, Turnieren und Markt.

Praktische Infos

Unterkunft

- **Clarion Hotel Visby**④, Strandgatan 6, Tel. 25 75 00, www.clarionwisby.se. Zentrale Lage. Die Gebäude mit Kreuzgewölbe, in denen das Hotel untergebracht ist, stammen aus dem 13. Jh. 136 Zimmer.
- **Magazinet Hablingbo**④, Tel. 24 42 70, www.hablingbomagazinet.se. Leuchtend rotes Speicherhaus mit nur vier Zimmern.
- **Visby Hamnhotel**③, Färjeleden 3, Tel. 20 12 50, www.scandichotels.se. Preiswertes Hotel mit Aussicht über die Hafeneinfahrt. 10 Min. zu Fuß in die Altstadt.
- **Vandrarhemmet Birkagatan 8**③, Tel. 20 33 00. Herbergs- und Apartment-Komplex auf zwei Etagen im Osten von Visby, ca. 10 Min. zu Fuß in die Altstadt, 15.6. bis 15.8.

Essen und Trinken

- **50 Kvadrat Visby,** St. Hansplan, Tel. 27 83 80. 50 Plätze und gute Küche.
- **Kapitelhusgården,** gehörte einst zum Kloster; heute gibt's hier Klosterbier und andere Köstlichkeiten.

An- und Weiterreise

- **Bahn:** 1878 wurde die Eisenbahn von Visby nach Hemse eingeweiht. Mit Ausnahme eines kurzen Stücks Museumsbahn ist alles verschwunden.
- **Bus:** Wochentags verkehren eine Ost-West- und eine Nord-Süd-Linie im 15-Min.-Takt durch die Stadt. Der Bus 20 fährt nach Norden zur Fårösund-Fähre. Im Sommer fährt er manchmal sogar nach Skär im Norden der Insel.
- **Flug:** Der Flugplatz **Visby Airport VBY** liegt ca. 5 km nordöstlich von Visby zwischen Snäckgärdsbaden und Stora Hästnäs. 1942 starteten auf der Wiese regelmäßig Junkers-JU-52-Maschinen nach Stockholm – im alten Terminal befindet sich ein kleines Flugmuseum. Gotlandsflyg fliegt täglich ab Stockholm-Bromma, Stockholm-Arlanda, Göteborg-Ängelholm. Die Flugzeit beträgt 35 bis 45 Min. Direktflyg fliegt auch ab Norrköping. Im Sommer kommen noch Flüge von Sundsvall, Skavsta/Nyköping und Växjö hinzu. Air Berlin hat Direktflüge ab Berlin, jeden Samstag von Ende Mai bis Anfang Sept. Der Flug dauert nur etwa 1½ Std.
- **Rad:** Es gibt diverse Verleihstationen, z.B. in der Korsgatan 300 m nördlich vom Hafenterminal; ab 90 SEK.
- **Boot:** Die Fähren fahren bis zu 5 x am Tag auf der Strecke Nynäshamn – Visby, die schnellen Schiffe „HSC Gotlandia" und „HSC Gotlandia II" bieten Platz für 700 Fahrgäste und 145 Pkw. Die Strecke Oskarshamn – Visby wird im Sommer bis zu 3 x täglich befahren. Die „M/S Visby" und die „M/S Gotland" bieten Platz für je 1500 Passagiere und 500 Pkw. Hafen ist Klintehamn. Angaben zu Zeiten und Preisen unter www.destinationgotland.se/de/Fahre.

Ausflüge

Visby Bilmuseet Skogsholm

Das Museum am Skogslhundsvägen beherbergt eine **kleine Sammlung alter**

Autos, darunter ein Arbenz Bj. 1905 aus der Schweiz, ein englischer Calthorpe Bj. 1913, aus Amerika ein REO Speedwagon Bj. 1905 und ein Ford Modell B aus dem Jahr 1933; der Opel Bj. 1907 und der Selve 6/24 PS aus dem Jahr 1924 stammen aus Deutschland. Anfahrt: Am zweiten Kreisverkehr der Straße 143 rechts in den Visbyleden abbiegen.

Veteranbilmuseet

Dieses **Oldtimermuseum** liegt an der Westküste der Insel in Vibble, etwa 3 km südlich von Visby. Auch einen Zagato aus Italien hat es hierher verschlagen.

Villa Muramaris

Lummelundsväg, Straße 149: Der Kunstgeschichtsprofessor *Johnny Roosval* und seine Frau *Ellen* ließen 5 km nördlich von Visby zu Beginn des 20. Jh. ein Künstlerhaus bauen und einen **Skulpturengarten** anlegen. Heute ist darin ein **Museum für zeitgenössische Kunst** untergebracht. Das Anwesen liegt wunderschön zwischen Himmel und Meer an der Steilküste. Mit Restaurant und Unterkunft, Tel. 0730-71 48 48.

Kneippbyn

Der **Freizeit- und Vergnügungspark** liegt an der Straße 140 5 km südwestlich von Visby und beherbergt u.a. die „Villa Kunterbunt“ aus *Astrid Lindgrens* Pippi-Langstrumpf-Büchern, dazu allerlei Attraktionen zu Wasser und zu Land. Auch Übernachtungsmöglichkeiten, mehr unter www.kneippbyn.se.

Bläse Kalkbruksmuseet

Wer schon immer mal wissen wollte, wie **Mörtel** gemacht wird, kann sich das hier anschauen. Im Ernst, das Museum ist einen Besuch wert (1.5. bis 31.8. Mo bis Fr 10–17 Uhr, Sa/So ab 12 Uhr, 50 SEK). Außerdem wartet hier die längste Eisenbahnstrecke Gotlands, der **Steinzug.** In den meisten Steinbrüchen hatte man eine Industrieeisenbahn. Die Strecke vom Steinbruch zum Hafen wurde 1895 bis 1954 betrieben. Seit 1991 ist alles wieder als Museumseisenbahn entstanden. Die

sd13-103 fph

☐ Die Altstadt von Visby ist Weltkulturerbe

sieben Tonnen fassenden Steinwaggons transportieren heutzutage Menschen. Die Strecke ist 2 km lang, Hin- und Rückfahrt dauern etwa 25 Minuten. Abfahrtszeiten während der Saison täglich 12.34 und 15 Uhr.

Das alte Kalklöschhaus ist heute ein **Café.** In einem der Kalköfen ist eine **Galerie.** Der Jagdverein hat im Steinbruchsee **Lachse** ausgesetzt; Angelkarte im Infocenter für 100 SEK. Da ist die **Übernachtung** in einer der winzigen Holzhütten mit 40 SEK preiswerter, Fleringe Bläse 325, Tel. 498-22 46 62. Man biegt von der 149 vor Kappelshamn rechts ab und fährt am Ufer weiter nach Norden. Eine Holländer-Windmühle komplettiert das Ensemble.

Roma

Roma liegt südöstlich von Visby in der Inselmitte. Es hat nach Schließung der Zuckerfabrik nur 270 Einwohner, eine Klosterruine, zu der eine Lindenallee führt, einen alten Bahnhof und eine Kirche. Die **Krukmakeri** von *Ulla Ahlby* liegt ein paar Kilometer südlich in Änge Viklau und verkauft Schmuckobjekte aus Keramik und Beton. Von der Straße 136 geht es 4 km nach Viklau, der Hof liegt rechts. Geöffnet Mo bis Fr 11–18 Uhr, Sa bis 17 Uhr.

Bläse Kalkbruksmuseet

sd13-107 fph

sd13-108 fph

Der Süden

Klintehamn, ein alter Hafenort, hat 1400 Einwohner. Gegen Ende des 18. Jh. gründeten *Georg Matthias* und *Jacob Niclas Donner* eine Reederei und fuhren von hier zum Festland und auf die kleine benachbarte Insel Öland. Das Rävhagen STF Hostel③ besteht aus einer Reihe einfacher Häuschen auf einer Waldlichtung 2 km die Straße 134 nach Südosten, an einem Sportzentrum: Mulde Fröjel, Tel. 24 04 50, www.svenskaturistforeningen.se, Ende März bis Anfang Nov.

Auf **Warfsholm** findet jeden Sommer das Festival „Music by the Sea" statt.

Die Überreste der **Burg Klinteholm** liegen auf der Landzunge Vivesholm. 1394 errichtet, wurde die Festung nur vier Jahre später bei der Vertreibung der Vitalienbrüder (Piraten) zerstört.

In **Djupvik** findet sich das gleichnamige Luxusresort⑤, Eksta Bopparve, Tel. 24 42 72, mit hervorragendem Restaurant. Das Djupvik Hotel④, küstennah gelegen, ist ein modernes Haus mit nur sechs Zimmern.

Im kleinen Ort **Ljugarn** an der Ostküste kann man im Smakrike Krog einkehren, wo abwechslungsreich und gut gekocht wird. Auch sechs Zimmer④ stehen in dem alten umgebauten Handelshaus nahe am Wasser zur Verfügung, Claudelins Väg 1, Tel. 49 33 71, www.smakrike.se.

Hemse, mit 1800 Einwohnern der zweitgrößte Ort der Insel, liegt 50 km südlich von Visby. Wo heute die mittelalterliche Kirche steht, stand früher eine hölzerne Kirche, die z.T. rekonstruiert wurde. Die Bibliothek im Ort enthält das Sonja-Åkesson-Archiv. Die Dichterin wurde hier geboren und schrieb gesellschaftskritische Gedichte voller Ironie.

Zwischen Hemse und Havdhem können Hungrige in der Hablingbo Crêperi eine Pause machen, Stora Burge, Nära väg 140.

In **Hablingbo** baut seit dem Jahr 2000 *Lauri Pappinen* Wein an, und zwar die Reben Rondo, Phoenix und Solaris. Gutevin heißt das Gut, der Hablingbo Rosé kostet immerhin 23 Euro, ohne Versand. Das Vinhuset Halls Huk ist einer der Konkurrenten im nördlichsten Weinanbaugebiet Europas (58–57 Grad nördlicher Breite).

In **Burgsvik** am südlichen Zipfel der Insel ist Gåsens Lada zu empfehlen, Hoburgsvägen 3; die Gaststätte mit gutem Essen ist eine lokale Berühmtheit. Im Sommer täglich ab 12 Uhr, es gibt auch Übernachtungsmöglichkeiten⑤.

Der Norden

Fährt man von Visby den Küstenweg 143 nach Norden, kommt man in den Fischerort **Katthammarsvik,** wo Krakas Krog mit sehr gutem Essen lockt, Tel. 530 62; auch Übernachtung möglich.

Slite an der nördlichen Ostküste ist mit 1500 Einwohnern der drittgrößte Ort der Insel. Außer Tourismus gibt es einen weiteren Arbeitgeber: Hier ist eines der größten Zementwerke Nordeuropas ansässig. Im Mittelalter begannen einzelne Familien mit dem Brennen von Kalk, daraus wurde eine ganze Industrie. Der **See Bogeviken,** ursprünglich eine Bucht, war zur Wikingerzeit der Hafen

sd13-102 fph

zur Ostsee. Man hat bei **Spillings** an drei Plätzen Funde aus jener Zeit gemacht, u.a. Tausende Silbermünzen aus verschiedenen Teilen Europas und Vorderasiens sowie Bronzegegenstände. Westlich der Küstenstraße führt ein Bahndamm der ehemaligen Verbindung Slite – Roma durch den See. Die Kirche mit dem großen Ziegeldach wurde 1960 nach Plänen des Architekten *Holger Jensen* gebaut.

Vike Minnesgård ist ein traditioneller Strandhof mit einem alten Kräuter- und Hopfengarten südlich von Slite an der Tjalderbucht.

Wer Hunger bekommt, kann sich in der **Rute Stenugnsbageri** mit ökologischem Sauerteigbrot versorgen. Dazu fährt man die Straße 148 Richtung Fårösund und biegt nördlich von Lärbro nach rechts in Richtung Valleviken ab; dann nach links in Richtung Gerungs.

Ganz im Norden kann man in **Fårösund** zur Insel Fårö übersetzen. Vorher noch zur Stärkung ins Fårösunds Fästning by Pontus an der Straße 148, Bunge Bungenäs 569, Tel. 0498-22 12 40, im Sommer 18–22 Uhr. Das STF-Wandrarhem Bunge/Fårösund③ bekam 2011 die Auszeichnung „Kissen des Jahres", Bunge Änge 512, Tel. 22 14 90, www.bunge-vandrarhem.com.

> Fischerhaus auf Fårö

^ Raukar, bizarr geformte Felsen

Ausflug auf die Insel Fårö

- **Einwohner:** 650
- **Vorwahl:** 0498
- **Information:** Informationszentrum an der Kirche in Fårö, Tel. 0198-22 40 22, nur im Sommer 9–19 Uhr
- Die **Fähre** über den Fårösund braucht 7 Min. für die Überfahrt, sie ist kostenlos und verkehrt im Sommer zweimal pro Stunde, nach 22 Uhr fährt sie nur, wenn man sich anmeldet, Tel. 08-544 41 572.

Zunächst: **Achten Sie auf freilaufende Schafe!**

Die 115 km^2 große Insel ist von Gotland durch den schmalen Fårösund getrennt. Ursprünglich waren es zwei Inseln, aber seit der Landhebung infolge der Eiszeit bilden Vestur und Ostur, West- und Ostfårö, eine Einheit. Die Insel ist **karg,** nur ein paar Felder liegen verstreut in der felsigen Landschaft, hinzu kommen eine große Zahl an kleinen Seen und Tümpeln sowie Kiefernwälder und die Heidelandschaft von Dämba. Die Menschen versuch(t)en, mit Kalksteinmauern ihre Felder vor dem Wind zu schützen. An den Kiesstränden im Westen stehen einige **Raukar,** von Wind und Wetter zu bizarren Formen geschliffene Felsen. Die Straße 699 führt einmal quer über die Insel und im Osten in einem weiten Bogen am Meer wieder zurück. Am Ostende gibt es noch eine Sackgasse, die beim weißen Leuchtturm **Farofyr** endet. Der größte Ort ist **Fårö** mit etwa 500 Einwohnern. In der Kirche

sd13-106 fph

sd13-104 jt

werden die zwei Kutatafeln aufbewahrt, zwei Holzbilder aus dem 18. Jh., die das Leben der Seehundjäger illustrieren.

In der Nähe des Naturschutzgebietes Langhammars befindet sich das alte gotländische Fischerdorf **Helgumannen.** Die Fischer bauten am Strand einfache Holzhütten, in denen sie während der Zeit des Fischfangs im Frühjahr lebten. Die Strände waren seicht, und so konnten sie die immerhin über 7 m langen Segelboote leicht an Land ziehen. Da es wenig Holz gab, baute man die Häuser später aus Stein, viele Dächer sind mit Reet gedeckt, im 17. Jh. kamen Ziegeldächer dazu.

Im Norden der Insel stehen typische **Bondans-Höfe,** längliche Bauten vom Anfang des 19. Jh., meist mit Reetdach.

203 m hoch ist der **Sendemast am Holmudden.**

Der **Gamle Hamn** bei **Lauter** im Westen ist durch die Landhebung der Insel nach der Eiszeit verlandet. Anhand von

⌃ Stilechte Herberge für den Naturfreund

Funden im Wasser vermutet man einen belebten Hafen im 13. Jh. Unweit liegt die Ruine der St.-Olofs-Kapelle, die Gräber besitzen Steinsärge, die auf einen christlichen Friedhof hindeuten, andere Gräber am Hafen stammen aus der Wikingerzeit.

Der **Rauk Hund** am Gamle Hamn ist ein beliebtes Fotomotiv; manche Bewohner nennen ihn „Kaffeekanne" …

In **Ryssnäs** befindet sich ein Friedhof der Opfer der Choleraepidemie, die 1850 ihren Ausgang vom damaligen Flottenstützpunkt nahm.

In **Dämba** steht eine schöne kleine Holländer-Windmühle, erbaut aus Feldsteinen.

Praktische Infos

Unterkunft

■ **Sudersands Semesterby**⑤, am Meer, Tel. 22 35 36. Luxushäuschen und moderne Hütten, die optisch ein wenig an große Hundehütten erinnern.

■ **Fårögården**③, Tel. 22 36 39. Die frühere Schule ist ein schön gelegenes Kalksteinhaus von 1850 mit Seeblick, im Norden nahe Sudersand mit seinem einmaligen Sandstrand. Hostelzimmer und Bed & Breakfest.

■ **Slow Train Bed and Breakfast**③, Friggars 1119, Tel. 22 68 18. In einem Haus vom Ende des 19. Jh. an der Straße 148 3 km hinter der Kirche, links hinter „Kutens Bensin" mit der Elvis-Reklame.

■ **Stora Gåsemora Gård**③, Stora Gåsemora 4200, Tel. 22 37 26. Hof aus dem 17. Jh. mit drei renovierten Gebäuden, Apartments mit 2 bis 11 Betten. Schöner Blick zur Ostsee, 4200 SEK pro Woche.

■ **Fåröhus**②, Tel. 22 40 10, www.farohus.se. Das Wirtshaus liegt kurz vor der Kirche von Fårö in einer Bucht, die Zimmer sind in einem Nebengebäude des Restaurants.

Essen und Trinken

Die **Bäckerei Sylvis Döttrar** bei Sudersand ist für eine Pause gut, das **Restaurang Simunds Fårögården,** Tel. 22 40 09, für ein gepflegtes Essen.

Sonstiges

■ **Fahrräder** kann man an der Schule im Bergmanzentrum oder in den Unterkünften ausleihen.

■ **Stiftelsen Bergmangårdarna på Fårö:** Die Stiftung der Bergmangebäude auf Fårö verwaltet den Besitz des Filmemachers *Ingmar Bergman.* Da das Geld für ein eigenständiges Zentrum fehlt, renovierte man die Schule; nun gibt es ein Café und eine Bibliothek für die Besucher des Hauses und den schönen Park mit Blick auf das Meer. Das Haus ist zu einen internationalen Treffpunkt für Künstler und Wissenschaftler geworden.

Ingmar Bergman kam zum ersten Mal 1960 nach Fårö auf der Suche nach einem Drehort, der eigentlich die Orkney-Inseln sein sollte. Die Landschaft faszinierte ihn, sodass er herzog und 40 Jahre lang, bis zu seinem Tod im Jahr 2007, auf der Insel lebte. Sieben seiner Filme entstanden zum Teil auf der Insel. Alljährlich findet die „Bergmanwoche" am letzten Wochenende im Juni statt, zu der das Kinohaus in Dämba, aber auch der Strand genutzt wird.

■ **Kutens Bensin:** Die alte „Tankstelle" bei Fårösund ist eine eigentümliche Mischung aus Museum, Schrottplatz, Crêperi und Antiquitätengeschäft. Hier soll sogar Rock'n'Roll-Legende *Bill Haley* aufgetreten sein. Beim Bergmannzentrum die Straße weiterfahren, GPS 57.934102,19.162989, Infos: www.kuten.se.

048fotolia

19 Reise-tipps A–Z

Biken auf Gotland

Anreise

Mit dem Auto

Viele Wege führen nach Südschweden, nahezu alle über Wasser (s.u.). Wer seekrank wird, kann aber auch auf dem Landweg nach Schweden kommen. Dazu fährt man von Norddeutschland auf der E 45 nach Kolding in Dänemark und biegt dort auf die E 20 ein. Die führt über Odense nach Nyborg und dann auf eine der größten Brückenkonstruktionen Europas: Die **Storebælt-Brücke** spannt sich in zwei Abschnitten von jeweils 6 km Länge über den Großen Belt nach Korsør. Für Pkw bis zu 6 m Länge sind 33 € zu bezahlen. Nun ist man auf der Insel Seeland, auf der Kopenhagen liegt. Dort geht es über die Öresund-Brücke nach Malmö. Der Zeitaufwand ist ungefähr derselbe wie bei einer Überfahrt mit der Fähre (wenn die Straße frei ist!), auch die Kosten in Form von Maut und Kraftstoff sind nicht zwingend geringer als im Falle einer Überfahrt mit Fähre.

Die Menschen aus dem Osten Deutschlands und Berlin schiffen sich meist in Travemünde, Rostock oder Sassnitz ein. Man kann auch an Lübeck vorbeifahren und nach der Fehmarnsundbrücke die **Fähre** nach Rødby nehmen und dann von Dänemark nach Schweden übersetzen. Das wäre in Kopenhagen nach Malmö möglich oder von Helsingør nach Helsingborg.

Wer schließlich in Dänemark noch weiter nach Norden fahren will, kann in Grenå nach Varberg übersetzen oder das Schiff in Fredrikshavn nach Göteborg nehmen.

Für alle Möglichkeiten sprechen gewichtige Gründe, besonders die Frage, wie lange man auf dem Wasser sein will, bzw. wie viel Geld man für die Fähren ausgeben möchte, will beantwortet sein: So kostet die Überfahrt von Travemünde nach Trelleborg für einen Wagen bis 6 m Länge plus zwei Personen 100 €, und man ist 7½ Stunden auf dem Wasser. Dagegen kostet die Schiffsverbindung Rostock – Gedser für ein Wohnmobil bis 6 m Länge plus zwei Personen ab 80 €, und man ist schon nach 1¾ Stunden in Schweden.

Fähren

Wer nicht durch die baltischen Staaten und Russland fahren will, muss entweder die Brücke über den Öresund oder eine Fähre benutzen. 60 Millionen Menschen tun dies jährlich. Das Angebot ist sehr groß. Wir versuchen hier ohne Anspruch auf Vollständigkeit einen Überblick zu geben.

Viele Reedereien bieten **preiswerte Pauschalen** z.B. für Pkw inkl. fünf Personen an. Als Tramper sollte man die Verladekais dieser Linien wählen, denn viele Leute haben ihr Auto nicht voll besetzt und können dazu überredet werden, einen Tramper kostenlos mitzunehmen. Wenn die gewünschte Strecke von mehreren Reedereien befahren wird und man ein etwas größeres Auto hat, sollte man auf die angegebenen Maximalgrößen des Pkw beim Normaltarif achten. Die maximale Höhe schwankt je nach Reederei zwischen 1,85 und 2,25 m, die Länge zwischen 5 und 6 m. Überschreitet man diese Abmessungen, sind Aufschläge fällig.

Für bestimmte Strecken gibt es **Kombitickets** für bis zu drei Fähren, z.B. für Puttgarden – Rødby, Helsingør – Helsingborg und Stockholm – Helsinki.

Bei den **Nachtfähren** ist es möglich, Kabinen oder Liegesessel zu buchen. Wer sich den Aufpreis dafür sparen will, kann sich natürlich auch ohne Kabine die Nacht auf Deck um die Ohren schlagen. Der Aufenthalt auf den Fahrzeugdecks ist während der Überfahrt verboten. Bei Langstrecken kommt man um die Kabinenbuchung nicht herum. Manche Linien bieten im Sommer auch Plätze im Liegesessel an – das ist wie ein Busabteil auf See.

Die Überfahrt in der Hochsaison ist immer erheblich teurer. Die **Saisonzeiten** sind bei jeder Linie unterschiedlich. Außerdem erhöht sich der **Preis** am Wochenende und bei nicht wenigen Linien auch in der Nacht. Jugendliche, Studenten und Rentner werden häufig billiger befördert. Umsonst ist's oft für Kinder unter sechs Jahren.

Der **Standard** bezüglich Sicherheit und Komfort ist bei den Skandinavien-Fähren im Allgemeinen sehr hoch. Hirtshals – Langesund: Die Fähre von Fjordline hat den Komfort eines Kreuzfahrtschiffes. Man setzt vermehrt auf Umweltschutz, Stena Line mit Windturbinen am Bug der „Jutlandica", Scandlines mit Brennstoffzellen. Manche Schiffe der Fjordline fahren mit Erdgas, und DFDS wird während der Liegezeiten mit Strom vom Hafen versorgt.

Strecken

Es gibt die Möglichkeit für Menschen, die aus Westdeutschland kommen, über Dänemark einzureisen. Aus den östlichen Regionen kann man direkt über die Ostsee ins Land kommen. Die folgenden Strecken sind mit Nummern in der Karte der Fährverbindungen eingezeichnet.

Ab 2020 soll man durch einen 18 km langen **Tunnel** den **Fehmarnbelt** von Puttgarden auf Fehmarn nach Rødby im Zug oder Auto unterqueren können. Dänemark möchte im Großen Belt den längsten Fertigtunnel der Welt versenken. In Deutschland regt sich Protest gegen das Milliardenprojekt. Man fürchtet einen Anstieg des Verkehrs und negative Auswirkungen auf den Tourismus. Baubeginn eventuell 2014 (www.femern.de).

- **Frederikshavn (DK) – Göteborg,** Stena Line, je nach Abfahrtstag/-stunde unterschiedliche Preise. Auto bis 2 m Höhe inkl. Fahrer einfache Fahrt ab 63 €.
- **Grenå (DK) – Varberg,** Stena Line, Preise je nach Abfahrtstag/-stunde. Auto bis 2 m Höhe inkl. Fahrer einfache Fahrt ab 63 €.
- **Kiel (D) – Göteborg,** Stena Line, Preise nach Abfahrtstag/-stunde. Auto bis 2 m Höhe inkl. 5 Pers. einfache Fahrt ab 200 €, plus Kabine, Standard-2er ab 78 €. Kammern im Unterdeck im Sommer ab 39 € pro Pers.
- Auf der **„Vogelfluglinie"** von Puttgarden (D) nach Helsingborg (S) fährt Scandlines alle 30 Minuten, Fahrzeit 45 Minuten. Einfache Fahrt pro Pers. ab 6 €, Pkw bis 6 m Länge plus max. 9 Pers. 65 €. Rabatt für SCR-Campingcard-Besitzer.
- **Helsingør (DK) – Helsingborg (S),** Scandlines, 60 Abfahrten tgl., Fahrzeit 20 Min., nur in Verbindung mit einem Deutschland - Dänemark-Ticket buchbar.
- **Brücke über den Öresund,** in der Nähe des Kopenhagener Flughafens verschwindet die Autobahn in einem Tunnel, der etwa 3,5 km unter dem Sund entlangführt. Auf einer künstlich aufgeschütteten Insel, südlich von Saltholm, kommt die Straße wie-

der an die Oberfläche, um dann über eine 8 km lange Schrägseilbrücke nach Schweden zu führen. Das Mittelteil hängt fast einen halben Kilometer frei in 57 m Höhe. Die Strecke ist mautpflichtig, es gibt eine Zahlstation mit verschiedenen Fahrspuren, Vielnutzer haben einen Sender hinter der Windschutzscheibe, der die Durchfahrt automatisch registriert. Man kann einen Sender für 30 € Kaution leihen, den man dann per Post zurückschickt. Buchung: www.oeresund-bruecke.de. Preise: Pkw, Womo bis 6 m Länge einfache Fahrt 31 €, Wohnmobile über 6 m, Pkw mit Anhänger 63 €, Motorrad 17,50 €. Achten Sie bei Womos auf das Gesamtgewicht des Fahrzeuges. Vor Ort und ohne Sender ist es teurer und kann außerdem zu Wartezeiten führen.

■ **Travemünde (D) – Trelleborg (S),** die Fähren der TT Line fahren 7½ Std. bei Tag und 8½ Std. bei Nacht. Einfache Fahrt Pkw bis 6 m Länge plus 5 Pers. ab 135 €, für Womos plus 4 Pers. gilt ein Zuschlag ab 6 m Länge in der Saison. Keine Nachtfahrten.

■ **Travemünde (D) – Malmö (S),** Finnlines/Nordö-Link lässt viermal am Tag auch Autos aufs

Schiff. Auto bis 6 m inkl. Fahrer ab 89 €, Dauer 9 Stunden.

■ **Rostock (D) – Gedser (DK),** die Fähren von Scandlines fahren zwölfmal täglich in 1¾ Std. Einfache Fahrt pro Person ab 14 €, Pkw bis 6 m Länge inkl. Fahrer 121 €.

■ **Rostock (D) – Trelleborg (S),** TT Line, Pkw bis 6 m Länge plus 5 Pers. ab 115 €. Kombinierte Fracht- und Passagierschiffe fahren für TT Line am Tage 6 und in der Nacht 7½ Std. Auch Scandlines befährt die Strecke, Pkw mit Fahrer ab 112 € am Tag, 180 € in der Nacht. Die Riesenschiffe befördern auch die Eisenbahnzüge nach Skandinavien.

■ **Sassnitz (D) – Trelleborg (S),** die Überfahrt dauert 4 Std., Pkw bis 6 m Länge. Für Leute aus Westdeutschland weniger geeignet, da der Weg nach Rügen in der Saison auch nachts mit Staus behaftet ist. Einfache Fahrt pro Person ab 13 €, Pkw bis 6 m Länge plus max. 9 Personen 109 €. Reederei: Scandlines

■ **Nynäshamn – Visby (Klintehamn),** bis zu fünfmal am Tag, die schnellen Schiffe „HSC Gotlandia" und „HSC Gotlandia II" bieten Platz für 700 Fahrgäste und 145 Pkw. Hafen ist Klintehamn. Die Schiffsreise dauert zwischen 3 und 3½ Stunden.

■ **Oskarshamn – Visby (Klintehamn),** wird im Sommer bis zu dreimal täglich befahren. Die „M.S. Visby" und die „M.S. Gotland" bieten jeweils Platz für 1500 Passagiere und 500 Pkw.

■ Die **„M.S. Solsund"** fährt im Sommer von Oskarshamn zweimal am Tag um 8 und 14 Uhr in 2¼ Stunden nach Byxelkrok auf Öland. Von dort geht es um 11 und 17 Uhr zurück. 150 SEK pro Strecke, Auto und 2 Personen 550 SEK, Fahrräder gratis.

Reedereien

■ **Color Line GmbH,** Norwegenkai, 24143 Kiel, Tel. 0431-730 03 00, www.colorline.de.

■ **DFDS Seaways (Deutschland) GmbH,** Högerdamm 41, 20097 Hamburg, Tel. 01805-890 10 51, www.dfdsseaways.de.

■ **Fjord Line,** Nizzastr. 28, 18311 Ribnitz-Damgarten, Tel. 03821-709 72 10, www.fjordline.de.

■ **Scandlines,** www.scandlines.de; Fährhafen, 23769 Puttgarden, Tel. 0180-211 66 99; Fährcenter Saßnitz, 18456 Saßnitz, Tel. 038392-644 20; Fährcenter Rostock, Tel. 0381-207 33 17.

■ **Stena Line,** Schwedenkai 1, 24103 Kiel, Tel. 0431-90 99, 01805-916 666, www.stenaline.de.

■ **TT Line,** Zum Hafenplatz 1, 23570 Travemünde, Tel. 04502-801 81, www.ttline.de.

■ **Viking Line,** Große Altefähre 20–22, 23552 Lübeck, Tel. 0451-384 630; Tel. Kapellskär: 0046 (0)176-441 00; Tel. Stockholm: 0046 (0)8-452 42 00; www.vikingline.de.

■ **Destination Gotland,** Tel. 0046 (0)771-223 300, www.destinationgotland.se/de/Fahre.

■ **Ölandsfärjan,** Tel. 0499-449 20, 0706-214 260, www.olandsfarjan.se.

Bahn

Für die Bahnanreise nach Skandinavien sind die **CityNightLine-Züge** optimal, die von Basel, Frankfurt, Amsterdam sowie München jede Nacht nach Kopenhagen fahren, von wo es dann mit schnellen Zügen tagsüber weiter Richtung Stockholm geht. In preislicher Hinsicht kann – frühzeitige Buchung vorausgesetzt – die Bahn knapp mit den Billigfliegern mithalten.

Das **Europa-Spezial-Ticket** bringt den Reisenden von Hamburg über Kopenhagen nach Malmö, Lund, Hässleholm, Helsingborg und Göteborg (einfach etwa 45 €). Die Fahrt von Hamburg nach Malmö dauert knapp 5 Stunden.

Für **Expresszüge in Schweden** benötigt man eine Platzreservierung. Die Expressbahnen haben auf den Fahrplänen ein „X" vor der Zugnummer. Der **„X 2000"** ist der modernste Zug auf den

047fotolia

Hauptstrecken. Er ist bis zu 200 km/h schnell, die Wagen haben Neigetechnik, es gibt Radioanschlüsse in den Sitzen und drahtlosen Internetzugang in beiden Klassen. Die InterCity-Züge haben einen Bistrowagen, in dem man auch Reisebedarf kaufen kann. Der „X 2000“ bedient zurzeit folgende Strecken: Stockholm – Malmö – Kopenhagen, Stockholm – Göteborg, Stockholm – Jönköping, Stockholm – Herrljunga – Uddevalla, Göteborg – Malmö – Kopenhagen.

Für längere Reisen lohnt sich das **Lågpriskort,** ein Ticket, mit dem man für etwa 45% Ermäßigung unbegrenzt zwölf Monate fahren kann. An Wochenenden und Feiertagen gilt die Karte nicht. Freie Plätze können auf der Website ersteigert werden. Aber auch ohne Vergünstigung ist Bahnfahren in Schweden preiswert. Infos: www.sj.se/english. Einige Strecken werden durch Privatbahnen betrieben.

Informationen über Zug- und Busverbindungen liefert die Homepage der **Skånetrafiken,** www.skanetrafiken.se. Es empfiehlt sich die Anschaffung der **Rabattkortet.** Sie ist kostenlos und wird vorher mit einem Geldbetrag aufgeladen. Damit ist ein bargeldloser Fahrkartenkauf möglich, inkl. 20% Rabatt.

Öffentlicher Nahverkehr in Stockholm

Buchung

Beschränkt man seinen Aufenthalt auf Schweden und fährt dort mehrere lange Strecken, ist das **One-Country-Interrail-Ticket** die beste Lösung. Es ist während eines Monats an einer bestimmten Anzahl von frei wählbaren Tagen gültig. Werden nur ein paar wenige Strecken mit der Bahn zurückgelegt, lohnen diverse Frühbucher-Rabatte der einzelnen Bahnen. Alle Tickets und Reservierungen können bequem schon zu Hause bei einem der spezialisierten Bahn-Reisebüros gebucht werden. Gleisnost z.B. (www.gleisnost.de) verfügt als einziges Reisebüro in Deutschland über eine direkte Lizenz der SJ und kann somit schwedische Tickets zu besseren Konditionen anbieten als die Schalter der Deutschen Bahn. Auch wegen der häufig wechselnden Angebote lohnt es, die Beratung eines spezialisierten Reisebüros in Anspruch zu nehmen.

Busse

Skandinavien Express

Die Gesellschaft fährt von vielen größeren Städten **nach Stockholm,** z.B. von Berlin täglich ab 7.30 Uhr, die Fahrzeit beträgt 18½ Std. Einfache Fahrt 85 €, Buchung: Tel. 030-860 962 99, www.berlinlinienbus. de.

Deutsche Touring (Eurolines)

Diese Busgesellschaft fährt mehrmals wöchentlich von acht deutschen Städten, z.B. ab Hamburg, Köln oder Berlin, **nach Stockholm.** Ab Hamburg kostet die Hin- und Rückfahrt ca. 160 € bei einer Fahrtdauer von 18 Std. Buchung: Tel. 069-790 35 01, www.touring.de.

Flug

Die von Mitteleuropa angeflogenen **Flughäfen** sind **Stockholm, Göteborg und Malmö.** Saisonal steuern Chartergesellschaften auch weitere Ziele an. Hier die wichtigsten **Fluggesellschaften** (siehe auch „Billigairlines"):

- **Austrian Airlines,** www.austrianairlines.de. Ab Wien direkt nach Stockholm.
- **British Airways,** www.britishairways.de. Ab vielen Flughäfen in Deutschland, Österreich und der Schweiz via London nach Stockholm.
- **KLM,** www.klm.de. Von vielen Flughäfen in Deutschland, Österreich und der Schweiz via Amsterdam nach Stockholm.
- **Lufthansa,** www.lufthansa.de. Von vielen Flughäfen in Deutschland direkt nach Stockholm mit Anschlussflügen auch ab/bis Wien, Genf und Zürich.
- **SAS,** www.flysas.com. Von vielen Flughäfen in Deutschland, Österreich und der Schweiz direkt nach Stockholm.
- **Swiss,** www.swiss.com. Von Zürich nach Stockholm und im Sommer Charterflüge von Zürich nach Karlstad und Oestersund.

Flugpreise

Am teuersten ist es in der Hauptsaison im Sommerhalbjahr, in der die Preise für Flüge in den Sommerferien **im Juli und August** besonders hoch sind.

Kinder unter zwei Jahren fliegen ohne Sitzplatzanspruch für 10% des Erwachsenenpreises, ansonsten werden für ältere Kinder die regulären Preise je nach Airline um 25–50% ermäßigt. Ab dem 12. Lebensjahr gilt der Erwachsenentarif.

Wenn man mit Lufthansa oder SAS von Deutschland, Österreich oder der Schweiz nach Schweden fliegt, kann man von einem **Air Pass** Gebrauch machen, der für Flüge mit SAS und deren Tochtergesellschaften in Skandinavien gilt. Dann kostet jeder Inlandsflug 69 €. Für grenzüberschreitende Flüge in Skandinavien werden jeweils 80 € berechnet. Der „Visit Skandinavia Air Pass" gilt das ganze Jahr über für maximal acht Flüge in längstens drei Monaten.

Buchung

Die Preise für Tickets ein und derselben Airline können in den verschiedenen Reisebüros stark variieren. Die vergünstigten Spezialtarife und befristeten Sonderangebote kann man nur bei wenigen Fluggesellschaften in ihren Büros oder direkt auf ihren Websites buchen. Keineswegs sind die günstigsten Flüge immer online buchbar.

Billigairlines

Am preiswertesten geht es mit etwas Glück, wenn man bei einer Billigairline sehr früh online bucht. Es werden keine Tickets ausgestellt, sondern man bekommt nur eine Buchungsnummer per E-Mail. Zur Bezahlung wird in der Regel eine Kreditkarte verlangt. Im Flugzeug gibt es oft keine festen Sitzplätze, sondern man wird meist schubweise zum Boarden aufgerufen, um Gedränge zu vermeiden. Verpflegung wird extra berechnet, bei einigen Fluggesellschaften auch aufgegebenes Gepäck. Für die Region interessant sind:

- **Air Berlin,** www.airberlin.com. Von vielen Flughäfen im deutschsprachigen Raum nach Oslo, Stockholm und Helsinki.
- **Easy Jet,** www.easyjet.com. Von Genf nach Stockholm (Arlanda).
- **Germanwings,** www.germanwings.com. Von Köln/Bonn, Hamburg, Dresden, Zweibrücken, Stuttgart, München, Zürich, Klagenfurt, Wien und Berlin-Schönefeld nach Stockholm.
- **Ryan Air,** www.ryanair.com. Von Hahn im Hunsrück, Eindhoven, Weeze, Bremen, Karlsruhe-Baden, Basel-Mulhouse, Berlin und Hamburg nach Nyköping (Stockholm/Skavsta), von Hahn im Hunsrück nach Göteborg und von Weeze auch nach Växjö.

Last Minute

Last-Minute-Flüge werden von einigen Fluggesellschaften mit deutlicher Ermäßigung **ab etwa 14 Tage vor Abflug** angeboten, wenn noch Plätze zu füllen sind. Diese Flüge lassen sich nur bei Spezialisten buchen:

- **L'Tur,** www.ltur.com
- **Lastminute.com,** www.lastminute.de
- **5 vor Flug,** www.5vorflug.de
- **Restplatzbörse,** www.restplatzboerse.at

Ausrüstung und Kleidung

Besondere Bekleidungsvorschriften gibt es nicht. Skandinavier haben den Ruf, immer leger gekleidet aufzutreten, auch die eher grobe **Freizeitbekleidung** sieht man in allen Bereichen. Sie reicht auch zum Wandern aus. Ein Mückenschutzmittel kann für den Süden Schwedens nicht schaden, da viele dieser Quälgeister unterwegs sind. Ein leichter Pullover und Regenkleidung im Gepäck sind immer angebracht.

Skandinavier sind begeisterte Wassersportler, wer also ins Wasser will, ist in bester Gesellschaft und sollte alle nötigen **Badesachen** mitnehmen.

Grundsätzlich gilt natürlich: Alles, was man benötigt, kann man auch in Schweden (teurer als bei uns) einkaufen.

Autofahren

„Genvägar är senvägar" – Abkürzungen sind oft Umwege (schwedisches Sprichwort)

Gegen Ende des 19. Jh. gab es im Lande relativ wenig Straßen, es war anstrengend, mit Postkutschen über unbefestigte Geröllhalden und staubige Felder zu rumpeln. Deshalb wartete man bei allen großen und empfindlichen Transporten lieber auf den Winter. Die zugefrorenen Flüsse waren glatt, die Fahrt ging flott voran. Selbst an der gefrorenen Ostseeküste war man im Winter im Vorteil, der Schlitten war einfach schneller als das Ruderboot. Das hat sich geändert, das Land verfügt heute über ein **erstklassiges Straßennetz.**

Verkehrsregeln

In Schweden gelten die **europäischen Verkehrsregeln.** Man findet also die üblichen Warn- und Verbotsschilder mit den bekannten Symbolen, nur die Farben sind etwas anders als bei uns: ein dunkleres Blau, gelb statt weiß etc.

Das **Hinweisschild** mit dem schwarzen Schleifenquadrat (Johannskreuz) auf weißem Grund mit blauem Rand (⌘) ist das Zeichen für **Sehenswürdigkeit.** Darunter findet man immer ein Schild mit dem Namen des „Sehenswerten" und die Entfernung von der Hauptstraße.

Es gilt **Anschnallpflicht** auf allen Plätzen im Wagen. Für Kinder bis zum vollendeten siebten Lebensjahr ist ein eigener Kinderschutzsitz vorgeschrieben.

Die **Promillegrenze** liegt bei **0,2 ‰** (schwere Strafen!), Kontrollen sind auch bei Eintreffen der Fähren üblich. Man fährt man **auch tagsüber mit Abblendlicht** oder speziellen Tagscheinwerfern, egal ob die Sonne scheint oder nicht.

Die **Geländefahrverordnung** untersagt das Herumbrettern abseits befestigter Wege; sie gilt für Strände, Wald, Weiden und Wiesen.

Ein **Schild mit einem weißen „M"** auf blauem Grund zeigt an, dass es eine Ausweichstelle gibt, an der man auf engen Straßen den Gegenverkehr vorbeilassen kann. Auf diesen Ausweichplätzen darf man nicht parken!

Achten Sie besonders im Herbst auf **freilaufende Wildschweine!** Durch die steigende Population der Tiere ist es in

Die große Umstellung – vom Links- zum Rechtsverkehr

Bis 1967 herrschte in Schweden Linksverkehr, der durch den Umstand erschwert wurde, dass die Lenksäulen in den Autos auch auf der linken Seite waren, also wie bei uns. Wer einmal in Deutschland ein englisches Auto mit Rechtslenkung gefahren hat, kann sich das Problem umgekehrt gut vorstellen. Die Regierung ließ die Sache 1955 durch eine Kommission untersuchen. Diese veranschlagte die Summe von 2,7 Millionen Kronen für eine Umstellung auf Rechtsverkehr, 500.000 Kronen allein für Informationsmaterial. Dann ließ die Regierung das Volk entscheiden. Die Menschen aber waren zu 85% dagegen. Besonders die Berufsfahrer wollten das bequeme Aus- und Einsteigen zum Bürgersteig hin nicht aufgeben.

Scheren sich nicht um Verkehrsregeln

sd13-110 fph

Im Laufe der Jahre änderte sich aber die allgemeine Meinung, und so erlangte der Antrag 1963 im Riksdag die Mehrheit. Seit 1967 fährt man in Schweden rechts.

Das Ausmaß solch einer Umstellung mag vielen nicht klar sein. Sämtliche Verkehrsschilder im Lande mussten quasi über Nacht umgehängt bzw. -gestellt werden, alle Busse und Straßenbahnen hatten die Einstiege auf der falschen Seite, und die Bushaltestellen mussten zum Teil ebenfalls modifiziert werden. Deshalb wurde am Tage der Umstellung, dem 2. September 1967, der private Autoverkehr ab 10 Uhr verboten, damit auch alle auf die Straße gemalten Pfeile entfernt werden konnten. Am 3. September dann war **Dagen „H"** (H wie *Högertrafikomläggningen,* Rechtsverkehrsumstellung). Kurz nach 4 Uhr mussten alle Fahrzeuge für 20 Minuten anhalten, dann langsam die Fahrbahn wechseln und bis 5 Uhr warten. Das Radio berichtete live die halbe Nacht. Anschließend herrschte drei Tage lang eine Geschwindigkeitsbegrenzung von 30 km/h in den Ortschaften. Die Stockholmer U-Bahn fährt bis heute weiterhin im Linksverkehr, für viele Straßenbahnen kam das Aus, nur in Göteborg, Malmö, Norrköping und zwei Stockholmer Linien blieben erhalten. Welchen Planungsaufwand es erfordert, auf einen Schlag alle Verkehrsschilder in einer Großstadt umzusetzen, kann man nur ahnen. „Geisterfahrer sind sehr entgegenkommend", kann man auf Aufklebern lesen – wie viele es davon 1967 auf Schwedens Straßen gegeben hat, weiß keiner, jedenfalls waren 100.000 Menschen vorübergehend zur Verkehrssicherung eingestellt worden.

den letzten Jahren zu einem drastischen Anstieg der Unfälle gekommen.

Vom 1. Dezember bis zum 31. März muss man mit **Winterreifen** fahren; es kann sich hierbei um Winterreifen mit oder ohne Spikes handeln. **Spikereifen** darf man vom 1. Oktober bis zum 30. April verwenden bzw. so lange es glatt auf den Straßen ist. Info: www.transportstyrelsen.se/en/road/. Seit 2010 sind Pkw-Spikereifen auf bestimmten Stockholmer Straßen verboten. Man denkt über die Einführung einer Spikereifengebühr nach, doch noch kann man sie entgeltfrei benutzen.

Höchstgeschwindigkeit

Innerorts gelten **50 km/h,** außerhalb geschlossener Orte in der Regel **70 km/h,** auf Autobahnen **110–120 km/h.** Für Wohnwagengespanne gilt stets Tempolimit 80. Um den übrigen Verkehr nicht zu behindern, kann der Fahrer auf den Seitenstreifen ausweichen. Lastwagen über 3,5 Tonnen dürfen auf Autobahnen maximal 90 km/h schnell sein, auf Landstraßen dürfen sie 70 km/h fahren. Das gilt auch für Wohnmobile.

In Schweden wird eher ruhig gefahren, Geschwindigkeitsbeschränkungen werden eingehalten. Bestraft wird schon, wer nur 5 km/h darüber liegt. Die Strafen sind hoch und zudem vom Einkommen abhängig.

Tankstellen/Kraftstoffe

Neben den personell besetzten **Tankstellen** finden in Schweden immer mehr unbemannte Tankstellen Verbreitung. Zum **Bezahlen mit Kreditkarte** muss man die PIN eingeben. VISA und MasterCard sind weit verbreitet, American Express weniger. Die Maestro-/EC-Karte wird an Tankstellen ohne Personal meist nicht akzeptiert. Das Bezahlen mit Geldscheinen *(Sedel)* wird immer seltener angeboten.

Bei den **Kraftstoffen** wird nicht zwischen Normal und Super unterschieden, sondern es geht nach der Oktanzahl. Wer sich nicht sicher ist, schaue in der Betriebsanleitung seines Wagens nach.

Benzinpreise (Ende 2013)

- **Diesel:** ca. 14 SEK
- **Bleifrei Super** (Blyfri 95 ROZ): ca. 15 SEK

Autogas (LPG)

Der Verbrauch bei nordeuropäischem LPG (100% Propan) steigt deutlich, der Preis lag im Herbst 2013 bei 8 Kronen pro Liter! Für Schweden braucht man den Dish-Anschluss, in Südschweden in Helsingborg und Jönköping.

Methangas (fordongas)

Gibt es an ca. 132 Tankstellen, vor allem im südlichen Drittel.

Erdgas (CNG)

Info: www.gas-tankstellen.de. POIs von Tankstellen fürs Handy. http://www.gibgas.de/Tankstellen/Service/GPS-Daten. 51 Stationen, u.a. in Stockholm und Jönköping.

Sonstiges

Rapsmetylester (RME) bekommt man nur an 22 Stationen. **E85** kann man an über 1600 Benzinstationen tanken.

Botschaften

In Schweden

■ **Deutsche Botschaft in Schweden,** Skarpögatan 9, 115 27 Stockholm, Tel. 08-670 15 72, www.stockholm.diplo.de, Mo bis Fr 9–12 Uhr, Do auch 13.30–15.30 Uhr.

■ **Österreichische Botschaft in Schweden,** Kommendörsgatan 35/V 114 58 Stockholm, Tel. 08-665 17 70, www.bmeia.gv.at/botschaft/Stockholm, Mo bis Fr 9.30–16.30 Uhr.

■ **Schweizerische Botschaft in Schweden,** Valhallavägen 64, Box 26143, 100 41 Stockholm, Tel. 08-676 79 00, http://www.eda.admin.ch/stockholm, Mo bis Fr 9–12 Uhr.

In Deutschland

■ **Schwedische Botschaft,** Rauchstr. 1, 10787 Berlin, Tel. 030-505 060, Fax 505 067 89, www.schweden.org.

In Österreich

■ **Schwedische Botschaft,** Obere Donaustraße 49–51, Postfach 18, 1025 Wien, Tel. 01-217 530, Fax 217 533 70, www.swedenabroad.com.

In der Schweiz

■ **Schwedische Botschaft,** Bundesgasse 26, Postfach, 3001 Bern, Tel. 031-328 70 00, Fax 328 70 01, www.swedenabroad.com.

Camping

Umsonst und draußen übernachten

Wer mit dem eigenen Auto unterwegs ist, dem werden mit der Übernachtung **keine Probleme** entstehen. Wer auf eine warme Dusche verzichten kann und Natur und Einsamkeit liebt, findet überall ein Plätzchen am See oder Fluss. Auch die Rastplätze an den Hauptstraßen sind in der Regel so schön gelegen, dass sie zum Verweilen einladen. Hier hat man meist noch den Luxus einer Toilette und eines Frühstückstisches.

Wer die ganz einsamen Stellen abseits der Hauptstraßen sucht, muss sich darüber im Klaren sein, dass **Seitenwege** oft Zufahrtswege zu Wohnhäusern sind, die vielleicht 2–3 km entfernt liegen. Wenn man auf solchen Wegen parkt, muss man unter Umständen den Platz räumen, wenn ein Anlieger mit seinem Auto durch will. Ein ziemlich sicheres Zeichen für solche Zufahrtswege sind die Briefkästen oder Milchflaschenhäuschen am Abzweig.

In den letzten Jahren ist es in Mittel- und Südschweden vermehrt zu **Überfällen auf Wohnmobile** gekommen, die nachts auf Parkplätzen entlang der Autobahn standen. Die schwedische Polizei rät daher, Campingplätze aufzusuchen.

Weiterhin ist zu beachten: Niemals, besonders nicht an Seeufern, einen nicht ganz eindeutig von Autos befahrenen Weg ohne **Vorprüfung** benutzen! Das Gleiche gilt auch für Seitenstreifen. Sonst kann es passieren, dass das Auto – schwupp – bis zur Achse im Boden versackt, da nur der Weg befestigt war, die Umgebung aber sumpfig ist. Im Zweifelsfall den Wagen auf der Hauptstraße stehen lassen und die Gegend zu Fuß erkunden. Sitzt der Wagen erst mal fest, wird es problematisch, jemanden zu finden, der ihn wieder herauszieht.

Beim Feuermachen alle Sicherheitsvorkehrungen beachten. Ein **Feuer** ist erst aus, wenn man die Asche berühren kann.

Niemals davon ausgehen, dass ein **nicht eingezäuntes Gelände** keinem gehört – man ist nicht in Deutschland, wo alles eingezäunt wird.

Wer **mit dem Rucksack** unterwegs ist, hat andere Probleme. Wenn man in einem Ort ist, will man wahrscheinlich nicht sehr weit laufen, um einen Zeltplatz zu finden. In letzter Zeit findet man allerdings auch schon abgesperrte Parkplätze oder für Wohnmobile gesperrte Plätze.

Campingplätze

Eine Auswahl von Campingplätzen wird **bei den Ortsbeschreibungen** genannt. Die angegebenen Preise sind die Mindestgebühr für eine Person mit einem Zelt für eine Nacht, müssen aber nicht immer genau stimmen. Unter Umständen muss für weitere Personen draufgezahlt werden. Darum extra betonen, wer allein reist. Die Campingplätze schließen manchmal auch früher als angegeben, wenn z.B. das Wetter schlechter wird. Es bestehen etwa **700 Plätze,** auch hier zum großen Teil im Süden an den Badestränden. Wegen der kurzen Saison lohnen sich aufwendige Investitionen nicht, und so sind die meisten Einrichtungen ziemlich einfach. Allerdings gibt es meistens Kochhütten mit Herden, Dusch- und Waschgelegenheiten, Miethütten und Ferienhäuser.

Die **Feriensaison** endet mit dem August, danach muss man mit der Schließung der meisten Plätze rechnen, zumindest die Kioske und Waschräume sind dann zu.

Wer nicht auf einem Platz campen will, aber trotzdem mal warm **duschen** möchte, sollte sich an den Platzwart wenden.

Auf Plätzen mit dem **Quick-Stop-Symbol** gilt: Wer ab 21 Uhr kommt, eine Campingkarte hat (s.u.) und am Morgen um 9 Uhr weiterfährt, zahlt nur 60% des Preises. Die Stellplätze liegen meist im Außenbereich des Platzes, um die anderen Gäste nicht zu stören.

Mit dem **Camping Key Europe,** der in ganz Europa gilt, wird das Einchecken auf schwedischen SCR-Campingplätzen (Sveriges Camping- och Stugföretagares Riksorganisation) einfacher, außerdem gibt es Vergünstigungen und eine Haftpflichtversicherung auf dem Campingplatz. Die Plastikkarte kann für 16 € auf einem Campingplatz erworben oder für 17 € im Internet bestellt werden (www.scr.se, dauert 3 Wochen).

Einkaufen

Seit dem EU-Beitritt Schwedens haben sich die Preise für **Lebensmittel** unseren Preisen angenähert, auch Textilien, Schuhe und andere Konsumgüter kosten ähnlich viel wie bei uns. Neben den teuren Supermarktketten ICA und Coop gibt es auch preiswertere wie Netto, Lidl oder Willys. Im Raum Göteborg ist es oft preiswerter als im Rest des Landes. Da man nicht alle Lebensmittel mitnehmen kann, muss man früher oder später einkaufen. In den größeren Städten kann man sich in gewohnter Weise im Supermarkt verproviantieren. Auf dem platten Land ist irgendwo ein Laden, der sofort an den Reklameschildern erkennbar ist. Überhaupt findet man die Orte manchmal nur dank eines Ladens. Auch auf Campingplätzen gibt es fast immer einen kleinen Laden. Es werden Unmengen von Brotsorten angeboten, viele sind gesüßt, z.B. mit Sirup. Knäckebrot hat es immer gegeben, früher eher zur Konservierung gedacht als zum Genuss.

Lebensmittel schwedisch/deutsch

Bröd	Brot
Blåbär	Blaubeere
Dansk filmjölk	Joghurt
Filmjölk	Sauermilch
Fläsk	Speck
Franska	Brötchen
Franskbröd	Weißbrot
Giffel	Hörnchen
Grädde	Sahne
Gräddfil	saure Sahne
Lättfil	Sauermilch, dünn
Lättmjölk	fettarme Milch
Långfil	Sauermilch, dick
Lingon	Preiselbeeren
Mörkt bröd	Schwarzbrot
Mjölk	Milch
Rågbröd	Roggenbrot
Strömming	Ostseehering
Sylt	Marmelade
Tunnbröd	Dünnbrot
Vinbär	Johannisbeere

Briefmarken bekommt man in den meisten Pressbyrån-Filialen, den Zeitschriftenläden. Das Zeichen **„REA“** im Schaufenster bedeutet Ausverkauf, **„Extrapris“** signalisiert günstige Waren. Sonderposten sind zudem mit **„Fynd“** ausgewiesen.

Geschlossene Geschäfte und Wartenummern

Die Schweden machen im Sommer Urlaub. Das hat im Laufe der Jahrzehnte dazu geführt, dass immer mehr Betriebe komplett schließen, auch kleinere Handwerksbetriebe machen **einen Monat Ferien** und dicht. Diesem allgemeinen Sommertrend folgen auch manche Einzelhändler, sodass man im Sommer öfters vor verschlossenen Türen steht.

Was in Deutschland nur in wenigen Banken üblich ist, ist in Schweden die Regel: die **Wartenummer.** Die wird aus dem Abroller gezogen, und dann wartet man geduldig, bis die Nummer aufgerufen bzw. angezeigt wird. Man sollte also in Geschäften immer auf die Nummernspender achten.

Einreise und Zoll

Alle Personen aus Deutschland, der Schweiz und Österreich brauchen zur Einreise einen gültigen **Personalausweis oder Reisepass.** Für längere Aufenthalte in Schweden müssen EU-Bürger bei der schwedischen Botschaft (siehe „Botschaften“) eine Aufenthaltsgenehmigung beantragen.

Es gibt **keine Impfvorschriften,** aber eine Impfung gegen FSME, die vor allem an der Ostküste im Großraum Stockholm vorkommt, kann angeraten sein.

Haustiere (Hund und Katze) können mitgenommen werden, sie brauchen in EU-Ländern einen Heimtierpass. Darüber hinaus muss das Tier mit einem Microchip gekennzeichnet sein.

Freimengen

Freimengen innerhalb von EU-Ländern

- **Info:** www.tullverket.se
- **Alkohol** (für Personen ab 20 Jahren): unbegrenzt für den Eigenbedarf.
- **Tabakwaren** (für Personen ab 18 Jahren): 800 Zigaretten oder 400 Zigarillos oder 100 Zigarren oder 1 kg Tabak oder eine anteilige Zusammenstellung dieser Waren.
- **Anderes:** 10 kg Kaffee und 20 l Kraftstoff im Benzinkanister.

Freimengen für Reisende aus der Schweiz

- **Alkohol** (für Personen ab 20 Jahren): 1 l Spirituosen (über 22 Vol.-%) oder 2 l Spirituosen (unter 22 Vol.-%) oder eine anteilige Zusammenstellung dieser Waren, und 4 l nicht-schäumende Weine, und 16 l Bier.
- **Tabakwaren** (für Personen ab 18 Jahren): 200 Zigaretten oder 100 Zigarillos oder 50 Zigarren oder 250 g Tabak oder eine anteilige Zusammenstellung dieser Waren.
- **Andere Waren:** 10 l Kraftstoff im Benzinkanister; für See- und Flugreisende bis zu einem Warenwert von insgesamt 430 €, über Land Reisende 300 €, alle Reisende unter 15 Jahren 175 € (bzw. 150 € in Österreich).

Freimengen bei Rückkehr in die Schweiz

- **Alkohol** (für Personen ab 17 Jahren): 2 l bis 15 Vol.-% und 1 l über 15 Vol.-%.
- **Tabakwaren** (für Personen ab 17 Jahren): 200 Zigaretten oder 50 Zigarren oder 250 g Schnitttabak oder eine anteilige Zusammenstellung dieser Waren, und 200 Stück Zigarettenpapier.
- **Anderes:** neu angeschaffte Waren für den Privatgebrauch bis zu einem Gesamtwert von 300 SFr. Bei Nahrungsmitteln gibt es innerhalb dieser Wertfreigrenze auch Mengenbeschränkungen.

Zollinformationen

- **Deutschland:** www.zoll.de oder beim Zoll-Infocenter, Tel. 069-46997600.
- **Österreich:** www.bmf.gv.at oder beim Zollamt Klagenfurt Villach, Tel. 01-51433-564053.
- **Schweiz:** www.ezv.admin.ch oder bei der Zollkreisdirektion in Basel, Tel. 061-2871111.

Trotz des vereinfachten Warenverkehrs zwischen den Schengen-Staaten gibt es in allen EU- und EFTA-Mitgliedsstaaten weiterhin nationale Ein-, Aus- oder Durchfuhrbeschränkungen, z.B. für Tiere, Pflanzen, Waffen, starke Medikamente und Drogen. Diese sind grundsätzlich zu beachten, um Probleme und/oder Kosten bei Ein- und/oder Ausreise zu vermeiden.

Elektrizität

Auch in Schweden sind **220 V** Stromspannung üblich; man muss keinen Adapter für Elektrogeräte mitnehmen. Manche Steckdosen eignen sich jedoch nicht für die dicken Schukostecker.

Essen und Trinken

Allgemeines

Der **Fischreichtum** Skandinaviens ist bekannt, und auch von Knäckebrot und Elchwurst hat sicher jeder schon gehört. Doch das Erste, was der Reisende mitkriegt, ist wohl das **kalte Büfett auf der Fähre.** Man zahlt einen bestimmten Festbetrag und kann sich dann eine Stunde lang bedienen. Der Skandinavier geht dabei genau nach Plan vor: Zuerst kommt die Vorspeise mit Hering, danach Räucherlachs oder Krabben und Muscheln. Dann folgt das Fleischgericht mit Gemüse, danach Obst und Käse und zum Schluss der Pudding.

Lizenzen zum **Ausschank von Alkohol** bekommen nur Restaurants mit Menüs auf der Speisekarte, was letztlich dazu geführt hat, dass es überall Menüs gibt.

Dagens rätt nennt sich das wechselnde Tagesgericht. Viele Restaurants haben übrigens die Küche zwischen 14 und 17 Uhr geschlossen oder schließen am Nachmittag ganz. Viele gehobene Restaurants sind sonntags geschlossen.

In diesem Reiseführer können nicht alle **Restaurants** genannt werden. Man kann davon ausgehen, dass jedes Hotel ein Restaurant besitzt, die größeren auch eine Bar; nur besondere Lokale in Hotels werden namentlich erwähnt. Auch auf Campingplätzen steht meist ein (kleines) Restaurant zur Verfügung, mitunter schön im Wald oder am Wasser gelegen. In den meisten Museen findet der Hungrige ein Café vor, in dem man Kleinigkeiten zu essen bekommt.

In schwedischen Lokalen, auf allen öffentlichen Plätzen und in Gebäuden gilt ein **allgemeines Rauchverbot.**

Seit einigen Jahren boomt die **kreative, alternative Küche,** und junge Köche machen international von sich reden. Zu den Sterne-Restaurants gehört in Stockholm das Mathias Dahlgren-Matsalen im Grand Hotel und das Frantzén/Lindberg in legerem Ambiente.

Wer auf der Suche nach besonderen Gaumenfreuden ist, kann sich den **„White Guide“** kaufen. Das Buch ist für 150 SEK in Buchläden erhältlich und beschreibt alle außergewöhnlichen Restaurants. Anders als der Titel vermuten lässt, ist es nur auf Schwedisch geschrieben, aber es gibt kurze englische Hinweise im Web (www.whiteguide.se).

Bio-Lebensmittel finden sich übrigens in allen Supermärkten, eigenständige Biomärkte gibt es nicht. „KRAV“ ist das Biosiegel, das auf allen umweltverträglich hergestellten Produkten zu finden ist, *Änglamark* ist die Biomarke der COOP-Märkte.

Besonderheiten

Köttbullar

Die meisten Menschen kennen die **Hackfleischbällchen** dank der berühmten Möbelhauskette, wo sie auf der Speisekarte des Restaurants stehen. Sie sind das **schwedische Nationalgericht.** Jeder Haushalt kennt mindestens zwei Rezepte, hier sei eines genannt:

Man nehme 500 Gramm gemischtes Hack, ein Ei, 1 Dl Semmelbrösel, eine gedünstete, klein geschnittene Zwiebel, Salz, Pfeffer und Sahne. Daraus werden

sd13-127 jt

kleine Bällchen geformt. Die Soße besteht aus Butter, Zwiebeln, Speck, Wildfond und natürlich Sahne. Dazu gibt es eingelegte Gurken, Preiselbeeren und oft Kartoffeln. Die korrekte Aussprache ist übrigens *Schöttbullar.*

Kartoffeln

Sie mussten den Bauern erst vom König aufgezwungen werden: Als 1771/72 eine heftige Hungersnot im Lande herrschte, begann man das Viehfutter selbst zu essen. Danach war die Knolle aus dem Speiseplan nicht mehr wegzudenken. **Ofenkartoffeln,** gefüllt oder sehr häufig als Brei, wurden zum Standardbestandteil der schwedischen Küche.

Knäckebröd

Die essbaren „Panzerplatten" gibt es auch bei uns **in allen möglichen Geschmacksrichtungen.** Ursprünglich bestanden sie aus einem Teig aus Roggenmehl, Salz, Hefe und Wasser, der dünn ausgewalzt und dann kross gebacken wurde. Die Scheiben waren rund und hatten Löcher, damit man die fertigen Fladen unter der Küchendecke zur Lagerung auf Holzpfosten stecken konnte. Geschmacklich verfeinerte man mit Leinsamen oder Sesam, heute sogar mit Seetang.

Smörgåsbrod

Das **kalte Büfett** mit langer Tradition war Mitte des 20. Jh. aus der Mode gekommen, als es ein Stockholmer Hotel wieder servierte – und schnell war es erneut angesagt. Der erste Gang besteht meist aus Sill (eingelegtem Hering) mit Pellkartoffeln. Weiter geht es mit Meeresfrüchten und Lachs, Krabben oder Aal, kalt oder warm, mit diversen Soßen wie etwa *Hovmästarsås* (Honig-Senf-Dill-Sauce). Aus der russischen Küche wurde der *Kallskuret* mit Wurst und eingelegten Gurken entlehnt, der mit Knäckebrot, aber auch dem *Tunnbröd,* einem Fladenbrot, daherkommt. Dann folgt die Hauptspeise, die aus *Köttbullar,* dem Fischgericht *Janssons frestelse,* kaltem Braten, Pasteten, gefülltem Kalbsfleisch oder geräuchertem Rentierfleisch mit Gemüse und Kohl besteht. Der Nachtisch schließlich setzt sich aus Eis und diversen Kuchen zusammen. Damit man das alles übersteht, trinkt man mindestens einen **Aquavit** dazu, wenn nicht gleich die „Punschurne" mitten auf dem Tisch steht, aus der man sich den Magentröster abzapfen kann.

Julbord

Dieses **Weihnachtsbüfett** ist für Restaurants ein wichtiges Geschäft. Zur Vorweihnachtszeit angeboten, kann man sich Plätze meist schon im Sommer reservieren. Es entspricht mit Blick auf die Speisefolge weitestgehend dem, was oben unter „Smörgåsbrod" beschrieben wurde, besteht also auch aus diversen Gängen. Man beginnt mit einem *Glögg* (Glühwein), der mit Rosinen und Mandelkernen zubereitet wird. Dazu ein paar *Pepparkakor,* eine Art Kekse, bestehend aus einem Butter-Mehl-Teig, der mit Ingwer, Zimt, Nelken und Kardamom gewürzt ist. Zum Nachtisch gibt es traditionell *Risgrynsgröt* (Reisauflauf).

Pyttipanna

Zu deutsch: **Winziges in der Pfanne** – es handelt sich um eine typisch schwedische Hausmannskost. Der Hintergrund: Bis vor 100 Jahren war Schweden ein armes Agrarland. Fleisch und Wurst kamen nur sonntags auf den Tisch. Blieb davon etwas übrig, landete es am nächsten Tag mit ein paar Kartoffeln und einem Spiegelei in der Pfanne.

Biff Lindström

Der gleichnamige Diplomat brachte das Gericht von St. Petersburg mit nach Kalmar. Die **Zubereitung:** Man nimmt ein halbes Kilo Rinderhack und gibt eine halbe gehackte Zwiebel, drei Eigelb, 150 Gramm eingelegte Rote Beete und 40 Kapern hinzu. Zu kleinen Bällchen geformt, wird die Masse kurz in der Pfanne angebraten.

Fisch

Fisch gibt es überall – geräuchert, gebraten, gekocht oder eingelegt. **Lachs** ist in der Gegend von Mörrum das Standardgericht. Im 19. Jh. gab es eine Verordnung, die das Dienstpersonal davor schützen sollte, öfters als viermal pro Woche Lachs essen zu müssen … In Skåne wurde der Herbst auch „Zeit der Aaldunkelheit" genannnt, da die **Aale** reichlich vor der Küste gefangen wurden, wenn sie zu den Laichgründen unterwegs waren. Aus der Vielfalt der Fischgerichte hier nur einige.

Stuvad abborre (Barsch in Sahne): Der Fisch wird in einer Gewürzsoße gegart, die natürlich mit Sahne angemacht wird.

Lutfisk (Lutefisch): Hierzu wird Kabeljau in eine Lauge gelegt, bis er aufweicht ist und glibberig wird, danach kocht man ihn mit Gewürzen und Erbsen. Wird zu Weihnachten gegessen und für Mitteleuropäer eine Mutprobe …

Das Gleiche gilt für den **Surströmming:** Dieser Hering gärt bereits. Wenn man eine der ausgebeulten Fischdosen öffnet, schlägt einem ein bestialischer Gestank entgegen. Kenner trinken Milch dazu.

Janssons frestelse (Janssons Versuchung): Dieses traditionelle Fischgericht ist ein Auflauf aus Anchovis-Filets, die mit Kartoffeln, Sahne und Zwiebeln gemischt werden.

Sill: Der Hering wird zur Haltbarmachung eingelegt, dies kann in einer Senf- oder in einer Sherry-Sahne-Zwiebel-Rotwein- oder in einer Currysoße sein – die Variationen sind unüberschaubar. In den Export geht Sill meist in Gläsern.

Aus der Tube gibt es **Kaviarbrei und Krebspüree.** Diese merkwürdige Spezialität, die Kartoffelmehl zusammenhält, wird seit Mitte der 1950er Jahre verkauft, man verwendet sie als Brotaufstrich oder zu gekochten Eiern.

Kräftskiva

Im August gibt es überall in Schweden ein **Krebsfest,** da früher zu dieser Zeit die ersten frischen Krebse auf dem Markt zu kaufen waren. Man isst sie mit Brot und Butter. Ganz wichtig ist der **Aquavit** dazu. So sieht man landauf, landab gestandene Nordländer mit dämlichen Papierhütchen auf dem Kopf und albernen Lätzchen im Freien unter mondförmigen Papierlaternen sitzen und den alten Brauch – ein Krebs, ein Aquavit, ein Lied – zelebrieren. Da (nicht nur) die Lieder im Laufe des Abends etwas aus der Fassung geraten, sind diese Feste doch etwas gewöhnungsbedürftig. Um die enorme Nachfrage zu decken, werden die Flusskrebse mittlerweile z. B. aus China importiert, aber natürlich sind die schwedischen Flusskrebse am leckersten.

Süßes

Zunächst ein Fest: Am 25. März feiert man den **Våffeldagen,** da gibt es Waffeln mit *Sylt* (Marmelade) und Schlagsahne. Warum? Warum nicht!

Als Dessert kann ich **Moltebeeren in Schlagsahne** empfehlen, die säuerlichen Früchte dazu kommen aus Nordschweden. Außerdem **Kanelbullar,** Zimtschnecken mit und ohne Kardamom – diesem Hefegebäck mit Zimt und Butter entkommt man in Schweden bestimmt nicht.

Saftkräm: Diese mit Molte-, Blau- oder Preiselbeeren vermischte Grütze wird mit Sago oder Maismehl angedickt, sie ähnelt bezüglich der Zubereitung der *Rød grød med fløde* aus Dänemark.

Nyponsoppa: Die süße Hagebuttensuppe kann getrunken und gegessen werden. Hinein kommen Hagebutten, Zitrone, Zucker, Kartoffelmehl und obendrauf Sahne mit Mandeln.

Spettekaka ist ein aus Eiern und Zucker bestehender Baumkuchen, der auf einem Holzspieß gebacken wird.

Polkagrisar – „Polkaschweinchen" – nennen sich die farbig gestreiften Zuckerstangen aus Gränna am Vetternsee. *Amalia Eriksson* begann 1859 damit, diese rot-weiß gestreiften Stangen mit Pfefferminzgeschmack zu kochen. Mittlerweile gibt es die harte Süßigkeit in ganz Schweden.

Getränke

In der Edda steht zum Thema Alkohol Folgendes: „Kleb nicht am Becher, trinke Bier mit Maß. Sprich gut oder schweig. Niemand wird es ein Laster nennen, wenn du früh zur Ruhe fährst."

Das Trinken hat in Skandinavien eine lange Tradition. Bei den Wikingern war es ein **Ritus,** mit dem man sich das Wohlwollen der Götter sichern konnte. Bei den Festgelagen wurde das große Trinkhorn zuerst dem Stammeshäuptling gereicht, dieser weihte es einem Gott, z.B. Odin. Nachdem der Häuptling getrunken hatte, wurde es neu gefüllt und dem linken Tischnachbarn weitergereicht. Dieser versicherte seinem Chef und dem Gott seine Ergebenheit und prostete seinen Mitzechern zu. Nachdem er das Horn geleert hatte, ging es an den nächsten in der Runde. Die Trinkhörner sind heute selten geworden, aber das **gemeinsame Trinken** ist geblieben. Besonders in Schwedens Oberschicht bildeten sich die kompliziertesten Trinkordnungen heraus. Ihre Missachtung schadete dem Ansehen. Bevor der Gastgeber sein *Skål* ausgebracht hatte, durfte niemand mit dem Trinken anfangen. Danach musste jeder seiner Tischdame zutrinken. Nun konnte mit dem Zechen begonnen werden, wobei die Älteren den Jüngeren zuprosteten, nicht aber umgekehrt. Außerdem musste jeder Gast ein Glas mit dem Hausherrn trinken. Um die Dame des Hauses vor einer Alkoholvergiftung zu schützen, war sie von diesen Pflichten ausgenommen. Da man selten wusste, welchen Rang der Trinker gegenüber gerade bekleidete, oder wer von zweien der Ältere war, verliefen solche Feste alles andere als locker. Der Dänenkönig *Christian IV.* führte übrigens die heute selbstverständliche Beschleunigungsregel ein, dass jeder Gast ein eigenes Glas bekam – vorher wurde eine Schale herumgereicht.

Vor diesem Hintergrund mag man es kaum glauben: Verkauf und Konsum von alkoholfreiem Wein nehmen landesweit zu.

Systembolaget

Der Verkauf von „geistigen" Getränken ist staatlich reglementiert, selbst Bier mit mehr als 3,5 Vol.-% läuft nur über die staatlichen Systembolaget-Läden, und die haben dem Alkoholismus (s.u.) den Kampf angesagt. Diesen monopolisierten Verkauf gibt es in Schweden seit 1917. Zunächst führte man die *Motbok* genannte Zuteilungskarte ein: Zuteilungshöhe je nach Einkommen, Frauen die halbe Ration, Ehefrauen bekamen nichts. Da dieses Zuteilungssystem jedoch immer listigere Umgehungsmethoden provozierte, wurde es 1955 durch die Systembolaget-Läden abgelöst, in denen jeder nüchterne Erwachsene so viel Aquavit kaufen kann, wie er will. Diese kahlen Läden mit dem Charme einer Bahnhofshalle wurden spärlich über das Land verstreut. Systembolaget hat heute schwedenweit **422 Läden** und über 500 *Ombud,* das sind

Verkäufer in ländlichen Gegenden, bei denen man sich die Getränke aussucht und sie sich liefern lassen kann. Inzwischen sind die Läden zu Supermärkten umgestaltet worden und auch samstags von 10–13 Uhr geöffnet.

Preise: Eine Flasche mittelmäßiger schottischer Whisky kostet bei Systembolaget ca. 50 €, einen guten Wein bekommt man ab 8 € pro Flasche, eine 0,5-Liter-Dose Starkbier (5,3 Vol.-%) für 1,60 € (in einer Bar bis zu fünfmal teurer); Infos unter www.systembolaget.se/English.

Bier (s. a. weiter unten): Im Supermarkt gibt es *Lättöl* (Leichtbier) mit max. 2,25 Vol.-%, es wird wie ein Erfrischungsgetränk behandelt, auch Jugendliche können es kaufen. Das *Folköl* (Volksbier) mit bis zu 3,5 Vol.-% gibt es auch im normalen Lebensmittelhandel und an Tankstellen, stärkeres Bier nur bei Systembolaget. Seit dem EU-Beitritt dürfen Schweden Alkohol über den Versandhandel bestellen.

Nach Schätzungen der Abstinenzverbände gibt es **450.000 Alkoholiker** im Land (bei 10 Mio. Einwohnern). Der Schaden, welcher der schwedischen Wirtschaft durch den Suff zugefügt wird, beträgt jährlich etwa 5 Mrd. €.

Aquavit

Der klare Brand ist **eine Art Nationalgetränk.** Hergestellt aus sehr reinem (96 Vol.-%), geschmacksneutralen Alkohol aus Getreide oder Kartoffeln, wird er mit Wasser, Kümmel, Dill, Koriander, Fenchel, Zimt oder Nelken versetzt. Die Zusammensetzung der jeweiligen Gewürzmischung bestimmt den Charakter der einzelnen Marken. Schlussendlich hat er etwa 37,5 bis 40 Vol.-% und schimmert gelblich. Man trinkt ihn zu Krebsen (unbedingt!) und überhaupt zu allen salzigen und fetten traditionellen Gerichten. Man trinkt ihn kalt, gern wird die Flasche in einem Eisblock auf den Tisch gestellt. Bekannte Marken sind *O.P. Anderson, Skåne, Skanör* und *Bäska Droppar.*

Ursprünglich als Medizin gegen vielerlei Krankheiten gedacht, wurde der **Brännvin** (Branntwein) auch bei Gesunden immer beliebter. Im 17. Jh. durfte die Kirche Aquavit brennen, was sie nicht nur für religiöse Feste nutzte, sondern auch um ihre Gemeinden zusammenzuhalten. Im 18. Jh. machte König

Tetra Pak

Der Schwede denkt praktisch, und so ersann der Chemiker *Erik Wallenberg* 1943 eine **Getränkeverpackung,** die mit einem Minimum an Material auskam. Sie war aus einem Bogen kunststoffbeschichtetem Papier gefertigt und hatte die Form eines Tetraeders, der vier Flächen und vier Ecken hat bzw. aus vier gleichseitigen Dreiecken besteht. Mit *Ruben Rausing* gründete *Wallenberg* die Firma *Åkerlund & Rausing* zur Vermarktung seines Produkts, aus der dann Tetra Pak hervorging. Als erstes kam die Sahnetüte auf den Markt, dann begann der Siegeszug der Milchtüte in Tetraederform. Die Produktion war ganz neuartig: Man füllte einen Schlauch aus besagter beschichteter Pappe mit Milch, klemmte ihn schräg ab und verschmolz die Naht, dann wurde der Schlauch nach einer Vierteldrehung erneut abgeklemmt und verschweißt usw., bis der Tetraeder fertig war.

Gustav III. das Brennen von Aquavit zum Staatsmonopol. Um mehr Geld in die Staatskassen zu spülen, hielt man die Untertanen zum Trinken an, was dann zu unmäßigem Konsum führte, der durch die vielen privaten Brenner noch gefördert wurde. Das Ergebnis waren schließlich die Systembolaget-Läden.

Vodka

Kartoffeln sind im Mittelalter eingeführt worden, was also lag näher, sie auch zu brennen? Es muss ein ziemlicher Fusel gewesen sein, bis Ende des 19. Jh. **Lars Olsson Smith** kam und das Rektifizierverfahren einführte. Alles Weitere dazu in der Beschreibung der Stadt Åhus, wo seine „absolut" berühmte Destille steht, und bei der Insel Fjäderholmarna vor Stockholm.

SAV-Sekt

Dieser Sekt **aus Birkenwasser** beruht auf einem Rezept von 1785, das dem Chemiker *Gunnar Jegrelius* bei der Beschäftigung mit der Wirkung chemischer Substanzen eingefallen war. Nach seinem Tod stieß der Öko-Ingenieur *Peter Mosten* auf das Rezept und begann mit der Produktion, die nach einigen Jahren auch das gewünschte Ergebnis brachte. Der Birkensaft von Bäumen an den Südhängen des Storsjön in Jämtland wird im April abgezapft und im Weingut auf der Insel Frösön vergoren, dann werden rund 20.000 Liter in eine Flaschengä-

sd13-112 fph

rung überführt, und nach 18 Monaten wird (kalt) degorgiert. Das Ergebnis schmeckt frisch und leicht süßlich mit Anklängen von Obst. 12,5 Vol.-% hat das schäumende Elixier am Ende, ein Liter kostet im Systembolaget umgerechnet stolze 45 €.

Wein

Ja, es wird auch Wein produziert in Schweden. Das aller-aller-nördlichste Weinanbaugebiet liegt auf Gotland, die Firma *Gutevin* baut hier die frostresistenten Sorten *Solaris* und *Rondo* an. Außerdem wird in der Gegend östlich von Ystad bei Skillinge Wein angebaut, ferner um die *Domaine Sånana* im gleichnamigen Dorf, bei Köpingebro auf *Köpingsbergs Vingård,* wo der nördlichste Sekt der Welt hergestellt wird, und schließlich bei *Österlenvin* in Ekesåkra, wo man um das Weingut herum die Sorten *Orion* und *Bolero* pflanzte.

Bier

In Schweden wird Bier nach seinem Alkoholgehalt in mehrere Klassen eingeteilt: **Lättöl** bis 2,25 Vol.-%, **Folköl** (Volksbier) oder **Mellanöl** (Zwischenbier) bis 3,5 Vol.-% und **Starköl** bis zu 5 Vol.-%. Letzteres gibt es für nüchterne Erwachsene ab 20 Jahren gegen Vorlage des Personalausweises oder Passes nur im Systembolaget, die anderen auch in normalen Läden. EU-Bürger ab 20 Jahren können Bier bzw. Alkohol steuerfrei zum Eigengebrauch einführen. Schwedische Biere sind tendenziell süßer als bei uns, aber es gibt immer mehr lokale Biere aus Mikrobrauereien mit unterschiedlichsten Geschmacksnoten.

Preise

Im **Supermarkt** bekommt man den halben Liter Bier bis 3,5 Vol.-% für 5–9 SEK, bei Lidl kostet der halbe Liter 3,5er *Grafenwalder Pils* 8 SEK, bei Systembolaget gibt's Bier über 3,5 Vol.-% ab 10 SEK. Im **Restaurant** mit Schanklizenz kann ein Starkbier schon mal 50 SEK kosten, da der Staat hier Steuern nach dem Alkoholgehalt kassiert. Trotzdem hat sich der Pro-Kopf-Verbrauch von *Starköl* mit 32 Litern in den letzten 30 Jahren verdoppelt, der Lättöl-Konsum dagegen sank laut schwedischer Brauereivereinigung in gleichem Maße.

Hier die beliebtesten **Sorten und Preise bei Systembolaget** für die Halbliterdose: *Norrlands Guld Export* 5,3%, 13,70 SEK; *Mariestads Export,* 5,3%, 15,90 SEK; *Pripps Blå,* 5%, 11,90 SEK; *Falcon Export,* 5,2%, 13,80 SEK; *Pripps Blå,* 5%, 11,90 SEK; *Sofiero Original,* 5,2%, 11,70 SEK; *Carlsberg Hof,* 4,2%, 14,90 SEK.

Flädersaft

Ein typisches nichtalkoholisches Getränk ist der Saft aus der **Fliederbeere** bzw. Schwarzem Holunder, den man sich auch gern in ein Gläschen Sekt gießt. Die Blüten werden passiert und mit Zucker und Zimt aufgekocht.

In diesen Gemäuern wird der berühmte Absolut Vodka hergestellt (Åhus)

Kaffee

Schweden ist auch ein Kaffeeland, statistisch trinkt jeder Bewohner des Landes über acht Liter pro Jahr, die Deutschen kommen nur auf sechs Liter. Doch ohne Alkohol geht es auch hier nicht: Hartgesottene probieren **Kaffe gök** („Kuckuck“); man legt eine Münze in eine Tasse und gießt Espresso hinein, bis die Münze nicht mehr zu sehen ist, dann kommt Aquavit hinzu, bis sie wieder sichtbar wird – na dann: *Skål!*

Feiertage und Feste

■ **13. Januar: Knutdagen,** an diesem Tag wird der Weihnachtsbaum abgeräumt und aus dem Fenster geworfen. Es ist in Schweden der *Tjugondedag,* der „zwanzigste Tag“ nach Weihnachten, in andern Ländern ist es der 6. Januar. *Knut* bezieht sich auf den König von Dänemark, der 1131 von seinem Cousin *Nilsson* ermordet und später heiliggesprochen wurde. Am Knutstag wird traditionell der Weihnachtsbaum von den Kindern geplündert und die restlichen Süßigkeiten aufgegessen. Danach kommt der Baum raus, ein Umstand, den ein Möbelhaus zum Anlass nahm, seine Kunden über den Kauf von neuen Möbeln nachdenken zu lassen.

■ **Påsk:** Das **Osterfest** wird anders gefeiert als in Deutschland. An Gründonnerstag kostümieren sich die Kinder als „Osterweiber“ *(Påskkärring)* und laufen von Tür zu Tür, um Süßigkeiten oder sonstige Aufmerksamkeiten zu bekommen. Gekleidet sind sie traditionell mit langem Rock, Kopftuch, Schürze, Korb und Besen. Karfreitag ist der Tag, an dem die Wohnhäuser mit Birkenreisig geschmückt werden. Osterfeuer sollen die bösen Geister vertreiben. Heutzutage werden dabei auch Osterfeuerwerke abgebrannt. Der Ostermontag (*Annandag påsk*) ist ein gesetzlicher Feiertag.

■ **30. April: Valborgsmässoafton,** in der Walpurgisnacht werden am Lagerfeuer Reden geschwungen und Frühlingslieder gesungen – und überall im Land ausschweifende Studentenpartys zelebriert …

■ **1. Mai:** Auch in Schweden wird der Tag der Arbeit begangen.

■ **6. Juni: Svenska Flaggans Dag,** der Flaggentag ist seit 2005 gesetzlicher Feiertag, aber mehr auch nicht.

■ **Samstag zwischen dem 20. und 25. Juni:** Das **Mittsommerfest** ist der wichtigste Tag im Jahr der Schweden. Das bedeutet zuerst einmal Mittsommerparty, dann Blumen im Haar, Tanz um die Mittsommerstange, eine Art Maibaum, das Singen von Trinkliedern beim Konsumieren enormer Mengen Kräuterschnaps und eingelegtem Hering *(Sill).* Der Tag wurzelt in den vorgeschichtlichen Sommersonnwendfeiern.

■ **2. Mittwoch im August: Kräftpremiären,** an diesem Tag lief die Schonzeit für Krebse ab; der erste Fang wird traditionell mit einem Festessen begangen.

■ **3. Mittwoch im August: Surströmmingpremiären,** an diesem Tag kommen die ersten aufgedunsenen Dosen mit vergorenem Strömling in den Handel. Das hat die Nordschweden zu einem Fest inspiriert, dessen „Duftwolke“ sich nach dem Öffnen der Dosen über den Rest von Schweden ausbreitet.

■ **13. Dezember: Lucia-Fest,** auch als Lichterfest bekannt. Das Kinder- und Familienfest leitet die Weihnachtszeit ein und geht zurück auf die Legende der Lucia, einer wohltätigen Römerin.

■ **24. Dezember: Weihnachten,** das **Julfest** ist das längste Fest. Der *Julebock,* der in der vorchristlichen Zeit den Kindern die Geschenke brachte, wurde nach der Christianisierung durch den *Jultomte* (Weihnachtsmann) ersetzt. Heiligabend gibt es den *Julbord,* ein Weihnachtsbuffet aus kalten und warmen Speisen.

- **31. Dezember: Nyår,** wird in ganz Schweden eher ruhig begangen. Um Mitternacht läuft das Gedicht „Die Neujahrsglocken" über die Sender, seitdem mit ihm 1928 in Skansen die erste Übertragung des schwedischen Rundfunks begann.

Geld

In Schweden zahlt man seit 1873 mit der **Schwedischen Krone** (Kronor, SEK); eine Krone hat 100 Öre. Die 1-Kronen-Münze trägt traditionell das Bild des amtierenden Schwedenkönigs. Münzen gibt es zu 1, 5 und 10 Kronen. Die 50-Öre-Münzen sind aus dem Verkehr gezogen worden, kleinste Einheit ist 1 Krone. Scheine haben den Wert von 20, 50, 100, 500 und 1000 Kronor. Bankautomaten akzeptieren Maestro- und Kreditkarten, die auch gängige Zahlungsmittel sind.

Wechselkurse (Ende 2013)

- 1 € = 8,52 SEK, 1 SEK = 0,12 €
- 1 SFr. = 6,98 SEK, 1 SEK = 0,14 SFr.

Internetadressen

Die Internetkennung von Schweden ist **.se.** Die meisten Flughäfen, Bahnhöfe, Bücherhallen und Hotels bieten kostenlose WLAN-Nutzung an.

- **www.visitsweden.com**
„Schwedens offizielle Homepage für Tourismus und Reiseinformation" – Vorstellung des Landes und seiner Regionen, reisepraktische Informationen, Unterkünfte, Gastronomie etc. (deutsch).
- **www.swedenabroad.com**
Schwedische Botschaften weltweit (englisch).
- **www.tullverket.se**
Informationen u.a. zu Einreise und Zollbestimmungen (englisch), Link „Travelling to Sweden".
- **www.auswaertiges-amt.de**
Website des deutschen Auswärtigen Amtes mit vielen Länderinformationen und Reisehinweisen.
- **www.trafikverket.se**
Die schwedische Straßenbehörde liefert alle Informationen zum Verkehr (englisch).
- **www.visitskane.com**
Schonens Tourismusportal (englisch).
- **www.sverigesradio.se**
Radio Schweden mit aktuellen Meldungen zu Politik, Kultur und vielen anderen Themen (deutsch).
- **www.svenskaturistforeningen.se**
Der Schwedische Touristenverein (STF) bietet Infos und Unterkünfte für Wanderer (deutsch).
- **www.svif.se**
Der Verband der Schwedischen Jugendherbergen (SVIF) präsentiert sich (deutsch).
- **www.whiteguide.se**
Schwedens beste Restaurants (schwedisch).
- **www.sweden.se**
Viel Wissenswertes aus Kultur und Gesellschaft (deutsch).
- **www.thelocal.se**
News für Ausländer in Schweden (englisch).

Karten

Wenn einer eine Reise tut, dann braucht er eine Landkarte, damit er weiß, wo er ist. Für Schweden gibt es eine ganz **gute Auswahl.** Welche Karte man sich zulegt, hängt von der Fortbewegungsart ab. Wer auf Nebenstrecken und in einsameren Gegenden fährt, der wird eine genaue Karte benötigen. Ganz besondere Ansprüche wird der Wanderer stellen, er braucht eine möglichst große Karte für ein entsprechend kleines Gebiet.

In Schweden bekommt man die meisten der im Folgenden aufgeführten Karten, für eine **bessere Planung** lohnt es sich aber, die Karten schon im Voraus zu kaufen, wenn man auch tiefer in die Tasche greifen muss. Besonders als Wanderer sollte man sich im Buchhandel über die lieferbaren Skandinavienkarten informieren. Topografische Karten sind u.a. bei der Kieler Geobuchhandlung erhältlich (www.geobuchhandlung.de).

Landschaftsbezeichnungen in schwedischen Karten

Deutsch	Schwedisch
Bach	bäck
Berg	berg
Bergrücken	rygg
Bucht	bukt/vik
Fluss	älv
Gewässer	vatten
Gipfel	spets/topp
Hochebene	platå
Hof	gård
Hügel	kulle
Hütte	stuga
Insel	holme/ö
kahler Berg	fjäll
Meer	hav
Moor	myr
Mündung	mynning
See	sjö
Sumpf	kärr, moras, sump
Tal	dal
Stromschnelle/ Wasserfall	fors

Bei der Bestellung achte man auf das Erscheinungsdatum, denn was nützt die beste Karte, wenn sie zehn Jahre alt ist.

Die folgende Liste bietet eine Auswahl lieferbarer Karten, die wir für den jeweiligen Zweck am geeignetsten halten, in der **Reihenfolge der Maßstabsgröße** – je höher die Zahl hinter der 1, desto kleiner die Abbildung des Landes. 1:200.000 bedeutet: 1 cm auf der Karte entspricht 200.000 cm, also 2 km, in der Realität.

- **Schweden, Süd,** 1:500.000, **Südschweden, Südnorwegen,** 1:875.000, world mapping project, erschienen im Reise Know-How Verlag. Gute Übersichtskarten für die Routenplanung auf reiß- und wasserfestem Papier.
- **F&B- oder K+F-Straßenkarten Schweden** in 6 Blättern, 1:250.000/1:400.000.
- **Sverige Vägatlas,** 1:250.000/1:400.000, basiert auf der amtlichen Bil- och turistkarta: Süden 1:250.000, Norden 1:400.000, mit Stadtplänen, Ortsregister etc.
- **Översiktskartan Schweden,** 1:250.000 (ehemals Röda Kartan), topografische Übersichtskarten, Lappland 1–3, pro Stück.
- **Lantmäteriet/K+F,** Schwedisches Straßenkartenwerk, 1:250.000 (Blätter 1–4), 1:400.000 (Blätter 5 + 6).
- **Motormännnens Sverige Vägatlas,** amtlicher Straßenatlas, Maßstäbe 1:250.000/ 1:400.000.
- Eine aktuelle **Baustellenkarte** gibt es im Netz unter www.trafikverket.se.
- **Karten für Navigationsgeräte:** Es gibt nur zwei Hersteller, die niederländische Teleatlas (gehört mehrheitlich TomTom) und die US-Firma Navteq. Informieren Sie sich auf der Website ihres Geräteherstellers über Aktualisierungen. Wegen der großen Datenmengen (Download kann bis zu 10 Stunden dauern) ist es besser, sich eine DVD schicken zu lassen und das Gerät über Ihren PC zu aktualisieren.

Mit Kindern unterwegs

Die **Natur** selbst ist in Südschweden die Attraktion für Kinder, einfach mal durch den Wald streifen oder mit dem Paddelboot über einen See, es gibt viele Aktivitäten, die den Kids Spaß machen. Man kann einen Ausflug zu einem der zahllosen **Schlösser** machen oder zur **Wikingersiedlung Birka** auf der Insel Björkö. In Stockholm, Göteborg und Malmö liegen **Themenparks, Zoos und Museen,** mit denen man Kinder bei Laune halten kann. Skansen auf der Stockholmer Insel Djurgården ist ein spannendes Freilichtmuseum mit über 150 Gebäuden, die aus ganz Schweden zusammengetragen wurden. Außerdem gibt es dort einen Kinderzoo und einen nostalgischen Vergnügungspark. Neben dem Vasamuseum liegt Junibacken, eine Hommage an die Figuren aus *Astrid Lindgrens* Kinderbüchern. Die gibt es auch in Vimmerby in einem großen Themenpark. In Göteborg wartet das Universeum – in dem siebenstöckigen Erlebniscenter werden Ausstellungen gezeigt, in denen Kinder auch selbst experimentieren können. Im Malmöer Schloss liegt das Museum für Naturgeschichte, in dem eine Sammlung lebensechter ausgestopfter Tiere bestaunt werden kann, im Nachthaus auch exotische Amphibien. Vergnügungsparks wie Liseberg in Göteborg und Tivoli in Stockholm sprechen nicht nur Kinder an.

Lernen und Arbeiten

Schweden gehört der Europäischen Union an, dadurch gelten die entsprechenden Freizügigkeitsregeln. Eine Jobbörse ist www.amv.se. **EU-Bürger benötigen keine Aufenthaltserlaubnis,** sie müssen nur ihren Arbeitsaufenthalt im Land registrieren lassen. Das geht über die Website des Amtes für Migration *(Migrationsverket):* www.migrationsverket.se. Bürger aus anderen Staaten benötigen weiterhin eine Aufenthaltserlaubnis. Arbeitssuchende können sich über die Website der deutschen Bundesagentur für Arbeit informieren (www.arbeitsagentur.de). Auch Hinweise zur Sozialversicherung gibt es hier. Außerdem bietet die Europäische Kommission ein Portal zur beruflichen Mobilität an: http://ec.europa.eu/eures. Auch über die soziale Sicherheit informiert die Kommission: http://ec.europa.eu/social.

Maße und Gewichte

Es gelten das metrische System und alle uns bekannten Maße und Gewichte. Auf zwei Besonderheiten sei hingewiesen: Als Längenmaß ist noch die **Mil** (Meile, 1 Mil = 10 km) in Gebrauch, und in der schwedischen Küche benutzt man **Volumenmaße,** also Zentiliter, Deziliter und Liter, statt wie bei uns Gewichtsangaben.

Medizinische Versorgung

Die medizinische Versorgung in Schweden ist **flächendeckend gut,** es gibt ausreichend Krankenhäuser, Ärzte und Zahnärzte. EU-Bürger, die in Schweden Urlaub machen, können im Krankheitsfall Leistungen mit der **Europäischen Versichertenkarte** in Anspruch nehmen. Bei jedem Arztbesuch muss man einen Eigenanteil von mindestens 200 SEK zahlen. Bei Vorlage der EU-Krankenversicherungskarte fällt nur die in Schweden übliche Gebühr an. Unabhängig davon sollte man eine Auslandskrankenversicherung abschließen (siehe „Versicherungen“).

Apotheken heißen in Schweden *Apotek,* ein Schild mit grüner Schlange auf weißem Grund ist das Symbol.

Mietwagen

Wer einen Mietwagen in Anspruch nehmen will, geht genauso vor wie zu Hause. Auch in Schweden sind die großen Firmen wie Avis (www.avis.de), Europcar (www.europcar.de), Hertz (www.hertz.de), Sixt (www.sixt.de) usw. vertreten. Sunny Cars (www.sunnycars.de) wirbt mit einem „Alles-inklusive-Preis“. In Malmö, Göteborg und Stockholm gibt es jeweils mehrere Verleihstationen, üblicherweise bekommt man ein Mietauto auch an den Flughäfen. Die Anbieter bestehen meist auf **Kreditkartenzahlung;** so wird bei Vertragsabschluss eine Kaution bargeldlos hinterlegt. In der letzten Zeit haben zwar Prepaid-Kreditkarten zugenommen, da dies aber streng genommen keine Kreditkarten sind, kann damit auch kein Mietwagen angemietet werden; da bleibt nur das Hinterlegen von Bargeld. Weitere Voraussetzungen: Volljährigkeit und (nationaler) Führerschein.

Reise-Gesundheitsinformationen finden sich im Internet z. B. unter **www.crm.de.**

Nachtleben

Da **Alkohol sehr teuer** ist, beeinflusst das auch das Ausgehverhalten und das Angebot an Kneipen. Außer in den Metropolen und Universitätsstädten gibt es nur wenige Bars und Nachtlokale, dann verlagert sich das Nachtleben mehr in den privaten Bereich, man trifft sich und feiert zu Hause. Auf dem Lande bleiben Nachtschwärmern meist nur die Hotelbars, mitunter gibt es dort auch eine Diskothek.

In Stockholm, Göteborg und Malmö dagegen findet der Amüsierwillige unzählige Bars, Clubs, Cafés und Restaurants für jedes Alter und jeden Geschmack. Wie in allen **Großstädten** ist auch das Stockholmer Nachtleben im Fluss – was heute der letzte Schrei ist, kann morgen schon out sein.

Eine neue Metropole für Musiker aller Art ist **Malmö** geworden, hier trifft das

Bullerbü-Schweden auf eine kosmopolitische Großstadt. Das ganze Jahr über finden Konzerte mit nationalen und internationalen Musikern jeder Richtung statt.

Beliebt an den Küsten sind die **Hafenlokale,** wo sich nach der Arbeit oft ein buntes Volk trifft.

In den Studentenkneipen und -clubs sind die **Eintrittspreise** deutlich geringer als in den normalen Clubs. Alle bieten an irgendeinem Abend Rabatte und Specials, man muss nur die Augen offenhalten, außerdem ist in manchen Clubs der Eintritt bis 22 Uhr frei. Grundsätzlich sind schwedische Nachtgänger früher als bei uns unterwegs, die meisten Discos und Clubs schließen um 3 Uhr.

Notfälle

Autopanne/-unfall

Hilfe ist z.B. für ADACPlus-Mitglieder oder ÖAMTC-Mitglieder teilweise kostenlos. Man kann sich auch direkt an seinen Automobilclub wenden.

■ **Assistancekåren,** www.assistancekaren.se, der Anruf unter Tel. 020-912 912 ist innerhalb Schwedens kostenlos, Tel. +46 8 627 57 57 kostet normale Telefongebühren.

Notruf

Der **Euronotruf** ist die kostenlose, EU-weit gültige Notrufnummer **112.** Unter dieser Nummer ist eine Leitstelle zu erreichen, die die zuständigen Stellen wie Polizei, Rettungsdienst oder Feuerwehr alarmiert. Die Leitstelle soll in der Lage sein, Notrufe in verschiedenen Sprachen bearbeiten zu können. Die Telefonapparate in den öffentlichen Sprechzellen haben einen Notknopf: Kein Geld einwerfen, nur drücken und 112 wählen.

Verlust von Geldkarten

Bei Verlust oder Diebstahl der Kredit- oder Maestro-/EC-Karte sollte man diese umgehend sperren lassen. Für deutsche Maestro- und Kreditkarten gibt es die einheitliche **Sperrnummer 0049 116 116** und im Ausland zusätzlich 0049 30 40 50 40 50. Für österreichische und schweizerische Karten gelten:

Unterwegs im Nationalpark Store Mosse

sd13-128 alt

- **Maestro-Karte,** (A-)Tel. 0043 1 204 88 00; (CH-)Tel. 0041 44 271 22 30, UBS: 0041 848 88 86 01, Credit Suisse: 0041 800 80 04 88.
- **MasterCard,** internationale Tel. 001 636 722 71 11 (R-Gespräch).
- **VISA,** internationale Tel. 001 410 581 99 94.
- **American Express,** (A-)Tel. 0049 69 97 97 20 00; (CH-)Tel. 0041 44 659 63 33.
- **Diners Club,** (A-)Tel. 0043 1 50 13 50; (CH-)Tel. 0041 58 750 80 80.

Ausweisverlust/ dringender Notfall

Wird der Reisepass oder Personalausweis im Ausland gestohlen, sollte man dies **bei der örtlichen Polizei melden.** Darüber hinaus sollte man sich an die nächste **diplomatische Vertretung** seines Landes wenden, damit man einen Ersatz-Reiseausweis zur Rückkehr ausgestellt bekommt (ohne kommt man nicht an Bord eines Flugzeugs!).

Auch in Notfällen medizinischer oder rechtlicher Art, bei der Vermisstensuche, bei Todesfällen, der Häftlingsbetreuung o. Ä. sind die **Botschaften** bemüht, vermittelnd zu helfen.

Öffnungszeiten

Die größte Unwägbarkeit in Bezug auf Öffnungszeiten beschert traditionell die **Systembolaget-Kette,** trotzdem sollte der Schnapsladen montags bis freitags von 10 bis 18 Uhr offen stehen.

Sonstige **Geschäfte** haben in Schweden Montag bis Freitag zwischen 9 und 18 Uhr sowie Sa von 9 bis 14 Uhr geöffnet. Supermärkte können auch bis 22 Uhr geöffnet haben, dazu sogar sonntags zwischen 12 und 16 Uhr.

Bleiben noch die **Banken,** die unter der Woche von 9.30 bis 15 Uhr offen sein sollten, donnerstags ab und zu auch bis 18 Uhr; Samstag und Sonntag bleiben sie geschlossen.

Postämter sind in der Regel Montag bis Freitag von 9 bis 18 Uhr und sonnabends von 9 bis 13 Uhr geöffnet.

Post

Zu den Öffnungszeiten siehe oben. Ausgewählte Dienste der Post werden oft auch in Kaufhäusern, an Kiosken und Tankstellen angeboten. Das normale **Porto** für einen Brief oder eine Postkarte in Länder Europas (außerhalb Skandinaviens) beträgt 12 SEK.

Reisende mit Handicap

Ziel der schwedischen Behindertenpolitik ist es, dass Menschen mit Handicap ihren Alltag **eigenverantwortlich und selbstständig** bewältigen können. Vor allem in Stockholm wurde dazu in den letzten Jahren viel getan. An 200 Fußgängerüberwegen ist während der Ampelgrünphase ein Ticken zu hören, und ein spezieller Bordstein markiert den Beginn der Fahrbahn. Außerdem wurden über 10.000 Abflussrinnen durch flachere und rundere Vertiefungen ersetzt und rund 360 Bushaltestellen so umgebaut, dass die Bordsteine das Ein- und Aussteigen erleichtern.

Reisezeit

Siehe zum Thema auch das Kapitel „Klima". Der Hauptferienmonat der Schweden ist der Juli. Der **Sommer** insgesamt ist recht sonnig, ab August nehmen die Regentage aber schon zu. Wegen der nördlichen Lage sind die Sommertage sehr lang, in Malmö etwa ist es dann 17 Stunden hell. Die langen Tage bieten beste Bedingungen für sportliche Aktivitäten wie Wandern oder Segeln. In der Urlaubszeit der Schweden von Ende Juni bis Mitte August sind Unterkünfte in den Ferienorten oft ausgebucht bzw. überfüllt. Badeurlauber profitieren im Juni und Juli von den milden Temperaturen. Herrliche Tage kann man auch noch im September erleben, dann lockt der Altweibersommer mit schönem Wetter und herrlichen Farben. Spätestens ab Mitte Oktober kündigt sich dann die kalte Jahreszeit an.

Wer im **Winter** reist und sich außerhalb der drei großen Städte Stockholm, Göteborg und Malmö bewegt, wird auf eingeschränkte Öffnungszeiten stoßen. Trotzdem sind Winterfreunde in Schweden gut aufgehoben, da mit Sicherheit Schnee liegt. Die Skisaison dauert von Dezember bis in den April. Dabei ist der späte Winter ab März die bessere Wahl, da dann die Tage schon deutlich länger sind.

Sicherheit

Schweden gilt als ziemlich sicheres Reiseland. Das sollte jedoch nicht zu Leichtsinn verleiten. **Taschendiebstähle** in den Innenstädten, Touristenzentren und an Transferplätzen (z. B. Fähren, Flughäfen) sind keine Seltenheit, ebensowenig **Autoeinbrüche.** Auch Überfälle auf Wohnmobile, die auf Parkplätzen entlang der Autobahn standen, sind zu verzeichnen. Die schwedische Polizei rät daher, Campingplätze aufzusuchen.

Beim Einsatz von **Bank- und Kreditkarten** ohne Chip gibt es Fälle von Missbrauch durch Datenkopie in Restaurants und an Bankautomaten.

Sport und Erholung

Wandern

Die **Landschaften** in Südschweden reichen von topfebenen Feldern bis zu sanften Hügeln, von dichten Wäldern bis zu Felsschluchten. Naherholungsgebieten, Nationalparks und Naturreservate können auf markierten Wegen erkundet werden.

Ein bekannter Wanderweg an Skånes Küste ist der **Österlenleden.** Er berührt Sandstrände und Fischerdörfer und biegt bei Haväng Richtung Inland ab.

Mit fast 1000 Kilometern ist der **Sörmlandsleden** der längste Wanderweg in Südschweden. Südlich von Stockholm führt der Rundwanderweg durch die gleichnamige Provinz, die meisten Wanderer starten in Nacka oder Trosa, man kann auch direkt vom Flughafen bei Nyköping loslaufen und den orangefarbenen Markierungen folgen. Infos unter www.sormlandsleden.se.

Verdient gemacht hat sich der STF: Die **Svenska Turistföreningen** wurde 1885 von Geologiestudenten aus Uppsala gegründet, um die Naturlandschaften Lapplands touristisch zu erschließen und die Kenntnisse der Bevölkerung über das eigene Land zu mehren. Wichtigstes Werk war die Anlage des Wanderweges Kungsleden in Lappland, mit den dazugehörigen Schutzhütten und Bergstationen. Heute ist der STF in ganz Schweden aktiv und hat etwa 300.000 Mitglieder. Infos unter www.svenskaturistforeningen.se.

Wintersport

Die Schweden sind sportlich, keine Frage, deshalb gehen sie auch im Winter (fast) allen Sportarten nach, die sie auch im kurzen Sommer betreiben. So meistert man im Schneeanzug die Kletterwände, Mountainbiker ziehen Spikesreifen auf und brettern über zugefrorene Seen, der Taucher schwärmt von den Lichtspielen unter der Eisdecke. Hockeyspieler bauen ihre Tore im Hafen auf, der Angler bohrt sich durch das Eis, um seinen Haken hinabzulassen. Auch Paraglider und Windsurfer schnallen Kufen unter und sausen zwischen den Schären hindurch.

Das größte **Skigebiet** Südschwedens liegt in Skåne am Isaberg. Man fährt von Värnamo nach Hestra im Nordosten, wo

sd13-123 fph

zehn Skipisten mit etwa 6 km gut präparierten Abfahrten und mehr als 20 km Langlaufloipen zur Verfügung stehen. Als Wintersportort beliebt ist auch Ulricehamn. Der 90 km lange Skimarathon *Vasaloppet* (Wasalauf) findet in Dalarna in Mittelschweden statt.

Beliebt ist natürlich das **Schlittschuhlaufen.** Halb Stockholm ist auf den Seen unterwegs, dabei wird geschwatzt, gegessen und getrunken, Picknickkörbe, Hunde und Kinderwagen, ein fröhliches Durcheinander. Wer längere Touren wünscht, kann sich über die Touristinfo einen „Ice-Guide" mieten, dann bekommt man auch die Ausrüstung dazu, darunter z. B. einen Eisanker zur Rettung, falls man einbricht, und spezielle Stöcke zum Abstoßen.

Der schwedische Schlittschuhverband *Svenska Skridskoförbundet* veranstaltet seit 1999 alljährlich das **Vikingarännet** auf dem zugefrorenen Mälarsee. Die Strecke geht von Uppsala übers Eis nach Stockholm, das sind rund 80 Kilometer. Man registriert sich unter www.vikingarannet.com und zahlt die Startgebühr von 400–700 SEK, je nachdem wie früh man bucht. Es gibt auch kürzere Distanzen, die kosten ca. 300 SEK. Weitere Infos, auch zum genauen Termin, auf der genannten Website.

☒ Punschvilla – Badehäuschen und Ort zur Entspannung

Radfahren

Schweden entwickelt sich langsam zum Land der Radfahrer. Die Städte im Süden sind für Radler **attraktiv** geworden; so gibt es in Malmö einen schwimmenden Parkplatz für Drahtesel und am Velometer kann man ablesen, wie viele „Cyklister" schon in die City geradelt sind. Informationen zu allen Belangen rund ums Fahrrad und auch zu Radwegen gibt der Fahrradverband unter **www.svenska-cykelsallskapet.se** (auch auf Deutsch). In Nahverkehrszügen werden Räder nur außerhalb der Hauptverkehrszeiten mitgenommen.

An den Ampeln gibt es oft Haltegeländer für Pedalisten, und in Eskilstuna stehen sogar öffentliche Luftpumpen zur Verfügung.

Vermehrt werden in Schweden **Fahrradwege** wie in Kopenhagen gefordert. Ein Ausbau von Radwegen erfordert allerdings umfassende Infrastrukturmaßnahmen, und ob da zusätzliche Mittel zur Verfügung gestellt werden, bleibt abzuwarten.

Berühmte **Rennen** gibt es auch, z. B. die Vätternrunde. Da fährt man nicht mit der Verwandschaft, sondern einmal rund um den Vättersee; das sind immerhin 300 Kilometer. Start und Ziel ist in Motala. Jedes Jahr finden sich etwa 20.000 Radler aus dem In- und Ausland Mitte Juni dort ein. Um sich zu qualifizieren, muss man innerhalb eines Jahres diverse Volksläufe oder Radrennen, Skitouren und einen Schwimmwettkampf absolviert haben (Infos unter www.vaetternrundan.se).

Angeln

Skandinavien gilt als Paradies für Angler. Die klaren Seen und sauberen Bäche werden jedes Anglerherz höher schlagen lassen. Der bekannteste Fisch ist der **Lachs.** Er kommt in vielen Flüssen Südschwedens vor und wird vom 1. Mai bis zum 1. September geangelt. Die besten Reviere liegen, wie man schon vermuten kann, in schlecht zugänglichen Regionen. Der Mörrumsåen zwischen Sölvesborg und Karlshamn an der Südostküste ist einer der lachsreichsten Flüsse ganz Europas.

Auch in Schweden braucht man Schein und **Genehmigung** für das Fischen in **Binnengewässern.** Man erhält beides in den regionalen Touristenbüros, in Hotels und Sportgeschäften oder bei der Forstverwaltung *(Domänverket).* Sie verwaltet 75 Fischgründe im Land und gibt Broschüren über das Angeln in Schweden heraus (Domänverket, Abteilung Ke, S-79181 Falun). Kosten: zwischen 5 und 35 € pro Tag.

Das Angeln **im Meer** sowie in den **Seen Vättern, Vänern und Mälaren** ist kostenlos, wenn man sich bei der örtlichen Polizeibehörde eine Genehmigung ausstellen lässt. Infos auch beim schwedischen Touristenbüro in Deutschland.

Paddeln

Kanus kann man sich auf Campingplätzen ausleihen. Manche Vermieter kümmern sich auch um den Rücktransport der Boote. In Touristenbüros bekommt man bisweilen ganz gute Tourenvorschläge, mitunter gibt es Stationen mit Toiletten, Mülleimern und all dem, was man sonst noch braucht. Trotz der flachen Landschaft gibt es die eine oder andere Schleuse, bei der es sich lohnt, das Gefährt aus dem Wasser zu holen und zu tragen. Da es größere Schleusenanlagen gibt, wie Berg oder Trollhättan am Götakanal, sollte man Transporträder dabei haben. Manchmal kann man sie auch ausleihen. Sehr beliebt ist der **Dalslandkanal.** Hier kann man wochenlang auf dem Wasser unterwegs sein und in Ruhe campen. Das berühmteste Revier Südschwedens ist der **Fluss Emån** von Nessjö nach Kalmar.

Segeln/Motorboot

Viele Freizeitskipper möchten einmal im Leben auf dem **Götakanal** schippern, sei es mit dem eigenen Boot oder einem geliehenen. Dazu ein paar kurze Sätze: Der Kanal wird meist nach der letzten Schleusung geschlossen. Er hat meist einen Böschungswinkel von 30°, in der Mitte ist er 2,97 Meter tief. Auch hier hat die Berufsschifffahrt Vorrang. In künstlich angelegten Teilen darf man nicht schneller als 5 Knoten fahren, nicht segeln, ankern oder außerhalb von Stegen festmachen.

Das Ausfahren aus **Schleusen** sollte in der gleichen Reihenfolge wie das Einfahren passieren. Die Schleusenschwellen haben eine gelbe Markierung am Rand. Man sollte nicht darüber hinausragen. Eine Person muss an Land gesetzt werden und das Schiff mit einer Leine dirigieren. Zum Festmachen sind zwei Lei-

› Angler sind in Südschweden gut aufgehoben

nen Vorschrift. Beiboote dürfen beim Schleusen aufs Unterwasser nicht hinter dem Schiff über die Schleusenschwelle schwimmen, das einstürzende Wasser füllt sie sonst. Die Tampen werden am Schiff belegt und an der Schleusenwand von unten nach oben durch den Ring gefädelt (bei Pollern egal), danach werden die Enden ins Boot geführt, wo sie festgehalten werden; nie belegen. Am Ende kann man sie einfach herausziehen. Beim Schleusen aufs Oberwasser wird das Schiff nach vorn gedrückt, weil das einlaufende Wasser vom Untertor zurückprallt. Am besten einen senkrechten Achtertampen legen und den Bugtampen ständig straffen, bei Segelbooten geht das am besten mit der Winsch, sofern vorhanden.

Viele **Brücken** werden ferngesteuert geöffnet, die Öffnungszeiten sind angeschlagen, meist zweimal pro Stunde, an den Brücken gibt es Sprechanlagen und meist eine Videoüberwachung.

Golf

Golf ist in Schweden ein **Breitensport,** es geht weniger um das gesellschaftliche Ansehen. Das zeigt sich auch an der Höhe der Greenfee. Bei den 9-Lochplätzen beträgt sie etwa 25 Euro, bei 18-Loch-Anlagen zahlt man rund 40 Euro. Eliteplätze verlangen bis 185 Euro bei der 18-Loch-Runde. Es gibt rund 470 Anlagen im Lande, 70 davon konzentrieren sich in Südschweden in **Skåne.** Das heißt,

sd13-007 fph

mit dem Auto kann man alle in zwei Stunden erreichen. Skåne zählt zu den besten Golf-Destinationen Europas. Zwischen den einfachen Anlagen finden sich auch Prestigeplätze, auf denen regelmäßig die PGA-Tour zu Gast ist.

Tennis

Schweden hat weltberühmte Spieler hervorgebracht, erwähnt sei nur der fünfmalige Wimbledonsieger *Björn Borg.* Doch seit den 1990er Jahren steckt der Tennissport in der **Krise.** Viele Clubs sind verschwunden, (gute) Nachwuchsspieler Mangelware. Tennis wird in Schweden immer mehr zu einem Wintersport für die Halle, vor allem kleine Anlagen mit zwei oder drei Sandplätzen im Freien sind Mangelware.

Schwedens **Clubs** stehen jedermann offen, man muss nicht Mitglied sein, um auf einem Platz zu spielen, außerdem ist Tennis günstig. Gegen eine Gebühr von ca. 18 € pro Platz kann man in jedem Club ein Match austragen. Man muss dann noch nicht einmal gegen ein Mitglied spielen, die schwedische Clubstruktur ist da liberaler als in Deutschland. Infos gibt der Svenska Tennisförbundet (www.tennis.se).

Klettern

Natürlich ist Südschweden flach, aber es gibt trotzdem den einen oder anderen Felsen zu entdecken. Außerdem ist es nicht zu heiß, und die begehrten Kletterfelsen sind aus Granit oder Gneis und bieten ideale Voraussetzungen. Der **Kul-**

sd13-114 fph

laberg 30 km nordwestlich von Helsingborg ist so ein Gebiet mit diversen Routen unterschiedlicher Schwierigkeitsgrade. **Valberget** 10 km nördlich von Karlshamn oder das Naturschutzgebiet **Kjugekull** (www.kjuge.nu) östlich von Kristianstad sind in den letzten Jahren zum Ziel der Boulderer geworden.

Parkouring

Diese **junge Sportart,** quasi aus Mangel an anderen Möglichkeiten geboren, kommt aus den Großstädten und bedeutet, möglichst schnell urbane Hindernisse wie z. B. Mauern und Mülltonnen zu überwinden. In Stockholm wurde im Tensta-Viertel, einem sozialen Brennpunkt, der erste öffentliche Parkouring-Platz geschaffen, eine Grünanlage mit Betonbarrieren und Stahlrohrgestellen.

Sprache

Über 8 Mio. Menschen sprechen **Schwedisch.** Außer in Schweden spricht man es noch auf den Ålandinseln und im Südwesten von Finnland, wo auch die Ortsbezeichnungen auf Schwedisch und Finnisch erfolgen. Allerdings ist hier die Sprache dialektal gefärbt.

Schwedisch gehört wie das Deutsche zur **indogermanischen Sprachfamilie,** ist deshalb aber für Deutschsprachige noch lange nicht ohne Weiteres zu erlernen, da es bei Aussprache, Schreibweise und Grammatik doch erhebliche Unterschiede gibt.

Erste Nachweise der schwedischen Sprache finden sich auf alten Runensteinen. Dieses **Runenschwedisch,** gegen Ende des 9. Jh. bis Mitte des 13. Jh. gesprochen, entwickelte sich zum **Altschwedisch.**

Lateinische Einflüsse und das durch die deutschen Händler ins Land gebrachte Norddeutsche färbten die Sprache ab 1500 so sehr, dass man sie seit 1531 **Neuschwedisch** nannte. Die erste schriftliche Anwendung war *Olaus Petris* Bibelübersetzung.

Im Anhang des Buches findet sich eine kleine **Sprachhilfe** Schwedisch.

Übrigens sprechen die allermeisten Schweden sehr gut **englisch,** was damit zusammenhängt, dass in Fernsehen und Kino ausländische Filme nicht synchronisiert, sondern mit Untertiteln laufen.

Telefonieren

Telefonkarten für Telefonzellen können in Kiosken, Hotels, Geschäften oder bei der schwedischen Telefongesellschaft bzw. in Telefonbüros *(Telebutik)* erworben werden. Mindesteinwurf bei alten Münztelefonen sind 2 Kronen, das Selbstwählen nach Deutschland kostet 5 Kronen pro Minute. Beim Nachwerfen können kurze Unterbrechungen auftreten. In den Zellen – sie haben übrigens alle möglichen Farben – gibt's eine SOS-Taste. Im Notfall: Hörer abheben, Taste drücken, warten, bis es tutet, dann 90000 wählen und sich von der Vermittlung weiter verbinden lassen.

Bei **Telefonaten nach Schweden** wird nach der Landesvorwahl die Ortsvorwahl ohne 0 und dann die Teilnehmernummer gewählt. Schwedens Vorwahl ist 0046, die von Deutschland 0049, Österreich hat die 0043, Schweiz 0041.

Mobil telefonieren

In Schweden ist die mobile Kommunikation weit verbreitet, die Netzabdeckung in Südschweden ist so gut wie hundertprozentig. Im Land nutzt man sowohl 900 als auch 1800 MHz GSM sowie 3G 2100. Alle deutschen, österreichischen und schweizerischen Mobilfunkprovider haben in Schweden **Roamingpartner,** sodass man sein Handy auch dort gebrauchen kann. Man muss bei Nutzung seines Gerätes im Ausland jedoch mit hohen Roaming-Kosten rechnen. Preiswerter geht es, wenn man bei seinem Provider nachfragt oder auf der Website nachschaut, welcher der Roamingpartner im jeweiligen Land am preiswertesten ist und diesen per manueller Netzauswahl bei den Telefonaten voreinstellt.

Nicht zu vergessen sind auch die **passiven Kosten,** wenn man von zu Hause angerufen wird. Ein im Heimatland befindlicher Anrufer zahlt nur die Gebühr ins inländische Mobilnetz, die Rufweiterleitung ins Ausland findet man später auf der eigenen Mobilrechnung wieder.

Extrem ärgerlich sind diese Kosten vor allem, wenn man nur vergessen hat, die Rufumleitung auf die Mailbox zu deaktivieren. Wenn man dann nicht zu erreichen oder es besetzt ist, schlägt sich die Rufumleitung ins Ausland und dann zurück ins Heimatland doppelt auf der Rechnung nieder (bzw. bei Prepaid-Verträgen ist das Guthaben schneller aufgebraucht als erwartet).

Wesentlich preiswerter ist es, sich von vornherein auf das Versenden von **SMS** zu beschränken. Der Empfang von SMS ist in der Regel kostenfrei, der von Bildern per MMS nicht nur relativ teuer, sondern je nach Roamingpartner auch gar nicht möglich. Die Einwahl ins Internet über das Mobiltelefon ist noch kostspieliger – da ist der Gang ins nächste Internetcafé weitaus günstiger.

Falls das Mobiltelefon SIM-lock-frei ist (keine Sperrung anderer Provider vorhanden ist) und man viele Telefonate innerhalb Schwedens führen möchte, kann man sich vor Ort eine **Prepaid-SIM-Karte** besorgen. Die Firmen Telia und ComvIQ verkaufen Prepaid-Karten, eingehende Anrufe sind dann kostenfrei. Für Anrufe nach Deutschland werden 0,50 SEK (ca. 5 Cent) pro Minute berechnet. www.holidayphone.de bietet SIM-Karten für Schweden an, mit denen ein Anruf ins deutsche Festnetz 0,18 SEK/Min. kostet. Mit einer fremden Karte hat man dann natürlich eine neue Telefonnummer, die möglichen Anrufern erst mitzuteilen ist.

Uhrzeit

In Schweden gilt **MEZ,** die Mitteleuropäische Zeit, also die gleiche Zeit wie bei uns. Die Sommerzeit dauert von Ende März bis Ende Oktober (EU-weit einheitlich geregelt).

Unterkunft

Jugendherbergen

Jugendherbergen in Schweden heißen **Vandrarhem,** wenn nicht anders angegeben, sind sie ganzjährig geöffnet. Erwachsene sind zugelassen (nicht länger als fünf Tage). Eine Voranmeldung ist unerlässlich, wenn man nicht riskieren will, vor belegten Betten zu stehen. Zelten im Garten ist nicht erlaubt. Im Winter ist es ratsam, sich vorher zu erkundigen, ob die Betreiber nicht gerade in Urlaub sind. Von 10 bis 17 Uhr sind die Herbergen oft geschlossen, abends ist ab 23 Uhr dicht. Ab Oktober werden die Übernachtungen mitunter teurer, um bei geringer Auslastung die Kosten zu decken. Kochgelegenheiten stehen meist gratis zur Verfügung, fertige Mahlzeiten gibt's nicht immer. Der Übernachtungspreis liegt zwischen 130 und 300 SEK pro Nacht und Bett, gegen eine Gebühr kann man Bettwäsche leihen. Nichtmitglieder von STF und SVIF (s. u.) bezahlen bis zu 100 SEK mehr, auch besondere Häuser können in der Saison teurer sein.

Der schwedische Touristenverein **STF** ist stolz auf seine über hundertjährige Tradition, die ihm einige spannende Häuser beschert hat, beispielsweise die alte Lotsenstation von Sävö südlich von Stockholm. Da der Verband dem Internationalen Jugendherbergswerk HI angeschlossen ist, werden alle Mitgliedsausweise des HI anerkannt. **SVIF** betreibt etwa 160 Häuser in ganz Schweden. Eine Mitgliedschaft ist zur Übernachtung nicht notwendig.

- **Svenska Turistförenigen (STF),** Touristenverein, www.svenskaturistforeningen.se.
- **Sveriges Vandrarhem i förening (SVIF),** Jugendherbergsvereinigung, www.svif.se.

Hat man einen internationalen **Jugendherbergsausweis** aus dem Heimatland, schläft man in den Jugendherbergen, die dem Internationalen Jugendherbergswerk HI (www.hihostels.com) angeschlossen sind, zum günstigeren Tarif, sonst muss man eine Tagesmitgliedschaft erwerben. Eine Jahresmitgliedschaft bei den Jugendherbergsverbänden daheim kostet 12–20 € in Deutschland (www.jugendherberge.de), 10–20 € in Österreich (www.oejhv.or.at) und 22–55 SFr in der Schweiz (www.youthhostel.ch). Tipp: Kann man auch als Familie beantragen.

sd13-116 fph

Vergünstigungen kann man in Skandinavien auch in vielen Restaurants, Geschäften, Museen, Unterkünften, Tourveranstaltern etc. z. B. mit der **ISIC-Mitgliedskarte** erhalten. Diese Karte, die man als Schüler (IYTC), Student (ISIC) oder Lehrer (ITIC) erwerben kann, muss man ebenfalls schon zu Hause besorgen. Zum Kauf (12 € in Deutschland, 10 € in Österreich, 24 SFr in der Schweiz) geht man zum AStA, in ein Reisebüro oder zum Studentenwerk und muss Immatrikulationsbescheinigung bzw. Schüler- oder Lehrerausweis, Personalausweis und Passbild vorlegen. Den nächsten Verkaufspunkt findet man auf der Website www.isic.de. Hier kann man auch die konkreten Vergünstigungen im Zielgebiet nachsehen.

Hütten

Die einfachsten Hütten stehen auf den Campingplätzen und sind mit Schlaf- und Kochgelegenheiten ausgerüstet. Ansonsten verteilt sich eine **riesige Anzahl** übers ganze Land. Es gibt dicke Verzeichnisse darüber, man bekommt sie über die schwedischen Reisebüros.

Viele derartige Ferienhütten sind auch **im Winter** zu mieten, ich rate jedoch dringend, sich vorher über eventuelle Brennstoffzuschläge zu informieren, sonst kann die Endabrechnung eine böse Überraschung werden. Die **Wasserversorgung** bei Hüttenferien im Winter ist mitunter mit Arbeit verbunden, es kann passieren, dass man in der Hütte nur einen Eisbohrer findet. Mit selbigem stiefelt man dann zum nächsten See und arbeitet sich durch die Eisdecke, um an das Kaffeewasser zu kommen. **Strom** gibt's auch nicht in jeder Hütte; wer sich mit den Petroleum vergasenden Lampen auskennt, hat aber kein Problem mit dem „rechten Licht", denn Petromaxlampen gibt's fast immer.

Man braucht die Hütten nicht unbedingt schon in Deutschland zu **buchen,** meist ist auch über die örtlichen Touristeninfos so ein Dach über dem Kopf zu bekommen, allerdings zur Hauptsaison sowie über Feiertage kann man da Pech haben.

Hotels und Privatunterkünfte

Einfache Hotels heißen in Schweden **Värdshuset** und **Gården,** eine Gaststätte mit Übernachtungsmöglichkeit **Gästgivaregård;** die Preise liegen im Durchschnitt höher als bei uns. Im Buch sind die Hotels mit Ziffern versehen (s. u.). Sie bezeichnen die Preise eines Doppelzimmers im Sommer an den Tagen Montag bis Freitag. Einzelreisende zahlen meist 25% weniger, bekommen dafür aber oft nur minderwertige Zimmer.

Preisklassen in diesem Buch

- ① bis 300 SEK
- ② bis 700 SEK
- ③ bis 1000 SEK
- ④ bis 1300 SEK
- ⑤ ab 1300 SEK

Die Hotels sind in kleinen Orten oft die größten Betriebe – und damit **Anlaufstellen für Auskünfte und Rat,** für Geldwechsel und Telefonate, um nach dem Weg zu fragen, Ski auszuleihen oder Angelscheine zu kaufen. Oft befinden sich auch die Touristeninformationen in Hotels, bzw. man bekommt dort Prospektmaterial und Veranstaltungskalender.

Oft sind Hotels in einfachen **Zweckbauten** untergebracht, was aber nicht bedeutet, dass die Zimmer minderwertig sind; umgekehrt ist nicht jedes Zimmer in einer historischen Villa im Topzustand. Hotelzimmer sind in der Regel Nichtraucherzimmer.

Wer sich von Hotel zu Hotel fortbewegen will, kann **Hotelschecks** benutzen, die man in deutschen Reisebüros erhält. Die erste Buchung erfolgt noch von Deutschland aus, danach von Hotel zu Hotel. Die Kosten liegen zwischen 75 und 100 € pro Scheck für zwei Personen. Bei Vorbuchungen über 24 Stunden hinaus gibt es einen Extrascheck. Übrig gebliebene können nach der Reise zurückgegeben werden.

Wer **privat wohnen** möchte, achte im Land auf die Schilder mit der Aufschrift „Rum“. Oder man bemüht übers Netz die einschlägigen Portale wie etwa www.bedandbreakfastinsweden.com oder www.bedandbreakfast.eu/privatzimmer/schweden/land. Bei Voranmeldung kostet ein Doppelzimmer mit Gemeinschaftsbad dann ab 85 €.

Auch für die Vielzahl an **Ferienwohnungen** empfehle ich, sich die Kataloge der entsprechenden Vermieter zu besorgen, etwa unter www.novasol.de oder www.ferienhaus.se.

Verkehrsmittel im Land

Busse

Das Busnetz ist engmaschig, und auf der Fahrt sieht man viel vom Land. Die Firma Eurolines fährt 1500 Haltestellen in Schweden an, sie ist aber nicht die einzige Buslinie. Private Firmen im Gemeindedienst sowie die schwedische Staatsbahn unterhalten ebenfalls Buslinien.

Anbieter

- **Eurolines:** Ö-Larmgata 15–21, S-41104 Göteborg, www.touring.de.
- **Nobina (Swebus):** Box 502, S-92100 Lycksele. www.swebus.se, www.nobina.com.
- **Linjebuss (Veolia):** Torsgatan 8, S-11423 Stockholm (die Busse gibt's überall), www.linjebuss.com.

Bahn

Das schwedische Schienennetz wird von einigen großen Bahngesellschaften betrieben: SJ, Tågkompaniet, Arlanda Express, Øresundståg, DSB First, Veolia Transport und in Mittelschweden Inlandsbanan. Wer im Zug durch Schweden reist, muss vor dem Einstieg im Besitz eines gültigen Tickets sein. Die SJ verkauft keine Tickets mehr an Bord. **Tickets** gibt's im Internet, am Automaten, am Schalter oder über das Mobiltelefon. Wer ohne gültiges Ticket fährt, muss bis zu 1900 SEK Strafe entrichten. Alle Züge in Schweden sind Nichtraucherzüge.

Bahnlinien

■ **Around the Sound:** Dieses Ticket ist zwei Tage gültig und kostet 249 SEK (www.skanetrafiken.se). Es gilt in ganz Skåne für Pågatåg, Öresundståg, Regional- und Citybusse, bei beliebigen Fahrtunterbrechungen. Allerdings ist eine Bedingung daran geknüpft: Man muss die Öresundbrücke in die eine Richtung benutzen und die Scandlines-Fähre Helsingör – Helsingborg in die andere.

Flug

In Schweden und ganz Skandinavien setzt man vielfach **Propellermaschinen** ein. Sie haben den Vorteil, auch bei schlechtem Wetter und auf kurzen Pisten starten und landen zu können. Informationen erhält man bei den Büros der Fluggesellschaften oder am besten in den jeweiligen Flughäfen. Das Fliegen innerhalb Schwedens ist sehr **preiswert,** und man nimmt sogar Fahrräder mit.

Die SAS unterhält eine Tochtergesellschaft mit Namen Linjeflyg, mit der man innerschwedisch günstig reisen kann.

Taxis

Offizielle Taxis haben **gelbe Nummernschilder.** In Schweden gibt es keine festen Tarife; man sollte sich daher zuerst den Preis nennen lassen. In den großen Städten kostet eine Fahrt von 10 km etwa 300 SEK. Flughafentaxis haben einen Festpreis. An einigen Flughäfen kann man beim Busfahrer ein Flughafentaxi für die Weiterfahrt ab der Endhaltestelle des Busses bestellen, man bezahlt dafür dann schon im Bus. Radio Schweden berichtete jüngst von Übergriffen von Taxifahrern auf Fahrgäste, man sollte also vor allem nachts wachsam sein.

Flakmoppe & Co.

Dieses **Transportmoped** hat drei Räder, vorne eine Ladefläche, fast einen Quadratmeter groß, der Zweitakter-Ilo-Motor leistet stattliche 0,8 PS. Das Flakmoped gibt es seit 1953, und in Årjäng wird es immer noch gebaut. Es ist auf den Inseln ohne Autoverkehr von jeher bevorzugtes Transportmittel, zudem schraubt jeder sich sein Flak nach eigenen Bedürfnissen um, Jugendliche probieren ihre Fahrkünste darin aus. Kurz: Es ist ein Stück dreirädrige Anarchie. In dem Film „Populärmusik aus Vittula“ sieht man *Matti* und *Niila* mit dem Flak durch die Einöde Lapplands brettern. Die Post ist heute noch einer der größten Abnehmer. Seit einiger Zeit werden auch Modelle mit Elektromotor verkauft.

Im Winter ist das Flakmoppe eher ungeeignet, dafür ist aber der **Tretschlitten Spark** weit verbreitet, mit dem nicht nur Oma den Einkauf heimbringt. Es ist ein Gefährt, das an einen Stuhl auf Skiern mit einem Griff an der Lehne erinnert. Man steht hinten auf den Kufen und stößt sich wie bei einem Tretroller ab.

In abgelegenen Gebieten wird der **Motorschlitten** benutzt, der auf öffentlichen Straßen aber nicht bewegt werden darf.

Versicherungen

Zunächst: Für alle abgeschlossenen Versicherungen sollte man die **Notfallnummern notieren** und mit der Policenummer gut aufheben! Bei Eintreten eines Notfalles sollte die Versicherungsgesellschaft sofort verständigt werden!

Der **Abschluss einer Jahresversicherung** ist in der Regel kostengünstiger als mehrere Einzelversicherungen. Günstiger ist auch die Versicherung als Familie statt als Einzelpersonen. Hier sollte man nur die Definition von „Familie“ genau prüfen.

Auslandskrankenversicherung

Die gesetzlichen Krankenkassen von Deutschland und Österreich garantieren eine Behandlung im akuten Krankheitsfall auch in Schweden, wenn die Versorgung nicht bis nach der Rückkehr warten kann. Als Anspruchsnachweis benö-

sd13-115 fph

tigt man die **Europäische Krankenversicherungskarte,** die man von seiner Krankenkasse erhält.

Im Krankheitsfall besteht ein Anspruch auf ambulante oder stationäre Behandlung bei jedem zugelassenen Arzt und in staatlichen Krankenhäusern. Da jedoch die Leistungen nach den gesetzlichen Vorschriften im Ausland abgerechnet werden, kann man auch gebeten werden, zunächst die Kosten der Behandlung selbst zu tragen. Obwohl bestimmte Beträge von der Krankenkasse hinterher erstattet werden, kann ein Teil der finanziellen Belastung beim Patienten bleiben und zu Kosten in kaum vorhersagbarem Umfang führen.

Es war einmal … (gesehen auf Fårö)

Schärenidylle

Deshalb wird eine private Auslandskrankenversicherung dringend empfohlen. Bei **Abschluss der Versicherung** – die es mit bis zu einem Jahr Gültigkeit gibt – sollte auf einige Punkte geachtet werden. Zunächst sollte ein Vollschutz ohne Summenbeschränkung bestehen, im Falle einer schweren Krankheit oder eines Unfalls sollte auch der Rücktransport übernommen werden, denn der Krankenrücktransport wird von den gesetzlichen Krankenkassen nicht übernommen. Diese Zusatzversicherung bietet sich auch über einen Automobilclub an, insbesondere wenn man bereits Mitglied ist. Diese Versicherung bietet den Vorteil billiger Rückholleistungen (Helikopter, Flugzeug) in extremen Notfällen. Wichtig ist auch, dass im Krankheitsfall der Versicherungsschutz über die vorher festgelegte Zeit hinaus automatisch verlängert wird, wenn die Rückreise nicht möglich ist.

Schweizer sollten bei ihrer Krankenversicherungsgesellschaft nachfragen, ob die Auslandsdeckung auch für die Zielregion inbegriffen ist. Ist dies nicht der Fall, kann man sich kostenlos bei Soliswiss (www.soliswiss.ch) über mögliche Krankenversicherer informieren.

Zur **Erstattung der Kosten** benötigt man ausführliche Quittungen (mit Datum, Namen, Bericht über Art und Umfang der Behandlung, Kosten der Behandlung und Medikamente).

Sonstige Versicherungen

Ist man mit einem Fahrzeug unterwegs, ist der **Europaschutzbrief** eines Automobilclubs eine Überlegung wert. Wird man erst in der Notsituation in Schweden Mitglied, gilt diese Mitgliedschaft auch nur für dieses Land, und man ist in der Regel verpflichtet, fast einen Jahresbeitrag zu zahlen, obwohl die Mitgliedschaft nur für einen Monat gültig ist.

Ob es sich lohnt, **weitere Versicherungen** abzuschließen wie eine Reiserücktritts-, Reisegepäck-, Reisehaftpflicht- oder Reiseunfallversicherung, ist individuell abzuklären. Gerade diese Versicherungen enthalten viele Ausschlussklauseln, sodass sie nicht immer Sinn machen. Die Reiserücktrittsversicherung für 35–80 € lohnt sich nur für teure Reisen und für den Fall, dass man vor der Abreise einen schweren Unfall hat, schwer erkrankt, schwanger wird, gekündigt wird oder nach Arbeitslosigkeit einen neuen Arbeitsplatz bekommt, die Wohnung abgebrannt ist u.Ä. Nicht gelten hingegen: Terroranschlag, Streik, Naturkatastrophe etc.

sd13-113 fph

050fotolia

20 Land und Leute

Karge Schäreninseln kennzeichnen die Ostküste

Geografie

Schweden ist mit **449.696 km²** Fläche das größte Land Skandinaviens. Es erstreckt sich von Smygehuk im Süden bis zum Dreiländereck im Norden.

In **Skåne** liegt der tiefste Punkt des Landes mit 2,40 Meter unter dem Meeresspiegel, der höchste Punkt Schwedens ist der Nordgipfel der **Kebnekaise** mit 2123 Metern, allerdings hat er eine Spitze aus Eis, der Gesteinssockel misst 2060 Meter.

Über ganz Schweden sind **Moränen** verstreut, die als Ergebnis der Gletscherbewegungen in der Eiszeit entstanden sind. Große Teile des Landes bestehen aus **Gneis und Granit.** In Teilen von Südschweden und auf den Inseln Öland und Gotland findet man stellenweise Schichten aus dem Silur. 57% der Landesfläche sind von **Wald** bedeckt. In Südschweden mussten die Laubwälder dem Ackerbau weichen, oder sie wurden wegen des schnelleren Wachstums durch Nadelwälder ersetzt.

Gestein

Viele von Schwedens Gesteinen sind bei Steinmetzen aus ganz Europa in deren Werkstätten gelandet. Im Landesinneren, in der Gneisregion von Skåne, wo zwei Erdplatten aufeinander stießen und dabei Magma aus dem Erdinneren einschlossen, findet man schwarze Ganggesteine. In den Küstenregionen herrscht **Granit** vor, der sich bei vielen Baumeistern vergangener Jahrhunderte großer Beliebtheit erfreute. In Småland gibt es noch Vorkommen von rötlichen **Porphyren,** die relativ weich sind.

Vånevik-Granit ist ein roter Stein von der Ostküste, der mittelkörnige Granit enthält oft blaue Quarzadern.

Goten Röd ist ein grobkörniger dunkelroter Granit mit 30% Quarz. Er wurde zu Beginn des 20. Jh. in großen Mengen nach Deutschland exportiert, wo man ihn z.B. an der Fassade der Transaktionsbank Trinkaus in Düsseldorf sehen kann. Gebrochen wird er an der Ostküste bei Askaremåla und Götebo.

Quimbra Röd oder **Mahogany** ist ein Granittyp mit einer eher ruhigen Färbung. 200 Kubikmeter werden jährlich bei Flivik bei Emmaboda abgebaut und meist für Gebäude verwendet, in Deutschland hauptsächlich für Küchenarbeitsplatten.

Diabas, auch Schwarz-Schwedisch genannt, ist einer der dunkelsten und härtesten Natursteine der Welt. Er trotzt dem Frost und schimmert im Sonnenlicht metallisch. Sehen kann man ihn z.B. vor der U-Bahn-Station Vreten in Stockholm, wo ein schwarzer Kubus des japanischen Künstlers *Takashi Naraha* steht. Die Station liegt auf der blauen Linie zwischen Huvudsta und Sundbybergs centrum.

Schären und Holme

Eine **Schäre,** schwedisch **Skär,** ist eine kleine (Fels-)Insel, die in den Eiszeiten entstand, als das Inlandeis die darunterliegenden Gesteine abschliff. Nach der Schmelze ragten dann nur noch die rund geschliffenen flachen Schären aus dem Wasser der Ostsee oder aus dem Mälarsee heraus. Meist sind es ganze

Gruppen, im Schwedischen **Skärgård** (Schärenhof), auf Deutsch Schärengarten genannt, die vor der Küste liegen.

Ein **Holm** ist eine ähnlich entstandene, meist größere Insel, deren Gesteinsoberfläche verwittert ist. Dadurch konnte sich eine Erdkrume entwickeln, die zu größerem Bewuchs führte.

Klima

Siehe zu diesem Abschnitt auch das Kapitel „Reisezeit".

Der Golfstrom und die Westwinde sind verantwortlich für das **milde Klima** in Südschweden. Auf Breitengraden, wo es sonst nur Schnee und Eis gibt, können hier noch Getreide und Kartoffeln angebaut werden, sogar bestimmte Weinreben sind kultiviert worden. Im Sommer liegen die Durchschnittstemperaturen bei 16 bis 18° C, im Winter (Januar) sind es durchschnittlich 0 bis -2° C. Normalerweise fallen 600 bis 1000 mm pro m^2 Niederschlag im Jahr, ein ähnlicher Wert wie in Deutschland. Im Sommer herrschen oft längere Trockenperioden vor, wenn sich Hochdruckgebiete über dem südlichen Landesteil festsetzen und Tiefdruckzonen abhalten. Die Höhenzüge im Westen bieten Schutz vor feuchten atlantischen Winden.

Im **Winter** bleibt die Westküste meist eisfrei, während die Ostsee in der Stockholmer Gegend zufrieren kann. Mittelschweden verzeichnet ausgesprochen kalte Winter. Schnee fällt regelmäßig, einzig die Gegend um Malmö kann schneefrei bleiben.

Anders Celsius und die Temperatur

Der schwedische **Astronom** *Anders Celsius* wurde am 27.11.1701 in Uppsala geboren, wo er am 25.4.1744 auch starb. Er gründete das Observatorium der Universität Uppsala, jedoch war er nicht nur Astronom. 1736/37 nahm er an einer Lappland-Expedition des französischen Forschers *Mauperius* teil, auf der er die Abplattung der Pole bewies. Berühmt ist er jedoch durch die gleichnamige **Thermometerskala** geworden. *Celsius* teilte einfach die Temperaturspanne zwischen dem Gefrieren und Sieden des Wassers in 100 Teile, entsprechend 100 Grad. Seine Idee dahinter war, das man diese Skala überall auf der Welt reproduzieren konnte. Allerdings bestimmte Celsius 0 Grad zunächst zum Siedepunkt und 100 Grad als Gefrierpunkt. Das war 1742. Kurze Zeit später drehte er auf Anraten eines Freundes aus Studientagen, dem schwedischen Botaniker *Carl von Linné,* seine Skala um, und es entstand die bis heute bekannte Einteilung. Damit hatte er eine bessere Lösung gefunden als **Gabriel Daniel Fahrenheit,** dessen Nullpunkt die kälteste Nacht des Jahres 1714 in Danzig war (-17,8° C), ein Wert, den er später korrigieren musste, da er in London noch kältere Winter erlebte. Das Originalthermometer von *Celsius* kann heute im Museum der Universität Uppsala, dem Gustavianum, besichtigt werden.

Flora

Ursprünglich wuchsen im Süden artenreiche Mischwälder, doch über die Jahrhunderte waren viele Bäume den Bauern im Weg oder wurden zu Holz verarbeitet. Danach kamen nur noch schnell wachsende **Nadelwälder.** In den Wäldern wachsen Pfifferlinge sowie Himbeeren, Waldbeeren, Blaubeeren, Preiselbeeren und schwarze Krähenbeeren.

Auf den kalkreichen Böden der Inseln Gotland und Öland findet man, bedingt durch das Klima und die geologischen Voraussetzungen, eine beeindruckende und vielfältige Flora vor. Hier gibt es unter anderem Pflanzen, die sonst nur im Balkanraum vorkommen, der Alvar-Beifuss etwa und die gemeine Kugelblume. Außerdem gedeihen hier zahlreiche **Orchideenarten.** In manchen Vorgärten steht **Lein;** aus dem blau blühenden Strauch gewann man früher Flachs, heute wird er zur Zierde gepflanzt.

sd13-002 fph

In Naturschutzgebieten im nördlichen Teil Südschwedens begegnet uns der **Rote Steinbrech.** Er gehört zur Familie der Steinbrechgewächse und ist als Heilpflanze bekannt. Er hat kleine blau-grüne Blätter. Die Blüten können weinrot bis blau-violett sein. Die Pflanze wird gegen Rheumatismus, Durchfall, Fieber, Grippe und Kopfschmerzen angewandt.

Die **Trollblume** *(Trollius europaeus)* blüht im Mai auf feuchten Wiesen und gehört zur Familie der Hahnenfußgewächse. Die gelben, kugeligen Blüten am Ende des Stengels erreichen einen Durchmesser von 3 cm. Durch das Alkaloid Magnoflorin ist sie schwach giftig und verursacht ein Brennen der Mundschleimhäute, Magen-Darm-Beschwerden, Kreislaufbeschwerden und Fieber. Die Trollblume ist geschützt. Man findet sie auf kalkhaltigen oder feuchten Böden, z.B. auf der Insel Öland.

Engelwurz *(Angelica archangelica):* Diese aromatisch duftende Pflanze gibt es in Europa, Sibirien und Grönland. Sie hat 20 cm große Dolden. Früher wurde der Engelwurz im Frühling geerntet, er soll ähnlich wie Spargel schmecken. Auch als Tabakersatz kann es dienen.

Nordischer Eisenhut: Er gilt als giftigste Pflanze Europas. Er ist 1 bis 2 Meter hoch und hat violette Blüten in dichten Trauben. Das giftige Alkaloid Aconitin ist in allen Pflanzenteilen enthalten, am stärksten in der Wurzel, wenige Gramm sind tödlich. Das Gift wird auch über die Haut aufgenommen. Die Pflanze ist streng geschützt.

Seit ein paar Jahren ist in Schweden ein unaufhaltsames **Ulmensterben** zu beobachten, es bedroht auch andere Tier- und Pflanzenarten. Verantwortlich ist der Ulmensplintkäfer, der Schlauchpilze verbreitet, die in den vergangenen zehn Jahren mehrere tausend Ulmen niedergemacht haben. Ulmen sind mittlerweile vom Aussterben bedroht.

‹ Granit, das vorherrschende Gestein an der Küste

Der größte Hirsch der Erde

Der **Elch,** schwedisch **Älg,** ist der größte Hirsch der Welt. Er kommt in der ganzen nördlichen Hemisphäre vor. Elche können bis zu einer halben Tonne wiegen und werden an der Schulter bis zu zwei Meter hoch. Ein ausgewachsenes Tier vertilgt im Sommer 50 Kilo Eichen- und Birkensprosse pro Tag, im Winter sind es mit sechs Kilo Kiefernsprosse deutlich weniger. Das verursacht einen ziemlichen Schaden. In der Jagdsaison im Herbst wird bis zu ein Viertel des Elchbestands erlegt.

Elche sind **Einzelgänger,** die sich nur zur Paarungszeit zu kleinen Verbänden zusammenschließen, sonst aber alleine umherstreifen. Im Winter, wenn die Nahrung knapp ist, treten sie in kleineren Rudeln auf.

Wie bei allen Hirschen, abgesehen vom Rentier, besitzt nur das Männchen ein **Geweih.** Die gigantischen Geweihe sind begehrte Trophäen. Das Männchen wirft seine Schaufeln im Dezember ab. Im April/Mai wachsen dann neue, die bis zum August ausgewachsen sind. Einjährige Tiere haben lediglich 15 bis 20 cm lange Spieße, im zweiten Jahr wachsen dann Gabeln. Erst im fünften Jahr bilden sich kleine Schaufeln aus. Wirklich kapitale Geweihe haben Elche im Alter von 10 bis 15 Jahren. Maximal erreichen Elche ein Alter von 20 Jahren.

Im September ist **Brunftzeit,** während der sich die Männchen Kämpfe liefern, die allerdings selten mit Verletzungen enden. Das Weibchen wirft nach neuen Monaten in der Regel Zwillinge, die etwa zwei Jahre bei der Mutter bleiben.

Der Elch hat sich in den letzten Jahren so stark vermehrt, dass man die **Abschusszahlen** erhöht hat. Das liegt nicht zuletzt daran, dass die natürlichen Feinde wie Wolf, Bär und Vielfraß arg dezimiert wurden.

Im **Jagdmuseum Hunneberg** bei Vänersborg (siehe dort) kann man das Leben der Elche studieren.

049fotolia

Beeren

Die **Heidelbeere** *(Vaccinium myrtillus)*, auch Blaubeere genannt, wächst im Norden reichlich, und ihre Früchte werden größer als bei uns. Zu finden ist sie auf den Böden von Kiefernwäldern. Leider tritt sie immer im Zusammenhang mit elenden Mückenschwärmen auf! Die Beeren selbst sind innen blau, im Gegensatz zu den säuerlich schmeckenden Früchten der **Sumpfheidelbeere** *(Vaccinium uliginosum)*, die zwar äußerlich ähnlich aussehen, aber innen weiß sind.

Preiselbeere *(Vaccinium vitisidaea)*: Die kleine, rote Beere wächst auch in Kiefernwäldern. Der niedrige Strauch hat immergrüne, behaarte Blätter. Er ist ein Heidegewächs. Die Früchte schmecken roh ziemlich herb, normalerweise verzehrt man sie gekocht. Frische Beeren, zu Mus verarbeitet, halten sich bis zum nächsten Sommer.

Die **Moosbeere** *(Vaccinium oxycoccus)* ist eine Sumpfbeere. In Geschmack und Verwendungsmöglichkeiten ähnelt sie der Preiselbeere.

Moltebeere *(Rubus chamaemorus)*: Diese wohlschmeckenden Beeren sind eine Spezialität Lapplands, im Süden sieht man sie meist nur als Konfitüre. Sie wachsen nur wild in sumpfigen Gebieten, werden bis zu 30 cm hoch und haben weiße Blüten. Um ihrer habhaft zu werden, muss man schon nasse Füße riskieren. Sie besitzen Brombeerform, allerdings mit weniger „Kügelchen". Zuerst sind sie grünlich-dunkel, mit zunehmender Reife werden sie rot und zum Schluss hellgelb. Es ist also genau umgekehrt als üblich, nicht die roten, sondern die gelben Früchte sind reif.

◁ Steht für Schweden wie kein anderes Tier: der Elch

Fauna

Etwa 300.000 **Elche** sind in ganz Schweden anzutreffen. Sie haben keine natürlichen Feinde mehr und vermehren sich entsprechend, weswegen man jedes Jahr Tausende Tiere erlegt, um den Bestand konstant zu halten. 4000 kommen jährlich bei Unfällen um. Weitere Informationen im Exkurs auf der linken Seite.

Der **Rothirsch** *(Icervus elaphus)* ist nur im Süden verbreitet. Er kommt vor allem in Götaland vor, wo man die Tiere ausgesetzt hatte.

Etwa 70.000 **Rehe** *(Capreolus capreolus)* gibt es in Schweden, sie werden im Süden auch in bebauten Gebieten beobachtet, wo sie ziemliche Schäden in den Gärten anrichten können.

Das **Wildschwein** *(Sus scrofa)* ist im südlichen Schweden inzwischen wieder stark verbreitet, obwohl der Bestand im 18. Jh. fast vollständig ausgerottet, sprich aufgegessen worden war. Inzwischen hat die Population derart zugenommen, dass jährlich rund 25.000 Wildschweine erlegt werden. Die Tiere sind scheu und werden selten bei Tageslicht gesehen, ihre Gefährlichkeit wird oft übertrieben.

Braunbären, Wölfe, Luchse und der **Vielfraß** waren fast ausgerottet und sind dank strenger Schutzbestimmungen wieder auf dem Vormarsch, Bären und Wölfe sind in Südschweden nur in Zoos beheimatet.

An Flüssen leben viele aus Pelztierfarmen entkommene **Nerze.** Die nachtaktiven Tiere sind eine regelrechte Landplage geworden. Auch amerikanische Minkotter und europäische Sumpfotter kommen in Schweden vor.

Biber *(Castor fiber)* sind in Dalsland und Värmland anzutreffen. Das Nagetier mit dem abgeflachten Schwanz bevorzugt langsam fließende oder stehende Gewässer mit reichem Birkenbewuchs. Kanufahrer und Wanderer können die angeknabberten Birken sehen, den Nager selbst bekommt man jedoch kaum zu Gesicht.

Das **Gutefår,** das gotländische Hausschaf, ist die älteste schwedische Hausschafrasse. Es hat gewaltige gerippte Hörner. Das robuste **Gotlandfår,** das Gotlandschaf, hingegen hat kurze glatte Hörner. Die grauen Tiere werden auf Gotland und Öland gezüchtet.

Vögel

Die Artenvielfalt ist groß. Viele Zugvögel machen vor und nach der Reise über die Ostsee Station in Südschweden, deshalb zieht es Vogelfreunde an die Südostspitze des Landes, nach Öland und zur Insel Gotland. Es gibt natürlich auch ständige Bewohner. In der Nähe der Seen halten sich Kraniche auf, in den Wäldern jagen Steinadler und Wanderfalken. Auch den einen oder anderen Seeadler verschlägt es nach Südschweden. Unter den kleineren Vögeln kommen Seidenschwänze, Auerhühner, Kleiber und Blaumeisen häufig vor.

Der *Slaguggla,* zu deutsch **Habichtskauz** *(Strix uralensis),* herrscht über die weiten Wälder mit ihren offenen Flächen, die der Vogel zur Jagd auf Mäuse und Frösche nutzt.

Der **Weißrückenspecht** *(Dendrocopos leucotos)* ist mit einer Flügelspannweite von 40 cm ein recht großer Vertreter der Familie der Spechte. Er ist wegen der intensiven Forstwirtschaft selten geworden, die (morschen) Bäume, die er zum Nisten benötigt, werden gefällt, die Sümpfe trockengelegt.

Ölandgås heißt die kleine zahme Gans, die auf der gleichnamigen Insel lebt. Die Tiere wurden früh domestiziert und zur Bewachung der Höfe herangezogen. Morgens flogen sie zu den Wiesen oder auf das Alvaret-Plateau und abends wieder heim. Die Ölandgans ist vom Aussterben bedroht und wird im Kolmårdenzoo und in Nordens Ark wieder gezüchtet.

An Gotlands Westküste mit ihren steilen Klippen brüten jedes Jahr über 10.000 *Sillgrisslas,* zu deutsch **Trottellummen** *(Uria aalge).* Die Gewässer rund um Gotland gehören zu den nahrungsreichsten der Ostsee. So ist es nicht verwunderlich, dass sich gerade hier die größten Kolonien angesiedelt haben. Vor allem Heringe und Sprotten stehen auf dem Speiseplan der Vögel. Ihre Eier haben eine ungewöhnliche Form, sie laufen am schmaleren Ende spitz zu. Dadurch können sie nicht von der Klippe kullern, sondern kreiseln um die eigene Achse.

Ebenfalls auf Gotlands Felsen brütet zwischen den Lummen in tieferen Spalten der **Torkalk** *(Alca torda torda).* Die Vögel stecken so eng zusammen, dass kein Feind dazwischen kommt.

Immer wieder kreisen **Silbermöwen** an den Felswänden entlang, um den Lummen die Eier zu entwenden oder anderen Vögeln ihre Fischbeute streitig zu machen.

Unter den Zugvögeln sticht der *Trana,* der graue **Kranich** *(Grus grus),* mit seiner beeindruckenden Flügelspannweite von bis zu 2,40 Metern hervor. Er besiedelt im Sommer die Seen und Feuchtgebiete Schwedens. Jedes Jahr Anfang März fliegen Zehntausende Kraniche von Spanien und Südfrankreich zu ihren Brutgebieten in Mittel- und Nordskandinavien. Nach ihrem Nonstopflug über die Ostsee rasten sie am Hornborgasjön bei der Ortschaft Skara in Västergötland ein bis zwei Wochen, um sich zu erholen. Ein weiterer Rastplatz ist der Tåkern bei Vadstena. Vor dem Aufbruch in die südlichen Winterquartiere sammeln sich die Vögel ab Ende August/Anfang September wieder am Hornborgasjön und starten dann Mitte Oktober in den Süden Europas.

Mücken

Mücken können eine **Plage** sein. Gestochen wird man nur von weiblichen Tieren, es ist nur so schwierig herauszubekommen, ob es sich jeweils um Herrn oder Frau Mücke handelt. Dass die Biester mit der Dämmerung verschwinden, wie die Lehrbücher berichten, ist keineswegs gesichert … Weil die kleinen Blutsauger Windstille bevorzugen, wird man an der Küste nicht so sehr gepeinigt wie im Landesinneren. Und da ihnen Kälte zu schaffen macht, treten sie im Frühjahr und Herbst seltener auf.

Die erste **Schutzmöglichkeit** bietet die Kleidung. Sie sollte zur besseren Wärmereflektion hell sein, aber darauf kommen wir gleich zurück. Geschlossene Schuhe und Strümpfe sind gut, da die Tiere bloße Füße lieben. Die Kleidung sollte nicht eng anliegen, denn die Stacheln der Mücken dringen auch durch Jeansstoff und sind lang genug, um dann noch in die Haut zu kommen. Jeansblau lieben sie, denn die Mücken erkennen ihre Opfer an erhöhter Kohlendioxidkonzentration, Wärmeanstieg und Luftfeuchtigkeit – und dunkle Farben strahlen mehr Wärme ab als helle. Eine weitere Schutzmöglichkeit bietet die Chemie. Bei den meisten Menschen hilft Autan zum Einreiben oder Einsprühen, ebenso das schwedische US 622 oder Anti Brumm. All diese Mittel sind Kontaktstoffe, d.h.: Wenn die Mücken auf der eingeriebenen Haut landen, verbrennen sie sich die Füße und flüchten. Daher ist es falsch, sich einzureiben und danach ein Hemd überzuziehen, denn der Stoff lädt ja wieder zur Landung ein. Haben die Biester doch noch zugestochen, hilft Hydrocortisonsalbe (Soventol, Fenistil), die den Juckreiz abklingen lässt. Es wirkt auch gewöhnlicher Salmiakgeist, der den Juckreiz ebenfalls lindert.

Nationalparks

Schweden richtete **1909** als erstes Land in Europa Nationalparks ein. In den Gebieten von Abisko, Sarek und Pieljekaise sollte vor allen Dingen die empfindliche Gebirgsflora des Nordens erhalten werden. Mittlerweile sind im ganzen Land 29 Nationalparks entstanden, im Süden liegen 14 davon (s.u.).

In den Parks sollen die ursprünglichen Landschaften mit ihrer jeweils ty-

pischen Flora und Fauna erhalten und gleichzeitig jedermann zugänglich gemacht werden – ein Spagat, der nicht immer gelingt, denn viele Parks sind im Sommer in ökologisch bedenklichem Maße überlaufen. Es gibt in den Nationalparks so gut wie keine Straßen und Hotels. Die Besucher haben folgende **Verhaltensregeln** zu beachten:

Gestattet ist:

- Verwendung abgefallener Zweige für ein Lagerfeuer, wenn nicht gerade behördliches Verbot gegen Feuermachen besteht
- Beerensammeln und Pilzepflücken zum unverzüglichen Genuss

Verboten ist:

- Schädigung von Naturgegenständen oder Bodenfläche
- Schädigung wachsender oder toter Bäume
- Töten oder Jagen von Tieren
- Raub von Eiern oder Nestern
- Benutzung von Motorfahrzeugen oder Motorbooten

Nationalparks in Südschweden

- **Ängsö,** die Insel an der Schärenküste vor Norrtälje mit vielen Blumenarten.
- **Tresticklan,** die eiszeitliche Rinne im Westen ist über die Grenze mit dem Park Lundsneset in Norwegen verbunden; Luchs und Auerhahn sind hier anzutreffen.
- **Kosterhavet,** der erste Meeresnationalpark vor der Nordwestküste.
- **Garphyttan,** die alte Kulturlandschaft westlich von Örebro bei Vintrosa.
- **Tivden,** in den kleinen Seen nördlich von Karlsborg leben Seerosen und Biber.
- **Store Mosse,** das große Moor mit seiner Heidelandschaft bei Värnamo weist eine reiche Vogelwelt auf.
- **Durjö,** auf der Insel im Vänersee leben Hirsche, Falken und Austernfischer.
- **Tyresta,** teilweise verbranntes, von Flechten bewachsenes Felsengebiet südlich von Stockholm, wo man Spechte sehen kann.
- **Norra Kvill,** der Tannenurwald bei Vimmerby mit der ältesten Eiche Schwedens und einem 230 Meter hohen Hügel.
- **Gotska Sandön,** 8 km lange Düneninsel nördlich der Insel Gotland.

- **Blå Jungfru,** die Insel zwischen Öland und dem Festland ist eine Granitklippe.
- **Söderåsen,** eine buchenbestandene Hochebene mit tiefen Tälern bei Klippan.
- **Dalby Söderskog,** das Gebiet liegt östlich von Lund und umfasst einen artenreichen Laubwald.
- **Stenshuvud,** der Steinkopf an der Ostküste südlich von Kvik ist von Wald umgeben.
- Geplant ist zudem, den **Åsnensee** südlich von Växjö unter Schutz zu stellen.

Umweltschutz

Im europäischen Vergleich ist Schweden in punkto Nachhaltigkeit und Schutz der Umwelt ein **Vorreiter.** Schon 2006 verzeichnete Schweden den niedrigsten **CO_2-Ausstoß** aller EU-Nationen. Die

^ Im Süden Schwedens finden sich herrliche intakte Landschaften

Abkehr von fossilen Brennstoffen begann 1973 im Gefolge der ersten Ölkrise. Bis 2020 will Schweden unabhängig vom Erdöl sein, weswegen die – ihrerseits ökologisch und moralisch bedenkliche – Produktion von **Bioethanol** vorangetrieben wird, das aus Biomasse gewonnen wird. Schon heute gehören Bioethanol-Fahrzeuge zum schwedischen Straßenbild.

Im Gegensatz zu Deutschland setzt Schweden bei der Energieversorgung weiter auf **Atomkraft.** Derzeit sind zehn AKWs in Betrieb, die für ca. 40 % der Gesamtstromerzeugung sorgen. Die alten Anlagen sollen durch neue ersetzt werden.

Erneuerbare Energien werden zunehmend gefördert, ihr Anteil am Energiehaushalt Schwedens stieg in den letzten Jahren auf fast 25 %. Viele Hausheizungen wurden auf Geothermik oder Abwärme aus Müllverbrennungsanlagen umgestellt.

Das **Wasser** in den meisten Seen und Flüssen hat annähernd Trinkwasserqua-

sd13-129 fph

lität, auch die Gewässer rund um Stockholm sind wieder so sauber, dass in ihnen geangelt werden kann.

Seit der Einführung des Dosenpfandes nehmen fast alle Bürger Schwedens die bereitgestellten Rückgabesysteme in Anspruch. **Müllvermeidung** im Alltag und Recycling sind gelebter Umweltschutz.

Umweltfreundlich ist auch der **öffentliche Nahverkehr,** der allerdings im ländlichen Raum weiter ausgebaut werden muss. Vielleicht steigen dann noch mehr Menschen um, denn ähnlich wie der Deutsche liebt der Schwede sein Auto, und nicht selten ist es ein Spritfresser. Wer ein „umweltverträgliches“ Fahrzeug fährt, zahlt weder Parkgebühr noch City-Maut, was allerdings uneinheitlich geregelt ist.

Nur am Fallensdag sprudeln die Wasserfälle

Geschichte und Politik

Vor 14.000 Jahren war das Gebiet des heutigen Schweden von einer dicken Eisschicht bedeckt. Mit dem Abschmelzen der Eisdecke kamen die ersten Menschen. Während der frühen **Eisenzeit** um 500 v. Chr. wurden die Einwohner im Land sesshaft, Ackerbau und Viehzucht bildeten die Grundlage von Wirtschaft und Gesellschaft. Die dokumentierte Geschichte beginnt zur Zeit der Völkerwanderung im 9. Jh.

Zu dieser Zeit traten auch die **Wikinger** in Erscheinung, die weite Teile Skandinaviens bewohnten und bis ins 11. Jh. in ganz Europa als Kaufleute, Räuber und Landnehmer auftraten. Sie besiedelten und kolonisierten den weiteren Nordseeraum und unternahmen Handels- und Erkundungsfahrten bzw. Plünderungszüge bis zum Mittelmeer und über das heutige Russland bzw. die Ukraine bis zum Schwarzen und Kaspischen Meer, wo sie Handelsbeziehungen mit Byzanz und den Arabern knüpften. In diesem Zusammenhang spielten sie sogar eine maßgebliche Rolle bei der Entstehung eines russischen Staatswesens. Herkunft und Bedeutung des Wortes „Wikinger" sind bis heute ungeklärt, vermutlich bedeutet es „Seefahrer", auch der Ort Vik im Oslofjord könnte der Ursprung sein. Erwiesen ist, dass die Wikinger auf ihren offenen Ruder-Segelbooten begnadete Seefahrer waren. Das in Oslo ausgestellte Osebergschiff brachte den Forschern wesentliche Erkenntnisse zur damaligen Technik. So geht zum Beispiel die Bezeichnung „Steuerbord" auf diese Boote zurück, die das Steuerruder immer rechts trugen. Um den unterschiedlichen Windbedingungen mit nur einem einzigen großen Rahsegel zu begegnen, war es in ein grobmaschiges Fischernetz gehüllt. Durch Leinen an den Knotenpunkten konnte man die Segelfläche beliebig verkleinern und der jeweiligen Wetterlage anpassen. Ihre Überlegenheit als Seefahrer erlaubte den Wikingern die Beherrschung der Handelswege in weiten Teilen Europas und die Gründung von Handelsstädten wie Birka im Mälarsee. Zeugnisse ihrer Kultur sind über ganz Schweden verteilt, vor allem Runensteine und Schiffssetzungen. Dass die Wikinger oft nur als kriegerisches und grausames Volk wahrgenommen wurden (und werden), hängt mit ihrer Beschreibung durch die damals im Norden Europas missionierenden katholischen Kirche zusammen.

Die **Christianisierung** Schwedens begann im 9. Jh. im Zuge der karolingischen Nordmission des Heiligen *Ansgar*. Parallel dazu verlief der Prozess der **Reichsbildung.** Im 13. Jh. war Schweden ein geeintes Königreich, zu dem auch Finnland gehörte (Svearike). Im 14. Jh. nahm der Handel vor allem mit den deutschen Städten zu, die sich unter der Führung der Stadt Lübeck zur **Hanse** zusammengeschlossen hatten. Bis Mitte des 16. Jh. beherrschte dieser Bund den Handel in Schweden, und im Zuge der lebhaften kaufmännischen Aktivitäten

> Feudalistisches Glanzstück: Schloss Rosersberg

wurden viele Städte gegründet. Die **Pest,** die Schweden 1350 erreicht hatte, führte allerdings zu einem langwierigen wirtschaftlichen Verfall und einem starken Bevölkerungsrückgang.

Die Kalmarer Union

1389 kamen Dänemark, Norwegen und Schweden durch Erbschaften und Heiraten unter die Herrschaft der dänischen Königin *Margarethe.* 1397 wurde die Kalmarer Union gegründet, in der die drei skandinavischen Länder denselben König anerkannten. Die Union (1397–1521) wurde jedoch durch interne Konflikte zerrissen, die 1520 schließlich im sogenannten **Stockholmer Blutbad** gipfelten, bei dem 80 schwedische Adlige auf Befehl des dänischen Unionskönigs *Christian II.* hingerichtet wurden. Dieses Ereignis führte zu einem Aufstand, der 1521 zur Absetzung *Christians II.* und zur Machtergreifung durch den schwedischen Adligen *Gustav Vasa* führte, der 1523 zum König von Schweden gewählt wurde.

Die Vasa-Zeit

Unter der Herrschaft von **König Gustav Vasa** wurden im 16. Jh. die **Grundlagen des schwedischen Nationalstaates** geschaffen. Die Katholische Kirche wurde enteignet und sukzessive der protestantische Glaube eingeführt. Die Macht konzentrierte sich auf den König, 1544 trat das Erbkönigtum in Kraft. *Gustav I.* vertrieb die Dänen und reformierte Gesellschaft und Staatswesen.

sd13-117 fph

Schweden als Großmacht

Seit der Auflösung der Kalmarer Union zielte die schwedische Außenpolitik darauf ab, die **Vorherrschaft über die Ostsee** zu erlangen, was nach 1560 zu wiederholten Kriegen mit Dänemark führte. Nachdem die Schweden 1630 auf Seiten der deutschen Protestanten mit großem Erfolg in den Dreißigjährigen Krieg eingegriffen hatten und *Gustav II. Adolf* einer der mächtigsten Herrscher in Europa geworden war, besiegte Schweden Dänemark in den beiden Kriegen von 1643–1645 und 1657/58. Neben Finnland gehörten eine Reihe von norddeutschen Gebieten sowie Estland und Teile des heutigen Lettland zu Schweden. Nach dem Westfälischen Frieden 1648 und dem Frieden von Roskilde mit Dänemark 1658 war Schweden in Nordeuropa eine Großmacht. Das Land gründete sogar eine kurzlebige Kolonie im heutigen Delaware in Nordamerika. Doch dem Agrarland fehlte es letztlich an den nötigen Ressourcen und Mitteln, um seine Position als Großmacht langfristig behaupten zu können.

Die Entwicklung bis ins 20. Jh.

Nach den Niederlagen im **Großen Nordischen Krieg** (1700–1721) gegen Dänemark, Polen und Russland verlor Schweden die meisten seiner Gebiete jenseits der Ostsee und wurde im Wesentlichen auf die Territorien des heutigen Schweden und Finnland reduziert. Während der **Napoleonischen Kriege** musste Schweden Finnland an Russland abtreten. Dem 1810 zum schwedischen Thronfolger gewählten französischen Marschall *Jean-Baptiste Bernadotte* gelang es aber, **Norwegen** zu erwerben, das 1814 gewaltsam in eine **Union** mit Schweden gezwungen wurde. Diese Union wurde nach vielen internen Konflikten 1905 friedlich aufgelöst.

Nach dem Tod des kriegerischen Königs *Carl XII.* 1718 und Schwedens Niederlagen im Großen Nordischen Krieg waren das schwedische Parlament *(Riksdag)* und der Reichsrat stark genug, eine **Verfassungsreform** durchzusetzen, die die Alleinherrschaft des Königs abschaffte und die Macht in die Hände des Reichstags legte.

Das Schweden des 18. Jh. war gekennzeichnet durch eine rapide **kulturelle Entwicklung,** die auch auf die engen Beziehungen zu Frankreich zurückzuführen war. Der **Überseehandel** wurde durch die Napoleonischen Kriege stark beeinträchtigt, was zu Beginn des 19. Jh. zu einer Wirtschaftskrise führte. Im späten 19. Jh. verdienten noch 90% der Bevölkerung ihren (kargen) Lebensunterhalt in der Landwirtschaft.

Eine Konsequenz der ökonomischen Misere war die **Auswanderung,** vor allem nach Nordamerika. Bis 1930 emigrierten ungefähr 1,5 Millionen Menschen, trotzdem stieg die Bevölkerungszahl von rund 3,5 Millionen im Jahr 1850 auf gut 6 Millionen 1930. Erst nach 1890 begann die Industrie zu wachsen, und Schwedens Aufstieg zu einem reichen Industrieland und Wohlfahrtsstaat nahm seinen Anfang.

Das 20. Jahrhundert

Im ausgehenden 19. Jh. kamen starke **Volksbewegungen** auf, z.B. die freikirchliche Bewegung, die Abstinenz- und Frauenbewegung, doch vor allem auch die Arbeiterbewegung, die mit der Industrialisierung erstarkte. Die ersten Sozialdemokraten traten 1917 in die Regierung ein. Das allgemeine **Wahlrecht** wurde für Männer 1909 und für Frauen 1921 eingeführt. Nachdem die Sozialdemokraten an die Regierung gekommen waren, wurde in den 1930er Jahren mit der Planung und Errichtung eines Wohlfahrtsstaats begonnen.

Während des Zweiten Weltkriegs bildeten die vier demokratischen Parteien Schwedens (ohne die Kommunisten) eine Koalitionsregierung. Diese wurde nach Kriegsende von einer sozialdemokratischen Alleinregierung unter *Per Albin Hansson* abgelöst. Unter Führung der **Sozialdemokraten,** aber in enger Abstimmung mit den anderen demokratischen Parteien, wurden in den 1940er und 1950er Jahren etliche Reformen verwirklicht, die das Fundament des schwedischen Wohlfahrtsstaats bildeten.

Gleichzeitig wurden Forderungen nach einer **Modernisierung der Verfassung** von 1809 laut. 1974 kam es zu einem neuen Grundgesetz, das Schweden als **Erbmonarchie mit parlamentarischer Regierungsform** definiert; alle Macht geht vom Volke aus, das in freier, gleicher und geheimer Wahl den Reichstag bestimmt.

Seit 1995 ist Schweden Mitglied der **Europäischen Union,** der Euro-Währungsgemeinschaft ist das Land (noch) nicht beigetreten. Zur Einführung des Euro gab es eine Volksabstimmung; die Schweden entschieden sich gegen die Einheitswährung.

Außenpolitisch verfolgt das Land, das seit über 200 (!) Jahren an keiner kriegerischen Auseinandersetzung beteiligt war, seit dem Ersten Weltkrieg eine Strategie der Allianzfreiheit bzw. Neutralität und gründet seine Sicherheit auf eine starke nationale Verteidigung. Schweden ist seit 1946 Mitglied der Vereinten Nationen und beteiligte sich an verschiedenen internationalen UN-Missionen zur Friedenssicherung.

Aktuell diskutiert man in Schweden den zunehmenden **Rechtsextremismus** und Antisemitismus. Eine Ursache ist die steigende (Jugend-)Arbeitslosigkeit im Land, auch infolge der Wirtschafts- und Finanzkrise in Europa. Hinzu kommt aber auch, dass Schweden im EU-Vergleich viel mehr Flüchtlinge aufnimmt als andere Staaten und sich zunehmend Integrations- und andere Probleme ergeben.

Staat und Verwaltung

Im 19. Jh. gab es 2500 **Städte- und Gemeindeverwaltungen,** heute sind es nur noch 290. Neben den direkt gewählten kommunalen Vertretungen gibt es noch die übergeordneten Landtage der **21 Bezirke bzw. Provinzen.** Die Gemeindeverwaltungen sind zuständig für die Regelung lokaler Belange. Zu unterscheiden ist zwischen den historischen bzw. regionalen Provinzen **(Landskap)** und den heutigen administrativen **(Län),** die nicht unbedingt deckungsgleich sein müssen, was zu Verwirrungen führen kann. Darüber hinaus ist Schweden in drei Landesteile gegliedert. Der südlichs-

te Teil heißt **Götaland,** der mittlere, mit Stockholm und dem Mälarsee sowie bis an Väner- und Vättersee heranreichend, **Svealand.** Die gesamte nördliche Hälfte des Landes wird als Landesteil **Norrland** zusammengefasst.

Monarchie, Regierung und Parlament

Das Königreich Schweden *(Konungariket Sverige)* ist eine **Erbmonarchie** mit parlamentarischer Regierungsform. Der **König** ist zwar Staatsoberhaupt, allerdings nur in repräsentativer Funktion und ohne exekutive Machtbefugnisse. Durch eine Änderung des Thronfolgegesetzes im Jahr 1980 wurde die Erbfolge auf weibliche Nachkommen erweitert. Prinzessin *Victoria* steht auf der Thronfolgerliste also vor ihrem jüngeren Bruder Prinz *Carl Philip.*

Einen König gibt es in Schweden seit dem 15. Jh.; hier nur eine kleine Ahnenreihe: *Gustaf II. Adolf* war ein Hauptakteur im Dreißigjährigen Krieg, *Christian II.* ließ im 16. Jh. unfolgsame Adelige enthaupten. Ende desselben Jahrhunderts regierte König *Johan III.* mit seiner Frau, die durch ungebührlichen Weinkonsum auffielen. *Carl VI.* soll im 17. Jh. seine Frau, Königin *Ulrike,* belehrt haben, sie solle ihm Kinder und keine Ratschläge geben. Im 18. Jh. wurde *Gustaf III.* in seinem eigenen Opernhaus ermordet. Aktuell ist **Carl XVI. Gustaf** Schwedens König (seit 1973).

Die Volksvertretung in Schweden ist der **Riksdag,** das Einkammerparlament, das über das Verhältniswahlrecht für vier Jahre vom Volk direkt gewählt wird; für den Einzug ins Parlament gilt eine Vierprozenthürde.

Die Wirtschaftskrise der 1970er Jahre beendete die sozialdemokratische Hegemonie in der schwedischen Politik; seit 1976 wechseln die Machtverhältnisse immer wieder. Die schwedischen **Parteien** werden traditionell in links und rechts eingeteilt: Die Kommunisten und die Sozialdemokraten gehören dem linken Block an, die Moderate Sammlungspartei, die aus dem Bauernbund hervorgegangene Zentrumspartei und die Liberale Volkspartei gehören zum bürgerlichen (rechten) Block. 1991 zogen erstmals die Christlich-Demokratische Partei und die rechtsradikale Neue Demokratie in den Reichstag ein. Die ultrarechte Partei nennt sich Schwedendemokraten.

Seit den Wahlen von 2010 – mit einer für deutsche Verhältnisse enorm hohen Wahlbeteiligung von fast 85% – regiert die „Bürgerliche Allianz“, eine Koalition aus vier liberal-konservativen Parteien, die im Parlament nur auf 175 von 349 Sitzen kommt, d.h. keine Mehrheit hat. Der **Minderheitsregierung** steht Ministerpräsident *Fredrik Reinfeldt* vor. Dieser muss das Land vor dem Hintergrund wirtschaftlicher Erfordernisse und den Zwängen einer globalisierten Welt reformieren, will aber das sozialdemokratisch geprägte und von einer breiten Bevölkerungsmehrheit unterstützte „Schwedische Modell“ eines ausgeprägten Wohlfahrtsstaates dank hoher Steuern nicht grundsätzlich in Frage stellen.

Die Schweden und das Finanzamt

Jeder Schwede hat eine Personennummer, anhand derer das Finanzamt *(Skatteverket)* u.a. **Einkommen und Lohn** speichert. Anders als bei uns sind diese Daten nicht geheim, sondern für jedermann zugänglich – es genügt ein Anruf beim Finanzamt, und man bekommt z.B. das Einkommen seines Vorgesetzten genannt. Die Einkommensteuer geht an die Gemeinden. Wer über 306.000 SEK

Tätort und Köping

Die Bezeichnung **Tätort** findet man oft in schwedischen Stadtbeschreibungen. Es ist nicht der Ort eines Verbrechens, sondern ein Ort im Allgemeinen. Eigentlich heißt es *tätbebyggd ort,* zu deutsch: „dicht bebauter Ort“. Gemeint ist eine **größere Ansammlung von Häusern.** Als dicht bebaut gelten alle Häusergruppen mit mindestens 200 Einwohnern, wenn der Abstand zwischen den Häusern weniger als 200 Meter misst. In Ortsnähe kann der Abstand auch größer sein, mitgezählt werden auch Ruinen und Fabriken, jedoch keine Scheunen.

Köping bezeichnet eine **„Stadt zweiter Klasse“,** die im Mittelalter allerdings das bedeutsame Privileg des Marktrechtes besaß.

Durch die Gemeindereform 1971 wurden Tätort und Köping die gleichen Rechte eingeräumt, daher ist die Unterscheidung heute nicht mehr wichtig.

im Jahr verdient, zahlt auch nationale Einkommensteuer. Grundsätzlich ist die **Steuerbelastung hoch,** denn sonst stünde die Finanzierung des schwedischen Sozialstaates in Frage. Mitte des 20. Jh. hatte *Astrid Lindgren* eine Reform des Steuerwesens bewirkt, als sie in einem wütenden Zeitungsartikel („Pomperipossa in Monismanien") ihre absurd hohe Steuerlast anprangerte.

Ombudsman

Schwedische Staatsbürger wenden sich zur Klärung von Rechts- und Streitfragen zunächst an einen Ombudsman bzw. -frau. *Ombud* kommt aus dem altnordischen *umboð* und bedeutet in etwa „Vollmacht". Seit 1809 gibt es diese vom Parlament ernannten **unabhängigen Vertrauenspersonen,** die Beschwerden von Bürgern gegenüber der Verwaltung nachgehen, vermittelnd tätig sind und das Ergebnis ihrer Prüfung veröffentlichen. Die Dienste sind kostenfrei.

sd13-124 fph

Staatssymbole

Schwedische Flagge

Die Schweden lieben ihre Flagge, der Schwede darf Flagge zeigen, wann er will, an den **Flaggentagen** soll er sie auch zeigen:

- 1. Januar
- 28. Januar (Namenstag des Königs)
- 12. März (Namenstag der Kronprinzessin)
- Ostersonntag
- 30. April (Geburtstag des Königs)
- 1. Mai
- Pfingstsonntag
- 6. Juni (Nationalfeiertag)
- Mittsommer
- 14. Juli (Geburtstag der Kronprinzessin)
- 8. August (Namenstag der Königin)
- Wahltag (Schwedischer Reichstag)
- 24. Oktober (Vereinte Nationen)
- 6. November (Gustav-Adolfs-Tag)
- 10. Dezember (Nobel-Feiertag)
- 23. Dezember (Geburtstag der Königin)
- 25. Dezember (Weihnachtsfeiertag)

Wissbegierige können im **Flaggengesetz** nachschauen: „Sveriges flagga är blå med ett gult kors", die Flagge ist also blau mit gelbem Kreuz, das Seitenverhältnis ist übrigens 16:10, das Seitenverhältnis für die blauen Rechtecke beträgt 5:4 und 9:4. Alles ist geregelt, auch die Farbwerte und Zeiten der Beflaggung.

Schwedens Staatswappen

Schweden hat zwei Staatswappen, das kleine und das große. In den meisten

Fällen wird das kleine Staatswappen **Lilla Riksvapnet** benutzt. Es besteht aus drei goldenen Kronen auf blauem Schild, darüber die Königskrone. Die drei Kronen symbolisieren vermutlich Norwegen, Schweden und Finnland, die einst das Schwedische Reich bildeten. Manchmal ist das Wappen noch von der Kette des Seraphinenordens eingerahmt.

Das große Staatswappen **Stora Riksvapnet,** das Wappen des Königshauses, wird nur zu feierlichen Anlässen gehisst. 1440 geschaffen, zeigt es heraldisch ausgeschmückt außer den Bestandteilen des kleinen Wappens noch die Folkunger Löwen, deren Könige bis 1364 regierten, die Wappen der *Bernadottes* und der *Wasas* sowie die Brücke des Fürstentums Ponte Corvo und den napoleonischen Adler.

Schwedische Nationalhymne

Ihr Text wurde von dem Dichter *Richard Dybeck* zur **Melodie eines Volksliedes** geschrieben, danach wurde der Song ein Hit. Irgendwann hat man das Lied einfach als Nationalhymne bestimmt.

Du alter, du freier, du berghoher Nord,
du stiller, du voller Herrlichkeiten!
Gegrüßt seist du, lieblichster Erdenort,
dein Licht, dein Himmel, deine grünen Weiten,
dein Licht, dein Himmel, deine grünen Weiten.

Du thronst auf dem Erbe einst ruhmreicher Jahr,
als weithin dein Name groß geworden.
Ich weiß, dass du bist und du wirst, was du warst.
Ja, leben, sterben will ich nur im Norden!
Ja, leben, sterben will ich nur im Norden!

Medien

Presse

Schweden führte 1766 die **Pressefreiheit** ein. Um das Überleben der Zeitungen und gleichzeitig eine Konzentration zu verhindern, werden die Zeitungen vom Parlament **subventioniert.** Über allem wacht der Presse-Ombudsman.

In Schweden haben Tageszeitungen einen guten Stand bei der Bevölkerung, fast 90% der Menschen zwischen 15 und 79 Jahren lesen täglich wenigstens ein Blatt. Insgesamt gibt es etwa 160 Tageszeitungen mit einer täglichen Gesamtauflage von ca. vier Millionen. Die auflagenstärksten **überregionalen Tageszeitungen** sind:

- **„Aftonbladet“,** das „Abendblatt“ ist mit einer täglichen Auflage von 444.000 Exemplaren die meistverkaufte Zeitung und das schwedische Pendant zur BILD-Zeitung in Deutschland.
- **„Dagens Nyheter“,** die liberale Morgenzeitung aus Stockholm erscheint täglich mit einer Auflage von 364.000 Exemplaren.
- **„Expressen“,** die Boulevard-Abendzeitung hat eine tägliche Auflage von 342.000 Exemplaren.
- **„Göteborgs-Posten“,** die liberale Morgenzeitung hat eine tägliche Auflage von 246.000 Exemplaren; überregional mit großem Lokalteil.
- **„Svenska Dagbladet“,** die konservative Morgenzeitung erscheint täglich mit 136.000 Exemplaren.

Fernsehen und Radio

Sveriges Radio (www.sr.se) ist Schwedens größte Rundfunkgesellschaft, sie

Victor Hasselblad, Pionier der Fotografie

Victor Hasselblad (1906–1978) war **Fotograf und Erfinder.** Fotofreunde weltweit benutzen seit Jahrzehnten begeistert seine Kamera.

Mit 18 Jahren verließ er die schwedische Heimat, um in Dresden zu studieren. *Hasselblad* war bei verschiedenen Kamera- und Filmherstellern beschäftigt und unternahm Reisen in die USA. Während einer seiner Auslandsaufenthalte freundete er sich mit *George Eastman* an, dem Gründer der Kodak-Filmfabrik. Nach seiner Rückkehr nach Schweden eröffnete er in Göteborg ein **Fotogeschäft mit eigenem Labor.** „Viel Geld wird uns das sicherlich nicht einbringen, aber wenigstens können wir kostenlos Fotos machen", soll er gesagt haben. Er hatte schon Fachartikel über Fotografie und Fototechnik veröffentlicht und galt als Experte für Fotoapparate. So trat 1940 die schwedische Luftwaffe an ihn heran. Man hatte in einem notgelandeten deutschen Flugzeug einen sehr leistungsfähigen Fotoapparat gefunden, den sollte er kopieren. So einen könne er nicht bauen, aber einen besseren, soll seine Antwort gewesen sein. Er gründete die Firma Ross und konstruierte zusammen mit seinem Bruder und einem Automechaniker aus Material vom Schrottplatz die gewünschten Apparate. Als begeisterter Hobbyfotograf träumte er allerdings von einer zivilen Superkamera. Die stellte er 1948 in New York der Öffentlichkeit vor, und nach wenigen Verbesserungen war eine sensationelle Kamera auf dem Markt, die bis heute Berufsfotografen in aller Welt begeistert und sogar auf den Mond mitgenommen wurde.

Mitte des 20. Jh. waren Fotoapparate für das Filmformat 6 x 6 so groß wie ein Selma-Lagerlöf-Roman und fest mit den Linsen verbunden, aber das Unangenehmste war das Einlegen des lichtempfindlichen Films, der nur zu leicht von der hölzernen Spule rutschen konnte und dadurch unbrauchbar war. *Hasselblads* **revolutionäres Modell 500C** war anders. Die Kamera hatte ein würfelförmiges Gehäuse mit einem Spiegelsucher, und man sah erstmals vor der Aufnahme exakt das, was hinterher auf den Film belichtet wurde. Die Objektive konnten nach Lust und Geldbeutel vom Fotografen umgeschraubt werden, und der Film befand sich in einer separaten lichtdichten Schachtel am Rücken des Gerätes. Man konnte zu Hause den Film einlegen oder sogar unterschiedliche Filmsorten in verschiedenen Kassetten mitnehmen und sie unterwegs an den Apparat stecken.

Die Firma hat sogar den Sprung ins Digitalzeitalter gemeistert. Wenn Sie 30.000 € übrig haben, können Sie das Spitzenprodukt H 4 Digital 60 im ausgesuchten Fotofachhandel erstehen.

sd13-118 fph

◁ Südschweden bietet Fotomotive in Hülle und Fülle

sendet landesweit über sechs und lokal über 26 Kanäle, darunter die üblichen Spartenkanäle für Jung und Alt und Kanäle wie P6 mit internationalen Sendungen und P7 für die Finnen in Schweden.

Deutschsprachige Radiosendungen gibt es nur als podcast im Internet unter www.radioschweden.net.

Das öffentlich-rechtliche **Fernsehen** heißt *Sveriges Television AB (SVT)*, www.svt.se. Hinzu kommen private Anbieter; *TV 3, Kanal 5, Eurosport, TV 6* und *ZTV* erfreuen sich der höchsten Einschaltquoten.

Wirtschaft

Der größte Reichtum Schwedens sind seine Wälder. Darauf war letztlich auch das Streichholzmonopol zurückzuführen, das *Ivar Kreuger* fast zum Weltmonopol ausbaute (siehe den entsprechenden Exkurs). Heute gehören zu den wichtigsten **Exportartikeln** Schwedens Automobile von Volvo und die Flugzeuge und Autos der Firma SAAB. Dann gibt es noch die Svenska Kullager Fabriken (SKF), weltweit größter Exporteur von Kugellagern. Außerdem sind die Elektrokonzerne um ASEA (ABB) und Electrolux stark im Export vertreten. Insgesamt kennzeichnet die schwedische Wirtschaft eine geringe Zahl von großen, weltweit tätigen Unternehmen und eine sehr große Zahl von Kleinunternehmen. Deutschland ist seit Jahrzehnten Schwedens größter Handelspartner, gefolgt von den USA und Großbritannien. 8% der Wirtschaftsleistung generiert die IT-Branche, was in Europa Platz 1 bedeutet. Landwirtschaftlich werden nur etwa 6% der Landesfläche genutzt.

Es gibt erhebliche **Strukturprobleme** im dünn besiedelten Norden des Landes. Trotz umfangreicher staatlicher Fördermaßnahmen gehen dort weiterhin Arbeitsplätze verloren; die Abwanderung in den Süden und die größeren Städte hält an.

Ein paar **wirtschaftliche Eckdaten:** Die Inflationsrate lag im September 2013 bei 0,1% (!), das Wirtschaftswachstum 2012 bei 0,8% (2011: 3,7%), das Bruttoinlandsprodukt (BIP) 2012 bei 400 Mrd. Euro, die Arbeitslosigkeit betrug im selben Jahr 7,7%. Die Staatsschulden werden kontinuierlich abgebaut und sanken von 42% des BIP im Jahr 2009 auf nur noch knapp 38% 2012 – für europäische Verhältnisse ein sensationeller Wert.

Tourismus

In den letzten Jahren stieg die Anzahl der Übernachtungen von ausländischen Gästen in Hotels, Ferienhaussiedlungen, Jugendherbergen und Campingplätzen kontinuierlich an. Die meisten der **7 Millionen Urlauber** kamen nach Südschweden rund um Stockholm. An zweiter Stelle folgt die Region um Göteborg. Die größten Zuwächse bei den Übernachtungen verzeichneten die Insel Gotland und der Bezirk Uppsala. Deutsche Urlauber stellen nach den Dänen mit 1,8 Mio. Reisenden den zweitgrößten Anteil der ausländischen Gäste. Das zunehmende Angebot von Direktflügen und das Südschweden-Spezial-Ticket der Deutschen Bahn tragen zur Attraktivität des Landes bei Urlaubern bei, auch für längere Aufenthalte oder als Alterssitz – rund 10.000 Deutsche besitzen ein Haus in Schweden.

Jedermannsrecht

Das schwedische Jedermannsrecht ist kein schriftlich fixiertes Gesetz, sondern **praktisches Recht für Jedermann.** Es räumt dem Individuum weitläufige Rechte ein, verlangt aber als Gegenleistung Rücksichtnahme und überlegtes Handeln sowie Respekt vor der Natur. Jeder – auch und gerade der Tourist – sollte sich seiner Verantwortung bewusst sein. Es gibt Überlegungen, das Jedermannsrecht zu verschärfen oder zumindest auf Wunsch der Grundstückseigner genauer zu regeln.

Erlaubt ist:

- Der **Aufenthalt in Wald und Flur,** jedoch nicht auf Grundstücken, Anpflanzungen oder Äckern, die Schaden nehmen könnten. Als „Grundstück" gilt ein Gelände, das in Hör- oder Sichtweite eines Wohnhauses, landwirtschaftlichen oder entsprechenden Gebäudes liegt.
- Das **Sammeln von Beeren und Pilzen** sowie das Pflücken von Blumen, die keinen besonderen Bestimmungen unterliegen, das Sammeln von Reisig und trockenen Zweigen auf dem Boden, das Benutzen von ausgetretenen Pfaden und Gattertoren, wenn dabei kein Schaden angerichtet wird oder Tie-

re entweichen können, jedoch nicht auf Grundstücken.

- Das **Mitführen eines Hundes;** er darf aber keine Schäden anrichten oder andere Tiere belästigen.
- **Wasser schöpfen** aus einer Quelle, einem Fluss oder See, auch das **Benutzen privater Gewässer,** ohne zu stören.
- Das **Zelten** für einzelne Nächte auf Privatgelände, ohne Schaden anzurichten. Es ist gleichwohl in jedem Fall zu empfehlen, den Landbesitzer um Erlaubnis zu fragen.

Verboten ist:

- **An Land gehen** auf einem fremden Grundstück oder Anlegen an einem Bootssteg, um zu baden.
- Das **Angeln** in einem fremden Fischgewässer.
- Das **Sammeln von Beeren und Pilzen** sowie Pflücken von Blumen auf einem „Grundstück".
- Das **Betreten von Gelände,** das dadurch Schaden nehmen könnte, z.B. Baumschulen.
- Das **Anzünden von offenem Feuer** ohne ausdrückliche Genehmigung.
- Das **Ausheben/Zerstören von Vogelnestern.**
- Das **Zelten** auf Gelände, das Schaden nehmen könnte, oder das Zelten für mehr als nur eine Nacht auf fremdem Landbesitz.
- Das **Befahren von Privatwegen** oder Privatgelände mit dem Moped, Motorrad oder Auto.
- Das **Offenlassen von Gattertoren** oder dergleichen.
- Das Hinterlassen von **Abfall** in der Natur.

Schloss Kalmar

051fotolia

Bevölkerung

In Schweden leben über **9,6 Mio. Menschen.** Die Besiedlung des Landes begann erst spät mit dem Ende der Eiszeit ab 6000 v. Chr. Als es am Mittelmeer schön blühende Kulturen gab, war das Land nur sehr spärlich bewohnt, vor allem Menschen aus Mitteleuropa und Gebieten weiter östlich waren sesshaft geworden. Auch heute noch ist die Siedlungsdichte gering: Auf 1 km² leben im Durchschnitt 22 Einwohner, in Deutschland z.B. sind es mehr als zehnmal so viel. Die größte Bevölkerungsdichte weisen die Großräume Stockholm, Göteborg und Malmö auf.

Unter den Schweden nehmen die **Samen** eine Sonderstellung ein. Sie sind die Ureinwohner Skandinaviens, doch heute trifft man die kleine Volksgruppe mit etwa 17.000 Angehörigen nur noch im Norden Schwedens. Sie selbst nennen sich *Sápmelaš* oder *Sameh,* im Deutschen war lange die Bezeichnung „Lappe" üblich. Dazu *Carl von Linné* 1732: „Das Wort Lappe kommt von der Kleidung, da ihre Kleider gewöhnlich aus Lappen bestehen." Das Gebiet, auf dem sie leben, heißt demnach auch nicht Lappland, sondern Sameodnâm oder Sápmi. Ursprünglich Jäger und Sammler, wurden sie später Nomaden und folgten den großen Rentierherden.

Schwedische Besonderheiten

Wenn es einen „schwedischen Charakter" gibt, so ist sein hervorstechendstes Merkmal **lagom,** was mit „mittel", „mäßig", „genug" oder „passend" übersetzt werden kann. Es ist ein **nationales Ideal,** und die Schweden sind stolz darauf. Das beinhaltet Zurückhaltung, Gelassenheit und die Ablehnung extremer Ansichten oder Handlungen. Dadurch geht man Auseinandersetzungen und Streitigkeiten aus dem Weg – man kann den Eindruck gewinnen, der Schwede wolle erst einmal nirgends anecken. Selbst beim Fluchen kann der vorsichtige Schwede ausweichen: *Sjutton också!* („Siebzehn auch!") wird nie als provozierend empfunden.

Der Schwede verbringt seine Freizeit am liebsten in der Natur, gern auch in Gemeinschaft mit anderen Naturliebhabern – **utomhuslivet,** „außer Haus leben", nennt sich das.

Erwähnt sei ein besonderes Spiel, dem viele Schweden mit Leidenschaft nachgehen: **Kubb** („Würfel") ist ein vermutlich aus Gotland stammendes Mannschaftsspiel, dass auf einem (abgesteckten) rechteckigen Feld gespielt wird. Zu Beginn werden auf zwei Seiten Holzscheite aufgestellt, in die Mitte kommt ein großes Holzstück. Sinn des Spiels: Die Mannschaften versuchen mit einer Anzahl von Wurfstöcken die gegnerischen Scheite umzuwerfen, danach werden die umgefallenen Hölzer ins gegnerische Feld geworfen und dort erneut aufgestellt. Das Mittelholz darf dabei erst als letztes fallen. Ist das Spiel entschieden, wird fröhlich zusammengesessen, gegessen und getrunken.

Überhaupt feiern die Schweden gern: **Knytkalas** heißen die privaten Feste, bei denen alle Gäste Speisen und Getränken mitbringen.

Eine Besonderheit im Studentenleben sind die sog. **Nationen.** Oft von den Eltern der Studenten finanziert, handelt es sich um landsmannschaftlich ausgerichtete Studentenvereinigungen, die Vereinshäuser mit Cafés, Versammlungsräumen und Arbeitsmöglichkeiten unterhalten. Hier können je nach Region bzw. Stadt und Universität regelrechte Subkulturen entstehen.

An den **Universitäten** von Lund, Uppsala und Stockholm gibt es eine seltsame Tradition: Die Studenten versammeln sich abends und schreien minutenlang aus vollem Halse – warum, weiß niemad so recht, vielleicht hilft es ja gegen Prüfungsangst.

Und zum Abschluss noch eine Besonderheit in der Namensgebung: **Patronyme** sind in Schweden weit verbreitet. Es sind die Namen, die den Sohn oder die Tochter bezeichnen; der Sohn von *Johan* nannte sich *Johansson.* Seltener ist die Endung *-dotter* für Töchter. Nachnamen, die mit *-son* enden, machen immerhin ein Drittel in der Gesamtbevölkerung aus. *Johansson* bleibt mit rund 280.000 Trägern immer noch der häufigste Nachname im Land.

Religion und Mythologie

Religionen

Schweden stand seit dem 9. Jahrhundert unter christlichem Einfluss. Die Brüder *Olaus* und *Laurentius Petri* brachten den reformierten Glauben ins Land. Sie unterstützten den König *Gustav Wasa,* der wiederum die Reformation durchsetzte, und so ist die meistverbreitete Religion in Schweden die **evangelisch-lutherische Svenska Kyrkan,** die bis 1999 schwedische Staatskirche war, dann wurde dieser Status abgeschafft. Die zweitgrößte religiöse Gemeinschaft bilden die Moslems.

Weitere Glaubensrichtungen sind die römisch-katholische Kirche, die christlich-orthodoxe Kirche, die heute einen starken Zulauf hat, und die jüdischen Gemeinden, die die kleinste und älteste nichtchristliche Religion in Schweden repräsentieren. Im 19. Jahrhundert entstanden durch Erweckungsbewegungen viele Freikirchen, darunter die Freien Evangelischen Gemeinden, die Freien Baptisten, die Pfingstkirchen, die Methodisten- und die Adventistengemeinden. Die größte Gruppe bilden jedoch die **Laestadianer.** *Lars Levi Laestadius* rief 1825 als Pfarrer im nordschwedischen Karesuando seine Erweckungsbewegung ins Leben und sagte Alkoholmissbrauch und losen Sitten in der samischen Bevölkerung den Kampf an. Die Gemeindemitglieder gerieten regelmäßig in Ekstase und vergaben sich gegenseitig ihre Sünden. Der Laestadianismus ist im Norden noch heute weit verbreitet.

Die Edda

Zu Skandinaviens wichtigsten Werken zählt die Edda. Der Name stammt von einer um 1225 verfassten isländischen Handschrift. Es handelte sich um eine Art Lehrbuch für angehende Dichter und Liederschreiber. Der Verfasser dieser **Prosa-Edda** war ein gewisser *Snorri Sturluson.* Die Handschrift wurde lange

Zeit in Kopenhagen aufbewahrt, heute liegt das Buch in Reykjavik im Schriftinstitut.

Der Name Edda wurde später auch für die **Lieder-Edda** benutzt, eine Handschrift, die man im 17. Jh. wiederentdeckte. Es waren alte Götter- und Heldenlieder, entstanden vermutlich im 10. Jh. 1851 wurden sie von *Karl Simrock* ins Deutsche übertragen. Die Bezeichnung „Lieder" ist etwas irreführend, denn gesungen wurde nicht, und Musik gab's auch nicht dazu. *Tolkien* benutzte für seine Helden im „Herr der Ringe" Namen aus der Liederedda, nämlich *Gandalf* und die Namen der Zwerge.

2002 erschien im Eichborn-Verlag in der Reihe „Die andere Bibliothek" eine neue **Übersetzung** der Lieder-Edda: „Von Göttern und Helden". Hier hat man versucht, die nationalistisch gefärbten früheren Übersetzungen zu bereinigen.

Hauptsächlich geht es in der Edda um die **nordischen Götter,** ihre Welten und Heldentaten. In vielen Liedern wird von den Abenteuern Odins berichtet. Ein Teil sind aber auch **Sittengedichte,** die ein ganzes Bündel Verhaltensmaßregeln für den Umgang mit Nachbarn, Fremden, Freunden, Frauen, Essen und Alkohol formulieren.

Wer sich für die Gestalten der nordischen Mythologie interessiert, sollte nach **Solna** nördlich von Stockholm fahren. In der Orangerie von Schloss Ulriksdal stehen viele Skulpturen, teilweise schon im 17. Jahrhundert in Stein gemeißelt.

Buntes Kalmar

058fotolia

Runensteine

Sie ragen nicht nur in Schweden, sondern überall in Skandinavien auf, **grob behauene Felsbrocken,** in die Zeichen oder Figuren gemeißelt wurden. Aufgestellt in der Wikingerzeit, stehen in Schweden noch etwa 2600 dieser Steine, wenn auch nicht unbedingt an der ursprünglichen Stelle. Viele im Süden sind gut erhalten, etwa die Steine in Steninge bei Stockholm oder an der Kirche von Strängnäs.

Man unterscheidet verschiedene Arten: **Gedenksteine,** die von Angehörigen oder Verehrern gesetzt wurden; **Selbstdarstellungssteine** zur Lobpreisung desjenigen, der den Stein bearbeiten lies; schließlich Steine, die vom Übertritt zum **Christentum** zeugen. Der Stein bei Otterö in der Gegend von Tanum vermeldet: „Svavar ist heimtückisch getötet. Ich Stenar ritzte die Runen. Ich Hrarar stellte den Stein auf."

Kunst und Kultur

Musik

Schweden hat – gemessen an der Größe der Bevölkerung – eine ausgesprochen **vielgestaltige Musikszene** mit zahlreichen Bands und Ensembles auf hohem Niveau. Ob Klassik oder Jazz, ob Indie-Pop, Folk oder Metal, immer wieder gelingt schwedischen Bands auch der große internationale Durchbruch.

Die ältesten **Volkslieder** wurden von Hirten gesungen, viele gingen später in der Tanzmusik auf. Dort dominierte seit Anfang des 18. Jahrhunderts die Geige und dazu die Nyckelharpa, zu deutsch etwa Schlüsselfidel. Die konnte sich bis heute in Form der chromatischen Nyckelharpa halten.

Die **Nyckelharpa** ist ein Streichinstrument. Mit Hilfe eines Bogens werden die Saiten angespielt. Die Tonhöhe der Melodiesaiten wird dabei durch das Betätigen von Tasten variiert. Eine chromatische Nyckelharpa hat vier Melodiesaiten. Je nach Bauart können drei oder alle vier Melodiesaiten verkürzt und damit in der Tonhöhe verändert werden. Die unverkürzten Saiten werden dabei als Bordun genutzt, sie ergeben einen unmodulierten tiefen Halteton zur Begleitung. Dazu kommen meist zwölf Resonanzsaiten, die unter den Melodiesaiten liegen und nur durch die angespielten Töne und deren Obertöne zum Mitschwingen gebracht werden. Ein bekannter Komponist war *Eric Sahlström* (1912–1986), der zur Verbreitung des Instruments in der heutigen Zeit beitrug.

■ **Hörbeispiel auf CD:** „Suède, La Nyckelharpa", Okora C 560179, oder bei **youtube** unter „nyckelharpa swedish" z.B. die 12-jährige *Julia Fröhlich* oder der Bielefelder *Friedrich Greinke,* der auch Beatles-Stücke auf der Nyckelharpa zum Besten gibt.

Die schwedische Volksmusik geriet im 19. Jahrhundert durch die pietistischen Bewegungen auf dem Lande in Bedrängnis. Instrumente der Volksmusik galten als Teufelszeug. Dem Maler *Anders Zorn* (s.u.) ist es zu verdanken, die Melodien gerettet zu haben, indem er seit 1906 **Volksmusikwettbewerbe** organisierte. Auf diese Weise gelang es ihm, die alten

Melodien und Instrumente zu bewahren und wieder populär zu machen.

■ Für Freunde skandinavischer Volksmusik eine **CD mit traditionellen Stücken: „Three Swedish Fiddle“,** Herwin, Shananchie Records (SHA 21001).

Jazz mit schwedischem Einschlag schufen in den 1950er Jahren der Baritonsaxofonist *Lars Gullin* und der Pianist *Jan Johansson.* Sie ließen die Volksmusik in ihre Arrangements einfließen. *Johanssons* 1963 aufgenommene Platte „Jazz pa Svenska“ wurde ein Bestseller. Jazzmusiker von Weltrang sind der Posaunist *Nils Landgren,* der Popsongs neu interpretierte. Sein Markenzeichen ist eine metallicrote Posaune, die er sich von Yamaha anfertigen ließ. Außerdem spielt er Flügelhorn. Das *Esbjörn Svensson Trio,* abgekürzt E.S.T., mixte Jazz und Rockmusik und war Mitte der 1990er Jahre sehr erfolgreich. Leider ertrank der Bandleader und Pianist *Esbjörn Svensson* 2008 beim Tauchen vor den Schären von Stockholm.

Eine Jazzhoffnung ist die Sängerin *Viktoria Kjellberg,* die sich nach ihrem Urahnen *Tolstoi* nennt. Die Musik der stimmgewaltigen Stockholmerin kann wohl als Jazzrock bezeichnet werden.

Das größte **Jazzfestival** ist Ende Juni in Stockholm auf der Insel Skeppsholmen, Info: www.stockholmjazz.com.

Nach ABBA (s.u.) wurden auch weitere **Popgruppen** über die schwedischen Landesgrenzen hinaus bekannt, darunter so unterschiedliche Bands wie *Roxette* oder *Ace of Base* in den 1990ern oder *The Arc* und *The Hives* im ersten Jahrzehnt des 21. Jh.

⌄ Briefmarke in Erinnerung an die erfolgreichste schwedische Popgruppe: ABBA

055fotolia

Musiker

Carl-Michael Bellmann

Der **Dichter und Volkssänger** ist in Schweden allgegenwärtig; er ist eine Art Volksheld. Geboren 1740, verdiente er seinen Lebensunterhalt als Sekretär am Hofe des Königs, sein Geld gab er in den Wirtshäusern der Stockholmer Altstadt aus. Hier holte er sich die Inspirationen für seine Dichtung. „Auf die etwa 70.000 Bewohner kommen wohl 700 Wirtshäuser", soll er gesagt haben. Während der Adel rauschende Feste feierte, ersäuften die Ärmeren ihr Elend in den Kneipenkellern.

Das bekannteste Werk *Bellmanns* ist **„Fredmans Episteln"**, das den Daseinskampf der Armen am Beispiel des Hofuhrmachers *Fredman* beschreibt, weniger moralisierend, eher frisch und hoffnungsvoll. Da wird auf Deutsch und Schwedisch gescherzt und geflucht, seine Figuren wurden unsterblich: *Fader Movitz,* ein Fiedel spielender Schutzmann, Korporal *Mollberg* und das selbstbewusste Freudenmädchen *Ulla Winbladh.* Die Schauplätze waren echt, z. B. die Kellerkneipe „Rostock", Västerlånggatan 45, in der Vater *Mollberg* von einem Schustergesellen eine aufs Maul bekam. Alljährlich feiert Schweden seinen berühmten Sohn am 26. Juli.

Evert Taube

In Göteborg geboren, verbrachte *Taube* seiner ersten Lebensjahre auf der Schäre Vinga bei Göteborg. Nach einer Lehre als Theatermaler zog er nach Stockholm und ging dann bis 1910 zur See. Einige Jahre verbrachte er in Argentinien, 1914 kehrte er nach Stockholm zurück.

Anfang der 1920er Jahre begann er **Lieder** zu singen und zu veröffentlichen, sie wurden in Schweden bald populär. Er nahm zahlreiche Schallplatten auf und erreichte durch das Fernsehen eine ungeheure Popularität. Im Stockholmer Vergnügungspark Gröna Lund führte er mit großem Erfolg seine Lieder zur Laute auf. 1966 wurde er Ehrendoktor der Philosophie der Uni Göteborg, 1970 wählte man ihn in die Königlich Schwedische Musikakademie. Wie sein Vorbild *Carl-Michael Bellman* schuf *Evert Taube* eine Reihe von Personen, die in seinen Liedern immer wiederkehren, z.B. den Landjunker *Rönnerdahl* oder abenteuerlustige Seeleute.

ABBA

Mit dem Auftauchen der **Popgruppe** im Jahr 1972 begann der internationale Durchbruch der schwedischen Popmusik. Die Gruppe bestand aus den Paaren *Agnetha Fältskog* und *Björn Ulvaeus* sowie *Benny Andersson* und *Anni-Frid Lyngstad.* 1974 kam der Durchbruch mit dem Sieg ihres Titels „Waterloo" beim Eurovision Song Contest; die Band wurde über Nacht weltbekannt. Charakteristisch für ihre Auftritte waren poppige Kostümierungen. Mitte der 1970er Jahre galt die Gruppe wegen ihrer aufwendigen und ausgefeilten Produktionen als Mitbegründerin einer neuen internationalen Popmusik. Private Differenzen führten 1982 zum Ende der Band. Nicht zuletzt ihrem Manager *Stig Anderson* verdankten sie den finanziellen Erfolg. Mit den Einnahmen der Band baute er allerdings einen kaum noch zu kontrollierenden Mischkonzern auf, der den Musikern fast zum Verhängnis wurde.

Lediglich *Anni-Frid Lyngstad* soll wenig Schaden erlitten haben, da sie ihre Anteile nach der Trennung der Band veräußerte. Mit schätzungsweise 370 Millionen verkauften Tonträgern gehört ABBA zu den erfolgreichsten Bands der Musikgeschichte.

Film

Um **1910** begann man mit der Produktion von Spielfilmen. Die Regisseure *Victor Sjöström* und *Mauritz Stiller* sowie die Schauspielerin *Greta Garbo* (s.u.) erlangten Weltruhm. Mit der Einführung des **Tonfilms** begrenzten sich schwedischsprachige Filme auf das Heimatland und verloren an Bedeutung. Erst nach dem Zweiten Weltkrieg erlebte der schwedische Film einen Aufschwung, zuerst mit *Arne Sucksdorffs* Oscar-prämiertem Dokumentarfilm „Menschen in der Stadt" und danach als Autorenfilm mit *Ingmar Bergman* (s.u.), *Jan Troell* und *Bo Widerberg*.

Auch schwedische **Kinder- und Jugendfilme,** zumeist von *Olle Hellbom* nach *Astrid Lindgren* verfilmt, erlangten internationalen Ruhm, aber auch moderne Werke wie **„Fucking Åmål"** (1998) des Regisseurs *Lukas Moodysson* über ein lesbisches Coming out in einer Kleinstadtschule.

Der Film **„Simon och ekarna"** (1985) von Marianne Frederiksson, der 2012 in den deutschen Kinos zu sehen war, ist großes europäisches Kino. Geschickt verbindet der Film Familiengeschichte, schwedischen Alltag und den Holocaust.

Der Film **„Hypnotiseur"** sollte 2013 für Schweden einen Oscar einfahren, was dem Streifen von Regisseur *Lasse Hallström* jedoch nicht gelang. Der Film basiert auf dem Roman von *Lars Kepler* und ist der erste Thriller, den *Hallström* gedreht hat.

Ein schwedischer Filmklassiker ist **„Änglagård"** des britischen Regisseurs *Colin Nutley.* Zwei Jahre nach dem ersten Film kam „Andra sommaren" (Der zweite Sommer), Teil III folgte erst nach 16 Jahren, Fannys Farm. *Nutley* drehte bei Ulricehamn und in der Gemeinde Liared (im Film Yxared).

Filmikonen

Greta Garbo

Bekannt als **„Die Göttliche"**, zählt sie zu den bedeutendsten Schauspielerinnen des internationalen Films. In den 1920er und -30er Jahren spielte sie in zahlreichen Hollywood-Stumm- und Tonfilmen mit, meist tragische Frauenfiguren. Dies tat sie mit einer sehr überzeugenden Mimik und Stimme. Ihr Privatleben hielt sie weitestgehend geheim und gab nur wenige Interviews. 1942 zog sie sich aus dem Filmgeschäft zurück. 1990 starb sie 84-jährig in New York.

Ingrid Bergman

Die **Schauspielerin** wurde 1915 in Stockholm geboren und gilt als eine der populärsten Filmdarstellerinnen überhaupt. Ihre berühmteste Rolle hatte sie 1942 in dem Film „Casablanca" an der Seite von *Humphrey Bogart.* 1944 spielte sie „Lady Alquist", 1956 in „Anastasia" die russische Zarentochter, und 1974 fuhr sie im Orient Express durch den erfolgreichen Agatha-Christie-Film.

Daneben machte sie vor allem durch ihr Liebesleben von sich reden. Nach der

Scheidung von ihrem ersten Ehemann, einem Zahnarzt, heiratete sie 1950 den Regisseur *Roberto Rossellini.* Das prüde Amerika wollte das nicht gutheißen. 1957 wurde die Ehe geschieden – auch die gemeinsame Tocher *Isabella Rossellini* wurde als Künstlerin berühmt –, und sie heiratete den Produzenten *Lars Schmidt.* Am 29. August 1982 starb *Ingrid Bergman* an Brustkrebs.

Ingmar Bergman

Der 1918 in Uppsala geborene **Theater- und Filmregisseur** drehte von 1946 bis 1982 rund 40 Spielfilme. 1997 wurde *Bergman* bei den Filmfestspielen in Cannes als „Bester Filmregisseur aller Zeiten" geehrt. In seinen Werken geht es um existenzielle Fragen wie den Sinn des Lebens, die Suche nach Gott und immer wieder um zwischenmenschliche Beziehungen. Das Besondere an seinen Filmen waren die Nahaufnahmen der Protagonisten und die Beleuchtung, die ihm und seinem Kameramann *Sven Nykvist* wichtig waren. Berühmt ist z.B. der Film „Das Schweigen" (Inhalt: Zwei Schwestern sind am Ende ihrer Beziehung angelangt), der auch wegen seiner expliziten Darstellung von Sexualität ein internationaler Erfolg wurde – einer von vielen. Mit dem experimentellen „Persona" (eine Krankenschwester pflegt eine Schauspielerin, die das Sprechen verweigert) trat 1966 erstmals die Schauspielerin *Liv Ullmann* auf, mit der er bis zum Ende der 1960er Jahre zusammen lebte. Sein letzter Film war „Fanny und Alexander". Er arbeitete danach weiter für das Theater. Gestorben ist *Bergman* 2007 auf der Insel Fårö bei Gotland.

Malerei

Schweden brachte große und einflussreiche Maler hervor. In der Nationalgalerie in Stockholm kann man sich ein Bild machen, aber auch übers Land verstreut finden sich Galerien und Museen.

John Bauer

Wer in Jönköping weilt, kann sich die Werke *John Bauers* im Museum ansehen. Er gab den **Trollen und Elfen** in seinen fantastischen Gemälden ihr charakteristisches Aussehen. Seine Eltern hatten *John* auf die Schwedische Kunstakademie geschickt, da schon der Bub von morgens bis abends malte. Der Durchbruch kam mit 25 Jahren, als er für einen großen Verlag Märchenbücher zu illustrieren begann und sein unverwechselbares Dämmerlicht erfand. Leider ertrank der Künstler mit nur 36 Jahren mit Frau und Kind im Vättersee.

Prins Eugen

Ein besonderer Vertreter der schwedische Malkunst ist *Eugen Napoleon Nikolaus,* besser bekannt als Prins Eugen. Er lebte und arbeitete auf seinem Schlösschen Waldemarsudde mitten in Stockholm. Alles weitere siehe Exkurs „Prins Eugen – der Adel malt".

Hilma af Klint

Die **Pionierin der abstrakten Malerei** kam 1882 in Solna zur Welt und war eine der ersten Frauen, die an der Königlichen Akademie in Stockholm studieren durfte. Sie arbeitete als Zeichnerin und hing dem Okkultismus an. Nach der Teilnahme an spiritistischen Sitzungen malte sie „auf Weisung höherer Wesen". Zu Lebzeiten untersagte sie jedwede Ausstellung ihrer bunten abstrakten Werke, erst 20 Jahre nach ihrem Tod durften sie öffentlich gezeigt werden. Als sie 1944 starb, hinterließ sie über 1000 Bilder.

Anders Zorn

Anders Zorn wurde 1860 als *Anders Leonardsson* bei Mora geboren. Sein Vater war ein deutschstämmiger Brauer, seine Mutter arbeitete als Saisonkraft in Uppsala. Sein Lehrer bemerkte schon früh das außergewöhnliche künstlerische Talent des Jungen. Er zeichnete Skizzen seiner Mitschüler, Bilder von Enköping und fertigte Holzschnitte an. 1875 begann *Zorn* mit dem Erbe seines Vaters ein Kunststudium an der Königlichen Akademie der Künste in Stockholm. Er machte sich schnell einen Namen als **Porträtzeichner** und bekam Aufträge von reichen schwedischen Familien. Bei einem dieser Aufträge lernte er *Emma Lamm* kennen, die Tochter einer wohlhabenden Familie. Um genug Geld zu verdienen, verließ *Zorn* Schweden und ging nach England und Spanien, wo er weiter porträtierte.

Nach seiner Rückkehr heiratete er 1885 *Emma Lamm.* 1893 begann *Zorn,* in den USA zu arbeiten. In dieser Zeit schuf er u.a. ein bekanntes Porträt des Präsidenten *Grover Cleveland.* Zurück in Schweden malte er hauptsächlich Landschaften und Akte. *Anders Zorn* starb 1920. Sein gesamtes Erbe hinterließ er dem Staat mit der Auflage, ein Museum aufzubauen, in dem nicht nur seine Werke, sondern auch seine Sammlung internationaler Kunst ausgestellt werden sollte. Das **Zorn-Museum,** 1939 eröffnet, steht in seiner Heimatstadt Mora.

Carl Larsson

Der Maler wurde 1853 in Stockholm geboren und starb 1919 in Falun. Er wuchs wie *Anders Zorn* in armen Verhältnissen auf und wurde durch seinen Lehrer zum Kunststudium ermuntert. Seinen Lebensunterhalt verdiente er als Retuscheur. 1877 trat er eine Reise nach Paris an. Auf seiner dritten Reise lernte er *Karin Bergöö* kennen und heiratete sie; das Paar kehrte nach Schweden zurück. Danach malte er einige seiner bekanntesten Werke mit **Aquarellfarben.** Er wurde Mitglied der Künstlergruppe „Opponenterna", die eine Reform der Kunstausbildung forderte. 1888 zog die Familie in ein kleines Haus nahe Sundborn. Es wurde künstlerischer Mittelpunkt, die sieben Kinder wurden hier großgezogen und in seinen typischen **Familienbildern** verewigt. Der in den Aquarellen gezeigte helle Wohnstil wurde bald typisch für ganz Schweden. Werke von *Carl Larsson* hängen in Stockholm in der Königlichen Oper und im Königlichen Dramatischen Theater sowie in Göteborg.

Bildhauerei

Carl Milles

Der wohl berühmteste schwedische **Bildhauer, Maler und Weltbürger,** 1875 geboren, studierte in Paris und war von 1920 bis 1931 Professor an der Kunsthochschule in Stockholm. Er bekam Aufträge in Europa und USA und pendelte ständig hin und her. Als ihm in Cranbrook in der Nähe von Detroit eine Professur angeboten wurde, zog er 1931 mit seiner Frau *Olga* dorthin und eröffnete dort sogar eine Kunstakademie; der finnische Designer und Architekt *Eliel Saarinen* bekam einen Lehrauftrag. Erst 1951 kam *Milles* zurück nach Europa, sein Heim und Atelier **Millesgården** auf Lidingö in Stockholm hatte er allerdings schon 1936 dem schwedischen Volk geschenkt. Bis zu seinem Tod 1955 lebte er in Rom. Heute ist der Millesgården ein Kunstmuseum mit **Skulpturengarten.** Auch Werke seiner Frau und seiner Schwester *Ruth,* beide Malerinnen, sind zu sehen.

Zu seinen **bekanntesten Werken** in Schweden zählen die Poseidon-Statue in Göteborg, die Gustav-Vasa-Statue im Nordischen Museum von Stockholm, die Orfeus-Gruppe vor dem Konzerthaus in Stockholm und die Folke-Filbyter-Statue in Linköping.

Seine letzte Skulptur war **„Gud Fader på himmelsbågen“,** Gott Vater auf dem Himmelsbogen. Ursprünglich sollte sie vor dem UNO-Gebäude in New York aufgestellt werden. Es ist ein 18 Meter hoher Bronzebogen in Form einer halben Parabel, auf dem Gott oben steht und die Sterne verteilt, die ihm ein Engel von unten hochreicht. Aus dem Bogen schießt Wasser und vollendet somit die Parabelform. 1995 vollendete ein amerikanischer Bildhauer das Werk, das nun nicht in Amerika, sondern an der Hafeneinfahrt von Nacka steht.

054fotolia

> Millesgården in Stockholm, die Wirkungsstätte von Carl Milles

Inga Lindström und die heile Welt

Als *Astrid Lindgrens* Filme über die Kinder von Bullerbü in die deutschen Wohnzimmer kamen, waren die Kritiker schnell zur Stelle. Das sei ein romantisch verklärtes Schweden aus dem 19. Jh., hieß es. Was ja auch stimmte, *Lindgren* beschrieb die heile Welt ihrer Kindheit auf dem Dorfe. Inzwischen hat der deutsche Fernsehzuschauer durch die Filme der Autorin *Inga Lindström* eine neue Schwedenidylle vorgesetzt bekommen, die genauso unecht wie erfolgreich ist.

Hinter dem **Pseudonym** *Inga Lindström* verbirgt sich die 1954 geborene Deutsche **Christiane Sadlo.** Seit den 1990er Jahren arbeitet sie als Schriftstellerin und Drehbuchautorin für TV-Serien und Fernsehfilme. Ihre Filme sind in Schweden selbst unbekannt. Mit Titeln wie „Sehnsuchtsland", „Mittsommerzauber", „Sommernachtsklänge", „Nordlichtträume" und „Schärenglück" bedient sie den Eskapismus und die diffusen Sehnsüchte vieler Deutscher. Sie beschert uns ein Schwedenbild, das mit der Wirklichkeit rein gar nichts zu tun hat, aber wohl den Vorstellungen entspricht, die viele Menschen von Schweden haben. Da wimmelt es von Kinderkrankenschwestern, Tierärztinnen, Pilotinnen und Fotografinnen, die Männer sind Firmeninhaber, Architekten, Werftbesitzer, Chirurgen und Grafen, alles spielt in Herrenhäusern und Luxuswohnungen, Friede, Freude, Eierkuchen, wohin man blickt. Aber die schwedische Fremdenverkehrsindustrie ist durchaus angetan, und so hat jeder was davon: Der Zuschauer vergisst einen Moment die Steuererklärung, und Südschweden bekommt neue Besucher, die sich die Schauplätze der Filme ansehen wollen.

Sonstige Bildhauer

Weitere bedeutende Bildhauer sind **Johan Tobias Sergel** (1740–1814), 1761 verantwortlich für den Skulpturenschmuck des Königlichen Schlosses. Sein wichtigstes Werk ist die Bronzestatue König *Gustavs III.* vor dem Schloss. Er selbst ist als Standbild auf dem Sergels Torg in Stockholm zu sehen.

Carl Eldh (1873–1954) gestaltete 1923 den Park des Stockholmer Stadshus mit Skulpturen, darunter der „Verfasser" *(A. Strindberg),* der „Maler" *(E. Josephson)* und der „Dichter" *(G. Fröding).* Sein größtes Werk ist das Monument des Politikers *Branting* auf dem Norra Bantorget in Stockholm. Auch der martialische *Strindberg* im Park Tegnérlunden in der Hauptstadt ist sein Werk.

Auch **Axel Emil Ebbe** (1868–1941) ist zu nennen. Seine Werke sind eher metaphorisch, zu sehen in Südschweden sind die „Heilige Flamme" auf dem Karl-Johan-Platz in Trollhättan, die „Seeschlange" auf Trelleborgs Marktplatz oder die „Umarmung" in Gestalt eines laufenden Mädchens in Smygehuk.

Bror Hjalmar Marklund (1907–1977) war Professor an der Königlichen Kunsthochschule Stockholm. Seine bekanntesten Werke sind die „Thalia" am Eingang des Malmöer Theaters und die Bronzepforten für die Zentrale der SE Bank und das Historische Museum in Stockholm.

Literatur

Besonders im **Krimibereich** tun sich Schweden hervor: *Sjöwall & Wahlöö, Stieg Larsson,* **Henning Mankell** (Näheres zum Erfinder von Kommissar *Wallander* steht bei Ystad), *Håkan Nesser* und *Camilla Läckberg* sind die Aushängeschilder des Genres. Bemerkenswert und überall gefeiert wird *Jonas Jonasson* mit seinem Hundertjährigen, der aus dem Fenster stieg und verschwand.

Für eine heile Welt in Romanform steht **Inga Lindström.** Södermanland, Nyköping, Mariefred und Trosa sind die Hauptorte der Inga-Lindström-Filme, über 25 wurden gedreht. Man kann also sagen, dass diese Gegend der Inbegriff dessen ist, was der Mitteleuropäer sich unter Südschweden vorstellt.

Im Folgenden seien ein paar Autoren näher vorgestellt, darunter der Klassiker *Strindberg* und *Astrid Lindgren.*

Schriftsteller

August Strindberg

„Es ist schade um die Menschen" (aus „Traumspiel", 1901). 1849 geboren und in ärmlichen Verhältnissen aufgewachsen, war *Strindberg* zeitlebens seelisch gefährdet und litt unter einer Psychose. Vielleicht auch deswegen sind seine **Erzählungen** so eruptiv, so unmittelbar, dass sie auch heute noch (nicht nur) von der schwedischen Jugend gelesen werden. Weil *Strindberg* die Sprache des Alltags verwendete, wirken die Texte weniger antiquiert als andere aus dieser Zeit. Sein erstes autobiografisches Werk war „Sohn einer Magd", 1879 folgte der autobiografische Gegenwartsroman „Das rote Zimmer", der in Stockholmer Journalistenkreisen spielt. Seinen Lebensunterhalt verdiente *Strindberg* als **Journalist.** Obwohl der Geschlechterkampf, beispielsweise in „Fräulein Julie", *Strindbergs* Hauptthema war, gab er selbst nicht auf – er war dreimal verheiratet. Sein bestes Schaffen lag zwischen 1870 und dem Ersten Weltkrieg. Der Mensch in seinen Dramen ringt hauptsächlich mit sich selbst. *Strindberg* reiste viel, wandte sich zeitweise von der Schriftstellerei ab und fiel in Paris in eine Krise, in deren Folge „Inferno" entstand. Ende des Jahrhunderts aber schrieb er wieder, und zwar dramatischer als je zuvor (36 **Dramen,** z.B. „Nach Damaskus"). Der Mensch kämpft nun auch noch mit höheren Mächten. In „Traumspiel" verdoppeln und spalten sich Personen, alles ist möglich, nur der Träumer ist auf die Rolle des Berichterstatters festgelegt. *Strindbergs* Bühnenwerke waren Wegbereiter der Moderne, variationsreich, intensiv und schwer zu spielen. Der Dramatiker starb 1912 in Stockholm.

Astrid Lindgren

Wer noch die Schwarzweißfilme im Fernsehen gesehen hat, wird die Atmosphäre nie vergessen. **„Die Kinder von Bullerbü"** und **„Kalle Blomquist"** verkörpern einfach Schweden. **„Pippi Langstrumpf",** „Karlsson vom Dach" und „Ronja Räubertochter" waren es dann für die nächste Generation. Die Schweden nennen die verbreitete Sucht nach der Schweden-Idylle das **„Bullerbü-Syndrom".** Es ist die Sehnsucht nach der verlorenen Kindheit und den Erzählungen der Großeltern. Da passt die schwedische Kleinstadt mit dem Elch im Vorgarten bestens.

Die **Bauerntochter** *Astrid Anna Emilia Ericsson* wurde 1907 auf dem Hof Näs in Vimmerby geboren. Mit 17 ungewollt schwanger, ging sie nach Stockholm. Das Kind kam in Dänemark zur Welt und wurde bei einer Pflegefamilie untergebracht. Später holte die Mutter es nach Schweden. Sie arbeitete als Sekretärin und Übersetzerin, u.a. 1928 beim königlichen Automobilklub KAK, dessen Geschäftsführer **Sture Lindgren** sie später heiratete. Zwischenzeitlich arbeitete Frau *Lindgren* sogar für den Geheimdienst, wo sie Briefe verdächtiger Personen zu lesen hatte. Während ihre Tochter krank war, dachte sie sich 1944 „Pippi Langstrumpf" aus. Das Buch wurde wegen seines subversiven Inhalts zunächst abgelehnt, schließlich aber ein Riesenerfolg. 1949 übertrug sie die Rechte der deutschen Ausgabe an den jungen Verleger *Oettinger,* der seitdem über sieben Millionen Bücher verkaufte. Es folgen viele weitere Bücher, ihr letztes Kinderbuch ist 1981 „Ronja Räubertochter". In späteren Jahren wurde *Astrid Lindgren* verstärkt politisch tätig. Sie starb 2002 mit 94 Jahren in Stockholm. Nach ihrem Tod gründeten die Erben eine Firma, die sich um Vermarktungsrechte u. Ä. kümmert; des Öfteren klagt man gegen unrechtmäßige T-Shirts und dergleichen.

Runer Jonsson

Der 1916 geborene **Journalist** *Runer Jonsson* stand in den 1970er Jahren für eine linke Politik, seine Artikel richteten sich u.a. gegen Atomwaffen, Kolonialismus und den Konsum. Mit dem Wikingerjungen **„Wickie"** schuf er 1963 eine unvergessliche Figur. Die Geschichten über den Jungen „Wickie" und die Wikinger von Flake waren ungemein erfolgreich, weit über Schweden hinaus. Sie sollten zeigen, dass mit Mut, Schlauheit und Zusammenhalt viele brenzlige Situationen im Leben zu meistern sind. Die japanische Zeichentrickserie „Wickie und die starken Männer" machte den Jungen weltweit bekannt.

Kurt Kusenberg

Der berühmte Sohn der Stadt Göteborg wurde dort 1904 geboren. Als deutscher Schriftsteller bekannt unter den Pseudonymen *Hans Ohl* und *Simplex,* war er außerdem Kunstkritiker und später Lektor des Rowohlt-Verlages. Seine **Kurzgeschichten** zeichnen sich durch skurrile Prosa und absurde Einfälle aus. Da werden Rentner von eingebildetem Wein betrunken, die gläserne Stadt kontrolliert ihre Bewohner, ein Lehrer schleppt einen Braunbären mit in den Unterricht, ein nicht zündendes Streichholz verursacht einen Staatenkonflikt, und bisweilen verschwindet ein Ferienhaus. *Kusenberg* starb 1983 in Hamburg.

Sven Nordqvist

Nordquist wollte schon als Kind **Zeichner** werden. Er studierte Architektur und zeichnete nebenbei Plakate und illustrierte Schulbücher. Am bekanntesten sind seine liebevoll gezeichneten **Kindergeschichten** über den schrulligen alten *Pettersson* und seinen sprechenden Kater *Findus.* Der kam aus einem Findus-Erbsenkarton zu dem alten Eigenbrötler. Die Zeichnungen leben von ihrem Detailreichtum und werden auch von Erwachsenen geliebt, die Charaktere verharren jedoch oft in einem konservativen Rollenverhalten.

Sjöwall & Wahlöö

Die Stockholmerin *Maj Sjöwall* studierte Grafik und Journalismus und arbeitete dann für mehrere Zeitungen. 1961 lernte sie ihren Kollegen *Per Fredrik Wahlöö* kennen, geboren 1926, gestorben 1975;

dieser hatte Geschichte studiert und arbeitete dann als Polizeireporter und Übersetzer. Gemeinsam verfassten sie die Krimireihe **„Roman über ein Verbrechen"** (Om ett brott). Beide waren Marxisten und versuchten, in den als Martin-Beck-Reihe bekannt gewordenen Krimis ihre gesellschaftskritischen Ansichten über ihre unpolitischen Landsleute darzustellen. Die Bücher des Ehepaares waren enorm erfolgreich. Sie wurden in diverse Sprachen übersetzt, verfilmt und als Hörspiele gesendet. Nach dem Tod ihres Gefährten schrieb *Maj Sjöwall* nur noch wenige Romane. Das Ehepaar stand in den 1960er Jahren auch in Deutschland für Spannung aus Schweden.

Håkan Nesser

1950 in Kumla geboren, studierte der viel gelesene Schriftsteller an der Universität Uppsala und arbeitete danach als Gymnasiallehrer. Nebenbei schrieb er seinen ersten Roman „Koreografen", der 1988 herauskam. Bekannt wurde er mit der **zehnbändigen Krimireihe** um den Kommisar *Van Weeteren*. Das Besondere an den Romanen ist das Fehlen eindeutiger Schauplätze. Auch in den Verfilmungen kann man nur sagen, dass die Handlung in Europa spielt, aber nicht, ob es sich um die Niederlande, Schweden oder Norwegen handelt.

2006 begann *Nesser* mit dem Roman „Mensch ohne Hund" eine neue Krimireihe. Hier ermittelt Kriminalinspektor *Gunnar Barbarotti* in Kymlinge, einem fiktiven Ort in Westschweden. Mittlerweile gibt es über 25 Romane und zwölf Verfilmungen, auch eine Menge Krimipreise hat der Autor inzwischen eingesammelt.

Stieg Larsson

Der bescheidene Kettenraucher und exzessive Kaffeetrinker mit der gammeligen Jacke war Journalist und Chefredakteur des glücklosen Magazins „Expo", als er einen Vertrag über die Veröffentlichung der **Romane** „Män som hatar kvinnor" (Männer, die Frauen hassen – Verblendung), „Flickan som lekte med elden (Das Mädchen, das mit dem Feuer spielt – Verdammnis) und „Luftslottet som sprängdes" (Das gesprengte Luftschloss – Vergebung) unterzeichnete. Vorher hatten mehrere Verlage seine Ziegelstein-schweren Manuskripte abgelehnt. Kurz darauf, im Jahr 2004, erlitt er einen Herzinfarkt und starb.

Larssons gesamtes Eigentum, inklusive aller Urheberrechte an seinen Werken, fielen an Vater und Bruder des Verstorbenen, die weit entfernt in Umeå leben. Es entstand ein heftiger **Streit** zwischen seiner langjährigen Lebensgefährtin *Eva Gabrielsson* und den Verwandten, die *Gabrielsson* nicht beteiligen wollten. Die Moral von der Geschichte formulierte Radio Schweden mit den Worten: „Schreibt Testamente, ihr Mädchen und Jungen!" Immerhin besitzt *Eva Gabrielsson* noch 200 Manuskriptseiten eines unveröffentlichten Romanes. Geeint hatte das Paar, dass 32 Jahre zusammenlebte, der Kampf gegen den schwedischen Neofaschismus.

So kamen auch die Bücher zustande, die uns die dunkle Seite des sonst so friedlichen Schweden zeigen, eine kaputte Welt voller Hass, Habgier und sexueller Perversionen. Mittlerweile ist die **Millenium-Trilogie** über 63 Mio. Mal in Europa verkauft, in 40 Sprachen übersetzt und der erste Band schon zweimal verfilmt worden. Geplant hatte *Stieg*

Hauskauf in Schweden – Hur mycket kostar detta?

Viele Besucher Südschwedens erfasst eine tiefe Liebe zu der Landschaft, die sie vorfinden. Da kommt früher oder später der Gedanke auf, warum nicht so ein nettes rotes Häuschen kaufen? Wenn man sich näher umschaut, stellt man fest, dass der kaufwillige Ausländer es mittlerweile einfacher hat, er benötigt keine der früher gefürchteten Erwerbsgenehmigungen mehr, und EU-Bürger brauchen auch keine Aufenthaltsgenehmigung mehr. Nur wer die Immobilie dauerhaft bewohnt, muss sich beim zuständigen Einwandereramt registrieren lassen.

Auch in Schweden sind es meist Makler, die Grundstücke oder Häuser anbieten. Wichtig ist die **genaue Prüfung des Hauses** auf Mängel, da in Schweden nur bewusste Falschaussagen zu Regressforderungen berechtigen, nicht jedoch Mängel, die der Verkäufer einfach nicht anspricht bzw. angibt. Da selbst diese Regelung vielen Schweden noch zu gefährlich ist, versuchen manche, eine sog. **Freischreibungsklausel** in den Kaufvertrag zu schmuggeln, mit der sie alle Verantwortung für Mängel dem Käufer andrehen wollen. Wenn z.B. dann das Grundstück bei Regen unterspült wird und Teile auf die Straße rutschen, weiß der Käufer zwar, warum das Hanggrundstück so preiswert war, kann den Ärger mit der Gemeinde jedoch nicht auf den Verkäufer abwälzen.

Ist das **Kaufverfahren** ein offenes, so informiert der Makler alle Interessenten über die Höhe des Gebotes der jeweils anderen. Das geschlossene Verfahren ist undurchsichtiger, man gibt sein Gebot ab und hat keine Ahnung, wer noch im Rennen ist. Letztlich entscheidet jedoch der Besitzer, wem er sein Häuschen geben will. Kommt es dann zur Unterzeichnung eines schriftlichen Kaufvertrages, zahlt man 10% der Kaufsumme auf ein Notarkonto und ist neuer Besitzer geworden. Nachdem die restliche Summe überwiesen wurde, erhält der Käufer den **Köpbrev,** den beide Parteien unterschreiben müssen. Die letzte Formalie ist das Einreichen des Köpbrevs an das Grundbuchamt, das den neuen Besitzer einträgt. Zu zahlen sind dann 1,5% des Kaufpreises und 1,5% des Hauswertes als Grunderwerbssteuer. Jährlich zahlt man 0,75% des Einheitswertes, was meist 7000 SEK ausmacht, eine Liegenschaftsgebühr je nach Lage und Gemeinde und rund 1000 SEK Gebäudeversicherung, hinzu kommen die Kosten für die kommunale Müllbeseitigung, Strom und Wasser, nicht anders als bei uns.

Allerdings sei nicht verschwiegen, dass einige Gemeinden schon ihren Unwillen bekundet haben, das halbe Land deutschen Urlaubern zu verkaufen, die schlussendlich nur sechs Wochen pro Jahr im Land weilen – irgendwie auch verständlich, oder?

sd13-120 fph

Larsson zehn Bände um die verhaltensgestörte Computerexpertin *Lisbeth Salander* und den Wirtschaftsjournalisten *Mikael Blomquist.*

Architektur

Das Aussehen der Bauten richtet sich von jeher nach den vorhandenen Baumaterialien. Und da es **Holz** in Skandinavien genug gab, wurde natürlich mit Holz gebaut, was allerdings auch Nachteile hatte. Die meisten Städte sind z.B. öfter abgebrannt. Im 12. Jh. begann man, vor allem Klöster und Kirchen im romanischen Stil mit behauenen Steinen zu errichten.

Mit der **Gotik** kam der Ziegelstein als neues Baumaterial nach Schweden, manche Kirchen waren auch aus Kalkstein. König *Gustav Vasa* und die Reformation stoppten den Kirchenbau. Die eindrucksvollsten Bauten sind nun die Burgen, die schon Renaissanceelemente nach holländischem Vorbild tragen.

Im 17. Jh. begann der Adel, sich **Paläste** bauen zu lassen. Es entstanden Stadtresidenzen und Landschlösser nach westeuropäischen Vorbildern im Stil des **Barock.**

Ende des 18. Jh. waren **Klassizismus** und **Empirestil** gefragt, 100 Jahre später begann die Industrialisierung Schwedens und mit ihr entstanden wie überall Mietskasernen, aber auch eine ganze Reihe öffentlicher Gebäuden, die Züge der **Neorenaissance** aufweisen.

Zu Beginn des 20. Jh. wandten sich die Architekten vom Historismus ab und suchten nach einer nationalen schwedischen Architektur. Stockholms Rådhus ist ein Beispiel für diese **Nationalromantik,** ebenso Stockholms Stadshus von *Ragnar Östberg,* das zwischen 1903 und 1923 entstand.

Für die **Moderne** stehen *Gunnar Asplund, Listers Härads* Tinghus in Sölvesborg, die Stadtbibliothek in Stockholm und der mit *Sigurd Lewerentz* angelegte Friedhof Skogskyrkogården, ebenfalls in Stockholm. Auch der Funktionalismus hat seit den 1930ern eine Heimstatt in Schweden.

„Röd stuga med vita knutar"

Die **roten Häuser mit den weißen Kanten** fallen ins Auge. Das „Ochsenblut-Rot" ist ein Schutzanstrich, der durch seinen hohen Anteil an Kieselsäure das Holz vor Fäulnis schützt. Anfang des 17. Jh. wurde er in der Bergwerksstadt Falun erfunden. Die gelbliche Abraumerde aus den Kupfergruben wurde bei 800° C gebrannt. Durch den Eisenanteil färbte sie sich rot. Das entstandene Pulver wurde mit Leinöl und weiteren Bestandteilen gemischt. Die so hergestellte Farbe ließ die gestrichenen Holzbauten wie Steinhäuser aussehen, was man schick fand. Allerdings schützte dieser Anstrich auch nur etwa zehn Jahre. Ein Schwede berichtete uns, dieser Anstrich sei früher Pflicht gewesen, andernfalls musste der Hausbesitzer eine hohe Strafsteuer bezahlen. Damals galten weiß gestrichene Häuser als Zeichen von Reichtum, weil zusätzlich zur Steuer die Farbe aus England importiert werden musste. Das 1866 erlassene Verbot, Holzhäuser mit mehr als zwei Etagen zu errichten, umging man, indem man unten aus Stein baute und darauf zwei Stockwerke aus Holz setzte.

Kunsthandwerk

Glas

Die Gestaltung von Glas spielt eine **wichtige Rolle** im Design Skandinaviens. *Gustav Vasa* gab den Anstoß: Da sein Hofstaat bei Festen haufenweise das teure Murano-Glas zerdepperte, sann er nach einer preisgünstigen Alternative. Die bestand darin, sich Glasbläser aus Venedig nach Schweden zu holen. So entstand 1556 Glasriket, das Glasreich. Anfang des 20. Jh. kam man auf die Idee, Künstler zum Entwerfen der Gläser und Vasen einzustellen. Mit diesem Schritt hoben sich die Glasartikel der **Glashütte Kosta Boda** von den üblichen Waren ab und wurden ein Erfolg. Viele folgten dann dem Beispiel. Bekannt wurden z.B. die Vasen mit den naiven Malereien von *Ulrica Hydman-Vallien.*

Zum Schmelzen von Glas benötigt man viel Energie. Als 1973 die Ölkrise ausbrach, traf es die Glasindustrie mit voller Wucht – viele Fabriken mussten schließen. Begünstigt waren kleine Manufakturen, die man heute an vielen Orten besichtigen kann.

Porzellan

1726 wurde die **Manufaktur Rörstrand** in der gleichnamigen Ortschaft gegründet. Damit ist sie die drittälteste Porzellan-Manufaktur Europas. 1881 begann man in Stockholm-Birkastan mit der Herstellung von **Feldspatporzellan,** dem Typ, der dem chinesischen Porzellan am nächsten kam. Man produzierte Fayencen, Porzellan und Keramik für Kachelöfen. Die Tochtergesellschaft Arabia wurde in Finnland gegründet, um nach Russland zu verkaufen. Der Renner war 45 Jahre lang das **Service „Grüne Anna",** bekannt wurde auch das Nobelservice. 1914 schluckte Rörstrand Göteborgs Porslinsfabrik und zog um. Von der Stockholmer Fabrik existiert nur noch ein riesiger Haufen Bruch, die Porzellanhalde ist als Nationaldenkmal erhalten. Später wurde Rörstrand verkauft, und als 2006 die letzte Fabrik in Lidköping geschlossen wurde, war es aus mit dem schwedischen Porzellan. Achten Sie beim Trödler auf das blaue geschwungene „R" als Stempel unter Tellern.

Teppiche

Über Jahrhunderte haben Frauen **Flickenteppiche** aus Baumwollresten gewebt – je älter der Stoff, desto weicher der Teppich. Es waren Einzelstücke, sie lassen sich aber trotzdem Regionen zuordnen. Anfang des 19. Jh. noch adlige Statussymbole, entdeckte danach das Bürgertum die bunten Schmuckstücke. Man wechselte sie je nach Festtag und konnte damit auch gut den Fußboden isolieren. Heute sind sie so selten geworden, dass sie nur noch über Antiquitätenläden zu bekommen sind. Die **Firma Svenska Trasmattor** in Lammhult bietet sowohl alte Stücke als auch neu gewebte Teppiche an.

Sonstiges

Moderne schwedische Designer wenden sich immer mehr von den traditionellen Materialien ab und versuchen es mit

sd13-119 fph

modernen Kombinationen. Die Gruppe Front vermarktet skurrile Tierfiguren als Leuchten und Tische.

Eines der wichtigsten **Modelabels** ist Filippa K von der Designerin *Filippa Knutsson*. Ihre zeitlosen Modelle kann man in 20 Ländern kaufen. Die Marke Camilla Norrback vertreibt nachhaltige Kleidung.

Velour Nostalgi kommt aus Göteborg: 1997 eröffnete *Per Andersson* dort einen Laden, in dem er die Reste aus dem Modegeschäft seiner Großmutter verramschte, zusammen mit Retro-Marken, Kunst und Designartikeln. Seit 2002 wird eigene Kleidung hergestellt. Heute ist Velour-Mode in mehr als 100 Geschäften in Skandinavien und Europa zu bekommen. Man produziert nüchterne, nostalgische Mode von hoher Qualität.

Bruno Mathsson, der berühmte Designer von Tischen und Stühlen, lebte in Värnamo; mehr zu seinem Leben und Wirken ist im Kapitel zur Stadt nachzulesen.

Skulptur im Garten des Bosjöklosters

21 Anhang

052fotolia

Stockholm: Tivoli-Vergnügungspark

Literaturtipps

- *Ernst Moritz Arndt:* **Eine Reise durch Schweden,** Dresden 1804.
- *Kurt Tucholsky:* **Schloß Gripsholm.** Die 1931 veröffentlichte leichte Sommerkomödie ist ein Klassiker für Verliebte. 1963 und 2000 gab es eine Verfilmung. Als Buch von Rowohlt (nur gebraucht).
- *Henning Mankell:* **Mörder ohne Gesicht** (*Kurt Wallanders* erster Fall), dtv, 2010. Ein altes Bauernpaar ist auf seinem Hof ermordet worden. Nicht nur das Motiv liegt im Dunkeln, vor allem die Brutalität der Täter irritiert die Ermittler.
- *Henning Mankell:* **Der Feind im Schatten,** Zsolnay, 2010. *Kurt Wallanders* letzter Fall befasst sich mit US-amerikanischen und russischen Spionen, Hintergrund ist das U-Boot-Desaster vor Karlskrona 1981.
- *Stieg Larsson:* **Verdammnis, Verblendung, Vergebung.** Journalismus, Politik und Computerkriminalität meisterlich vereint in drei Krimis des leider 2008 verstorbenen Schweden. Heyne, 2006, 2007, 2009.
- *Camilla Läckberg:* **Der Leuchtturmwärter,** List Verlag 2013; **Die Meerjungfrau,** List Verlag 2012; **Die Eisprinzessin schläft,** Aufbau 2006. Alle Krimis spielen an der Westküste.
- *Carl von Linné:* **Lappländische Reise,** Gemini-Verlag, Berlin 2004.
- *Gabriele Haefs* u.a.: **Skål, Admiral von Schneider!** Skandinavische Geschichten rund um den Alkohol. Piper Verlag 2008.
- *Jonas Johannson:* **Der Hundertjährige, der aus dem Fenster stieg und verschwand.** Carl's books, München 2009.
- *Jonas Johannson:* **Die Analphabetin, die rechnen konnte.** Carl's books, 2013.
- *Ann Rosman:* **Die Tochter des Leuchtturmwärters,** Aufbau Verlag, Berlin 2012.
- *Leopold Stocker:* **Nationalparks in Skandinavien,** Graz 1991.
- *Anna Jansson:* **Tod im Jungfernturm.** Ein Gotlandkrimi mit der Kommisarin *Maria Wern* (die mit der schmuddeligen Jacke). Piper Verlag 2006
- *Birgit Th. Sparre:* **Die Liebe der Diana von Stjärnö.** Rosamunde Pilcher auf schwedisch (siehe auch Ortsbeschreibung Ulricehamn). Donau-Verlag, 1953.
- *Peter Mertz:* **Wanderführer Schweden Süd,** 50 Tourenvorschläge für Wanderungen von Skåne und Småland bis Dalarna, in verschiedenen Schwierigkeitsgraden. Bergverlag Rother, 2011.

Glossar

- **å:** am Ende eines Namens = Gewässer
- **AB:** Aktiebolaget, Aktiengesellschaft
- **Fika:** Kaffeepause
- **Fors:** Wasserfall
- **G:a:** Abkürzung für gamla, alt
- **Holm:** Felseninsel, deren Oberfläche mit Erde bedeckt ist
- **Kattegat:** „Katzenloch" heißt die Meerenge zwischen Dänemark und dem schwedischen Festland
- **L:a:** Abkürzung für lilla, klein
- **Mil:** Meile, eine schwedische Meile sind 10 km; findet man noch in schwedischen Reisebeschreibungen
- **ö:** am Ende eines Namens = Insel
- **RV:** Riksväg, Reichsstraße, entspricht unseren Bundesstraßen
- **Schäre:** flache (Fels-)Insel, durch die Eiszeit glatt geschliffen
- **SEK:** offizielle Abkürzung für Schwedische Krone, die Währung
- **SJ:** Svenska Järnvägen, die schwedische Staatsbahn
- **Skagerrak:** die Gewässer zwischen Südnorwegen, Westschweden und Norddänemark
- **STF:** Svenska Turistförenigen, der schwedische Hütten- und Jugendherbergsverein

- **Stortorget:** der große Platz in einem Ort, meist Marktplatz mit Kirche und Rathaus
- **Sund:** Meerenge zwischen dem Festland und einer Insel
- **Sverige:** Schweden, von *Svea rike,* dem Schwedischen Reich
- **Systembolaget:** der staatliche Alkoholladen – es gibt nur staatliche
- **S:t:** Abkürzung für heilig/heilige
- **Tyskland/tysk:** Deutschland/deutsch
- **Vasa:** altes Adelgeschlecht, wird oft auch „Wasa" geschrieben
- **Wikinger:** Sammelbezeichnung für die Bewohner ganz Skandinaviens in der Zeit von 800 bis 1050

Sprachhilfe

Wer Schwedisch v.a. mit reisepraktischer Ausrichtung lernen möchte, findet in folgendem Sprachführer alle nötigen Regeln und Vokabeln:

- **Schwedisch – Wort für Wort,** Kauderwelsch-Band 28, Reise Know-How Verlag, Bielefeld. Der praktische und kompakte Sprachführer speziell für den Reisealltag. Auch Audiomaterial erhältlich.

Aussprache

Vokale werden im Schwedischen kurz oder lang ausgesprochen.

- **a** lang wie der Kahn, kurz wie der Affe
- **e** lang wie elegant, kurz wie eng
- **i** lang wie sieh mal, kurz wie sitz
- **o** wie Ufer
- **u** lang wie über, kurz zwischen u und ü
- **y** ü wie in Überflieger
- **å** kommt bei uns nicht vor; im Internet zwar als a geschrieben, der Laut ist aber lang wie Note, kurz wie oft
- **ä** lang wie gähnen, kurz wie etwa
- **ö** lang wie Höhle, kurz wie Hölle

Der **Konsonant k** wird im Schwedischen, wenn er vor e, i, y, ä, ö steht, wie „sch" ausgesprochen.

Buchstabenkombinationen

- **sj** und **skj, rs** sowie **sk** vor e, i, y, ä, ö werden zu „sch" zusammengezogen.
- **tj** und **kj** werden zu „tsch".
- **gl** Hier bleibt das g stumm.
- **rg** Das g wird als j gesprochen.

Hinweisschilder

Annan fara	Achtung
Arbetare på vägen	Baustelle (Arbeiter auf der Straße)
Att hyra	zu vermieten
Avsmalnande Väg	Engpass
Atervändsgränd	Sackgasse
Begränsat hastighet	Geschwindigkeitsbegrenzung
Dålig väg	schlechte Wegstrecke
Ej genomfart	keine Durchfahrt
Ej motorforden	nicht für Autos
Enskild väg	Privatweg
Enkelrigtad gata	Einbahnstraße
Fågelskyddsområde	Vogelschutzgebiet
Färjan	Fähre
Förbifartsväg	Umleitung
Förbud att stanna	Halteverbot
Förbud genomfart	Durchfahrt verboten
Förbud mot högersväng	rechts abbiegen verboten
Förbud mot omkörning	Überholverbot
Genomgång förbjuden	Durchgang verboten
Gräns	Grenze

Hallplåts	Haltestelle
Kör sakta	langsam fahren
Lämna företräde	Vorfahrt beachten
Mötesplats	Ausweichstelle
Tjälskador	Frostschäden
Vägkorsning	Kreuzung
Vägkurva	Kurve

Zug-, Flug- und Schiffsverkehr

ankomst	Ankunft
avgång	Abfahrt
barnkupé	Zugabteil für Mutter und Kind
bilfärjan	Autofähre
biljetter	Fahrkarten
biljettluckan	Fahrkartenschalter
effektförvaringen	Gepäckaufbewahrung
förvaringbox	Schließfach
hamnpolisen	Hafenpolizei
hjälpstation	Erste-Hilfe-Station
icke rökare	Nichtraucher
inresa	Einreise
järnväg	Eisenbahn
lifsfara	Lebensgefahr
nödbroms	Notbremse
nödutgång	Notausgang
resgodsinlämning	Gepäckannahme
rökare	Raucher
rökning förbjuden	Rauchen verboten
slutstation	Endstation
spår	Gleis
station	Bahnhof
tidtabell	Fahrplan
tillträde förbud	Eingang verboten
tjästekupé	Dienststube
tull	Zoll
tullfria varor	zollfreie Waren
tvättrum	Waschraum
utgång	Ausgang
utresa	Ausreise
varning för tåg	Vorsicht Zug
väntsalen	Wartehalle
växelkontoret	Wechselstube

Unterwegs auf dem Land

älg	Elch
badning förbjuden	Baden verboten
bron	Brücke
bäver	Biber
dricksvatten	Trinkwasser
ej simkunnig	Nichtschwimmer
förbjuded att bada	Baden verboten
fors	Wasserfall
hembygdsgård	Freilichtmuseum
kvarn	Mühle
simmare	Schwimmer
sluss	Schleuse
stuga	Ferienhäuschen

Unterwegs in der Stadt

bio	Kino
fritt inträde	Eintritt frei
fullbelagt	belegt (Hotel)
marknad	Markt
matsalen	Speisesaal
öppet	geöffnet
nattklubb	Nachtklub
pastigning	Eingang
posten	Postamt
rea	Ausverkauf
rum	Zimmer
sjukhus	Krankenhaus
snabbköp	Selbstbedienung
stängt	geschlossen
tandläkare	Zahnarzt
torg/torget	(Markt-)platz

Allgemeine Vokabeln

drag	ziehen
ledig	frei (Toilette)
lilla	klein
läsk	Limonade
nej	nein
och	und
öl	Bier
skjut	drücken
stor	groß
till	nach, zu
tysk	deutsch
tyskland	Deutschland
upptaget	besetzt
varning	Vorsicht

Wochentage

måndag	Montag
tisdag	Dienstag
onsdag	Mittwoch
torsdag	Donnerstag
fredag	Freitag
lördag	Samstag
söndag	Sonntag

Richtungsangaben

fram	vorn
rakt fram	geradeaus
höger	rechts
vänster	links
håll till höger	nach rechts
håll till vänser	nach links

Zahlen

ett	eins
två	zwei
tre	drei
fyra	vier
fem	fünf
sex	sechs
sju	sieben
åtta	acht
nio	neun
tio	zehn
hundra	einhundert
tusen	tausend

Register

A

B

Fotonachweis

Die meisten Bilder stammen vom Autor (fph) mit Ausnahme der Bilder auf S. 217, 254, 456 (Jochen Theile, jt), S. 328, 487 (Thorsten Altheide, alt) sowie (www.fotolia.com):

S. 1: ©Hamster4711
S. 2: ©vichie81
S. 16: ©fotobeam.de
S. 21: ©fotofreakdgy
S. 23: ©ultrakreativ
S. 40: ©laufer
S. 45: ©nikitamaykov
S. 56: ©fransos66
S. 63, 220, 225: ©Antony McAulay
S. 76: ©Elisabeth
S. 86: ©bofotolux
S. 91: ©Klaus Büth
S. 95: ©Uros Petrovic
S. 108: ©Laura Frenkel
S. 113, 500: ©crimson
S. 115: ©Maurizio Martini
S. 173, 524, 532: ©Dagmar Richardt
S. 196: ©Andrei Nekrassov
S. 230, 442: ©Svenni
S. 248, 250, 264: ©Piotr Wawrzyniuk
S. 299: ©petrabarz
S. 302: ©bill_17
S. 308: ©Scanibal
S. 320, 326: ©Milan Kuminowski
S. 324: ©Jens Klingebiel
S. 343: ©Sarka
S. 364: ©emenefix
S. 369: ©Werner Schwehm
S. 370: ©anshar73
S. 381: ©ferrerilavarialiotti
S. 387: ©spectrumblue
S. 400: ©SophySweden
S. 411: ©Sven Kolbe
S. 413: ©Danimotxo
S. 416: ©feferoni
S. 419, 458: ©Der Schröder
S. 421: ©Heinz Schiffer
S. 422: ©thomas.andri
S. 441: ©byggarn.se
S. 464: ©sumodaz
S. 510: ©bierchen
S. 534: ©sirylok
S. 539: ©Klaus Koenig
S. 548: ©Daniel Garcia

Der Autor

Frank-Peter Herbst, 1952 in Berlin geboren, lebt seit 1994 auch wieder dort. So oft wie möglich kehrt er dem Trubel der Stadt den Rücken und sucht Entspannung im ruhigen Norden. Die direkte Fährverbindung Rostock – Trelleborg macht es ihm leicht, für ein Wochenende in sein geliebtes Skandinavien zu entfliehen.

Seit seinem Designstudium entwirft er Leuchten für Wohnzimmer und Beleuchtungsanlagen für Kinos und Restaurants. Dabei lässt er sich immer wieder von der Formauffassung der skandinavischen Kollegen beeinflussen, was natürlich vor Ort am besten gelingt.

Hinzu kommen seine reiseschriftstellerischen Aktivitäten: Im Reise Know-How Verlag ist von ihm auch der Reiseführer „Skandinavien – der Norden“ erschienen, ferner das „Routenbuch Nordkap“ und – ein Ausflug in eine ganz andere Welt – ein Reisehandbuch zur sozialistischen Tropeninsel Cuba.

Der Autor

Autor